中国科学院年鉴

（2002）

中国科学院办公厅　编

科学出版社
北京

内 容 简 介

《中国科学院年鉴（2002）》集中反映了中国科学院2001年各方面的工作情况，包括：学部和学部工作，基础研究，生命科学与生物技术，资源环境研究与发展，高技术研究与发展，高技术产业发展工作，人才培养与队伍建设，国际交流与合作，综合计划，基本建设，科研装备与技术监督，出版与图书情报，思想政治工作与精神文明建设等。同时还登载了有关统计资料。对院属各科研单位的工作也作了比较详尽的介绍。

本年鉴各种资料的截止时间为2001年12月31日。

中 国 科 学 院 年 鉴（2002）

中国科学院办公厅 编

科学出版社 出版

北京东黄城根北街16号

邮政编码:100717

http://www.sciencep.com

中国科学院印刷厂 印刷

科学出版社出版发行

*

2004年3月第 一 版 开本：787×1092 1/16

2004年3月第一次印刷 印张：24¼

印数：1－2 000 字数：600 000

ISBN 7-03-011000-5

定价：60.00 元

（如有印装质量问题，我社负责调换〈科印〉）

中国科学院年鉴(2002)编辑委员会

目　　录

综 合 情 况

院属各单位情况

综 合 情 况

综　　述

2001年是我国实施第三步战略发展目标和国民经济与社会发展“十五”计划的第一年，也是中国科学院（以下简称中科院）知识创新工程试点全面推进阶段的第一年。全院同志根据院党组的总体部署，以江泽民同志“三个代表”重要思想为指导，开拓进取，扎实工作，科技创新能力和综合竞争实力显著增强，各项事业取得了新的发展。

一、全面推进知识创新工程试点工作，组织结构调整和机制改革进一步深化

（一）以研究所为单元的科研机构调整已近完成，组建了若干新的研究单元，研究所转制及企业改制等项工作取得突破性进展

2001年，启动阶段批准的39个作为独立法人进入试点序列的研究机构，经严格评估和考核后已全部转入全面推进阶段。在此基础上，先后批准了30个研究机构进入试点序列，正式成立了国家天文台，组建了光电科技集团，设立了中国科学院空间科学与应用总体部，筹备组建了合肥科学岛研究基地。截止2001年底，全院进入试点序列的研究机构共计69个。

按照中科院党组的战略部署，在一些新的学科生长点和交叉领域前沿，与国家和地方的有关部门合作，组建了若干新的研究单元，其中包括微系统技术研究开发中心、纳米科技中心、上海生命科学研究院-上海第二医科大学健康科学研究中心、上海交叉科学研究中心等。目前，这些中心按照非法人研究单元的管理规范进行运作。条件成熟时，其中的部分研究单元将成为具有法人资格的研究机构。

部分技术开发型研究所整体转制和院属企业改制取得了突破性进展。截止2001年底，首批整体转制为企业的13个科研事业单位已完成工商注册登记。院属企业改制工作全面展开。原联想集团控股公司、东方科学仪器进出口集团公司已改制为有限责任公司。联想集团在完成改制的同时，实现了公司的产权激励制度改革方案。截至2001年底，需改制的所办科技企业共计385家，其中已完成改制的企业达307家，占需改制企业总数的80%。积极推进企业上市工作。在全院已有7家上市公司的基础上，另有9家企业已完成股份公司设立工作，争取尽快上市。在30个工程中心中，已有14个完成整体转制或与社会生产要素结合共同组建有限责任公司。国务院已批准中科院组建“中国科学院国有资产经营公司”，将进一步加强对院所两级经营性国有资产的管理。

在1999年改革的基础上，中科院机关实行了以全员岗位聘任制为中心的用人制度和分配制度改革，各部门的设岗和聘任工作正有条不紊地推进。分院改革正根据《关于

分院改革的指导意见》开展试点工作。行管局、院机关6个下属事业单位和一批研究所的后勤支撑机构转制正在进行注册前的准备工作。

（二）以人事制度、资源配置、考核评价制度为主体的机制改革初见成效

在全员聘用合同制和职务聘任制的基础上，全院各创新试点单位开始全面实施全员岗位聘任制，改革传统的技术职称评审制度，初步建立起与国际接轨的新型用人制度，形成了由岗位聘任、项目聘用和流动人员构成的层次分明、结构合理、精干高效、动态更新的创新队伍。目前，全院设立创新岗位15 124个，实际进入创新的岗位聘任人员9 378人，创新队伍的结构有了明显改善。分配制度改革进一步深入，在试点单位全面实行了“基本工资、岗位津贴、绩效奖励”三元结构分配制度，部分有条件的试点单位根据自身科技创新活动的特点，开展“协议工资”和“年功工资”的改革试点；试点单位法人年薪制扩大至全部一期试点单位。

根据科技创新和各项事业发展的需要，中科院制定了全面推进阶段经费增长的目标，明确提出“十五”期间全院经费总收入要比“九五”期间翻一番，国家财政直接拨款与通过竞争等获得的各类经费比例保持1∶1。为实现这一目标，在制定科技创新战略行动、基本建设、科技装备、科技基础设施和支撑系统建设等各类计划时，坚持“匹配”原则，明确提出争取院外资源的比例，多方争取外部资源。3年来，全院财政收入结构并没有因国家财政直接拨款大幅增加而发生重大变化，国家财政直接拨款与争取院外资源的比例仍保持在1∶1左右。

中科院评估中心在继续完善研究所绩效和状态年度综合评价制度的同时，设计了“总体情况—三性贡献—目标完成度”多维评价系统，对一期试点单位进行了全面考核。2001年中科院对考评优秀的单位增加了200万元或300万元的试点经费，对排在末位的单位，各削减20%的试点经费。

二、抓住机遇，深化改革，实施科技创新战略行动计划，启动知识创新工程重大项目

中科院党组决定自2001年下半年起实施科技创新战略行动计划，启动知识创新工程重大项目。战略行动计划包括总体计划与基础研究、生命科学与生物技术、资源环境科学与技术、高技术研究与发展等4个分行动计划。在中科院的层面上，战略行动计划按重大项目、重要方向项目、科技基础设施与支撑体系建设、新建研究机构等4个专项计划以及科学传播与技术创新规模产业化、中科院部机关改革等2个专项行动进行组织实施。

“十五”期间院将投入约5亿元部署20项左右的重大项目。到目前为止，煤基液体燃料合成浆态床工业化技术的开发、水稻基因组测序和重要农艺性状功能基因组研究、中国陆地和近海生态系统碳收支研究、青藏铁路工程与多年冻土相互作用及环境效应、中国税收征管信息系统（CTAIS）的发展与完善、大功率燃料电池发动机及氢源技术、若干纳米器件及其基础研究等7个重大项目经院长办公会批准正式启动，中科院投入经

费总计为2.2亿元。在首批项目顺利启动的基础上，中科院还将陆续安排新药研制、微系统技术、核技术应用及产业化、西部生态系统恢复和生物资源保护与利用的研究等一系列重大项目。

其他专项计划和专项行动也积极开展了调研和立项等工作，着手组织实施。

三、学部工作取得新的进展

（一）中国科学院院士增选工作圆满完成

2001年度中国科学院院士增选顺利结束，选举产生院士56人，其中，数学物理学部10人，化学部10人，生物学部12人，地学部9人，技术科学部15人，新院士平均年龄60.4岁，年龄最小的为38岁，工作单位分布在9个省、市和部委。中科院有23位优秀科技专家当选。

积极推进院士增选办法改革。中国科学院学部主席团修订了《中国科学院院士增选工作实施细则》，制定了《中国科学院院士增选工作实施细则关于通信评审的补充规定》。在1999年地学部成功试行第一轮通信评审的基础上，化学部也试行了第一轮通信评审。

为保证评审的公正性，首次对港澳地区的院士候选人，实行了评审材料在其工作单位公示的制度，得到香港科技界的认可。

（二）院士咨询法规化工作取得重大进展

国务院及各部委一直高度重视发挥两院院士在科学技术决策方面的咨询作用。为此，学部与中国工程院从1998年开始酝酿院士咨询法规化问题，并得到国务院领导的认可。2001年经学部咨询评议工作委员会研究，就院士咨询法规化的意义和内涵等问题提出了具体建议，经学部主席团讨论批准后，已分送国家计委和科技部，并正与其共同商讨形成有关文件。

（三）院士科学道德建设在科技界起到率先垂范作用

在学部科学道德建设委员会的主持下，经各学部常委会的共同努力，广泛征求全体院士意见，《中国科学院院士科学道德自律准则》已经学部主席团通过，并正式向社会公布；同时在新闻媒体上开设了科学道德学风专栏，有多位院士在报刊发表文章或接受采访，开展科学道德学风问题的讨论，为在全国科技界维护科学尊严，抵制不正之风，净化科学环境，保证科学研究在一种健康、纯洁的环境中发展发挥了积极作用。

（四）学术活动和科学普及工作得到高度评价

为了推进科技与经济结合，学部联合办公室与科技部中国科技促进发展研究中心、中国工程院学部工作部联合主办了“中国首届百名院士与百名企业家联谊会”活动，近百名中国科学院、中国工程院院士和100多位企业家参加。如此众多的两院院士与企业家汇聚一堂，共同探索高新技术产业化之路，在国内尚属首次，深受院士和企业家的欢迎。

积极参与“北京科技周”活动，协助中国科协和北京市科协举办“中外著名科学家当代高科技发展科普高峰讲坛”，周光召、李政道等国内外著名科学家向首都科技界和公众介绍了新世纪高新科技发展的有关内容和知识。同时还举办了“两院院士支持北京申奥活动”，获得奥申委的好评，并出版了《两院院士寄语北京申奥》。

在第三届深圳高交会上，成功举办了首届“中国科学院院士论坛”，周光召、吴文俊等院士分别在论坛上作了学术报告，受到与会者的高度评价。

四、加快人事教育管理体制改革，建设高水平创新队伍

（一）进一步加强院属单位领导班子建设

根据中央深化干部制度改革的精神，进一步完善干部选拔机制，全面推行干部任前公示制。2001 年共有 30 个单位领导班子换届、38 个单位领导班子届中考核、中科院机关 10 个部门局级干部调整，均在一定范围内进行了任前公示。中科院机关 5 个部门的副局长岗位实行了公开招聘。积极推进干部交流工作，在所际、院所间和中科院内外共交流干部 31 人次，是历年来人数最多的一次。

通过上岗培训、专题研讨、讲座、赴国（境）外培训、管理研究生课程研修等多种方式，使 250 多位局、所级领导接受了培训和继续教育，占总数的 42.4%，创中科院历史上最高的领导干部年度培训率。全年共培训新上岗领导干部 116 人，培训率为新任命干部的 80%。

（二）加大吸引和凝聚优秀人才的力度

自 2001 年开始，为将人才工作的重点转变到将帅人才队伍的建设上，启动了“海外知名学者”计划，首批已有 9 人入选。2001 年第一批“引进国外杰出人才”招聘工作，由于进一步严格了入选者的基本条件，申请应聘者的淘汰率达到 50%。

2001 年，通过“百人计划”共引进 45 人，其中“知名学者”9 人，“引进国外杰出人才”32 人，国内人才 4 人。对 1997 年度“百人计划”68 位入选者的终期评估中，有 23 位评估结果为优秀，分别获得 50 万至 100 万元的后续经费支持；对成绩优异的 23 个科研团队给予了表彰和奖励。

全年共资助“西部之光”项目 28 个。通过对 1997 年度“西部之光”计划 21 位入选者的终期评估，对绩效优异的 8 个团组继续给予支持。

2001 年度，全院吸引了 177 位高级访问学者，其中来自国外 88 人，副教授以上的 72 人、助理教授 16 人；国内高校（部委）89 人，教授 52 人、副教授 37 人。他们为我院的学科发展和学术交流带来了新的思想和观念，注入了新的生机和活力。

（三）继续推进科技副职工作，扩大省院人才合作

按照中科院党组提出的工作目标，组织召开了中科院历史上规模最大的第五届科技

副职工作会议。2001 年派遣科技副职 145 人，超额完成派遣计划，在任科技副职首次达到 200 人，为历史最高数量。同时，接收地方到院机关的挂职干部 19 人。据不完全统计，2001 年中科院科技副职共为各地引进、推广项目约 578 项，吸引投资 120 多亿元，实现利税 14.3 亿元，受到地方政府的高度赞扬。

（四）开创研究生教育与博士后工作的新局面

中国科学院研究生院正式成立，形成了以研究生院北京总部为主体，以各地区研究生教育基地为培养基地，以各研究所为培养实体，新型的、网络式的中国科学院研究生教育体系。落实"统一授予，两级管理"的学位工作指导方针，全面实行"研究助理"（RA）及"管理助理"（MA）、"教学助理"（TA）制度。全面推进合肥科教基地的建设，支持中国科大创办世界知名的高水平大学，合肥科学岛研究基地建设取得突破性进展。

2001 年录取博士生3 171人，完成招生计划的 98.2%；录取硕士生4 173人，完成招生计划的 103.5%。博士生中硕博连读 22%，重点院校毕业生 65.3%；硕士生中推荐免试者 20%，重点院校毕业生 58.2%。中科院的博士后进站规模有较大的增长，2001 年进站人数为 507 人，在站博士后总数1 131人。

（五）积极开展留学与继续教育工作

组织多种活动加强与海外科技人才的联系，邀请了包括中科院海外评审专家在内的 11 位海外杰出学者对试点工作进行咨询，并新聘任了 5 位海外评审专家，使中科院海外评审专家总人数增加到 77 人。

设立"中国科学院学术研讨会"项目，全年共举办学术研讨会 19 期，受资助人员达 102 人，资助金额达 164.7 万元人民币。积极做好"海外杰出学者基金"的管理工作，共受理 29 位海外杰出学者的申请，资助金额为 540 万元。做好"留学经费择优支持基金"的评审及管理工作，已评审资助 29 位回国或短期回国工作，资助金额 146.4 万元。

制定了《中国科学院继续教育发展规划》和《中国科学院知识创新工程全面推进阶段加强对现有人员继续教育的实施办法》。2001 年共资助 32 名科技人员执行"国内访问学者进修"项目；院机关及各分院组织举办各类培训班 57 期；举办创新战略论坛 7 期，参加人数近千人；资助 101 名管理骨干在职进修研究生管理课程；举办 5 期管理人员境外培训，参加人数 147 人。

进一步调整留学选派工作。2001 年度中科院公费留学计划的选派工作重点支持试点单位、优先发展学科领域、重大科研项目以及大科学工程急需的群体队伍的培养，突出领衔式科技将帅人才的衔接培养；增大了对中青年业务骨干及管理骨干的派出规模；注意向西部地区研究所倾斜。

五、促进科技创新与产业化工作，为国家经济建设和社会发展做出重要贡献

（一）科技创新硕果累累

2001年，全院共获得国家自然科学奖15项，国家技术发明奖3项，国家科技进步奖18项。继吴文俊院士荣获首届国家最高科学技术奖后，黄昆院士又荣获2001年度国家最高科学技术奖。今年，全院共评出院级科学技术成果奖49项，其中自然科学奖22项，技术发明奖6项，科技进步奖21项。

中国水稻基因组“工作框架图”和数据库的完成，标志着我国已经成为继美国之后世界上第二个具有独立完成大规模全基因组测序和组装分析能力的国家，其在农业生产上的意义完全可以与人类基因组计划在人类健康中的意义相媲美。在世界上首次发现大鼠附睾中一种抗菌肽基因，并研究和发现了其重要的生物功能作用，对解决精子成熟异常所引起的不孕、研究男性避孕药物以及解决我国的人口与健康问题都具有重要意义。单分子DNA的性质研究取得新成果。完成了关于肿瘤抑制蛋白P_{53}识别的两个序列DNA微环弹性性质的合作研究以及关于单链DNA分子统计弹性力学研究。遗传性乳光牙本质I型基因克隆成功，为阐明DSPP基因产物在牙本质发育及内耳正常功能中所发挥的作用提供了有用的线索，为该病的诊断和治疗带来了希望。“A-1型短指（趾）症”基因定位和克隆，首次揭示了IHH基因在引起人类遗传疾病中的作用。东亚现代人群的非洲起源——12 000个Y染色体的研究，为东亚现代人群起源于非洲提供了遗传学方面的最新证据。山姜属植物避免自交新机制的新发现，在世界上首次系统描述并命名了一个新的植物繁育系统——花柱反卷性。氨基酸-tRNA合成酶及其相关tRNA的相互作用研究，在国际上首先发现了一种插入变种LenRs-A能够识别亮氨酸tRNA的两种等受体。海水重要养殖生物病害发生和抗病基础研究，确定了南北方主要海水养殖鱼类的主要病原，采用了一系列抗病措施，有的已达到国际或国内先进水平。

超重区新核素^{259}Db的首次合成，标志着对重核的研究已跨入了超重核区的大门。在质子滴线区，成功合成了β-延发质子滴线核^{142}Ho和β-延发质子先驱核^{149}Yb两个新核素，测出了寿命、自旋、宇称等基本物理参数。

纳米线/Al_2O_3有序微阵列组装体系研究，成功获得了直径均匀一致、排列高度有序的硅纳米丝阵列体系，并实现了硅纳米线直径与长度的人为控制。碳纳米管的控制生长、排列以及功能化研究，对于构筑多功能、多用途的纳米器件具有十分重要的理论价值和应用前景。首次将目前物理学的两个热门前沿领域玻色——爱因斯坦凝聚与量子信息研究有机结合，杰出地创造了产生新一代非经典量子态的可能性，可使原子钟从现在的最佳精度再提高3个量级。首次提出了一种能够克服现有各种量子计算机方案中某些主要困难的、可行的实验方案——几何量子计算，使量子计算的实现更灵活，更能抵抗噪声和错误的影响。反应控制相转移催化用于丙烯氧化制环氧丙烷，被称为生产环氧丙烷的绿色过程。通过计算模拟从原子层次揭示了晶体在极限过热时的熔化过程，并从理

论角度澄清了现有多种晶格失稳熔化机制之间的内在联系，成功地将不同的观点统一起来，从而结束了引发固体熔化的控制因素长久以来一直无法确定的局面。光电子能谱学对于自由基的研究，为抑制与切断由汽车尾气所导致的城市光化学烟雾反应链提供了有效途径，建立了产生超短寿命不稳定自由基的新颖方法。

SLR、GPS、海洋测高卫星以及 PRARE 资料处理软件，首次完整给出了中国大陆地壳运动的基本特征，水平精度达 2～3mm/a，建立了完全基于现代空间大地测量的实测资料的最新板块运动模型。浙江长兴煤山剖面被国际地层委员会批准为全球二叠—三叠系界线层型（GSSP），进一步提高了中科院地层古生物工作在国际上的地位。运用古地磁定年技术，把泥河湾旧石器的年代确定为 1.36Ma，研究成果在“Nature”上发表后，受到国内外同行的极大关注。青藏高原与亚洲季风研究，揭示了青藏高原阶段性隆升的历史，并提出高原隆升同亚洲季风演化和北半球大冰期密切相关。千年尺度气候变化机制研究，将高纬度与低纬度古气候纪录联系起来，纠正了冰芯记录的气候事件年代。生存环境演变和北方干旱化趋势预测研究，在今年科技部组织的 973 项目中期评估中名列第一。南海多涡结构的形成与演变规律研究实现了南海涡分辨模式资料简单和复杂同化，揭示了南海多个中尺度涡旋的演化规律。大气污染预测理论和方法研究建立了我国第一个结构设计合理，运行稳定的城市空气污染预报模式系统，被国家环保局和中国气象局联合推荐为全国 47 个城市的首选应用模式。中国生态环境综合区划成果被国家环保局采用，对我国区域生态环境建设具有重要的应用价值。污染土壤清洁技术研究在国内首次较为系统地建立了污染土壤修复理论与技术体系，其成果具有较高的理论意义与应用价值。

（二）为经济建设和社会可持续发展做出积极贡献

在农业及新药研究方面，一批农业品种得到推广，如高优“503”小麦累计推广 3 000万亩；“中优 223”水稻年种植 30 万亩；“川育 14”小麦年推广 300 万亩。运用植物转基因技术为培育高效抗虫水稻新品种开辟了新的途径，大田试验结果表明，转基因杂交水稻具有优良的抗虫特性和广阔的应用前景。光合作用高效光能转化机理及其在农业中的应用，阐明了高光效品种增产的机理，进一步证实了转 C_4 羧化酶基因是提高 C_3 农作物光合效率的可行途径之一。重组棉铃虫病毒杀虫剂的中试研究在重组病毒的中试化生产及其安全性方面走在世界前列，为重组病毒杀虫剂的商品化打下了基础。湖群规模化养殖技术提出了湖泊小型鱼类、食鱼性鱼类生产力动态估算方法，进一步完善了生物能量学模型，建立了湖泊鳜鱼规模化养殖技术模式、湖泊河蟹生态养殖模式和湖泊团头鲂增殖技术模式。国家生物制品二类新药“重组人粒细胞巨噬细胞集落刺激因子注射剂”获得国家药品监督管理局颁发的准字号生产批文。

曙光 3000 超级服务器实现了高性能和通用性的和谐统一，在整体上达到了当前国际先进水平，部分技术如机群操作系统和并行编程环境等达到国际领先水平。数据库及其系统支撑平台的建设取得了较大的发展和进步，总数据量达到 725GB，专业数据库达 180 个。Godson（龙芯）CPU 设计与验证系统是国内首次自主研制的通用 CPU，在通用 CPU 体系结构设计技术方面达到国内领先水平和国际先进水平，在动态流水线的具体实现技术和硬件对系统安全性的支持方面有重要创新，为研制通用CPU芯片打下了坚实基础。高性能顺丁橡胶成功地实现了批量试生产，标志着我国顺丁橡胶生产技术又迈上了新台阶。SEBF/SLF系列重腐蚀防护涂料、涂装工艺、涂装生产线和现场补口技术，形成了较为完整的重腐蚀防护体系，基本上可以解决工程装备中的腐蚀防护难题。燃料电池技术项目取得新的进展，组装了百瓦至千瓦级质子交换膜燃电池，并形成了小批量生产能力；与东风汽车集团公司合作研制的我国第一辆燃料电池中巴试验车，最高时速超过60km，爬坡度大于16%，0～40km/h加速时间为22.1s。灰熔聚流化床粉煤气化工业试验装置的开发和试运行，标志着我国自主研发的先进煤气化技术产业化实现了突破，为我国中小化肥行业技术改造寻找出了新的途径。成功地将原5.4TW/46fs级小型化超强超短激光系统大幅度升级至15TW/35fs级的更高层次，其性能指标达到了国际一流水平。空间环境监测分系统研制已按计划完成节点任务，为卫星的轨道控制、异常情况分析处理提供了重要帮助，受到了用户的好评。研制成功的三种白光LED用的高效荧光粉，由蓝色LED转换成白光LED的流明效率提高2.69倍，主要技术指标达到了国际水平。长程差分吸收光谱（DOAS）气体污染监测系统取得新进展，该系统已成功装备广西桂林市和北海市空气质量监测子站。

在不同生态类型区与不同尺度流域水土保持与生态农业建设的模式与技术体系试验示范研究方面，从理论与实践上提供了黄土高原退化生态系统恢复重建的科学依据与水土资源保育及高效利用途径；提出了流域生态系统健康诊断方法，为植被重建与生态环境建设提供了依据。在宁南山区推广冬麦改制技术、高效庭园经济模式和灌草地利用与畜牧业发展技术，推动了地方生态建设与经济发展。长武王东沟试区与延安燕儿沟试区被列入国家“十百千”生态环境建设示范小流域。黄土高原中部丘陵区中尺度生态农业建设研究专题，在环延安700多平方公里区域内创造经验，树立样板，以科技为先导，带动全省的山川秀美工程建设。在黄土高原地区累计推广农业综合技术2 745万亩，新增粮食5 050万千克，新增经济效益8.62亿元。

（三）高技术产业化工作取得新的进展

2001年，院属企业营业收入达434.5亿元，同比增长18%；利税总额为43亿元，同比增长21.4%；为国家上缴税金22亿元，同比增长24.22%；所有者权益为117.2亿元，同比增长24.22%；营业收入超过亿元的企业达24家。

中科院与大庆油田有限责任公司签署了长期科技合作协议，并成立了“中国科学院、大庆油田有限责任公司油气勘探科技联合研究中心”。在中科院与地方联合支持下，完成了三维波动方程叠前深度偏移地震成像系统，累计提交天然气储量609.42亿立方米，使该区地震勘探取得突破性进展。“治疗数种重要疾病的新药研制与开发”获得的抗早老性痴呆症新药ZT-1等拥有自主知识产权，4项技术通过技术转让已获得经济效益7 850万元。与青岛长生集团联合组建青岛长生中科水产饲料有限公司，一期工程年产全价水产饲料1.2万吨以上，预计本年度销售额3 200万元，纯利润400万元，实现了当年投产当年收回投资。

（四）西部行动计划进展顺利

2001年，西部行动计划项目按预定计划，开展了青藏高原水资源、江河源地区生态环境、新疆干旱区生物多样性、黄土高原退耕还林（草）等调查，取得了一批反映西部生态演变与现状的原始数据；完成了《西部气候与生态环境演变综合评估报告》初稿的专家评审。5个试验示范区按照整体规划，在试验点布设、示范区建设、动态监测网（点）建立与运行等方面取得了明显进展，同时加大了产业化的步伐，特别是企业资金的进入带动了试验区产业结构调整。

组织实施了“西部行动高新技术”项目，例如，“镍钴羰基化精炼工艺与超细镍粉制备技术”项目将大幅度提高金川公司的经济效益。“年产500t无水氯化镁技术”项目完成中试后，最终将在青海省形成一条镁产业链，使青海的镁资源优势转变为经济优势。“西部稀土资源综合利用及清洁冶金分离技术”，有望解决内蒙古稀土生产中长期困扰企业的放射性废渣的排放问题。

西部行动计划科研项目的实施，进一步提高了中科院在国家科技总体部署中的整体竞争能力。国家基金委西部重大专项设计的首批启动项目中，80%是由中科院与西部行动计划科研项目有关的研究所承担。中科院在国家科技攻关计划区域治理和生态环境等项目中占了25%～40%的份额。国家计委在安排西部高新技术产业化项目计划中，将中科院西部行动计划的技术开发与试验示范研究列为重要内容，已经有2个批准启动，3个正在审批过程中。

六、积极承担国家重大科技项目

争取国家重点基础研究发展规划项目。2001年，在科技部已批准立项的20项国家重点基础研究发展规划项目中，中科院作为依托部门的项目共有9项，担任项目首席科学家的有9位。

组织协调做好“863”计划项目的申报工作。中科院在信息技术等6个领域入选领域或主题专家54人，占全部入选专家的22%。据初步统计，2001年中科院作为第一主持单位承担的“863”项目216项，占当年国家立项总数的17.9%；作为第一主持单位获得的项目经费1.1亿元，占当年国家下拨经费总数的15.0%。

努力争取更多的基金资助项目。2001年，全院获国家基金委各类资助共计843项，其中重点项目33项，面上项目739项，创新研究群体10个，国家杰出青年科学基金71人，获资助经费约2.4亿元。

积极争取国家计委高技术产业化项目。中科院自行组织或与地方联合组织以及研究所通过地方计委组织申报了30多个项目，国家计委对其中20项进行了专家论证，目前16个项目的项目建议书得到国家计委的批准，13个项目的可行性研究报告得到批复，已获国家计委专项2亿元的经费支持，企业与地方匹配资金约17亿元。

七、科技基础设施和支撑条件建设取得可喜进展

（一）科研园区改造建设工作

截止2001年底，中科院共完成园区总体规划60个，其中单独所园区规划40个，基地型园区规划20个，新批复园区总体规划43个，且大部分已经开始实施。

对项目可行性研究、初步设计及概算进行认真审核。共审批可行性研究报告277项，合计建筑面积157万平方米，其中新建89万平方米，改造68万平方米，总投资42.82亿元。审批初步设计及概算153项，合计建筑面积102.65万平方米，其中新建74.78万平方米，改造27.87万平方米，总投资31.52亿元。

多元投入的“北京中关村科学城建设股份有限公司”正式成立，标志着中科院与北京市联合进行的中关村科学城高技术产业创新孵化区改造建设项目正式启动。标本馆建设又有新的进展，已批准立项的标本馆项目除个别需适当调整外，已在2001年内开工。

为进一步规范基本建设管理，保证科研基础设施建设及园区改造建设顺利实施，制订了《中国科学院基本建设项目管理办法（试行）》，进一步强化了建设单位法人责任制，同时确定了投资比例核定办法，充分调动和发挥研究所的积极性。

（二）大科学工程建设

大科学工程项目进展顺利。LAMOST项目开工报告已获国家计委批准，至此，“九五”期间中科院承担的大科学工程均已开工建设。另外，上海同步光源预制研究任务已经完成，目前正在进行验收前的准备工作。2001年，国家计委共下达大科学工程专项投资0.8亿元，大科学工程已到位投资7.0亿元，占全部项目总投资规模的79%。“十五”大科学工程项目前期准备工作也已着手进行。

（三）文献情报与出版工作

经中科院批准，启动实施院文献情报中心知识创新工程试点工作。制定了《中国科学院文献情报系统建设可行性研究报告》、《中国科学院文献情报“十五”计划纲要》和《中国数字图书馆建设规划设想》。中科院图书馆新馆已经建成并即将投入使用。

研究部署了“十五”期间中科院科学期刊工作。组织编写了《中国科学院科学技术期刊“十五”发展计划纲要》和《关于加强院科技期刊工作的若干意见》。对优秀学术期刊进行了表彰；经积极争取，中科院已有109种期刊进入了中国期刊方阵。

（四）科技装备建设

确定了中科院“十五”科研装备建设的指导思想和原则与“十五”科研装备计划，明确院所两级的责任，充分发挥研究所的积极性，以实现科技装备建设管理模式由“以院为主”向“研究所为主体”的转变。同时在计划安排、匹配比例、审批评审方式等方面进行了大胆的尝试。按照“整体规划、择优支持”的原则，院对研究所大型科研装备

建设予以导向性的匹配支持；对共建共用和创新研制改造的大型科研装备予以重点支持。

（五）重点实验室建设

完成了现代古生物和地层学、电分析化学、植物化学和西部植物资源院开放实验室升级为国家重点实验室的建设立项与论证工作。完成了固体润滑、非线性力学、金属有机化学、高分子物理与化学等4个国家重点实验室的建设验收。全院20个生物学科实验室参加了国家评估，优良率达95%，其中3个被评为优秀实验室，占全国优秀实验室的50%。完成了12个新建院重点实验室的论证工作。

（六）信息化建设

中科院信息化建设的组织领导体系得到了进一步加强。制定并正式颁布了《中国科学院“十五”信息化发展规划》，有关建设项目正逐项启动。院网的国际出口信道带宽已扩容为55M，网络中心至京外各节点的信道多数已采用了2～8M光纤的连接。科学数据库的建库单位已达21个，专业数据库180个，总数据量达725GB。完成了MIS系统二期和办公自动化的立项。

八、积极推进院地合作和国际交流

（一）院地合作再创佳绩

据12个分院的不完全统计，2000年中科院与地方合作项目为1 307项，其中已到账金额2.9亿元；地方企业实现年产值总额131.20亿元，净利润9.98亿元，上缴税金4.8亿元。目前，中科院已与23个省、自治区、直辖市，24个市（地），6个重点行业（大型企业）签订了科技合作协议。江、浙、沪，京、辽、滇等地的合作在原有工作的基础上取得新的进展；广东、四川、重庆、甘肃、青海等地区的合作日益活跃，趋势看好；与烟草、纺织、大庆油田、海洋石油、上海电机集团等重点行业和大企业的合作进一步加强。

以科技成果交易会为契机，加大成果转化和产业化。在第三届“深圳高交会”上，中科院签订了215个项目，签约金额8.5亿元；在“北京国际周”期间，组织京区15个研究所参加了“中国北京高新技术产业国际周中关村科技园区科技成果交易会”，与国内外企业签订合约11项，总金额达5.3亿元；组团参加了“第八届中国杨凌农业高新技术成果博览会”，共签订各类合作协议21项，总成交额8亿元。

（二）国际交流与合作又上新台阶

中科院国际合作与交流工作的重点由一般性合作向重点合作转移。合作层次有了新的提升，合作内容更加广泛，合作地域、领域、渠道大为拓展。全年国际合作交流近万人（次），新签双边合作协议11个，吸引国际合作资金1.5亿元。成功举办了“国际人类基因组计划第十次战略会议”、“海外华裔科学家纳米科学发展研讨会”等在国际上有重大影响的会议；组团参加了第22届“中美高能物理会议”、“东盟国家科学院及其合作伙伴第五次年会”等国际重要科技活动；加强了联合国教科文组织、第三世界科学院等机构的合作。与德国马普学会建立了2个新的马普青年科学家小组。与日本学术振兴会签署了“中日黄土高原10年合作研究协议”，有20多个中日科研机构和大学参与此项跨所、跨地区的旱地生态环境合作。“中日沙尘暴合作研究”被列入中日两国政府科技合作协定，双方有20多个国立研究所和大学参加这一合作。

进一步加强与国外企业界的交流和合作。与德国拜尔医学生物公司签订了建立青年学者基金的协议，德方每年投入100万人民币支持青年学者开展生物研究；与英国石油公司联合建立了亚洲惟一的BP研究中心——英国石油中国中心，合作期为10年，英方将投资1 000万美元；与日本日立公司联合开展了“环境监测与水灾监测系统”合作项目；与日本石岛播磨重工业公司在北京延庆联合建立了城市垃圾处置和综合利用示范基地，并获得了对方赠送的价值6 000万日元制备垃圾衍生燃料的关键设备；获丰田汽车公司捐款1 200万人民币，与河北丰宁县合作，在坝上地区建立了绿化带。

国际合作交流空间进一步拓展。中科院代表团访问了阿尔巴尼亚科学院，实现了两国中断科技合作交流23年后的第一次交往；实现了中越关系恢复后院领导首次访越；与荷兰教科部建立了15年的战略伙伴合作计划；与英国生物科学与生物技术研究理事会、德国拜尔，英国石油、斯洛伐克科学院等新签订了5个院级合作协议；意大利阿基米德桥公司总裁马塔切纳先生捐赠了100万美元与中科院建立了“马塔切纳基金”；与美国得克萨斯A&M大学联合创立了网络技术联合实验室，联合开发IT技术，联合培养研究生。

九、积极开展科普活动

积极开展时代特征鲜明、针对性强、影响力大的科普活动。组织全院54个各级科普教育基地和研究所参加了全国首届科技活动周活动。配合西部大开发，开展了一系列面向西部的科普活动，与中组部、科技部联合组织了“科技下乡西部行”活动，组织我院院士和专家到云、贵、陕三省革命老区、贫困地区开展科普讲座、科技示范、现场技术指导和赠送农业科技书籍等活动。组织了“科普报告西北行”活动，组织我院老科学家科普演讲团赴云、川、青和新省（区），作科普报告180多场，听众近10万人，受到了当地政府和群众的热烈欢迎和好评。与有关部委、北京电视台共同举办了“百年发现，世纪穿越——人与水的记忆”大型系列电视直播活动，展现了以古城楼兰为代表的诸多西部古代文明在塔里木盆地中的兴衰演变。

为清除“法轮功”等反科学、伪科学在社会上的不良影响，组织了专题科普活动。组织了“科学与公众”论坛，邀请世界著名反伪科学专家和国内科普专家，面向公众发表演讲并直接进行交流，传播科学知识，增强公众对科学方法和科学精神的了解和认识，有近30家新闻媒体参与论坛活动。开展了“青少年走进科学世界”、“崇尚科学、反对邪教、破除迷信”为主题的大型科普活动，受到社会广泛关注。

以青少年学生为重点对象，组织开展了青少年喜闻乐见的科普活动。举办了“科学之路”科普夏令营活动；组织京区11个研究所在暑假期间面向社会开放，接待来自全国各地以及北京市的大、中学校师生和青少年3万余人。

进一步加强科普基地与设施建设。中科院12个植物园共建设或改建科普馆4个，科技展示示范园4个；建设科普信息内部网站1个；完成了科技部“植物科学普及教育园地设施的建设与改造”项目。

十、加强党的工作和创新文化建设

（一）认真组织全院职工学习江泽民同志“三个代表”重要思想和“七一”讲话

中科院党组专门下发了文件，对全院学习江泽民同志“三个代表”重要思想和“七一”讲话做出了具体部署。院领导带头认真学习并撰写体会文章，在院党组召开的中心组学习会议上交流，并在院主页上发布。院党组进一步加强和改进党委（党组）中心组学习制度，要求各单位结合工作实际和党政领导班子的思想状况，开展中心组学习，不断提高干部的政治思想理论水平。中科院先后召开了院士、中青年科学家、所长及书记代表以及民主党派、无党派人士及归侨、侨眷代表参加的学习“七一”讲话座谈会，有效推进了全院学习活动的深入进行。

党的十五届六中全会就改进党的作风建设作出重要决定后，院党组采取切实措施，经过精心准备，对中科院京区领导干部作风建设状况作了书面问卷调查；组成联合调研组，深入30个基层单位，通过召开座谈会、个别访谈等形式进行调查研究。在此基础上提出贯彻落实十五届六中全会精神的实施意见，推进中科院改进党风建设工作不断深入。

（二）加强宣传教育与思想政治工作

为纪念建党80周年，院开展了一系列丰富多彩的活动。“七一”前夕，院党组召开了纪念中国共产党建党80周年大会；与文化部、工程院、科协共同举办了“阳光·科学·艺术——科学家艺术家文艺晚会”；许多单位党委都组织了党的知识竞赛、文艺汇演、参观革命纪念地、摄影或书画展览等活动，讴歌党的光辉历程和改革开放的伟大成就。

各单位党委紧紧围绕试点工作，重视发挥党员的先锋模范作用，大力加强思想政治工作，努力将消极因素化为积极因素。试点单位党委的工作不断创新，积极组织研讨发展战略与目标，参加试点总结和规划工作，在调整与改革中发挥了重要作用。京区党委、京区纪委、院工会通过召开现场会等方式，大力提倡和推广“所务公开”制度。

（三）加强党的建设，抓好稳定工作

为深入学习贯彻江泽民同志“七一”重要讲话精神，研究探索党建工作的新思路、新方法，于8月、9月先后举办了两期党委书记研究班；举办了三期“领导干部求是论坛”，为领导干部提供了拓宽眼界与思路的窗口；举办入党积极分子培训班，做好新党

员的发展工作，特别是将年轻的科技骨干作为党组织重点培养的对象。

与“法轮功”邪教组织的斗争取得了显著的成绩。2001 年 1～5 月，先后共教育转化了京区 50 个中毒较深的“法轮功”痴迷者，教育转化率达到了 98.3%；加强对已转化者的教育巩固工作，花大力气开展寻找出走者下落的工作，得到了有关部门的充分肯定。

（四）狠抓党风廉政建设

中科院党组在抓科技创新、体制改革和机制转换的同时，狠抓了党风廉政建设。近年来，制定并下发了《关于干部任前公示制度》、《关于实行建设工程招投标制度的若干规定》等 20 多个关于人、财、物方面的有关规章制度。本着“抓源头、标本兼治”的原则，院纪检监察审计部门加大了对党风廉政建设的检查和指导力度。院属单位根据院党组《中国科学院党风廉政责任制的规定》精神，结合自身具体情况，制定了相应的实施细则，使党风廉政建设在制度上有了保证。对近 100 个院属单位党风廉政状况进行了检查，收入申报、礼品登记、重大事项报告、招待费向职代会报告已成为全院绝大部分单位领导干部的自觉行为，“四项制度”得到了很好的落实。

（五）大力推进创新文化建设

创新文化建设是创新工程试点工作的目标之一，从 2000 年起纳入研究所试点工作的考核指标。通过调查研究，形成了研究所创新文化建设的考核评价办法，为建立科学完善的评价体系奠定了基础。许多研究所对以往的制度规范进行了修订完善，把创新文化理念有机地融入科技创新、制度建设与园区改造之中。组织召开了“科学技术与精神文明论坛”第二届研讨会，共有来自全国各地的近 60 名会议代表参加了研讨会，扩大了中科院在科技界精神文明建设中的影响。

（六）做好离退休干部工作，发挥工、青、妇等团体的作用

做好离退休干部工作，积极落实离退休干部的政治待遇和生活待遇，在老有所养、老有所医、老有所教、老有所学、老有所为、老有所乐方面积极探索，务实工作，取得了良好的效果。

中科院团委与团中央、全国青联联合主办“中国青年创新论坛·中关村论坛”5 期；组织“中国科学院青年科学家前沿科学报告团”，有 25 名青联委员分赴全国 12 个城市 20 所高等院校作前沿科学报告；举办暑期“青年科技文化系列讲座”，丰富了研究生学术文化生活。

中科院妇委会成功地组织了全院“十大女杰”的评选工作。统战部举办了京区首期党外中青年骨干学习班。中科院工青妇等群众组织利用暑期、重大节日，组织一定规模的社区文化广场活动，特别是庆祝申奥成功的文化广场演出及狂欢活动在中央电视台播出后，产生较大影响。

中国科学院主要领导（2001 年）

院　　长　路甬祥

副 院 长　许智宏　陈宜瑜　白春礼　杨柏龄　江绵恒
陈　竺

党组书记　路甬祥

党组副书记　郭传杰

中纪委驻院纪检组组长　王德顺

党组成员　许智宏　陈宜瑜　白春礼　杨柏龄　江绵恒
王德顺　施尔畏

秘 书 长　施尔畏

副秘书长　何　岩　邓麦村　沈保根

中国科学院院部机关机构

办　公　厅

主　任　李云玲
副主任　蒋崇德　刘晓群　戴明华
下设处室：秘书处（党组办）、文书处、信息处、宣传联络处、档案处、财务处、综合处、安全保卫委员会办公室。

学部联合办公室

主　任　沈保根（兼）
副主任　周先路　陈　丹
下设处室：综合处、数理学部办公室、化学部办公室、生物学部办公室、地学部办公室、技术科学部办公室。

基础科学局

局　长　金　铎
副局长　黄　勇
下设处室：综合规划处、数学力学天文处、物理与化学处、大科学工程与核科学处。

生命科学与生物技术局

局　长　康　乐
副局长　朱　祯
下设处室：综合规划处、环境生物学与生物技术处、生物医学处、农业生物学与生物技术处。

资源环境科学与技术局

局　长　傅伯杰
副局长　范蔚茗　陈泮勤
下设处室：综合规划处、国土与遥感处、固体地球科学处、大气海洋科学处、生态环境处、农业项目办公室。

高技术研究与发展局

局　长　桂文庄

副局长　秦　伟　刘　波

下设处室：综合处、工程技术处、信息与先进制造科学技术处、材料能源与化工科学技术处、综合技术处、空间与系统科学技术处。

高技术产业发展局

局　长　赵　勤

下设处室：综合规划处、企业发展处、项目管理处、技术经济合作处。

科技政策局

局　长　曹效业

副局长　陈　浩

实行局长助理制，不设处室。

综合计划局

局　长　李志刚

副局长　许　平　吕永龙

下设处室：办公室、预算制度处、规划处、项目处、科研基地处、财务资产处、装备技术处、成果专利处。

人事教育局

局　长　何　岩（兼）

副局长　杨星科　黄海霞

下设处室：综合处、调配与编制处、领导干部处、科技干部处、机关人事处、高等教育与博士后处、工资与社会保障处、留学与继续教育处。

基本建设局

局　长　赵锡嘉

副局长　戚　强　王志刚

下设处室：财务综合处、规划与房地产处、投资处、计划与工程管理处。

下　属：房地产管理所。

国际合作局

副局长　邱举良（常务副局长）　安建基

下设处室：办公室、亚非拉美处、东欧中亚处、美大处、西欧处、国际组织处、港澳台处、综合计划处。

京区党委

书　记　郭传杰（兼）

常务副书记　项国英

副书记　李培金　周德进

下设处室：综合办公室、组织与统战工作部、宣传部、群工部。

离退休干部工作局

局　长　吴保祖

副局长　史耀远　穆中红

下设处室：综合处、组织调研与老专家处、机关离休处、机关退休处、教育活动处。

中央纪律检查委员会驻院纪检组

组　长　王德顺

副组长　彭玉水

监察审计局

局　长　彭玉水（兼）

副局长　高凤春

下设处室：综合办公室、纪检监察一室、纪检监察二室、审计监察室。

京区纪委

书　记　彭玉水（兼）

副书记　沈宏根

学部与学部工作

在中科院党组和学部主席团的领导下，按照路院长“围绕党和国家的中心工作，进一步提高工作水平和层次，加强队伍建设和制度建设，使学部工作做到政治合格，作风严谨，队伍精干，服务优良。做到院士们满意，学术界和社会公众满意，党组和中央满意”的要求，2001年学部工作取得新进展。推动院士增选工作的不断完善和改进，圆满地完成了院士增选工作，选出了56位新院士；咨询工作围绕国家科技发展战略以及国家经济建设、国防安全、社会发展中的重大科学问题开展咨询，并积极推进将院士咨询纳入国家行政法规化；维护科学道德，加强院士队伍自身建设，制定了《中国科学院院士科学道德自律准则》；宣传科学思想，弘扬科学精神，积极开展形式多样的学术活动和科学普及。

一、2001年中国科学院院士增选工作

根据《中国科学院院士章程》，学部主席团和各学部常委会研究部署了2001年院士增选工作。经过院士们严格评审，11月9日，从337名候选人中选举产生了56位新院士，其中数学物理学部10人，化学部10人，生物学部12人，地学部9人，技术科学部15人。新当选院士平均年龄60.4岁，最大年龄75岁，最小年龄38岁；60岁（含60岁）以下22人；女科学家8人。

2001年院士增选工作，在不断总结经验、改进、完善评审程序和增选办法的基础上，严格掌握院士标准，保证了院士增选质量。学部主席团多次研究增选工作改革问题，并对院士标准和条件提出了明确的意见。院士们在评审中讨论热烈深入，对候选人的各种不同意见得到了较好的交流。

2001年院士增选工作积极推进了通信评审。在1999年地学部成功试行第一轮通信评审的基础上，化学部又试行了第一轮通信评审。通过试行通信评审，扩大了试点范围，积累了经验，向全面推广通信评审迈进了一步。

根据院士们的建议，2001年院士增选工作简化了院士和推荐单位的程序，由学部主席团修订了《中国科学院院士增选实施细则》，规定推荐院士和推荐部门只填写《中国科学院院士候选人推荐书》，由被推荐人自己填写《被推荐人登记表》，使得评审材料更加准确可靠。

党中央、国务院高度重视院士队伍建设。增选工作完成后，中央领导同志对两院的院士队伍建设作了重要指示。院党组和学部主席团高度重视，组织了专门研究小组开展了广泛调研，研究了国际上有代表性国家院士的有关情况，对我国院士队伍的发展历史和现状进行了深入的分析和认真的研究，形成了《关于加强院士队伍制度化建设的报告》。

二、2001 年中国科学院学部咨询评议工作

（一）数理学部组织完成“全国基础研究‘十五’计划学科发展专题调研报告”

2001 年 2 月，受科技部委托，数理学部组织完成了对“全国基础研究‘十五’计划学科发展专题调研报告”的咨询评议，所提出的修改意见得到了采纳。

（二）化学部组织完成“化学二级学科发展战略研究”中有机化学发展战略咨询工作

21 世纪，有机化学面临新的发展机遇，一方面，随着有机化学本身的发展及新的分析技术、物理方法以及生物学方法的不断涌现，人类在了解有机化合物的性能、反应以及合成方面将有更新的认识和研究手段；另一方面，材料科学和生命科学的发展，以及人类对环境和能源的新的要求，都给有机化学提出了新的课题和挑战。化学部和国家自然科学基金委员会化学科学部合作，先后组织多次发展战略研讨会，完成《21 世纪的有机化学发展战略》一书。

（三）生物学部组织院士对天津市干细胞科研中心、新药科研中心进行咨询

2001 年 5 月，受天津市科委的邀请，生物学部组成咨询小组，对天津市干细胞科研中心、新药科研中心进行了学术咨询。咨询小组根据两个单位目前的实际情况，对它们的发展方向和存在的问题等提出了中肯的意见和建议，并向天津市科委提交了书面咨询意见，产生了很好的效果和影响。天津市科委明确表示希望今后进一步加强双方的合作。

（四）生物学部组织院士对“禁止硝酸铵作为化肥使用可能对农业带来的影响”进行咨询

2001 年 7 月，应国务院法制办的要求，生物学部组成咨询小组，对关于“禁止硝酸铵作为化肥使用可能对农业带来的影响”问题进行咨询，提出了许多实事求是的咨询意见和建议，为国务院领导的决策提供了科学依据，受到有关部门领导同志的重视和肯定。

（五）中国科学院学部向国务院呈送“实现西藏跨越式发展的若干建议”咨询报告

实现西藏跨越式发展是中国科学院学部关于西部问题研究的一个重点。2001 年 8 月，中国科学院学部组织西部问题咨询组 10 余位院士和近 30 位专家，经过深入研究完成了“实现西藏跨越式发展的若干建议”咨询报告。

报告认为，实现西藏跨越式发展应坚持经济发展与社会发展并重原则，转变观念，重视改善社会发展条件，提高社会发展指数，切实提高广大农牧民生活水平。通过全国的支援和西藏自身不懈的努力，西藏实现跨越式发展是完全可以实现的。

报告提出了实现经济跨越式发展的 5 项建议：一是稳定粮食生产，大力发展特色高效的商品型畜牧业；二是以建成龙头产业为目标，大力发展西藏特色旅游业；三是加强

矿产开发前期工作，努力将资源优势转化为经济优势；四是加强生态环境建设和防灾减灾，实现可持续发展；五是加速信息化建设进程，带动西藏社会经济跨越式发展等。

报告指出，GDP 并非西藏发展的唯一指标，更不是跨越式发展的唯一指标。西藏跨越式发展的突破口不在经济领域，而在社会发展领域。投资拉动固然可以加速 GDP 增长，但如果忽视增长质量，即使 GDP 上去了，人民群众也可能得不到明显实惠。为此，建议适当调整对西藏的投资方向，控制脱离居民实际需要的形象工程建设；加强基础教育；加大全国的科教援藏力度；高度重视人才培养工作；设立西藏自治区人民政府科学顾问组织，给予西藏发展以特殊的关注和支持，对西藏发展重大战略问题进行科学咨询。

（六）受中国海洋石油总公司委托，两院组织院士对我国海洋石油的发展进行咨询

2001 年 9 月，应中国海洋石油总公司的邀请，技术科学部、地学部与中国工程院有关学部共同组织两院院士对我国海洋石油的发展进行了咨询考察活动。通过了解实际情况和与生产技术人员的交流研讨，对我国海洋石油的勘探开采、海洋工程建设以及政策方面提出了很多建议，得到中国海洋石油总公司高度评价，促进了中国海洋石油总公司与中国科学院的合作。

三、促进科学道德建设，制定“中国科学院院士科学道德自律准则”

根据学部主席团的要求，结合科技界普遍反映出的科学道德学风问题，学部科学道德建设委员会确定把工作重点放在维护科学道德，加强院士队伍自身建设上。在召开院士座谈会的基础上，经各学部常委会修改和听取全体院士意见，最后形成了《中国科学院院士科学道德自律准则》。这是中国科学院学部近 50 年发展历程中第一部全面规范自身行为的正式文件。在科学技术已成为国际经济竞争关键因素、科学已成为现代社会生活中起主导作用的因素的今天，无疑具有重要的现实意义和时代特征。

四、积极开展学术活动和科学普及工作

加强院地合作，组织开展学术活动，对普及科学知识，宣传科学方法，提高大众的科学素养等起到了重要的推动作用，在社会上产生了很好的影响。2001 年在深圳高交会期间，成功举办了首届中国科学院院士论坛，周光召、吴文俊等院士应邀作学术报告。受上海浦东开发区的邀请，有关院士就信息技术、磁悬浮车、光电子、微电子技术等领域作学术报告。在北京科技周活动期间举办的“中外著名科学家当代高科技发展科普高峰讲坛”，周光召和李政道等国内外著名科学家组成的有相当影响的科技报告阵容，向首都科技界和公众介绍了中国与新世纪高新科技发展的有关内容和知识。

2001 年共组织出版了 25 本《院士科普书系》。

中国科学院学部领导机构

中国科学院学部主席团名誉主席

钱学森

第三届中国科学院学部主席团组成名单

执行主席　路甬祥

成　员　（以姓氏笔画为序）

王　夔　王大中　王佛松　母国光　孙　枢　孙鸿烈
许智宏　吴　旻　吴德馨（女）　张存浩　李依依（女）
李振声　杨　乐　陈佳洱　赵忠贤　徐冠华　顾诵芬
梁栋材　路甬祥

第三届中国科学院学部主席团执行委员会组成名单（以姓氏笔画为序）

王大中　王佛松　孙　枢　许智宏　陈佳洱　梁栋材
路甬祥

执行主席　路甬祥

秘书长　沈保根

第三届中国科学院学部主席团顾问

宋　健　李铁映　周光召　王春正　王万宾　刘积斌
朱丽兰（女）　韦　钰（女）　楼继伟　陈达植
陈佳洱　张玉台

中国科学院数学物理学部第十届常务委员会

主　任　陈佳洱

副主任　杨　乐　闵乃本　陈建生　周　恒

委　员　（以姓氏笔画为序）

马志明　王乃彦　方　成　方守贤　甘子钊　张恭庆
张涵信　李家明　杨　乐　闵乃本　陈佳洱　陈建生
周　恒　欧阳钟灿　姜伯驹　贺贤土　徐至展

中国科学院化学部第十届常务委员会

主　任　王佛松

副主任　白春礼　刘元方　朱道本　何鸣元

委　员　（以姓氏笔画为序）

万惠霖　方肇伦　王佛松　邓景发　白春礼　刘元方
朱道本　何鸣元　张礼和　李静海　沈之荃（女）

陆熙炎　周其凤　俞汝勤　袁　权　郭景坤　钱逸泰

中国科学院生物学部第十届常务委员会

主　任　梁栋材

副主任　卢永根　陈可冀　匡廷云（女）　朱作言

委　员　（以姓氏笔画为序）

卢永根　匡廷云（女）　朱作言　许智宏　吴建屏

吴祖泽　吴常信　李振声　沈允钢　陈　竺　陈可冀

洪德元　施蕴渝（女）　唐守正　梁栋材　韩启德

翟中和

中国科学院地学部第十届常务委员会

主　任　孙　枢

副主任　安芷生　李廷栋　汪品先　陈　颙

委　员　（以姓氏笔画为序）

丑纪范　王　水　刘宝珺　刘昌明　安芷生　戎嘉余

李廷栋　李德仁　汪品先　苏纪兰　陈　颙　周秀骥

秦蕴珊　章　申　黄荣辉　傅家谟　戴金星

中国科学院技术科学部第十届常务委员会

主　任　王大中

副主任　戴汝为　周炳琨　刘广均　杨叔子　钟万勰

委　员　（以姓氏笔画为序）

王大中　王占国　王崇愚　刘广均　吴承康　张　钹

李衍达　杨芙清（女）　杨叔子　邹世昌　闵桂荣

陈俊亮　曹春晓　周兴铭　周孝信　周炳琨　侯　洵

钟万勰　徐建中　徐性初　曹楚南　彭一刚　戴汝为

中国科学院学部第一届咨询评议工作委员会

主　任　赵忠贤

副主任　孙鸿烈　王淀佐（特邀）

成　员　胡仁宇　周　恒　何鸣元　李静海　李振声　陈可冀

陈运泰　黄荣辉　王崇愚　母国光　杨叔子

顾　问　师昌绪　惠永正　陈佳贵　李春华　马德秀　段双泉

吴伟仁　张尧学　谢伏瞻

中国科学院学部第一届科学道德建设委员会

主　任　许智宏

副主任　张存浩

成　员　陈建生　白春礼　朱兆良　丁国瑜　戴汝为

2001 年中国科学院院士名单

（共 653 人）

数学物理学部（124 人）

丁大钊	丁伟岳	丁夏畦	于　敏	于　渌	万哲先	马大猷
马志明	文　兰	王　元	王　迅	王乃彦	王世绩	王梓坤
王业宁(女)	王绶琯	方　成	方守贤	甘子钊	艾国祥	石钟慈
叶叔华(女)	叶朝辉*	田　刚*	白以龙	冯　端	曲钦岳	吕　敏
朱光亚	庄逢甘	刘应明	汤定元	严加安	孙义燧	苏步青
苏定强	苏肇冰	李　林(女)	李大潜	李方华(女)	李正武	李荫远
李家明	李惕碚	李德平	李邦河*	杨　乐	杨立铭	杨应昌
杨国桢	杨福家	吴文俊	吴式枢	吴杭生	何泽慧(女)	何祚庥
谷超豪	应崇福	闵乃本	沈　元	沈文庆	沈学础	张宗烨(女)
张仁和	张恭庆	张淑仪(女)	张涵信	张焕乔	张殿琳*	陆启铿
陈　彪	陈希孺	陈佳洱	陈难先	陈建生	陈式刚*	汪承灏*
邹广田*	范海福	林　群	欧阳钟灿	周　恒	周光召	周毓麟
周又元*	冼鼎昌	郑厚植	经福谦	赵忠贤	赵光达*	郝柏林
胡仁宇	胡和生(女)	柯　召	段学复	姜伯驹	洪朝生	贺贤土
夏道行	钱伟长	钱学森	崔尔杰	徐至展	徐叙瑢	郭尚平
郭柏灵*	席泽宗	唐孝威	谈镐生	黄　昆	黄胜年	黄祖洽
黄润乾	章　综	彭桓武	童秉纲	程开甲	谢家麟	管惟炎
熊大闰	霍裕平	戴元本	魏宝文	魏荣爵		

化学部（113 人）

万惠霖	王　夔	王方定	王佛松	支志明	方肇伦	申泮文
田昭武	卢佩章	冯新德	白春礼	邢其毅	朱起鹤	朱清时
朱道本	刘元方	刘有成	刘若庄	江元生	江　龙*	孙家钟
任詠华*(女)	严东生	苏　锵	吴征铠	吴浩青	吴新涛	时　钧
李静海	何国钟	何鸣元	何炳林	余国琮	佟振合	闵恩泽
汪尔康	汪家鼎	汪德熙	沈之荃(女)	沈天慧(女)	沈家骢	沙国河
张　滂	张礼和	张存浩	张青莲	张乾二	陆熙炎	陆婉珍(女)

陈庆云	陈凯先	陈茹玉(女)	陈俊武	陈冠荣	陈家镛	陈洪渊*
陈新滋*	麦松威*	林励吾	林尚安	林国强*	郑兰荪*	卓仁禧
周同惠	周其凤	周维善	赵玉芬(女)	胡　英	胡宏纹	查全性
侯祥麟	俞汝勤	姚守拙	袁　权	袁承业	钱人元	钱逸泰
倪嘉缵	徐　僖	徐光宪	徐如人	徐晓白(女)	殷之文	高　鸿
高世扬	郭景坤	郭慕孙	唐有祺	唐敖庆	黄乃正	黄　量(女)
黄本立	黄志镗	黄维垣	黄葆同	黄耀曾	黄春辉*(女)	梁树权
梁晓天	梁敬魁	彭少逸	蒋丽金(女)	蒋锡夔	嵇汝运	程镕时
程津培*	曹　镛*	游效曾	谢毓元	楼南泉	蔡启瑞	黎乐民
戴立信						

生物学部（114 人）

于天仁	孔祥复	王文采	王世真	王志新	王德宝	王志珍*(女)
贝时璋	毛江森	尹文英(女)	石元春	田　波	叶玉如*(女)	卢永根
印象初	匡廷云(女)	朱兆良	朱作言	庄巧生	刘以训	刘建康
刘瑞玉	刘新垣	许根俊	许智宏	孙曼霁	孙儒泳	孙大业*
阳含熙	李季伦	李振声	李朝义	李家洋*	杨弘远	杨雄里
杨福愉	吴　旻	吴阶平	吴英恺	吴征镒	吴建屏	吴孟超
吴祖泽	吴常信	宋大祥	邱式邦	邹承鲁	沈允钢	沈自尹
沈善炯	沈韫芬(女)	苏国辉	张广学	张启发	张春霆	张树政(女)
张香桐	张新时	张友尚*	张永莲*(女)	陆士新	陆宝麟	陈　竺
陈子元	陈中伟	陈可冀	陈华癸	陈宜张	陈宜瑜	陈慰峰
陈文新*	周　俊	郑国锠	郑儒永(女)	郑守仪*(女)	庞雄飞	金国章*
郝　水	钦俊德	施教耐	施蕴渝(女)	施履吉	娄成后	洪孟民
洪国藩	洪德元	姚　鑫	姚开泰	贺福初*	徐国钧	徐冠仁
唐守正	唐崇惕(女)	谈家桢	戚正武	龚岳亭	曹文宣	梁栋材
梁植权	梁智仁*	赵尔宓*	韩启德	韩济生	曾　毅	曾呈奎
蒋有绪	谢联辉	强伯勤	裘法祖	翟中和	裴　钢	薛社普
鞠　躬	魏江春					

地学部（115 人）

丁国瑜	马　瑾(女)	马在田	马宗晋	王　水	王之卓	王恒升
王鸿祯	王德滋	王　颖*(女)	文圣常	丑纪范	业治铮	叶大年
叶连俊	叶笃正	石耀霖*	田在艺	冯士筰	朱显谟	任纪舜
任美锷	伍荣生	戎嘉余	刘东生	刘光鼎	刘昌明	刘宝珺

刘振兴	关士聪	安芷生	许志琴(女)	许厚泽	孙　枢	孙鸿烈
孙殿卿	苏纪兰	李吉均	李廷栋	李星学	李德仁	李德生
李小文*	李崇银*	杨　起	杨遵仪	肖序常	吴传钧	吴汝康
吴国雄	吴新智	汪品先	汪集旸	沈其韩	宋叔和	张本仁
张国伟	张宗祜	张弥曼(女)	张彭熹	陈　颙	陈永龄	陈庆宣
陈运泰	陈述彭	陈国达	陈俊勇	陈梦熊	林学钰(女)	欧阳自远
郑　度	周志炎	周秀骥	於崇文	金玉玕*	赵其国	赵柏林
赵鹏大	侯仁之	姚振兴	施雅风	胡敦欣*	钟大赉*	秦蕴珊
秦馨菱	袁道先	贾福海	顾知微	徐克勤	徐冠华	徐世浙*
殷鸿福	高　俊	郭令智	席承藩	涂光炽	涂传治*	陶诗言
黄荣辉	盛金章	常印佛	章　申	巢纪平	董申保	程国栋
程裕淇	傅家谟	童庆禧	曾庆存	曾融生	谢学锦	翟裕生
滕吉文	薛禹群	戴金星				

技术科学部（187 人）

丁舜年	干福熹	马祖光*	王　圩	王　选	王　越	王大中
王大珩	王之江	王占国	王立鼎	王守武	王守觉	王阳元
王希季	王启明	王补宣	王育竹	王崇愚	王淀佐	叶恒强
叶培大	石青云(女)	卢　强	卢肇钧	冯纯伯	母国光	匡定波
师昌绪	吕保维	朱　静(女)	朱中梁	朱森元	任新民	伍小平(女)
过增元	刘广均	刘永坦	刘颂豪	刘高联	刘盛纲	刘宝镛*
齐　康	许学彦	孙　钧	孙钟秀	孙家栋	庄逢辰*	严　恺
严陆光	余梦伦	李　未	李志坚	李启虎	李国豪	李依依(女)
李衍达	李敏华(女)	李济生	杨　槱	杨芙清(女)	杨叔子	杨嘉墀
肖纪美	吴自良	吴全德	吴良镛	吴承康	吴德馨(女)	邱大洪
邹世昌	闵桂荣	汪　耕	汪闻韶	沈志云	沈珠江	沈绪榜
宋　健	宋玉泉	宋振骐	宋家树	张　钹	张　煦	张光斗
张兴吟	张佑启	张沛霖	张景中	张效祥	张嗣瀛	张　泽*
张楚汉*	陆元九	陆汝钤	陈学俊	陈俊亮	陈星旦	陈星弼
陈能宽	陈翰馥	陈　达*	陈桂林*	邵象华	林　皋	林为干
林兰英(女)	林秉南	林惠民	欧阳予	罗沛霖	周干峙	周尧和
周兴铭	周孝信	周国治	周炳琨	周巢尘	周锡元	郑哲敏
郑耀宗	郑时龄*	赵仁恺	胡文瑞	胡聿贤	胡海昌	柯　俊
钟万勰	钟香崇	保　铮	侯　洵	侯朝焕	俞鸿儒	闻邦椿
姚建铨	姚　熹	姜中宏	柳百新*	夏培肃(女)	夏建白*	顾诵芬
党鸿辛	钱令希	钱钟韩	徐采栋	徐性初	徐建中	徐祖耀

高庆狮	高镇同	高玉臣*	郭可信	郭　雷*	唐稚松	唐叔贤*
陶亨咸	顾秉林	秦国刚*	黄克智	黄宏嘉	黄纬禄	曹春晓
曹楚南	梁守槃	梁思礼	屠守锷	彭一刚	温诗铸	葛昌纯*
董韫美	蒋民华	程耿东	谢光选	韩祯祥	雷天觉	雷啸霖
路甬祥	阙端麟	简水生	蔡其巩	蔡睿贤	熊有伦	颜鸣皋
薛永祺	潘际銮	潘家铮	戴汝为	魏寿昆		

注：带＊者为2001年新当选院士

2001 年中国科学院外籍院士名单

（共 34 人，按姓氏英文字母排列）

伯奇费尔	(B.C.Burchfiel)	（美国）
罗伯特·康	(Robert W.Cahn)	（英国）
张立纲	(Leroy L.Chang)	（美国）
张永山*	(Y.Austing Chang)	（美国）
陈省身	(Shiing-shen Chern)	（美国）
卓以和	(A.Y.Cho)	（美国）
朱棣文	(Steven Chu)	（美国）
朱经武	(C.W.Chu)	（美国）
克里斯琴森	(W.N.Christiansen)	（澳大利亚）
冯元桢	(Yuan-Cheng B.Feng)	（美国）
何毓琦*	(Yu-Chi Ho)	（美国）
霍克弗尔特*	(Tomas Hokfelt)	（瑞典）
井口洋夫*	(Hiroo Inokuchi)	（日本）
简悦威	(Y.W.Kan)	（美国）
高　锟	(Charles K.Kao)	（美国）
葛守仁	(Ernest S.Kuh)	（美国）
李政道	(Tsung-Dao Lee)	（美国）
黎念之	(N.N.Li)	（美国）
林家翘	(Chia-Chiao Lin)	（美国）
林同炎	(T.Y.Lin)	（美国）
毛河光	(H.K.Mao)	（美国）
马库斯	(R.A.Marcus)	（美国）
米歇尔*	(Harmut Michel)	（美国）
莫里茨	(Helmut Moritz)	（奥地利）
雷　文	(Peter H.Raven)	（美国）
萨支唐*	(Chih-Tang Sah)	（美国）
沈元壤	(Y.R.Shen)	（美国）
田长霖	(Chang-Lin Tien)	（美国）
丁肇中	(Samuel C.C.Ting)	（美国）
崔　琦*	(Daniel Chee Tsui)	（美国）
威　利	(P.J.Wyllie)	（美国）

杨振宁	（Chen Ning Yang）	（美国）
丘成桐	（Shing-Tung Yau）	（美国）
辛克维奇	（O.C.Zienkiewicz）	（英国）

注：带 * 者为 2001 年新当选的外籍院士

基 础 研 究

2001年是国家“十五”计划实施的第一年，也是中科院知识创新工程试点进入全面推进阶段的第一年。基础科学局按照“以体制创新和机制创新，保证和带动科技创新”的指导思想，紧紧围绕国家和中科院“十五”科技发展规划和2015年远景规划目标，精心组织、开拓进取，全力做好知识工程，全面推进各项工作，在研究所结构调整、科研基地和科研团队的建设、项目的组织和管理等方面取得了可喜的成绩，基础科学局联系的研究所已全部进入知识创新工程试点序列。

一、统筹规划，全面推进知识创新工程试点工作

（一）巩固一期创新成果，全面转入二期创新

2001年，根据中科院党组的总体部署，按照“以提高创新能力为核心，以凝炼和提升科技创新目标为导向，以体制改革和机制转换为突破口，以队伍建设为重点”的指导思想，在对一期创新工程试点阶段工作的分析、总结的基础上，做好试点成果的巩固和完善，为进入一期创新试点单位转入二期创新打下基础。

在中科院知识创新工程试点启动阶段，数学与系统科学研究院、物理研究所、化学研究所、理化技术研究所、理论物理研究所、国家天文观测中心（现更名为国家天文台）、国家授时中心等7个单位先后进入中科院一期创新试点序列。2001年上半年，通过对这些试点单位的一期创新成果进行定性和定量评估，试点工作进展顺利，取得了非常有益的经验，也发现了一些问题，对创新进入全面推进阶段工作的开展具有重要借鉴意义。这次考核评估物理研究所、数学与系统科学研究院和理论物理研究所试点工作成效显著，综合评估为优秀，受到院创新经费奖励。化学研究所、国家天文台、理化技术研究所在试点阶段也取得了突出的成绩。经院长办公会议批准，进入一期试点的研究所全部转入二期创新试点，并签署了任务书。

在一期创新试点阶段，数学与系统科学研究院紧紧围绕“成为亚太地区及国际上公认的、有较强研究实力与重要影响的数学与系统科学研究机构，迈向国际一流水平的行列”的总目标进行了总体部署。在确定重大研究领域的基础上，认真组建“核心数学挑战性问题国际研究团体”和“复杂系统国际研究团队”，并已开展团队的运作和有影响的学术活动。在继续加强八个重大研究领域和健全现有的研究中心与开放实验室的同时，开始建立和启动了一些跨学科、反映学科新增长点、符合国家战略需求的跨学科的研究中心，如筹建了“不确定决策研究中心”。另外，数学与系统科学研究院在研究员岗位的聘任方面，也跨出了国际评审的第一步。

物理研究所一直处在我国科技体制改革与机制转变试点工作的前沿。在全院一期进

入创新试点序列单位的综合评价中，物理研究所总分排名第一，创新实力大大加强。在一期创新阶段，物理所紧紧围绕“建设国际一流凝聚态物理基地”的奋斗目标，在“把握方向、凝聚目标、营造环境、鼓励创新探索机制、汇集人才，扩大交流，加强合作”等方面，精心部署，狠抓落实，各项工作都取得了突出的成绩。他们还积极探索一流研究所的运行机制，大胆试验，在院内首创成立了由中外一批杰出科学家组合而成的国际量子结构中心。同时又在多方面试行年度国际化评价制度，制定了《物理所国际专家评价制度实施办法》。

理论物理研究所认真总结分析一期创新成果经验和问题，进一步凝炼和提升科研目标，积极推进交叉学科的发展，完成了“中国科学院交叉学科理论研究中心”的可行性论证和启动工作。新组建了由计算数学和理论物理交叉的“保结构算法及应用”课题组。酝酿筹建“重大基本物理设计研究”的国内外合作的青年团队，并取得很好进展。

国家天文台已规划部署了二期创新工作任务，完成国家天文台的组建和国家天文台章程的起草工作，成立了国家天文台学术委员会，顺利完成创新基地的评估工作。成立了国家天文台军工领导小组，推进天文高技术研发工作，为国家安全服务。继续进行空间天文预研项目的遴选，为今后重大科学工程项目的立项做储备。

化学研究所在一期创新学科布局的基础上，进一步凝炼科学目标，将其研究领域集中到化学反应动态学和结构化学、分子聚集体化学、合成与制备科学、高技术材料研究四个方向。在优势学科——高分子学科加大引进领衔式科技帅才的力度，组建研究团队。同时，在纳米科技和化学生物学两个方向进行学科布点。

理化技术研究所作为刚刚组建两年的研究所，按照“在基础研究到产业化中间的研究实体，立足于为经济发展、社会进步和国防建设服务”的定位，他们加强与地方、行业、企业的合作，探索促进科技成果转化的新模式和新思路，确定了光功能材料与器件、低温工程学新技术、绿色化学合成新技术和环境友好材料为主的三大创新领域；完善运行机制，建立绩效考核评价体系。

（二）积极扩大创新试点范围，全面推进创新试点工作

2001 年，作为中科院知识创新工程全面推进阶段的第一年，基础科学领域尚未进入创新试点序列的近代物理所、高能物理所、福建物构所、上海原子核所、力学所、合肥研究院（含等离子体所、固体所）、武汉物理与数学所等单位对创新试点工作热情非常高。基础科学局根据院党组的工作部署和要求，严把质量关，在与研究所反复研讨、论证的基础上，帮助研究所进一步完善创新方案，本着“成熟一项，启动一项”的原则，将上述各所的创新方案分次提交院办公会议审议，并获得批准进入二期创新试点序列。截止 2001 年 8 月，基础科学局联系的所有研究所率先全部进入试点序列。

新进入创新试点序列的单位按照中科院知识创新工程试点全面推进阶段工作的指导思想，进一步进行结构性调整，凝炼科技目标，以提高科技创新能力为核心，制订了详细的创新试点方案。近代物理所重点在 CSR 上开展的前沿研究，由原有的 8 个研究领域整合为 4 个主要领域，即重离子物理研究，重离子、分子和团簇与物质相互作用研究，离子束辐照生物效应研究以及先进离子加速器物理及新技术研究。

高能物理研究所为建成国际知名的高能物理实验基地、先进加速器技术发展基地等为总目标，确定了高能物理研究、先进加速器技术研究和开发、先进射线技术及其应用3个重点学科布局以及相关的10个主要研究方向。

上海原子核研究所确定了先进光源和束线、先进离子束的科学与技术研究，核物理及交叉、边缘学科研究，核技术科学的应用研究等三个学科领域，用10年左右的时间，建设成为国际先进、有中国特色的民用非动力核技术科学研究基地。

武汉物理与数学研究所进行了一系列重大改革，取消了研究室建制，将原7个研究室调整为波谱与原子分子物理国家重点实验室、电离层物理实验室、数学物理实验室和高技术研究发展中心。确定为5个重点领域，8个主要研究方向。拟建立17个创新性研究（项目）组，目前已启动了14个研究组。

力学研究所围绕"建设成为在国际上有重要影响的著名力学研究机构"完成了科研布局，明确了"微系统科技"、"气动科技"、"微重力科学"、"重大工程"等4个重点领域，8个主要研究方向。

福建物质结构研究所已完成了实验室和管理人员的岗位评聘工作。进行了后勤改革、支撑系统的建设以及福晶公司的改制工作，园区建设规划也获得院的批准。

国家授时中心把授时服务作为立台之本，稳步推进科研体制改革和机制转换工作。取消了原有的六个研究室的建制，设置了5个创新团组，一个授时部和一个时频基准实验室，完成了创新岗位的公开上岗招聘工作。撤销了行政及国有资产处，成立了物业管理中心。采取核定工作范围、岗位和费用，签订合同、经费包干使用等运行机制。

（三）制定、落实科技创新战略行动计划，组织落实创新项目

科技创新战略行动计划是中科院为实现科技创新战略目标而采取的一项重要工作。根据中科院的科技创新战略行动计划的总体设计思想和国家"十五"科技发展规划，结合中科院的学科优势和国际科学前沿发展趋势，经过认真调研，制订了中科院基础科学研究战略行动计划。已经组织和正在组织重要方向性项目和重大项目20多项。已启动了"基于线性光学器件的量子通讯与量子计算"和"高温超导移动通讯基站接收机子系统样机的研制"等8项重要方向性项目，预算投资4 640万元；1项纳米科学科技创新重大项目，预算经费2 300万元。正在组织的重要方向性项目和创新重大项目有18项，预算经费约1亿元。

（四）加强团队、基地建设和优秀人才引进工作，提高创新实力

科技创新，以人为本。根据基础科学研究的特点，明确了在基础科学研究领域要加强科研团队、基地建设以及稳定支持具有创新潜力的优秀人才的指导思想。启动了量子结构中心、核心数学挑战性问题国际研究团队、高分子科学研究团队、交叉科学理论物理研究中心、复杂系统国际研究团队等6个研究团队计划。

在人才引进方面，注重引进在国际上具有影响的杰出人才以及将帅级人才。2001年基础科学局所联系的研究所在引进"国外杰出人才计划"中，共引进国外人才23人，知名学者15人，"百人计划"1人。

（五）重点实验室建设和管理

根据“十五”基础科学研究发展规划部署，从完善学科布局的角度，提出了拟建“数学机械化重点实验室室”、“分子纳米结构与纳米技术重点实验室”、“材料力学行为与设计重点实验室”、“纳米结构与纳米材料重点实验室”、“电离层物理重点实验室”以及“离子束生物工程重点实验室”等院重点实验室。经审议、批准，已完成了“分子纳米结构与纳米技术重点实验室”、“离子束生物工程学重点实验室”和“材料力学行为与设计重点实验室”的论证工作。

（六）认真策划，锐意创新，大力推动我国纳米科技中心的建设研究

纳米科技的迅速发展将促进科学技术的重大发展和革新，将对社会、经济发展、国家安全以及人们的生活和生产方式带来巨大的影响。为大力发展我国的纳米科学和技术，加速实现产业化，中科院纳米科技中心与海淀科技园建设股份有限公司共同建立中关村纳米材料工程中心，于2001年3月31日上午，在中关村永丰高新技术产业基地举行了开工典礼。4月13日，基础科学局召开了“中国科学院纳米科技中心楼揭牌仪式暨纳米科技中心第一次理事会会议”。理事会通过了中科院纳米科技中心主任和副主任组成人员，讨论了中科院纳米科技中心理事会章程和中心在中科院知识创新工程全面推进阶段的工作方案。

根据李岚清副总理的批示，国家发展计划委员会在北京部署组建“国家纳米科学中心”。受国家计委的委托，基础科学局组织了中科院纳米科技中心、北京大学和清华大学等单位的有关专家和领导，经过调研、讨论和磋商，制订出了“国家纳米科学中心的组建初步方案”，成立了国家纳米科学中心领导小组。目前，“纳米中心组建方案”和“中心”领导小组的组成已上报国家计委审批。

二、主要科研成果和进展

（一）论文发表和专利申请

2001年，基础研究工作呈现出勃勃生机和活力，在论文发表和专利申请的档次和数量上较往年都有明显的提高。据不完全统计，2001年基础科学领域有关研究所发表学术论文约3000多篇，其中SCI论文1400多篇；申请专利231项，其中发明专利45项；获授权专利106项，其中授权发明专利13项。值得一提的是物理所发表SCI论文已达379篇，而且收录论文和被引用数连续十一年居全国科研机构之首。

（二）获奖

继2000年度中科院数学与系统科学院吴文俊院士荣获了首届国家最高科学技术奖后，2001年半导体研究所黄昆院士获得了第二届国家最高科学技术奖。除此之外，2001年，基础科学领域有关研究所获得国际、国家和院、部级奖共43项，其中国家奖

5 项，院部级奖 30 项，冠名奖 6 项，国际奖 2 项。中国科技大学钱逸泰院士等完成的“纳米非氧化物的溶剂热合成与鉴定”、高能物理研究所顾以藩研究员等完成的“Ψ（2S）粒子及粲夸克偶素物理的实验研究”和上海原子核研究所沈文庆院士等完成的“重离子核反应的集体效应和奇异核产生及其性质研究”等荣获国家自然科学奖二等奖；物理研究所解思深研究员完成的“定向碳纳米管的制备结构和物性研究”、数学与系统科学研究院陈光亚、汪寿阳研究员等完成的“向量优化中的变分模型与集值分析”和福建物质结构研究所洪茂春研究员等完成的“新型无机聚合物的设计合成、结构规律与性能研究”等获得中科院自然科学奖一等奖；理论物理研究所喻明研究员等完成的“共形场论研究”、高能物理研究所祝玉灿、常哲研究员分别完成的“北京谱仪 I 上 J/Ψ 衰变物理的实验研究”和“量子对称性与量子群”等荣获中科院自然科学奖二等奖；力学研究所胡文瑞院士等完成的“多层流体空间科学实验”荣获中科院科技进步奖二等奖。

另外，在国家科技部组织的“2001 年我国基础科学研究十项重大成果”评选中，以中科院为主的有 6 项，物理研究所高鸿钧研究员等完成的“光盘容量扩大 100 倍的技术”、科技大学侯建国教授等完成的“C60 纳米材料与纳米结构研究获得重要进展”、高能物理研究所顾以藩研究员等完成的“我国粲夸克偶素物理的实验研究”、近代物理研究所郭俊盛研究员等完成的“我国新核素合成研究获两项突破”、遗传与发育生物学研究所和院基因组生物信息中心等单位完成的“我国完成水稻基因组‘工作框架图’”和古脊椎动物与古人类研究所的“将巨颅兽哺乳动物的历史向前推进4 500万年”；中科院为第二主持单位的有 2 项，上海生命科学研究院的“揭开导致 A-1 型短指（趾）症之谜”和南京地质古生物研究所的“确定全球二叠-三叠系界线层型（国际标准)”。

（三）科研工作取得重要进展

1. 表面纳米结构形成与稳定性机理探索方面获得又一新突破

物理研究所在表面纳米结构形成与稳定性机理研究方面，发现岛边缘原子从上一层翻跃到下一层受到的势垒大小是控制原子岛稳定性的关键。这一结果是在表面纳米结构形成与稳定性机理探索方面的又一新突破，使人们首次在原子层次上了解了纳米结构在表面衰变过程的动力学机制，对纳米结构制备和纳米技术应用都具有重要的意义（Phys. Rev. Lett，86（2001）2345）。

2. 强场物理研究获得突出进展

物理研究所在强场物理研究方面，建成了脉宽 25 飞秒、峰值功率达 1.4 太瓦（1 012瓦）的高效率超短超强激光装置——极光 I 号，以及电子能谱仪、高空间分辨率的能量探测仪、弯晶谱仪和软 X 射线谱仪等多种先进水平的诊断设备。在高能电子的产生和传输的物理过程研究方面，首次揭示了激光偏振态与高能电子束发射方向的重要关系，表明 s-偏振和 p-偏振的激光都能在等离子体中产生定向发射的高能电子束；同时还证明，通过调制等离子体的密度标长，可以控制高能电子束的发射方向。这一成果标志着人们对激光等离子体中高能电子的产生和传输的物理机制的理解进入了一个新的阶段（Phys.Rev. Lett.，87（2001）167003-1）。

3. 单分子 DNA 性质研究取得新成果

理论物理研究所在单分子 DNA 的性质研究上取得新成果，其中关于肿瘤抑制蛋白 P53 识别的两个序列（Waf1 和 A-tract 序列）DNA 微环弹性性质的国际合作研究以及关于单链 DNA 分子统计弹性力学的研究（发夹构引及其熔解）已经完成。已应邀在 21 届 IVPAP 国际统计物理大会及另外两个国际会议上作综述报告。论文发表在 PRL、JMB、JCP 杂志上。

4. 纳米线/AL_2O_3 有序微阵列组装体系研究取得了新的结果

固体物理研究所采用模板限域与催化剂诱导的化学互相沉积的方法，成功地获得了直径均匀一致、排列高度有序的硅纳米丝陈列体系，并实现硅纳米线的直径与长度的人为控制，发表在国际一流刊物 Adv. Mater 上。该结果对于硅线的性能研究及相关功能器件的开发具有重要意义。

5. 特殊形状一维纳米材料合成取得国际领先的结果

固体物理研究所在含氧气氛中，金作为催化剂条件下，通过高温蒸发法和利用 VLS 机制成功获得了 In_2O_3、Ga_2O_3 等宽禁带半导体单晶纳米丝（带），并制备了纳米勺和纳米凿子，国际上目前还没有关于这些纳米工具的报道。该成果已在 Adv. Mater. 和 Appl.Phys.Lett. 上发表。

6. 光电子能谱学对于自由基的研究获得重要进展

化学研究所科研人员研制的原位热解、原位探测实验装置，首次成功地产生能连续提供的、不同的烷基氧自由基束流。该成果为抑制与切断由汽车尾气所导致的城市光化学烟雾反应链，提供了有效途径，为世人提供了产生超短寿命不稳定自由基的新颖方法。有关研究论文发表在国际期刊 Angew. Chem. Int. Ed. 等杂志上。这一成果被国际电子能谱协会副主席 J.M.Dyke 教授称为“近年来在光电子能谱学领域最卓越的研究成果。”

7. 碳纳米管的控制生长、排列以及功能化研究取得突破性进展

化学研究所以金属酞菁为原料，利用气相沉淀法，在不同基片上制备出了碳纳米管阵列。该方法制备的纳米管不仅陈列规整、尺寸均匀，而且可以实现对直径和长度的控制性生长，在此基础上可进一步生长三维碳纳米管。这种碳纳米管对于构筑多功能、多用途的纳米器件具有十分重要的理论价值和应用前景。该成果在 Chem. Commun. 上发表后，立即引起了国际同行的高度关注，国际材料领域权威性杂志 Adv. Mater. 的副主编立即约稿，邀请在该杂志上介绍这一成果。

8. 首次完整给出了中国大陆地壳运动的基本特征

上海天文台建立了具有中国特色的 SLR、GPS、海洋测高卫星以及 PRARE 资料处理软件，建立并完善了多种空间对地观测技术的数据库；利用 SLR 和 GPS 观测网络以及 APSG 联测数据，首次完整给出了中国大陆地壳运动的基本特征，水平精度达 2～3mm/a；在国际地球参考架 ITRF96、ITRF97 速度场的基础上，建立了完全基于现代空间大地测量的实测资料的最新板块运动模型；利用地基 GPS 方法反演了测站上空可降水量时间序列，探讨了地基 GPS 气象学在剧变天气分析中的应用。

9．量子计算的实验、理论研究取得国际水平的成果

武汉物理与数学研究所在国际上首次实现了7位的D-J（Deutsch-Jozsa）量子算法和精确受控相移门，同时完成用魔角旋转固态磁共振方法作量子计算的理论构架，为实验上实现较高量子位（10位Qubit以上）计算提供了坚实的理论基础。

10．新颖1.34微米智能化Nd：YAL03激光医疗机取得了创新性成果

福建物质结构研究所承担的院“九五”重大项目“新颖1.34μm智能化Nd：YAL03激光医疗机”通过专家验收。该成果具有自主知识产权，已获得了中国和美国的发明专利授权，取得了国家药品监督管理局颁发的医疗器机械生产注册证，现已与有关企业合作成立了股份公司。

11．我国首次合成超重新核素——合成了超重区新核素259Db

近代物理研究所在兰州重离子加速器的注入器SFC上合成了超重区新核素259Db，这是我国首次合成超重新核素。合成超重核区的核素有极大的难度，只有少数国家能够合成。它标志着我们对重核的研究已跨入了超重核区的大门，从而使我国新核素的合成和研究向前推进了一大步。在质子滴线区又成功地合成了b-延发质子滴线核142Ho和b-延发质子先驱核149Yb两个新核素，测出了它们的寿命等基本物理参数。该成果获得科技部评选的2001年“我国基础科学研究十项重大成果”之一。

12．维生素D系列及其中间体光化学合成新方法新技术的开发

各研究所在抓好基础研究工作的同时，十分注重推动和促进基础研究成果的转化工作，如理化技术研究所曹怡研究员等完成的“维生素D系列及其中间体光化学合成新方法新技术的开发”，其研究成果已以2000万元的价格完成技术转让，实现了产业化。

三、做好国家科研任务的组织争取和落实工作

（一）争取《国家重点基础研究发展规划》（“973”项目）项目

积极争取国家重点基础研究发展规划项目和国家自然科学基金项目是中科院工作重点之一。在院基础研究领导小组的领导下，经共同努力，在科技部批准启动的20个国家重点基础研究发展规划项目中，有“自旋电子材料、物理及器件研制”、“量子通信与量子信息技术”等9项是科学院为主要参加单位，占批准项目总数的45%。

2001年，科技部批准《国际科技合作重点项目计划》重大项目21项，总经费6 060万元。中科院获资助10项，占资助总数的47.6%；获资助经费2 900万元，占资助经费总数的47.9%。科技部批准《国际科技合作重点项目计划》培育项目40项，总经费3 600万元。中科院获资助项目9项，经费790万元。

（二）争取国家自然科学基金项目

2001年，中科院获得国家自然科学基金共843项，获得经费23 886.5万元。基金委在重点基金立项122项，投资17 473.9万元。中科院有33项中标，占重点项目总数的27.1%；获得经费5 015万元，占重点项目经费总数的28.7%。

批准自由申请基金项目4 436项，经费79 780.4万元。其中中科院有 739 项中标，占全委自由申请项目总数的 16.7%；获得资助4 111.5万元，占自由申请项目经费总数的 17.7%。

在基金创新研究群体方面，国家基金委已遴选出 20 个创新研究群体进入阶段的实地考核，其中白春礼院士所在的“分子纳米结构和单分子的物理化学研究群体”和科技大学侯建国研究员所在的“纳米结构的制备、组装与表征研究群体”等 10 个研究群体入选。这表明，国家自然科学基金对中科院知识创新工程试点工作的全面展开起到积极的促进作用。

（三）大科学工程研究取得新进展

兰州重离子加速器冷却储存环工程进展顺利，成功地进行了 10GHz ECR。

离子源调试几种金属离子的实验，改进了内水泵控制箱和进行了 3＃4＃径向探针的真空检漏及安装等多项设备的安装。

HT-7U 在工程设计、关键部件的研制和加工取得重要进展。建成了达到国内先进水平的 HT-7U 第一壁材料实验室及实验装置。建成国内最大超导磁体实验设备，并成功进行了冷屏降温实验。建成并调试成功由电网直接供电，可连续运行的低温杂波 2MW 电源系统，并成功运用在 HT-7U 装置物理实验中。表明 HT-7U 大工程已全面进入加工和基建施工阶段，预计 2003 年按期进入总装。

北京正负电子对撞机二期工程（BEPCⅡ）进入初步设计阶段。2001 年 4 月，高能物理研究所组织了国际评审委员会，对 BEPCⅡ可行性研究报告进行了认真的评审。根据评审报告的建议，改进和深化了 BEPCⅡ/BESIⅡ的设计，并将《BEPCⅡ可行性研究报告》上报院。

LAMOST 建设项目进展顺利，空间太阳望远镜（SST）、大孔径射电望远镜（FAST）预研工作进展良好。由国家天文台承担的大天区面积多目标光纤光谱天文望远镜研究（LAMOST），经多方努力，于 2001 年 8 月由国家计委批准开工。首批玻璃坯已经到货，加工招标等工作已经开始。世界最大孔径射电望远镜 FAST（500 米球反射面望远镜）的若干关键技术可行性研究基本完成，确定了总体建设方案及初步设计。LAMOST 项目建设进展顺利，预研工作良好。

上海同步辐射装置（SSRF）预制研究完成了 45 项设备的研制任务。经中科院和上海市发展计划委员会鉴定，主要性能全部达到或优于任务书规定的技术指标要求，这标志着 SSRF 预制研究已实现了预期目标，掌握了建造第三代同步辐射装置的关键技术，其中 26 项预研设备的技术指标达到第三代光源同类设备的国际先进水平。

（四）院“九五”基础研究重大项目总结验收工作基本完成

“九五”期间，组织落实了基础性研究重大项目 47 项，总经费8 234万元。截止到 2001 年底，基础科学局组织的 37 个项目（生物 10 个项目迁出）中有 35 个项目已结题验收，综合评价均为优秀。几年来，取得了一批具有国际水平的科研成果或阶段性成果。其中获得国家级奖励的有 8 项，部委级奖励 47 项。如“超短脉冲高功率激光发展中的系列创新技术”和“紫外拉曼光谱仪研制和在催化研究中的应用”获1999年国家技术发明二等奖；“重质量丰中子新核素的合成、鉴定和研究”获1999年国家自然科学奖二等奖；“13.7m毫米波射电望远镜”获1997年中科院科技进步一等奖，该项目又获1999年国家科技进步二等奖；“流体运动的扩散抛物化理论方程和数值方法”和“线性统计模型大样本理论的研究”分别获1997、1998年中科院自然科学奖一等奖；“兰州重离子加速器放射性束流线”获1999年中科院科技进步奖一等奖等。目前，这些重大项目中已有12项获得国家“973”项目继续支持，有7个项目获得国家自然科学基金重大、重点项目的支持；有2个项目获得“863”项目支持，还有2项进入国防科工委和海洋石油总公司组织的项目。

（五）“九五”国家攀登预研项目结题验收

经过“九五”期间的共同努力，由中科院主持的20个“九五”国家“攀登计划”预研项目（其中1项专项）通过国家科技部组织的专家组验收。据不完全统计，几年来，发表学术论文约10 177多篇，其中SCI论文4 127多篇；获得各类奖项110项，申请专利40项。目前，有12个项目已进入国家重点基础研究发展规划，继续获得国家经费的支持，使研究工作得以继续深入开展。

四、加强院、所科研管理人员的交流与合作

为全面推进中科院知识创新工程试点工作的全面推进，总结、探索试点工作中的经验、存在问题和提出解决办法，加强院所之间的沟通与交流，2001年9月，组织召开了京区研究所所长、天文台台长以及基础局处级以上领导参加的座谈会。

会议主要通报和讨论了：

1. 研究所评估工作；
2. 重点实验室建设；
3. “十五”装备计划的总体安排；
4. 创新经费的使用；
5. 争取承担国家“十五”计划重大项目等问题。

通过座谈会，较好地促进了院机关业务管理人员与研究所领导之间的交流沟通，加深了相互理解，对中科院下一步的工作顺利开展起到了促进作用。

五、2002年工作要点

1. 加强基础研究基地建设，进一步完善重点实验室建设的宏观布局。
2. 加强基础科学研究队伍的建设，尤其是加强优秀团队建设的力度。
3. 加强支持依托大科学工程装置或具有重要意义的基础科学前沿研究项目；结合国家科技、社会发展战略需求，在创新方向性项目和重大项目的层次上进行宏观布局。
4. 继续全力推进国家纳米科学中心的建设。

5. 继续组织，争取承担更多的国家任务；加强国际合作以及院地合作。

6. 探索建立有利于基础科学研究发展的评价体系和激励机制；探索建立一套重在评价研究所创新潜力的定性评价体系。

7. 认真筹备、组织召开好全院基础研究工作会议。

生命科学与生物技术

2001年是21世纪的第一年，也是中科院创新工程试点全面推进阶段的第一年，中科院生命科学与生物技术领域在这一年中，围绕制定战略行动计划、调整生命科学的布局、完善生命科学基地建设、启动知识创新工程全面展开阶段工作、争取国家重大任务、引进和培养优秀人才、加强关键技术平台和支撑体系建设等方面开展工作，在许多科学前沿领域取得了明显的进展。

一、知识创新试点全面展开，创新工作进展顺利

在知识创新全面展开阶段，顺利启动了北京生命科学基地的工作，初步完成了中科院生命科学与生物技术领域的总体部署。植物研究所、遗传与发育生物学研究所、动物研究所、生物物理研究所、水生生物研究所、微生物研究所的创新工作方案顺利通过了院长办公会审议。上海、西南两个基地的创新方案经专家评审并获院长办公会批准，完成了进入知识工程试点全面展开阶段的工作。为了发挥中科院在农业领域研究的综合实力，将遗传研究所和发育生物学研究所整合成遗传与发育生物学研究所。同时，为了发挥在农业上的综合优势，使中科院的农业形成研究、开发、示范、产业化“一条龙”，提高显示度，又将石家庄农业现代化所同遗传与发育生物学研究所进行异地整合，保留其华北农业水资源研究部分成为一个研究中心，将其农业台站以及部分研究力量整合后作为北京农业高技术基地的成果转化和产业化基地，成为中科院农业高技术的展示窗口。为形成北京农业高技术基地奠定了基础。

两个非法人研究单元（中国科学院上海生命科学研究院/上海第二医科大学健康科学中心、中国科学院上海交叉学科研究中心）的可行性研究建设报告经专家可行性论证后，报院长办公会讨论通过。国家重大科学工程《中国西南野生生物种质资源库》建设项目经院长办公会讨论，同意由我院负责并联合云南省实施。植物园迁地保护网络建设项目（创新工程专项）已在院长办公会上获得通过，正在进入具体实施阶段，将在现有植物园良好的基础上，建设4个亚洲一流的植物园。

根据知识创新工程全面展开阶段的总体要求，启动了重大项目“水稻基因组测序和重要农艺性状功能基因组研究”；重要方向项目“重要生物类群的系统发育重建和分子进化研究”、“水环境污染的生物监控和修复技术研究及应用”、“种群爆发和崩溃机理的研究”、“植物的濒危机制和保护原理研究”、“物种的协同进化及其生态学效应”、“生殖系统相关的功能基因组研究”、“抗原提呈细胞功能表型的异常变化与免疫抑制”、“脂类代谢细胞活动的调控及其相关疾病的机理”、“药物成瘾机制及其防治的基础研究”、“体外人胚胎干细胞额的三维培养”、“农作物重要病虫害的防治及相关机理研究”、“畜禽水产疫病发生的生物学机理及其防治”、“动物分子发育机理与遗传育种研究”、“模式识别

的认知机制和计算方法（交叉项目)”、“我国自然环境分异耦合过程与发展趋势（交叉项目)”、“重要海水养殖生物新品种与新技术的研究开发（交叉项目)”等16个项目。

二、科研成果丰硕，创新能力提高

生命科学与生物技术共获得国家、部门和地方成果奖27项，其中国家自然科学奖和科技进步奖3项，院自然科学奖和科技进步奖8项，省部委奖16项。动物研究所等“中国经济昆虫志”、生物化学与细胞生物学研究所“氨基酰tRNA合成酶及其与相关tRNA的相互作用”分别获国家自然科学二等奖，武汉植物研究所“猕猴桃属植物遗传资源评价、种质基因库建立及育种研究”获国家科技进步二等奖。

今年是中科院生命科学领域在国际著名杂志上发表论文最多的一年，其中“Science”4篇、“Nature”1篇、“Nature Genetics”2篇。这种发展势头说明了我院生命科学研究同样可以在科学前沿领域做出原创性的工作。

在重大战略性工作上，继完成1%人类基因组精确图测序后，又完成了中国水稻基因组“工作框架图”工作。该工作是以超级杂交水稻的父本“9311”（典型的籼稻品种）为研究材料，通过测序获得的覆盖率超过全部DNA序列90%以上的基因组“草图”，为世界粮食作物的基础和应用研究提供宝贵的数据化信息。标志着我国已经成为继美国之后世界上第二个具有独立完成大规模的全基因组测序和组装分析能力的国家。在农业生产上的意义完全可以与人类基因组计划在人类健康中的意义相媲美。该成果将对国民经济持续发展和国家粮食战略安全有重要的意义。这些重大成果的完成体现了以任务带学科的精神，结合国家目标和需求，瞄准科学前沿重大问题，组织攻关，协同作战的综合能力。

在原始性创新工作上，通过采集覆盖了整个东亚地区以及中亚、中西伯利亚，标本量为全球同类研究最大规模的12 127个男性血样，利用Y染色体单倍型研究手段，证明了东亚现代人群起源于非洲(《Science》)。通过对果蝇的抉择行为研究，证明了果蝇在面临意义相互矛盾的视觉线索时有类似于高等动物的简单抉择行为，果蝇脑内的结构蘑菇体在产生抉择行为中起重要作用，为深入研究抉择行为的神经机制提供了良好的模型(《Science》)。在外来入侵鱼类对高原湖泊生态的影响研究上，证明了鲢鳙的大范围传播造成了当地鱼类种类的减少。特别是在高原湖泊，由于生态位相对隔离和食物链简单，他们的入侵将对其他当地鱼类带来毁灭性的打击。鲢鳙具有的虑食性强、食谱广、生长快等特点是造成这种影响的主要原因（“Science”)。大鼠附睾中一种抗菌肽基因的发现，将有助于从分子水平揭示精子在附睾中成熟的机理，对解决精子成熟异常所引起的不孕、研究男性避孕药物以及解决我国的人口与健康问题都具有重要意义（“Science”)。山姜属植物避免自交新机制的新发现（“Nature”)，阐明了植物克服自交带来的适应性衰退的新途径，为进一步探讨植物类群的分布、起源和进化奠定了基础，具有重要的科学意义。遗传性乳光牙本质I型基因克隆（“Nature Genetics”）和“A-1型短指（趾）症”基因定位及克隆（“Nature Genetics”）的重要进展都是利用具有遗传病家系来进行研究。前者揭示了位于四号染色体长臂的DSPP基因的几种不同类型的突变都导致该疾病的发生，引发进行性高频耳聋；后者揭示了 IHH 基因在引起人类遗传疾病中的作用。完成了棉铃虫病毒 HaSNPV 和 HzSNPV 的基因组全序列，全方位开展了功能基因组及病毒与宿主关系的研究。建立了基因组分子进化分析方法，并构建了杆状病毒的分子系统进化树。为我国在棉铃虫病毒杀虫剂今后的遗传改良工作的相关知识产权上，占领了制高点。发现一种插入变种 LenRs-A 能够识别亮氨酸 tRNA 的两种等受体，从酶基因克隆、表达、突变、结晶，全面系统地研究了大肠杆菌亮氨酸 tRNA 合成酶与相关 tRNA 的相互作用的机理。在阐明蛋白质生物合成机理和丰富人类对遗传密码进化的认识方面，做出了积极贡献。这些工作的发表证明，中科院生命科学与生物技术领域的工作在一些方面已经处在国际领先的水平，具有做出原始性创新的能力。

在应用基础研究方面，豇豆胰蛋白酶抑制剂（CpTI）基因（一种广谱抗虫基因）进行体外修饰，增加了转基因水稻中外源抗虫物质的稳定性，并获得大量转基因水稻株系。转基因抗虫杂交水稻获国家批准进行中试和环境释放。大田试验结果表明，该品系具有优良的抗虫特性，为培育高效抗虫水稻新品种开辟了新的途径。通过对湖群天然渔产潜力、规模化养殖技术、增殖技术和湖群功能类型及分区渔业管理技术的研究，提出了湖泊小型鱼类、食鱼性鱼类生产力动态估算方法。进一步完善和优化了名特优鱼的规模化养殖技术模式，建立了名贵水产品增殖、集约化养殖和半集约化养殖等多种生产示范基地 38.9 万亩，并在 55 万亩的湖区进行应用示范，取得了显著的经济和生态效益。提出了岷江上游小流域生态恢复重建的 5 大生态恢复与重建技术体系，筛选出 40 余个生态与经济效益兼顾的优化模式，产生了上亿元的经济效益，为长江上游乃至中国西部的生态环境建设提供了高水平的示范模式与管理模式。“重组人粒细胞巨噬细胞集落刺激因子注射剂（国家生物制品二类新药）”获得国家药品监督管理局颁发的准字号生产批文，获得四类新药证书 2 个。“中国东部陆地农业生态系统与全球变化相互作用机理研究”探讨了在全球变化条件下的我国农业生态系统持续发展的调控途径，为区域和政府职能机构决策提供科学依据打下了良好基础。

在产业化方面，共有 12 个农业品种通过审定，包括作物新品种 10 个，农药和兽药各 1 个。对农作物品种推广方面的不完全统计，高优“503”小麦累计推广 3 000万亩，小麦“川育 14”推广 300 万亩，小麦“小偃 54 号”300 万亩，大豆“科丰 6 号”和“科丰 34 号”分别为 150 万亩和 120 万亩。

三、全面完成“九五”重大项目验收

“九五”期间，生命科学与生物技术领域共设有 31 个中科院重大项目，已按计划完成结题验收。汇总验收专家组意见，约 1/3 的项目超额完成计划。

在生物资源、生态与农业研究方面，16 个重大项目共获得国家奖 4 项，省部委奖 18 项，国际奖 2 项。发表论文 773 篇，其中 SCI 收录 167 篇，大会报告 182 次/篇，出版专著 19 部。申请专利 46 项，授权 18 项。鉴定成果 9 项，技术转让 3 项，获转让费 6 100万元。“重要农作物育种新技术研究及新品种选育”项目，有 10 项科研成果获国家或省部级科技成果奖。其中“棉花种间杂交育种体系的建立”开辟了育种新领域，达到国际领先水平。新品种推广种植面积 1.6 亿亩，增产粮棉油 66 亿千克，产生经济效益 67.5 亿元，为我国粮食增产和农村经济发展做出了重要贡献。“澜沧江流域人文因素对生物多样性的影响”项目完成 171 篇文章，SCI 收录 30 余篇，其中在“Nature”上发表了一篇原创性的研究论文。“典型湖泊、海湾资源调控及优质高效模式”，发表论文 189 篇，被 SCI 收录 18 篇。“若干重要濒危植物的进化生物学研究”，发表论文 38 篇，其中 21 篇被 SCI 收录。“治疗数种重要疾病新天然药物的研究与开发”项目，“九五”期间共获得授权专利 10 项。“热带亚热带退化生态系统恢复与重建”项目获广东省自然科学一等奖 1 项，应用成果获中国科学院科技进步一等奖 1 项。

基础生物学研究方面，10 个项目共发表论文 443 篇，SCI 收录论文 305 篇。其中包括“Nature”、“PNAS”等一批高质量研究论文。总 IF 达 750，IF≥10 的共 5 篇；IF≥5 的共 25 篇；IF≥2.5 的共 110 篇。获奖国家自然科学二等奖 1 项，国家科技进步三等奖 1 项，中科院自然科学一等奖 1 项，上海市自然科学一等奖 1 项。“九五”特别支持项目“人基因组和后基因组研究及开发利用”、知识创新工程重大项目“人类基因组和重要疾病基因的开发利用”进行了结题验收。在人类基因组和重要疾病基因等方面获得的突出进展。建立了人类与动物疾病模型的资源库、cDNA 阵列、基因敲除等技术平台，在基因组大规模测序、疾病基因的定位和定位克隆以及若干生物学体系（肝、附睾和中枢神经系统）的功能基因组研究等方面，已经达到或接近国际前沿。该项目的完成和成果的取得对人类基因组和后基因组研究与开发具有重要意义。

在医药和生物技术研究方面，共获得新药证书一类药 1 个（rhEGF 外用药）、二类药 1 个（rhGM-CSF）、四类药 1 个（HBV-preS1 抗原检测药盒），并均获得了新药试生产批文。其中的二类、四类新药获正式生产批文，初步实现产业化。进入临床研究一类新药 1 个（放射性鼠源肝癌单克隆抗体）、四类新药 1 个（rhEGF 眼药）。申请进入临床研究一类新药 3 个（KMBZ-009 促智新药、CJ-04 抗肿瘤新药、ZT-1 抗早老性痴呆新药）、四类药 2 个（rhEGF 喷雾剂、rhEGF 胃肠道药）。已申请发明专利 15 项，授权 5 项。

四、争取国家各类任务的能力明显提高

在过去的一年中，生命科学与生物技术领域的研究所通过知识创新工程试点的支持，对外争取经费的能力明显得到提高。在知识创新工程试点启动阶段验收上，生命科学领域研究所的院拨经费和院外争取经费的比例为 1∶1.4，超出了各研究所任务书上的要求。

2001 年，由中科院上海生命科学研究院健康科学中心主持的“973”项目“干细胞基础研究与临床应用”在科技部的专家综合评估中排名第一，获得资助。基因组信息中心已在计委正式立项成立国家基因组信息工程研究中心，获得经费支持 6 000 万元。中国西南种质资源库将以中科院为主来建设，以获得同意将列入明年计委的计划（建设经费 3.5 亿元）。

在基金委创新研究群体中占有明显优势。在基金委的项目申请中继续保持良好状

态，在国家重点基金项目26项中主持8项，占30.8%，“863”项目主持和参加项目达99项，国家重点基础研究预研项目主持3项，主持科技部专项和计委专项5项，同时还承担大批其他部委、地方及国际合作项目和课题。

五、加强人才队伍建设，完善技术平台和支撑体系

在“用好现有人才，引进优秀人才，培养未来人才”的方针指导下，2001年在人才引进上，更注重高水平和帅才的引进。入选中科院“引进国外杰出人才计划”和“百人计划”29人；与德国马普学会合作，在昆明动物研究所建立了新的“马普青年科学家小组”；国家杰出青年基金13人，占全国生命科学领域的29.5%；基金委创新研究群体中生命科学领域支持5个小组，中科院占2个，占40%。5个1997年“百人计划”入选者得到中科院经费继续支持。

今年国家对生命科学领域的56个国家重点实验室和部门开放实验室组织评估。中科院共20个实验室参加评估，生命科学和生物技术实验室有17个。总体评估结果好于1996年的评估情况，优秀实验室中科院在6个中占3个，保持了50%的水平（1996年全国4个优秀中中科院占2个）；名列前10名的个数从4个增加到6个；良好实验室的名次明显前移。国家评估后，启动了实验室主任换届工作，已有15个实验室主任和学术委员会主任完成了换届工作，7个实验室推迟换届。新建立“光合作用于环境分子生理学”、“干细胞”和“蛋白质组”等3个实验室。

二期知识创新工程加快了支撑系统和技术平台建设步伐。标本馆建设纳入基建程序；植物园网络建设创新专项得到启动；野外观测台站网络建设通过立项；实验动物“十五”规划已经完稿并正在逐步得到落实。加强了生物信息学、蛋白质组学、干细胞、人基因组等关键技术平台建设。

六、加强国际合作、院地院企合作

各研究所采取多种方式，开展了大量的国际合作研究，扩大了国际影响。“Flora of China”的编研协议续签，继续为国内外科学家对中国植物学的研究和合作提供了保证；“中美兰花保护与研究中心”的建立确立了我国的兰花中心地位，对西双版纳植物园完成《万种植物园》重大项目有重要推动作用；上海交叉中心的成立，推动了多学科交叉研究，促进其他学科和生物学的有效融合；生物资源与生物多样性方面的马普青年科学家小组建立，拓宽了与德国马普学会的合作；国际生物系统学家网络（BioNET-INTERNATIONAL）东亚局域网成立，选举中国领导东亚局域网，动物研究所为负责单位，初步确立了中国在东亚生物分类学能力建设和履行生物多样性公约关于生物分类学有关决议方面的领导地位；与美国合作建立了葛兰素史克-上海药物研究所组合化学实验室，建成了国内在组合化学领域设备最先进、最完整的实验室。美方在此项目中合计投入100多万美元，实验室的发展目标是逐步成为创新药物研究的重要平台之一；与云南省合作共建“昆明动物博物馆”，云南省出资1 000万元，该馆的共建有力地推动中

科院知识创新工程西南基地的建设和省院合作，对生物资源保护和可持续利用，对科学普及和提高公众的保护意识等具有重要意义；与上海第二医科大学开展全方位合作，建立了健康研究中心，形成了强强联合，优势互补的有利局面；为了加速实现生物芯片技术项目产业化，生物化学与细胞生物学研究所与上海开拓投资有限公司共同成立上海中科开瑞生物芯片科技股份有限公司，注册资本2 000万元人民币，将从事开发、生产、销售生物芯片技术产品及相关基因产品，以及cDNA阵列的生物芯片的制作等；武汉病毒研究所与武汉永生集团共同组建湖北中科生物技术公司签订了1 500万元的合作开发协议，开发和利用“生物导弹”系列产品防治包括农、林、果、蔬、茶等害虫；武汉植物研究所与河南濮阳泓天威药业集团合作开展“植物天然药开发研究”项目，合作经费1 000万元。开发具我国自主知识创新的天然药以及植物杀虫剂；华南植物研究所与茂名石化公司开展“茂名油页岩废渣场生态恢复研究”项目合作，以消除污染、改善生态环境；与河南省合作建立中国科学院农业高新技术河南示范基地，展示中科院有关研究机构开发的农业高新技术成果，促进产业化；同华源集团合办了“生命科技论坛”，加强了与企业的联合和沟通。

七、调整机构，改进机制，提高管理水平

根据国家战略需求、科学前沿和布局的发展需要，将原三个专业处的名称分别从“生物资源与生态处”、“基础生物学处”、“生物医药与生物技术处”更变为“环境生物学与生物技术处”、“生物医学处”、“农业生物学与生物技术处”。

在创新行动计划项目实施中，强调面向国家需求，公开、公正、公平、竞争。重大项目的组织原则是自上而下，委托研究，专家论证，滚动支持；而方向性项目则采取顶层设计、公开招标、平等竞争、外部评审（含国外）、择优支持的方式。13个项目申请指南发布后，申报项目数多达76项。

更新管理观念，启动了“生命科学与生物技术发展战略研究”、“中国科学院医药生物技术成果转化的信息经济学分析及战略对策探讨”、“生物学研究所科学产出统计”3个软课题。用战略研究结果引导管理观念的更新，进一步提高全面和高层次战略思维的管理水平，建立一套比较合理的评价系统，使评价达到公正、客观、有效。

八、2002年工作计划和重点

根据中科院创新工程的总体规划，全面推进研究所的知识创新工程，进一步调整生命科学的学科整体布局和新型前沿学科的合理配置。加大人才的引进，特别是注重将帅人才和团队式的引进工作。根据新时期的办院方针，将重大项目和重要方向项目与国家重大需求和科学前沿紧密结合起来。全面提升生命科学创新能力，为我国的人口与健康、农业和生态环境问题的解决做出原创性的工作。

新的一年里，生物领域的5个研究所将继续全部进入创新序列，重大和重要方向项目也将全部启动，国家“十五”计划所涉及的国家重大科研项目也将陆续全部启动完

成。在这样的背景和形势下，要花大力气推动国际合作，引导科学家从争取国内、院内资源向争取国际资源转变，积极参与国际上的各种计划和项目的争取，推动实质性国际合作项目的开展，提升中科院生命科学的创新能力。同时，进一步加强人才的招聘和吸引工作。对研究所的创新工作加以引导，推动研究所及时合理地使用创新经费，提高资金的周转速度，扭转资金沉淀的现象，加快几个技术平台的建设，促进研究所间的合作，协同攻关。

2002 年重点部署以下方面的工作：

1. 积极筹建和启动“营养与健康研究所”，筹建和启动“青藏高原研究所”；

2. 完成二期阶段研究所进入创新序列单元工作；

3. 启动“药物创新体系”、“外来种生态学效应”等战略行动计划重大项目和方向性项目；

4. 积极组织研究人员，多方争取国家重大科技任务；

5. 新建若干科学院重点实验室，推动优秀院重点实验室进入国家重点实验室行列；

6. 加强“海外杰出人才”团队的引进；

7. 全方位开展国际合作。

资源环境科学与技术

从新世纪开始，中科院知识创新工程试点工作进入全面推进阶段。资源环境领域2001年的工作以中科院新时期办院方针“面向国家战略需求，面向世界科学前沿，加强原始科学创新，加强关键技术创新与集成，攀登世界科技高峰，为我国经济建设、国家安全和社会可持续发展不断做出基础性、战略性、前瞻性的重大创新贡献”为指导，贯彻落实院党组精神，围绕中科院知识创新工程目标，总结“九五”工作和研究所创新试点工作，部署和推进学科调整及创新基地建设；在总结经验、调整体制结构、精选创新队伍和建设创新文化环境的基础上，积极实施资源环境领域科技创新战略行动计划，各项工作取得了显著成效。

一、知识创新工程启动阶段试点工作进展顺利

2001年，中科院知识创新工程试点启动阶段工作结束，进入全面推进阶段。根据中科院批准的创新基地建设方案，创新试点研究所在科技目标、运行机制、队伍和基础设施建设、创新文化建设以及产业化等方面取得了显著的进展。2001年4月，组织有关方面专家，采取定性评价、定量打分的办法，对进入启动阶段创新试点的九个研究所进行了考核评估和全面验收。

自1998年启动知识创新工程试点以来，资源环境领域共有9个研究所进入试点，涉及原来的13个研究单位。上述9个研究所原有人数3 935人，核定进入创新工程1 314人，占33.40%。至验收时，实际进入基地人员1 052人，占核定人员的80.06%，对评估优秀的地质与地球物理所给予了奖励。

（一）创新试点启动阶段的主要进展

研究所所际整合，发挥了多学科综合优势，增强了科技竞争能力。

创新工程启动，稳步推进了地质研究所与地球物理研究所、地理研究所与自然资源综合考察委员会、兰州冰川冻土研究所与兰州沙漠研究所和兰州高原大气物理研究所的整合工作。通过所际整合，发挥了多学科融合的综合优势，增强了研究所解决国家战略需求和科学前沿问题的能力，承担国家重大科技项目的竞争力得到大幅度提高（表1）。

表1　启动阶段争取院外项目情况

单位名称	国家项目（统计到二级题）				基金项目数（统计到二级题）			国际合作项目	横向任务
	“973”	“863”	“攀登计划”	“九五”公关	重大基金	重点基金	面上基金		
地质与地球物理研究所	23	7	2	8	2	5	81	4	69

续表

单位名称	国家项目（统计到二级题）				基金项目数（统计到二级题）			国际合作项目	横向任务
	“973”	“863”	“攀登计划”	“九五”公关	重大基金	重点基金	面上基金		
地球环境研究所	3		5		1	5	2	6	
遥感应用研究所	3	17	1	2	1	2	8	11	12
寒区旱区环境与工程研究所	7	1	3	4		2	29	9	28
南京地质古生物研究所	7		5	2		3	52	51	19
生态环境研究中心	3		1	12	4	5	59	8	24
水土保持研究所	2	2		8	2	2	10	4	18
地理与资源研究所	19	3	1	29	6	3	35	9	71
大气物理研究所	13	2	5	10	2	7	57	4	3
总计	80	32	23	75	18	34	333	106	244

（二）创新试点启动阶段管理工作的主要经验

1. 在创新试点启动阶段管理工作中，按照“整体规划，明确目标；坚持标准，突出重点；调整结构，创新体制；精干队伍，转变机制；改善环境，建设制度；扩大开放，促进联合”的原则部署创新试点工作。以科技创新目标驱动体制、机制改革、人才凝聚、基地建设；分析中科院资源环境领域的特点和优势，组织申请国家重大项目；面向国家需求和科学前沿，部署创新项目，以规划为先导，准确定位中科院资源、环境、生态、农业等领域在国家和国际层面的重点，带动学科布局调整和科技目标凝练。

2. 在组织、指导研究所编写和实施创新试点工作方案时，根据资源环境生态领域的特点，明确以国家生态建设、环境保护、资源安全的战略需求为首要导向，同时瞄准国际地球科学及相关学科发展前沿，明确研究所定位、凝炼和提升科技创新目标、调整学科结构，实现由“以学科带任务”向“以任务带学科”的转变；使研究所从学科越分越细、研究机构越建越多的状态，转变到根据国家战略需求及国际前沿的重大科技问题，确立主要研究领域和方向，建立多学科交叉融合的研究机构的轨道上来，增强了研究所解决重大科技问题的能力。如地质与地球物理研究所根据所战略定位和创新试点工作目标，围绕“地球系统整体行为下的固体各圈层相互作用及其资源、环境、工程地质问题”这一主攻方向，根据有所为，有所不为的战略构想，对两所原有的学科布局进行了重大调整，打破了原两所的科研建制，由原来按分支学科或研究对象组成的 17 个学科遴选凝炼出五个优势学科，并相应组建了地球动力学、新生代地质与环境、地磁学、成矿与资源探查、工程地质与浅层地球物理 5 个研究室。新组建的研究室由原两所科研人员共同组成，从科研主体上保证了地质、地球物理和地球化学三大学科交叉融合的优势，以及综合研究的人才配置优势。

3. 创新试点管理工作科学、规范。从调查研究入手，从实际出发，把握研究所的发展态势，认真审核人员结构和经费比例，并在执行过程严格把关，顺利实现了由创新试点启动阶段向全面推进阶段的衔接。

二、组织实施科技创新战略行动计划，知识创新工程全面推进阶段工作稳步进行

（一）明确创新战略目标，部署学科战略重点

2001 年，根据中科院党组的精神，制定了资源环境科学与技术领域科技创新战略行动计划，其目标是：加强创新研究能力，通过 5 年或更长时间的努力，使中国科学院资源环境科学在若干领域前沿或方向的研究步入国际先进行列；面向国家需求，提高技术创新能力和应用新技术的水平，解决一批我国重大的资源、环境、生态、灾害、农业问题；强化建设一批国际一流水平的研究创新基地，基本完成科技布局调整，形成高素质、多学科综合研究的精干队伍。

根据以上战略目标，围绕国家战略需求，结合创新基地建设，遴选了中国陆地与近海生态系统碳收支研究，长江中下游地区湖泊富营养化的发生机制与控制对策研究，我国东部油气资源战略性新领域勘查理论和技术，青藏铁路工程与多年冻土相互作用及环境效应，东北绿色农业产业带建设关键技术开发与示范等战略重点，并列入中科院科技战略创新行动计划的重大项目，其中“中国陆地与近海洋生态系统碳收支研究”和“青藏铁路工程与多年冻土相互作用及环境效应”两个重大项目已通过论证并付诸实施。

（二）瞄准世界科技发展前沿，部署学科重要方向

在固体地球科学、大气科学、海洋科学、地理科学与地球空间信息科学、生态环境和农业科学五大领域部署科技创新战略重要方向，密切关注世界资源环境科学与技术发展趋势，面向我国未来经济发展、国家安全和社会进步的战略需求，在有关重要科学领域开展基础性、战略性和前瞻性研究，以期建立新的竞争优势，形成解决重大关键科学问题的理论基础。根据“统一规划，自上而下与自下而上相结合的组织方式，成熟一批，启动一批的原则”，先后论证并通过 16 个重要方向项目。

（三）围绕创新战略目标，积极推进创新基地建设

继续按照中科院党组“整体规划，明确目标；坚持标准，突出重点；调整结构，创新体制；精干队伍，转变机制；改善环境，建设制度；扩大开放，促进联合”的指导方针，依照“整体规划，严格标准，成熟一个，启动一个”的原则，认真组织创新工程全面推进阶段试点研究所的创新工作，在科技目标凝炼、结构调整、队伍建设、经费使用等各个方面严格把关，认真审查。先后完成了南京土壤研究所、海洋研究所、古脊椎动物与古人类研究所、地球化学研究所、沈阳应用生态研究所、新疆生态与地理研究所以及南京地理与湖泊研究所的创新方案，并经中科院党组审查通过。上述 7 个研究所原有人数2 785人，核定进入创新工程 951 人，占 34.15%。

上述研究所进入创新工程，进一步完善了北京地球科学基地和西北资源环境研究基

地。启动了海洋科学基地、长江流域生态环境与可持续发展研究基地和东北生态系统管理与现代农业研究发展基地。南方海洋科学基地和东北基地的进一步所际结构调整规划已经完成，明年初将全面启动。

（四）发挥生态网络优势，加强野外台站基础建设规划

野外观测试验站（台）体系是中科院科技创新战略的重要组成部分。自建院以来，根据国民经济建设、社会需求和学科发展，特别是地球科学、生态环境科学、天文学等学科发展的需要，相继建成了107个野外定位观测试验站（台），其中15个已成为院级重点试验站。

2001年制定了中科院野外台站未来5年的建设规划方案，从中科院100余个野外站/台中遴选40多个台站，经过5年建设与强化支持，形成中国生态系统研究网络、特殊环境与灾害监测网络、地磁台链和大气本底观测网四大网络和一个综合数据交换中心。将台站网络建成仪器设备先进、生活设施齐备、通讯与交通畅通、具有国际水平的长久性科学观测与研究基地，先进科学技术成果试验、示范和推广基地，优秀科学人才的培养基地，高度开放的国内、国际学术交流基地，具有中国特色科学成果的展示基地；将综合数据交换中心建成具有国际先进水平的数据存储、处理、交换中心。

（五）针对国家科技发展规划，制定重点实验室发展方针

资源环境领域共有10个国家重点实验室和13个中科院重点实验室，这些实验室是中科院资源环境领域基础和应用基础研究中的中坚力量。经过启动阶段创新，大大提高了实验室的创新研究水平，增强了实验室的显示度。今年，我们在稳定发展原有实验室的基础上，规划发展热带海洋环境动力学，海洋生态与环境科学，矿物资源探查研究，森林生态系统管理，陆地表层过程，全球变化区域响应及环境分析化学与生态毒理学等7个重点实验室，并把重心放在海洋科学领域。

三、科研工作成绩显著

通过知识创新工程试点工作，各个研究所不仅凝炼了科学目标，而且提高了研究群体的协作精神；同时，通过创新文化建设、体制改革、队伍优化，增强了研究所的国际竞争能力以及队伍的创新能力和竞争力，研究绩效显著提高。

（一）基础研究取得了一批重大创新成果

在地球早期生命研究、进化古生物学研究、国际界线层型研究，以及各门类化石总结等方面均取得重要成果。其中浙江长兴煤山剖面被国际地层委员会批准为全球二叠-三叠系界线层型（GSSP），这一全球界线层型在我国的确立，为国际地层古生物学的发展做出了重大的贡献，进一步提高了中科院地层古生物工作在国际上的地位。

在古地磁定年技术方面，地质与地球物理研究所的朱日祥研究员及其合作者，首先从解决实验设备、技术和方法入手，对1 500多块标本进行了详细的岩石磁学和古地磁

研究，把泥河湾旧石器的年代确定为1.36Ma。研究成果于今年9月27日发表在“Nature”上，受到国内外学术界同行的极大关注。

古脊椎动物与古人类研究所朱敏、徐星、王元青、广州地化所陈鸣研究员等人，分别以第一作者在“Nature”和“Science”上发表4篇论文。朱敏等人在硬骨鱼类起源与早期演化研究方向上取得新的突破。徐星等人在鸟类羽毛起源的研究方面提出新学说。王元青等人在哺乳动物和真兽类起源研究方向上取得重要进展。陈鸣等人在金红石高压多形的发现和陨石的天然和实验冲击效应比较研究两方面取得了突破性进展。

在青藏高原与亚洲季风研究中取得重大突破。利用黄土高原风尘沉积和印度洋、北太平洋深海沉积记录，运用地质、模拟的方法对青藏高原隆升历史和东亚季风演化进行了综合集成研究，揭示了青藏高原阶段性隆升的历史，并指出高原隆升同亚洲季风演化和北半球大冰期密切相关。代表该项研究成果的“晚中新世以来亚洲季风与喜马拉雅-青藏高原的阶段性隆升”一文已在2001年5月3日的英国《自然》杂志上发表。

在千年尺度气候变化机制的研究中取得重要进展。通过南京地区获得的距今1～7万年高分辨率石笋记录，将高纬与低纬古气候记录联系了起来，并纠正了冰芯记录的气候事件年代。该研究成果的代表性论文已被英国《自然》杂志接受。

“我国生存环境演变和北方干旱化趋势预测研究”在今年科技部组织的“973”项目中期评估中，名列第一，受到表彰。该项目发展了可以用于干旱化趋势预测和有序人类活动虚拟试验的区域环境系统集成模式。项目发起并主持了有美、日、澳、韩和中国等10个研究组参加的“亚洲区域模式比较计划”。

在形态分析、生物可给性与生态毒理研究方面的成果受到国际同行的赞扬。该研究阐明了分级萃取过程中痕量元素在土壤各地球化学相间存在严重的再吸附和再分配问题，促成了国际学术界就该问题争论的解决；建立了土壤中硫的形态分析方法，纠正了以往文献中不考虑酯硫变化所引起的错误；在国际上首次提出用植物根际分泌的低分子量有机酸作为土壤中元素形态分析的萃取剂代替欧盟建议的无机盐，可望成为普遍适用的土壤中元素形态和生物可给性关系的方法学基础；证明了Cu、Cd和Pb等元素的不同形态及其与生态毒性的关系；发展了超痕量硒的测定方法和多种硒的形态分析程序，通过大量实际样品分析，在形态层次上指出中国低硒和高硒环境中硒的生态和健康效应。

（二）中科院“九五”资源环境领域成果丰硕

今年年初，有关专家对“中国大陆岩石圈构造及其地球动力学背景”，“大气污染预测理论和方法研究”，“南、北极典型地区全球变化研究”等12项中科院“九五”重大项目进行了终期验收。验收表明，有关研究所承担的各项中科院“九五”重大和重点项目，均较好地完成了预期研究目标，取得了一批重要研究成果。

中科院重大A类项目“大气污染预测理论和方法研究”项目，首次在城市大气污染预报的理论和方法研究上取得了重要突破，建立了我国第一个结构设计合理，运行稳定的城市空气污染预报模式系统。该模式系统在湍流扩散参数化和对流层化学过程处理等方面有创新性，能预报多种污染物质的浓度分布，可直接用于日常城市空气污染的业务预报。利用该模式系统在我国天津、广州、沈阳、济南等城市进行了预报试验，取得了良好的社会效果，受到国家和地方环保部门的高度评价，被国家环保局和中国气象局联合推荐为全国 47 个城市的首选应用模式。

中科院重大 B 项目“中国生态环境综合区划”将特征区划、过程区划和功能区划有机地结合在一起，自然环境特征与人类活动相结合，生态与经济相结合。在区划方法上，将专家集成、定量分析和 GIS 空间分析相结合。基于生态系统特征、服务功能和生态资产构件建立了生态区划的理论框架和中国生态区划方案，提出了一系列新的评价方法。该成果对我国区域生态环境建设具有重要的应用价值，已被国家环保局采用。

资源环境领域科研成果获奖情况：

2001 年，是“九五”项目和知识创新工程试点阶段工作总结成果的一年。在中科院“两奖”评审中资源环境学科获自然科学奖一等奖 4 项，占全院自然科学一等奖的 1/3；自然科学二等奖 2 项；获得院科技进步奖一等奖 2 项，占全院科技进步一等奖的 28.57%；科技进步二等奖 3 项；技术发明奖 1 项（全院共 4 项）；获奖数占全院总奖数的 24.49%。

“中国西南特提斯造山带构造与新生代碰撞变形研究”，“辽西中生代华夏鸟类群和孔子鸟类群及鸟类的早期演化”均获 2001 年度国家自然科学二等奖。“安塞丘陵沟壑区提高水土保持型生态农业系统总体功能研究”，获国家科技进步二等奖；海洋研究所发明专利“‘农乐一号’海洋生物制剂”获得第 13 届全国发明博览会金奖。

2001 年度，在资环领域的研究所中，有多位科研人员因杰出贡献获得有关方面的奖励。如：地球环境研究所安芷生院士因“在地学方面杰出成就和为加强中国－匈牙利地学届联系的贡献”而被授予 Lajos Lóczy 奖章；海洋研究所曾呈奎院士获美国藻类学会“杰出贡献奖”；山仑院士、徐晓白院士、姚檀栋研究员分别获何梁何利科技奖；生态环境研究中心冯宗炜院士获国家环保总局“环境保护杰出贡献奖”。青海盐湖研究所张彭熹院士荣获第七届李四光地质科学奖荣誉奖。

四、加强科研项目管理，争取国家科研任务成效显著

（一）西部行动计划执行良好

2001 年，西部行动计划项目按预定计划，开展了青藏高原水资源、江河源地区生态环境、新疆干旱区生物多样性、黄土高原退耕还林（草）等调查，取得了一批反映西部生态环境演变与现状的原始数据；完成了《西部气候与生态环境演变综合评估报告》初稿的专家评审，正在进行修改，年底出版。黄土高原水土保持与生态环境建设、塔里木河中下游荒漠化治理与绿洲生态系统管理、浑善达克沙地与京北农牧交错区生态环境综合治理、岷江上游生态环境综合治理与研究、黑河流域水-生态-经济系统综合管理 5 个试验示范区按照整体规划，从试验点布设、示范区建设、动态监测网（点）建立与运行等取得了明显进展，而且，试验示范加大了产业化的步伐，特别是企业资金的引进带动了试验区产业结构调整。

西部科研项目的启动进一步显示了中科院在国家科技发展总体部署的地位，增强了整体竞争能力。国家基金委西部重大专项的设计与中科院西部行动计划科研总体框架相互补充，首批启动的项目中，70%是由中科院与西部行动计划科研项目有关的研究所承担。国家在西部设立的科技攻关项目的投标、评标结果表明，承担了中科院西部行动计划科研项目的单位都显示了较强的竞争力，中科院在西部重点脆弱生态综合治理重大项目中占了60%～70%的份额。国家计委在安排西部高新技术产业化项目计划中，将中科院西部行动计划的技术开发与试验示范研究列为重要内容。青藏铁路研究项目的启动也进一步显示了中科院在西部基础设施建设中的科技支撑作用。

（二）中科院知识创新工程启动阶段方向项目进展顺利

今年是知识创新工程启动阶段重要方向项目进展的第二年，根据中科院重要方向项目管理办法，从阶段科技目标完成情况、取得的突出进展和成果、发展态势与成果预测、队伍的整体力量、项目管理与经费情况等几方面，采用定性评价，定量打分的方式，遵循“优奖劣汰，滚动支持”的原则，专家对47个方向项目进行了全面细致的中期评估。

（三）争取国家重要科研项目的能力得到增强

2001年是国家“十五”计划的第一年，在落实好创新战略行动计划的同时，多渠道积极争取国家重要科研任务，取得了良好效果（见表2）。据不完全统计，2001年在争取国家重大基础发展规划项目（“973”）中，中科院资环领域申报并主持的项目5项，配合国家自然科学基金委员会申报的2项，配合地方申报的5项。最终“我国近海有害赤潮发生的生态学、海洋学机制及预防防治”、“中亚型造山与成矿作用”、“火灾动力学演化与防治基础”等三项中标，并合作主持能源领域“高效天然气藏形成分布与低效天然气藏经济开发的基础研究”项目。

表2 重要方向项目2001年发表论文专著情况统计

	会议论文			发表论著情况					
	国际会议	国内会议	ISTP	SCI		FI	专著		专利
				国际	国内		第一作者	其他	
总计	168	161	24	140	110	5	15	5	13

组织“863”项目的申报和竞标，共申报约106项，争取到45项；申报国家攻关6项（项目级），6项（课题级）；申报重大基金6项；获得重点基金8项；基金委专项（含杰出青年基金）14项；获得基金委西部专项14项。2001年全国面上基金项目前10位的科研院所中，资源环境领域的研究所有5名，在地球科学领域获杰出青年基金的16人中，中科院有9人，占56.3%。

南沙项目获科技部科研院所社会公益专项经费支持；国家计委产业化专项申报获准2项；科技部农业成果转化资金申报19项，申报科技部国家基础研究重大项目前期研究专项35项，均在论证中。古脊椎动物与古人类研究所与南京地质古生物研究所联合申报并通过初评获科技部基础性工作专项基金。全球环境基金会（GEF）项目，中国湿地生物多样性与可持续利用研究获得支持。

五、加强人才队伍建设，增强持续创新能力

认真做好人才引进和培养工作，坚持“用好现有人才，稳定关键人才，引进急需人才，培育杰出人才”的原则；以人为本，建设高素质的科研和管理队伍。

注重培养青年人才，构建一支以中、青年优秀科技人员为主体、专业配置合理的创新研究队伍。如，地质与地球物理研究所45岁以下的科技骨干占该所承担“973”项目和中科院创新重大项目课题负责人的70%。地理与资源科学研究所遴选的19个领域前沿项目中，承担项目人员的平均年龄为39岁。大气所进入创新基地研究员岗位的青年人已占研究员总数的55%。

重视调动和发挥现有人才的积极性，聘请老科学家参加科学指导委员会，充分发挥他们在学术方面的作用。制定各类人员的考核标准，加强对人才的全程考核。

（一）引进国内外优秀人才、凝聚一流的创新人才队伍

本年度资源环境领域研究所招聘了4名“百人计划”，14名“海外杰出人才”。

2001年，我们继续贯彻和执行创新工程试点期间制定的人才政策。对于人才，既要积极引进，又要坚持高标准、高起点、高门槛。同时坚持国外、国内并重，以国外为主的原则，并从吸引学科杰出人才转移到重点吸引将帅人才上来。引进人才要同国家、中科院的重大项目、研究所的学科发展、开放实验室的建设结合起来，确保引进人才能带领一支队伍，对国家经济发展、社会进步、国家安全和国际科学前沿做出具有高水平的、有影响的创新成果。鉴于资源环境学科相对条件艰苦，地域环境差的特点，引进人才相对其他学科难度更大，要根据实际情况，区别对待。为争取国外优秀人才，努力创造条件，抓住不放。对国内优秀人才，确实是学科发展所需要的关键人物。也积极引进。对少数杰出的优秀人才采取“只求所用，不求所有”的灵活人才引进政策。

建立公正、公平的优秀人才考评制度，对优秀科研人员在学术水平、成果、创新精神、团队精神和管理水平等方面定期进行评估。建立优秀科研人员数据库，进行跟踪管理。

引导年轻科技人员在学科前沿组建青年科学家小组，让青年科技人员在攀登科技高峰中发挥团队作用；在国家基金委创新研究群体的评审中，地球科学部评出的三个团队全为我院研究所的青年团队。

（二）建设高质量的流动人才队伍，提高持续创新能力

加强国际合作和国内有关单位的合作，吸收客座人员、扩大研究生招生，建设高质量的流动人才队伍。在项目立项中，充分吸收院外高水平的科研人员参加。在研究所学科发展上，利用所长基金和开放实验室基金，积极组织基金项目，吸引国内外一流的科学家作为客座人员来研究所工作，促进人员的交流和学术思想的交流。进一步扩大了研

究生招生规模，充分发挥研究生在知识创新工程中的创新作用。真正建成了一支高质量的流动人员队伍。

（三）“百人计划”人才综合评估良好

“百人计划”是中科院培养和引进人才、优化创新工程队伍的重要举措。今年5月，专家对18名1997年度“百人计划”入选者进行了综合评估。评估专家组对入选者的综合素质、工作进展、人才培养及团队建设、经费情况和实验室建设等进行了评估，遴选出6名优秀“百人计划”入选者。专家组认为18名入选者的总体完成情况良好，存在的问题有待今后改进。此次综合评估，是我们的人才引进和培养工作的一次总结，对今后的人才队伍建设工作有很好的指导意义。

六、2002年工作要点

2002年，我们将继续围绕中科院知识创新工程全面推进阶段总方针，瞄准国家需求，进一步凝炼科技目标，为国家和地区可持续发展提供可靠的技术支持，并以独具特色的创新研究在国际上占据不可取代的地位。紧紧把握我们在全面推进阶段“争取7～8个研究所成为世界公认的著名高水平研究机构，力争1～2个研究所达到国际一流水平”的总目标，将资源环境科学与技术领域科技创新战略行动计划稳步推向前进。

我们将继续完善创新基地建设，促进研究所的创新工作。加快广州地球化学研究所与长沙大地构造研究所的整合步伐，建设南方海洋科学基地；加快长春地理研究所与黑龙江农业现代化研究所的整合，完善东北生态系统管理与现代农业研究发展基地建设；积极推进其他研究所的知识创新工程，加强考核和评估；加快青藏高原研究所的筹建工作。

落实科技创新战略行动计划，加强项目跟踪管理。继续做好重大项目部署和推荐、重要方向项目立项工作；继续加强对项目的跟踪管理和节点检查；一如既往地做好争取国家重要科研项目的工作。

加快基础设施建设步伐，为科研创新提供支撑保障。落实野外台站基础设施建设规划；推进国家级资源环境数据中心的建设工作。

进一步改进机关作风建设，提高管理人员的政治和业务素质。

高技术研究与发展

一、知识创新工程试点和各项改革工作进展

（一）知识创新工程试点研究所启动阶段（一期）验收情况

按照中科院对知识创新工程试点（一期）工作总结验收的统一要求，高技术研究与发展局（以下简称高技术局）于2001年3月28～30日召开了一期试点工作总结验收会，对已启动试点工作的16个研究所的知识创新工程工作进行了总结验收，并对各所全面推进阶段（二期）凝炼的科技目标进行了评议，同时试用“高技术归口的研究所知识创新工程评价指标体系”对16个研究所的试点工作分别进行了定性与定量的评价。

1.创新试点研究所一期的验收情况

高技术领域的一期创新工程试点16个研究所，1998～2000年社会竞争经费总和约为32亿元，中科院投入科研力量为7 152人，其中创新岗位聘任人员3 610人，聘任流动人员3 542人。近三年，16个研究所社会竞争科研经费总量明显增加。1999年、2000年分别比上年增长了约20%和33%；2000年16个试点研究所从社会竞争得到的经费与院拨经费之比均超过了6:4，人均竞争经费均超过20万元。

1998～2000年16个研究所的科技产出情况如下：

——在SCI－1区（第一作者）发表论文220篇；

——编写科技专著（第一作者）123部；

——获得国家奖37项，其中：自然科学二等奖3项、三等奖3项，科技进步一等奖3项、二等奖15项、三等奖9项，发明二等奖1项、三等奖3项；

——获得中科院奖65项，其中：自然科学一等奖5项、二等奖11项，科技进步特等奖3项、一等奖13项、二等奖27项，发明一等奖1项、二等奖5项；

——申请并已接受公布的发明专利和已登记的软件共941件，其中国际发明专利13件；

——承担国家和企业重大项目362项，其中主持973项目16项（首席科学家13位，副首席科学家3位）；主持国家科技攻关专题221项。

——以中科院核心技术实施的重大科技成果产业化，三年内产值5 000万元规模以上的项目29项。

随着试点工作的深入，各研究所在按需设岗、按岗招聘组建精干的科技骨干队伍的同时，大力加强引进国外杰出人才的力度。1998～2000年，16个试点研究所引进国外杰出人才70人。获得国家杰出青年基金人数为39人。这些优秀的青年科技骨干，已经担当起学科发展和重大科技任务带头人的重担，将在创新工作中进一步锻炼成长。

1998～2000 年，16 个研究所中的科学家在国际知名杂志担任编委的人数 53 人，在国际知名科学组织担任核心职位的 58 人，担任重要国际会议主席的 45 人，在重要国际会议（会议人数 200 人以上，参加的国家在 10 个以上）作特邀报告的 253 人；在国内核心刊物担任主编的 50 人，作为国家级专家委员会成员的 38 人（“973”大专家组委员和“863”主题专家组成员）。

一期试点中，各所的分流安置工作总体上实现了平稳、积极、有效的推进。在实践的过程中，提倡每个人到最适合自己工作、最能发挥自己价值的岗位上去，鼓励人带成果转移的方式，允许科技人员作自主选择、动态配置；研究所和公司的岗位都实现了公开招聘。此项工作的顺利推进，保证了创新队伍的精干、高效。

2. 高技术归口的研究所知识创新评价体系的研究与试行

在一期创新 16 个研究所的验收工作中，高技术局根据高技术领域的特点和主管院领导意见，试用了定性和定量的方式对研究所的工作进行了评价。在验收工作结束之后，成立了“高技术领域研究所知识创新评价体系”软课题小组，进行了充分的调研，完善评价体系，使其更加科学、公正，更适合高技术领域的工作特点，也真正起到引导高技术领域的研究所为国家做出更大贡献的作用。

对于定性部分，高技术评价体系更加重视试点单位通过体制机制创新，在创新科技目标中实现的突破性进展和获得的重大成果，其中重点评估这些成果对国家或地方经济增长的贡献度、对推进科技进步和增强国家竞争力的作用、在基础性、战略性、前瞻性研究工作中取得的突破和显示度。虽然一期试点工作的时间不长，所取得的成绩与成果饱含了过去多年科技工作的积累，但是近两年来知识创新工程形成的重要影响，体制、机制创新对科技人员产生的极大激励作用和已经呈现出的科技竞争力提高的良好势头，都促进了科技成果与重大进展的形成。

对于定量部分，高技术评价指标体系用投入与产出的方式来分析说明创新工程目标的完成度，同时考虑研究所在国内外科技界地位的指标。“投入”指知识创新经常性经费、社会竞争获得经费；“产出”指公认的高水平科技刊物上的科研论文、科研专著、获得的国家和中科院高等级的自然科学奖、科技进步奖、发明奖，申请并已接受公布的发明专利和已登记的软件，重大科技成果产业化项目数，完成国家重大任务的当年目标项目数等。

（二）知识创新工程建设全面推进阶段工作进展情况

今年，高技术局还对高技术领域的一期未进入创新工程试点的 12 个研究所积极地按照知识创新工程建设要求进行了改革，并形成完整创新方案。其中长春应用化学研究所、兰州化学物理研究所等 8 个研究所通过院长办公会讨论，进入创新工程全面推进阶段。其中光电技术研究所和西安光学精密机械研究所纳入中国光电科技集团；对空间中心进行体制机制改革扩增其职能以建设中科院空间科学与应用总体部；山西煤炭化学研究所和广州能源研究所作为中科院能源科学研究基地的组成部分先期进入创新工程。今年进入创新工程试点的 8 个研究所和一期转二期的 16 个研究所均按照这些要求认真制定了创新方案，总计在研究所层次部署了 75 个领域前沿重大基础性研究项目，102 个高技术创新研究重大项目，52 个高技术产业化重大项目。遥感卫星地面站完成并通过了定位与创新方案。还有 5 个单位正在按照院创新要求各自推进改革、凝炼科技目标，积极地为早日进入知识创新工程而努力。

在全面推进阶段，还要深化科技体制改革，形成符合市场经济要求和科技发展规律的新机制，优化科技资源配置，加强技术集成，进一步解决科技与经济脱节的问题，加强工程化研究，推进体制创新与改革，不断通过人才加成果的转移和与社会资源的结合，促进高技术产业的发展。主要改革调整措施是：组建中国光电科技集团、建立中国科学院空间科学与应用总体部、推进信息科学技术研究基地与产业基地发展、建立中国科学院微系统研究开发中心、加强能源基地建设、建设西部高技术研究发展基地、推进网络信息中心和遥感卫星地面站的改革。各项改革进展顺利。

（三）中科院高技术领域的研究所科技创新战略行动计划的进展

制定了高技术领域的研究所知识创新工程全面推进阶段的战略行动计划，部署了重要方向性项目和重大创新项目。

2001 年，组织了“煤基液体燃料合成浆态床工业化技术的开发”、“大功率质子膜燃料电池发动机及氢能技术”重大项目，并与高技术产业局一起组织了“中国税收征管信息系统的发展与完善”创新重大项目。3 个重大项目已经过院长办公会讨论正式启动。还有“高性能通用 CPU 研制”、“微系统技术”、“信息化基础软件核心平台”、“沈阳先进制造装备产业化基地建设”、“中温燃气轮机联产甲醇发电系统”等重大项目正在组织和准备向院推荐。

在创新方向性项目的方面，安排了量子通信技术研究（交叉）、网络安全防护若干关键技术防范试验平台（交叉）、月球探测关键科学技术攻关（交叉）、空间环境预报及关键技术研究（交叉）、IPV6 网络关键技术研究和城域示范系统、高性能工业燃气轮机叶片材料与工艺的研究与开发、质子交换膜燃料电池用含氟质子交换膜的研制、CO_2 的固定、共聚及其利用、重污染的硝化、氧化和还原反应洁净新工艺研究与开发等 35 个项目，其中 8 个为交叉项目。这些项目都是按照有基础性、前瞻性或预期对高技术产业技术提升、环境保护有战略意义的项目。

知识创新全面推进阶段，在领域前沿基础研究上加强部署。在二期已进入知识创新工程的高技术领域的研究所在创新方案中已部署了 75 个领域前沿基础性研究项目。

开展了重要领域战略研究。在组织能源领域研讨的基础上形成了“我国能源重大需求与中国科学院能源科技的研究发展”报告，为国家提供能源战略咨询意见；在院长基金的支持下，组织院内有关专家开展了“粮食高值化”软课题研究，提交了“粮食高值化利用”调研报告和“玉米制燃料酒精及综合利用的建议”两份报告；在西部战略行动中，组织院内外相关专家开展了“青海省盐湖资源和天然气综合利用”软课题研究，并完成《青海省盐湖资源和天然气利用软课题调研报告》；高技术研究与发展局还组织相关研究所进行了微电子装备的发展趋势和战略的研究，完成了《我国光刻设备发展战略研究报告》。上述报告已向院领导或相关部委、省市领导汇报，其中“我国能源重大需求与中国科学院能源科技的研究发展”和“玉米制燃料酒精及综合利用的建议”2 份报告已上报国家领导人。

(四) 重点实验室创新工作进展情况

2001 年 6 月，沈阳材料科学国家（联合）实验室正式挂牌。它是在金属研究所快速凝固非平衡合金国家重点实验室、材料疲劳与断裂国家重点实验室、固体原子像院重点实验室的基础上组建而成，也是我国第一个试点合并组建的国家实验室。实验室有一支高水平的研究队伍，有 2 位国家重大基础研究计划项目首席科学家，还主要参加了 5 项国家重大基础研究计划项目。组建过程中，实验室先后取得了一些原始性的研究成果，并发表在“Science”、“Nature” 和 “P.R.L” 等国际著名学术刊物上。

经国家科技部批准，长春应用化学研究所电分析化学国家重点实验室于 8 月正式挂牌。该实验室是我国在国际上有影响的电分析化学科研基地，多年来一直坚持按照国家重点实验室的条件和要求，不断明确研究方向，凝炼科技目标，精干科技队伍，组织开展电分析的基础、新方法及应用研究，以电分析化学为切入点和重点，将声、光、电、磁等功能与电化学界面有机地结合，扩展分析的时空范围，结合生命、环境、信息、材料等科学开展分析化学理论、技术、方法的研究。

今年，以过程工程研究所为依托单位的生化工程国家重点实验室参加了国家组织的对生命科学序列实验室的评估工作，成绩为良好。

(五) 工程中心建设情况

截止 2001 年，中科院共建立了 31 个工程中心，其中 23 个国家工程中心，8 个院级工程中心。今年已完成验收的有 17 个，还有 14 个在建。据 2000 年统计报表数据，中科院工程中心的固定资产已达到45 980万元，资产总额达到142 930万元，建设了一批产业化基地和中试基地；中心收入总额达到51 154万元，其中技术性收入为8 456万元，生产性收入为29 072万元；利税总额达到11 800万元；年收入总额超千万元的工程中心有 15 个，其中机器人工程中心达到10 628万元。工程中心在开辟市场的同时，还承担了国家、中科院、地方项目以及企业委托研究开发项目等共约 200 项左右。

目前，已完成转制工作的工程中心为 14 个（整体转制或与社会资金组建有限责任公司)，有 4 个工程中心建在企业中，其余的工程中心也在积极酝酿转制工作。

8 月，中科院在北京召开了 2001 年度工程中心工作会议，会议的主题为工程中心在知识创新工程中的地位和作用。路甬祥院长和江绵恒副院长到会并作了重要讲话。会议认为，工程中心是国家创新体系当中的一个重要组成部分，是不可替代的一部分，也是中国科学院知识创新工程的一个组成部分。

(六) 院西部行动计划以及与地方、行业和企业的合作情况

2001 年，启动了一批“西部行动高新技术”项目，与上海、广东、山西和甘肃等省市进行了项目合作洽谈；在中科院创新重大项目、方向性项目的立项过程中，注重项目实施机制的创新性，在资源投入、组织管理方面积极与社会力量结合，在项目管理方面努力摸索出一条新路。在中科院西部行动计划、在与地方、行业企业合作中实施了一

系列的重要举措：

1. 利用“西部行动高新技术”项目为西部省市的经济发展作贡献。2001 年，共启动 4 个项目，总经费3 740万元

为研究制定了“西部行动高新技术”项目立项原则和条件，并坚持这些原则和条件，择优支持。

兰州化学物理研究所承担的“镍钴羰基化精炼工艺与超细镍粉制备技术”项目将用羰基化技术使甘肃金川公司的产品由单一的电解镍调整为高档产品超细镍粉等系列产品，大大提高金川公司的经济效益，也可为甘肃省 GDP 的增长贡献一份力量。

青海盐湖研究所承担的“年产 500 吨无水氯化镁技术”项目完成中试后，将由院、省联合申报国家计委的产业化项目。项目最终要在青海省形成一条镁产业链，使青海的镁资源优势转变为经济优势。

支持长春应用化学研究所开发“西部稀土资源综合利用及清洁冶金分离技术”，该技术将解决内蒙古稀土生产中长期困扰企业的放射性废渣的排放问题。

过程工程研究所承担的“煤系高岭土快速流态化煅烧新工艺开发”项目开发煤系高岭土煅烧中试技术，将解决内蒙古重要资源的利用。

2. 与地方省市合作，促进地方经济发展

4 月，中科院与山西省在太原就煤间接液化合成油产业化的合作签订了的框架协议。双方计划用 8 年的时间分三步实现百万吨级产业化规模。

8 月，甘肃省白银市就与中科院共建“中国科学院白银高技术产业园”一事签订了合作协议。产业园重点发展精细化工、有色金属新材料、新能源技术、生态恢复材料与技术、环保技术等适应西部经济与社会发展的高新技术产业。

3. 与行业、企业合作，加速传统产业的升级换代，促进科技成果产业化

中科院与上海电气（集团）总公司展开了全方位合作。4 月，高技术领域的 16 个研究所的领导与上海电气（集团）总公司及下属有关单位在上海举办了高技术与产业化发展研讨会。8 月，双方在上海举行了高技术与产业化合作协议签字仪式，最后签订合作协议 12 项，涉及到能源、交通、自动化、环保、信息、材料等诸多领域。

中科院与中国石油天然气股份有限公司强强联合、优势互补。2001 年 8 月，中国石油天然气股份有限公司与中科院采取“产、学、研”相结合的科技攻关模式，在大庆建立“中国石油、中国科学院天然气化工中试基地”。

近年来，中科院在与国家烟草行业的合作中也取得了不错的进展。今年，高技术领域的研究所在国家烟草专卖局已立项 5 个。9 月，配合国家烟草专卖局 2002 年烟草行业科技开发与推广项目计划，积极组织中科院相关研究所踊跃进行申报，共计申报了 10 个项目。

创新工程一期方向性项目“局域网用聚合物光纤的研究”与江苏扬州中山电缆厂就聚合物光纤开发、示范应用及产业化进行全面合作。由企业出资共建完成了 2 套 20 台计算机组成的聚合物光纤局域网示范系统，其中一套赠送给了北京市 2008 年奥运会筹备办公室。中科院与江苏省扬州市在其他方面也开展了卓有成效的合作。山西煤炭化学研究所与江苏扬州惠通聚酯有限公司签订合作协议，共同开发碳纤维；长春应用化学研

究所与江苏扬州琼花集团合作开展防滑膜的产业化工作。

中科院与首钢公司在工业自动化和微电子领域也有着全面的合作。微电子中心正在与首钢洽谈合作成立研究中心和共建微电子设计中心事宜，就微电子生产工艺和新产品生产工艺的消化吸收进行合作。由自动化研究所与首钢总公司提出的 MFIAS 产业化项目得到国家批准立项，项目将针对现场总线及 Internet/ Intranet 环境，为企业管理和控制的一体化提供综合解决方案，自动化研究所和首钢将共同组建的新项目公司负责该项目实施。

长春光学精密机械物理所与广东风华集团合作开发和制造激光调阻机。双方仅用一年时间就成功开发出我国第一台具有世界先进水平的“激光调阻机”，成为继日本，美国后第 4 家具备激光调阻机开发和制造能力的企业。6 月，中科院长春光学精密机械与物理研究所与广东风华集团正式签署成立“长春光华微电子专用设备研究开发工程中心”。该中心的目标是致力于发展我国集成电路国产化设备。

广州能源研究所与广东华灵集团公司、深圳市投资管理公司等单位共同开发“燃料乙醇”。6 月，合作各方在广州签署了共同开发“燃料乙醇”的协议书。项目对国家的能源战略意义重大；对环保和农业也将产生积极影响。

二、科研工作主要进展和成绩

（一）各领域取得的重大成果、进展及获得奖励情况

2001 年，中科院高技术领域的研究所在国家科技奖评审中获得国家自然科学二等奖 2 项，国家发明二等奖 1 项，国家科技进步奖 3 项；高技术领域的科研工作还获得中科院科技奖 23 项，其中自然科学一等奖 3 项（其中 1 项为参加），二等奖 3 项，发明一等奖 2 项，二等奖 2 项，科技进步一等奖 5 项，二等奖 8 项（其中 1 项为参加）。以下是今年高技术领域的研究所在科研工作中取得的重大进展。

1. 信息、自动化领域

曙光 3000 超级服务器是国家“863”计划和中科院知识创新工程的重大成果，也是继曙光 1000 和曙光 2000 之后我国高性能计算机领域中新的里程碑。该系统峰值浮点运算速度为每秒4 032亿次，内存总容量为 168GB，磁盘总容量为 3.63TB。它不仅具有重大的学术价值，而且有着广泛的应用前景。这一成果已通过曙光公司推向市场，现已有 8 家用户订购了曙光 3000。

中国科学院科学数据库及其系统支撑平台的建设取得了较大的发展和进步。目前，科学数据库总数据量达到 725GB，专业数据库达 180 个。分布在中国科技网上的专业数据库站点已达 19 个。大部分专业库实现了全部或部分网上查询，网上 Web 可检索专业数据库达 153 个，在线可检索总数据量达 325GB。

中国科技大学量子通信与量子计算开放实验室在量子信息领域开展了国际前沿的研究工作，取得了重要成果。2001 年 1 月，该实验室副主任段路明教授与同事合作在“Nature”杂志发表题为《利用玻色——爱因斯坦凝聚体制备多粒子纠缠》论文，首次

将目前物理学的两个热门前沿领域玻色——爱因斯坦凝聚与量子信息研究有机结合。2001年6月，段路明发表在“Science”上关于几何量子计算的论文，首次提出了一种能够克服现有各种量子计算机方案中某些主要困难的、可行的实验方案——几何量子计算。

计算技术研究所研制的“Godson（龙芯）CPU设计与验证系统”是国内首次自主研制的通用CPU。龙芯CPU采用了寄存器换名、动态调度、乱序执行等主流体系结构技术，在通用CPU体系结构设计技术方面达到国内领先水平和国际先进水平，在动态流水线的具体实现技术和硬件对系统安全性的支持方面，有重要创新。龙芯CPU的设计成功，为研制成功通用CPU芯片打下了坚实基础。

2. 化学化工与材料领域

大连化学物理研究所奚祖威研究员等撰写的论文“反应控制相转移催化用于丙烯氧化制环氧丙烷”在5月11日《科学》杂志第5519期上发表。这是一项在化学化工领域具有突破意义的成果，已获得我国发明专利，正在准备申请国际专利。这一过程利用氢氧体系直接转化丙烯生成环氧丙烷，改变了污染严重的传统工艺，被“CHEM. & ENG. NEWS”杂志称为生产环氧丙烷的绿色过程。

金属研究所沈阳材料科学国家实验室的卢柯研究小组与美、德两国的学者合作，通过计算模拟从原子层次揭示了晶体在极限过热时的熔化过程，并从理论角度澄清了现有多种晶格失稳熔化机制之间的内在联系。7月30日出版的美国“P.R.L”（《物理评论快报》）刊出了他们的研究成果。

由长春应用化学研究所和锦州石化公司共同研究开发的高性能顺丁橡胶在中国石油天然气集团公司锦州石化公司万吨级生产装置上成功地实现了批量试生产，标志着我国顺丁橡胶生产技术又迈上了新台阶。

金属研究所国家金属腐蚀控制工程中心研究开发了SEBF/SLF系列重腐蚀防护涂料、涂装工艺、涂装生产线和现场补口技术，形成了有14项专利和数项成果、新产品的较为完整的重腐蚀防护体系，基本上可以解决工程装备中的腐蚀防护及设备安装中焊接部位的腐蚀防护难题，并且成功地应用于上海天然气长输管线定向穿越管道、秦山核电站、吉化浓盐酸管道弯头、海洋机器人等20多项工程的防腐。

由大连化学物理研究所天邦膜技术国家工程研究中心有限责任公司研制成功的我国第一套有自主知识产权的海水淡化装置产水成功。该公司为大连实德集团设计的日产1.2万吨淡水的海水淡化装置，已列入国家计委高技术产业化示范工程海水淡化产业化专题中。

3. 能源与交通领域

“九五”国家科技攻关、中科院重大、特支项目“燃料电池技术”项目于8月与10月分别通过了科技部和中科院的验收，并给予了充分的肯定。同时，中科院与东风汽车集团公司合作研制出了我国第一辆燃料电池中巴试验车，整车最高车速超过60km，爬坡度大于16%，0～40km/h加速时间为22.1s。

由中科院组织实施的“九五”国家科技攻关项目“可再生能源技术”，在7月通过了科技部的验收，获得了专家的高度评价。中科院承担的12个专题都取得了重要成果，尤其是广州能源研究所在广东汕尾市遮浪镇研建了我国第一座装机容量为100kW与电网并联运行的实用示范岸式波力电站，其工作寿命为15年。该电站的设计、性能、控制、并网发电、施工、自动保护等方面取得了重要突破，技术水平均处于国际先进水平。

由山西煤炭化学研究所研究开发的灰熔聚流化床粉煤气化工业试验装置于2001年6月在陕西城化股份有限公司投入试运行，操作平稳，合成气已并入生产线，它标志着我国自主研发的先进煤气化技术产业化方面实现了突破，是中小化肥原料路线的一次重大革新，为我国中小化肥行业技术改造寻找出了新的途径。

4．空间、光机领域

上海光学精密机械研究所于2001年7月成功地将原有的5.4太瓦/46飞秒级（1太瓦 = 10^{12}瓦）小型化超强超短激光系统大幅度升级，上了一个新的台阶，性能指标达到了国际一流水平，可以提供更高层次的强场超快等极端实验条件。

2001年空间中心承担的空间环境监测分系统研制任务均已按计划进度完成节点任务。空间中心实时或准实时接收处理探测数据，进行灾难性空间环境事件警报和卫星异常情况分析服务。在今年3、4月份和9、10月份等空间环境强扰动事件中，均成功地向有关单位发出空间环境警报和通报。为卫星的轨道控制、异常情况分析处理提供了重要的帮助，受到各用户的好评。同时，完成了太阳质子事件初级预报及警报系统的研制，并在利用自组织特性图方法警报强磁暴取得重要进展。

长春光机所研制成功三种白光LED用的高效荧光粉，由蓝色LED转换成白光LED的流明效率提高2.69倍，主要技术指标达到了国际上有关公司的产品水平。已与全州海洋高科技电子有限公司签订了联合研究开发协议书。

安徽光机所承担的高技术知识创新方向性研究项目“长程差分吸收光谱（DOAS）气体污染监测系统”近期取得新的进展，该系统于今年6月初成功装备广西桂林市和北海市空气质量监测子站。两站监测系统现已进入国家常规监测网，监测结果从6月5日起已通过中央电视台向全国播报。该系统与传统点式采样设备相比，具有一套系统可同时监测多种有机和无机气体成分、运行成本低、能够对不易接近的危险区域实施监测和可连续实时监测的优势。其产品性能价格比与国外进口产品相比，具有明显的竞争力。

（二）国家、院以及其他重大科研任务的争取、执行和验收情况

1．国家基础研究重大项目（“973”）情况

截止2001年，高技术局在国家基础研究发展计划的信息领域、能源领域、材料领域和前沿领域共争取重大项目16个，高技术归口的研究所获得国家经费支持共计已到位约1.5亿元。其中担任首席科学家的项目13项，担任副首席科学家的项目3项。2001年，高技术局组织1999年立项的6个项目参加并顺利通过了国家科技部组织的中期评估。

2001年，高技术局组织申报项目8项，有3项入选。分别是：

火灾动力学演化与防治理论	中国科技大学
量子通信与量子技术	中国科技大学

新一代信息技术及关键器件的科学基础　　半导体所

2．国家高技术研究发展计划（“863”）情况

2001年，国家“863”项目“十五”计划开始启动。在“863”计划领域专家和主题专家的选聘中，中科院在高技术局归口联系的各领域共有34位专家当选，其中领域专家11位，主题专家23位。

3．国家攻关项目计划

到2001年为止，高技术局归口领域组织承担的“九五”国家攻关项目241个专题全部验收完毕。“九五”国家科技攻关计划在全面验收的基础上进行了表彰，中科院软件研究所参加的“计算机信息网络关键技术”被评为重大科技成果，电工研究所顾国彪院士被评为突出贡献者，18个研究所承担的“基于现场总线的新一代全分布式控制系统”、“高硫熔固体催化剂转化脱硫工艺过程开发”、“李家峡400兆瓦蒸发冷却水轮发电机”、“1兆瓦生物质气化发电系统”等30个项目被评为优秀科技成果，大连化学物理研究所衣宝廉、广州能源研究所吴创之等21人被评为先进个人。

4．国家产业化重大专项情况

国家计委今年发布了“数码相机”产业化专项招标指南，高技术局积极组织有关研究所进行了申报。长春光学精密机械与物理研究所的“液晶显示技术”和软件工程研制中心的“嵌入式软件”项目得到国家计委和专家们的认可并已正式批复。

5．中科院“九五”高技术研究发展重大项目计划

2001年，高技术局对中科院“九五”高技术研究发展重大项目中已结题的8个项目进行了验收，至此，高技术局24个“九五”重大项目中，已验收15项；2个项目已完成，正在准备验收；还有7个项目正在执行中。

在验收项目中，“光信息处理及光显示用半导体光电子器件研究”建立并通过了ISO 9000质量管理体系认证，其中的DVD用650nm半导体激光器形成月产10万支的生产能力，“DVD用半导体激光器”列入国家计委产业化示范项目并投入实施。

“万吨级煤基合成液体燃料技术软件包的研究开发”在浆态床催化剂的改进、研制合成放大生产、浆态床反应条件优化以及催化剂分离等关键技术上取得了重大突破，为煤基合成液体燃料技术的产业化奠定了基础。该项目申请中国发明专利15项，其中2项已授权。

“天然气、炼厂气转化利用新技术研究与开发”形成了自主知识产权的研究成果，申请专利36件，其中欧洲专利1件；并在多项研究中取得了突破性进展，为工业化应用奠定了良好的基础。

“燃料电池技术”项目申请发明专利42件，在质子交换膜燃料电池的研究开发中形成了具有知识产权的技术体系，明显缩短了我国在燃料电池领域与世界水平的差距。

“红外焦平面关键技术研究”项目研制的碲镉汞红外焦平面列阵技术是红外探测的关键技术之一，也是继美国、法国之后，首次在中国成功地制备出了1024元推扫型长线列焦平面器件，对发展我国独立的空间技术有十分重要的意义。

“系列通用变频器产业化前期研究开发”研制的通用变频器具有自主知识产权，并已经与宁波甬科机电有限公司实现了产业化合作。

三、人才和队伍建设情况

根据知识创新“二期”凝炼的科技目标和“十五”国家重大项目的情况，通过专家组对“引进国外杰出人才”和“百人计划”候选人的复审进行了严格的把关。并对通过复审者的材料进行了认真仔细的准备与分析后，参加了终审答辩会。总的情况是今年第一批高技术归口的各研究所上报了23位候选人，有13人通过复审，其中最后有10人通过终审。2001年第二批候选人82人，正待进行相关的审核工作。

还进行了高技术归口的研究所1997年“百人计划”入选者的终期评估验收工作，结果表明，1997年的21名入选者在基础前沿、应用开发和国家重大任务方面都做出了非常出色的工作。总的情况是：21名入选者中有6人已是研究所级领导，实验室负责人有11人，还有1人为重大工程项目的副总设计师。他们中有6人获得国家杰出青年基金，4人获中科院杰出青年称号，2人评为国家有突出贡献的中青年专家，2人获国家科学技术奖，4人次获中科院科学技术奖。

2001年，国家自然基金委启动了对优秀创新团体的支持，入选的创新团体在三年中每年可获得支持120万元。积极组织高技术归口的研究所的优秀创新团体参加评选，经过国家自然基金委组织专家评审委员会的两次答辩、评议，上海有机化学研究所麻生明研究员小组、自动化研究所谭铁牛研究员小组以及从国家基金委上报的中国科技大学郭光灿教授小组获得支持。

四、2002年工作要点

1. 继续落实高技术归口的研究所知识创新工程全面推进阶段的战略行动计划。

(1) 完善高技术归口的研究所基地的部署，帮助未进入知识创新研究所完成创新方案、凝炼科技目标，争取早日进入知识创新工程试点；

(2) 继续推进高技术局的各项重大改革措施，抓紧建设中国光电科技集团、空间科学与应用总体部和微系统中心；

(3) 按照“三性”的要求和“三个必须要”的精神，进一步部署好知识创新工程的重要项目，做好项目计划的预算管理，并继续抓紧对已经启动创新项目的管理。

2. 继续抓紧“863”、“973”、国家基金、国家攻关和国家产业化等重大科研计划项目的落实。

3. 继续积极推进与地方、企业的合作，推进已有成果的产业化。

4. 加强对研究所改革与发展的指导，推进重点实验室与工程中心的建设。

5. 继续做好人才引进的工作，加强科技队伍的建设。

6. 继续建设并完善高技术局基础数据库和决策支持系统，在知识创新工作中应用高技术局创新评价指标体系，使其更加科学地指导高技术领域的创新工作。

高技术产业发展

随着知识创新工程试点工作的深入实施，2001 年中科院以进一步推进产权清晰为主要切入点，对院所投资企业和部分直接面向市场的应用开发型研究所，按现代企业制度进行改制和转制，加强与地方和行业的合作，大力促进高技术产业规模化发展，积极推动后勤服务体系的社会化改革，取得了突破性进展，显示了良好的发展态势。

一、进一步明确高技术产业化工作指导方针，体制改革取得重大突破

按照知识创新全面推进阶段的总体部署，2001 年，中科院加大了政策引导和制度规范的力度，从而促进观念的转变，全力推进体制改革和机制创新，面向国家经济建设和社会持续发展的需求，加强技术创新，多渠道、多模式地开展院与地方和行业的合作，大力促进科技成果转化和高技术产业化，为国民经济发展和社会进步做出直接贡献。加强经营性国有资产管理；明晰产权，优化结构，事企分开，创造有利于高新技术产业孕育和发展的制度环境；加快后勤服务体系社会化改革步伐。

2001 年，在院领导的直接组织和亲自参与下，院机关有关部门、各转制单位和研究所密切配合，大胆探索、克服困难，转、改制工作取得了突破性进展。截至年末，首批 13 个单位按期完成转制，其中北京科仪中心等 12 家注册为有限责任公司，新乡科仪中心根据发展需求整体进入地方国有企业。院直接投资的 6 家企业，2 家规范设立、2 家完成改制、2 家正在积极制订改制方案；应改制的 385 家研究所投资的高技术企业中，有 80%完成了公司制改造，14%将于 2002 年底前完成。现有的 31 个国家和院级工程中心，有 5 个建在企业，14 个与社会资源相结合，按《公司法》建立了规范的公司，其他中心正在积极酝酿转制，争取 2002 年完成。

（一）转变观念，提高认识

研究所和事业单位整体转制、原有科技企业改制是深化科技体制改革、促进科技为经济建设服务的重要措施，将为这些单位和企业真正进入市场，在竞争中获得持续发展打下良好的体制基础。在中科院党组的正确领导下，各转制单位的领导和中科院机关各部门认真分析国内外发展形势和中科院的实际情况，开展深入细致的调查研究，准确地把握与改革相关的政策、法规、经济等外部环境，充分考虑职工的思想观念、心态、经济承受能力和长远打算等内部因素，通过各种渠道，采取多种方式，积极宣传党的方针政策，教育广大干部群众认识体制改革的重要性和必要性，努力转变观念，理解、支持和积极参与改革。

通过大量深入细致的思想政治工作，使转制单位干部、职工对国家政治、经济形势

有了进一步的认识，对国务院和中科院党组的决定有了更深刻的理解，认识到不改革就没有活力，最终被市场所淘汰；只有摆脱传统观念的束缚，以改革为动力，加快体制改革和机制创新，以产权清晰为基础，按现代企业制度建立规范的法人治理结构，变原有事业单位的行政隶属管理关系为以资产为纽带的产权管理关系，尽快转变内部经营管理机制，才能在激烈的市场竞争中得到生存和发展。

（二）积极探索，大胆实践

转制和改制涉及到一系列法律、法规，具有很强的政策性，必然遇到一系列新情况和新问题。在改革中，必须努力实践“三个代表”的思想；必须根据国情、结合院情和各单位的实际情况，具体问题具体分析，实事求是地解决改革中遇到的具体问题；必须站在“讲政治”的高度，抓好起关键作用的领导班子建设；必须以开拓创新的精神风貌，积极探索，勇于实践。

中科院机关各相关部门、转制单位领导班子从实际情况出发，充分沟通信息，正确处理好改革、稳定和发展的关系，遵守国家有关法律和法规，实事求是地制订改革方案，并大胆探索，努力实践。在改革的过程中，针对出现的新情况、新问题，在认真研究的基础上，采取不同的、切实可行的解决办法加以解决。按照“存量不变”的原则，在财力允许的范围内，尽可能给予转制单位必要的支持；在避免国有资产流失的前提下，对转制单位原有的不良资产按国家法规予以合规、合理剥离，使转制后的企业“轻装上阵”；与此同时，最大限度地考虑职工的切身利益，落实国家对转制单位的有关优惠政策，减少改革成本和代价，保证转制工作得以顺利实施。

在企业改制过程中，遵循国家有关法规，区别对待内、外部情况，明确相关政策，对改制后研究所投资公司的股权结构及设置比例不做统一要求。尊重技术创新者与经营管理者的劳动价值，重视建立有利于产业发展的体制与机制，使产权关系与分配关系符合高技术产业发展的需要和规律。中科院制定政策鼓励科技骨干和经营管理骨干向公司投资入股，有效地推进科技企业产权激励制度试点工作。如对联想集团职工原享有的35%分红权，通过职工以几年来奖励的红利作为出资认购的方式落实为股权，实现了公司产权激励制度改革。

根据“老人老办法，新人新办法”的原则，要求对改制后的公司中原中科院事业单位编制人员逐步脱离事业编制，按双向选择原则实行企业劳动合同聘用制，参加当地企业职工养老保险系统。采取切实可行的政策和措施，及时化解矛盾，调整各方的利益关系，妥善安置富余人员，有力地推进了改革的进程。

（三）改革创新，不断发展

通过整体转制和改制，明晰产权，使职工的利益与企业的发展密切关联。12家转制单位注册资本为4.03亿元，其中职工出资约5 800万元。今后，中科院将在此基础上按照国家有关法规，通过期股、奖励分红权等激励手段，进一步鼓励企业经营管理骨干、技术创新者和吸引优秀人才扩大合理持股。

通过整体转制和改制，按照国家有关政策，有效地转移和妥善安置了院里一大批原事业单位职工。仅转制的13家单位，就涉及干部职工6 400多人，其中4 100人进入转制后企业，妥善安置离退休人员2 300人。

转制带来了新的活力和机遇。在相当程度上改变了过去“重研究、轻发明，重论文、轻技术，重成果、轻转化”的思想观念和管理方式。转制后的企业更加注重以市场需求为导向，进行技术创新；注重面向社会寻求优势资源和合作伙伴；注重以市场机制进行成果转化和产业化；注重以满足用户需求为目的开展经营活动；注重以追求最佳经济效益、兼顾社会效益为目标，凝炼企业的核心竞争能力；注重以建立现代企业制度为契机，加强内部经营管理机制转换；注重建立激励机制，吸引和留住优秀人才；注重建立以诚信为基础的良好企业文化。

以产权清晰为基础的体制改革，使转制后的企业初步呈现出良好的发展态势。如北京科仪中心于2000年底转制后，2001年销售收入8 400万元，较上年同比增长36.6%；利润1 079万元，同比增长169.8%；上缴税金413万元，同比增长33.7%；创汇63万美元，同比增长61.5%。成都有机化学研究所转制后，2001年销售收入7 700万元，比去年同比增长38%，还联合四川、上海、深圳、成都等地的5家公司，设立“中科高分子材料股份有限公司”。沈阳计算技术研究所通过转制，总结出十个方面观念发生的转变，即单位体制由事业向企业转变；指导思想由技术导向向市场导向转变；运作方式由项目为主向产品为主转变；组织结构由学科划分向成本利润中心转变；人才队伍由重视科技人才向技术、管理、营销人才并重转变；文化理念由研究所文化向高技术企业文化转变；考核指标由科技成果向产业化收益转变；管理模式由分散向集中转变；职工位置由模糊的主人向实在的股东转变；经营理念由单一技术研发向技术、资本、资源同时运营转变。

目前，院针对部分转制后企业出现的市场发展态势和其自身实际情况，提出了第二阶段深化改革的要求，进一步与社会资源结合，将有限责任公司改制成股份有限公司，并争取尽快上市，将高技术企业生产性经营与资本运作有机结合，寻求健康持续的规模化发展。

二、产业规模快速增长

体制改革和机制创新，与社会生产要素的结合，从组织结构上为加速中科院高技术企业的社会化、市场化和规模化发展奠定了良好的基础。通过改革，中科院大部分高技术企业初步建立了现代企业的法人治理结构；建立院、所法人投资者与以科技骨干和管理骨干为主体的自然人投资者利益共享、风险共担的产权关系；初步建立了符合社会主义市场经济规律的运行机制和管理体系；在产权清晰的基础上，在资产、人员等方面初步实现了事企分开；建立和完善了分配激励制度；建立了企业用人、社会保障、财务、物流等方面的制度；使中科院高技术企业连续几年快速增长。2001年，全院高技术企业的营业额445.4亿元，利税总额43.3亿元，为国家上缴税金22亿元，所有者权益120.1亿元，比2000年增长27.29%。为社会提供就业机会超过4万人。

（一）深入调查研究，实施宏观管理

为了解企业改革和发展中遇到的问题，有效引导企业规模化发展，中科院领导和有关部门深入京、沪、粤、兰州、西宁等地 40 多个研究所及其企业进行调研，了解新情况，解决新问题；对典型案例进行深入研究，总结推广先进经验；制定和完善相关政策，注重宏观政策引导，坚持微观放开搞活。对企业的改革创新、高技术产业的发展起到较好的引导和推动作用。

（二）确定发展领域，扶持重点企业

在加大体制改革力度的同时，对研究所和高技术企业产业化项目进行充分调研和分析，结合国家“十五”规划中高技术产业发展的总体布局，筛选出“十五”期间高技术产业化重要方向性项目，并通过一系列政策措施加以引导和扶持，促进中科院技术创新、规模产业化的进一步发展。

根据中科院知识创新战略行动计划的总体要求和院党组的部署，针对院高技术产业的现状、发展态势以及与国内外先进水平的差距进行分析、比较，研究拟定“院技术创新规模产业化专项行动”，力求瞄准国家经济建设和市场需求，发挥科技优势，集中力量，结合社会资源，形成若干新的产业生长点和骨干企业，力争在“十五”末期实现局部领域的突破和跨越式规模发展，逐步形成和巩固群体优势，发挥孵化高技术产业的示范作用，对国民经济增长做出直接和实际的贡献。

为保证企业持续健康发展，中科院许多高技术企业都加大了新产品、新技术的研发投入。据不完全统计，院、所投资企业 2001 年的 R&D 投入为 13.6 亿元，比 2000 年增长 21.43%；申请中小企业基金项目 32 项，比 2000 年增长 191%。

（三）加强队伍建设、适应发展需要

高技术产业的发展，人才队伍至关重要。必须加大吸引、培养人才的力度，建立一支懂管理、善经营的企业高级管理队伍。中科院通过组织有关研究所、公司负责人到广东、浙江等地考察，学习和借鉴优秀企业在社会主义市场经济环境中不断发展壮大的成功经验；通过举办“国企改革报告会”等方式，加深研究所、企业领导对体制改革和机制创新的认识和理解；通过举办资本运作研讨会、董事/监事、财会、“技术经纪人”培训、MBA 课程培训、组织韩国中小企业振兴公团研修班、香港蒋氏基金培训班，提高企业经营管理人员的业务素质，改善知识结构，强化企业经营管理者的市场意识和管理意识。通过引入职业经理人和引入企业竞争机制，调整企业高级管理人员的结构，提高企业的科学、规范管理水平。通过探索企业经营管理骨干和科技骨干持股等激励机制，吸引和留住优秀人才，保证企业的持续健康发展。

（四）规范资产管理，实现保值增值

为加强中科院经营性国有资产的管理，解决实际存在的、制约高技术产业健康发展的“资产混淆，产权不明；事企不分，权责不清；激励不当，人才流失；管理交叉，影响科研工作开展”等问题，中科院及时拟订了《中科院经营性国有资产管理体制改革试点方案》，并获国务院批准。将用2～3年的时间，建立起经营性国有资产和非经营性国有资产相对分离的中国科学院国有资产管理体系。

中科院正在按《公司法》设立“中国科学院国有资产经营管理有限责任公司”。该公司将代表中科院行使国有资产出资人权利，以资产为纽带，对持股企业行使股权管理职能，提高中科院对经营性国有资产的资本运作能力，确保国有资产的增值，从而进一步促进中科院高技术产业的发展，弥补人才激励资金的不足和支持战略高技术创新研究。

三、中科院与省市、企业合作形势喜人

为促进科技与经济的结合，促进科技成果转化，用高新技术改造传统产业，大力发展高技术产业，2001年，中科院进一步促进和加强与省市、企业的合作，为地方经济发展和行业的科技进步做出了贡献。

（一）明确工作定位，制定合作战略

开展中科院与省市、企业合作是中科院知识创新工程试点工作的重要组成部分，是科技创新成果转化和实现产业化的重要环节。

根据国家东部大力发展高技术产业、中部重点进行企业技术改造和产业结构调整、西部实施大开发的战略部署，中科院调整工作思路，制定了以江、浙、沪、京、辽、滇、粤为重点，东、西部合作并举，抓重点和重大项目，多层次展开，针对地方、行业发展影响大的共性和关键技术组织攻关，为地方和企业培养高层次科技人才的中科院与地方和行业合作的战略。

开展中科院与省市、企业合作，组织全院的力量促进高技术产业化、产业结构调整和升级是一个庞大的系统工程，必须加强宏观管理，做好顶层设计。着力建设好五个“平台”，即以12个分院为依托组成协调、组织、管理、服务系统；以近300名科技副职（中科院与省市、企业双向）组成的桥梁纽带工作系统；网上成果信息传播系统；与省市、企业合作的社会经济效益统计系统；中介服务机构系统等5个平台，形成良性循环的基础。在这5个管理平台之上，组织各研究所的有关科技力量积极与社会各种资源相结合，从项目切入，实际促进地方经济的可持续发展。

（二）发挥科技优势，开展多种合作

在巩固与重点区域合作的基础上，进一步拓展新的合作区域，并探索与行业、大型企业集团的合作。2001年末，中科院已经与23个省、市、自治区签订了全面合作协议，并有效地组织各研究所的科技人员到各地开展成果转化、技术服务以及高技术产业化等工作。上海浦东、宁波、乐山、攀枝花、重庆等地还专门设立了“种子资金”，用于支持中科院的科技成果在当地转化，孵化高技术企业，已经产生了一定的经济效益。

中科院在与地方企业合作的同时，十分注重以高新技术提升传统产业的技术水平，

积极与国民经济有关行业开展技术合作，组织科技力量对影响行业发展的关键技术进行攻关，也取得了良好效果。与烟草、纺织、石化、机电等行业开展了技术合作，先后与中国海洋石油公司、大庆油田、上海机电集团、上海广电集团等大型企业集团建立了长期合作关系。

分院在中科院与省市、企业合作中充分发挥了桥梁和纽带、组织和协调作用。由各分院牵头，围绕重点联系省市搭建大区合作平台，加强与各分院以及有关研究所的沟通和协作，组织协调全院各研究所按照新的机制推进重大合作项目，开展技术集成创新，为地方经济发展和行业技术进步做出了贡献。

（三）互派科技副职，发挥桥梁作用

与地方和行业互派科技副职、加大信息沟通是中科院与省市、企业合作的重要举措，发挥着不可替代的作用。中科院对各地加大了科技副职的派出力度，并强化了对科技副职的工作指导，充分发挥他们在信息传递、项目组织方面的作用。中科院向各地派出科技副职累计 700 余人，现在岗 230 余人，各地政府向中科院机关、分院、研究所派出的挂职干部近 50 人，在院与省市、企业合作中做出了突出贡献，较好发挥了桥梁纽带的作用，受到地方政府、企业以及中科院有关部门和单位的好评。

（四）创建合作环境，参与园区建设

创造各种合作契机和良好的政策环境，是实现中科院与省市、企业合作的必要举措。中科院与各地政府密切沟通，为企业和研究所的合作提供较好的政策、成果交易等能够为企业健康有序发展的契机和环境。

不同层次、不同类型的各种交易会、展示会是促进科技成果转化和产业化的一个重要途径。中科院与各地政府密切合作，积极参与主办上海国际工业博览会、深圳中国国际高新技术成果交易会、杨凌农业科技博览会、中国北京国际科技产业博览会（原北京国际科技活动周）等四个国家级大型展会；各分院还积极组织各研究所参与地区性的展会。在 2001 年上海工业博览会上，中科院与企业签订合同 5 项，合同额约 480 万元；中科院在第三届深圳高技术成果交易会上共签订 215 个项目，合同额 8.5 亿元；在第二届杨凌农业科技博览会上，中科院签订各类合作协议 21 项，总金额 7.98 亿元；在第三届北京国际科技活动周期间，中科院签订各类合同、合作协议 11 项，总金额 5.3 亿元。

中科院与省市、企业合作在模式和内容上也不断出现新的变化，已从单一项目的合作向共建研究开发实体和产业园区（或孵化基地）发展，积极协助政府推进当地产业结构的调整。在地方政府优惠条件的吸引下，一些研究所按照市场机制，积极稳妥地参与科技产业园的兴办和建设。据不完全统计，2001 年末北京地区的研究所以及沈阳、长春、武汉和成都分院在其负责的院与省市、企业合作分工区域内，在建和筹建的科技产业园共 21 个，其中北京 1 个、沈阳分院 5 个、长春分院 9 个、武汉分院 4 个、成都分院 2 个。

（五）加强信息统计，注重实际效果

加强信息沟通、合作成果的统计是进一步改进中科院与省市、企业合作的重要手段，也是引导各分院和研究所不断以创新的方式开展院与省市、企业合作的重要依据。为此，在各地政府有关部门的大力配合下，加强了中科院与省市、企业合作的统计工作，注重以业绩评价来引导和发挥分院和研究所的积极性。中科院为推动该项工作专门设立了“院地合作奖励基金”，在业绩统计的基础上，每年评选出先进单位和个人，并予以奖励。中科院还注重科技信息和需求信息的交流，专门建立“院地合作信息网络”，将各地的需求和各研究所的成果及时公布，使其成为“永不落幕的成果交易会”。

经过全院上下的共同努力，中科院与省市、企业合作取得了显著成绩。据不完全统计，2000 年（因实际情况，滞后一年报出统一结果），全院与地方合作项目达1 307个，地方企业实现年产值总额达 131.20 亿元，年销售收入达 72.09 亿元，净利润总值 9.98 亿元，上缴税金 4.86 亿元。与此同时，各研究所通过技术服务和成果转移共获得研发经费和成果转让资金达 7 亿元，有力地促进了研究所的技术创新工作。

四、后勤社会化稳步推进

按照中科院知识创新工程试点全面推进阶段的总体目标，中科院将在 2 至 3 年内完成后勤服务体系社会化改革。为此，2001 年加快了院后勤服务体系的改革步伐。

（一）理清思路，明确目标

中科院后勤社会化改革的总体思路是：以邓小平理论为指导，按照“三个代表”思想的要求，将一部分后勤服务资源从院机关和研究所中剥离出来，以市场经济的规律和原则重新配置，融入社会第三产业，使被束缚的生产力得到解放，资源得到高效利用；打破中科院后勤服务市场的封闭、分割状态，对社会服务、企业开放，成为社会统一市场的一部分，从根本上提高后勤服务的质量和水平。

中科院后勤服务体系社会化改革的目标包括三个方面。一是将原有后勤服务单位整体转制、剥离，形成规范的后勤服务企业，参与市场竞争；二是将园区及住宅小区公共设施的管理、服务与维修（如水、电、气、取暖、市政道路等）回归社会；三是开放物业服务市场，引入竞争机制，建立符合市场经济规律的福利和服务货币化机制。

对成片园区改造的各研究所，后勤体系必须与研究所脱钩，按照市场竞争的原则，组建园区物业管理公司，坚定不移地加快步伐实现社会化。对院机关后勤服务体系、下属经营性支撑机构和中科院行管局进行转制，实行社会化改革。对其他研究所，鼓励将后勤服务交由社会服务企业承担或成立独立的后勤服务企业。用 2 到 3 年的时间，实现后勤服务社会化。

（二）采取措施，切实推进

中科院后勤社会化改革按照“存量不变、有利发展、积极稳妥、平稳过渡”的原

则，采取积极措施，加以实质推进。

中科院绝大部分研究所和分院都制定了切实可行的改革方案，大力推进后勤服务体系的改革，探索出了多种改革模式。按后勤服务社会化原则，或几所联合成立物业服务实体，或委托社会物业服务机构托管，或从事业单位整体转制为规范的物业服务公司等等。一部分研究所和分院已基本完成改革任务，收到了明显效果，取得了宝贵的经验。

按照中科院党组的决策，2001 年初，启动了中科院机关服务中心、人才交流中心、国际学术交流中心、基建工程服务中心和中关村改造建设办公室、信息咨询中心等 6 个直接面向市场的院机关下属事业单位和中科院行政管理局的整体转制工作。各单位积极转变观念，制定转制方案，履行转制程序。截止到 2001 年底，2 个单位已完成转制工作，办理了工商登记注册手续，其余将在 2002 年 6 月前完成转制工作。与此同时，中科院还积极与北京市有关部门和有关区政府加强沟通，密切合作，正在研究制定将院有关社区的基础设施（道路、电、水、气、暖等）及管理服务纳入社会统筹建设管理的具体方案。

五、2002 年度工作重点

（一）落实新的办院方针，明确工作思路

根据新时期办院方针，结合高技术产业化工作在知识创新工程中的定位，今后一个时期院的高技术产业化工作思路是：按照新时期办院方针，坚持面向国家战略需求，加强关键技术创新与集成，加强科技创新成果的转化，为我国产业结构调整、保持经济快速增长以及社会可持续发展做出直接贡献。建立高技术产业发展平台，进一步促进科技成果转化和高技术产业发展的市场化、社会化和企业化。

（二）深化体制改革，加强机制创新

在体制改革初步取得突破的基础上，按照高技术产业发展的规律，继续深化体制改革，夯实改革成果。中科院高技术企业的改革都要有利于加快社会化进程，必须做到产权清晰。中科院将在政策上引导各企业根据具体情况，按国家有关法规适时深化产权制度改革，通过更广泛地引入其他社会法人参股、合理扩大科技和经营骨干持股比例，实现股权多元化，使企业的股权结构更加合理。在此基础上，培育和孵化更多的高技术企业上市，将生产经营与资本运作有机结合，促进产业跨越式发展。

继续按照“产权清晰、权责明确、事企分开、管理科学”的原则，推动高技术企业按现代企业制度的要求，规范法人治理结构的实际运作，形成符合市场经济规律的经营管理和激励约束制度。高技术企业与研究所必须在观念、人员、空间、管理和价值观上彻底分开，在实际运作中真正使研究所与企业从原有行政隶属的上下级管理关系转变为符合现代企业制度的以资产为纽带的产权管理关系，从而使企业真正地走向市场，吸纳社会资源，成为独立法人经营实体，寻求自身的发展。

（三）加强技术集成创新，加快社会化进程

技术的集成创新将成为高技术企业的核心竞争力之一，也将为高技术企业的全球化发展打下坚实的技术基础。必须在重视关键技术创新的同时，重视相关技术的集成创新；在发展高端核心产品的同时，注意配套产品的开发；必须抓住关键技术创新的龙头作用，带动相关技术产业的发展。继续实施“院‘十五’期间技术创新规模产业化专项行动”。积极推进与国内外社会资源的优化组合，以市场需求为导向，加强产业化重要方向性项目的集成组织、跟踪，努力将知识创新、技术创新与集成、体制创新有机结合，加快企业社会化和市场化的进程。必须按照开放式、网络化的技术发展模式，集合社会其他技术与人力资源的优势，使中科院真正成为促进我国高技术产业发展的基地。

随着加入WTO，我国经济将全面融入世界经济，企业也必将处于全球化市场竞争环境，高技术创新及其产业的竞争也必将更加激烈。我们必须努力将知识创新、技术创新与集成、体制创新结合起来，加快企业社会化和市场化进程，凝炼高技术企业的核心竞争能力，培育和孵化一批中国的高技术跨国公司，积极参与国际竞争，在竞争中求发展。

（四）吸引培养优秀人才，建立良好企业文化

加强人才队伍建设，努力改善高技术产业化队伍的人员结构和知识结构。以多种方式、多种途径加强经营、管理、法律等人才的引进和培养，加强对企业战略、资本运营、市场营销等知识的学习和培训，重视职业经理人的引进。探索建立和完善激励机制，重视人力资本在企业发展中的作用，通过建立以人为本的人才战略和激励机制，建设一支能适应市场经济激烈竞争的队伍。

引导企业建立“负责任的企业文化”。在体制改革基本完成、产权清晰的基础上，倡导院、所投资企业建立以诚信为基础、以满足客户不断增长的需求为目标，向国家负责任，向社会负责任，向股东负责任，向企业负责任，向员工负责任的企业文化。

（五）继续重视院与省市、企业合作，有效促进成果转化

面向国家经济建设，继续加强中科院与省市、企业合作工作和重点领域的合作。充分发挥中科院科技人才及技术优势，发挥院部、分院和研究所的积极性，加强与企业和社会交流与联系，建立多渠道、多样化合作模式；加大互派科技副职的力度，充分发挥他们在院与省市、企业合作中的桥梁与纽带作用；按市场经济规律，积极有效地参加地方高新技术产业园区的建设；探索按市场规律以高新技术促进产业升级和结构调整的新模式；继续鼓励院的科技人员按“成果加人才”，集成社会优势资源的方式推进科技成果转化。

继续推进合作“平台”的建设和完善。建设成果信息交流网、成果转化及产业化业绩统计网，大力推动成果转化和院与省市、企业合作工作的发展；积极探索建立分院产业化与院与省市、企业合作工作机制的新途径；充分发挥中介机构在技术成果推广应用和转化过程中特有的作用。

人事制度改革与人才队伍建设

2001年，中国科学院在认真贯彻落实党的十五届六中全会和院工作会议精神的基础上，以建设一支高水平、高素质的创新队伍为目标，以院属单位领导班子、科技人才队伍和研究生与博士后队伍建设为重点，开拓创新，建立起了具有中国科学院特色，完整配套的新型人事教育管理体制和运行机制，保证了知识创新工程全面推进阶段各项工作的顺利开展。

一、召开全院人事工作会议，全面启动科技创新队伍建设和发展教育行动计划

为适应知识创新工程全面推进阶段人才队伍建设的要求，2001年4月，在北京召开了全院人事工作会议。会议系统地总结了知识创新工程启动阶段的工作经验，部署了知识创新工程全面推进阶段，人事制度改革与创新队伍建设工作；推出了《中国科学院知识创新工程试点全面推进阶段科技创新队伍建设和发展教育行动计划纲要》，提出了将继续按照“开放、流动、联合、竞争、高效”和“用好现有人才，稳定关键人才，引进急需人才，培养未来人才”的原则，实施科技创新队伍建设行动计划，建立与完善新的用人制度、分配制度和考核评价与激励制度，培养和吸引国内外优秀人才，进一步加强科技创新队伍建设；并形成了与之配套的一系列改革政策规章，为实现未来五年创新队伍建设和制度创新、管理创新的目标奠定了基础。

二、深化干部制度改革，进一步加强院属单位领导班子建设

在加大干部制度改革力度的同时，注意使各项措施紧密配合，相互促进，不断深化。在干部工作中已基本形成整体推进、重点突破、逐步配套的格局。

（一）在干部选拔任用中建立了公开招聘制度、任前公示制度和试用期制度

制定了《关于进一步推进所（局）级领导干部选拔任用制度改革的实施意见》。在兰州、合肥、武汉等分院和京区，利用班子换届的契机，在部分单位试行了所领导竞争上岗和公开选拔。对院机关有关部门的副局长岗位面向北京地区和院内外进行了公开招聘。

今年全院共有30个单位领导班子换届，38个单位领导班子届中考核，院机关10个部门局级干部调整。共任免所（局）级领导干部160人，其中新提拔任命所（局）级领导干部65人，均在一定范围内进行了任前公示。

实践证明，对拟任干部任前公示，既是对干部考核工作、坚持用人标准的检验，同

时，也使拟提任的干部具有更广泛的群众基础，增进公仆意识，为领导班子展开工作创造了良好条件。

（二）加大干部交流力度，改善领导班子结构

出台了《关于加强所（局）级领导干部交流工作的实施意见》，干部交流工作取得显著成效。在所际间、院所间和院内外，共交流干部 31 人次，占全院所级领导干部的 6%，是历年来干部交流人数最多的一次。

研究所有 10 位优秀的年轻领导干部被选拔、充实到院机关有关部门的局级领导岗位，使院机关局级领导干部队伍结构得到较大改善。同时，从院机关选派了 6 位优秀处长，到研究所担任党政领导职务，以加强研究所领导班子建设，优化班子结构，补充急需人才。

在各分院机关、分院与研究所之间，根据班子结构需要和干部的实际情况，对 5 名干部进行了分院之间的异地交流和分院与研究所之间的交流使用。这样不仅有利于调整班子结构，同时也提供了干部多岗位锻炼的机会。

在研究所之间，主要以党委和行政干部的交流为主，拓宽了领导干部视野，增强了领导班子活力。

（三）加强干部监督

通过抓学习宣传、抓制度建设、抓规范管理，重点加强对领导干部选拔任用条件和工作程序的监督以及对领导干部贯彻执行党的路线方针政策情况的监督。

制定了《关于加强干部监督工作实施意见》、《中国科学院干部监督工作实施细则》，逐步形成一套中科院干部监督工作的新机制。在实践中，注意将干部监督工作与领导班子考核、换届有机结合，贯穿于领导干部选拔任用和领导班子建设全过程。既加大对干部选拔任用条件和程序的监督力度，又对领导干部和领导班子贯彻执行党的干部路线方针政策的情况进行全面的监督。

通过参加院属单位领导班子民主生活会，了解领导班子自身建设的有关情况和领导干部的工作、思想状况，履行指导和监督职能，并帮助领导班子解决问题。

在实施干部监督过程中，对干部选拔任用中存在的问题，及时发现，及时解决，加大了查核与处理力度。

（四）领导干部培训工作制度化初见成效

根据领导班子建设需要，通过深入调研，系统而有针对性地制定了《2001～2005 年中国科学院所（局）级领导干部教育培训规划》。通过上岗培训、专题研讨、讲座、赴国（境）外培训、管理研究生课程研修等多种方式，使 250 多名局、所级领导接受了培训和继续教育，占全院所、局级领导干部总数的 42.4%，创中科院历史上最高的领导干部年度培训率。为应对入世后面临的科技发展和人才战略挑战，组织部分局所级领导干部参加首届 MPA 和 EMBA 高级研修班的学习。

（五）圆满完成首次青年所级领导干部国情考察活动

组织了为期一周的首次青年所级领导干部赴西部国情考察。来自 24 个研究所的 25 名所级领导参加了此次活动。通过考察实践，进一步提高了青年领导干部学习锻炼的自觉性，增强了科技工作者与研究所领导的使命感和责任感，激发了对自身角色的新思考。

三、全面深化改革，建立具有中科院特色的新型用人制度和分配制度

（一）在全院范围内停止了各类专业技术职务任职资格评审和传统意义上的职员职级晋升，全面推进全员岗位聘任制

2001 年，在实行全员聘用合同制和职务聘任制的基础上，全院进入创新试点的单位，全面开始实施全员岗位聘任制，实现了双聘合一，初步建立起与国际接轨的新型用人制度。形成了由岗位聘任、项目聘用和流动人员构成的层次分明、结构合理、精干高效、动态更新的创新队伍。

伴随这一重大改革，在全院范围内停止了各类专业技术职务任职资格评审和传统意义上的职员职级晋升，同时撤销了中科院级各系列的专业技术职务任职资格评审委员会。院属各单位相应撤销本单位专业技术职务任职资格和职员职级晋升的评审机构，根据不同岗位要求，组建相应的聘任委员会，建立起完善的聘任程序和考核标准与办法。这一重大改革举措引起了国内外的强烈反响，在由科技日报和中央电视台联合主办的“2001 年中国十大科技新闻”评选活动中，榜上有名，位居第五。

截止到 2001 年底，全院已核定进入知识创新工程试点的单位 69 个，创新岗位 15 124个，实际进入创新的岗位聘任人员9 378人。实行岗位聘任制后，全院创新队伍的结构与以前相比有了明显改善。科技人员所占比例提高了 16 个百分点，45 岁以下人员所占比例提高了 12 个百分点，具有硕士以上学位人员所占比例提高了 26.5 个百分点，大专及其以下学历人员所占比例下降了 37 个百分点。这一新型用人机制，进一步破除了论资排辈、身份、级别等陈规陋习，强化了岗位职责，增强了科研和管理人员的责任心、紧迫感和竞争意识，搞活了用人机制，从而使职工的主动性、积极性得到了更充分的调动和发挥，给研究所的发展带来了生机和活力。

（二）推进人事关系改革，实行人事代理制度

在推进用人机制改革过程中，各单位积极探索将部分人事管理职能委托专门机构代理，逐步实现人事关系管理与人员使用分离。

2001 年，全院新接收毕业生的人事关系，已大部委托人才服务机构管理。部分单位基地内人员的人事关系也进入人才服务机构，实行了部分人事管理职能的委托代理。

(三) 分配制度改革进一步深入

1. 全面推进三元结构分配制

全院进入知识创新工程试点的单位均实行了以“绩效奖励”为主、“基本工资、岗位津贴、绩效奖励”为基本框架的三元结构分配制度。未进入创新试点的单位，也建立了适应本单位特点的绩效津贴制度。三元结构既从宏观上规范了创新试点单位的分配制度，又给创新试点单位以自主权，较大幅度地提高了创新试点人员的工资收入。对于吸引和稳定优秀人才、调动科技人员的积极性、增强创新单位的对外竞争能力等方面发挥了较大的激励和导向作用。

2. 积极探索新的分配模式

在有条件的试点单位，对各重点学科领域引进的国外知名学者和将帅人才试行了协议工资制度，以充分体现知识和技术创新的价值。对岗位聘任的科研和管理骨干，试行建立与实际贡献挂钩的年功津贴，并通过建立补充养老和医疗保险、股票期权、技术开发收入预分配等多种方式，对科研和管理骨干给予特殊的前瞻性激励，以吸引优秀人才，稳定科研和管理骨干，激发科研人员的创造热情。

3. 认真做好法定代表人年薪制试点工作

法定代表人年薪制试点工作扩大到一期进入创新的 37 个单位。年薪制试点工作进一步完善了对研究所的评价制度，强化了法定代表人的岗位责任，建立了工作绩效与分配挂钩的关系，推动了创新工程试点工作顺利开展。

(四) 抓好队伍规模控制

为了进一步精干队伍，严格下达各单位年度人员编制控制额度。对创新试点单位，严格控制进入创新试点的人员结构和数量。同时，积极调控新进人员结构和素质。

2001 年全院接收的博士生占 21%，硕士生占 24.4%，二者合计占 45.4%，正逐步接近创新队伍结构的要求。创新试点单位接收毕业生 959 人，占全院接收毕业生总数的 55.3%；其中，博士生占 27.3%，硕士生占 26.8%，二者合计占 54.1%。

四、进一步调整、完善科技人才计划，引进人才工作的重心转移到领衔式将帅人才的引进和团队建设上来

(一) 启动招聘“海外知名学者”计划，“百人计划”取得新进展

今年开始，中科院人才工作的重点转移到了吸引领衔式将帅人才上来。2001 年，启动了招聘“海外知名学者”计划，以鼓励和支持在国外已获得副教授以上固定职位、在所从事的学科领域有很高知名度的国家急需的知名学者为国工作，首批已有 9 人入选。

重新修订了《中国科学院关于引进国外杰出人才的管理办法》，进一步严格了入选者的基本条件，明确规定了人才引进的设岗要求和岗位职责，加大了院级评审的力度，

增加了送院内外专家评审的程序。通过严格把关，使人才引进质量有大幅度提高。为了解决人才引进与人才使用脱节的问题，进一步强调人才引进与院学科发展和重大项目的结合，将人才引进工作与院重大重点项目、西部战略行动计划、新的科研单元建设等相结合。坚持院所两级资源匹配的原则，充分调动各单位吸引优秀人才的积极性。从今年起，加大了研究所的匹配经费强度。为用好返还匹配经费，印发了《“引进国外杰出人才”招聘单位返回匹配经费管理办法》。

进一步加强对“百人计划”入选者执行过程的管理和终期考核评估工作。加大对优秀入选者的后续支持强度。全年应聘“百人计划”的人选295人，入选111人，淘汰率达到62%。其中，助理教授以上职称者占入选人数的29%。

制定了《中国科学院文献信息和期刊领域引进优秀人才的管理办法（试行稿）》，文献信息和期刊领域计划3年内将从国内外引进20位优秀人才。首批已有5人入选。

（二）服务于西部大开发，加大“西部之光”人才培养计划的工作力度

继续推动“西部之光”人才计划，完成了1997、1998年入选者41个项目的验收，评选出18个优秀群体。配合国家西部大开发行动计划，与中组部、财政部协商，进一步扩大了“西部之光”辐射范围。

（三）高级访问学者制度发展势头良好

2001年度，加大了对“高级访问学者”的支持力度，全院吸引了209位高级访问学者，其中来自国外93人、高校（部委）116人；教授级121人、副教授72人、助教授16人。至此，全院已接收“高级访问学者”580人。他们为中科院的学科发展和学术交流带来了新的思想和观念，注入了新的生机和活力。

五、科技副职工作上了一个新台阶

（一）加大科技副职的选派力度，调整派出人员结构

今年派遣科技副职145名，超额完成派遣计划。目前在任科技副职超过200人，为历史最高数量。一批具有硕士、博士学位的年轻科技人员或创新基地的研究员、副研究员或部分研究所领导以及管理骨干已经充实到科技副职队伍中。科技副职队伍的良好素质和结构，为提高工作成效提供了重要的保证。

（二）出台了《中国科学院科技副职管理工作条例（试行）》，使科技副职管理进一步规范化、制度化

在广泛调研的基础上，提出了《中国科学院科技副职工作管理条例（试行）》，优化了科技副职工作的政策环境。下发了《关于下达院属各单位科技副职岗位职数及相关问题的通知》，按照5年达到1 000名的规模，全院共设置科技副职岗位200个。

（三）创造了良好的社会和经济效益

据不完全统计，2001年中科院科技副职共为各地引进、推广项目约578项，总投资120多亿元，实现利税14.3亿元，组织技术攻关343余项，举办各类科普宣传活动近300次，申请发明专利2项，受到地方政府的高度评价。

（四）成功召开了第五届科技副职工作会议

在江苏省泰州市成功召开了第五届科技副职工作会议。这次会议是中科院开展科技副职工作以来，规模最大、层次最高、研讨最为深入的一次会议。路甬祥院长和白春礼、杨伯龄副院长出席会议并讲了话。会议总结交流了科技副职工作的经验和体会，对在知识创新工程试点工作全面推进阶段，进一步做好科技副职工作，推动多方位院地人才合作，为国家社会经济发展作出新贡献，进行了研讨和部署。

六、进行机制与体制的改革创新，全面推进研究生与博士后工作

（一）审时度势，进行学位授权体系的改革

1. 正式成立中国科学院研究生院

今年2月，经教育部、国务院学位办批准，中科院正式成立了中国科学院研究生院。从2001年9月1日以后，中国科学院研究生院将对我院各研究所培养的研究生统一行使学位授予权，成为中科院除中国科技大学之外的另一个学位授权单位。这是中科院研究生教育体系和学位授权体系的一次重大变革。中国科学院研究生院将在坚持“院所结合的领导体制，院所结合的师资队伍，院所结合的管理制度，院所结合的培养体系”四个原则的基础上，建设成为中科院研究生教学和管理中心。它将联合全院各具有研究生教育功能的组织结构单元，在充分发挥各研究所研究生培养特色和优势的基础上，探索教育与科研相结合的新机制和新模式，逐步发展和建设成为国内研究生培养规模最大的、新型开放的、现代化的网络型高层次人才培养基地。并逐步实现中科院研究生教育的统一招生，统一教育管理和统一学位授予。

2. 建立“统一授予、两级管理”的学位管理体系，制定研究生教育改革配套政策

“统一授予，两级管理”是中科院研究生培养体制创新的重要举措和今后学位工作的指导方针。

今年进行了院学位委员会换届，制定了《中国科学院学位委员会章程》，院内第一次增列培养硕士、博士学位研究生学科、专业点的工作，全院新增博士培养点5个，硕士培养点10个。组建了中国科学院研究生院学位评定委员会，制定了《中国科学院研究生院学位授予暂行条例》和《中国科学院研究生院学位授予暂行条例实施细则》，等系列文件，为“三统一”的顺利实施提供了制度保证。

（二）研究生培养机制改革

自今年开始，设立了“中国科学院研究生奖学金”，使中科院奖学金制度与国际接轨。并全面实行了“研究助理”（RA）、“管理助理”（MA）和“教学助理”（TA）。进一步调动了研究生的学习和科研热情，为吸引优秀生源，提高研究生质量起到了积极的促进作用。

（三）加强招生宣传，继续扩大招生规模

在北京、西安和武汉举行了全院招生咨询活动，组织了6个青年科学家小组到20多所高校进行科学前沿讲座，通过多种途径，继续加强宣传工作，扩大生源渠道，总结、推广提高招生质量的典型经验和作法，引导招生单位调动一切力量吸引优秀生源。

2001年全院共录取博士生3 171人，硕士生4 173人。

（四）强化青年博导上岗培训

今年全院共举办14期博士生导师上岗培训班，参加培训总人数达550人，全院50%在岗45岁以下博士生导师参加了培训，提高了青年导师教书育人的水平，为提高博士生培养质量提供了保证。

（五）探索博士后工作与地方合作的新形式

加强博士后与社会、企业的交流合作，加速博士后科研成果向社会的转化，使博士后科研工作更加面向前沿、面向应用。建立了“中国科学院苏州博士后工作联络站”。在中国科学院博士后秦皇岛创新实践基地举办了“中国科学院博士后科研成果展示会”。

采取措施，加强宣传，扩大影响，加快博士后工作的发展，使全院的博士后进站规模有较大的增长。2001年进站人数为507人，在站博士后总数1 131人。

七、留学与继续教育工作不断开拓发展

（一）积极加强留学人员工作，吸引海外优秀人才回国或为国服务

有针对性地加强海外留学人员工作，分别组队到美国参加美国科学家与工程师专业人士协会组织的“中国西部开发论坛”和赴欧洲三国做优秀尖子人才工作。向广大海外学者和留学人员宣传中科院正在实施的知识创新工程试点工作进展，宣传中科院吸引人才的政策，吸引海外优秀人才来中科院工作。

邀请了包括院海外评审专家在内的11位海外杰出学者对院知识创新工程试点工作进行咨询，并新聘任了5位海外评审专家，使院海外评审专家总人数增加到77人。

设立“中国科学院学术研讨会”项目。全年共举办学术研讨会19期，资助金额达164.7万元人民币，受资助人员达102人，参加学术研讨会人员有1 300人之多，提交论文700多篇。研讨内容涉及生物、资源环境、物理与材料科学、信息科学、数学等多

个学科领域，尤其注重新兴学科、交叉科学的研讨、交流，达到了开阔思路、启发思维、共同促进的目的，对推动学科间交叉起到了促进作用。同时，向海外人员介绍了全院知识创新工程情况，宣传院吸引海外优秀人才的政策。

（二）制定规划，完善制度，使继续教育工作更加规范化、制度化，进一步加大对科研人员和管理干部的培训力度

为保证知识创新工程试点工作的顺利实施，不断提高全院创新队伍整体素质，始终保持各类人才在工作中的创新活力和竞争力，建设适应我院可持续发展需要的新型科研和管理队伍，制定了《中国科学院继续教育发展规划》。印发了《中国科学院知识创新工程全面推进阶段加强对现有人员继续教育的实施办法》，使这项工作规范化、制度化，有章可循，推动了全院继续教育工作的开展。

为增强职工接受继续教育的意识，便于了解和掌握职工接受继续教育情况，统一印制了中国科学院继续教育登记证书，并制定下发了《中国科学院继续教育证书管理办法及实施细则》。

充分发挥院属各单位的积极性，采取短期培训、专题研讨、讲座、课程进修等多种方式加强管理干部的培训，达到更新观念、提高管理水平的目的。

（三）根据知识创新工程人才队伍建设的需要，进一步调整留学选派工作

2001年度院公费留学计划的选派工作以“服务于国家经济建设、服务于知识创新工程、服务于我院人才工作”为原则，适当调整了选派规模，加大了资助强度，实行了单位匹配，规范了管理办法。重点支持知识创新工程试点单位、优先发展学科领域、重大科研项目以及大科学工程急需的群体队伍的培养；突出领衔式科技将帅人才的衔接培养，增大了对中青年业务骨干及管理骨干的派出规模；向西部地区研究所倾斜，促进西部地区人员的观念转变，为科研工作注入新的思路、新的活力。今年录取的出国留学人员与去年相比高学历人员增多，骨干有所增加，年纪轻，整体素质比往年有所提高。

八、院机关和分院改革继续深入

院机关实行了以全员岗位聘任制为中心的用人制度和分配制度改革。这次岗位聘任是院机关历史上涉及面最广、力度最大、影响最深刻的一次改革。组织召开了中国科学院机关工作会议，路甬祥院长、杨柏龄副院长作了重要讲话，全面启动了院机关岗位聘任改革工作。经过反复征求意见，出台了《中国科学院机关全员岗位聘任制实施办法》、《中国科学院机关离岗安置、待岗人员管理办法》、《中国科学院机关分配制度改革试行方案》。

组织了分院改革的调研和实施方案，制定了《关于分院改革的指导意见》，并在长春、沈阳和南京分院进行了试点。

国际合作与地区交流

在中科院知识创新工程进入全面推进阶段和实施科技创新战略行动计划的第一年中，国际合作与地区交流工作提高了合作层次，内容丰富，成果显著。全年国际合作交流量达一万余人次，其中派出近 7000 人次，来访 3000 余人次，新签、续签双边合作协议 11 个。

一、积极配合中科院知识创新工程的实施，开展具有实际效益的国际合作

（一）中科院积极与日本开展官方和民间渠道的合作

在两国政府间的 124 项合作项目中，中科院承担了其中 54 项，占总数的 44%。6 月份，由院重大项目国际合作基金支持，中科院南京土壤所与日本进行了水稻 CO_2 排放量的合作研究，这是双方高水平的合作，它以先进的设备、方法和思路，研究了促进水稻高产的重要手段，是具有基础性、前瞻性和应用性的一项合作项目。近 3 年来，日方为此合作投入了约1 000万元人民币的设备款。中科院上海光学精密机械研究所与日本科技振兴事业团今年合作进行为期 5 年的光子技术合作研究，日方投入了 150 万美元，中科院重大项目国际合作基金也给予了支持。为在我国境内找到稀有金属矿藏，根据温家宝副总理的指示，中科院多年来在资源环境领域进行了有效的国际合作，与日本国际协力事业团（JICA）合作 7 年，建立了中日矿物探查中心，今年该重大基金项目成功结束，日方先后共投资 420 万美元，在我国建立了具有先进仪器设备和优秀地质科学家的探矿中心，近期该中心将成为中科院开放实验室之一。

在国际合作将一般性合作向重大项目合作转移方面，山西煤炭化学研究所的碳纤维项目也有重大进展，做出突出成就。硅酸盐研究所代表团访问俄罗斯科学院，就超大晶体 GPO 的研制及晶体生长设备方面开展了双边合作。在与俄罗斯的合作中，超导导线和电缆、实用型 CR－02 型 6000 米自治水下机器人、高效氧碘化学激光器、合成孔径雷达，重离子加速器冷却储存环、卫星行波管等项目都取得了实质性进展。在为我国青藏铁路建设解决冻土问题中，中科院寒区旱区环境与工程研究所与冻土研究具有世界一流水平的俄罗斯铁路设计研究院合作，进行了考察，获取了第一手材料和经验。

（二）为推动广泛的、高层次的国际合作

2001 年多位院领导率团出访，扩大了合作渠道，取得了很好的效果。10 月份路甬祥院长率中科院代表团访问了加拿大国家研究理事会（NRC），这是路甬祥院长作为院长首次访加，期间与加拿大政府科技部门和研究机构的负责人就双方合作的领域进行了

广泛的交流，极大地推动了与NRC和加拿大的合作。路甬祥院长在访问奥地利和荷兰中，受到对方高度的重视，与奥科学院的研究所、荷兰应用研究组织等研究机构在加强双边合作、支持我国“双星计划”、开展应用研究和成果转化等多方面进行了磋商，并达成了共识。2001年4月，白春礼副院长和科技部程津培副部长率团访美，考察了美国纳米技术研究领域部署情况，为建设我国、中科院的纳米研究基地开拓了思路，取得了宝贵的经验。年内杨伯龄副院长率团访问了俄罗斯科学院，就重大项目的完成寻求新的合作，其成果十分显著。为解决在知识创新中如何进行科普的问题，7月份由党组副书记郭传杰同志率院科普代表访问了美国的NSF、能源部和大的国家实验室，基于双方多年来建立起来的密切良好的合作关系，对方给予了大力帮助，对代表团很有启迪，收获较大。

（三）邀请海外60余名华裔科学家，召开纳米科学发展研讨会

与会科学家来自美国、加拿大、澳大利亚、日本等国的大学、公司和国家实验室，具有丰富的科研和开发经验，海内外科学家一起总结经验，提出宝贵的意见和建议，共筹我国纳米技术发展的战略和具体方针，会议受到中科院领导的高度重视和好评。根据中美两院协议，中美第四届前沿科学研讨会9月在京举行，会议围绕中科院基础性研究的前沿课题，及双方感兴趣的领域，进行了务实的讨论，提出了许多精辟的见解。周光召副委员长、路甬祥院长、白春礼副院长出席了会议。特别提出的是美方对此会给予了足够的重视和支持，尽管会议是在“9·11”恐怖事件后不久召开的，但仍有包括美国科学院副院长在内的一批美方科学家如期与会。年内，中科院派出代表团赴美参加了第22届“中美高能物理会议”，会议肯定了中美高能物理合作具有坚实的基础，强调了今后要开展以加速器为基础的实验方面的合作，并将围绕“RHIC－STAR”即将展开的核物理领域方面的双方的合作正式纳入到中美两国高能物理合物的框架之中。

（四）邀请在国际上有影响的重要人物来华访问

来访人士受到中央领导的会见，体现了我国尊重科技、坚持开放的国策，也提高了中科院的国际影响，在科技和政治方面具有重要意义。其中，8月份“国际人类基因组计划第十次战略会议”在我国举行。鉴于我国在人类基因研究方面进行了有效的国际合作，并取得了突破性的进展，江泽民主席亲切会见了出席会议的国内外著名科学家并对人类基因和基础科研方面提出了重要意见，我国科技界受到了很大鼓舞。11月，美国前总统克林顿的科技顾问莱恩教授和著名华裔超导物理学家、香港科技大学校长朱经武教授夫妇访华时，江主席接见了他们并就中美关系的发展、中美科技交流、人才培养、基础科学的进展、生物技术的发展和反恐怖等问题同客人进行了交谈。美国未来学家、自由撰稿人、《第三次浪潮》的作者阿尔文·托夫勒先生和夫人应邀访问中科院，托夫勒先生和他的著作对中国的改革和发展产生了积极影响，他本人也对中国的信息产业及宽带的应用与发展给予了极大的关注。李岚清副总理会见了外宾，并同他们进行了亲切友好的交谈。中科院高规格地接待了台湾中研院院士访问团，李岚清副总理会见了代表团，并在中科院的报送的报告上作了肯定的批示。

（五）邀请国外著名科学家来华作报告，丰富“创新战略论坛”活动内容

邀请丁肇中教授来华作了“寻找宇宙中的基本粒子”学术报告。丁教授以睿智的思维给与会科技工作者以深刻的启迪，美国前总统科技顾问莱恩应邀来中科院作了“美国科技中的问题、教训和未来的挑战”的报告，对与会人员很有启发。我们还邀请了李政道教授在人大会堂作了关于中国科技发展的报告，报告中提出了重要意见。联合国教科文组织空间伦理委员会前主任、欧洲议会名誉议员阿兰·蓬皮杜应中科院路甬祥院长邀请，来华作了“空间政策中的伦理问题”的报告。这些报告丰富了全院领导干部和科技工作者的思想，扩大了视野，为深化科研工作奠定了一定基础。

二、国际合作促进可持续发展和西部开发重大战略行动的实施

1. 12月份，路甬祥院长率中日科技与经济交流协会代表团访日，出席与日中科学产业技术交流机构召开的工作会议，讨论了进一步深化合作的问题，并与日本学术振兴会签署“中日黄土高原10年合作研究协议”。参与该国际合作项目的中日科研机构和大学逾20个，将从2002年起在中科院和日本学术振兴会的协议框架下开展跨所、跨地区、长达10年的旱地生态环境合作。该合作项目切合国家西部大开发战略重点，利用日方的资金、技术，促进中科院在生态环境领域知识创新科技目标的实现。中科院西北水土保持研究所等单位的18人代表团于11月赴日访问，就该合作项目商谈执行中的细节问题。路甬祥院长在日期间还与世界500强之一的石川岛播磨重工业公司签署技术与项目合作协议。

2. 10月份，为使资源环境领域的国际合作更有成效，促进可持续发展，陈宜瑜副院长率资源环境科学与技术局归口的部分研究所所长访问了日本，与日本环境省副大臣、北海道大学校长、国立环境研究所理事长等就中日资源环境领域新的合作方向和研究课题进行了深入广泛的交流。中科院地理科学与资源研究所、新疆生态地理研究所等与日本国立环境研究所就利用MODES卫星数据开展合作达成一致意见，日方为此项目提供了100多万美元。

3. 中日沙尘暴合作研究是近年来中日两国间环境领域最大合作项目之一，双方有20多个国立研究所和大学参加这一合作，该项目对于防治我国沙漠化日益严重具有重要作用，作为重大基金合作项目已列入中日两国政府科技合作协定中。一年多来，双方合作顺利，进行互访、野外考察有80人次，日方提供包括气象观测雷达等在内的价值180多万美元的设备陆续运抵我院实验台站。今年在新疆召开了沙漠化合作研究项目工作会和第六届世界沙漠化工程技术大会，总结和布署了继续合作的规划。

4. 中科院地理科学与资源研究所与法国农学研究院合作进行长江中上游森林虫害的防治研究，被法方定为与中科院签订合作协议后的第一批重点项目之一。该项目对保护西部生态环境，特别是长江流域林业的可持续发展具有重要意义。该项目已得到欧盟有关部门的好评。

三、拓宽新的渠道，建立新的合作方式

中科院实施知识创新工程加快改革以来，取得的成果和实行改革的措施，引起国际同行很大兴趣，向中科院学习和要求合作的有所增加，合作渠道和形式也有日益丰富。中科院与日本学术振兴会、斯洛伐克科学院、美国国际教育基金会、美国密苏里植物园、美国威斯康星大学、加拿大空间局、澳大利亚阿德雷德大学、英国生物科学与生物技术研究理事会（BBSRC）、荷兰教科部，德国拜尔公司，英国 BP 石油公司等单位新签、续签了 11 个院级合作协议。

1. 现已与德国建立了 3 个马普青年科学家小组和 8 个马普伙伴小组，形成了集群合作模式。与德国大众基金合作的上海中德跨学科中心也在筹建之中。与意大利建立了马塔切纳基金，对方投入 100 万美元。经双方努力，中法科学基金也将建立，中科院在对法合作上处于更有利的地位。中科院积极参加了中国、荷兰两国政府签订的中荷战略联盟计划、荷方负责实施的皇家科学院在与中科院签订的新的合作协议中支持中科院参与该合作计划，双方的材料、生物、医药、环境等方面的科学家已经接触，为双方建立长期、互利的合作奠定了基础。

2. 中科院计算技术研究所与美国得克萨斯 A&M 大学联合创立了“德计网络技术联合实验室”，其目标是联合开发 IT 技术，培养两国的研究生，将其建成双方交流的桥梁，成为海外华人之家，并为他们提供一个为国服务的场所。中科院协助“美国国际教育基金会（IIE）”在北京设立了代办处，这是中科院与美国美中学术交流委员会合作的延续和扩展，这将为中科院在国际上寻找资金、合作伙伴开辟新的渠道，具有很大潜力。

通过交流，与加拿大国际发展委员会（CIDA）合作，为地理科学与资源研究所争取到为期三年的合作项目，对方将给中科院提供 225 万加元。

除通过国外官方、半官方的渠道交流外，还充分利用民间渠道进行交流合作。中科院生态环境中心和澳大利亚阿德雷德大学进一步合作，在生态环境中心建立了“生物手段治理环境”实验室。年内与美国密苏里植物园签订了新一轮的联合出版中美植物志的合作协议，在昆明举行了签约仪式。

3. 中科院与俄罗斯科学院西伯利亚分院在日地物理、空间天气科研领域进一步深化合作，中俄双方计划在各自研究所建立“双基地”，并于 2001 年底挂牌，尝试新的合作模式。据此，中科院空间科学与应用研究中心将拿出部分资金并派出人员委托俄方利用其良好的设备、环境和丰富的科研经验，在俄为我方完成部分科研项目，改变了我们过去只是受雇为外国工作的方式，开始了以我为主、请别人为我工作的合作。

中科院还派出了工作代表团访问了阿尔巴尼亚科学院，这是自 1978 年两国中断科技合作交流以来两院的第一次人员交往，对方表示了极大热情，并商谈了进一步交流的意向。6 月，杨柏龄副院长应邀率团访问了斯洛伐克并代表中科院与斯洛伐克科学院签署了两院合作议定书。

4. 6 月份，路甬祥院长率院代表团访问了越南，受到了越南政府和科学院隆重的

接待。通过路院长的访问，加深了相互了解，对越科技合作将对中科院有所裨益，有良好的前景，越南科技代表团应我国科技部邀请访华时顺访了中科院。9月，杨柏龄副院长应激出席了在文莱举行的“东盟国家科学院及其合作伙伴第五次年会”，并在东盟国家科学周的专题会上做了题为“立足于创新与发展的中国科学院”的报告，为促进中科院与东盟国家科学院领导人之间的交流和科技界的合作做了新的努力。杨柏龄副院长年内还应邀出席了蒙古国科学组织建立80周年、蒙古科学院建立40周年的庆祝活动，并与蒙古科学院领导人就两院间进一步合作交换了意见，取得了良好的效果。韩国、朝鲜、印度、印尼、伊朗、委内瑞拉、新加坡等国都与中科院有互访，他们均表示希望加强交流，并派团来华了解中科院改革的情况。

5. 年内，中科院决定在知识创新工程范围内建立上海营养与人类健康国际研究所和青藏高原国际研究所。国际合作局立即利用来访和出访的机会对外宣传，积极争取国际支持，目前已获得德国、英国、法国和欧盟有关科研单位的积极响应，为建立新型的国际合作机制获得了有利条件。

四、与国外企业界建立实质性合作关系

2001年与国外企业界的合作也迈出了实质性的一步。德国拜尔医学生物公司与中科院签订协议，建立青年学者基金，鼓励海外生物学者回国创业；建立项目启动基金共同寻找具有应月前景的研究项目。德方先期在中科院投入10万美元/年。

世界第二大石油公司——英国石油公司（BP）年内与中科院签订联合建立英国石油中国中心协议。此研究中心将建在大连化学物理研究所，是亚洲唯一一个全世界第5个BP研究中心。中科院——英国石油中国中心将在天然气、氢能领域开展基础性研究。根据协议，该项合作将为期10年，每年对方投入100万美元，共计1 000万美元。这项合作不同于一般的合同研究，中方负责人将作为主导，根据双方的兴趣，确立课题，组织院内外的科研力量进行研究，相关成果包括专利双方共享。具有特殊意义的是，这次与BP的合作是中科院与国外跨国大公司之间第一个长期支持基础性研究的实质性合作。更为关键的是中方可以借此加入到BP全球研究网络中，必将在全国提高中科院在此领域的研究水平，并为加快科学成果产业化与国际化的步伐创造新的机遇。

在与拜尔和BP协商合作的过程中，引入了法律咨询机制，为进一步扩大与国际大型跨国公司和企业的合作进行了有意义的尝试。

另外，英国ABB公司与广州能源研究所在生物质气化和沼气发电合作项目，过程工程研究所、海城镁矿与欧盟在开发高纯镁和镁单晶方面的合作协议均已签订。

中日科技与经济交流协会年内与日本日立公司联合在京召开了“2001年移动通信技术研讨会”，就前沿技术领域合作和发展进行了交流，中日双方200多名专家出席了会议。

中科院遥感应用研究所与日立公司合作开展中日信息化合作项目“环境监测与水灾监测系统”，日方支持本项目160万美元的设备经费已到位，目前该项目已通过日本经济产业省中期评价。

五、在国际合作中推进院地结合

中日科技与经济交流协会与大连市科委就推动中科院、大连市以及日本IT企业的交流与合作签署了协议，12月份，三方组织中日100多家企业进行交流。中日双方在东京举行了软件技术交流大会，中科院软件专家和软件企业代表、大连市IT企业以及日本50多家企业共100多名代表出席会议。

为推广垃圾处理和综合利用技术，改变生态环境，办好2008年“绿色奥运”，工程热物理所和日本石岛播磨重工业公司9月份在北京延庆建立了城市垃圾处置和综合利用示范基地，并获得了对方赠送的价值6000万日元制备垃圾衍生燃料的关键设备，已开始正常运行，这也是中科院与国外产业界合作和国内院地结合的一项新成果。

为改变北京遭受风沙侵蚀的现象，中日科技与经济交流协会与日本丰田汽车公司、河北丰宁县合作，在坝上地区建立了首都绿化带，丰田汽车公司为此项目提供捐款1200万人民币。该项目现已初具规模，成为与国外企业和院地合作的又一范例。

六、积极开展国际科技组织的工作

中科院积极开展了与第三世界科学院（TWAS）、国际山地中心（ICIMOD）、联合国教科文组织（UNESCO）等国际组织的合作，并取得了相当的成效。

1. 由于TWAS的工作活跃，江泽民主席为TWAS题写了赞词，指出“第三世界科学院为第三世界各国推进科技发展，提高创新能力，加强广泛合作做出了重要贡献，无愧为第三世界科学家自己的科学院”。2001年与TWAS的工作尤为活跃，年内许智宏副院长率学部代表团访问了TWAS总部；中科院与TWAS和世界气象组织10月份举行了世界气候论坛；我国年内向TWAS推荐了322位科学家为其院士候选人；由国务院批准，中国政府决定向TWAS捐款50万美元，同时经国务院批准，TWAS第十五届院士大会于2003年在北京举行，中科院承担重要任务。我们利用南南合作基金，支持国际热区生态系统与生物多样性协会，为我周边和东南亚国家举办了山区农业生态建设培训班，并用该基金支持发展中国家科技人员来华培训、访问和参加会议。中科院多个单位为第三世界国家培养了博士生。

2. 中科院与联合国教科文组织合作，举办了农业可持续发展与生态农业研讨会和生物防治国际培训班。由中科院联系，通过联合国教科文组织北京办事处，由香港嘉道理慈善基金会资助，在黑龙江海伦市建立了一所希望小学，促进了当地教育事业的发展。

3. 此外，ICIMOD在华积极开展坡地农业技术等合作研究项目，推荐中国专家理事和国际职员。中科院数十名科技人员赴国际理论物理中心（ICTP）、国际原子能机构（IAEA）进行长短期进修。与联合国大学、联合国开发计划署（UNDP）合办了土地利用与管理等研讨会。支持和参与了在华举办的第三届国际认知科学大会、第十二届世界肥料大会和日地磁活动等国际会议。多位院领导参加了国际组织举办的会议，路甬祥院长参加了 TWAS 院长办公会议，出席了达沃斯世界经济论坛，陈竺副院长出席了国际科学院组织（IAP）执委会会议。国际组织的一些领导人，如 IAP 主席（巴西科学院院长）、ICTP 主任、国科联（ICSU）执行主任、国际山地中心（ICIMOD）总干事、国际原子能机构和国际粮农组织的负责人等都来华访问了中科院。

七、外资外贷工作成效显著

中科院外资外贷工作在人员紧张的情况下，克服困难，圆满完成了全年的任务，并为 2002 年项目结束做好前期准备。

1. 进行技术援助项目［A］部分中，举办国内培训班 20 个（共计 23 个），培训人员达 530 人次。召开中西部项目国际会议 4 人（共计 5 个），中方与会人员约 400 人次，外国专家 60 余人。为配合西部开发工作，大部分培训班和会议都安排在我国西部举行。这些活动为解决诸如滇池蓝藻水华治理、湄公河流域治理等难题提出了切实可行的办法。

顺利完成环境项目设备采购约 110 万美元的国际竞争性招标工作，其中采取了“打包”等新的招标办法，全部招标采购合同已签订。同时我们依法有理有利地对违约的供货商进行了索赔，避免了蒙受损失。

2. 争取新的项目“全球环境基金［GEF］中国西部生物多样性保护与管理”项目。在中科院领导的指示下，我们积极争取 GEF 的赠款，开展西部生物多样性保护与管理项目的组织工作，现已有 20 个项目待筛选和评审。

八、开展与港澳台地区的交流合作

与港澳台地区的合作交流是我院重要工作之一，年内与台湾地区交流总体趋势是赴台人数增加，已超过了去年，总交流量近千人次。台湾生物医学访问团年内访华与院内外单位进行了广泛的交流。

中科院施尔畏秘书长率院高技术代表团赴台访问，是近年来唯一的以中科院名义组织的高层次代表团。陈竺副院长年内率团赴台参加了华人生物学家大会，并争取到下届会议在祖国大陆召开，取得了很好的效果。由中科院主办，在我国内地召开了 4 个两岸学术研讨会。

与香港地区的合作规模维持在原水平，保持了原有的合作。香港安信公司继 2000 年捐助2 000万元人民币用于成立中科院-上海-安信生物技术联合中心后，今年又考虑捐助2 000万元人民币用于成立中科院-上海-安信智能系统联合中心。香港思源基金会今年决定分三年向数学院捐款1 500万元人民币，第一年捐款已到位。香港王宽城基金会、蒋氏慈善基金会决定对中科院举办第三世界科学院院士大会和开展应用项目研究提供资助。

九、在国际合作中培养人才

受“9.11”事件影响，在访美活动缩减的情况下，2001年中科院仍有千余名科技人员赴美进行合作交流，其中青年科技人员占很大比例。由中科院资助的科学家参加国际组织召开的国际会议193人次中，年轻学术骨干和学科带头人有123人次，占参会总数的64%。10月份由国际合作局和人教局联合举办了“农业生态科学论文写作培训班”，由澳大利亚科学基金会支付国际旅费，澳阿德雷德大学派出3位高水平和有培训经验的教授、语言专家来华指导培训班，中科院来自农业和环境科学研究单位的30位学员学习英文论文的写作技巧。3位教授在南京也举办了同样内容的培训班。中科院还与美国威斯康星大学就讲授MBA课程、培养中科院研究所有关人员签订了协议。

中科院还举办了国内外事干部培训班，提高他们对我国加入WTO后的应对能力。同时还会商科技部，推荐了外语和业务较好的同志到驻外使馆和国际组织中工作。派遣了外事干部到国外进行不同期限的学习进修。

十、2002年工作要点

1. 继续贯彻院党组对国际合作的要求，加快国际合作向重大战略合作转移和提升的步伐。要在社会经济发展的形势下，进一步解放思想，更新观念。

2. 提高、加强院级项目的质量和管理，配合知识创新工程、战略行动计划，有计划有选择地组织和支持大科学工程、前沿科学、交叉基础研究、高技术研究和全球变化方面的重大合作项目。在开展对美、日、俄、西欧、港澳台和周边国家等常规合作交流的基础上，选择重点，作出具有突破性和创新性的工作。

3. 结合院机关职能转变，加强与各专业局、研究所的联系。配合各业务局，开展调研，寻求、争取国际合作项目、资金、机遇，为我院各学科、领域的发展提供信息、思路。

4. 加强与国外企业合作，促进高技术成果转化和高新技术产业的发展。注意吸纳企业投入资金和设备，开展互利的合作项目。利用2002年中日邦交正常化30周年的契机，与日本科技、产业界开展多项交流活动。

5. 研究加入WTO后国际合作的机遇和影响，在建立、保护自主知识产权和专利保护方面，制定相应的对策。

6. 通过多种形式多种手段、措施，建设一支高素质的从事国际合作工作的队伍。举办外事干部国内外培训班，推荐外语、业务较好的同志到驻外使馆和国际组织中工作。有计划地派遣外事干部到国外进行长短期的学习进修。

7. 改进工作，提高管理水平和服务质量。配合新的拨款制度的实施，对中科院级国际合作项目管理进行重大改革，做好与研究所的沟通和指导。更新、充实中科院国际合作网页内容、实行院级项目申请、评审、任务批件和通知等网上办公。进一步发挥政策咨询、信息交流和重大国际合作项目协调方面的作用。

综 合 计 划

2001年是国家"十五"计划和中科院知识创新工程试点进入全面推进阶段的第一年，也是中科院制定"十五"发展规划、争取落实国家"十五"重大科研任务的关键一年。

一年来，在院党组的领导下，综合计划工作，在积极推进试点工作、研究制定"十五"规划、优化资源配置、加强综合管理等方面进展顺利，成效明显。

一、统筹规划全面推进阶段的创新试点工作

在全面推进阶段创新试点工作报告经国务院原则通过后，制定了《关于全面推进阶段院属科研单位进入知识创新工程试点工作的实施办法》。该《实施办法》提出了进入试点序列的研究所应达到的6条标准以及经费核定、审批程序等，从宏观上规划了全院试点工作实施的原则，该《实施办法》在2000年院工作会议上征求意见后，以院发文的形式下发院属各单位，为全面推进阶段各试点单位有条不紊地进入试点序列提供了基本原则和思路。为进一步落实《实施办法》，又提出《关于知识创新工程全面推进阶段试点工作实施方案的建议》，从可行性、必要性等方面提出了全面推进阶段试点工作应掌握的进度，包括第一批、第二批应启动的试点单位、新的研究单元的部署等。

组织院规划领导小组会议，制定全院发展规划、计划，包括：制定全院"十五"资源争取目标、试点经费安排、"十五"装备建设计划、基建投资计划、支撑系统建设方案、"十五"重点实验室发展规划等。

完成了《中国科学院知识创新工程试点全面推进阶段科技创新战略行动计划及2001年组织实施方案》，提出院层面应部署的重大行动计划。

制定有关实施办法，规范操作程序，使试点工作有条不紊地开展。2001年制定了《中国科学院知识创新工程重大项目管理办法》、《中国科学院知识创新工程方向项目管理办法》、《中国科学院知识创新工程领域前沿项目管理办法》、《关于成立非法人研究单元的暂行规定》等有关管理办法。制定了《中国科学院知识创新工程重大项目立项审批程序》、《中国科学院知识创新工程非法人研究单元建设审批程序》、《中国科学院知识创新工程基础设施建设项目审批程序》等有关规定。

在部署新的学科发展方面，组织开展了"上海健康科学中心"、"上海交叉学科研究中心"等非法人研究单元建设的可行性论证工作；在加强中科院基础设施建设方面，组织开展了"院文献信息系统建设"等的可行性论证工作。

二、继续抓好重大项目的论证

根据《中国科学院知识创新工程试点全面推进阶段科技创新战略行动计划及2001

年组织实施方案》的部署和安排，在总结以往重大项目经验的基础上，对项目的管理和运行机制进行了进一步的改革创新。在项目的组织机制上，设立领导小组，由副院长任组长，实行项目领导小组领导下的项目主管负责制；设立项目监理，对重大项目进行过程监督。项目可行性论证组织科技专家、投资方代表、财务和科技管理专家等参加，注重与产业部门需求的结合，严格采取回避制度，以保证论证的严肃性和公正性。重点组织由财务人员、项目管理人员和同领域科学家代表组成项目经费核算小组，加强了经费核定的合理性，对项目经费预算进行严格审定。在资源集成方面，要求重大项目的匹配资金（包括院外争取资源、研究所匹配资金等）与中科院投入的比例一般不低于2:1。项目执行过程中，实行滚动择优支持。

到目前为止，已有“若干纳米器件的基础性研究”、“水稻基因组测序和重要农艺性状功能基因组研究”、“青藏铁路工程与多年冻土相互作用及其环境效应”、“中国陆地和近海生态系统碳收支研究”、“煤基液体燃料合成浆态床工业化技术的开发”、“大功率质子交换膜燃料电池发动机及氢源技术”、“中国税收征管信息系统的发展与完善”7个重大项目正式启动，院经费投入总计22 100万元。

在基础科学研究方面：纳米科技被公认为本世纪最为重要和活跃的领域之一，也是当今国内外科技界的研究热点，它的发展势必对人类社会的各个方面产生深远的影响。“若干纳米器件的基础性研究”项目是一项具有战略意义的研究计划，对中国未来的社会、经济以及国家安全和科技发展将起到举足轻重的作用。该项目将紧紧围绕拟解决的关键科技问题，以研究纳米器件中的基础问题为中心，营造多学科交叉融合的环境（物理、化学、电子学、光学、微电子学、材料学、工程学等），激励创新思维，从工艺和技术手段上进一步认识和掌握上述纳米器件的原理、设计、工艺及测试技术，深入探讨和器件研发有关的基础性问题和理论，取得一批具有国际水平的研究成果；探索制备具有新概念、新原理纳米器件的技术和方法，研制出3～4种有重要应用前景的原理型器件；开发蛋白质芯片技术，提供技术路线和工艺，与企业界共同实现产业化；培养一批从事纳米器件及其基础研究的优秀人才，形成若干在国际上有较大影响的研究群体。

在生物技术研究方面：水稻是世界上最重要的粮食作物，我国也是籼稻和杂交稻的种植大国。“水稻基因组测序和重要农艺性状功能基因组研究”项目以水稻基因组测序为基础，水稻比较基因组、功能基因组等领域的研究为核心，有机结合生物信息学等研究，重点开展具有我国自主知识产权的重要功能基因发掘和应用，建立我国水稻等作物基因组研究和重要功能基因发掘的技术、材料和信息平台，克隆一批具有自主知识产权的功能基因，积极参与国际合作，提高中科院和我国生物技术研发的总体水平、创新能力和国际竞争力。项目的顺利实施，将有利于我国基因组学的研究步入世界先进国家行列，确保我国在生物技术领域的国际竞争中逐步取得主动有利的地位，对我国水稻研究的发展，特别是我国特有的杂交水稻的发展与知识产权保护具有重要的科学、经济和政治意义。

在资源环境研究方面：青藏铁路格尔木至拉萨段全长1 118km，其中多年冻土区长度达632km，并且全线海拔4 000m以上地段长度约为965km。这一特殊的冻土条件将会使青藏铁路遭受不同程度的破坏，也会给青藏铁路的设计、施工和管理带来很大的难度。为了保证青藏铁路工程的顺利实施和正常运营，必须对冻土问题进行深入的研究。“青藏铁路工程与多年冻土相互作用及其环境效应”项目围绕国家重大工程项目——青藏铁路的建设中存在的重要关键科学技术问题进行集成研究。在直接为铁路勘察、设计、施工服务的基础上，以任务带学科开展基础性、战略性和前瞻性的研究，为青藏铁路今后的运营、维修，为南水北调西线工程、青藏高原油气开发及其他寒区重大基础设施建设提供必不可少的科学储备，使我国的冻土工程研究进入国际先进行列。项目的实施将提出保证青藏铁路沿线冻土路基稳定性的成套对策及关键技术；通过开展青藏铁路试验工程典型有效的工程结构措施的示范工程，为今后青藏铁路全线设计、施工和运营提供样板和可靠的技术支撑保证；建立青藏铁路沿线冻土、工程、灾害监测、评价和预测系统；阐明青藏铁路气候和工程与多年冻土之间相互作用的关系；建立青藏铁路沿线信息系统及数字冻土路基集成分析系统；提出青藏铁路那曲地区雷电多发区的预警和雷电防护技术措施。同时，为青藏铁路的设计、施工及今后的运营、维修奠定良好的基础，为国家节省工程投资。

高技术研究与开发方面：“煤基液体燃料合成浆态床工业化技术的开发”项目针对当前国家对进口原油严重依赖的严峻形势，借鉴国际上煤间接液化工业化的教训和成功经验，立足于我国在煤间接液化技术方面 20 多年的积累和最新研究进展，主要进行煤制气浆态床合成液体燃料的工业中间试验，考核催化剂，开发先进实用浆态床技术，完善工艺流程，为工业化装置提供完整的设计依据，使百万吨级的成品油成本与炼油产品成本相近。项目的实施，将为解决国家对洁净二次能源——燃料油的战略需求、解决产煤区地方产业结构、带动地方经济发展提供一条科学和可靠的途径，对于依靠我国丰富的煤炭资源解决我国相对缺乏的油资源、缓解我国油品供需矛盾具有战略意义。

三、积极筹集资金，加强预算和支出管理，提高资金使用效益

（一）积极争取经费投入，促进事业全面发展

2001 年是中科院知识创新工程试点工作转入全面推进阶段的第一年，围绕知识创新工程试点工作，全院积极争取和落实知识创新工程试点专项经费，同时，充分发挥院所两级财政积极性，广开财源，积极承担国家科研任务，争取更多的经费投入，使得全院的财政总收入继续有较大幅度增长。

根据 2001 年财务决算，全院科学事业单位总收入为804 273万元，比上年增加72 588万元，增长 12.6%。其中：财政补助收入427 874万元（含知识创新工程试点专项经费218 912万元），占 53.20%，比上年增加49 320万元，增长 13.03%；上级补助收入6 652万元；拨入专款10 689万元，附属单位缴款3 383万元；事业收入265 115万元；经营收入24 317万元；其他收入66 243万元。

（二）加强预算管理，推进支出改革

为了进一步加强知识创新工程试点专项经费的管理，提高资金使用效益，经财政部

同意，2001 年，中科院重新制定了《中国科学院知识创新工程试点专项经费管理办法》，规范了试点经费的支出管理。

2001 年，按照国家预算改革要求，进一步细化了预算编制工作，增加了下达院属单位经费比例，并按时批复了各单位年度预算。2001 年，作为首批 6 个国库支出改革试点部门之一，中科院已将知识创新工程试点经费 7.5 亿元直接支付到了用款单位。按照政府采购管理的有关规定，对院属单位年度预算中电梯和锅炉的采购事项，试行了部门联合集中采购，推进了政府采购工作，规范了支出管理。

（三）加强宏观调控，提高资金使用效益

按照整体规划、保证重点、择优支持、严格评估、动态调整的原则，进一步调整了预算结构，减少过多的专项，优化资源配置；重点支持知识创新工程试点、基础设施建设、结构性调整、社会保障和人才工程建设的资金需要。2001 年全院的资金使用效益进一步提高，年度支出增长率（21.6%）超过了年度总收入的增长率（14.3%），全院年支出占年收入的比例有较大幅度的提高。

四、积极做好基本建设项目和大科学工程管理工作

（一）积极做好“十五”期间基本建设项目前期准备工作

1. 加强制度建设，做好基本建设工作宏观管理。

2001 年初制定《中国科学院全面推进知识创新工程试点阶段（“十五”期间）基本建设投资总体规划方案》和《中国科学院基本建设项目管理办法》。

“总体规划方案”对我院“十五”期间的投资总量作了预测，并明确提出了“十五”期间基本建设投资的重点、安排原则、结构比例和总体目标等，同时制定出相关的政策及实施步骤。

“十五”期间，预计全院基建投入 75 亿元，其中国家投入争取达到 40 亿元，自筹资金（包括研究所自有资金和信贷资金）35 亿元。争取国家投入与自筹资金比例约为 1∶1。

在总投资规模中，计划用于科研及辅助用房改造建设、科技园区基础设施改造建设、教育基地（含中国科学技术大学）及流动人员公寓改造建设的投资比例约为5∶3∶2。野外台站、植物园、文献情报等公用技术支撑系统建设投资包含在科技园区基础设施和科研及辅助用房改造建设投资中。

“十五”期间，基建工作的总体目标是：到 2005 年底，全院大部分研究所的园区面貌将有较大改变，拥有良好的园区环境，灵活的室内工艺布局和现代化的工作实验条件，完善的基础设施和畅通便捷的网络通讯系统，并与城市建设相辅相成，互相依托，形成特色鲜明、开放的科技园区及创新文化氛围，科研工作条件和园区环境达到发达国家中等水平；其他单位的工作条件和园区环境也得到较大程度的改善，达到国内较高水平。全院流动人员（在学研究生）居住条件得到进一步提高，不低于国内一流大学水

平，充分满足在学研究生规模达到 2 万人的需求。

《中国科学院基本建设项目管理办法》试行标志着中科院基本建设项目管理更趋科学，资金投入使用更加合理，进而充分做到严格管理，步骤明确，方法可行。在《中国科学院基本建设项目管理办法》中进一步强化了建设单位法人责任制，明确写出基本建设项目建议书、可行性研究报告、初步设计及概算、项目后评价等方面的基本内容，规范了基本建设项目竣工验收程序。尤其是在资金投入使用方面，严格控制投资比例，确定投资原则，突出我院创新、园区规划等重点项目的建设，理顺了院年度基本建设投资计划（预算）编制程序、执行与调整的关系。

2. 积极启动全院基本建设项目立项审批工作，做到严格审核。

根据中科院“十五”期间基建投资计划和“十五”基建工作会议精神，2001 年 1 月 1 日至 2002 年 2 月 8 日，全院共完成 277 项基本建设项目可行性研究报告的审批（含调整），其中科研及辅助用房改造建设 141 项，园区基础设施改造建设 95 项，教育基地及流动人员公寓改造建设 41 项。全院基本建设项目总投资达到 42.82 亿元，其中国家投资 24.26 亿元，研究所自筹资金 18.56 亿元。

这项工作的提前启动，大大缩短工程建设周期，争取了宝贵时间，使全院基本建设工作占据主动，为下一步工程实施奠定良好基础。同时，在这些项目审批过程中，认真按照《中国科学院基本建设项目管理办法》要求，根据研究所总体规划，对研究所上报的项目可行性研究报告进行审核，做到合理安排投资方向，严格控制投资规模。

（二）顺利完成 2002 年基建投资计划的编报工作

根据国家计委的要求，并结合中科院实际情况，编制了中国科学院 2002 年基本建设项目投资计划（建议），并及时上报国家计委。投资计划的安排遵循了“统筹兼顾、突出重点”；优先安排有利于本部门发展的项目，特别是科研、教育以及国家计划内的大中型项目；保收尾、续建以及符合基建手续的新建项目等原则。

1. 2002 年，国家计委按 2001 年基建预算内投资基数的 6%继续核减作为住房补贴款。经核减，院 2002 年基建预算内投资基数为 1.4527 亿元。

2. 根据大科学工程的进展情况，2002 年共申请大科学工程专项投资计划 0.78 亿元。

3. 根据国家计委要求，基建预算内投资基数之外的专项投资，可另附表编报。据此，根据中科院全面推进阶段研究所园区改造建设的总体部署，结合实际情况和项目立项审批情况，2002 年共申请创新基建专项投资计划 10 亿元，其中用于科研及辅助用房改造建设 6 亿元，用于园区基础设施改造建设 1 亿元，用于教育基地及流动人员公寓改造建设 3 亿元。

（三）继续加强大科学工程管理，做好协调工作

1. 在兰州召开了第六次大科学工程协调工作小组会议

会议主要目的是为了做好全院“十五”期间大科学工程的总体部署，同时配合国家计委做好项目筛选前的准备工作。通过此次会议，进一步了解大科学工程的最新进展情

况、所取得的成绩以及存在的主要问题和困难。根据国家计委要求，会议还围绕“大科学工程在国民经济中，尤其是在高技术领域中的意义和作用；大科学工程在基础和应用研究中的地位和作用以及大科学工程可开展的前沿学科领域研究工作”开展了专题讨论。

2．制定全面推进阶段大科学工程项目补贴的方案

按照创新试点单位的标准和要求，提出了大科学工程项目补贴的测算方案和建议，并获得通过。这对进一步稳定工程建设队伍，保证工程建设的顺利实施以及保质保量完成工程建设任务发挥了积极的作用。

3．积极争取和做好“十五”大科学工程项目的前期准备工作

根据科技部和国家计委的要求，结合我院的学科特点和发展方向，提出了一批对国家经济、社会和国防建设有着重大意义的大科学工程，涉及的学科包括物理、天文、海洋、生物、农业和生态环境研究等领域。根据国家“十五”大科学工程的总体部署，按照“有所为，有所不为”的原则，积极做好有关项目的前期准备工作。

（1）在海洋所就如何加快科学考察船的前期立项工作主持召开了由专业局和3个承担单位参加的座谈会。

（2）向国家计委简要汇报了继续开展上海光源预制研究（二期）的必要性。同时，汇报了高能所开展BEPCII项目的进展情况，并将该项目建议书材料送国家计委审查。

4．组织科学数据库及其信息系统工程的验收工作

召开了专业验收组的验收会议。建设单位根据验收组的意见进行修改完善后，开始进行初步验收并提交国家验收。

五、重点实验室建设与发展

据2001年统计，全院拥有124个实验室。其中国家实验室4个，国家重点实验室55个，院重点实验室65个。

2001年，中科院制定《中国科学院重点实验室“十五”发展规划》。规划明确了“十五”期间，院重点实验室工作的指导思想、发展目标、重点任务以及完成目标和任务的政策措施。“十五”期间，中科院将适度扩大重点实验室总体规模，优化学科结构布局，加强资源综合集成，争取国家在我院新建更多的国家实验室和国家重点实验室。规划还进一步明确了研究所是重点实验室建设与管理的主体；加强院对重点实验室的宏观管理。

在国家重点实验室建设方面，年内新建现代古生物和地层学、电分析化学、植物化学和西部植物资源持续利用3个国家重点实验室，固体润滑、非线性力学、金属有机化学、高分子物理与化学4个国家重点实验室通过建设验收。

通过专家论证，中科院年内批准了分子纳米结构与纳米技术等12个实验室为中国科学院重点实验室。

中科院20个实验室参加了2001年科技部对全国56个生物学科实验室的评估，全院优良率达95%。生物大分子、淡水生态与生物技术、新药研究3个国家重点实验室

被评为优秀实验室，中科院优秀实验室数目占全国的50%。生物大分子国家重点实验室在国家组织的4次评估中，成绩均为优秀。

六、资产评估管理工作

围绕研究所对外投资、公司投资、改制、整体出售和股权转让、清算等行为，2001年中科院共完成资产评估立项76件、评估结果确认111件，涉及资产总额7亿元。重点完成了整体转制单位的资产评估工作，包括成都有机化学研究所、成都计算机应用研究所、成都科学仪器研制中心、北京建筑设计研究院、中科院印刷厂、广州电子学研究所、广州化学研究所、南京天文仪器研制中心、沈阳科学仪器研制中心、北京软件工程研制中心、沈阳计算技术研究所、科技物资中心、新乡科学仪器研制中心、开封印刷厂等。

科研装备与技术监督

一、科研装备建设工作

根据创新二期的战略目标和“十五”期间经费变化的实际情况，结合中科院管理模式的改革要求，提出了关于全院“十五”装备建设方案的建议，经院长办公会议审议通过，确定了“十五”科研装备建设的指导思想和原则。

按照“研究所为科研装备投入主体”的原则，布置了院科研机构“十五”科研装备建设计划的编制工作，通报了“十五”科研装备建设的指导思想和原则，要求根据研究所的创新目标、学科发展、科研任务和预计经费的情况，研究确定各所“十五”科研装备建设计划，包括装备建设经费投入总额、创新试点经常性经费的装备经费比例和大型设备建设计划等主要内容。各研究所于上半年基本完成了本所“十五”科研装备建设整体计划的编制工作，初步明确了研究所作为科研装备投入主体的任务、目标和建设计划，为全院“十五”科研装备建设工作打下了良好的基础。

“十五”期间，全院各研究所总计装备投入约为63亿元，其中创新经费投入约为25亿元，计划增加大型装备近千台（套）。

在研究所编制“十五”科研装备建设计划的同时，综合计划局经与各业务局会商，拟订了全院“十五”科研装备建设计划整体框架。

“十五”期间全院科研装备建设的总投入约70亿元人民币，加上装备五年后仍保留的资产存量，预计到2005年末，全院科研装备总资产将接近90亿元，为现有装备的1.8倍。按全院科研机构2万名岗位聘任人员统计，装备人均经费达到45万元。

中科院“十五”装备建设计划的制定和实施将贯彻改革的精神，逐步完成三个转变：院科研装备建设管理的工作重点转变到整体规划、宏观指导、组织协调与评价监督上来；装备建设投入将由以院为主体转变为以研究所为主体；装备专项经费管理将由年度申报、单台审批转变为“整体规划，分年实施、总量控制、动态调整”。进一步明确院所两级装备建设的责任，充分调动研究所的积极性。在“十五”装备建设计划的投资重点、匹配比例配套管理制度等方面进行了较大的改革。

中科院装备经费将对研究所大型科研装备的建设予以导向性的匹配支持，重点支持在科技布局调整中急需加强的科研实验系统中的关键大型科研装备，建设一批公共技术平台，对共建共用和自主创新研制的大型科研装备给以优惠的政策性支持。

中科院各研究所在制定“十五”装备建设计划后，进一步明确了责任，立足于自身建设能力，主动实施建设计划，积极添置科研仪器设备，据初步统计，2001年中科院科研机构的仪器设备投资总量比前一年度增加了50%以上，为全院“十五”期间的科研装备建设工作创造了良好的开端。

二、技术监督工作

1. 积极开展质量体系建设和认证工作是加强科研管理能力，提高科研水平和科技产品质量的一项重要工作。为了推动全院质量体系建设工作，结合科研单位的特点和已通过质量体系认证单位的实际经验，编写了《中国科学院质量管理体系建设工作指南》，提供给院属单位的领导和职能部门结合本单位科研和管理工作实际，学习、了解和参考质量管理体系建设的基本情况和做法，为今后开展质量体系建设和认证积累一些基础知识。目前，全院已有 15 个单位通过质量体系认证工作，还有一批单位正在进行质量体系建设工作。

2. 计量认证是根据我国《计量法》赋予的一项工作，中国科学院计量认证评审组是在国家认证认可监督管理局和中国实验室认可委员会的指导下，具体实施中科院下属单位申请计量认证机构认证计划。通过计量认证，提高了认证机构的管理水平和机构的知名度，增强了承接任务的竞争力。今年，院计量认证评审组对 4 个申请计量认证的单位进行了计量认证，目前，全院有 35 个计量认证机构获得计量认证证书。

3. 在南京举办了计量认证/审查认可（验收）评审准则培训班，院属 30 个单位的 40 余个计量认证机构的有关人员参加了培训。这次培训主要根据国家认证认可监督管理局关于从 2001 年 12 月 1 日起将用新的准则对计量认证机构进行评审的要求，院计量认证评审组和计量认证机构的质量和技术负责人通过学习和认真贯彻实施《评审准则》的各项内容，为今后各单位开展计量认证和审查认可工作打下良好基础。

4. 标准化工作。根据国家标准化管理委员会下达的 2001 年制修订国家标准的计划，全院有关单位共承担 15 项国家标准的制修订工作。部署了 2002 年申请国家标准的制修订计划工作。

成果与专利

一、概　况

2001年，中科院知识创新工作进入全面推进阶段，形势喜人，进展顺利。通过改革深化，调整组织结构，转变运行机制等，全院科研工作取得了新的进展，专利申请进一步呈上升趋势，较1998年翻了一番，同时获得了一批重大科研成果，取得了较好成效，成果专利工作又上了一个新台阶。

中科院专利申请共2010件（其中包括向国外申请35件），比上年申请量增长18.1%。其中：发明专利1526件，比上年增长25.2%；实用新型专利477件；外观设计专利7件。

专利授权920件，比上年增长14.7%。其中：发明专利455件；实用新型专利453件；外观设计专利12件。

中科院获2001年度国家科学技术奖17项（人）。其中：获国家最高科学技术奖1人；获国家自然科学奖8项（二等奖）；获国家技术发明奖1项（二等奖）；获国家科技进步奖7项（一等奖1项，二等奖6项）。

中科院2001年度科学技术奖授奖成果49项。其中：院自然科学奖22项（一等奖12项，二等奖10项）；院技术发明奖6项（一等奖2项，二等奖4项）；院科技进步奖21项（一等奖7项，二等奖14项）。院自然科学奖中有1项一等奖被确认为院综合重大成果；院科技进步奖中有2项一等奖被确认为院综合重大成果。

获国家科学技术奖17项（人）

	合计	最高科技奖	一等奖	二等奖
总　计	17	1	1	15
最高科学技术奖	1（人）	1		
国家自然科学奖	8			8
国家技术发明奖	1			1
国家科技进步奖	7		1	6

中科院科学技术奖授奖成果49项

	合计	一等奖	二等奖
合　计	49	21	28
院自然科学技术奖	22	12	10
院技术发明奖	6	2	4
院科技进步奖	21	7	14

二、中国科学院获2001年度国家科学技术奖成果

获奖项目（人）名称	推荐单位（第一完成单位）	获奖等级
1. 国家最高科学技术奖		
黄昆	中国科学院半导体研究所	
2. 国家自然科学奖（8项）		
（1）Ψ（2S）粒子及粲夸克偶素物理的实验研究	中国科学院高能物理研究所	2
（2）重离子核反应的集体效应和奇异核产生及其性质的研究	中国科学院上海原子核研究所	2
（3）纳米非氧化物的溶剂热合成与鉴定	中国科学技术大学	2
（4）中国西南特提斯造山带构造与新生代碰撞变形研究	中国科学院地质与地球物理研究所	2
（5）自组织生长量子点激光材料和器件研究	中国科学院半导体研究所	2
（6）复合泵浦X射线激光	中国科学院上海光学精密机械研究所	2
（7）氨基酰-tRNA合成酶及其与相关tRNA的相互作用	中国科学院上海生物化学研究院	2
（8）中国经济昆虫志	中国科学院动物研究所	2
3. 国家技术发明奖（1项）		
一种高硫容浸渍活性炭干法脱硫剂及其应用	中国科学院大连化学物理研究所	2
4. 国家科技进步奖（7项，另有1项内部公布）		
（1）猕猴桃属植物遗传资源评价、种质基因库建立及育种研究	中国科学院武汉植物研究所	2
（2）安徽省防灾减灾智能信息与决策支持系统	中国科学技术大学	2
（3）曙光2000超级服务器系统	中国科学院计算技术研究所	2
（4）农田温室气体排放过程和观测技术研究	中国科学院大气物理研究所	2
（5）汉王形变连笔的手写识别方法与系统	北京汉王科技有限公司	1
（6）安塞丘陵沟壑区提高水土保持型生态农业系统总体功能研究	中国科学院水土保持研究所	2

三、中国科学院历年获国家自然科学奖、国家技术发明奖及国家科技进步奖统计

国家自然科学奖

年份	总数		一等奖		二等奖		三等奖		四等奖	
	全国授奖项数	中科院获奖数	全国授奖项数	中科院获奖数	全国授奖项数	中科院获奖数	全国授奖项数	中科院获奖数	全国授奖项数	中科院获奖数
1956	34	23	3	3	5	2	26	18		
1982	125	47	9	2	40	23	49	17	27	5
1987	178	72	11	7	39	17	87	33	41	15
1989	59	32	2	2	19	11	23	14	15	5
1991	53	16			10	5	31	11	12	
1993	52	20	1	1	18	11	21	6	12	2
1995	57	25			15	10	27	11	15	4
1997	51	20	1	1	8	5	30	12	12	2
1999	57	21			10	7	31	11	16	3
2000	15	6			15	6				
2001	18	8			18	8				
合计	699	290	27	16	197	105	325	133	150	36

国家技术发明奖

年份	总数		一等奖		二等奖		三等奖		四等奖	
	全国授奖项数	中科院获奖数	全国授奖项数	中科院获奖数	全国授奖项数	中科院获奖数	全国授奖项数	中科院获奖数	全国授奖项数	中科院获奖数
1979	43	12	1	1	12	3	24	7	6	1
1980	109	22			13	4	75	17	21	1
1981	123	6	3		10		56	3	54	3
1982	153	9	4		17		68	4	64	5
1983	212	11	5		18	2	108	8	81	1
1984	264	15	7	1	25	3	125	8	107	3
1985	185	6	6		18		92	4	69	2
1986	30				3		12		15	
1987	225	12	1		24	1	96	9	104	2
1988	217	12	4	1	20	2	97	6	96	3
1989	150	4			14		67	3	69	1

年份	总数		一等奖		二等奖		三等奖		四等奖	
	全国授奖项数	中科院获奖数	全国授奖项数	中科院获奖数	全国授奖项数	中科院获奖数	全国授奖项数	中科院获奖数	全国授奖项数	中科院获奖数
1990	224	5	3		15		113	4	93	1
1991	209	7	1	1	12	1	92	4	104	1
1992	170	5			10	1	68	1	92	3
1993	175	5			16	2	74	3	85	
1995	131	4	1		12	1	59	3	59	
1996	111	9	1		8	1	56	6	46	2
1997	100		1		13		46		40	
1998	72	4			10	1	30	1	32	2
1999	69	7			13	2	38	4	18	1
2000	23	2			23	2				
2001	14	1			14	1				
合计	3 009	158	38	4	320	27	1 396	95	1 255	32

注：1994 年未评。

国家科技进步奖

年份	总数		特等奖		一等奖		二等奖		三等奖	
	全国授奖项数	中科院获奖数	全国授奖项数	中科院获奖数	全国授奖项数	中科院获奖数	全国授奖项数	中科院获奖数	全国授奖项数	中科院获奖数
1985	1 761	73	23	2	135	8	535	28	1 068	35
1987	807	36	4		50	1	237	13	516	22
1988	515	29	3		34	4	151	11	327	14
1989	504	26	3		36	1	152	9	313	16
1990	505	17	3	1	32	3	142	5	328	8
1991	502	28	1		32	1	140	11	329	16
1992	649	40	3		38	4	195	14	413	22
1993	441	22	2		27	3	122	10	290	9
1995	607	44	2		25	2	182	13	398	29
1996	536	31	4		20		169	8	343	23
1997	475	21	3		19	1	150	10	303	10
1998	471	24	3		22	2	133	6	313	16
1999	476	20	2		17		143	6	314	14
2000	250	9			13		166	9		
2001	191	7			17	1	174	6		
合计	8 690	427	56	3	517	31	2 791	159	5 255	234

注：获奖数量只统计中国科学院为第一完成单位的成果。1986 和 1994 年未评。

四、2001年度中国科学院自然科学奖授奖成果

一等奖（12项）

获奖成果名称	主要完成单位
向量优化中的变分模型与集值分析	中国科学院数学与系统科学研究院
定向碳纳米管的制备、结构和物性的研究	中国科学院物理研究所
形态分析、生物可给性与生态毒理研究	中国科学院生态环境研究中心
有机分子的簇集和自卷	中国科学院上海有机化学研究所
新型无机聚合物的设计合成、结构规律与性能研究	中国科学院福建物质结构研究所
* 遥感信息传输及其成像机理研究	中国科学院遥感应用研究所 中国科学院大气物理研究所 中国科学院电子学研究所
大气运动的非线性稳定与不稳定研究	中国科学院大气物理研究所
中国兰科植物研究	中国科学院植物研究所
中脑对侧抑制和同侧感受野的动态调控	中国科学院生物物理研究所
通过花药培养诱导小麦雄核发育形成加倍单倍体	中国科学院遗传研究所
土壤—植物系统水动力学研究	中国科学院水土保持研究所 西北农林科技大学
行星际扰动传播研究	中国科学院空间科学与应用研究中心 北京天文台

二等奖（10项）

获奖成果名称	主要完成单位
共形场论研究	中国科学院理论物理研究所
《中国动物志》昆虫纲第十五卷鳞翅目尺蛾科花尺蛾亚科	中国科学院动物研究所
量子信息技术的基础研究	中国科学技术大学
有机非线性光学材料的设计、评价及性能研究	中国科学院化学研究所
北京谱仪Ⅰ上 J/ψ 衰变物理的实验研究	中国科学院高能物理研究所
量子对称性与量子群	中国科学院高能物理研究所 中国科学院理论物理研究所 中国科学院数学与系统科学研究院
中国始新世哺乳动物和地层的研究	中国科学院古脊椎动物与古人类研究所
黑龙江省东部晚期中生代雏蚶类和类三角蚌类（双壳类）的古生物学研究	中国科学院地质古生物研究所
由糖合成手性纯天然化合物	中国科学院上海有机化学研究所
稀土离子光谱性质的研究	中国科学院长春应用化学研究所

五、2001年度中国科学院技术发明奖授奖成果

一等奖（2项）

获奖成果名称	主要完成单位
聚烯烃用高效脱氧剂的研制与工业应用	中国科学院大连化学物理研究所
抑制氮氧化物排放的无烟燃煤技术及设备	中国科学院化工冶金研究所

二等奖（4项，另有1项内部公布）

获奖成果名称	主要完成单位
掠入射棱镜复合腔光参量振荡—放大系统	中国科学院物理研究所
"农乐一号"海洋生物制剂的研制及应用	中国科学院海洋研究所
高韧性耐磨损金属陶瓷复合刀具材料及在石化工业上的应用	中国科学院金属研究所

六、2001年度中国科学院科技进步奖授奖成果

一等奖（7项，另有2项内部公布）

获奖成果名称	主要完成单位
优质面包小麦新品种—高优503	中国科学院石家庄农业现代化研究所
* 海水养殖动物多倍体育种育苗和性控技术研究	中国科学院海洋研究所 青岛海洋大学 大连水产学院 中国科学院南海海洋研究所 中国水产科学研究院黄海水产研究所
网络分布技术支撑平台及石化应用示范工程	中国科学院软件研究所 石化股份公司信息系统管理部
* 现场总线分布控制系统开发及示范应用	中国科学院沈阳自动化研究所 中国科学院自动化研究所 天津市第二煤气厂
热敏电阻新材料、新工艺及产业化	中国科学院新疆物理研究所

注：带"*"的项目为综合性重大成果

二等奖（14项，另有2项内部公布）

获奖成果名称	主要完成单位
多层流体空间科学实验	中国科学院力学研究所 中国科学院空间科学与应用研究中心
青藏高原多年冻土地区工程设计理论研究与实践	中国科学院寒区旱区环境研究所
湖南湘潭持续高效农业技术研究与示范	中国科学院长沙农业现代化研究所 湘潭市科技信息研究所
海洋渔业遥感、地理信息系统技术应用服务系统	中国科学院地理科学与资源研究所 中国水产科学研究院东海水产研究所 中国科学院遥感应用研究所
科系75－30、75－16等大豆种质及其在品种改良中的作用	中国科学院遗传研究所
重组人表皮生长因子	中国科学院生物化学与细胞生物学研究所 中国人民解放军军事医学科学院生物工程研究所 上海大江（集团）股份有限公司生物制药公司
农田重大害鼠成灾规律及综合防治技术研究	中国科学院动物研究所 四川农科院植保所 广东农科院植保所 长沙农业现代化研究所 山西农科院植保所
个人计算与通讯相结合的算通机技术	中国科学院计算技术研究所 联想电脑公司 北京算通科技发展有限公司
曙光系列可扩展并行计算机系统	中国科学院计算技术研究所 北京曙光天演信息技术有限公司
中低功率全固态激光器的产业化研究	中国科学院长春光机与物理研究所
西藏安多100KV光伏电站工程	中国科学院电工研究所
多语中大型网络信息集成处理系统	华建电子有限责任公司

七、中国科学院历年科学技术奖授奖情况统计

中国科学院自然科学奖授奖情况

年份	合计	特等奖	一等奖	二等奖	三等奖
1989	127		20	51	56
1990	125		12	47	66
1991	111		11	50	50
1992	116		17	43	56
1993	107		17	45	45
1994	98		18	37	43
1995	95		16	36	43
1996	86		12	35	39
1997	68	1	14	32	21
1998	73		10	35	28
1999	63		12	27	24
2000	23		10	13	
2001	22		12	10	

中国科学院技术发明奖授奖情况

年份	合计	特等奖	一等奖	二等奖	三等奖
1997	15		2	5	8
1998	12	1	2	7	2
1999	6		1	2	3
2000	4		1	3	
2001	6		2	4	

中国科学院科技进步奖授奖情况

年份	合计	特等奖	一等奖	二等奖	三等奖
1980	232		56	176	
1981	131		33	98	
1982	239		32	207	
1983	294		53	241	
1986	687	3	63	206	415
1987	400	2	62	134	202
1988	361	1	41	134	185
1989	238	2	21	85	130
1990	234	1	29	93	111
1991	251	1	30	87	133
1992	259	2	37	92	128
1993	196	1	28	67	100
1994	151	2	13	60	76
1995	138	1	21	47	69
1996	131	4	15	43	69
1997	106	4	14	38	50
1998	94	3	13	38	40
1999	63	2	11	26	24
2000	25		9	16	
2001	21		7	14	

中国科学院 2001 年统计公报

2001 年是中科院知识创新工程试点全面推进阶段的第一年。全院同志根据院党组的总体部署，开拓进取，扎实工作，在科技创新、制度创新、队伍建设和创新文化建设等各方面成效显著。各项工作紧紧围绕知识创新工程试点工作积极推进，取得了突破性进展，为国家经济建设和社会发展做出了重要贡献。

一、全院概况

（一）机构

截止 2001 年末，中科院所属独立事业单位 120 个，其中科学研究机构 94 个，比上年减少 18 个；文献情报中心 5 个；高等院校 3 个；院与分院管理机构 13 个；其他机构 5 个。

院直接投资的企业 18 个。

（二）职工

我院在结构性调整中进一步精干队伍，职工总数继续呈减少趋势。2001 年末，我院正式职工 5.50 万人，比上年净减 0.37 万人，净减率为 6.3%。事业单位正式职工 5.0 万人，企业单位正式职工 0.5 万人。

全院女职工 1.80 万人，占正式职工的 32.8%，比上年下降了 0.4 个百分点。

全院专业技术人员 3.63 万人，占正式职工 66.1%，专业技术人员中具有高级技术职称的有 1.41 万人（其中正研级 0.47 万人），具有中级技术职称的有 1.40 万人，分别占专业技术人员的 38.8% 和 38.5%。高级、中级、初级（含未定职）比例为 1:0.99:0.59。

行政管理人员 0.63 万人，占正式职工 11.4%。

全院工人 1.24 万人，比上年减少 1321 人，占正式职工的 22.5%。

截至 2001 年底累计离、退休人员达 3.84 万人。比上年增加 0.12 万人，增长 3.3%。

2001 年全院正式职工中，具有博士学位的人员比上年提高 1.4 个百分点；具有大专以下学历的比例呈下降趋势。

		人数（万人）	2001 年占正式职工（%）	附：2000 年占正式职工（%）
学位	博士	0.49	8.8	7.3
	硕士	0.61	11.1	10.8
	学士	0.83	15.2	14.1
学历	研究生	1.15	20.9	19.4
	大学	1.57	28.7	28.6
	大专	0.87	15.9	15.8
	中专	0.32	5.8	6.2
	其他	1.58	28.7	30.0

全院正式职工中 40 岁以下的人员占全院总人数的 46.1%，与上年持平。其中变动较大的为：30～34 岁年龄组人数占正式职工的比例下降 1 个百分点：35～39 岁年龄组人数占正式职工的比例上升 1.3 个百分点。

全院正式职工中 40 岁及以上的人员与上年相比变动较大的为：45～49 岁年龄组人数占正式职工的比例上升 1 个百分点；55～59 岁年龄组人数占正式职工的比例下降 1 个百分点。

年龄组	人数（万人）	2001 年占正式职工（%）	附：2000 年占正式职工（%）
30 岁以下	0.67	12.1	12.3
30～34 岁	0.71	13.0	14.0
35～39 岁	1.15	21.0	19.7
40～44 岁	0.69	12.5	13.3
45～49 岁	1.02	18.5	17.5
50～54 岁	0.63	11.5	10.9
55～59 岁	0.49	9.0	10.0
60 岁及以上	0.13	2.4	2.3

（三）职工增减变动情况

1. 本年新增和调入正式职工2 168人，比上年减少 16.6%，其中：统一分配研究生、大学本科生1 507人；统一分配的复员、转业军人 58 人；由院外单位调入 426 人。

2. 本年减少和调出正式职工5 081人，比上年减少 9.2%，其中：离、退休人员2 415人；死亡 87 人；停薪留职与辞职人员 425 人；终止、解除合同及长期出国未归自动离职人员约1 000余人。调至院外1 116人。

3. 2001 年正式职工院内流动 531 人；院内外进出流动1 542人，调至院外人员为由院外调入人员的 2.6 倍。在本年流动人员中 81.6%为专业技术人员。

4. 本年由院外单位调入的人员中 35 岁以下占 49.5%；调至院外单位的人员中 35 岁以下占 51.4%；在院内流动的人员中 35 岁以下占 23.2%。

（四）进入创新工程试点单位的人员情况

截止 2001 年末，进入创新工程试点的岗位聘任人员为 1.1 万人。

岗位聘任人员中，科技人员占 84.2%，其中高级专业技术岗位的人员占科技人员的 56.2%，正高级专业技术岗位的人员占高级专业技术岗位的 45.9%。

岗位聘任人员中，管理岗位人员占 8.6%，支撑岗位人员占 7.2%。

岗位聘任人员平均年龄为 39.2 岁。其中 30 岁以下人员占 20.2%；30～34 岁的人员占 17.9%；35～39 岁的人员占 25.9%；40～44 岁的人员占 9.5%；45～49 岁的人员占 10.5%；50～54 岁的人员占 6.3%；55～59 岁的人员占 6.2%；60 岁及以上的人员占 3.6%。

岗位聘任人员中，具有博士学位的人员占 26.8%；具有硕士学位的人员占 20%；具有学士学位的人员占 24.6%。

岗位聘任的科技人员中，从事基础研究的人员占 50%；从事高技术研究的人员占 42%；从事公益性研究的人员占 8%。

进入创新工程试点优秀人才中，中国科学院院士 176 人；中国工程院院士 39 人；国家杰出青年科学基金获得者 210 人；“百人计划”入选者 392 人，其中引进国外杰出人才 275 人。

（五）职工工资

职工工资水平稳步提高。2001 年我院事业单位全部职工工资总额 12.93 亿元，人年平均工资为 2.23 万元，比上年增长 22%（未扣除物价因素）。

（六）事业单位总收入、支出情况（不包括基本建设费和教育事业收入，下同）

事业单位总经费继续保持较大的增长势头。2001 年事业单位总收入 80.43 亿元，比上年增长 12.6%，其中财政补助收入比上年增长 16.8%，主要为国家拨知识创新工程试点专项经费及引进人才经费共增加 4.25 亿元。财政补助收入与通过项目竞争等获得经费之比为 52:48。事业单位总支出 69.69 亿元，比上年增长 21.7%，其中人员支出比上年增长 26.5%。

	经费（亿元）	占总收、总支（%）
总收入	80.43	100
1. 财政补助收入	42.79	53.2
其中：创新工程专款	21.89	27.2
2. 拨入专款	1.07	1.3
3. 事业收入	26.51	33.0
其中：科研收入	18.91	23.6
4. 经营收入	2.43	3.0
5. 其他收入	7.63	9.5
总支出	69.69	100
1. 人员支出	20.58	29.5
2. 公用支出	48.08	69.0
其中：业务费	26.01	37.3
设备购置费	10.54	15.1
3. 专款支出	1.03	1.5

（七）基本建设情况

基本建设 2001 年实际完成投资 21.31 亿元，比上年增加 7.25 亿元，增幅为 51.6%。其中：预算内投资 4.65 亿元；知识创新工程试点及引进国外杰出人才住宅补助 4.63 亿元；自筹资金 11.92 亿元；建设贷款 0.1 亿元。

2001 年度在建施工面积 189.3 万平方米，其中：住宅在建施工面积 84.1 万平方米，科研用房和基础设施在建施工面积 92.3 万平方米，教育及流动人员宿舍 13.2 万平方米。

2001 年度竣工面积 69.2 万平方米，其中：住宅竣工面积 42.7 万平方米，科研用房和基础设施 25.9 万平方米，教育及流动人员宿舍 0.6 万平方米。

（八）科技活动课题情况

2001 年全院在研课题11 130个，比上年减少 363 个。其中本年开题4 021个，本年完成3 646个。课题经费内部支出 32.43 亿元，比上年增长 21.6%。课题组人员折合全时人数 2.39 万人年。

	课题数	课题经费内部支出	课题投入人员
	（个）	（千元）	（人年）
合计	11 130	3 242 967	23 930
科研机构（94 个）	10 370	3 084 857	22 009
其他单位（12 个）	760	158 110	1 921

注：课题经费内部支出指课题组为进行课题研究，用本课题的研究经费所支付的各项费用。

（九）科技论文、专利、成果情况

利用国际三大检索工具，于 2001 年对 2000 年度科技论文的检索，中科院科技人员在国际上发表论文9 186篇，比 1999 年增长 11.4%。其中 SCI（网络版）收录论文6 063篇，比 1999 年增加 687 篇，增长 12.8%。被引论文5 219篇，增加 22.5%，被引次数达11 046次（1995～1999 年 SCI 收录我院论文在 2000 年被引用情况），增长 28.7%。

全院科技人员在1 411种被选定的国内自然科学科技期刊上共发表论文10 299篇，比 1999 年增长 8.1%。

2001 年全院专利申请受理量与授权量进一步呈上升趋势。

2001 年全院专利申请受理2 010件（其中包括向国外申请 35 件），比上年申请量增长 18.2%。其中：发明专利1 526件，比上年增长 25.3%；实用新型专利 477 件，比上年增长 2%；外观设计专利 7 件。

2001 年全院专利授权 920 件，比上年增长 14.8%，其中：发明专利 455 件，比上年增长 3.2%；实用新型专利 453 件，比上年增长 28.7%；外观设计专利 12 件。

2001 年上报全院登记成果 840 项。其中：基础理论成果 303 项，占成果登记总数的 36.1%，比上年提高 7 个百分点；应用技术成果 511 项，占成果登记总数的 60.8%；

软科学成果26项，占成果登记总数的3.1%。

2001年全院获国家科学技术奖17项（人）。其中：获国家最高科学技术奖1人；获国家自然科学奖8项（二等奖）；获国家技术发明奖1项（二等奖）；获国家科技进步奖7项（一等奖1项，二等奖6项）。

2001年全院科学技术奖授奖成果49项。其中：院自然科学奖22项（一等奖12项，二等奖10项）；院技术发明奖6项（一等奖2项，二等奖4项）；院科技进步奖21项（一等奖7项，二等奖14项）。院自然科学奖中有1项一等奖被确认为院综合重大成果；院科技进步奖中有2项一等奖被确认为院综合重大成果。

获国家科学技术奖17项（人）：

类别	合计	最高科技奖	一等奖	二等奖
总　计	17	1	1	15
最高科学技术奖	1（人）	1（人）		
国家自然科学奖	8			8
国家技术发明奖	1			1
国家科技进步奖	7		1	6

中科院科学技术奖授奖成果49项：

类别	合计	一等奖	二等奖
合　计	49	21	28
院自然科学奖	22	12	10
院技术发明奖	6	2	4
院科技进步奖	21	7	14

（十）人才培养与引进

中科院不断加大创新队伍建设和人才培养的力度，进一步吸引优秀人才。2001年有108个单位招收研究生。其中88个单位可授予博士学位，107个单位可授予硕士学位。有博士学位学科专业点323个；硕士学位学科专业点481个。有78个单位建立了112个博士后科研流动站。

2001年录取研究生7 344人，比上年增加26.6%。其中博士生3 171人，硕士生4 173人。在学研究生17 444人，其中博士生7 720人，硕士生9 724人。毕业研究生3 761人，其中博士生1 720人，硕士生2 041人。授予博士学位1 336人，硕士学位1 425人。

2001年末博士后在站人员近1 000人。博士后进站500人，其中有获国外博士学位的5人。

2001年选派401名科技人员出国留学，比上年减少127人。其中：访问学者307人，研究生94人。本年回国360人。

2001年中科院“百人计划”共招聘133人，其中作为“知识创新工程引进国外杰出人才”为122人（含“海外知名学者”17人）。招聘人员中年龄最小的为28岁，最大的为47岁，全部具有博士学位，其中在国外取得博士学位的有89人，占67%。截止2001年末，“引进国外杰出人才”入选476人（含“海外知名学者”17人），已有333人到位开展工作。

2001 年度入选中科院“西部之光”人才培养计划共 36 个团组，有 13 位青年学者获得资助攻读在职博士生。

2001 年来中科院开展访问研究并列入院支持的高级访问学者共 212 人，其中有 87 人来自国外，118 人具有教授级专业技术职务。

（十一）国际合作及与港、澳、台交流

2001 年中科院邀请来访8 576人次（含顺访）。其中，合作研究2 315人次；考察访问3 082人次；国际会议2 370人次；参加培训、展览和技术洽谈等 809 人次。

2001 年中科院派出7 304人次，比上年增加 682 人次。其中，合作研究1 857人次；考察访问2 096人次；国际会议3 195人次；参加培训、展览和技术洽谈等 156 人次。

二、科学研究机构情况

1. 全院科学研究机构 94 个，通过研究所的整合与结构性调整，比上年减少 18 个。正式职工 4.1 万人，比上年净减 0.39 万人。从事科技活动 2.64 万人，占正式职工 64.6%，其中：科技管理人员 0.32 万人，占正式职工 7.9%，比上年下降 0.7 个百分点；课题活动人员（指编制在课题组人员）1.95 万人，占正式职工 47.9%；科技服务人员 0.36 万人，占正式职工 9%。从事生产经营活动人员 0.60 万人，占正式职工 14.8%，比上年减少 1.4 个百分点。后勤服务人员 0.46 万人，占正式职工 11.4%。不在岗人员 0.38 万人，占正式职工 9.3%，比上年增长 2.8 个百分点。

2. 2001 年科研机构经常费收入 75.80 亿元，比上年增长 11.8%，其中财政补助收入占 50.8%；承担政府科研项目占 23.9%。经常费支出 57.50 亿元，比上年增长 16.4%，其中人员费用占 29.3%；科研业务费占 38.4%。

经费收支	金额（亿元）	占总收、总支（%）
经常费收入合计	75.80	100
1. 政府资金	57.40	75.7
其中：财政补助收入	38.49	50.8
承担政府科研项目	18.15	23.9
2. 非政府资金	16.35	21.6
其中：技术性收入	8.42	11.1
经营收入	1.60	2.1
3. 借贷款	2.05	2.7
经常费支出合计	57.50	100
1. 事业支出	55.96	97.3
其中：人员费用	16.87	29.3
科研业务费	22.07	38.4
公务费	2.64	4.6
设备购置费	8.85	15.4
其中：科研仪器设备购置费	7.49	13.0
其他费用	5.52	9.6
2. 经营支出	1.54	2.7

注：以上统计指标为全国自然科学和技术领域《科技统计年报》的统计口径。

3. 2001年中科院科研机构在研课题10 370个，比上年减少375个。其中本年开题3 694个，本年完成3 407个。

课题经费内部支出30.85亿元，占科研机构经常费总支出（57.50亿元）53.7%，比上年提高0.6个百分点。2001年课题经费投入强度增幅较大，平均每个课题经费内部支出为29.75万元，比上年增加5.34万元。课题人员投入2.20万人年。其中科学家工程师2.07万人年。平均每个课题投入2.12人年。

2001年科研机构承担的R&D课题占全部在研课题的92.6%。基础研究、应用研究、试验发展与科技服务的课题经费内部支出增幅较大，分别比上年增长26%、15%、12.1%和10.6%。

类别	课题数		课题经费内部支出		课题投入人员	
	个	%	千元	%	人年	%
基础研究	4 844	46.7	1 063 278	34.5	8 725	39.6
应用研究	4 677	45.1	1 567 435	50.8	10 840	49.3
试验发展	355	3.4	225 694	7.3	1 210	5.5
R&D成果应用	271	2.6	141 074	4.6	707	3.2
科技服务	200	1.9	73 233	2.4	453	2.1
生产性活动	23	0.2	14 143	0.5	74	0.3
合计	10 370	100.0	3 084 858	100.0	22 009	100.0

2001年承担的国家任务、院计划、地方任务、企业委托与自选课题的课题经费内部支出分别比上年增长8.6%、11.8%、23.8%、28.6%和112.5%。国际合作课题的课题经费内部支出比上年减少8.7%。

类别	课题数		课题经费内部支出		课题投入人员	
	个	%	千元	%	人年	%
国家任务	4 643	44.8	1 375 865	44.6	10 329	46.9
院计划	2 289	22.1	847 883	27.5	5 074	23.1
地方任务	951	9.2	151 968	4.9	1 553	7.1
企业委托	602	5.8	194 232	6.3	1 220	5.5
自选课题	1 248	12.0	355 308	11.5	2 719	12.4
国际合作	294	2.8	94 147	3.1	574	2.6
其他	343	3.3	65 455	2.1	541	2.5
合计	10 370	100.0	3 084 858	100.0	22 009	100.0

全部课题中，属于技术领域的课题6 127个，课题经费内部支出为21.55亿元，比上年增加3.54亿元，此值占全部课题内部支出总数的69.9%。其中：信息技术领域课题经费内部支出为4.77亿元，占技术领域课题内部支出的22.2%；生物技术领域课题经费内部支出为3.28亿元，占技术领域课题内部支出的15.3%；新材料领域课题经费内部支出为3.18亿元，占技术领域课题内部支出的14.8%；能源技术领域课题经费内部支出为1.50亿元，占技术领域课题内部支出的7.0%；激光技术领域课题经费内部支出为1.16亿元，占技术领域课题内部支出的5.4%；自动化技术领域课题经费内部支出为1.04亿元，占技术领域课题内部支出的4.9%；航天技术领域课题经费内部支出为2.0亿元，占技术领域课题内部支出的9.3%；海洋技术领域课题经费内部支出为

0.15 亿元，占技术领域课题经费内部支出的 0.7%；其他技术领域课题经费内部支出为 4.46 亿元，占技术领域课题经费内部支出的 20.7%。

4. 2001 年末，科研机构资产总额达 185.67 亿元，其中流动资产 83.38 亿元，固定资产 83.39 亿元。净资产 144.81 亿元。

5. 2001 年末，科研机构的科研仪器设备总额达 53.58 亿元，比上年增加 4.59 亿元。其中进口科研仪器设备达 30.95 亿元，占 57.8%。

6. 2001 年科研机构作为卖方技术转让当年实收 6.02 亿元，其中：国外及港澳台 0.47 亿元；国内 5.55 亿元，其中企业 3.88 亿元。作为买方获取技术当年实际支付 0.36 亿元，其中：国外及港澳台 0.17 亿元；国内 0.19 亿元。

7. 出版科技专著 348 种，达14 650万字。其中译成外文 31 种，达 648 万字。大专院校教科书 17 种，达 418 万字。科普著作 97 种，达2 628万字。

三、国家重点实验室情况

2001 年全院有国家重点实验室 56 个。当年新建国家重点实验室 3 个。

2001 年末，有固定人员1 610人，比上年增加 120 人。其中高级职称1 182人。客座人员4 683人月，其中：外籍人员 320 人月，国内高级职称1 870人月。在读博士生、硕士生和在站博士后3 596人，比上年增加 716 人。

研究课题2 837个，课题经费投入 5.4 亿元（含客座人员课题），比上年增长 20%。其中：国家基金课题 734 个，经费 0.73 亿元；国家攻关课题 39 个，经费 0.12 亿元；“973”课题 218 个，经费 0.76 亿元；“863”课题 97 个，经费 0.28 亿元；“攀登计划”课题 65 个，经费 0.04 亿元；学委会审批课题 525 个，经费 0.13 亿元。部委课题 769 个，经费 2.56 亿元；国际合作课题 151 个，经费 0.28 亿元；其他课题 239 个，经费 0.51 亿元。

国内核心刊物发表论文2 571篇。国际刊物发表论文1 955篇。分别比上年增长 9.8%与 19.6%。

出版中文专著 103 种，外文专著 17 种。

四、工程中心情况

全院现有国家级工程中心 23 个，院级工程中心 8 个。

截止 2001 年末全院工程中心总人数为2 866人，比上年增加 149 人。其中 45 岁以下的人员为2 230人，占总人数的 78%；具有博士学位的为 134 人，占总人数的 4.7%，具有硕士学位的为 313 人，占总人数的 11%；研究与开发人员为1 158人，占总人数的 40%；市场营销人员为 200 人，占总人数的 6.9%。

全院工程中心资产总额已超过 16 亿元。

2001 年全院工程中心专利申请受理为 90 件，专利授权为 40 件，获各种奖项 43 项。

2001年全院工程中心收入总额为9.28亿元，其中生产性收入为6.27亿元，占收入总额的68%。有16个工程中心收入超千万元，其中前5名为：国家高性能计算机工程技术研究中心1.50亿元；机器人技术国家工程研究中心收入为1.08亿元；中科院有机合成工程中心收入为0.95亿元；国家真空仪器工程技术研究中心收入为0.91亿元；金属腐蚀控制工程中心收入为0.72亿元。

2001年通过工程中心的技术转让，使受让企业新增产值近9亿元。

五、院属企业经营概况

1．截止2001年末，对中科院所属单位投资的438家企业进行了统计，职工总数（含首批转制单位）5.2万人，其中属院编制职工0.8万人。营业收入达434.54亿元，比上年增长17.95%。利润总额23.24亿元，比上年增长16.87%。上缴税金21.98亿元（包括营业税金及附加、增值税、所得税、海关税等），比上年增长30.59%。利税总额42.99亿元，比上年增长21.37%。资产总额324.27亿元，比上年增长28.11%。所有者权益117.22亿元，比上年增长24.22%。

2．438家企业分布在11个行业中。其中：制造业224家，占51.14%；综合技术服务业67家，占15.3%；社会服务业70家，占15.98%；批发零售及餐饮业23家，占5.25%；分布在另外7个行业的企业有54家，占12.33%。

3．利润总额超过1 000万元的企业有26家（此为对中科院直接投资的中科、联想、深科健、东方、投资公司和华建等6家企业采用集团合并报表数据统计的结果。如按独立企业法人统计，利润总额超过1 000万元的企业家数应为32家），比上年增加10家，其利润总额合计为22.15亿元，占中科院属单位投资企业全部利润总额的95.31%；利润总额小于1 000万元大于500万元的企业有12家，比上年增加2家，利润总额合计0.8亿元，占院属单位投资企业全部利润总额的3.42%；利润总额小于500万元大于100万元的企业有40家，比上年增加1家，利润总额合计0.88亿元，占中科院属单位投资企业全部利润总额的3.8%。

营业收入超过1亿元的企业有18家（此为对中科院直接投资的中科、联想、深科健、东方、投资公司和华建等六家企业采用集团合并报表数据统计的结果。如按独立企业法人统计，营业收入超过1亿元的企业家数应为26家），比上年增加5家，其营业收入合计为404.73亿元，占院属单位投资企业全部营业收入的93.14%；营业收入小于1亿元大于5000万元的企业有15家，比上年增加5家，其营业收入合计为11.09亿元，占院属单位投资企业全部营业收入的2.55%；营业收入小于5 000万元大于1 000万元的企业有59家，比上年增加8家，其营业收入合计12.64亿元，占中科院属单位投资企业全部营业收入的2.91%。

亏损企业128家，亏损额合计为0.91亿元。

4．企业上交院、所利润与费用为2.21亿元。其中上缴利润为1.69亿元，上交费用为0.52亿元。

5．中科院直接投资的企业（含首批转制单位）职工总数为2.2万人，比上年增加

0.46万人。营业收入为379.9亿元，比上年增加56.67亿元，占院属单位投资企业全部营业收入总额的87.43%。利润总额为16.65亿元，比上年增加3.86亿元，占院属单位投资企业全部利润总额的71.62%。

基本建设

2001年中科院知识创新工程进入全面推进阶段，遵照院确定的建设方针，在园区建设、基础设施改造与建设等方面扎实工作，取得了一定的成绩。

一、科学规范园区规划，认真审定设计方案

1. 规划是基本建设工作的龙头，研究所首先要有一个科学合理的园区规划。为确保园区总体规划切实可行，在2000年园区规划工作的基础上，对院属各单位的园区总体规划作了更为明确、具体的要求。根据学科目标、人员控制要求和现状情况，对园区的总建筑面积、各种用地面积以及园区的功能分区、道路系统、绿化系统、管网布置等进行合理规划，坚持园区规划与投资相结合，禁止过多的新建项目和过高的装修水准。

全院共完成园区总体规划60个，其中单独所园区规划40个，基地型园区规划20个；中关村基础科学园区、北京奥林匹克科学园区（南区）、沈阳金属所和沈阳应用生态所园区、上海生命科学园区、兰州宁卧庄科研基地园区、武汉小洪山园区、合肥科学岛、中国科技大学园区等43个园区总体规划今年已批复，且大部分已经开始实施。

2. 对项目可行性研究、初步设计及概算进行认真审核。共审批可行性研究报告277项，合计建筑面积157万平方米，其中新建89万平方米，改造68万平方米，总投资42.82亿元。审批初步设计及概算153项，合计建筑面积102.65万平方米，其中新建74.78万平方米，改造27.87万平方米，总投资31.52亿元。

二、加强项目管理，严格财务计划

“九五”期间，全院基建投资重点是固定人员住宅和流动人员住宅建设，随着项目逐步竣工投入使用，全院大部分科技人员和流动人员（在读研究生）的居住条件均有较大改善。“十五”期间院基建投资重点作了战略性调整，即多渠道筹集资金，重点进行科技园区基础设施，科研用房改造及流动人员公寓建设，同时加强社会合作，适当建设工程中心和孵化中心等基础设施。2001年投资安排原则是：优先安排“一期”已开工、“二期”必须完善的项目，优先安排园区规划可行、自筹资金到位、已进入创新工程试点序列的创新基地项目，优先安排园区规划调整中影响全局的关键项目和积极配合园区建设的研究所项目，优先安排流动人员公寓建设项目。

1. 2001年中科院基建投资计划合计22.42亿元。其中：预算内到位资金4.09亿元。其中创新财政专项引进人才住房补贴0.38亿元，上年预算内结转资金4.36亿元（结转创新财政专项3.50亿元），贷款0.07亿元，自有资金12.49亿元。另有科学事业费维修（标本馆）改造项目专项资金1.41亿元。

2001年安排基本建设投资计划合计22.15亿元。其中预算内2.79亿元，其他专项1.52亿元，知识创新专项3.87亿元，贷款0.07亿元，自有资金12.49亿元，科学事业费维修（标本馆）改造项目专项资金1.41亿元。

2. 2001年在建面积189.65万平方米。其中：科研基础设施7.36万平方米，园区基础设施45.21万平方米，教育及流动人员13.23万平方米，住宅84.15万平方米。

2001年竣工面积69.25万平方米，竣工总投资11.16亿元。在竣工项目中红楼区B、C组团年底竣工12万平方米，2002年将竣工A组团。

三、切实加强房地产产权管理，多种方式盘活国有资产

1. 本着合作、创新精神，依法积极引入外部建设资金，盘活沉淀国有资产，本年度协议用于房地产开发项目的土地面积9.25万平方米，协议得房面积2.99万平方米，协议得款1.39亿元；用于向所属企业、上市公司注资的土地面积15.17万平方米，建筑面积6.72万平方米，另有4项房地产开发、合作项目批复了意向性建议，并作了大量的合作开发前期工作，具体的开发、合作的协议文本也在拟订中，为明年合作开发打下了良好的基础。

2. 结合创新工程的园区整治和园区规划的实施，解决大面积危旧房区域改造问题，批复报废项目12项，拆除危旧房屋84幢计3.5万平方米。

3. 积极配合产业局和计划局进行研究所、所属公司和企业转制、改制，批复转制文件6项，土地处置文件3项。

4. 在广泛调研的基础上，认真细致地处理房地产纠纷，协调解决或正在解决的有广州分院项目、长春光机所项目、青岛疗养院项目、武汉水生所项目、兰州情报中心项目等土地开发方面的问题。

四、加强抗震减灾和京区人防工事的管理

2001年审批新建人防工程4项，共计3 864m^2；监督检查5个在建项目，共计5 582 m^{2}人防工程质量；竣工验收6个工程项目，共计5 930m^2；维修改造人防工程4处，共计1 187m^2；拆除报废人防工程7处，共计2 114m^2；开发利用人防工程65处，共计30 231m^2，利用率达59.2%，较好地发挥了人防工程的“三个效益”。

在抗震工作方面，1999年国家批准全院第二批首都圈抗震加固专项资金投资计划260万元，安排6个项目，共计10 265m^{2}的抗震加固专项资金。至今年10月底，5个项目共计6 865m^{2}已全部完成。另有地理与资源所（原综考会）“917”科研2号楼抗震加固项目，因北京市规划建设2008年奥运会场馆，现已申请撤销该楼抗震加固专项资金计划。

出版与文献情报

2001年是我国“十五”计划的第一年，是中科院知识创新工程试点工作进入全面推进阶段的第一年，也是出版和文献情报系统大力推进改革、启动系统创新工作、努力服务创新的一年。全系统认真贯彻执行院的各项改革方针，努力服务，使出版和文献情报工作取得了新的进展。

一、出版工作

全院的出版工作坚持正确的出版方向，坚持社会效益第一、社会效益和经济效益相结合的出版方针，继续改革，不断调整出版结构，出版工作又取得新的成绩。全年出版新版图书1 336种，重版图书1 548种，期刊292种，电子出版物1 153种。科学出版社、中国科技大学出版社、北京希望电子出版社、中科多媒体电子出版社和中国大恒电子出版社等在图书、电子出版物和音像制品等领域的生产颇具特色。

2001年，科学出版社坚持“为人民服务，为社会主义服务”的出版方针，努力实践江泽民同志“三个代表”的重要思想，继续完善深化战略管理，提出“培育核心竞争能力”的发展战略，在经营理念更新、人才队伍建设、管理数据化、品牌壮大方面取得了长足的进展。按照“立足科技，面向教育，多种媒体，综合发展”办社方针，在继续保持“高水平、高层次、高质量”的“三高”特色，发扬“严肃、严密、严格”的“三严”作风的前提下，积极发展高等教育和研究生教育实用教材。到2001年底，可供教材有700余种，正在跻身于高等教育教材主要供应商队伍。按照各图书出版板块由竞争环节向竞争单元转化的整体调整方针实施的考核激励机制为在新世纪实现开门红起到了极大的推动作用。各项经营指标均达到历史最高水平。全社共实现销售收入23 207万元，其中图书销售收入22 739万元，同比增长42.9%；期刊销售收入468万元，同比增长76.6%；图书进出口贸易实现销售收入2 630万元，同比增长55.3%。全社共实现利润4 000万元，同比增长43%。与此同时，科学出版社的社会效益在2001年全面丰收，在第十届“全国科技图书奖”评奖中，共有7种图书获奖，获奖数量位居全国之首；并有一种图书荣获“国家图书奖”。科学出版社连续三年被新闻出版总署授予“讲质量、重服务”荣誉称号；科学出版中心于2001年荣获人事部、中科院“先进集体”光荣称号；在2001年举办的第四届“全国优秀中青年（图书）编辑”和“全国百佳出版工作者”光荣榜上均有该社编辑。

名词审定工作在2001年取得新进展。审定的名词有计算机、机械、测绘、水产、医学、电力、土木工程等7个学科和生物学合订本。公布出版了《昆虫学名词》、《计算机科学技术名词》学科名词。新成立了免疫学、语言学、分子生物学及生物化学名词审定分委员会，并启动了名词审定工作。

五年一度的中科院第六次期刊工作会议于5月29日至6月1日在北京召开。这次会议的主要任务是：总结中科院“九五”期间的期刊工作；研究部署“十五”期间中科院期刊工作的发展计划；表彰中科院优秀期刊。来自中科院122个单位和部门的138名代表参加了会议。中科院领导和院有关部门的领导、部分中科院院士、中宣部、科技部、国家自然科学基金委的有关领导应邀出席了会议。院党组副书记、出版图书情报委员会主任郭传杰同志在开幕式上作了题为《优化结构，提高质量，发展精品期刊，服务创新工程》的工作报告，报告对“九五”期间中科院期刊工作进行了回顾并给予了充分的肯定，深刻剖析了在新时期中科院期刊工作当前面临的形势及在中科院知识创新工程中的地位，提出了期刊工作的发展目标、主要任务和改革发展的思路、措施。院综合计划局副局长、出版图书情报委员会副主任许平同志作了《关于中国科学院期刊建设工作的几点意见》的报告，院出版委办公室主任郭志明同志作了关于修订《中国科学院科学技术期刊编辑工作条例》的几点说明。与会代表充分肯定了1996年以来中科院期刊工作所取得的成绩和经验，认真讨论了4个会议文件，明确了“十五”期间中科院期刊工作的指导思想、发展目标和主要任务和措施；会上10位研究所编辑部的代表作了经验交流发言；大会还对荣获中科院优秀期刊奖的93种期刊进行了表彰。

2001年，院出版委推动组建了第四届中国科学院出版基金专家委员会。根据中科院知识创新工程试点进入全面推荐阶段的新形势，调整了中科院出版基金资助期刊的思路，重新明确了基金的功能与定位。基金要从扶贫济困走向支持发展、鼓励发展，从依靠出版基金走向出版基金只作为促进发展的匹配基金，从期刊管理的固定模式走向促进期刊管理动态化、灵活化，尤其是要促进期刊向网络化、精品化、国际化发展。基金对书刊要择优、择重、择需支持，对办刊方向重复或发行量小、影响不大、周期长、刊物水平和质量提高缓慢、发展前景不好、又不能与其他期刊进行整合的期刊，基金不宜予以支持，对获得国家自然科学基金和科协基金支持的期刊，科学出版基金将给予匹配支持。总之，基金要起到一两拨千斤、促进发展的杠杆作用。按此思路，出台了《中国科学院科学出版基金条例》、《中国科学院科学出版基金委员会组织条例》、《中国科学院科学出版基金资助科技期刊实施细则》。

为了落实新闻出版总署《建设“中国期刊方阵”工作方案》精神，做好中科院参加“中国期刊方阵”的遴选推荐工作，办公室首先将设计的《中国科学院参加“中国期刊方阵”遴选推荐表》印发院属各编辑部，要求填报期刊的有关情况。在此基础上，办公室组织有关专家认真评议，依据各期刊国内外主要检索系统收录情况、获历届国家级期刊奖和2000年中科院优秀期刊奖情况、获国家基金委、中国科协和中科院择优择重资助情况、发表基金资助项目论文比，推荐了“双高期刊”20种，“双奖期刊”20种，“双百期刊”30种，“双效期刊”45种，共计115种。经办公室的积极争取，中科院有109种期刊进入了中国期刊方阵，在其中占有举足轻重的地位。

2001年，中科院又有4种科技期刊进入美国“SCI”CDE版。至此，我国科技期刊进入“SCI”CD版为14种，中科院为12种，占85.71%；进入“SCI”CDE版为52种，中科院为24种，占46.15%。

按照新闻出版署对期刊编辑培训持证上岗的规定要求，根据中科院期刊编辑需要培训的实际情况，在院期刊业务指导小组的协助下，于10月20日至28日在北京举办了中科院第二期编辑培训班。来自京内外的院属期刊编辑部的近70位同志参加了培训。邀请了中宣部、新闻出版署、科技部、中国期刊协会等有关部门的领导和专家就科技期刊的出版方针、政策、法规；科技期刊的现状与发展和存在的问题；科技期刊的管理、改革、经营；主编、副主编的岗位职责和应具备的基本素质；科技期刊的编辑加工、标准规范、校对等业务内容进行了授课，取得了良好的效果。

二、文献情报工作

2001年，中科院知识创新工程试点进入全面推进新阶段，文献情报工作作为知识创新支撑系统的一个重要组成部分，纳入到全院知识创新工程试点的整体规划和部署中。全院文献情报系统服务于两个“面向”，服务于两个“加强”，为我院做出“三性一攀登”的创新贡献，努力做好文献保障与信息服务。

2001年10月8日院长办公会议讨论通过了国家科学数字图书馆项目的可行性研究报告，这是我院知识创新工程重大基础设施建设任务之一。12月10日召开了中国科学院国家科学数字图书馆领导小组暨专家组第一次会议，审议通过了《国家科学数字图书馆项目实施方案》。根据专家组意见，会议通过了国家科学数字图书馆首批启动项目：（1）文献资源保障体系建设；（2）学科信息门户建设；（3）联合目录与全文传递服务；（4）分布式参考咨询服务；（5）开放系统描述机制和分布式门户机制规范。

随着国家科学数字图书馆项目建设的推进，中科院文献情报系统将逐步实现资源数字化、存储虚拟化、查询网络化、服务个性化、信息加工智能化、信息使用共享化、用户界面友善化，从根本上改变全院文献信息提供与保障系统的面貌，极大地提高对各类型用户的信息保障能力。

全院文献情报系统进一步加强自身的结构性调整，积极争取进入中国科学院知识创新试点二期工程。中科院文献情报中心年初明确提出以进入创新的标准进入新馆的“双进”行动计划，严格按照中科院知识创新试点工作的要求，以数字化国家科学图书馆为建设目标，制订了创新方案，进行业务重组和服务创新，经10月8日中国科学院院长办公会议审核批准，率先进入了中科院知识创新工程试点序列。4个地区文献情报中心在2000年分类定位的基础上，加大改革力度，优化业务体系结构，提出实现创新目标和任务的措施与办法，为争取早日进入中国科学院知识创新试点工程创造条件。各文献情报中心加强与所在地区研究所图书馆的整合和联合服务体系，积极推进与院内外文献情报系统和机构的资源共建共享，提高全院文献信息资源的协同保障能力。研究所文献情报部门按照本所的科研方向和布局，不断调整自身的定位，在继续搞好国家重点实验室文献服务的同时，加强对创新重大课题任务的专题化服务与定题跟踪服务；一些研究所将图书情报与编辑出版、网络管理合为一体，加强和改善了科研和创新的信息支撑条件和环境。

文献信息服务以用户为中心，大力加强服务创新。各文献情报中心在延长平日和增加节假日开馆时间，努力做好到馆服务的基础上，加强网络信息服务，加强服务能力建设，为科研人员提供文献借阅、文献传递、参考咨询、检索查新、课题委托等多层次服务。文献情报系统全年文献借阅3 589 051册（次），馆际互借15 544册（次），文献复制6 665 644页，文献检索58 063条，专题咨询7 938个，科技查新1 362项，全年访问5个文献情报中心网站主页近70万人次。院文献情报中心和成都文献情报中心在各服务部门推行“首问负责制”，要求被读者和用户咨询的第一位工作人员必须对该读者和用户负责到底。上海文献情报中心不断推出网上信息服务，如：开展了基于E-mail，具有分类选择功能的新书信息推送服务、西文期刊现期目次推送服务和UnCover定题信息服务，参加了上海市图书馆协作网的网上参考咨询服务等，还通过牵头成立由上海地区5家高校、科研主要专业图书馆单位组成生物医学信息服务联合体和中科院生物学文献情报网期刊全文传递服务体系，积极开展网上文献传递服务。兰州文献情报中心加强网上免费的、有价值的信息资源开发利用工作，正在规划建设更多的专题信息导航系统和虚拟阅览室。武汉文献情报中心开展专业化和团队化的特色信息服务，设立以学科咨询员为骨干的项目服务组，围绕院武汉地区各研究所知识创新单元，对相关的信息有系统地进行筛选、整理、组织和加工，适时为科研课题提供动态性和连续性的信息咨询服务。

信息网络与数字化资源建设发展迅速。院文献情报中心对新馆网络系统、服务器设备和自动化系统进行了全面的建设，新馆通过100MB连接科学院网络中心，未来将升级到千兆连接，同时新馆还可通过千兆光纤直接连接到科技部；新馆网络除了提供一般的网络应用服务（www、E-mail、FTP、Proxy、电话拨号、DNS、TELNET、Z39.50等），还提供宽带网络应用（VOD）、无线局域网应用、内容传递及网络存储的应用等服务；购买了美国Innovative公司的Millennium图书馆自动化系统，完成了中心所有书目数据、期刊数据、馆藏数据、读者数据等主要数据的转入，Millennium系统的WEB-PAC、系统管理、编目子系统和流通子系统切换工作已经初步完成，转入试运行阶段。成都文献情报中心作为分院网管中心，完成了成都到北京广域网信道的光纤铺设后，作为科学院系统的第一批试点，重点建设以宽带网为基础的智能园区，对园区宽带网的发展态势、技术手段、服务内容、经营方式、用户管理以及科技网优势等多个方面进行了详细的调研和比较，制定了园区网络建设的规划书，并开通了VOD视频点播服务，用户可以通过中心网站享受服务。兰州文献情报中心完成了更换和新增服务器的安装调试，并对中心的WEB服务系统进行了适应性调整，建成了两个镜像服务系统，进一步改进了中心机房的电源系统，确保服务器系统全天候开机服务。武汉文献情报中心引进了北京邮电大学创讯信息技术有限公司的现代电子化图书馆信息网络系统，可提供网上预约、续借、电子文献查询、数据库查询、新订购书刊查询等全方位的网络信息服务。上海文献情报中心将数字化资源建设作为重点，年内新购置了“Ei Compendex”、“UMI ProQuest”博硕士学位论文、“Chemical Abstracts”13th ed on CD－ROM、《清华同方中国期刊网专题全文数据库》和万方科技信息数据库的《企业与产品（CECDB)》、等数据库，并将光盘版的《中国生物医学文献数据库》、《维普中文科技期刊文摘数据库》和《维普行业剪报数据库》转换成Web版数据库；在MELINETS系统上自建了有数千条古籍的书目数据库、生命科学研究院研究生《学位论文数据库》和《信号传导》、《致癌机制》、《细胞凋亡》、《离子通道》等系列专题数据库；西文现刊题录文摘数据库已累积数据20多万条；增设了网上生命科学信息园地，拥有数字化资源共900G。此外，专业网站建设正呈良好运行和发展势头，如“西部大开发论坛”、“西部商机网站”、“天然气水合物网站”、“中国环保产业信息网”、“生物信息网站”、“中国天然药物网站”、“四川省科技创新网站”、“全球图书馆导航”等网站，是文献情报服务的一个创新点和增值点。

情报研究与服务适应中科院整体地位在中国科学界的提升，把战略情报研究作为创新的一个发展方向，得到充分重视和加强。2001年9月院科技政策局主办了首次“战略情报研究工作研讨会”，各文献情报中心按照会议精神，调整结构，加强战略情报研究的组织领导与协调，加强基础性资料的积累和服务的快速反应，共同搭建科技信息交流网络平台。由院科技政策局主办，院文献情报中心牵头组织和地区文献情报中心共同参与编辑的“科技在线”，为院领导、提供有关国外科技政策和科技发展态势的最新信息，自2001年10月以来共提供4期135篇稿件。此外，各文献情报中心还为中科院、部委、基金委和地方政府等有关主管部门完成了《2001科学发展报告》、《科技政策与发展战略跟踪调研》、《生物科学发展态势》、《国际全球变化研究动态》、《美国国家科学基金会2000财年基金资助情况分析》、《长江流域（湖北段）资源环境研究信息系统研究》等大量参考资料和研究报告，全年共撰写情报研究报告102篇。

人才培养与队伍建设取得新进展。2001年全院文献情报系统共引进优秀人才4人，其中院文献情报中心引进院“百人计划”入选者1人；各文献情报中心在队伍建设和干部任用上坚持年轻化、专业化和高学历化，培养和使用相结合，加强绩效考核和人员的继续教育，在巩固全员聘用合同制实施成果的基础上，建立了“按需设岗，按岗聘任”的专业技术职务聘任制度，院文献情报中心完成了首批创新岗位的聘任工作，并采用项目管理方式，招聘一批重要岗位急需的骨干人才；积极发展研究生教育，2001年在读博士生18人，硕士生27人，并充分发挥他们在创新和各项工作中的作用。

各中心馆舍和园区环境建设取得快速发展。2001年9月28日，院文献情报中心新的现代化图书馆大楼胜利竣工，工程按计划完成了大楼的内外装修和各项设备的安装调试，一座自动化、网络化、智能化、代表目前国内最高水平的现代化图书馆即将投入使用，为全院文献情报系统的发展提供优质的物理平台。为营造一个清新宜人的学习研究环境，体现国家科学图书馆的文化氛围和塑造对读者具有亲和力的服务形象，该中心在抓紧设计和进行新馆建筑物内、外部的艺术装饰和广场的美化绿化。上海文献情报中心、武汉文献情报中心馆舍改造项目已分别正式立项；资源环境信息中心新建的综合办公楼“科信大厦”，将重新开工建设，旧图书楼改造方案也已得到院主管局的批准；成都文献情报中心大力进行新馆环境建设、旧馆改造和小园区建设，形成了清新整洁、欣欣向上的科研文化氛围。

党建工作与创新文化建设

2001年中科院党的工作确定的总体思路是：以邓小平理论为指导，深入学习和实践江泽民同志关于“三个代表”的重要思想；以纪念建党80周年为契机，对全体党员进行一次系统的思想教育活动，进一步发挥党组织的政治核心作用、战斗堡垒作用，以及党员的先锋模范作用；由围绕知识创新工程的中心开展党的工作变为深入到中心中去；要采用各种先进的手段来开展党的工作，使党的工作更扎实有效、更有创新、更加深入；要更加充分地发挥工青妇等群众组织的作用，真正使其成为联系党和群众的桥梁和纽带。在这一总体思路的框架内，各级党组织在全年的工作中，既认真完成年初制定的各项主要工作任务，又根据形势的发展，承担计划外的临时性工作任务；既坚持传统的行之有效的工作方法，又有一定的工作形式的创新；既坚持做到在各项工作中党的工作不缺位，又做到了党的工作不错位、更不越位。基本实现了年初确定的“本着求新、求实、求深的工作精神，做好本年度的各项工作”的预定目标。

一、以纪念建党80周年为契机，抓好理论学习，搞好党的作风建设

2001年7月1日是建党80周年纪念日，根据中宣部关于唱响“共产党好、社会主义好、改革开放好的主旋律”的精神，各级党组织以纪念建党80周年为契机，通过举办系列活动，对全体党员及广大群众进行爱国、爱党、爱社会主义的教育。在院党组的领导下，各级党组织广泛组织开展了以“为党旗增辉、促创新工程”为主题的纪念活动。许多单位都举办了全所规模的文艺汇演，用歌声纪念建党80周年。中科院与文化部、工程院、科协共同举办的“‘阳光·科学·艺术’·科学家艺术家文艺晚会”，演出非常成功。李岚清等国家领导人观看了演出。“七一”前夕，院党组召开了纪念中国共产党建党80周年大会，路甬祥院长代表党组作了重要讲话；大会表彰了先进党组织和优秀党员；新党员进行了宣誓；部分单位演出了精彩的文艺节目。

江泽民总书记的“七一”讲话对“三个代表”的重要思想进行了全面的科学的阐述。为把这一思想在全院得到很好的贯彻，各级党委通过召开座谈会、组织党委中心组学习、组织各方面人员著文在媒体上发表等方式，宣传“三个代表”的重要思想。在有院士、中青年科学家、所长及书记代表参加的座谈会上，民主党派、无党派人士及归侨、侨眷代表参加的座谈会上，大家纷纷表示，要把思想和行动统一到江泽民同志的“七一”讲话精神上来，把“三个代表”的重要思想落实到全面推进知识创新工程试点工作中去。

为贯彻党的十五届六中全会精神，加强全院干部作风建设，遵照院党组的指示，京区党委、党组办、人教局、京区纪委组成联合调查组，对京区30个知识创新试点单位

和沈阳、武汉、成都三个分院，就全院领导干部作风建设状况进行了一次专题调查。此次调研找出了院作风建设存在的主要问题，并提出了相应的对策和建议。在调研的基础上，院党组制定并下发了《关于贯彻落实党的十五届六中全会精神，重视、加强和改进党的作风建设的实施意见》，就加强作风建设提出了明确的要求，对促进全院各级党组织加强作风建设起到了重要作用。

坚持和完善党委中心组学习制度，是全院加强党的思想建设的重要方式。各单位党委按照中组部、中宣部《关于加强和改进党委（党组）中心组学习的意见》和《院党组关于贯彻中组部、中宣部〈关于加强和改进党委（党组）中心组学习的意见〉的实施意见》，并结合研究所的工作实际和党政领导班子的思想状况认真开展中心组学习，不断提高干部的政治思想理论水平。为提高中心组学习质量，各单位党委在中心组学习的过程中基本做到了：领导高度重视，明确学习计划，合理利用时间，保证学习进度，紧密联系实际，提高学习效果。

二、在做好服务中心、保障中心和围绕中心开展党的工作的基础之上，为中科院知识创新工程中心试点工作服务

党的工作既要对中心工作起到保证监督作用，同时也要根据院党组的要求，使党的工作更加贴近中心工作，并在一定的领域和范围，适度承担进入知识创新工程中心的工作。

在知识创新工程全面推进阶段，各单位党委注意做好引导工作，引导全所党员及广大职工群众正确对待进入创新试点的问题。理化所在即将进入二期工程之前，所党委通过职代会、常设主席团成员、民主党派人士等对二期目标进行讨论，把工作做在前头。发育所与遗传所在整合过程中，重视思想政治工作，两所整合终于平稳过渡。生态中心党委组织召开研究所的发展战略研讨会，组织中层以上领导对研究所的下一步发展战略目标进行研讨。北京天文台党委在整合过程中，全程参与组织、制度、思想、政务及电子所务建设，发挥了重要作用。建筑设计院在改制的初期，党委注意做群众的思想工作，通过组织参观、个别谈话，使绝大多数职工对改制工作有了正确的认识。

创新文化建设是我院知识创新工程的五大目标之一，从今年开始纳入创新工程的考核。受院党组委托，创新文化建设的考评工作由京区党委承担。虽然是首次组织对创新文化建设工作进行考评，经过认真细致的工作，中科院考核评估小组对全院 42 个第一批进入试点的研究所的创新文化建设状况进行考评，基本达到了预期的目的，一是得出了研究所评价创新文化建设状况数据（蓝皮书）；二是探索了创新文化建设评价的方法，为建立完善的科学考评体系奠定了基础；三是推动了创新文化建设。

在全院大力提倡、推广“所务公开”制度。院工会、京区党委、京区纪委联合在自动化研究所组织召开所务公开经验交流现场会，介绍了自动化研究所利用网络实施所务公开的经验，得到了许多研究所的认可。上海植生研究所、成都光电研究所、武汉盐土力学研究所、北京物理研究所、政策研究所、天文台等单位已开始在本单位实施所务

公开。

京区党委参与了院后勤改革、职工心态的调查工作，注意从源头维护职工合法权益。院工会与心理研究所一起组织了“中国科学院京区后勤服务社会化改革职工心理调查”，为院领导决策提供了量化的依据。调查报告受到院领导的高度重视，郭传杰同志和杨柏龄同志在后勤工作会议上多次引用了报告数据，邓麦村副秘书长在会议总结时也充分肯定了职工心理调查的作用和意义。

三、重视和加强党建工作，全力抓好稳定工作，确保知识创新工程中心工作的顺利实施

为确保中科院知识创新工程试点工作的顺利实施，最终达到出成果、出人才的目的，各级党组织重视加强党建工作，全力抓好稳定工作，为中心工作铺路架桥，保驾护航。

为深入学习贯彻江泽民同志“七一”重要讲话，面对新形势、新任务、新挑战，研究探索党建工作的新思路、新方法，京区党委于2001年8月、9月先后举办了两期党委书记研究班，京区基层单位党委正副书记近80人参加了研究班的学习。研究班本着求真务实，锐意创新，打牢基础的原则，认真学习江泽民同志“七一”讲话，有针对性地邀请各方面专家授课，将案例分析方法引入研究班课程，加强交流与研讨，取得明显效果。为了给领导干部提供一扇拓宽眼界与思路的窗口，京区党委与院人教局共同举办了三期领导干部“求是论坛”，路甬祥院长做了《以“三个代表”重要思想为指导，切实加强全院党的建设，努力开创知识创新工程试点工作的新局面》的报告。郭传杰同志做了《关于先进文化的理性思考与创新文化的建设实践》的报告；白春礼副院长做了《我院科技人才队伍建设的思考》的报告。约有1 500人次听了报告，达到了预期的目的。

京区党委坚持办好京区入党积极分子培训班，受到基层同志的欢迎。各基层单位注意发现、培养入党积极分子，特别是年轻的科技骨干更是各单位党组织重点培养的对象。为做好这项工作，许多单位的党委制订了责任制，每个党委委员负责一个或数个重点培养对象，一包到底。

为顺利完成中科院承担的神舟二号飞船试飞相关任务，承担单位在实验队中建立临时党委，确保科研任务的圆满完成。临时党委成立后，注意做参加实验工作的同志的思想政治工作，为他们排忧解难，发挥了很好的作用。京区党委对该临时党委的事迹在院内进行了广泛宣传，并报中央国家机关工委。

与“法轮功”邪教组织的斗争取得了阶段性成果。2001年，京区党委、各基层单位在与“法轮功”邪教组织的斗争中，领导重视，组织落实，工作到位，组织强有力的教育转化工作队伍，投入了相当的人力、物力、财力，取得了显著的成绩。通过参加中央国家机关工委举办的转化班、京区党委自行办班、各有关研究所自行教育，先后共教育转化了50个中毒较深的“法轮功”痴迷者，教育转化率达到了98.3%。去年6月份，京区已转化的少部分原“法轮功”痴迷者在李洪志之流的煽动下发生了反复，有几

名反复者甚至出走。京区党委不惧困难，迎难而上，在院党组的领导下，组织召开了专门工作会，统一所级领导的思想，加强对已转化者的教育巩固工作，花大力气开展寻找出走者下落的工作。由于工作到位，基本遏制住了反复的势头。古脊椎研究所、自然科学史研究所、天文台等单位针对“法轮功”的歪理邪说，开展了系列科普宣传活动，并出版了书籍。他们还把展览办到了其他有关单位，扩大宣传面，为批判邪教做贡献。在郭传杰同志的支持下，心理研究所专门成立了“为防范邪教组织的产生建立必要的预警系统”的课题组，研究“法轮功”歪理邪说蛊惑人心和“法轮功”痴迷者陷入其中的原因。所有这些都为打好教育转化这场攻坚战提供了强有力的支持和保证。

组织召开科学技术与精神文明论坛第二届研讨会。继去年第一届科学技术与精神文明论坛在青岛召开以来，第二届研讨会于11月12日在北京举行。共有来自全国各地的近60名会议代表带着自己的论文参加了研讨会。与第一届研讨会相比较，本届研讨会会议代表所代表的范围更广，论文质量也有新的提高。

四、为知识创新工程营造良好的政治、科研氛围

一切为科研着想，一切为中心服务，是党的组织一贯坚持的工作原则。2001年，京区党委在营造良好的政治、科研氛围上作了一些切实可行的，有意义的工作。

2001年5月，中国科学院网络思想政治工作现场会在中国科技大学召开。此次会议的目的是为了有效加强新时期思想政治工作，充分发挥网络媒体宣传的优势，促进全院党务工作信息化建设，促进研究所管理工作制度化、规范化，加快研究所管理民主化建设进程。会议听取了科大做好以灌输、引导、监控为主要内容的网络思想政治工作，北京自动化研究所利用网络推进所务公开、加强民主监督与管理，网络中心进行网上科普宣传教育的经验介绍；参观了科大网络中心、合肥分院等离子体所的网络设施；与科大教师、学生代表进行了座谈。会议还结合研究所的特点，对今后如何做好网络思想政治工作进行了研讨。

京区党委及研究所网页建设已初具规模。从2001年初开始，京区党委开始构思设计自己的思想政治工作网页，定名为“科苑先锋”，路甬祥院长亲自为网页题写了网名。通过努力，该网页已面世。许多基层单位党委也开始制作自己的思想政治工作网页，或在研究所已有网站的基础上，加挂了党群工作的内容。

推荐谭铁牛为全国“优秀共产党员”。在纪念建党80周年期间，自动化研究所年轻的所长谭铁牛被评为全国优秀共产党员，在人大会堂作了专题发言，中央电视台还制作了专题片宣传他的事迹。“七一”期间，谭铁牛受到了中央领导同志的亲切接见。

为配合纪念“七一”建党80周年纪念日和为广大基层党政领导提供可资借鉴的工作经验，京区党委主编了两部书籍，一本为《在鲜红的党旗下——党和科学家的故事》，科学家们用自己的亲身经历热情讴歌了中国共产党始终坚持“三个代表”的光辉业绩，歌颂党对科学家、科学事业的关心、关怀。另一本为《科研院所管理创新的实践与探索——我怎样当所长、书记》，是工作在科研生产一线的所长、书记在实际工作中的经验总结。

举办暑期“青年科技文化系列讲座”，丰富研究生学术文化生活。院团委继续举办“中关村青年创新论坛”，全年共举办了7场论坛，与团中央、全国青联联合主办的中国青年创新论坛、中关村论坛共组织5期，观众达上千人次。

解决优秀青年科研人员子女上学难问题。在院领导的支持关怀下，院工会与院人教局合作，经过反复协商，最后争取到50个名额，解决了包括杰出青年基金获得者、归国博士、百人计划入选者和国内培养的博士的子女入中学难的问题，受到研究所、上述科研人员的好评。

评选“十大女杰”。院妇委会成功地组织了全院“十大女杰”的评选工作，为全院科研人员，为全院女职工树立了很好的榜样。在全院“十大女杰”的表彰会上，路甬祥等院领导、全国妇联领导、中央国家机关工委领导出席了会议。

中科院统战部举办了京区首期党外中青年骨干学习班。在党组副书记郭传杰同志、中央统战部有关领导、人教局、院党校的重视和大力支持下，22位党外同志参加了学习，取得积极成果，党内外反映良好。通过多种方式加强对党外中青年代表人士的政治引导，今后应成为统战工作的重要内容之一。

广泛开展社区文化建设活动。京区党委强调，健康的文体活动要做到几个延伸，即：从单位延伸到家庭，从单位延伸到社区，从八小时以内延伸到八小时以外，从正式职工延伸到流动人员、研究生及职工家属。为做好这四个延伸，院工青妇等群众组织利用暑期、重大节日，组织一定规模的社区文化广场活动，既丰富了社区的文化娱乐生活，又宣传了中科院正在实施的知识创新工程，受到驻区职工及家属的欢迎。特别是2001年7月13日晚，在北郊917大院举办的文化广场演出活动及当晚申奥成功后的狂欢活动组织的非常好，中央电视台及一些地方电视台作了报道。院工会等群众组织进一步加强了中科院合唱团、武术协会、青年足球队等业余文体组织建设；举办足球赛、篮球赛，活跃广大职工的业余文化生活等，充分占领业余文化阵地，使广大职工能以良好、健康的身心投入到知识创新工程试点工作中去。

院属各单位情况

北京地区单位

数学与系统科学研究院

院　　长：杨　乐
常务副院长：章祥荪
地　　址：北京市海淀区中关村南四街甲 1 号
邮政编码：100080
联系电话：010-62553063
图文传真：010-62541829
电子邮件：mmshen@staff.ac.cn
网　　址：www.amss.ac.cn

中国科学院数学与系统科学研究院（以下简称研究院）成立于 1998 年 12 月 28 日，它由中国科学院所属四个数学类研究所（数学研究所、系统科学研究所、应用数学研究所及计算数学与科学工程计算研究所）整合而成，是中国科学院知识创新工程的首批试点单位之一。研究院现有职工 381 人，其中科技人员 265 人，有中国科学院院士 15 人，中国工程院院士 2 人，第三世界科学院院士 3 人，研究员 131 人，副研究员 86 人，中级科技人员 79 人。现有在学研究生 294 人，其中硕士研究生 119 人，博士研究生 175 人。另有博士后 50 人。

研究院是一个综合性的数学与系统科学的国家性学术研究机构，对数学和系统科学领域内的基础性、前瞻性、战略性的问题和当今世界前沿的课题从事研究。研究院按照“有所为、有所不为”的原则，确定了重点支持的 13 个学科方向（分析数学，数论、代数与几何拓扑，几何分析，微分方程与数学物理，概率统计，数学机械化，运筹学，控制论，离散数学，系统管理，计算数学，科学工程计算，理论计算机科学）以及强化支持的若干重大研究领域（分析数学的现代理论和应用，数论与量子群的重大问题研究，数学机械化及信息通信的数学基础研究，金融避险与宏观经济系统分析，复杂系统控制基础理论研究，大规模科学计算，我国资源环境与国民经济中的重大优化问题，数学物理与微分方程若干重大问题研究等）。

研究院的奋斗目标和定位是：经过七八年的努力，成为国际上有影响的数学与系统科学的研究中心和高水平的学术交流中心；成为培养高级数学与系统科学研究人才的中心和高质量的博士生教育基地；成为国民经济有关问题的咨询中心。

研究院除了下属的四个研究所以外，还设有科学与工程计算国家重点实验室、管理决策与信息系统开放实验室、系统控制开放实验室，晨兴数学中心、数学机械化中心。2000 年成立了图论与组合数学开放实验室。今后还将成立若干研究中心或开放实验室。研究院拥有全国馆藏最为丰富的数学专业图书馆，订有大量国外期刊，藏书逾 20 万册。研究院更新了计算机及网络系统，可通过 Internet 查询数学信息；配备了超级计算服务器，带有多种大型数学软件包，如 MAPLE，MATHEMATICA，MATLAB 等，可方便地进行数值及符号计算。

研究院具有数学、管理科学与工程一级学科博士学位的授予权，是首批国家批准的博士后流动站单位，并被评为 2000～2003 年中国科学院博士生重点培养基地。研究院共有 8 个博士点：基础数学、应用数学、计算数学、概率论与数理统计、运筹学与控制论、系统理论、计算机软件与理论、管理科学与工程。

围绕着知识创新工程试点工作，研究院在机构调整、机制改革、人员聘用和人才培养等方面，初步形成了结构合理、管理部门精干以及人员能进能出，职务能上能下，待遇能高能低的运行机制。撤销原各所的13个行政管理部门，整合为研究院的6个行政职能处、室。各研究所成为单纯的学术组织。在科研管理体制方面，设立院、所两级学术委员会，并明确各自的职责。

研究院根据已确定的发展目标和定位，坚持“按需设岗、按岗聘任”的原则，对科研人员、行政管理人员和科研辅助人员进行了公开招聘，并实行全员合同聘用制；创新基地采取流动机制，改变职工对单位的终身依附关系；改革分配制度，基地科研人员实行了三元结构工资制。对于管理工作，按照“服务、合作、学习、创新”的要求，把服务放在第一位。成立基础园区物业中心是研究院实行转岗分流的方式之一，物业中心实行独立核算，按照企业化管理，逐步与单位脱钩。

自创新工程试点工作开展以来，研究院吸引了一批年轻优秀的学术带头人和学术骨干。创新基地中科研人员的平均年龄为40岁，45岁以下的科研人员已占总数的70%，基地正研队伍中45岁以下占58%，成为科研队伍中最活跃、最有生气的力量。在这批年轻人中有：中国十大杰出青年2人，获中国青年科学家奖2人，获全国“五四”青年奖章1人，获国家杰出青年科学基金18人，获“求是”杰出青年学者奖8人，获中国科学院青年科学家奖一等奖10人，获“百人计划”支持17人。已批准“海外知名学者”4人。

研究院有关基金项目的情况如下：

（1）2001年研究院争取到国家自然科学基金项目24项，其中国家杰出青年基金2项，海外杰出青年基金1项，国家基金重点项目3项，国家基金重大项目（参加）1项。

（2）2001年研究院在研国家任务共120项，其中“973”项目25项（主持项目3项，负责子项目10项，参加项目12项）；主持国家攀登项目1项；国家自然科学基金91项（其中有国家杰出青年基金14项，海外青年学者合作研究基金2项，主持重大基金项目2项，主持国家自然科学重点基金14项、参加5项等）；主持中国科学院重大项目3项。

2001年研究院共获得各种奖项17项，其中：陆启铿院士获何梁何利基金科学与技术进步奖，林群院士获捷克科学院“数学科学成就”荣誉奖，吉敏、巩馥洲分别获香港“求是”基金会杰出青年学者奖，席南华获第二届晨兴数学银奖，李嘉禹、周向宇分别获陈省身数学奖，陈志明获第四届“冯康科学计算奖”，王友德、洪奕光分别获中国科学院青年科学家“科学创新奖”，陈光亚、汪寿阳获中国科学院自然科学奖一等奖，王世坤获中国科学院自然科学奖二等奖（排名第三），李洪波获中国优秀博士后奖。

为了使研究院成为高水平的国际交流中心，吸引国内外数学界的优秀人才，研究院设立了访问教授与访问学者制度。2001年来研究院进行访问交流的访问教授、访问学者共有国内外66所大学（其中国外9所，台湾1所）的94人，达到394人月。全年来研究院进行学术交流活动的212位国外学者（含晨兴中心邀请的68位）来自20多个国家和地区。2001年1月至10月间，研究院共举办9次国际会议，吸引了国内外众多的学者参加。通过这些合作与交流，促进了国内数学与系统科学方面的研究。2001年来访的学者已完成论文41篇。

挂靠在研究院的学会和团体有：中国数学会，中国运筹学会，中国系统工程学会，亚太运筹中心，中国数学会概率统计学会，中国自动化学会控制理论专业委员会，中国系统工程学会系统理论委员会，全国统计方法应用标准化技术委员会，中科院政府行政管理系统分析研究中心。主办学术刊物有：《数学学报》（中、英文版），《代数集刊》（英文版），《数学译林》（中文版），《应用数学学报》（中、英文版），《系统科学与数学》（中文版），《系统科学与复杂性》（英文版），《数学的实践与认识》（中文版），《系统工程理论与实践》（中、英文版），《计算数学》（中、英文版），《数值计算与计算机应用》（中文版）。

（撰稿人：李福安）

理论物理研究所

名誉所长：彭桓武
所　　长：欧阳钟灿
地　　址：北京市海淀区中关村南四街甲1号
邮政编码：100080
联系电话：010-62554447（综合办公室）
010-62555058（业务处）
图文传真：010-62562587
电子邮件：anhm@itp.ac.cn
网　　址：www.itp.ac.cn

中国科学院理论物理研究所（以下简称理论物理所）成立于1978年6月，是在理论物理学领域各主要方向上从事基础研究的专业研究所，是中国科学院向国内外首批开放的研究所。1993年被第三世界科学院选为首批参加协联计划的优秀中心，1997年10月被中国科学院确立为首批基地型试点研究所，1998年8月被列为中科院知识创新工程首批12个试点单位之一。理论物理所发展的目标，是成为我国在理论物理研究领域内代表国家水平，团结国内理论物理学工作者，带动我国理论物理研究冲击世界先进水平的基础研究、人才培养和学术交流基地。

理论物理所自成立以来，特别是进入中科院知识创新试点工程基地以来，本着“开放、流动、竞争、联合”的办所方针，面向国内外理论物理学界开放。始终保持一支高水平、精干研究骨干队伍，联合全国理论物理学工作者，在理论物理学的各主要研究方向上开展创造性前沿基础研究，加入国际竞争。

理论物理所现有科研人员34人，有中国科学院院士8人（其中4人是第三世界科学院院士）。在吸引的国内外优秀青年人才中，有9人入选中科院“百人计划”，7人获国家杰出青年基金（其中3人纳入院“百人计划”管理）。所内设有两个研究室，第一研究室从事粒子物理和场论、引力和宇宙学、数学物理等方面的研究工作，第二研究室从事非平衡统计物理、凝聚态理论、非线性科学、计算物理、理论生物物理、原子分子及量子干涉学理论、原子核理论的研究。

理论物理所自进入知识创新试点工程基地以来，围绕探索自然界物质结构以及基本运动规律方面做出具有国际影响的成果为目标，特别是在认真总结一期创新试点基础上，依据研究所二期创新的总体方案，着重加强了原始性创新和交叉学科前沿领域的工作部署，把组建“中国科学院交叉学科理论研究中心”作为理论物理所知识创新全面推进阶段的重要组成部分。对科研目标和学科方向作了进一步的凝炼和提升，形成了物质微观结构理论研究，场论与宇观结构理论研究，凝聚态理论研究，非线性科学与理论生物物理、生物信息学研究，量子物理、量子信息和光物质的相互作用理论研究的科研结构。

理论物理所是国务院学位委员会批准的首批博士学位授予单位，有博士生导师26人，至今已授予博士学位78人、硕士学位82人。2001年在学博士生30人、硕士生20人；1984年在我国率先建立博士后流动站，每年保持在站博士后15人左右。继1998年以后，理论物理所又被评为2000～2002年“中国科学院博士生重点培养基地”。从理论物理所出站的博士后中，已有多人获得全国优秀博士后奖励以及中国科学院优秀博士后奖。同时，经所学术委员会或常委会批准，每年还有170多名来自全国近40所高校和十几个科研院所的客座与所内研究人员进行联合研究，形成了生气勃勃、创造力旺盛的科研队伍。

近年来由理论物理所研究人员主持的全国理论物理学三项主要基金项目是：

（1）攀登计划预选项目“面向21世纪理论物理学若干重大问题”；

（2）国家自然科学基金理论物理专款项目；

（3）国家自然科学基金重大研究计划“理论物理学及其交叉学科若干前沿问题”。

2001年理论物理所共承担科研课题82项，

其中：国家攀登计划在研项目课题 15 项（攀登“九五”预选项目、面向 21 世纪理论物理学若干重大项目课题 11 项，数学机械化研究及其应用项目课题 1 项，非线性科学项目课题 2 项，微重力科学若干重大基础交叉科学研究项目课题 1 项）；“973”项目课题 7 项；国家自然科学基金在研项目 28 项（其中重大、重点项目课题 2 项，杰出青年基金 5 项，海外青年学者合作研究基金 1 项，面上项目 17 项，其他 3 项）；引进国外人才项目 9 项；中科院创新工程重大项目 1 项；重大方向性项目 4 项；院长青年创新基金 1 项；创新工程开放课题 9 项；中科院拨其他专款 4 项；北京市科委项目 1 项；其他渠道经费项目 3 项。

2001 年理论物理所正式发表科技论文 131 篇（其中 PRL 论文 4 篇，SCI 论文 126 篇），出版专著 1 部。2001 年国家科学技术部公布 2000 年中国科技论文统计结果中，理论物理所被引用论文篇数在全国研究机构中排名第 16 位；SCI 论文数在全国研究机构中排列 19 位。

2001 年，喻明等人完成的“共形场论研究”获中国科学院自然科学奖二等奖；郭汉英、吴可等人与其他单位合作完成的“量子群的经典几何实现和物理运用”获中国科学院自然科学奖二等奖；郝柏林获何梁何利科学技术进步奖——物理学奖；衣学喜获中国科学院优秀博士后奖。

在学术交流方面，2001 年理论物理所出席或参加各种学术会议并作学术报告 42 个，其中国际会议 20 个；接待国外及港澳台访问学者 98 人次，接待国内客座人员 170 人。组织各种类型学术报告会 126 次，学术交流活动工作周（月）、系列讲座、学术研讨会 20 余次，主办大型国际会议 3 次。这些活动对加强国内外学术交流，促进国内物理学研究进入国际竞争，争取达到国际前沿水平起到了积极作用。

理论物理所一直十分重视公用科研支撑系统的建设：图书馆现藏14 000余册专业书籍，2001 年订购 89 种西文期刊、55 种中文科技期刊及近百种西文原版图书，是国内最早提供电子刊服务的专业图书馆之一，基本上承担着为全国理论物理学工作者服务的资料中心的作用。建立于 1992 年的计算机网络系统（ITPNET）有百余台计算机联网，并在 1994 年通过中国科技网和高能物理所两条国际通道联接全球互联网，是全国首批接入 Internet 的正式成员之一，为科研人员创造了良好的计算工作和网络通信条件，此外，设在理论物理所的运行美国 Los Alamos 国家实验室国际预印本库的中国国际电子镜像结点，为全国科研工作者提供了服务。编辑部设在理论物理所的《理论物理通讯》（英文）学术期刊，自 1986 年以来，一直为世界最著名的情报检索系统 SCI 所收录，成为我国理论物理学工作者开展国际学术交流的重要阵地，已产生一定国际影响。1999 年荣获“首届国家期刊奖”，2000 年又荣获中国科学院“优秀期刊特别奖”。2001 年入选科技部 40 种双高期刊。从 2001 年开始《理论物理通讯》已改为月刊出版。

理论物理所的行政、科研管理以及技术支撑部门本着“按需设岗、竞争上岗、按岗聘任”的原则，做到机构精简、人员精干、一岗多能和管理高效，竭诚为全所乃至国内理论物理界的同志服务。

理论物理所在实施知识创新工程试点工作两年多来，按照中国科学院理论物理开放研究所知识创新工程试点方案提出的发展目标，在凝炼科研目标、人才培养、队伍建设、机构和结构调整、创新文化建设等方面，比较顺利地完成了试点方案中的各项任务。把组建“中国科学院交叉学科理论研究中心”作为理论物理所进入全面推进阶段的核心列入实施方案，力争在理论物理科学研究中，参与国际竞争，持续取得重要的研究创新成果，走在世界前列。努力造就不断超越前代人学术水平的优秀青年理论物理学研究人才，积极开展国际国内学术交流，密切与国际尤其是亚太地区各理论物理中心的学术交流，使理论物理所尽快成为我国具有世界一流水平的国际理论物理中心。

物理研究所

所　　长：王恩哥

地　　址：北京市海淀区中关村南三街 8 号

邮政编码：100080
联系电话：010-82649004
010-82649533
图文传真：010-82649531（c）
电子邮件：zhc@aphy.iphy.ac.cn
网　　址：www.iphy.ac.cn

中国科学院物理研究所（以下简称物理所）的前身是成立于1928年的中央研究院物理研究所和成立于1929年的北平研究院物理研究所。1950年中国科学院接收这两个物理所，成立了应用物理研究所，1958年改名为物理研究所。

截止到2001年底，物理所共有职工464人，其中各类专业技术人员349人，包括研究员112人，副高级专业人员138人。2001年全所研究员中有2人新当选为中国科学院院士，2人当选为中国工程院院士，目前在所内工作的中国科学院院士共11人，中国工程院院士共2人。近年来，物理所通过选拔和培养跨世纪人才的一系列措施，已形成了有利于优秀人才的引进和发挥作用的机制，到目前为止，获得中国青年科学家一等奖2人、提名奖1人，中国科学院青年科学家奖7人，进入中国科学院“百人计划”的31人，获得杰出青年基金资助的19人。截止到2001年底，全所在学研究生233人，其中博士研究生148人，硕士研究生85人，在站博士后50人。

物理所是以凝聚态物理研究为主的多学科综合性研究机构，主要研究领域为凝聚态物理、光物理、原子分子物理、等离子体物理、理论物理等学科。现有磁学、超导、表面物理3个国家重点实验室和光物理、电子显微镜、真空物理、极端条件物理4个中科院重点实验室以及3个所级实验室。3个所级实验室均为2001年新成立的，包括：软物质物理实验室，其主要研究方向为复杂凝聚态体系的结构、性质及运动规律；纳米物理与器件实验室，其主要研究方向包括低维小尺度半导体量子体系、纳米有机功能分子材料与器件、纳米离子学、纳米光电材料的生长及其结构与特性的关联研究等；凝聚态理论与材料计算实验室，其研究工作主要集中在低维量子输运过程、光子晶体、磁性宏观量子效应、磁性隧道结、强关联电子系统、表面生长动力学及第一性原理计算等。此外，根据物理所的实际情况并借鉴国际同类一流研究机构的技术体系框架，开始建立由首席工程师负责的稳定的技术队伍。通过以上调整使科研方向的凝炼进一步落到了实处。

2001年物理所获准的各类重要科研项目50余项，包括国家“973”项目4项，国家“863”项目8项，院创新项目5项，国家自然科学基金面上项目25项，重大基金项目1项，重点基金项目2项，国家杰出青年基金项目5项。目前，在物理所承担的各类在研项目中，国家基金委面上项目91项，基金委重大、重点项目24项，杰出青年基金24项，国家“973”项目27项，国家“863”项目17项，国家攀登项目9项，院创新重大、重点项目29项。各类重大、重点项目的年度目标都已按计划完成，并取得了不少重要阶段性研究成果。

在表面纳米结构形成与稳定性机理的研究方面发现岛边缘原子从上一层翻跃到下一层受到的势垒大小是控制原子岛稳定性的关键。根据这个发现，提出了一个普适的层间传输理论，利用扫描隧道显微镜（STM）对在金属fcc（111）和fcc（110）表面通过同质外延技术获得的理想原子岛的整个衰变过程的原位观察证明了这一传输理论所预言的结果，这一结果使人们首次在原子层次上了解了纳米结构在表面衰变过程的动力学机制，对纳米结构制备和纳米技术应用都具有一定的重要意义。

在强场物理研究方面，建成了脉宽25fs、峰值功率达1.4TW的高效率超短超强激光装置和多种先进水平的诊断设备，利用以上激光装置和诊断设备在高能电子的产生和传输的物理过程研究方面取得了重要进展，首次揭示了激光偏振态与高能电子束发射方向的重要关系，同时还在实验上证明，通过调制等离子体的密度标长，可以控制高能电子束的发射方向。

在新型超导体研究方面分别用常压和高压方法合成出了高质量的二硼化镁单相样品，处于国际前沿水平。

在金刚石电子显微结构研究方面，利用高分辨电子显微技术在甲烷或乙炔的离子束沉积的硅衬底表面获得了9R菱面体金刚石和2H六方金刚石的高分辨电子显微像，证实了金刚石两种特殊结构的存在。

由王恩哥所长与美国橡树岭国家实验室张振宇教授主持的2000年10月建立的中科院物理所国际量子结构中心，一年来开展了卓有成效的工作。国际量子结构中心聚集了国内外低维物理及相关领域一批最优秀的中青年科学家，其目标是通过实验与理论的密切合作以及不同实验室间的优化组合，对量子体系中的关键问题进行广泛探讨与深入研究，使该中心成为国际一流的研究机构。该中心的长远计划是做出具有原始性的创新工作，培养出世界一流的优秀研究人员。目前，国际量子结构中心的学术活动、各项研究计划和大型设备研制项目已经逐步开展和启动。

2001年物理所组织和参加了各类国家和院级在研项目的中期评估及结题35项，包括国家“973”项目8项，物质基地首批择优重点项目7项，物理所首批启动创新重点项目10项，基金重大重点项目3项。此外，验收和结题其他各类项目30余项。

物理所多年来坚持实行对研究组的评估制度，2001年底通过评估完成了第七次研究组的调整，使研究组保持了较高水平和较强的竞争力。为使研究方向的制定、科技目标的凝炼和科研工作的考核更加科学化、国际化，2001年物理所开始全面实施国际专家评价制度，在2001年度研究组调整和年终总结工作中首次聘请了国内外相关领域的知名学者组成国际评价专家组，对研究所过去3年的研究工作水平和今后的研究方向做出了系统的评价。

据中国科技信息研究所2001年发布的统计结果，物理所2000年发表并被SCI收录的文章413篇、论文被引用555篇（1316次）、国际会议论文70篇、李文治博士单篇论文引用82次，均排在全国科研机构首位。从1990年至今，物理所SCI论文收录数和论文引用数已连续11年位居全国科研机构第1名。

2001年，解思深研究员等人承担的“定向碳纳米管的制备结构和物性的研究”获中科院自然科学奖一等奖，解思深本人获第三届周培源物理奖；许祖彦等人承担的“掠入射棱镜复合腔光参量震荡——放大系统”获得院技术发明二等奖；王鼎盛研究员的“表面磁性与相互作用理论”获叶企孙物理奖。

2001年物理所共申请专利43项，获授权国家专利19项。

启动知识创新工程试点工作以来，物理所着重抓好研究所层面上的学术活动，形成了完整有序的全所层面上的学术交流体系。“凝聚态物理中关村论坛”邀请国内外著名专家学者做专题学术报告，并与相关实验室进行学术交流和讨论，同时对物理所研究工作和学术方向进行评价；“凝聚态物理前沿系列讲座”及时报道凝聚态物理前沿和热点问题的发展动态以及物理所研究组与之相关的最新研究结果。

在国际合作和对外学术交流方面，2001年接待外宾来访100余次，240人次出国参加国际会议、合作研究及访问。2001年物理所组织承办了多次大型国际国内学术会议，其中包括第三届物理学前沿问题高级研讨会、量子中心国际研讨会等，取得了较好的交流效果和国际影响。

在科技开发方面，物理所锂离子电池产业化获得新的进展，得到国家和中科院有关领导的高度重视，2001年周光召副委员长、科技部徐冠华部长和中科院杨柏龄副院长等先后视察了以生产锂离子电池为主的星恒电源股份有限公司，对物理所积极将高科技转化为生产力的做法给予了充分肯定。

物理所图书馆为小型开架式专业图书馆，目前馆舍面积约1200m^2，藏书约23.5万册。该馆是国内物理学类较为系统、完整的文献收藏部门之一，目前已基本实现计算机管理服务。

由中国物理学会主办的、物理所承办的刊物有：《物理》，《物理学报》，《中国物理》，《中国物理快报》。2001年《物理学报》被国家新闻出版署和科技部评为“高知名度、高学术水平”科技期刊，《物理》、《中国物理》和《中国物理快报》被国家新闻出版署和科技部评为“社会效益好、经济效益好”的科技刊物。

原物理所物科光电公司改制后成立了物科光电有限公司，并作为独立法人参与社会竞争；

负责全所后勤工作的科服中心，于2001年底完成转制工作，成立了宏理物业管理公司，初步实现了后勤管理的社会化。

高能物理研究所

所　　长：陈和生
地　　址：北京市玉泉路19号乙院
邮政编码：100039
联系电话：010-68219574
图文传真：010-68213374
电子邮件：ihep@sun.ihep.ac.cn
网　　址：www.ihep.ac.cn

中国科学院高能物理研究所（以下简称高能物理所）成立于1973年，它的前身是创建于1950年的中国科学院近代物理研究所，1953年改称物理所，1958年改称原子能研究所，根据周恩来同志的指示，1973年2月在原子能所一部的基础上组建了高能物理所。

2001年底全所职工总数1 158人，科技人员总数为744人，其中研究员107人，副研究员、高级工程师250人，中级科技人员257人。有中国科学院院士6人，中国工程院院士2人。现有在学博士生81人，硕士生82人，在站博士后28人。

高能物理所是国务院学位委员会批准的首批硕士、博士学位授予单位，现设有5个博士学位专业点（理论物理、粒子物理与原子核物理、凝聚态物理、光学、核技术应用）、6个硕士学位专业点（除上述5个专业外，还有无机化学专业）。1984年起建立博士后流动站。1998年被国务院学位委员会批准为物理学一级学科博士学位授予权。

高能物理所是以基础研究和应用基础研究为主的多学科综合性研究所。主要学科方向为：高能物理研究（包括宇宙线和高能天体物理），先进加速器技术研究和先进射线技术及射线应用研究，并兼顾核分析技术及交叉学科研究；优势研究领域是：高能物理、宇宙线和高能天体物理、同步辐射及其应用、加速器物理及技术、核分析技术。

高能物理所建有3个开放实验室：北京正负电子对撞机国家实验室、中科院上海原子核所、高能物理所核分析技术重点实验室（北京分部）、中科院高能物理所宇宙线与高能天体物理重点实验室。设有4个研究中心和5个研究室：实验物理研究中心、非加速器物理研究中心、加速器技术研究中心、计算中心，理论物理室、同步辐射室、核分析室、自由电子激光室、质子直线室。

高能物理所重要的科研设施及装置有：北京正负电子对撞机（BEPC）、北京谱仪（BES）、北京同步辐射装置（BSRF）、北京自由电子激光装置（BFEL）、35Mev质子直线加速器、西藏羊八井广延大气簇射阵列。

2001年高能物理所共有在研基金课题97项（其中2001年新获20项），在研委托课题74项（其中2001年新获7项），科学院在研项目46项。

2001年4月高能物理所进入知识创新工程二期试点，以“将高能物理所建成为国际知名的高能物理实验基地、先进加速器技术发展基地、多学科开展创新性研究的实验基地、培养造就优秀科技人才的基地以及促进中国相关高技术产业发展的基地”为创新工程总目标。根据这一目标，高能物理所凝练科学目标，确定了高能物理研究、先进加速器技术研究和开发、先进射线技术及其应用三个重点学科领域以及相关的十个主要研究方向，积极部署前瞻性研究工作，培育新的学科生长点，在科研、运行、改进工程等各项工作中取得了丰硕成果。

北京正负电子对撞机整体综合性能大幅提高，多数运行指标达到国际同类加速器的先进水平，2001年3月31日提前实现向国家科教领导小组承诺的两年获取5 000万 J/Ψ 事例的计划，拥有了世界最大的 J/Ψ 事例样本，物理分析已取得一批重要成果。此后，BEPC运行又不断创下 Ψ（2S）峰值亮度新的记录和在线事例数的最高记录，并计划于2002年3月完成获取1 400万 Ψ（2S）数据的任务。

北京谱仪主漂移室（MDC III）进行了主体

安装和初步测试，完成了建造任务。

建立了阴极条室研制实验室，2001 年 8 月通过对实验室和样机的评估，从试制阶段转向批量生产，将为 CMS 实验研制 150 个大面积阴极条室。

2001 年粒子物理和核物理理论研究在 B 介子衰变，CP 破坏及 QCD 在 B 物理中的应用，J/Ψ物理与胶球谱，中微子振荡，暗物质以及新物理，双重子态，高能粒子与原子核相互作用等研究领域成果显著。

北京正负电子对撞机二期工程（BEPCⅡ）完成了可行性研究，建立了工程指挥部（筹）、工程办公室以及探测器、电子直线、储存环和公用设施四个分总体的工程队伍；举办了可行性研究国际评审会、加速器可行性研究专家评审会等；加速器与探测器的初步设计和关键设备及部件的预研正在进行，加速器物理设计基本完成。

2001 年北京同步辐射装置全年专用运行 84 天，提供有效机时 1 706 小时，接待用户实验 341 个。BSRF 改进计划的 13 个项目，包括新建 2 个插入件，3 个前端区，3 条光束线，2 个实验站以及对原有部分线站的改造均在顺利实施中。国内第一条专门用于生物大分子晶体结构测量的光束线和实验站的建设取得较大进展。用于高压研究的专用光束线也已开始加工制造，完成后将成为中国科学院高压科学中心和全国的高压科学研究的高性能实验平台。

高能物理所非加速器物理研究领域各项工作进展顺利。西藏羊八井中意合作 15 000 m^2 的 ARGO 实验大厅落成，进入全面安装阶段；羊八井宇宙线观测站进入首批 25 个国家重点野外台站行列；高能物理所研制的 γ 爆探测器搭载神舟二号留轨舱飞行取得圆满成功，初步数据分析结果表明探测精度达到国际先进水平；国家“973”项目硬 X 射线调制望远镜的研制工作进展顺利；再次成功进行了 400 km^3 大型高空气球的飞行及硬 X 射线观测。天体高能辐射过程研究课题在研究方法创新方面取得重要进展。

强流质子直线加速器研究开展了物理设计研究、高功率射频源系统的工程准备，RFQ 冷模测量研究，RFQ 工艺模型腔机械设计，超导高频加速腔 1.3 GHz 缩尺超导腔型优化设计等研究。

北京自由电子激光装置全年运行 610 小时，达历年运行时间的最高水平，完成大量红外激光的应用研究，取得不少新成果。工作重点正转向用户装置的研究和建设。

核分析技术及其应用在化学种态的核分析方法研究，核科技考古，分子核医学，以射线探测和核技术为探针研究碳纳米类物质，重核的多路径裂变过程，新材料制备及表征、固体径迹及其应用研究方面取得了良好进展。

2001 年，高能物理所在知识创新工程精神指引下，改革工作取得了很大进展，进行了管理部门、研究机构、技术支持和后勤系统的机构调整，实施了“按需设岗、按岗聘任、竞争上岗”的原则。选拔优秀青年科技人才充实关键岗位；认真推行绩效考核制度，对各类人员按职责、贡献发放绩效津贴；加强了技术开发的规范化管理；修改、完善规章制度，使依法治所有章可循。

2000 年，SCI 收录的高能物理所科技论文在全国科研机构中排名第十，ISTP 系统论文数在全国科研机构中排名第九，国际论文被引用篇数在全国科研机构中排名第九。高能物理所主办的《高能物理与核物理》学报已列进 SCI 收录期刊统计。2001 年高能物理所共发表科技论文 300 余篇，其中影响因子大于 1 的科技论文达 60 余篇。

2001 年高能物理所共获科研成果奖 3 项：“Ψ（2s）粒子及粲夸克偶素物理的实验研究”获国家自然科学奖二等奖，“北京谱仪Ⅰ上 J/Ψ 衰变物理的实验研究”、“量子对称性与量子群”获中科院自然科学奖二等奖。“我国粲夸克偶素物理研究获重大进展”被国家科技部评为 2001 年中国基础研究十大新闻之一。

开发工作的优势项目包括：医用加速器及部件、工业辐照加速器、工业 CT 技术、电子直线加速管设计制造技术、自动控制及数据采集、计算机网络。投资企业 18 个，其中技术开发型企业有 10 个。截止 2001 年底，已完成需要改制的 8 个全资企业的股份制改造工作。医用加速器和工业 CT 的产业化取得了长足进展，正筹备成立“高能物理所高技术研发中心”。按预定计划高质量地完成了为 SPEAR3 研制的 228 块磁铁。

2001 年，高能物理所重要国际科技合作项目有：中美高能物理合作，多国参与的 BES 合作，中意西藏羊八井 RPC 地毯实验，中日羊八井宇宙线合作，L3 + C 宇宙线测量，阿尔法磁谱仪（AMS），CMS 实验，ATLAS 实验。高能物理所参与的其他国际合作还有与日本 KEK 的 BELLE，美国 SLAC 的 BABAR，德国 DESY 的 HERAB 等。

以高能物理所为中方牵头单位的中日大学群合作在 2001 年取得了新的进展。

2001 年召开了中美高能物理联合委员会第 22 次会议，签订了 2001～2002 年度双方在高能物理领域里的合作项目；进行了高能物理所与日本 KEK 年度合作会谈。2001 年高能物理所组织召开了第十届高能物理与核物理计算国际会议、第二次亚洲粒子加速器国际会议、中日 EPICS 技术应用讲习班、BEPCⅡ国际评审会、BESⅢ物理讲习班。

高能物理所所长陈和生任国际未来加速器委员会委员；黄涛研究员任国际纯粹应用物理协会 C11 组成员；丁林恺研究员任该协会 C4 组成员；北京正负电子对撞机国家实验室主任方守贤院士任亚洲未来加速器委员会委员。

我国高能物理学会，粒子加速器学会、同步辐射专业委员会、核电子学与探测技术学会、引力与相对论专业委员会、核化学学会均挂靠在高能物理所。主办的刊物有：《高能物理与核物理》（月刊），《现代物理知识》（科普、双月刊）。

力学研究所

所　　长：洪友士
地　　址：北京市海淀区中关村路 15 号
邮政编码：100080
联系电话：010-62560914
图文传真：010-62561284
电子邮件：suoban@imech.ac.cn
网　　址：www.imech.ac.cn

中国科学院力学研究所（以下简称力学所）创建于 1956 年，是我国唯一的力学多分支学科的、以基础性研究为本的国家级力学研究基地，在国际力学界具有相当的影响。钱学森、钱伟长为第一任正、副所长，已故副所长郭永怀曾长期主持工作，继任所长郑哲敏、薛明伦，现任所长洪友士。

力学所人员总数 392 人，其中科技人员 302 人，有中国科学院院士 7 人，中国工程院院士 1 人，研究员 67 人，副研究员和高级工程师 118 人，中级科技人员 100 人。力学所是国务院学位委员会批准的按力学一级学科培养研究生的单位；2001 年在学研究生 192 人，其中博士生 101 人，硕士生 91 人。力学所设有博士后流动站，2001 年在站博士后 24 人。

根据国家建设对力学提出的需求和力学学科的发展前沿，力学所突出了“微系统科技”、“气动科技”、“微重力科学”、“重大工程” 4 个方面的重点科技领域，布局了 8 个主要研究方向，即：纳米/微米尺度力学与微系统力学；复杂流动过程及其规律；高温气体动力学与高超声速飞行技术；微重力科学的前沿问题；细胞与分子层次的生物力学与技术；海洋油气采输的力学问题与关键技术；西部开发中的工程力学问题；材料工艺与力学。

力学所科技工作覆盖的分支学科有：非线性力学、气动力学与气动物理、微重力流体力学、环境流体力学、应用流体力学、固体力学、材料力学性能、材料工艺力学、海洋工程力学、爆炸力学、激光流体物理、土力学、物理力学、生物力学、等离子体物理与电磁流体力学等。

力学所设有非线性力学国家重点实验室（LNM），高温气体动力学开放研究实验室（LHD），国家微重力实验室（NML），工程科学研究部和技术发展研究部。

力学所建有一批有特色的实验装备。LNM 建有应变率从 10^{-4}～10^{6}/s 的实验机和加载装置，观察尺度从 10^{-9}～10^{-2}m 的原子力显微镜、纳米硬度仪、扫描电子显微镜、光学显微镜以及低湍流度水洞等。LHD 建有激波风洞、激波管等气体动力学实验装备群和超声速燃烧装置等。NML 建有研究流体、材料、生物的装备群和国际先进、国内唯一的 112m 高的微重力实验落塔。

2001 年，力学所承担各类科技项目 200 余项。其中包括国家基金重大、重点项目，“863”计划项目，“973”项目，国家攻关项目，攀登计划项目，中国科学院创新项目等。全所各类科技项目经费共3 500多万元。

2001 年度，力学所共有 15 项科研项目通过验收，其中 3 项中科院“九五”重大项目——“非均质材料细观损伤破坏过程、强度理论与强韧化力学机制”，“高温非平衡流动的现象和机理研究”，“海底油气混输管线的若干关键技术及其灾害环境问题研究”验收评价优秀。

2001 年度国家公布的 2000 年度论文情况显示：力学所 SCI 论文 67 篇，列全国科研机构第 29 名；国内核心期刊论文 148 篇，列全国科研机构第 23 名。共申请专利 41 项，授权专利 17 项。

2001 年胡文瑞院士主持的“多层空间流体科学实验”项目获中国科学院科技进步奖二等奖。该项目是力学所承担完成的实践 5 号卫星搭载实验，是我国首次实现的空间流体科学实验。该实验利用实践 5 号提供的空间微重力环境，进行了两层流体热毛细对流的科学实验。实验采用遥测、遥控等遥技术手段实现了科学家在地面对实验过程的实时观测、干预和天地交互，第一次将遥技术用于我国的空间科学实验。

力学所所属公司进行了全面改制，北京中科力爆炸技术工程有限公司于 2001 年 1 月成立，其他公司的改制也在进行之中。

2001 年度力学所共有 76 人次出访 15 个国家和地区，其中参加学术会议 35 人次，合作研究 14 人次，科学与技术考察 23 人次。全年有 11 个国家和地区的 92 名学者来力学所进行各种形式的交流与访问。

2001 年度力学所成功地举办了两个国际学术会议：首届中外青年生物力学工作者学术研讨会，于 2001 年 7 月 30 日至 2001 年 8 月 3 日在北京举行。会议主题是促进生物力学理论、方法、技术和应用在宏观 - 细观 - 微观的多层次耦合；鼓励生物力学与其他学科进一步交叉；在本领域为青年科学家提供前沿层面研讨最新发展动态的论坛，促进在中外青年生物力学工作者特别是与我国海外青年生物力学工作者间开展实质性合作研究。第四届国际激波/漩涡相互作用学术交流研讨会于 2001 年 10 月 11～15 日在安徽屯溪市召开。会议论文涉及到激波现象的基础性研究，激波与漩涡相互作用的现象，激波与化学反应共同作用问题，爆轰波的理论问题，爆轰波的实验研究 以及爆轰波的数值模拟等。会议为国内外学者提供了一个相互了解“激波与漩涡相互作用”研究最新发展动向的极好机会。

2001 年力学所有 22 位科学家 38 人次在国际学术组织或国际期刊编委会任职，其中，国际学术组织包括美国科学院，国际宇航院，COSPAR 微重力科学委员会，IFA 微重力科学加工委员会，国际理论与应用力学联合会，国际断裂联合会，远东和大洋洲断裂联合会，国际离岸与极地工程协会等；国际期刊包括《国际泥沙研究》，《国际流体中数值方法》，《空间论坛》，《等离子体化学与加工》，《国际冲击工程》，《复合材料科学与技术》，《应用复合材料》，《工程断裂力学》，《信息》，《工程材料与结构的疲劳与断裂》，《国际科学与工程的非线性模拟》等。

中国力学学会挂靠在力学所。主办、联合主办的期刊有：*Acta Mechanica Sinica*，《力学学报》，《力学进展》，《力学与实践》，《中国力学文摘》等。

声学研究所

所　　长：田静
地　　址：北京市海淀区中关村路 17 号
邮政编码：100080
联系电话：010-62644116
图文传真：010-62553898

电子邮件：office@mail.ac.cn
网　　址：www.ioa.ac.cn

中国科学院声学研究所（以下简称声学所）成立于1964年7月，其前身是电子学研究所的水声研究室、空气声学研究室、超声学研究室。截止2001年底，在编职工总数为530人，其中科技人员396人，包括中国科学院院士6人。科技人员中研究员51人，副研究员、高级工程师100人，中级科技人员150人。声学所设有声学专业和信号与信息处理专业博士、硕士学位授予点及博士后流动站，全所现有博士研究生导师28人，在读博士研究生80人，硕士研究生102人，在站博士后21人。

2001年，声学所更加注重需求牵引、技术推动的作用，进一步凝炼科技目标，深化结构调整，明确提出声学所在新时期的学科定位是：在声场声信息和数字信号处理领域中，以基础研究为先导，以高技术研究和产业化发展为主体，建设具有持续创新能力和参与国际科技竞争能力的国家队；既解决国民经济建设、国家安全和社会发展中提出的具有基础性、战略性、前瞻性的声学和信息处理问题，又能在国际声学研究领域居于前列地位。目前，声学所根据水声物理与水声探测技术、环境声学与噪声控制技术、超声学与超声技术、语言声学与语音信号处理技术、数字音视频与数字系统集成技术等五大优势研究领域的发展需要，在基地研究所设立了五个研究部。“基础研究部”（声场声信息国家重点实验室）主要开展海洋中的水声物理规律及水声环境特性、声学特征信号控制技术、声波在复杂介质中的传播理论等应用基础性研究。“水声技术部”主要从事利用水下声波进行探测、通信、定位及导航技术的研究，包括水声信号处理的理论和算法研究，水声换能器（基阵）及换能器材料的设计制作与测试技术研究，水声探测新原理方法研究，水声系统集成技术研究。“声学微传感与探测技术部”主要研究声学微机电系统和阵列成像探测与检测技术，以及运用声波在固体与空气介质及其界面之间的传播与衰减规律，研究微传感器及其阵列集成中的一、二阶效应和多参量耦合效应的研究。“语言语音和交互信息技术部”主要研究人与计算机之间以声波为物理载体的语音信息交互的理论问题和实现技术；在语言理解研究方向，主要研究基于声学所创立的概念层次网络（HNC）理论的语言理解和知识处理理论技术，并研究开发实用的语言信息处理技术及产品；在数字信号处理领域，重点开展数字多媒体与宽带网络接入的前瞻性技术。“数字系统集成技术部”主要开展拥有自主产权的超大规模集成电路设计和数字信号处理芯片的理论研究与设计。

2001年，声学所以较好的成绩通过了科学院对知识创新工程试点工作启动阶段的验收，顺利转入全面推进阶段；“九五”项目全部顺利结题，“十五”项目申请与开题论证成绩显著，项目质量与经费均比“九五”有了很大提高，已签订合同超过1.5亿元，已基本落实的创新与科研项目经费已超过3亿元。

2001年，声学所顺利进行了党政领导班子换届，所级行政领导平均年龄为43岁，党委委员平均年龄46岁，实现了跨世纪领导层的平稳过渡。

2001年，也是声学所全面开展基础建设的一年，启动了新科研楼、节能住宅楼建设与原有科研楼的改造等基建项目的立项申请与论证，并取得实质性的进展。参与建设的畅清园、青年公寓投入使用，大大缓解了青年科技骨干的住房紧张状况，2000年参加投资建设的红楼区、958楼、枫林绿洲、院士楼等住宅建设共计约5 200m^{2}陆续竣工，将于明年投入使用。在软环境条件建设方面，2001年6月通过了质量体系初次现场审核；下半年又相继启动了网页建设、MIS系统应用与管理体系、创新文化、形象识别系统（CIS）建设咨询项目，为加快从经验性管理向科学化、专业化管理的转变奠定了基础。

在研究与管理队伍建设方面，面对激烈的人才竞争和2001年特殊的人才市场环境，声学所还是吸引了22位本科以上人员加盟，其中有6位博士，3位硕士，连一向很难吸引到人才的南海研究站也一举招聘到3位本科毕业生，目前还有多位国内外的高素质、高水平的人才表达了到声学所工作的愿望。2001年，资深院士马大猷先生被授予国际声学与振动学会荣誉会士称号，汪承灏先生当选中国科学院院士，侯朝焕院士被正式任命为某重大项目总设计师，李启虎院士当选“863”计划海洋领域专家，另有多位同志分别当选“863”计划的主题专家和政府部门的专家顾问。

2001年声学所共有在研项目102项，其中国家“973”项目课题8项；国家自然科学基金项目14项，其中重点项目2项，面上项目12项；中科院知识创新工程项目5项，地方委托项目40项；国际合作项目5项。经过全所职工的共同努力，各项在研课题均较好地完成了年度计划。年底，声学所召开了2001年重大项目进展表彰大会，对已经完成和取得重大阶段性进展的4项重大科研项目给予表彰和奖励，激励全所科技人员为知识创新工程试点工作全面推进多出成果，多做贡献。

2001年声学所申报登记了12项重大科技成果，其中有2项达到国际领先水平，6项达到国际先进水平，其余均达到国内领先水平。有2项科研成果分别获中科院科技进步奖二等奖、中国船舶重工集团公司科技进步奖二等奖。此外，2001年声学所发表论文216篇，其中核心刊物文章63篇，发表论文的数量是2000年的2倍，质量有明显提高。2001年声学所申请专利21项，授权专利2项，拥有发明专利4项。

2001年，声学所积极联合社会上实力雄厚的上市公司合办企业，大大促进了高新技术产业化的进程。声学所与宁夏吴忠仪表、东方钽业等公司合作成立了索特科频率器件公司；声学所与天津泰达公司合作成立了中科海讯公司。

2001年声学所的国际合作与交流空前地活跃。主持了中美联合浅海声学实验，主办了“第五届理论与计算声学国际会议”、“中德第二届声学创新技术研讨会”；出国访问70批152人次，参加ICA，Inter-Noise，UDT，ICSV，Eurospeeh等多个国际会议；应邀来访学者70多人次。科技合作与交流的内容涉及声学所的各个研究方向。声学所与新加坡南洋理工大学、香港理工大学、瑞典皇家工学院、澳大利亚西澳大学、德国Fraunhofer建筑物理研究所、Oldenbunrg大学、日本东北大学、东京大学等单位建立了比较稳定的合作交流关系。

声学所是中国声学学会，全国声学标准化技术委员会的挂靠单位。编辑出版的学术期刊有：《声学学报》（中、英文版），《应用声学》，《声学技术》，《中国医学影像技术》和《微计算机应用》等。

工程热物理研究所

所　　长：黄伟光
地　　址：北京市海淀区中关村路乙12号
邮政编码：100080
联系电话：010-62554126（综合办公室）
010-62554919（科技处）
图文传真：010-62575913
电子邮件：zhb-etp@mail.etp.ac.cn
网　　址：www.etp.ac.cn

中国科学院工程热物理研究所（以下简称工程热物理所）成立于1980年，前身是国际著名科学家吴仲华教授于1956年创立的动力研究室，1960年曾与力学所合并建制。现有职工184人，其中专业技术人员155人，有中国科学院院士2人，中国工程院院士1人，研究员（包括正研级高级工程师）26人，副研究员、高级工程师等33人，中级科技人员76人。工程热物理所具有硕士、博士学位授予权，并设有国家博士后流动站。目前在学硕士研究生32人，博士研究生26人。另有在站博士后10人。

工程热物理所主要从事能源高效转换与环境研究，其中包括工程热力学、内流气动热力学、燃烧学、传热传质学等分支学科。它的科技发展战略是面向新世纪科技进步的挑战，发展工程热物理前沿、新兴与交叉学科，在国家能源、动力、环境领域中发挥关键的科学与技术支撑作用，为基础科学知识创新、国家战略目标需求和人类社会可持续发展做出贡献。它以高技术研究与发展型研究所定位，是一个应用基础、应用与开发研究有机结合的综合型研究所。

多年来，经过全所职工的共同努力，在三元流动理论的建立与发展、全三维黏性定常和非定常叶轮机械内部流动与设计系统研究、总能系统和新型能源动力系统开拓、劣质固体燃料洁净高效燃烧、超常条件传热传质、城市固体废弃物处置与综合利用等方面均取得了一系列成绩。获得了国家级三等奖和中科院部级二等奖及以上奖共40余项，国家级四等奖和中科院部级三等奖共60余项。

工程热物理所已建成动、静态叶轮机械和叶栅实验台，冷、热态燃烧实验装置，以及传热研究与技术开发的各种实验设备，并不断地更新先进的测试仪器。1996年1.5MW循环流化床热态实验装置正式投入运行，1997年建成湿化技术与多相流实验装置，改建了跨音速压气机实验台，发展了跨音速风洞实验台试验件，建成TS系列新型太阳能集热管实验设备，并初步形成了超急速传热实验室。微重力落塔实验装置还对扩展落塔功能进行了成功的探索。

“九五”期间，研究所顺利实现了80年代、90年代部署的能源、动力和环境领域研究与发展战略目标，在国家攀登项目、汽轮机组改造技术、循环流化床燃烧技术、城市固体废弃物处理与综合利用技术等方面取得了令人瞩目的成绩，带动和支撑了国家相关基础产业的技术升级和产业转型。工程热物理所作为主要技术依托单位，以参股方式组建的北京全三维动力工程有限公司已成功地完成了国产200MW等十多种汽轮机老产品现代化改造和新产品开发，已改造老汽轮机组60余台，并获得2000年度国家科技进步奖二等奖。循环流化床燃烧技术已形成了基于全新技术方案及创新工作流程的技术研发体系，实现了研发过程集成化和流程化。新型75t/h和130t/h循环流化床锅炉的商业运行是对新型技术体系和研发模式的成功检验，为大型化提供坚实的技术基础。其中130t/h循环流化床锅炉为国家经贸委示范项目。2000年通过竞标取得了410t/h循环流化床锅炉商业项目，该工程被列为国家经贸委示范项目。目前已得到国家“十五”科技攻关的支持开展循环流化床锅炉大型化的研发工作。在城市固体废气物处置与综合利用方面，研究所开发的焚烧、湿解制肥、填埋气消纳及利用、尾气净化等多项技术已成功地应用于示范项目中，实现了与社会生产要素结合的产业化进程新机制，其中尾气净化技术已列入国家“十五”科技攻关计划。

在中国科学院知识创新工程精神指导下，为实现研究所的科技发展战略，2001年工程热物理所在科学目标凝练、体制改革和机制转换、人才培养和吸引等方面进行了深化改革：(1) 在能源、动力、环境三大领域以国家重大需求为目标，学科布局围绕高效洁净能源动力系统、先进燃烧技术、超常条件传热传质、航空航天热物理、环境能源等五个方向凝练目标，在此基础上重新组建5个研究部，更加强调“工程热物理”各分支学科以及与其他学科的交叉与综合。(2) 完成了科研管理系统的结构调整，实现了定期轮岗、合理流动、严格考核的用人制度，同时组建了由物业服务中心和网络信息中心组成的支撑服务系统，运行机制实施严格独立核算、自收自支、有偿服务的管理办法。(3) 在分配机制方面已全面实施了“基本工资+岗位工资+绩效津贴”的三元结构工资制度。(4) 在全员合同聘用制基础上，坚持“按需设岗，公开招聘，择优聘任，契约管理”的原则，已逐步开始实施“开放、流动、竞争、择优”的用人机制；所办公司改制工作已按照创新工程的要求全面完成。(5) 在创新文化建设方面制定了研究所的创新文化建设规划和具体的实施方案。完成了研究所科研办公楼、实验楼、研究生宿舍的装修改造，研究所视觉识别系统的设计，员工手册、规章制度的汇编等。(6) 在人才引进和培养方面，1996～2001年在“能源与环境工程热物理”、“循环流化床燃烧能源利用技术”、“能源动力与总能系统”、“高效洁净能源动力系统热功转换”和“超常传热”学科方向从海内外招聘了6名年轻学者进入中国科学院的“百人计划”。

目前工程热物理所已与世界许多国家与地区政府以及相关研究机构和企业建立了合作关系，其中包括与美国、德国、比利时、日本、希腊、波兰、韩国、香港等的多项合作项目。

工程热物理所是中国工程热物理学会的挂

靠单位，设有学会的办事机构学会秘书处。主办的刊物有：《工程热物理学报》（双月刊），《热科学学报》（英文版季刊）。主办、协办的国际会议有："能量系统热力学分析和改进国际会议"，"内流气动热力学实验与计算国际会议"，"国际流体机械与流体工程学术会议"，"多相流国际会议"，"国际热管会议"，"亚太地区燃烧与能源利用国际会议"等。

理化技术研究所

所　　长：詹文山
地　　址：北京市海淀区中关村北一条2号
邮政编码：100080
联系电话：010-62554153
图文传真：010-62554670
电子邮件：kjc@ipc.ac.cn
网　　址：www.ipc.ac.cn

中国科学院理化技术研究所（简称理化技术所）成立于1999年6月，是以原中科院感光化学研究所、低温技术实验中心为主体，联合化学研究所、物理研究所的相关部分整合而成。全所现有职工383人，其中专业技术人员262人。在专业技术人员中，具有高级专业技术职称的159人（正高级53人，副高级106人），中级70人。现有中科院院士2人，第三世界科学院院士1人。理化技术所是有机化学、物理化学、凝聚态物理、制冷与低温工程专业的博士和硕士学位及应用化学硕士学位的授权单位，并设有化学博士后流动站。全所现有博士生导师33人，在学研究生151人，其中博士生53人，硕士生98人。另有博士后8人。

理化技术所是以物理、化学和工程技术为学科背景，开展从应用基础研究、应用研究、中试试验到产业化前期工作的技术创新类研究所。重点研究领域为光功能材料及器件、低温工程学新技术、绿色化学合成新技术与环境友好材料。全所下设8个事业部：光化学及光功能材料研究中心、特种感光材料工程技术研究中心、三次采油技术研究中心、低温技术实验中心、人工晶体研究发展中心、工程塑料国家工程研究中心、微珠材料工程研究中心、制冷与低温工程研究中心。

理化技术所是中科院知识创新工程首批试点单位之一。2001年，深入贯彻中科院知识创新工程的总体部署，在院有关部门的指导下，取得了一系列创新成果。光化学方法合成维生素 D_3 中试成果圆满完成技术转让，并在浙江建成了年产6t的生产线，填补了国内空白，为使我国的维生素 D_3 生产步入世界先进行列打下了基础。人工晶体研究提出了KBBF晶体的棱镜耦合技术（已申请中、美、日专利），在与物理所合作的基础上，在国际上首次实现了Ti：Al_2O_3 激光的四倍频输出（波长200～179.4nm），进一步获得了200～183.6nm的有效功率输出。与山东大学合作，成功地生长出 $40\times30\times15mm^3$ KABO单晶。具有自主知识产权的塑料光纤制备新技术-溶胀本体聚合法和提纯新技术——单分子扩散转移法，填补了我国在该领域的技术空白，使我国短途通信传输介质的研究迈入了世界先进行列，本项目已列入山东省重点产业化支持项目，将于2002年投入生产。新型混合工质节流制冷技术及其在低温储存箱中的应用研究取得一批创新成果，在国际上首创并成功地将研究成果应用于－30℃至－150℃温区的系列新型单压缩机混合工质低温冰箱，整体技术处于国际先进水平。理化技术所研制的明胶生产制备新工艺与传统工艺相比，生产周期缩短至1/10，用水量减少至1/10，废液排水量也降至1/10，已成功实现技术转让。2001年，全所共有80项科技项目获准立项，其中横向项目46项，纵向项目34项。全年到位的院外科研经费总数比上一年度增长了24%，其中横向经费比上一年度增长了25.7%。

2001年，理化技术所工程塑料国家工程研究中心实现销售收入3 980万元，用于自身R&D的投入达275万元，占销售收入的7%；组建了两个中长期项目研究室，在各自的领域中都取得了可喜成果。爱比西化学品公司重视产品更新换代和新产品开发，2001年又有10余种报业、商业印中化学品进入市场，公司全年销售总额突破1 500万元。

理化技术所2001年共发表论文210篇，其中SCI收录论文94篇。根据国家科技信息中心2001年公布的上一年科技论文统计结果，理化技术所被SCI、ISTP收录和SCI引用数分列全国科研机构的第14位、13位和11位。全年出版专著4种。被国家知识产权局受理专利46项，其中发明专利35项；授权专利25项，其中发明专利11项。86项成果分别通过鉴定、验收、成果登记或中期评估。“抗菌系列家电及抗菌塑料的研制应用”获国家科技进步奖二等奖，“金属有机化合物和配合物光电功能材料的设计、合成、结构与性能”获湖北省自然科学奖二等奖，“非线形光学晶体RRMB0019”和“一种非线形光学晶体激光变频耦合器”分获全国发明展览会金奖和银奖。理化技术所青年科学家张忠获德国洪堡基金会“Sofja Kovalevskaja奖”，并获得总额为190万马克的科研资助。

中国感光学会，中国化学会光化学委员会，中国太阳能学会光化学专业委员会，中国制冷学会第一专业委员会和中国物理学会低温物理专业委员会挂靠在理化技术所。负责编辑出版的刊物有《感光科学与光化学》。

国家天文台

台　　长：艾国祥
地　　址：北京市朝阳区大屯路甲20号
邮政编码：100012
联系电话：010-64888708
图文传真：010-64888708
电子邮件：office@bao.ac.cn
网　　址：www.bao.ac.cn/

国家天文台经中编委办公室、国家科技部和中科院批准于2001年4月25日宣布成立，6月28日中科院领导宣布国家天文台以艾国祥院士为台长的首届领导班子正式成立。国家天文台由中国科学院天文学科五台三站一中心撤并整合而成。原北京天文台融入国家天文台，原北京天文台的事宜由国家天文台总部负责。其下属单位有：中国科学院国家天文台云南天文台、中国科学院国家天文台乌鲁木齐天文站、中国科学院国家天文台长春人造卫星观测站、原南京天文仪器研制中心改制为科技型企业，其中进入知识创新工程的天文光学实验室，改建为中国科学院国家天文台南京天文光学技术研究所。台下属单位经中科院批准，作为事业单位在属地注册法人资格。紫金山天文台和上海天文台保留院独立法人，学术上受国家天文台的宏观协调和指导。并与高校联合成立4个研究中心。

国家天文台2001年年底人员总数653人（含进入创新人员205人），其中科技人员499人，包括中科院院士5人，工程院院士1人，研究员77人，副高级职称161人，中级科技人员185人，具有博士学位69人、硕士学位69人；研究团组28个，观测基地6个，公共实验室7个。国家天文台总部二部68人。

国家天文台的总体目标是：建设具有强大科技创新和持续发展能力的特色鲜明的世界公认的著名天文台；真正成为中国在国际天文学界的主要代表。其主要任务是：统筹我国天文学科发展布局、大中型观测设备运行和承担国家级大科学工程建设项目；负责科研工作的宏观协调和指导；优化资源和人才配置与高等院校结合形成若干研究中心，充分发挥天文观测、研究和学科交叉融合的优势。

国家天文台的主要运行机制是：（1）重点支持五大观测基地：河北兴隆站2.16m望远镜；北京怀柔多通道太阳磁场望远镜；乌鲁木齐南山和上海佘山站两台25m口径射电望远镜；青海德令哈站的13.7m毫米波射电望远镜以及正在筹建中的云南南方基地的丽江高美古2.4m光学望远镜和抚仙湖1m红外太阳塔等。（2）通过公开招聘、竞争上岗，在科学院天文口已统筹规划的九大领域中建立应用天文、太阳和太阳系、恒星和星际介质、星系和宇宙学的28个科研团组。（3）在技术发展方面设有空间天文、天文探测器、毫米波和亚毫米波、VLBI技术和天文光学技术实验室（正式成立国家天文台后改为南京天文光学技术研究所），分别负责运行各自的实验室，并进行相关天文高技术的研究、发展和储备，以及为国家安全和建设需求服务。(4) 继续运行好天文口的中国科学院国家天文台光学天文和射电天文两个院开放实验室，促进学科的交流与发展。在科技部和中科院的支持下，运行好仪器设备，为院内外天文学家服务。(5) 与高等院校合作，办好四个研究中心：中国科学院与北京大学联合成立的“北京联合天体物理中心”；紫金山天文台、南京大学、上海天文台和中国科技大学联合建立的“华东天文与天体物理中心”；上海天文台、武汉测地所和同济大学联合成立的“天文地球动力学联合研究中心”；还和中国科技大学联合成立的“理论天体物理中心”。

经过凝炼科技目标，国家天文台确定了九大研究领域：宇宙大尺度结构、星系形成和演化、天体高能和激发过程、恒星形成和演化、太阳磁活动和日地空间环境、天文地球动力学、太阳系天体和人造天体动力学、空间天文观测手段和空间探测、天文新技术和新方法等领域。还确立了天体物理、太阳物理、天文地球动力学与人造卫星精密定轨以及空间天文学四大优势领域，并给予重点支持。

国家天文台总部主持国家自然科学基金重大项目1项，重点项目1项，国家“973”项目2项，21世纪，国家大科学工程1项；承担“863”课题2项；中科院创新重大项目3项以及多项国家自然科学基金面上项目等。中国科学院“九五”基础研究重大项目“23周峰期太阳活动及近地空间效应的观测和研究”，通过院级专家组的验收，被评为优秀，其部分研究作为《中国科学》引卷增刊发表。

国家天文台实行台长负责制。总部管理部门实行秘书制，实行科技助理、人事助理、政务助理、资产与财务助理工作制度。科研团组、实验室、观测基地实行首席科学家负责制。其日常事务性工作由秘书从事服务。大科学工程实行总经理、部门经理负责制，按国家有关法规管理；和高校等联合组建的各研究中心，实行中心主任负责制。各下属单位分级实行台长、站长、所长以及首席科学家负责制。

国家天文台是以天体物理研究为主，并面向国家战略和经济发展需求，开展应用天文研究的天文台；是天文学一级学科的博士、硕士学位授予点和天文学博士后流动站的设站机构单位。国家天文台主要从事天文学研究、天文观测以及天文高技术的基础性研究，并向国家和社会提供高质量的天文应用成果和服务，是天文科学前沿研究和技术创新基地，也是天文学高级人才培养和创新科学思想与方法成长的基地。总部装备了远东最大的2.16m光学望远镜，以及多通道太阳磁场望远镜、米波综合孔径射电望远镜、1.26m红外望远镜和一些中小望远镜，并配有先进的终端探测设备。其观测设备对国内外天文学家开放，同全世界30多个天文机构进行密切的合作。在国际机构中台长艾国祥院士任国际天文学联合会第10委员会主席，另有5位研究员任不同学科国际天文联合会科学组织委员会委员。

着眼于21世纪天文学的发展，中国科学院承担着国家重大科学工程项目——大天区面积多目标光纤光谱天文望远镜（LAMOST）的建设任务。该项目实行法人制管理，由国家天文台负责成立了项目指挥部，受台长委托，总经理为法人代表。2000年在初步设计和概算的基础上，完成了开工前的准备工作。工程指挥部编制了《大天区面积多目标光纤光谱天文望远镜工程施工组织设计大纲》，提交了开工报告，经天文台、中科院审核后上报国家计委，得到正式批准。至此，项目正式完成了从建议书、可行性研究报告、初步设计和概算、开工的全部过程。这是项目的一项标志性进展。

国家天文台总部大射电望远镜实验室完成了“FAST主反射面缩比模型”、“FAST馈源索支撑实验”（20m模型）、“FAST台址评估”等关键技术的实验。2001年11月顺利通过了对“大射电望远镜FAST预研究”的院级验收，这是中科院第一项通过验收的创新工程重大项目。中科院天文领域“八五”重点项目“太阳射电宽带动态频谱仪”通过院级鉴定，并在“九五”期间列为中科院基础局启动课题，得到“九五”重点项目的支持。2001年度国家天文台成功组织和举办了各种国际会议：世界空间天文台与紫外天文学、日地磁活动及空间环境研讨会，激光天体动力学研讨会，海内外中国青年天文学者研讨会和中德马普小组成立会。

2001年台总部共发表科技论文217篇，其中作为第一作者的SCI论文80篇。我国第一个有自主知识产权的英文天文学期刊ChJAA创刊当年进入SCIE。

国家天文台总部二部现有职工68人。2001年度撤并了6个公司，完成了亚洲卫星通讯技术有限公司的股份制改造，双星公司完成了资产评估和改制立项的前期准备工作。2001年度又成立了北京科国天新技术有限公司，实行企业管理。3个公司营业额达到了1 500万元，利税达到了200万元，取得了良好的成效。同时组建了科普教育基地，开展了科普天文台，科普天文馆的综合建设，积极开展天文科普教育活动，取得了良好的社会效益和经济效益。

化学研究所

所　　长：王梅祥
地　　址：北京市海淀区中关村北一街2号
邮政编码：100080
联系电话：010-62554626
图文传真：010-62569564
电子邮件：huaxs@infoc3.icas.ac.cn
网　　址：www.icas.ac.cn

中国科学院化学研究所（以下简称化学所）始建于1956年，先后以化学所的某些学科方向为主组建了青海盐湖所（1958年）、感光化学所（1975年）和生态环境中心（1975年）；成都有机所成立时吸纳了化学所的十几位业务骨干；化学所有机氟的工作于1963年并入上海有机所。1994年化学所成为国家科技部和中国科学院基础性研究改革试点单位之一，在1998年初的阶段评估中获得高度评价。1998年，化学所被列为首批进入创新工程试点的单位之一，1999年3月，中国科学院正式批准分子科学中心启动。2001年，化学所按照中国科学院知识创新工程全面推进阶段的部署和要求，在认真总结一期创新取得成绩的基础上，提出了在知识创新工程全面推进阶段化学所分子科学中心的工作方案，明确了全面推进阶段的总体目标、科研工作总目标、人才及队伍建设目标、体制和机制改革目标以及创新文化建设目标，经院党组审查批准，分子科学中心进入知识创新工程全面推进阶段，从而为化学所在“十五”期间的发展打下了良好的基础。

到2001年底化学所实有人员507人，其中专业技术人员424人，有中国科学院院士9人，中国工程院院士1人，研究员（含正研级高工）96人，副研究员88人，高级工程师30人，中级科技人员140人。现有在学博士生248人，硕士生178人。另有博士后37人。

化学所的重点研究领域为：化学反应动态学和结构化学、分子聚集体化学、合成与制备科学、高技术材料研究以及两个新布点领域纳米科技和化学生物学。

化学所是1981年首批被批准为物理化学、高分子化学与物理、有机化学和分析化学4个学科的硕士、博士学位授予权单位。1985年首批在物理化学、高分子化学与物理、有机化学三个学科设立博士后流动站。1993年增设高分子材料科学（工学）硕士学位授予权专业点。1993年被国家批准为全国17个自行增列博士生导师的试点单位之一。1996年被国家批准为按一级学科（化学）授予博士学位的试点单位。化学所在1997年、2000年连续被批准为院博士生重点培养基地。

化学所现有4个国家重点实验室：分子反应动力学国家重点实验室（与大连化物所合建）、分子动态与稳态结构国家重点实验室（与北京大学合建）、工程塑料国家重点实验室、高分子物理与化学国家重点实验室（与长春应化所合建）。有3个院重点实验室：有机固体院重点实验室、光化学院重点实验室和分子纳米结构与纳米技术院重点实验室（2001年12月由院青年实验室升级为院重点实验室）。另有国家科技部、中国科学院、国家教育部共同筹资组建的“北京质谱中心”，2000年7月中国科学院

（北京地区）分析测试中心在中科院化学所成立。

2001年化学所承担国家自然科学基金在研项目、国家重大基础研究（“973”）在研项目、国家科技“十五”攻关在研项目、国家“863”在研课题、攀登计划、中科院重大在研项目、中科院重点在研项目、中科院创新项目、物质科学基地在研项目等180余项，并取得一批重要科研成果。碳纳米管的控制生长、排列以及功能化研究取得突破性进展，化学所科研人员以金属酞菁为原料，利用气相沉淀的方法，在一定的混合气体中采用高温裂解的方法在不同的基片上制备出了二维、三维碳纳米管阵列，对表面进一步改性，实现了超双疏特性。另外，在不平整界面的纳米复合薄膜的组装研究中也作出了开创性工作。以上两项科研成果入选2001年中国十大科技新闻候选项目。

2001年化学所“有机非线性光学材料的设计、评价及其性能研究”获中科院自然科学奖二等奖。化学所与北京大学合作的“振动光谱的基础研究及应用”获北京市科技进步奖一等奖。化学所与中科院昆明动物所合作开展的“三链DNA结构模型和能力学的理论生物学研究”获云南省自然科学奖一等奖。白春礼院士获国际化工奖，江龙研究员当选中科院院士，杨桂生当选“全国十大杰出青年”。

根据国家科技部信息所2001年底的统计，化学所2000年度的学术论文被SCI收录、引用，以及国内发表论文数分别名列全国科技机构的第二、四、五位，继续位居全国科研机构前列。在保证论文数量稳定增长的前提下，高水平论文数量有了显著增长，在国际化学顶级期刊如Angew. Chem. Int. Ed, J. Am. Chem. Soc. 和Adv. Mater. 上共发表了8篇高质量论文。

2001年化学所申请专利100项（其中发明专利98项），获得发明专利授权38项。

2001年化学所加强与国内外知名大学的合作，签署了与北京大学、武汉大学化学与分子科学学院、日本北陆先端技术大学院大学的合作协议，开展了实质性合作。参加境外国际会议、学术交流、合作研究共111人次，接待来所参加学术交流及合作项目的外宾135人次。签订国际合作项目6项，主办国际会议7次。

依托于化学所的中国科学院纳米科技中心于2001年成立。

中国化学会挂靠在化学所。由中国化学会和化学所共同主办的刊物有《化学通报》，《高分子学报》，《高分子通报》，《高分子科学》（英文版），《化学通讯》等。2001年与化学学会共同举办了“分子科学论坛”。

过程工程研究所

名誉所长：郭慕孙
所　　长：李静海
地　　址：北京市海淀区中关村北二条1号
邮政编码：100080
联系电话：010-62554241（所办公室）
010-62551358（科研办公室）
图文传真：010-62561822
电子邮件：office@home.ipe.ac.cn
网　　址：www.ipe.ac.cn

中国科学院过程工程研究所（简称过程工程所）的前身是中国科学院化工冶金研究所。化工冶金所在我国著名科学家叶渚沛先生倡导下于1958年正式成立。建所初期，化工冶金所的学科方向是化工冶金，致力于应用化工原理强化冶金过程，为我国钢铁和有色金属工业的发展做出了重要贡献；70～80年代，在郭慕孙和陈家镛两位院士的带领下，为适应学科发展趋势和社会需求，学科方向逐步演变为化学反应工程和冶金物理化学，应用领域由冶金扩展到资源、环境、材料和生物技术，并开拓了计算机技术在化学化工中的应用；经30年的积累，到90年代，学科方向又进一步扩展为工程化学，形成了以多相反应和分离工程为核心的应用基础研究和以生化、资源及环境、能源和材料为应用领域的应用研究框架，初步具备了基础研究—应用开发—产业化布局和工艺创新—过程开发—工程实施的综合集成能力。纵观化工冶金所40多年的发展，走过了一条发挥化工学科优势、关注学科交叉、加强应用基础、开拓应用领域和发展产业化的道路；经过几代人的不懈努力，初步具备了以“过程工程”为学科方向的条件。2001年4月7日，经中央编制委员会批准，正式更名为中国科学院过程工程研究所。2001年下半年，被中国科学院批准进入知识创新工程试点。

过程工程所利用知识创新的机遇，对科研布局进行了实质性的调整，撤销了6个研究部，将工艺创新方面的工作充实集中到几个重点实验室及相应的技术研究中心，设有生化工程国家重点实验室和国家生化工程技术研究中心（北京）、中国科学院多相反应重点实验室（能源与材料研究中心）、分离科学与工程实验室（资源环境工程研究中心）和信息与系统集成中心，并设有北京中科过程工程高新技术有限责任公司，目标是创建世界一流的过程工程与产品工程的现代化研究基地。

四十多年来，过程工程所共取得科研成果587项，获国际、国家、中科院部级成果奖142项，其中国外机构授奖3项，国家三大奖项19项（国家科技进步奖一等奖2项、二等奖3项，国家自然科学奖二等奖3项）；专利数在中科院名列前茅。2001年过程工程所知识创新工程试点工作稳步推进，确立了5年内的7项重大科技目标，并以此为指导，承担了一批重要科研任务，科研经费和开发创收大幅度增加，研究所实力得到增强，其中承担国家“973”项目3项，“863”项目4项，国家重点基金项目2项，计委西部开发项目1项，“星火”计划1项。3项国际合作项目已实施或已落实。开发工作创收连续两年翻番，2001年突破了1 300万元，社会竞争经费达到2 180万元。全年获得省部级以上科技成果奖3项，取得科技成果5项；获得授权专利12项，申请专利51项（其中发明专利39项），排名京区第二位。

过程工程所重视人才培养和队伍建设。2001年引进“百人计划”人才3人，使全所此类杰出人才达6人。青年研究员总数达15人，获杰出青年基金总数达4人。过程工程所是国务院首批批准的博士和硕士学位授予单位和博士后流动站进站单位，2000年被批准为“化学工程与技术”一级学科博士学位授予单位，招生专业为：化学工程、化学工艺、生物化工、应用化学和工业催化。现有博士生导师31人，硕士生导师45人，在学博士研究生102人，硕士研究生78人，在站博士后9人。目前在职职工293人，其中中国科学院院士3人，中国工程院院士1人，研究员41人，副研究员56人，中级职称88人。

过程工程所注重国际学术交流，举办了国际流态化会议和“过程工程中的多尺度效应”第139次香山会议，成立了“过程工程虚拟研究中心”并承担化学工程学科发展战略软课题。中瑞联合实验室正在筹建之中。全年派遣出访21人次，接待外国专家学者来访71人次。许多学术带头人在国内外学术机构任重要职务。

中国颗粒学会挂靠在过程工程所。主办刊物有：《过程工程学报》，《计算机化学与应用》和《光谱实验室》。国际循环流化床顾问委员会秘书处设在过程工程所。

随着知识创新工程试点工作的不断深入，过程工程研究所正在以新时期建院方针为指导，努力开创过程工程科学与技术的新局面，为我国国民经济发展和社会进步做出更大的贡献。

生物物理研究所

名誉所长：贝时璋
所　　长：王志新
地　　址：北京市朝阳区大屯路15号
邮政编码：100101
联系电话：010-64889910
010-64889872
图文传真：010-64871293
010-64877837
电子邮件：office@sun5.ibp.ac.cn
网　　址：www.ibp.ac.cn

生物物理研究所（简称生物物理所）创建于1958年，前身是1957年建立的北京实验生物学研究所。生物物理所是我国生命科学的基础研究所，科技工作定位是根据当代生命科学世界前沿领域的发展态势和国家长远战略需求，瞄准21世纪生命科学研究的基础性、前沿性重大理论问题，联系与人类健康相关的重大需求，发挥多学科交叉综合的优势和特色，集中在结构基因组学和脑与认知科学的关键领域开展原创性研究，攀登生命科学的高峰。

2001年，全所在职职工308人，其中科技人员225人，包括中国科学院院士6人、第三世界科学院院士3人、研究员35人、副高级专业技术人员72人。2001年王志珍当选为中国科学院院士。生物物理所是国家首批批准的博士和硕士学位授予单位，博士后流动站建站单位，设有生物化学与分子生物学和生物物理学两个学科招生专业点。2001年在学博士生69人，在学硕士生98人，在站博士后5人。培养的研究生获各类奖学金的人数连年位居中国科学院京区生物口之首。

生物物理所装备了600兆核磁共振谱仪、200千伏低温电子透射显微镜、面探测仪、毫微秒荧光谱仪、离子通道研究装置、离体脑片研究装置及多导微电极记录系统等先进仪器设备。2001年生物物理所加强了科研技术平台的建设，3特斯拉高场强功能核磁共振成像系统的购置已经通过科技部组织的专家论证，进入了招标采购阶段；生物物理所还投入1 300万元用于构建分子生物学实验技术和神经生物学实验技术平台，当年完成了规划、论证和大部分装备的订货。

2001年生物物理所经中国科学院批准进入知识创新工程试点序列。根据生命科学前沿领域发展态势和国家长远战略需求明确了新时期发展战略，即针对后基因组时代生命科学领域重大问题，重点开展结构基因组学和脑与认知科学研究，为解决关系人类健康的重大问题提供新的理论和方法；建立一支以国内外有较高学术地位和影响力的科学家为核心，具有国际竞争力的创新队伍；培育倡导科学精神和创新进取价值观，建立与国际接轨的现代研究所制度和行为规范体系，建成接近发达国家中等水平的园区环境和科研条件，形成适合基础科学研究的创新文化。通过5～10年的努力，使生物物理所发展成为世界著名的高水平研究机构，并争取进入国际一流研究所的行列，成为国家生命科学基础研究和高级人才培养的基地。为实现研究所的发展目标，2001年，积极推进了知识创新工程试点工作，组建了分子生物学研究中心和脑与认知科学研究中心，完成了所办公司的改制工作，基本完成了后勤服务社会化改革，启动了研发中心的转制工作；进一步完善了创新制度，建立了领域前沿创新经费择优支持制度，加大了对科研的投入，进一步调动了科技人员的积极性。目前，生物物理所已经显现出现代研究所的雏形。

2001年，生物物理所主持或承担国家、中国科学院和北京市各类项目116项。其中重要科研项目有：国家重点基础研究发展规划项目3项；国家“863”计划项目3项；国家基金委重大项目5项；国家基金委重点项目5项；国家杰出青年基金项目1项；国家基金委优秀国家重点实验室项目2项；中国科学院创新项目6项；中国科学院“百人计划”2项；中国科学院生命科学与生物技术创新青年科学家小组3个；中国科学院生物科学与生物技术特别支持项目7项；北京市重点项目2项；国际合作项目4项。在研国家自然科学基金面上项目37项，2001年又获准13项。

2001年，生物物理所科研工作取得了良好成绩：王书荣等主持完成的“中脑对侧抑制和同侧感受野的动态调控”获中国科学院自然科学奖一等奖。全年共发表研究论文139篇，其中发表在国外核心期刊92篇，登记成果4项。当年授权专利10项，其中发明专利4项、实用新型专利6项。授理专利11项，其中发明专利5项，实用新型6项。

2001年，生物物理所科技成果转化取得了新进展。签订技术开发、转让合同23份。国家二类新药蚓激酶及其胶囊国家药品监督局已经核发了“国家药品标准”（正式标准），根据国家药品生物制品检定所《关于制备和提供对照品的通知》要求，由生物物理所制备并提供蚓激酶及其肠溶胶囊首次效价对照品，并参加对该品的复核。生物物理所创办的北京中生生物工程高技术公司、北京百奥药业有限责任公司等高新技术企业创造了良好的社会效益和经济效益。中生公司连续数年被北京新技术产业实验区评为“优秀企业”，“临床诊断试剂盒”产品被评为“百项表彰拳头产品”，广泛应用于全国医院。生物物理所与北控高科等共同发起组建的“中生北控生物科技股份有限公司”，完成了中生公司的股份制改造，目前，该公司正处于辅导期，将于近年内上市。北京百奥药业有限责任公司的主导产品“蚓激酶及其胶囊”已获“国家级新产品”称号，列入了国家计委产业化示范工程和《国家医疗保险用药目录》，生物物理所已将百奥公司77%的股权转让给中生北控生物科技股份有限公司。

生物物理所重视国内外学术交流，2001年与10余个国家和地区进行了科学家互访和学术交流，组织了《第二届天然抗氧化剂－分子机理和健康作用国际研讨会》，与香港新华科技中华商贸网有限公司联合举办了“中国生物科技发展与投资论坛”。

生物物理所是中国生物物理学会和中国生物化学与分子生物学会的挂靠单位，编辑出版的刊物《生物化学与生物物理进展》、《生物物理学报》已成为我国自然科学的核心期刊，《生物化学与生物物理进展》继续成为SCI收录的期刊。

植物研究所

所　　长：韩兴国
地　　址：北京市海淀区香山南辛村20号
邮政编码：100093
联系电话：010-62590835（所办）
010-62591431（中继线）
图文传真：010-62590835
电子邮件：suoban@ns.ibcas.ac.cn
网　　址：www.ibcas.ac.cn

中国科学院植物研究所（简称植物所）是我国植物基础科学的综合研究中心。前身为1928年创建的北平研究院植物所及静生生物调查研究所，中华人民共和国成立后合并成中国科学院植物分类研究所，1953年改称植物所，1962年与中国科学院北京植物生理研究所合并发展为现在的植物研究所。

植物所现有职工564人，其中科技人员431人，有中国科学院院士4人，正高级专业技术人员60人，副高级专业技术人员97人，中级专业技术人员158人。

植物所设有硕士点、博士点和博士后流动站。现有在读博士研究生113人，硕士研究生71人，在站博士后27人。

根据国家需求和生命科学发展趋势，按照中科院“科技布局和组织结构战略调整行动计划纲要”精神，结合植物所的基础和优势，确定的主要研究方向是植物适应的生物学基础。结合北京生命科学基地的整体构想，其具体研究方向确定为：生态环境安全，生物多样性形成机制与保护途径，绿色高效农业的分子基础与资源植物利用的生物技术。

植物所根据研究方向设置了4个研究中心、1个植物园和1个支撑部门——文献与信息管理中心。

（1）系统与进化植物学研究中心：包括系统与进化植物学研究重点实验室（院级）、植物分类和植物地理研究室暨植物标本馆（《中国植物志》编委会）和古植物学研究室。拥有馆藏植物标本200余万号的亚洲最大的标本馆和收藏植物标本化石标本7万号的中国古植物馆以及设备先进的形态学、细胞学、分子生物学实验室。

（2）植物生态学与生物多样性保育研究中心：包括数量植被生态学重点实验室（院级）、中国科学院内蒙古草原生态系统定位研究站（院级开放站）、中国科学院北京森林生态系统定位研究站、中国科学院神农架生物多样性定位研究站、鄂尔多斯沙地草地生态系统定位研究站和华西亚高山植物园以及中国科学院生态系统研究网络（CERN）生物分中心。

（3）资源植物分子与发育生物学研究中心：包括分子环境生理实验室、分子代谢生理与环保生物技术实验室、环境适应性与抗逆细胞与基因工程实验室、可持续发展农业与采后病理实验室和生殖生物学实验室。

（4）植物光合作用研究中心：包括光合作用基础研究开放实验室和分析仪器室。2001 年，植物光合作用研究中心和资源植物分子与发育生物学研究中心联合申报的“光合作用与环境分子生理学重点实验室”（院级）获中科院批准。

（5）北京植物园：建于 1955 年，包括植物引种与保育部、园区建设与科普开放部、种子生理实验室和植物迁地保育实验室。植物园已迁地保育国内外各类植物4 200余种；收集植物种子标本80 000余份，22 500余种，居世界第三位；野生植物种子库已收集贮藏2 000余号活植物种质。

（6）文献与信息管理中心：依托所图书馆和期刊学报室成立的一个面向植物研究所、科学院、全国和全世界的学术支撑机构。图书馆在植物学专业图书、期刊、光盘、软盘等方面馆藏量居全国之首。

植物所设置职能部门 4 个：综合办公室、科研计划财务处、人事教育处和行政处。

植物所自 2001 年 3 月进入中国科学院知识创新工程试点之后，以此为新的起点和动力，全面落实中科院“知识创新工程”的精神，把握学科发展方向，提高工作效率，多出成果、多出人才，按照“创新工程任务书”的要求，在凝炼科学目标、提高能力建设、机制转换和人才培养等方面进行了较大力度的调整与改革。在科学目标方面，把全所过去相对分散的课题组整合为以 31 位首席研究员为首的创新研究组。为鼓励出高水平的成果、高水平的论文、高水平的人才，实行了相应的奖励制度。

2001 年植物所承担的科研课题总计 328 项。其中主持或联合主持“973”项目 3 项，作为技术依托单位主持和承担国家科技部“防沙治沙”项目 2 项；其他还有中科院知识创新重大、重点项目，国家自然科学基金重大、重点项目，青年基金项目，国家科技部攀登项目，“863”高技术研究项目等。

2001 年植物所获院自然科学奖一等奖 1 项。

2001 年植物所共发表论文作为第一作者的 350 篇，其中 SCI 发表 141 篇。申请专利 5 项，4 项申报，1 项授权。

2001 年植物所接待了来自美国、日本、英国等国的外宾和港、澳、台地区客人共计 90 批 480 人次；承办了 7 个中小型国际会议；派出科研人员赴美国、日本、法国、德国等国家及港、澳、台地区合作研究、培训、访问或出席会议 84 项 109 人次。从中科院、科技部、国家基金委、国家外专局共争取国际项目 20 余项。此外，与国际组织和科研机构的合作项目共获得研究经费约 181 万元人民币。2001 年植物所有 15 名科研人员在国际组织中任职。

中国植物志编辑委员会，中国植物学会，北京植物生态学会，北京植物生理学会和中国植物学会植物园分会挂靠在植物所。主办刊物有：《植物学报》，《植物分类学报》，《植物生态学报》，《植物学通报》，《生物多样性》，《植物杂志》，《中国植物园》，《植物引种驯化集刊》等。

动物研究所

所　　长：黄大卫
地　　址：北京市海淀区中关村路 19 号
邮政编码：100080
联系电话：010-62547484
图文传真：010-62565689
网　　址：www.pandaioz.ac.cn

中国科学院动物研究所（简称动物所）是以动物科学基础研究为主的社会公益型国家级科研机构。动物研究所面向生物多样性、农业、人类生殖健康等领域中的国家需求，面向动物科学前沿，以整合生物学为指导，以进化生物学为主线，以分子生物学为技术平台，重点开展生殖调控、动物分类与进化、珍稀濒危动物保护和农业虫鼠害可持续控制方面的关键性技术创新与集成，在入侵物种的预警与防范、极端环境下动物的适应与进化等领域进行前瞻性布局，加强与农学、地学、信息科学和环境科学等相关学科的交叉与渗透，推动我国动物系统学、生理学、生态学、生殖生物学和细胞生物学的发展，为我国经济发展、国家安全和社会可持续发展不断做出基础性、战略性和前瞻性的重大创新贡献。

动物所科研机构设有动物生态与保护生物学研究中心、农业有害生物研究中心、生殖生物学研究中心和动物进化与系统学研究中心（在此基础上筹建动物科学博物馆）。现有的三个国家重点实验室（农业虫鼠害综合治理研究国家重点实验室、计划生育生殖生物学国家重点实验室、生物膜与膜生物工程国家重点实验室）是其所在研究中心的主体。

动物所的前身是1928年成立的静生生物调查所。解放后，接收了上海徐家汇博物馆（创建于1860年，1930年后改称复旦大学博物院）和北平研究院动物学研究所（创建于1929年）的部分资料、标本和设备，于1950年成立中国科学院昆虫研究室和动物标本整理委员会，其后分别发展为昆虫研究所和动物研究所，1962年两所合并成为现在的动物研究所。

动物所现有在职职工383人，其中科技人员322人。现有中国科学院院士3人，博士生导师38人，国家杰出青年基金获得者10人，中国科学院“百人计划”引进人才7人，国家级有突出贡献的中青年科学家4人，“973”首席科学家1人，国家攀登首席科学家2人。

1981年，国务院学位委员会批准动物所为我国首批具博士、硕士学位授予权单位；1988年经全国博士后管委会批准建立了博士后科研流动站；1997年后连续被评为中国科学院博士生重点培养基地；1998年被国务院学位委员会批准为一级学科（生物学）博士、硕士学位授予权单位。2000年再次被批准为中国科学院博士生重点培养基地。现有在学研究生182人（博士研究生125人，硕士研究生57人），在站博士后11人。

动物所自1950年以来，获各类科研成果奖270多项。其中国家成果奖21项，中国科学院及省部级成果奖197项。2001年《中国经济昆虫志》获国家自然科学奖二等奖；“农田重大虫鼠害成灾规律及综合防治技术研究”和“中国动物志昆虫纲第十五卷花尺蛾亚科”分别获中国科学院科技进步奖二等奖和自然科学奖二等奖。据国家2001年统计数据，2000年发表SCI论文71篇，全国研究所排名由1998年的39位升至第26位；国内论文数量排名由1999年的37位跃升到2000年的第21位；国内被引频次由1999年的31位升到2000年的第20位。

动物所具有较强的科技创新能力和综合竞争实力。目前主持承担国际合作研究项目15项，国家“973”、“863”、“攀登计划”、国家自然科学基金、“载人航天”等重大项目与课题244项。一些项目已取得重大进展，如“大熊猫的克隆研究”已经完成第一阶段任务，成功克隆了异种重构胚并发育到囊胚阶段；首次在国内采用成年体细胞技术成功获得克隆牛群体，标志着我国科研人员已完全掌握了世界一流的体细胞克隆牛技术，成为了继日本（1998）、新西兰（1998）、美国（2000）等国家之后掌握体细胞克隆牛关键技术的少数国家之一。

动物所在科技成果转化方面，采取科技成果直接入股、利用社会资金实现高新技术产业化的运行模式。抗肿瘤药物和口服胰岛素新剂型研制等产业化项目已经取得进展，成立了两个公司，初步吸纳社会资金近千万元。抗肿瘤药物开发项目，已经取得国家指定机构的药效鉴定报告，抑癌率达70%。

动物所在国际学术交流与合作方面近年来取得重大进展。洛氏基金会在动物所设立了21世纪国际生殖与避孕研究网络亚洲网络分部。世界卫生组织在动物所设立了国际胚胎着床研究中心中国分中心。动物所是国际生物系统学家网络东亚局域网的网络协调研究所。2002年动物所将主办第五届国际膜翅目大会、第十九届国际灵长类大会，协办第二十三届国际鸟类学大会。2004年将主办第19届国际动物学大会。

动物研究所拥有亚洲最大的动物标本馆，馆藏各类动物标本507万号，其中鸟类标本6万余号，兽类标本近3万号，鱼类和两栖爬行类标本8万余号，昆虫标本360万号，其他无脊椎动物标本130万号。拥有总藏书量24.9万余册及图书资料较为齐全的专业图书馆以及计算机网络中心，形成了科学研究与技术支持相结合的完整体系。

中国昆虫学会，中国动物学会，中国动物志编辑委员会和中华人民共和国濒危物种科学委员会挂靠动物研究所。主办刊物有：《动物学报》，《昆虫学报》，《动物分类学报》，*Entomologica Sinica*（英文版），《动物学杂志》，《昆虫知识》等。

微生物研究所

所　　长：方荣祥
地　　址：北京市海淀区中关村北一条13号
邮政编码：100080
联系电话：010-62565880
图文传真：010-62560912
电子邮件：office@sun.im.ac.cn
网　　址：www.im.ac.cn

中国科学院微生物研究所（简称微生物所）成立于1958年12月3日，前身是中国科学院北京微生物研究室和中国科学院应用真菌研究所。微生物研究所是以应用基础研究和高技术创新为主体，从基础研究到应用开发作纵深配置的研究机构。截止到2001年底全所在职职工人数为380人，其中专业技术人员为305人，有中国科学院院士4人，高级研究人员100人。现有在学研究生155人，其中博士生86人，硕士生69人。另有博士后3人。

根据中科院创新试点工程的要求和微生物所的长远发展目标设定了三大研究领域，即微生物资源，分子微生物学和微生物生物技术。科研机构设置为3个研究中心（微生物资源中心，分子微生物学中心，微生物生物技术中心）、1个技术与信息中心和3个重点实验室（微生物资源前期开发国家重点实验室，真菌地衣系统学院重点实验室，植物生物技术院重点实验室）。目前微生物所拥有微生物学、生物化学和遗传学三个硕士和博士学位授权点。微生物所有亚洲最大的具有40万号标本的菌物标本馆，一个国内最大的拥有12 000多株菌种的保藏中心，同时还有一个藏书6万余册的专业性图书馆。

微生物所的创新方案在2001年8月15日的院办公会议上获得通过，正式进入创新工程试点序列。在实施工作中首先抓住三落实，即思想落实、组织落实和措施落实，根据研究所创新方案将原有的九个研究室组建成对应于三大研究领域的研究中心。在进入创新序列后，针对创新方案、任务书以对话的方式多次与3个中心负责人展开讨论，在统一思想、统一认识的基础上，根据各中心的学科方向和国家需求，贯彻院领导“有所为，有所不为”的指示，参照创新方案中各中心的具体学科方向与布局，形成了3个研究中心在学科发展上各有侧重、整体上相互衔接与渗透的格局。根据研究所的定位和创新目标，设置了28个研究方向，并对37个研究组长岗位进行公开招聘。经过应聘和答辩，10月12日完成了首批研究组长创新岗位的聘任工作，遴选出19个研究方向的24位研究员为创新研究组组长，87人进入创新序列；对符合研究所学科方向但尚不具备创新条件的19个研究组进行项目聘任（项目聘任29人），把全所的科研队伍调整到知识创新工程的轨道。同时，对创新管理岗位和技术支撑体系的聘任进行了先期准备工作。

2001年微生物所承担的科研项目主要包括：国家自然科学基金重大、重点项目各5项，面上基金30项，杰出青年基金6项；国家“973”、“863”项目、攀登计划项目、转基因专项共13项；院创新工程重大项目1项，方向性项目3项；与企业合作开发项目24项；国际合作6项；其他项目16项。

2001年度新申请到的科研项目有：国家自然科学面上基金项目16项，“973”前期专项研究项目2项，国家“863”计划15项，国家“十五”攻关计划7项，海外杰出青年基金1项，中国科学院院创新工程重要方向5项，横向课题13项。

2001年微生物所共发表论文168篇，被SCI收录57篇，其中有两篇影响因子超过10，分别发表在*Lancet*和*Plant Cell*上。在Lancet上发表的论文引起了国内外同行的广泛重视，该论文首次从乙肝病毒（HBV）引起的人类肝癌的组织中分离出热休克蛋白 gp96 与 HBV 特异肽的复合物，为研究乙肝病毒的分子免疫机制和治疗慢性乙肝的肝癌开辟了新的途径。此外发表专著 6 部；申请专利 28 项，获授权专利 4 项。在科技成果转化、对外技术服务等方面也取得了较大的进展，“石油微生物发酵正烷烃生产长链二元酸”在地方实现产业化，成绩显著。该项目负责人获 2000 年度中国科学院与省市企业合作奖二等奖。

在人才培养方面，一方面坚持积极引进学有所成的高科技人才，同时十分重视对国内人才的培养。2001 年有 6 位具有博士学位的留学人员来所工作。同年招收博士生 33 人，硕士生 28 人。

在国际合作方面，先后与美国、加拿大、新加坡、日本等国家的科研机构建立了多个合作研究项目。2001 年微生物所派出人员有 33 批次，接待来访人员 28 批次。与此同时研究所还举办了不定期的学术交流活动，应邀做学术报告的有国内外著名科学家。

挂靠在微生物所的单位有中国微生物学会，中国菌物学会。编辑出版的学术刊物有《微生物学报》,《微生物学通报》,《菌物系统》及《生物工程学报》。

遗传与发育生物学研究所

所　　长：李家洋
地　　址：北京市朝阳区安定门外大屯路 3 号
邮政编码：100101
联系电话：010-64889331
图文传真：010-64856610
电子邮件：webmaster@genetics.ac.cn
网　　址：www.genetics.ac.cn

中国科学院遗传与发育生物学研究所（简称遗传与发育所）于 2001 年由原遗传研究所和原发育生物学研究所整合而成。

遗传与发育所现有职工 475 人，其中科技人员 356 人，有中国科学院院士 3 人，研究员 29 人，副研究员、高级工程师和高级实验师 78 人，国家杰出青年 8 人，院“百人计划”与国外杰出青年引进人才 15 人，具博士学位的中青年学术带头人 35 人。研究所设有遗传学和发育生物学专业硕士、博士学位点及博士后流动站。现有博士生导师 20 人，硕士生导师 35 人，在读博士生 108 人、硕士生 61 人，在站博士后 24 人。

遗传与发育所以我国农业可持续发展战略中的重大需求为导向，以动植物品种的更新换代和改良为目标，以基因和基因组为核心，围绕遗传信息传递和表达规律、基因组结构与功能等领域，重点开展生物技术育种与品种分子设计、基因组与生物信息、基因表达与调控、发育的分子基础、人类遗传多样性和转基因生物安全性等研究，建立以生物技术为核心的动植物品种设计的理论和技术体系，为我国农业生产提供新种质资源和优质、高产、抗逆新品种。遗传与发育生物学所设有 4 个研究中心（分子农业生物学中心、基因组信息中心、发育生物学中心和人类与动物遗传学中心）和 2 个支撑系统（农业高新技术试验示范基地和实验动物中心）。

目前承担国家、中科院省部级及国际合作项目课题 220 项。其中，国家高技术研究与发展项目（“863”计划）课题 21 项；国家重点基础研究发展规划项目（“973”项目）和子项目 14 项；国家科技攻关课题 4 项；国家植物转基因研究与产业化专项 20 项；国家自然科学基金项目 52 项，其中重大项目 4 项，重点项目 1 项；杰出青年基金 4 项；中科院创新重大项目 7 项，创新重要方向性项目 12 项，中科院特别支持项目 6 项；国际合作项目 6 项。

2001 年遗传与发育所继出色完成 1% 人类基因组研究计划后，又在世界上率先完成了具有国际领先水平的水稻基因组“工作框架图”，它标志着我国已经成为继美国之后世界上第二个具有独立完成大规模的全基因组测序和组装分析能力的国家，尤其在水稻基因组的研究方面，已领先于以日本的粳稻品种“日本晴”为材料的“国际水稻基因组计划”。在转基因研究方面已获得水稻、小麦、油菜、杨树等一批具有抗性基因（抗虫、抗病、耐盐）的转基因植物，并逐步进行安全性评价和产业化生产。生物技术育种取得了新的进展，共审定新品种 7 个，其中科新 3 号高蛋白优质大豆新品种通过国家品种审定。

2001 年共获得科研成果奖 7 项。其中“棉花远缘杂交新品种‘石远 321’”和“高产蛋鸡新配套系的育成及配套技术的研究与应用”获国家科技进步奖二等奖；“通过花药培养诱导小麦雄核发育形成加倍单倍体”和“大豆科多 7530、7516 新品种的选育”分别获中国科学院自然科学奖一等奖和科技进步奖二等奖。申请专利 53 项，其中授权 1 项。审定农作物新品种 7 个。发表学术论文 209 篇，其中 SCI 收录 67 篇；出版学术专著 11 部。

中国遗传学会挂靠在遗传与发育生物学研究所。负责编辑出版刊物有：《遗传学报》，《遗传》和《发育与生殖生物学报》等。中国遗传学会还另外主办有学术刊物《激光生物学报》。

生态环境研究中心

主　　任：赵景柱
地　　址：北京市海淀区双清路 18 号
邮政编码：100085
联系电话：010-62923549
62849175（综合办公室）
010-62923597
62849178（科技开发处）
图文传真：010-62923563
电子邮件：office@mail.rcees.ac.cn
（综合办公室）
std@mail.rcees.ac.cn
（科技开发处）
网　　址：www.rcees.ac.cn

中国科学院生态环境研究中心（简称生态环境中心）建于 1975 年，前身为中国科学院环境化学研究所。经国家科委和中国科学院批准，1986 年与中国科学院生态学研究中心（筹）合并，改为生态环境研究中心。1996 年 5 月，经中国科学院和国家环境保护总局协商决定，对生态环境研究中心实行中国科学院和国家环境保护总局双重领导。2001 年底有在职职工 308 人，其中科技人员 239 人，包括中国科学院院士 1 人、中国工程院院士 2 人，博士生导师 32 人，研究员 39 人，副研究员和高级工程师 69 人，中级研究人员 97 人。在学博士生 188 人、硕士生 53 人。另有博士后 13 人。

生态环境中心主要研究领域包括环境化学、环境工程学和系统生态学，研究内容涉及环境化学、环境工程、生态学、地学等学科。生态环境中心有环境科学与工程的博士学位授予权、生态学博士学位授予权和博士生指导教师自行审批权，有环境科学、生态学、环境工程、有机化学、分析化学 5 个学科专业的硕士学位授予权，设有环境科学博士后流动站，2000 年被评为中国科学院博士生重点培养基地。生态环境中心现设有 8 个研究室，其中环境水化学实验室为国家重点实验室，系统生态实验室为中国科学院重点实验室，环境分析化学和生态毒理学实验室为生态环境中心开放实验室，土壤环境研究室为生态环境中心和澳大利亚阿德莱德大学联合共建实验室，另有水污染控制技术研究室、大气污染控制技术研究室、环境生物技术研究室、仪器分析与研制室和文献信息中心。2000 年正式运转的由生态环境中心和安捷伦科技有限公司合作共建的亚太地区北京环境分析实验室拥有安捷伦科技有限公司生产的最新型号的 GC，LC，GC-MS，LC-MA，ICP-MS 等分析仪器，美国戴安公司中国高技术服务中心设在生态环境中心。环境水化学国家重点实验室主要研究领域包括污染物质在环境中的复杂过程及其对生态系统的影响研究、污染控制技术及其集成，其研究方向是发展环境水质的现代科学与高新技术，兼顾天然水体和水处理工艺两方面的水质问题，深入研究天然水体和水处理中水质转化过程的基本规律，发展高新水处理技术和工艺基础，推进我国的环境水质科学发展，为水质资源的合理开发利用提供科学依据。系统生态重点实验室是以生态学、系统科学及计算机科学为基础，以人口、资源、环境问题的耦合关系为对象，开展自然科学与社会科学交叉的跨学科综合研究，理论上探讨社会－经济－自然复合生态系统的生态建设理论与方法，发展具有中国特色的人类系统生态学，应用上探讨城市及人类密集地区的生态评价、生态规划、生态管理的系统方法、集成技术及实现城乡复合生态系统可持续发展的对策与决策支持手段。环境分析化学与生态毒理学开放实验室立足环境分析化学的国际前沿，研究环境中化学物质在动态变化过程中的产物、中间产物的瞬态或新化学形态的分析方法，研究化学物质（包括微污染物质）特别是持久性有毒物质在环境中的迁移变化过程及其生态毒性，阐明重要的环境化学过程与生物过程的机理，争取在方法学上有所创新，有所突破。植物－土壤环境研究是中澳联合实验室的主要研究方向，也是生态环境中心在二期知识创新工程实施中着力加强的重点研究领域。

自1999年进入知识创新基地、实施知识创新工程试点以来，按照创新工程试点方案，本着“坚实基础、强化技术、发展产业”的原则，生态环境中心已经全部完成了学科方向定位、结构调整和人员招聘等工作，制定了一套比较完善的知识创新工程管理规章制度，颁布或修订各种规章制度18项，营造了比较好的创新环境和创新管理体系，并形成了应用基础研究－工程技术开发－咨询决策规划一体化科研结构，明确了新的学科方向，初步形成竞争与激励的运行机制。在进一步凝炼科技目标、组织结构调整、机制转变、队伍建设、园区建设、支撑条件建设等方面取得了显著的成绩。生态环境中心在北京市质量技术监督局的支持下，2001年组建了“室内环境质量检测评价中心”，该中心是开展城市生态环境研究和咨询服务的一个重要部门，以室内环境空气质量的检测调查、风险评价和防治对策研究为主要任务，同时开展相关的技术服务和咨询，包括常规室内空气污染物的检测、评价及治理等方面的咨询和工程服务。为顺利完成知识创新工程的各项工作，生态环境中心举办了首届发展战略研讨会。2001年生态环境中心完成了人员结构调整，并按计划完成了行政后勤人员的转岗分流工作。

2001年生态环境中心争取到国家“863”课题5项，攻关课题2项和专题、子专题4项；获国家杰出青年基金1项，重点基金2项，面上基金课题22项（含专项基金、青年基金和主任基金），出版基金1项；承担国家重点科技攻关专题9项，中科院重点项目5项，中科院特别支持项目1项，中科院重大项目（A）1项、重大项目（B）2项；国家杰出青年科学基金2项、重点课题3项，重大基金课题4项，重点基金课题主持3项、参加2项，面上基金课题52项。

2001年生态环境中心登记重要成果5项，其中，由单孝全研究员等完成的“形态分析、生物可给性与生态毒理研究”成果获中国科学院自然科学奖一等奖；徐晓白院士获何梁何利奖——技术科学奖，王为博士获全国百篇优秀博士论文奖；另有3位科研人员获中国科学院青年科学家奖。生态环境中心因在国家自然科学基金管理方面取得优异成绩，荣获“国家自然科学基金管理工作先进单位”称号。“九五”国家攻关课题“高Alb聚合絮凝剂的电化学制备技术及其应用”，中科院知识创新工程方向性项目“小区优质供水与污水回用技术和成套设备开发”，技术成果“变频式微电脑水处理技术及反应器研制”，“九五”中科院重大项目和中科院特别支持项目“清洁生产与污染治理的高新技术研究与产业开发”第2课题“超滤技术与设备”，国家重点基金项目“废水中难降解有毒有机污染物的污控研究”等通过了科技成果鉴定和任务下达单位组织的验收和评审。16项自然科学面上基金项目、1项杰出青年基金项目和1项重点基金项目已结题。2001年发表论文369篇，其中，SCI论文数首次突破100篇；出版专著14本；获授权发明专利7项、实用新型1项，申报国家发明专利60项、登记软件4件。2000年SCI的论文数为68篇，居全国科研单位第27位；在国内1 411种科技刊物上发表论文186篇，居全国科研单位第12位。生态环境中心广拓渠道，总经费收入首次突破亿元大关，科技成果转化总金额为2 500余万元。2001年对科技开发工作进行了研讨和部署，在污水处理、净水剂技术、无公害寡糖农药生产技术开发上取得突破性进展，汽车尾气催化净化技术、超滤膜技术等一批项目的应用研究、技术开发和产业化等也都取得显著进展。

2001年，生态环境中心有7项国际合作项目，包括“全球变化对中国的影响研究”、“中国酸沉降综合影响观测”、“亚洲地区环境技术的研究”和“离子色谱应用研究”等。生态环境中心和中日友好环境保护中心联合举办了“第3届全国水处理高级研讨班暨中日环境保护技术研讨会”，会议紧密围绕“微量化学物质的生态环境影响及其消除技术”这一主题，在微量化学物质的分析和监测方法、化学物质在环境中的迁移转化规律、化学物质的生态毒理效应和化学物质的处置及其污染控制技术等方面进行了研讨；在中国科学院和国家自然科学基金委员会的支持下，成功地主办了“环境热点问题与污染削减新技术国际大会”，获得诺贝尔化学奖的环境化学家P.Crutzen应邀在大会上做了报告。生态环境中心与澳大利亚阿德莱德大学签订了长期合作协议，双方决定合建“中澳植物-土壤相互关系及环境效应实验室”、进行交流互访、联合培养研究生。在国际科联环境问题委员会第11届代表大会及学术讨论会上，王如松研究员当选为国际科联环境问题科学委员会第一副主席。生态环境中心现已培养博士生137人，硕士生238人。

国际科联环境问题委员会（SCOPE）中国委员会、中国生态学会、国际环境情报系统（INFOTERRA）中国联络点、中国-加拿大资源环境高技术中心等都挂靠在生态环境中心。负责编辑出版刊物有：《环境科学学报》、*Journal of Environmental Sciences*、《生态学报》、《环境科学》、《环境化学》、《环境污染治理技术与设备》以及联合国环境规划署出版刊物《产业与环境》和《臭氧行动》的中文版。

古脊椎动物与古人类研究所

所　　长：朱　敏
地　　址：北京市西直门外大街142号
邮政编码：100044
联系电话：010-68351363
图文传真：010-68337001
电子邮件：bgs@ivpp.ac.cn
网　　址：www.ivpp.ac.cn

中国科学院古脊椎动物与古人类研究所的前身是原中国农商部地质调查所新生代研究室，创建于1929年。全所现有职工154人，其中科技人员79人，有中国科学院院士4人，研究员17人，副研究员19人，高级工程师20人，中级科技人员23人。现有在学博士生9人，硕士生8人。另有博士后2人。

古脊椎动物与古人类研究所是我国古脊椎动物与古人类两门基础学科的专门研究机构，在国际上享有盛誉。全所设有三个研究室，即古低等脊椎动物研究室、古哺乳动物研究室，古人类及旧石器研究室。主要研究脊椎动物起源、演化和分类，建立和完善中国及全球年代地层系统，探讨生物与环境的协调演化关系；研究人类化石和旧石器考古，探索人类的起源和进化，重建早期人类演化迁徙和文化发展的历史；继续开展周口店遗址的研究和保护工作。古脊椎动物与古人类研究所为博士、硕士学位授予点，建有博士后科研流动站。

作为国家的古脊椎动物与古人类学的研究中心，标本的采集和收藏是极其重要的组成部分，也是古脊椎动物与古人类研究所赖以生存和发展的基础。从20世纪20年代到现在，已建成国内规模最大的古脊椎动物、古人类化石及石器标本的收藏、展示场馆。标本馆的馆藏标本已达20万件，其中正型标本2 100余件，国内外交换、赠送的标本、模型600余件；另有现代脊椎动物骨骼标本2 100余件，其中不少是20年代收集的南美和澳洲稀有兽类的骨骼。此外，所内还藏有现代人头骨对比标本600多件。近年来，采集收藏的珍贵标本日益增多，大量产自辽西的“带毛”恐龙和古鸟类化石及产自贵州的水生爬行动物化石标本典藏入库，仅在“Science”，“Nature”等国际知名学术刊物上发表的正型标本就达近百件。

2001年5月，古脊椎动物与古人类研究所知识创新工程试点方案被中科院党组正式批准。全所同志结合知识创新工程试点实践，对研究所战略定位和长远发展目标进行了充分讨论，在思想上形成了高度共识，确定了“探索和研究古生物学（古脊椎动物学与古人类学）、地层学及演化生物学等领域国际前沿的重大基础科学问题，力争做出若干有独创性和重大国际影响的新成果”“力争成为中科院30个世界著名的研究所之一”的创新总目标。围绕科技目标，进一步调整科研机构，组建以“创新研究小组”为单元的研究群体；全面推行了“按需设岗、公开招聘”的岗位聘任制，进行了岗位聘用、项目聘用、临时岗位和流动岗位等制度的探索；进一步完善三元结构分配制度，基本改变工资分配制度上的大锅饭和平均主义现象。

进一步凝练和提升科技创新目标，提出“注重基础，突出重点，永争第一”的发展思路。加强原创性研究，积极组织承担国家、中科院重大项目，2001年全所承担的科研项目有58项。其中，国家自然科学基金项目14项（重点项目2项，杰出青年基金3项，国家基础科学人才培养基金项目1项）；国家攀登项目1项；“973”项目1项；科学院知识创新重要发展方向项目1项；国际合作项目5项；2001年底新获国家自然科学基金资助的项目有6项，其中，杰出青年基金项目2项，优秀创新研究群体项目1项。

2001年研究所在古生物领域众多热点问题的研究上取得了丰硕的成果。特别是在硬骨鱼类起源和早期演化研究，鸟类起源研究，哺乳动物研究等取得新的突破，在“Nature”和“Science”上发表论文6篇。2001年，美国“Science”杂志长篇介绍了中国古生物学近年取得的进展，对古脊椎动物与古人类研究所的科研成果和改革进展做了充分的肯定。

2001年古脊椎动物与古人类研究所的“辽西中生代华夏鸟类群和孔子鸟类群及鸟类的早期演化”研究成果荣获国家自然科学奖二等奖，“中国始新世哺乳动物和地层的研究”成果获中国科学院自然科学奖二等奖。

2001年，古脊椎动物与古人类研究所承办了国家自然科学基金委“探索地球生命的历史——中国古生物学研究15年回顾与展望”大型国际研讨会，与台湾科学月刊杂志社共同举办了“首届海峡两岸大学生古生物夏令营”。

挂靠古脊椎动物与古人类研究所的学会有中国古脊椎动物学分会。主办的刊物有：《中国古生物志》（丙、丁种），《古脊椎动物学报》，《人类学学报》，《中国科学院古脊椎动物与古人类研究所集刊》，《化石》，《恐龙》等。

地质与地球物理研究所

所　　长：丁仲礼
地　　址：北京市德胜门外祁家豁子（南区）
邮政编码：100029
地　　址：北京市朝阳区大屯路甲11号（北区）
邮政编码：100101
联系电话：010-62008001（南区所办）
010-64889084（北区所办）
电子邮件：suoban@mail.igcas.ac.cn（南区）
geop@mail.c-geos.ac.cn（北区）
网　　址：www.igcas.ac.cn

中国科学院地质与地球物理研究所（简称地质与地球物理所）由有50年历史的原地质研究所与原地球物理研究所于1999年5月整合而成；主要从事固体地球科学研究与教育，是中国科学院首批知识创新工程试点单位，是中国科学院北京地球科学研究基地的一个重要组成部分。现有在职职工599人，其中从事科技活动的人员464人。现有中国科学院院士9人，中国工程院院士1人，研究员86人，副研究员、高级工程师等161人，中初级科技人员217人。其中创新基地招聘的科研人员149人，支撑系统19人，管理人员16人。

地质与地球物理所以“地球系统整体行为下各圈层相互作用及其资源、环境、工程地质问题”作为主攻方向。利用我国东南亚独特的地质条件及丰富的研究资源，充分发挥两所整合后，地质学、地球物理学和地球化学交叉融合的优势，运用多种手段，剖析固体地球各圈层（地核、地幔、地壳）及其界面（核幔边界、壳幔边界、地表等）上所发生的物理学、化学和生物学过程，探讨这些过程的动力学解释与全球联系，为“地球系统科学”的理论框架及方法论体系的形成做出创新贡献。运用基础研究的创新性成果，解决在资源（如油气、金属和非金属矿产、地下水、煤成气、气体水合物等的探查）、环境地质（如荒漠化、水土流失、大型工程的环境评价）、重大工程（如水电、矿山、铁路、国防等）的前期地质勘探等领域的科学难题，为防治、减轻地球自然灾害、协调人与自然的相互关系，实现可持续发展提供科学依据，为国民经济建设发挥重要作用。根据这一战略定位，组建了地球动力学、新生代地质与环境、地磁学、成矿与资源探查、工程地质与浅层地球物理五个研究室。

地质与地球物理所拥有地震台阵、地磁台链、古地磁实验室及由重、磁、震、电探测设备组成的浅层物理探测系统；拥有由质谱仪、电子探针、各类光学测量仪器、显微分析仪等先进设备组成的地球化学实验系统。研究所具备了较强的地球科学观测和实验能力。

地质与地球物理所建有中国科学院岩石圈构造演化重点实验室、工程地质力学重点实验室和矿物资源重点实验室。

地质与地球物理所是地质学、地球物理学一级学科，是工程地质学二级学科的硕士、博士研究生培养单位和博士后流动单位，是中国科学院博士生重点培养基地。现有在读研究生286人，其中博士生212人，硕士生74人。另有博士后33人。

地质与地球物理所在获得《中国科学院2000年知识创新工程试点单位年度评估》资源环境系统排名第一，荣获院创新经费奖励的基础上，2001年全面完成了试点工作的年度目标，在科研工作、队伍建设、能力建设、园区改造等方面取得了新的进展。

总结两年创新试点工作实践，研究所确定了全面推进阶段的工作目标，提交了《知识创新工程试点工作任务书》，并获院批准。所领导进行了届中总结，接受了中科院人事局的考核。2001年进行了对基地学科组及支撑、管理系统的岗位聘任人员的中期评估，对评估为优秀和及格者分级次增加岗位津贴。新招聘上岗研究员4人，其中“百人计划”入选者1人。部分学科组做了人员调整。经持续流动更新，现进入创新基地的149名学科组人员中，具有博士学位的111人，占74.5%。基地的科研队伍优化，显示了良好的发展势头，以丁仲礼研究员为学术带头人的新生代地质与环境研究群体被国家自然科学基金委批准为优秀青年创新群体。叶凯、肖举乐被评为中国科学院优秀青年科学家。

2001年研究所总收入超过1.2亿元，其中从院外获得（扣除转拨）经费4 000多万元。科研投入和个人收入均显著增加。特别是用于仪器设备等支撑能力的建设投入超过1 500万元，增强了研究所的科研能力。

2001年研究所共主持“973”项目、基金重大项目、基金重点项目等国家重大科研任务9项。负责了36项国家项目的二级课题，8项杰出青年基金及72项面上基金和青年基金项目，其中在2001年度顺利完成并通过验收的国家重大科研任务有4项。新获批准的“973”项目1项，杰出青年基金2项。2001年发表学术论文351篇。其中被SCI收录论文165篇，EI收录论文17篇，CSCD收录论文147篇。由钟大赉院士等完成的《中国西南特提斯造山带构造与新生代碰撞变形研究》获国家自然科学奖二等奖。

由JICA援助，地质与地球物理所承担的中日技术合作项目“中国矿物资源探查研究中心”在2001年通过终了评估，被誉为中日两国科学家友好合作的典范。经院批准，2001年成立中科院矿物资源重点实验室。由研究所主持的中科院知识创新重大工程“油储项目”取得多项重要成果，油储地球物理学科组以获“大庆油田可持续发展油储研究先进集体”称号为契机，与企业联合建立了“中国科学院大庆油田有限责任公司科技联合研究中心”。

在支撑系统建设中，除大型仪器设备购置外，还在电子探针实验室试行了学科组管理与主任负责制相结合的管理模式；建成了宽频带地震台阵，并投入了在西藏、华北和南沙群岛的流动地震台阵观测；十三陵地磁台被批准加入国际地磁台网。

研究所主办的《地球物理学报》获院优秀期刊（2000年度）特别奖，《岩石学报》获一等奖，《第四纪研究》获二等奖。

2001年完成了园区建设规划。作为第一期工程，中科院投入3 000万元，研究所投入1 500万元，对一号楼和实验楼进行了全面装修改造。改造后的两座大楼设施和环境发生了显著变化，改善了科研人员的工作条件。

地质与地球物理研究所是国家一级学会中国地球物理学会、中国第四纪研究会、中国岩石力学与工程学会和世界数据中心中国中心以及（WDC-D）地球物理学中心的挂靠单位。主办刊物有：《地球物理学报》，《地质科学》，《岩石学报》，《第四纪研究》，《工程地质学报》，“Chinese Journal of Geophysics”和《地球物理学进展》等7种学术刊物。

地理科学与资源研究所

所　　长：刘纪远
地　　址：北京市安定门外大屯路3号
邮政编码：100101
联系电话：010-64889276
010-64854841
图文传真：010-64851844
010-64854230
电子邮件：office@igsnrr.ac.cn
网　　址：www.igsnrr.ac.cn

中国科学院地理科学与资源研究所（简称地理科学与资源所）于2000年6月16日正式组建。1999年9月30日，院党组决定将中国科学院地理研究所（前身为中国地理研究所，1940年成立）与自然资源综合考察委员会（1956年成立）整合，组建中国科学院地理科学与资源研究所，并纳入创新工程试点。

地理科学与资源所现有职工590人，其中科技人员457人，有中国科学院院士7人，中国工程院院士3人，研究员102人，副研究员150人，中级科技人员162人。

地理科学与资源所设有地理学和生态学博士后流动站，是地理学一级学科与生态学二级学科博士学位培养点，以及自然地理学、人文地理学、生态学、地图学与地理信息系统、气象学、环境科学硕士学位培养点。目前共有研究生导师98人，其中博士生导师58人，硕士生导师40人。在学研究生303人，其中博士生215人。另有博士后38人。2001年再次被中国科学院评为博士生重点培养基地。

地理科学与资源所的知识创新目标和战略定位为：通过对陆地表层系统中物质流、能量流、人流和信息流的综合分析，研究在自然和人类活动共同影响下陆地表层系统中物质与能量的空间分布格局、迁移转化规律与形成演化机理，及其与人口、资源、环境、区域发展间的相互作用机制；揭示地球表层系统和人地系统动态机制及各组成要素间相互作用的机理；发展以地球信息科学与技术为基础的陆地表层系统与人地系统综合集成方法。创新和发展地理科学、资源科学和地球信息科学。

与此同时，在地理科学与资源科学基础理论和方法论的支持下，以人口、资源、环境和经济协调发展为目标，瞄准国家资源环境安全、生态建设和区域可持续发展等重大国家需求，在资源持续利用、环境整治、区域可持续发展、生态系统优化管理、地球信息与数据集成及信息共享等领域，开展综合性的基础与应用研究，重点解决国家在可持续发展战略实施过程中面临的相关重大问题，为政府决策提供科学依据。

通过实施知识创新工程，努力把研究所建成为国家地理科学、资源科学和地球信息科学的重要创新基地；国家资源、环境与可持续发展领域战略咨询与科学决策的信息库、知识库、思想库；国家地理科学、资源科学和地球信息科学创新人才的培养基地；国家全民地理知识普及的核心基地；国际一流的地理、资源与地球信息科学综合研究机构。

根据知识创新目标，研究所提出了“一条主干，五大方向”的学科发展格局，确定了一个综合集成性主干基础研究计划和五个学科研究方向。

综合集成性主干基础研究计划：土地利用/土地覆被变化与陆地表层生命物质过程研究。

五个主要研究方向：陆地表层系统水、土及生命物质演化格局、过程与机理研究；区域国土资源优化配置与生态环境建设综合集成研究；人地系统机理与区域发展研究；生态系统监测、演化机理与综合评价研究；地球信息机理与资源环境信息系统研究。

根据学科布局，研究所科研一线的机构设置由4个研究中心和2个重点实验室组成，即人地系统机理与区域发展研究中心、资源环境综合研究中心、生态系统网络研究中心、地球信息科学研究中心，资源与环境信息系统国家重点实验室和陆地表层过程重点实验室。在组织上，从事基础研究和应用基础研究工作的（国家级或院所级）重点实验室，发挥着基础研究和方法论的龙头作用；其他研究中心配合推进重点实验室的基础研究工作，同时以基础研究为依托，深入开展应用基础和应用领域的研究工作，真正做到上中下游衔接，资源共享。

2001年，地理科学与资源所共争取和承担了国家级科研项目23项，国家部委及地方委托项目56项，国际合作项目15项。同时，一批瞄准国际科学前沿、适应国家重大需求的中国科学院知识创新重大和方向性项目被先后启动，经跨所合作、学科集成，在资源环境数据集成与共享、人地关系演化机理、土地利用/土地覆被过程、中国历史环境、中国城市化过程等领域里取得显著进展。首批部署的26项所级领域前沿项目，经过近两年的跟踪研究，初步达到了发展优势学科和提升创新能力的战略目标。

2001年，基地科研人员共争取到科研项目176项，基地获得的国家、地方、国际合作以及院拨款研究经费近8 500万元，比2000年增长40%以上。

原创性研究工作的国际地位显著提高：植物生长系列模型的研究，在生态系统生产力形成机制与区域农田生态过程取得理论性突破；基于我国历史记载资料与其他代用资料的系统集成，形成了独具特色的历史气候及气候变迁研究方法，对区域环境演变和全球变化研究具有重大意义；流域系统复杂性机理有着显著进展，黄河下游1.3万年以来沉积速率随时间变化的研究结果，被国际同行认定为“迄今世界上已得到的几条不同地区的沉积速率随时间变化的曲线中最好的一条”；土壤碳氮循环与温室气体通量定量关系研究取得良好成果，中国农田年N_2O排放总量重要结论受到国际同行的高度评价，对估算全球N_2O总量做出了重要贡献。

应用研究取得一批重要研究成果：“海洋渔业遥感、地理信息系统技术应用服务系统”研究成果获中科院2001年科技进步奖二等奖；《中国区域发展报告》系列成果得到了国务院有关领导批示和国家计划发展委员会等部门的肯定。

2001年，发表国内外论文327篇，出版专著17部；获得国家专利4项；完成软件登记9项。

国际合作继续保持良好态势，其中包括与日本环境省国立环境研究所共同开展的东亚环境遥感监测研究；参与联合国计划，开展中国西部生态环境系统综合评估研究；与加拿大CIDA开展的中国陆地生态系统碳循环研究；与德国美因兹大学共同开展的中国草原生态系统温室气体生物地球化学循环研究等。2001年取得国际合作资金和设备达100余万美元。国际学术交流也极为活跃，2001年主办国际性学术会议近10个，主要包括“土壤侵蚀国际学术研讨会”、“农业生物技术政策国际学术会议”、“国际地图学协会国家与区域地图集委员会学术研讨会”、“地理林业趋势”、“环黄海经济圈经济合作与交通运输发展战略国际研讨会”等。

高科技产业化继续保持强劲势头，GIS软件开发与环境治理技术均有显著进展。SuperMap系列软件取得5项软件登记，并在科技部组织的国产GIS软件测评中获得三项优秀软件称号；在城市污泥资源化利用成套技术和污染土壤植物修复技术方面，进行了“城市工业化快速堆肥技术及其复合肥生产成套技术”的中试，相关肥料产品已通过国家化肥质量监督检验测试中心等权威机构的质量认证。

期刊、科普工作取得良好成绩，《地理学报》、《中国国家地理》入选中国期刊方阵。《中国国家地理》杂志中文繁体版和日文版分别在台湾和日本成功发行，受到国家领导人和全社会的关注和高度评价。

挂靠的国家一级学会有中国地理学会，中国自然资源学会和中国青藏高原研究会；IGBP中国委员会秘书处设在地理科学与资源所。主办的刊物有：《地理学报》（中、英文版），《自然资源学报》，《资源科学》，《地理研究》，《地理科学进展》，《AMBIO－人类环境杂志》（中文版），《中国地理科学文摘》，《地球信息科学》，《中国国家地理》等。

大气物理研究所

名誉所长：叶笃正
常务副所长：王会军（法人代表）
地　　址：北京市德胜门外祁家豁子
邮政编码：100029
联系电话：010-62028606
图文传真：010-62028604
电子邮件：iap@mail.iap.ac.cn
网　　址：www.iap.ac.cn

中国科学院大气物理研究所（简称大气物理所）前身是1928年成立的原中央研究院气象研究所。现有职工363人，其中科技人员288人，有中国科学院院士6人，研究员53人，副研究员和高级工程师102人，中级科技人员100人。大气所是博士、硕士学位授予单位和博士后流动站建站单位；是中国科学院博士生重点培养基地，国家毕业生就业重点保证单位。现有在学博士生85人，硕士生65人，博士后18人。

大气物理所主要从事大气科学中的基础性研究工作，承担国民经济建设和国防建设中具有战略性、基础性和前瞻性的重大科学研究任务，同时也致力于高技术开发及其在大气科学研究中的应用。其研究方向为：研究大气中各种运动和物理化学过程的基本规律及其与周围环境的相互作用，发展新的探测和试验手段，为天气、气候和环境的监测、预测和控制提供理论和方法。

大气物理所设有四个研究部、两个国家重点实验室、两个国际性科学中心，即气候系统动力学与预测理论研究部、大气环境动力学与预测理论研究部、中层大气与遥感理论和技术研究部、中小尺度天气与减灾研究部、大气科学和地球流体力学数值模拟国家重点实验室、大气边界层物理与大气化学国家重点实验室、全球变化东亚区域研究中心、国际气候和环境科学中心。另外还有计算信息科学中心。

大气物理所拥有SGI origin 2000超级计算服务器一台，SGI origin 3400超级计算服务器两台，一座用于研究城市大气污染和大气边界层物理研究的高达325m的气象铁塔及边界层遥感探测系统和中层大气探测系统等设备。这些科研设备在观测、实验及理论研究中均发挥了重要的作用。

2001年8月，大气物理所实施知识创新工程试点全面推进阶段方案被院批准，已基本完成“二期”创新工程各项工作的部署，并增加了基地岗位的津贴。明确提出了大气物理所的“四大计划、十大任务”，明确了研究所创新工作的科研主攻任务，并部署了首批领域前沿项目，支持了一批有创新性和前瞻性的前沿项目。“二期”创新工程的制度建设、文化建设、园区建设等也在积极进行中。

2001年大气物理所共有23项科研项目和课题结题，有6项重大和重点科研项目和课题进行了中期评估。其中：主持的“973”项目“我国生存环境演变和北方干旱化趋势预测研究”以名列前茅的成绩通过科技部对第二批“973”项目前两年工作的中期评估，获科技部表扬和增加拨款。主持的“973”项目“我国重大气候和天气灾害形成机理和预测理论研究”通过中期评估，后三年计划也已得到批准并开始启动。

2001 年，大气物理所争取的科研项目又有新的突破。获得了包括中国科学院知识创新工程重大项目、中国科学院知识创新工程重要方向性项目、国家“十五”攻关项目 等一批科研项目。另外，2001 年大气物理所申请得到包括国家重点基金项目和国家杰出青年基金项目在内的国家自然科学基金委批准资助的各类自然科学基金共 20 项。

2001 年，大气物理所取得了一批重大科研成果，获得国家科技进步奖二等奖一项（“农田温室气体排放过程和观测技术研究”，王明星等）、中国科学院自然科学奖一等奖两项、国防科学技术奖一等奖一项。大气物理所科研人员在国内外正式学术刊物、正式出版物发表学术论文总计 303 篇，其中被 SCI 收录 98 篇（含 SCIE），EI 收录 4 篇，CSCD 183 篇；获得国家专利一项。

2001 年，大气物理所举办了具有国际高层次的学术论坛——“国际气候模拟及预测的物理数学问题”第一次研讨会。举办了中-德、中-法双边空气质量国际研讨会。举办了国际亚洲区域气候模式比较计划会议、国际云-气溶胶-辐射相互作用研讨会。2001 年大气物理所与挪威、韩国等的科研机构签订了合作协议，与美国、欧盟、日本、德国、泰国的一些科研机构也建立了合作关系，这些交流与合作大大扩大了大气物理所的国际知名度，推动了科研工作的开展。2001 年大气物理所共出访 170 人，接待来访 250 人。

2001 年，在原有 4 人入选“百人计划”的基础上，从国外又吸引了 2 名杰出青年人才，并吸引了 2 名海外知名科学家来所工作，1 名赴日留学博士回所工作；授予博士学位 26 人、硕士学位 8 人，在职人员申请学位 2 人；录取博士生 34 人、硕士生 32 人，进站博士后 10 人。研究生和博士后工作取得了突出成绩。

大气物理所主办的刊物有：《大气科学》（中、英文版），《大气科学进展》（英文版）和《气候与环境研究》。其中《大气科学进展》被 SCI 收录，并获国家自然科学基金委员会特别资助。《大气科学》和《大气科学进展》获院优秀期刊二等奖。《大气科学》和《大气科学进展》同时进入国家新闻出版总署公布的“中国期刊方阵”名单。中国科学探险协会和中国气候研究学会挂靠在大气物理所。

遥感应用研究所

名誉所长： 陈述彭
所　　长： 郭华东
地　　址： 北京市朝阳区大屯路
邮政编码： 100101
联系电话： 010-64879268
　　　　　010-64889570
图文传真： 010-64889570
电子邮件： admi@irsa.irsa.ac.cn
网　　址： www.irsa.ac.cn

中国科学院遥感应用研究所（简称遥感应用所）于 1979 年经国务院批准成立。

遥感应用所现有职工 224 人，其中科技人员 181 人，包括中科院院士 3 人，研究员 27 人，副研究员、高级工程师 61 人，中级科技人员 75 人，现有在学博士生 60 人，硕士生 54 人，博士后 14 人。

遥感应用所是地图与地理信息系统专业博士、硕士学位授权单位，设有博士后科研流动站。

遥感应用所是以数字地球为战略目标，在地理信息系统、全球定位系统支持下，从事遥感基础理论、前沿技术、方法和遥感应用研究的综合性、开放型研究机构。今后发展方向是：发展遥感信息科学理论技术体系，开展以成像光谱和成像雷达为代表的遥感信息特征前沿基础研究，研究新型遥感数据的处理方法和技术；开展生态、环境、资源和自然灾害遥感监测研究；为国家可持续发展宏观决策提供科学支持。把遥感应用所建成我国资源环境遥感和遥感应用工程化、产业化以及培养高层次遥感科技人才的基地。

根据知识创新工程试点启动阶段的实践和遥感信息科学事业发展的需要，遥感应用所在原有科学研究机构设置的基础上，进一步完善了遥感应用所遥感信息技术体系，形成了以遥感信息科学重点实验室、遥感信息技术部、资源环境遥感应用研究中心、国家遥感应用工程技术研究中心四个模块为主组成的科研机构以及由航空遥感中心、航天数据接收站及网络中心、遥感试验场和科技信息室组成的科技支撑系统。

遥感应用所拥有两架高空遥感飞机，系中国科学院八大科研运行系统之一，承担院内外遥感飞行。

2001年遥感应用所顺利通过中国科学院对于遥感应用所知识创新工程试点启动阶段的考核评估，并获批准实施开展遥感所知识创新工程全面推进阶段工程。

2001年遥感应用所争取和承担知识创新项目16项，国家基金项目13项，国家科技攻关项目10项，“863”计划项目6项，国际合作项目6项，“973”计划项目12项，国家其他项目8项，院重大、重点项目6项，院长基金、横向课题25项。

2001年，遥感应用所围绕知识创新工程阶段考核目标，在遥感信息科学理论、遥感信息应用、遥感信息产业等方面取得了一批重要成果，其中主要有：

1. 国土资源遥感：建成数据量达到70多个GB的国土资源卫星影像数据库、全国县级土地利用数据库、土地侵蚀数据库、生态环境背景数据库。国家资源环境数据库用户已达200余个，用户涉及8个部委及10余个省区，已向国务院办公厅全面移植了资源环境数据库，并已完成2000年数据更新。

2. 全国农情遥感速报和农作物估产：为配合目前正在执行的院“九五”重大项目和特别支持项目“中国资源环境遥感信息系统与速报”，在农作物估产的基础上，开展了以地表生物量为主线的生态环境定量遥感技术研究，进一步提高了农作物长势的监测质量。同时根据国家需求开展了以北美为主要目标的全球作物估产，并已取得初步成果。

3. 基于网络的多种灾害遥感速报系统：研究和发展了洪涝、干旱、地震、沙尘暴等遥感信息的提取和分析方法，建立了多种灾害的遥感监测评估系统。初步形成了对我国主要灾害的全程监测和预警、预测能力。

4. 数字地球原型系统：已完成原型系统的硬件环境建设，并探讨了有关数字地球系统的理论问题，结合我国已有能力，初步构筑了我国第一个数字地球雏形。

2001年遥感应用所获得中科院自然科学奖一等奖和中科院科技进步奖二等奖各一项，其中获中科院自然科学奖一等奖的国家重大自然科学基金项目“地表遥感信息传输及成像机理研究”被列为中国科学院综合性重大成果，该项目由陈述彭院士牵头，是我国首次组织的综合性遥感信息传输及成像机理研究，是当前世界遥感领域的前沿研究，在国内外产生了很大影响。

2001年遥感应用所继续大力推进国际合作研究，其中主要有：

遥感应用所承担的欧共体项目，总投资50万欧元，是遥感应用所获最高的国际组织科研经费，为期三年，2001年年底验收。该项目以海南省为研究对象，已建成海南省对地观测系统，涉及资源环境、决策、发展等诸多内容，受到海南省政府和欧共体的极大关注；

中日信息化合作项目“环境监测、水灾监测信息系统”是遥感应用所牵头与日本通商产业界的合作项目。目前，已完成基础数据的建设和系统的开发工作。该项目将对全国及大区域国土资源环境动态监测，其他灾害监测与损失评估提供技术支持，具有较高的推广应用价值；

应用我国自选研制的高光谱设备和软件，赴日本和马来西亚进行高光谱试验，是我国首次对发达国家提供的遥感技术；

遥感应用所与日本国家电信电话公司以及日本基础公司的合作取得新进展，20亿日元贷款项目已在操作中；

遥感应用所完成了联合国教科文组织委培北朝鲜等的遥感、地理信息系统专家，倍受该组织的赞誉；

2001年底遥感应用所成立了遥感考古联合实验室，在国际遥感考古界引起广泛关注。美国、加拿大等国遥感考古界已同实验室协商联合开展遥感考古的研究；

2001年，遥感应用所成立了与国外优秀学者组成的遥感误差分析实验室，积极吸引国外优秀人才来所工作，在把遥感应用所建成一个开放的国际性科研机构方面又迈出了新的一步。

2001年，崔伟宏教授被聘为欧亚科学院院士。

遥感应用所作为“数字地球国际会议”国际指导委员会秘书处办公室的挂靠单位，积极组织开展高层次、高水平、新观念的学术研讨并指导实际工作。2001年，秘书处与加拿大共同筹备并负责国内组团参加在加拿大召开的第二届数字地球国际会议，会议的召开对促进我国的经济与科学技术发展和国际“数字地球”的可持续发展起到了重要的作用。

中国地理学会环境遥感分会挂靠在遥感应用所，对外称中国环境遥感学会。遥感分会是遥感工作者的全国性学术组织，是发展我国遥感科学事业的重要社会力量。

遥感所主办刊物有《遥感学报》和《中国图像图形学报》，两报均系中国科技期刊核心刊物，是遥感科学技术和图像图形学术交流的重要文献。

中国遥感卫星地面站

站　　长：王杰生
地　　址：北京市北三环西路45号（北京2434信箱）
邮政编码：100086
联系电话：010-62559658（办公室）
图文传真：010-62561215
电子邮件：mcbs.rsgs.org.cn
网　　址：www.rsgs.ac.cn

中国遥感卫星地面站（以下简称“地面站”）是邓小平同志1979年访美期间签订的中美科技合作项目之一，于1986年12月建成并正式运行，邓小平同志亲笔题写了站名。地面站前身系中国科学院空间科学技术中心地面部，1987年经国家科委批准独立建制，是一个向全国提供卫星遥感数据及空间遥感信息服务的非盈利性社会公益型事业单位，也是我国大陆唯一的国家级民用多种资源卫星接收与处理基础设施。它的建立填补了我国在卫星遥感技术这一领域的空白，开创了我国遥感技术和遥感应用的新时代。

中国遥感卫星地面站是中国科学院启动的知识创新工程试点单位之一，现设有北京接收部、数据处理部、信息处理部、数据管理部和用户服务部五个业务部门以及业务办公室、综合办公室两个职能部门。全站现有职工151人，其中科技人员128人，含研究员14人，副研究员及高级工程师33人，中级职称人员61人。地面站具有硕士学位授予权，现有硕士生导师18人，在读硕士生28人、博士生1人。

地面站是国际资源卫星地面站网成员，是接收与处理卫星数量最多的地面站之一，可以接收美国LANDSAR－5/7、法国SPOT－1/2/4、加拿大RADARSAT、欧空局ERS－1/2、日本JERS－1、中巴合作的CBERS－1等10颗卫星数据，空间分辨率从10m至100m，接收范围覆盖我国陆地领土的80%以上。建站15年来为全国600多用户提供遥感数据服务6万多次，在国际上TM数据服务量仅次于美国和欧空局，SPOT数据服务量居世界第4位。目前地面站保存的对地观测卫星数据资料达65万景，时间跨度长达15年，是我国最大的多种对地观测卫星数据档案库，为国家积累和保存了唯一的、极其珍贵的空间数据历史资料。

2001年是地面站的“改革年”，地面站在站长王杰生、党委书记杨建国新一届领导班子的带领下，狠抓战略定位和创新改革的工作，提高了地面站市场适应能力和国际竞争力。在深入调查、反复论证的基础上，形成并经中国科学院院长办公会议审议通过《战略定位与创新改革实施方案》，确定了地面站的战略定位、发展方向以及“十五”期间和2015年的建设目标，统一了全体人员的思想，团结一致地开展地面站的改革创新（包括转变观念、机构调整、制度完善、人事改革、文化创新、园区建设等改革创新内容），有力地推动了地面站运行、科研、管理及后勤服务等各项工作的发展，实现了部门及队伍的优化组合，提高了地面站的服务质量和市场竞争能力。

创新改革促进了业务的发展。2001 年，各部、室根据新的指挥协调机制，多方改进管理水平，更新管理手段，规范作业程序，提高了部门工作的质量和效率：北京接收部不断摸索科学规范的接收工作模式，使卫星接收成功率达到了 97.8%，保证了运行“龙头”的稳定与优质；数据处理部通过硬件扩充与软件开发，大大缩短了产品平均生产周期、快视处理周期，并突破了 SPOT 快视数据上 SPOT Image 公司存档检索网的难题；信息处理部开展了数字设备的更新与 L-jet 设备的引进准备工作，积极开发深加工产品；用户服务部积极开展面向用户的销售服务与市场开拓；数据管理部搭建了 MIS 服务平台，开通了电子显示屏，并进行科技网上检索浏览镜像系统开发，方便用户查询。

2001 年地面站科研管理部门组织协调各部、室的科研技术力量，启动了遥感卫星图像成像设备改造、多卫星记录系统、综合信息网络服务系统等站内开发项目，同时积极推动站外课题的组织与申请。现已立项或基本落实的有计委信息管理系统、科学院“十五”第一批数据库建库、星上数据融合处理技术、北京市园林局第二阶段合作、内蒙古东部天然樟子松林空间格局形成的驱动力分析等近 10 个项目。验收结题了“921”图像快视处理设备、卫星数据存档介质转换与处理系统、星载 SAR 数据处理技术系统、RADARSAT 卫星数据接收与处理系统、卫星资料存档及检索系统和 10m 天线修理等 6 个项目。

地面站积极广泛开展国际交流与合作，2001 年接待外宾 80 人次，派出 18 人次参加国际会议或出访考察；和美国续签了 L-5 数据接收等合同。与法国 SPOT 公司在北京举行了 SPOT 5 卫星数据接收和分发协议签字仪式，全国人大常委会副委员长何鲁丽、科学技术部部长徐冠华、对外经贸部副部长周可仁等参加了签字仪式。

空间科学与应用研究中心

名誉所长：王大珩
现任所长：顾逸东
地　　址：北京市海淀区中关村南二条 1 号
邮政编码：100080
联系电话：010-62560947
图文传真：010-62576921
电子邮件：KJZXbgs@nc.poac.ac.cn
网　　址：www.cssar.ac.cn

中国科学院空间科学与应用研究中心（以下简称空间中心）成立于 1987 年，前身为空间物理所（原应用地球物理所，1958 年成立）和空间科学技术中心（1979 年成立），1994 年与原空间科学与应用总体部合并。2001 年经中国科学院批准进入知识创新试点单位序列。

空间中心（空间总体部）是中国科学院空间研究方面的总体机构，组织院委托的重大空间工程任务，向院内有关研究机构提供空间方面的技术支持，作为中国科学院发展空间科技及其应用的技术平台。同时，空间中心也是开展空间科学与应用研究的一个实体，主要研究方向包括空间工程技术、空间物理和空间环境工程、微波遥感技术研究等。

2001 年底，空间中心在职职工 442 人，其中科技人员 360 人，有博士 33 人（占 14.2%），硕士 59 人（占 25.3%），本科生 89 人（占 38.2%），中国科学院院士 1 人，中国工程院院士 1 人，研究员 33 人（博、硕士占 69%），副研究员及高级工程师 141 人，中级科技人员 109 人。现有在站博士后 8 人，在学研究生 68 人，其中博士生 14 人、硕士生 54 人。

空间中心具有空间物理专业博士、硕士学位授予权和空间飞行器设计、计算机应用专业的硕士学位授予权，并设有空间物理专业博士后流动站。

为适应科技发展的形势，加强主要科技发展方向的资源优化配置和调控，建立强大的科技创新团队，突出重点，有序发展，形成强势，空间中心组建了空间系统工程中心，其下设有四个研究室，即空间总体设计研究室、空间应用支持技术研究室、空间综合电子技术研究室和空间控制工程与新技术研究室。作为面向全院空间工程任务的总体设计和技术研发支持的机构，通过加强空间飞行器和空间应用系统研究，特别是推进小卫星的研制和技术创新，与中国科学院空间科学和有效载荷的优势结合，推动科学院空间科技领域的整体发展。通过调整加强了空间天气学研究开放实验室。作为中国科学院重点开放实验室，在空间物理基础性研究方向发挥综合优势，承担重大空间科学探测任务，在学科前沿进行科学创新；空间环境研究室（空间环境预报中心），从事面向国家战略需求的空间环境研究任务，同时作为空间中心空间环境预报的唯一出口，为航天活动提供保障；空间环境探测技术研究室，作为承担国家多项重要空间环境监测任务的实体，还承担了空间物理及环境探测工程任务和探测新技术的研究发展。在国家“863”计划支持下成立了空间微波遥感技术实验室，通过加强微波遥感新机理和新方法研究，承担国家空间研制任务，在微波遥感技术领域为国家做出贡献。与俄罗斯共建了中俄空间天气联合实验室，开展空间天气学领域的合作研究。

2001年7月空间中心（空间总体部）经院长办公会议批准正式进入中国科学院知识创新体系，成为创新工程试点单位之一，并进行了以下几个方面的改革与创新试点工作：

（1）空间总体方向和空间发展重大科技目标的确定。

按照创新工作的要求，空间中心凝炼了8个科技目标，即与院发展密切联系的空间总体方向的4个重大科技目标：载人航天应用、小卫星、天基综合信息网、月球探测，以及在空间中心长期科技积累基础上提炼出的空间灾害性天气研究、天基和地基空间环境监测网、空间环境预报和效应预测、空间微波遥感技术4个重大科技目标。

（2）按创新试点的总体思路和方案进行改革调整和整体推进。

在管理职能部门组合调整方面，设立了综合办公室、空间工程业务部、科研计划处、人力资源处、资产财务处、质量标准处等6个机构，根据工作需要还设置了离退办、基建办及资产管理委员会等内设机构。机关工作人员全部实行按需设岗，从所内外进行公开招聘，竞聘上岗。调整后的机关各部门，按照空间中心创新工程试点工作的总体要求，将各项创新目标结合本部门职能和职责进行分解，分别形成各自的创新工作方案与工作任务书。2001年9月，经空间中心所务委员会讨论批准，机关部门全部进入空间中心创新工程序列。

各科研单元的科研岗位同样进行了按需设岗、公开招聘和聘任上岗。截止到2000年年底，已完成科研单元领导岗位人员聘任，基本完成了科研正高级和副高级岗位人员聘任。此次科研人员的聘任，对包括高级研究岗位在内的所有岗位聘任实行聘期制，改革过去的终身制，引入竞争机制逐步优化队伍结构。科研课题管理将主方向与科技开发分开管理，出台了主学科方向课题管理办法、课题经费管理办法、高技术开发方向课题管理办法及其经费管理办法，课题经费实施预算管理办法等。在科研主方向上，实行空间中心与科技单元两级调控的机制。科技开发方向实施向企业化运行机制过渡，加大课题组的自主权，在机构设置、政策方面进行扶持。

空间中心全面实施“三元”工资分配制度，确定了政策统一和总量控制的分配原则。较大幅度提高了主要科技发展方向人员的收入，适当加大了主方向岗位的津贴；对科技开发人员的分配和激励制度也进行了细化和完善。实施目标管理，对个人和科研、管理、技术支撑单元进行考评，建立了考核和评估制度。目前，空间中心已经初步形成推动队伍结构优化和吸引、留住、用好人才的良性机制。

空间中心所属公司按股份制公司模式进行改制，建立现代企业制度，运行良好。

空间中心（空间总体部）是我国载人航天工程应用系统的总体机构，负责组织、领导由中国科学院牵头负责的载人航天工程应用的14个分系统、28项空间科学与应用任务。空间中心（空间总体部）2001年在研科研课题168项（新立课题55项），结题、验收课题51项。项目来源有载人航天工程及其他航天任务、空间科学探测任务、“863”项目、中国科学院重要方向性项目、自然科学基金项目及其他部门和企业委托研究项目等多个方面。

空间中心承担的载人飞船工程应用系统总体任务和各项具体研制试验顺利实施，2001年1月10日，“神舟二号”飞船发射成功，应用系统在“神舟二号”上的对地观测、空间天文、空间环境、空间生命科学和材料科学等15项试验（实验）任务，在飞船自主飞行7天和留轨飞行半年中，取得圆满成功，64件船载设备全部运行正常；按计划完成了“神舟4号”、“神舟五号”有效载荷的研制任务。地球空间双星探测计划项目是民用航天“十五”计划新立的第一个科学卫星工程，2001年经政府主管部门批准立项，并与欧空局正式签订了合作协议，该计划对完成空间中心在空间物理和空间天气研究前沿创新目标、推进空间科学探测研究具有重要意义。月球探测预研全面展开，开局良好，工程任务顺利进入实施阶段。中科院天基网方向性项目在网络协议、激光通信、自主运行、数据融合和处理及先进载荷方面取得了可喜的进展，正在进一步争取“863”计划的项目支持。多模态微波遥感器和其他微波遥感任务诸多重要课题均圆满完成，其中“高功能密度模块化微波遥感系统研究”课题组被“863”委员会评为先进课题组。卫星空间环境监测型号任务及其他航天任务，包括气球和火箭气象探测进展顺利。国家重大科学工程“子午工程”项目进行了立项前的准备。空间碎片预研领域是新国防科工委成立后的一个专项，空间中心共承担了5个课题，包括项目的总体研究。2001年，空间中心承担的所有“863”任务均圆满完成合同任务，国家重大、重点基金，杰出基金等基金项目按计划实施，十余项面上基金项目已按计划开展工作。

空间中心军（民）ISO9000质量体系运行正常，2001年进行了二次内审和管理评审，通过了质量体系认证中心的监督检查。

科技开发工作较2000年有了明显的进步，离子源技术、雷电监测、自动控制、军机等项目稳步进展，效益显著。

2001年空间中心“实践五号卫星有效载荷与应用系统及实验结果”项目获中国科学院科技进步奖一等奖，“行星扰动传播研究”项目获中国科学院自然科学奖一等奖，完成中国科学院院级鉴定1项，上报中国科学院科技成果12项；申请发明专利2项，实用新型专利1项，授权发明专利3项。

2002年中科院工作会议上，空间中心载人飞船工程应用系统研究集体作为先进集体受到国家人事部和中国科学院的表彰。

空间中心积极开展国际合作与交流：2001年安排出访项目32项、57人次，来访20项、78人次。在中科院国际合作局的支持下，成立了中俄空间天气联合实验室，并开始了互派学者和主办中俄双边学术讨论会的工作。空间中心承办了第六届联合国亚太经社组织空间科学与应用区域工作年会暨第二届微小卫星技术与应用研讨会，空间中心的相关项目参加了第四届国际空间技术与应用展览会。

空间中心是中国空间科学学会，国际空间研究委员会中国委员会，世界数据中心中国空间科学学科中心等全国性空间科学学术组织的挂靠单位，与国内外同行专家有着良好的合作关系。主办刊物有《空间科学学报》。

半导体研究所

名誉所长：黄　昆
所　　长：郑厚植
地　　址：北京市海淀区清华东路甲35号
邮政编码：100083
联系电话：010-82304210（所办）
图文传真：010-82305052
电子邮件：semi@red.semi.ac.cn
网　　址：www.semi.ac.cn

中国科学院半导体研究所（以下简称半导体所）是集半导体物理、材料、器件研究及其系统集成应用于一体的国家级半导体科学技术的综合性研究所。其前身是中国科学院物理研究所的半导体研究室，它筹建于1956年，正式成立于1960年。

半导体所现有职工574人，其中科技人员372人，有中国科学院院士9人，中国工程院院士2人，研究员（包括正研级高级工程师）69人，副研究员（包括高级工程师）84人，中级科技人员120人。半导体所是国务院学位委员会批准的首批理学博士和工学博士授予单位，并建有博士后流动站。有3个博士点：凝聚态物理，材料物理与化学，微电子学与固体电子学；4个硕士点：凝聚态物理，材料物理与化学，微电子学与固体电子学，电路与系统。现有博士生91人，硕士生68人，博士后16人。

半导体所的主要研究方向是：光电子及其集成技术，半导体材料、薄膜和微结构半导体材料科学技术，低维量子体系和量子工程、量子器件的基础研究，半导体人工神经网络和特种微电子技术。拥有2个国家级研究中心——国家光电子工艺中心和光电子器件国家工程研究中心；3个国家重点实验室——半导体超晶格国家重点实验室、集成光电子国家联合实验室和表面物理国家重点实验室（半导体所区）；1个院级实验室——半导体材料科学开放实验室。此外，还设有光电子研究发展中心、半导体材料研究发展中心、半导体人工神经网络和高速数模混合集成电路实验室、微电子研究与发展中心，以及从事高科技产业开发的合资公司。

2001年半导体所共争取和承担各类国家科研任务100多项。其中，国家自然科学基金14项，“863”项目11项，“973”计划1项等。2001年半导体所完成了国家重大、重点任务近20多项，取得了一系列科研成果。2001年黄昆院士获国家最高科学技术奖；“自组织生长量子点材料和器件研究”获国家自然科学奖二等奖；“半导体神经网络技术及其应用”获北京市科学技术进步奖一等奖。2001年授权和申请专利22项；发表论文176篇。

半导体所在知识创新工程转入全面推进阶段中确立了8个重大项目：低维量子体系和量子工程、量子器件的基础物理研究，信息光电子器件的研究与开发，光电子集成技术研究，8×10Gb/sDWDM光纤通信关键功能基础部件研究，半导体功能材料，半导体低维结构材料和器件应用，半导体人工神经网络及模糊逻辑高速数模混合电路的研究，特种半导体器件及集成电路的研究。

半导体所通过体制创新吸引高水平的科技人才，开拓了跨世纪的创新科技项目。

近年来半导体所十分重视科研成果向产业的转化，重视科技与资本以及与资本市场的结合，通过实施一期知识创新工程，在解决融资、孕育高技术创新环境和推进科技成果转化等方面，已经进行了有益的尝试。截至2001年底，半导体所用技术等要素投资已建立了7个合资公司，另有2个合资公司正在建立，新创建高新技术合资公司的总注册资本已达3亿元人民币，其中半导体所以技术等无形资产入股获得了8 000多万元的股权。

长期以来，半导体所非常重视开展国际合作交流，积极参加国家重大科研合作项目的研究。2001年，参加国际学术交流人数达60多人次，与比利时、英国、德国等多个国家和地区建立了长期的合作关系。例如，参加了国家科技部“2002～2004年度中国、比利时弗拉芒大区科技合作项目”，开展自旋电子学方面的研究工作并取得了可喜的进展；与香港城市大学联合成立“联合光电子学实验室”，开展光通信用器件的研究；与香港大学合作成立新材料合成与检测技术联合实验室，开展新材料的研究工作，并得到了国家“863”计划重大项目和国家自然科学基金委的支持。这些合作进一步推进了半导体所知识创新工作的发展。

半导体所以启动二期创新为契机，将创新岗位分六级进行设置，按照“按需设岗、按岗聘任”的原则，实行公开招聘、择优上岗、合同管理的用人模式，以充分调动科研人员的积极性，为知识创新工程的顺利实施提供多方面的保证。同时，积极探索各种新的用人方式，不拘一格地吸引优秀人才到半导体所工作。

半导体所在保证研究生招收数量的同时不

断提高招收质量，加强招生宣传，积极与高校合作，进行联合培养。2001年度博士、硕士的招生报名情况比以前有较大的改观。

中国电子学会半导体集成技术分会、中国物理学会半导体物理专业委员会挂靠在半导体所。主办的刊物《半导体学报》已成为我国4 449种科技期刊中少数被世界四大检索系统收录的权威刊物之一。2001年，《半导体学报》的被引频次为376，比上一年提高46%；影响因子为0.398，比上一年提高50%；指标综合加权评分为52.54，比上一年提高48%。《半导体学报》的主要指标均有很大的提高，呈现出良好的发展势头。

计算技术研究所

所　　长： 李国杰（院士、全国人大代表）

地　　址： 北京市海淀区中关村科学院南路6号

邮政编码： 100080

联系电话： 010-62565533

图文传真： 010-62567724

电子邮件： office@ict.ac.cn

网　　址： www.ict.ac.cn

中国科学院计算技术研究所（简称计算所）创建于1956年，是中国第一个专门从事计算机科学技术综合性研究的学术机构。计算所有正式员工198人，其中科技人员165人，有院士4人（中国科学院院士：夏培肃、高庆狮，中国工程院院士李国杰、倪光南），客座院士2人（中国科学院院士：陆汝钤、张景中），研究员30人，副研究员、高级工程师42人，中级科技人员48人。计算所现有在学研究生370人，其中博士生185人，硕士生185人；博士后16人。此外，客座研究员、副研究员和访问学者上百人。

计算所学科方向为高性能计算、4C融合的网络与数字化技术和智能化软件技术。

计算所的科研主体是高性能计算机（国家智能机中心）、计算机系统结构、信息网络、数字化技术、软件五个研究室和中科院计算所智能信息处理重点实验室。依托在计算所的国家高性能计算机工程中心也是计算所科技力量的重要组成部分。此外，计算所还是国家高性能计算中心（北京）、国家并行计算机工程中心的依托单位。计算所与外界合作成立了生物信息学联合实验室、信息安全联合实验室、操作系统联合实验室、中德（ICT-A&M Univ. At Texas）网络技术联合实验室、企业信息平台联合实验室、人脸识别联合实验室、计算机性能测试联合实验室等。总之计算所要为IT产业提供共性关键技术，并推动形成工业标准，为国家的GDP增长做出实质性贡献。

计算所是国家首批博士学位、硕士学位授予点；计算机一级学科博士学位授予点；中国科学院博士生重点培养基地；国家首批博士后流动站；首批具有研究生毕业同等学历人员的硕士学位授予权单位。

2001年，围绕知识创新工程试点工作，凝炼科技目标，坚持有所为、有所不为的方针，计算所进行了一系列的改革并取得了重要成果。计算所现在已经逐步形成了一些符合“三性”要求的重要科研方向和新生长点，如通用CPU及SOC、编译技术、高性能计算机与网络（Grid）技术，以IPv6为突破口的网络技术与开放式网络终端（NC），智能化的信息内容处理与一体化软件平台、生物信息学算法研究，以机载与星载SAR为突破口的国防应用项目等。

计算所2001年争取和承担研究的课题有74项。其中有代表性的项目有高性能通用CPU芯片研制、IPV6网络关键技术研究和城域示范系统、中文平台总体技术研究与基础数据库建设、智能化网络访问终端等。

高性能通用CPU芯片研制开始是计算所知识创新重大项目，后来得到院创新重点方向项目支持（2002年列为中科院知识创新重大项目，投入3 200万元）。2001年10月10日，龙芯（Godson）CPU设计与验证系统通过技术鉴定，鉴定委员会高度评价了我国第一颗高性能通用CPU Godson，认为其在通用CPU设计技术方面达到国内领先水平，在动态流水线的实现技术和 CPU 硬件对系统安全性的支持方面有重要创新，达到了国际先进水平。Godson CPU 执行 250 多条指令，可运行通用的主流操作系统 Linux 最新版本内核（2.4 版）、X-Window 和商品化 Web 服务器软件，在国内率先通过了 SPEC CPU 2000 和 IEEE 有关标准的严格测试。

计算所 2001 年共有 22 项科技成果通过鉴定或验收。其中曙光 2000 系列超级服务器获国家科技进步奖二等奖，曙光系列可扩展并行计算机系统获中国科学院科技进步奖二等奖，个人计算与通信相结合的算通机技术获中国科学院科技进步奖二等奖，曙光 Internet 信息服务系统获“九五”国家重点攻关优秀成果奖，增强型高可用曙光服务器获“九五”国家重点攻关优秀成果奖。

2001 年，计算所的技术转让取得丰硕成果，以计算所知识产权参股的曙光公司在香港成功借壳上市；此外，计算所参股创立的公司还有神州龙芯集成电路设计有限公司（正在注册），京泰网络科技有限公司，以及以技术孵化与转让为主营业务的中衡天纬技术发展公司。同时，计算所还承担了 Intel、Nokia、联想等企业委托的许多高科技研究开发课题，与苏州等地的高技术开发区成立了联合实验室，为以后成立计算所分所做了准备。

计算所积极开展国际合作交流：与 Intel 公司合作开发为 Intel 新一代 64 位处理器（Itanium）定制的基于开放源码的先进优化编译器，已经取得阶段性成果，并被美国多所大学用作研究平台；与美国得克萨斯州 A&M 大学合作成立联合实验室；与德国 Fraunhofer 软件研究所共建联合实验室，进行信息技术领域的前沿学术研究。

计算所在国际科技机构中任职的有：李国杰：IFIP TC-10 中国代表，IEEE Trans. KDE 编委；徐志伟：IEEE Computer Society 出版理事会理事，IEEE 北京分会主席，Internal Journal of Grid Computing 编委；另外李华、史忠植、李忠诚、白硕、高文、闵应骅等人也在国际科技机构中担任重要职务。

计算所是中国计算机学会和中国图像图形学会的依托单位。

重要出版刊物包括：

（1）《计算机学报》，1978 年创刊，中国计算机领域权威性学术刊物。（2）《计算机科学技术学报（英）》（JCST），中国计算机科学技术领域唯一以英文原著形式出版的一级学术性期刊，1986 年创刊。2000 年被 SCI（美）收录，目前是国内唯一被 SCI 收录的计算机学术刊物。（3）《计算机研究与发展》，1958 年创刊，我国第一个计算机刊物。（4）《计算机辅助设计与图形学学报》，我国 CAD 和计算机图形学领域第一个学术性刊物。

上述四刊均被 EI 等国际、国内检索机构收录。

软件研究所

所　　长： 冯玉琳
地　　址： 北京市海淀区中关村南四街 4 号
邮政编码： 100080
联系电话： 010-62553967
图文传真： 010-62562533
电子邮件： overseas@admin.iscas.ac.cn
网　　址： www.ios.ac.cn

中国科学院软件研究所（以下简称软件所）创建于 1985 年，是一个以计算机科学理论和应用研究为基础，以计算机软件高新技术的研究开发和产业建设为主导的综合性基地型研究所。现有职工 484 人，其中科技人员 439 人，平均年龄 36 岁，有中国科学院院士 4 人，研究员 49 人，副研究员及高级工程师 97 人，中级科技人员 137 人。

经国家批准，软件所拥有计算机科学与技术一级学科点博士学位授予权及基础数学专业硕士学位授予权，建有计算机科学与技术博士后科研流动站。现有在学博士生 128 人，硕士生 189 人，博士后科研人员 26 人。软件所积极推行在职职工的学位教育计划，促进青年人才健康成长。

软件所于 1999 年 3 月被批准进入中国科学

院知识创新工程基地。2001年软件所全面推进创新工程的进程，从科技新增长点的部署、“以人为本”的管理机制到进入国家、行业、地方的重大科技战略计划都有大的举措。遵照中科院知识创新工程的部署，软件所主要要从事计算机软件学科的“基础性、前瞻性、战略性”研究。设有从事基础性研究的中科院计算机科学重点实验室、信息安全国家重点实验室（共建）以及主要从事应用研究和开发的部门，包括中科院信息安全技术工程研究中心、并行软件研究开发中心、软件工程技术研究开发中心、开放系统和中文信息处理中心、多媒体通信和网络工程研究中心、人机交互技术和智能信息处理实验室、互联网软件技术实验室。研究所还设立了培育项目基金、青年创新基金与基础研究基金，支持创新性、战略性和软件领域新增长点的课题。截止到2001年底，研究所按基地学科方向设置科研岗位，通过所内外公开招聘、竞争上岗方式招聘了基地人员145人，其中终身研究员6人，首席研究员8人，“百人计划”6人。

2001年软件所承担的主要课题有186项，其中国家自然科学基金项目36项（含杰出基金1项、重大基金（合作）1项、重点基金6项），国家“九五”重点科技攻关项目6项，国家重点基础研究发展规划项目12项，国家高技术研究发展计划项目31项，中国科学院重大重点项目、院长基金项目和择优支持项目14项，中科院知识创新重大项目1项，中科院知识创新方向性项目4项，知识创新领域前沿项目26项，承担其他部委、国际合作及面向国民经济建设项目40多项。

2001年软件所的科研成果“网络分布软件支撑平台及石化应用示范工程”获中国科学院科技进步奖一等奖。申请专利受理4项，获实用新型专利授权1项；申请软件著作权20项，登记完成19项。

软件所对软件高新技术产品的开发也有大量的投入，开发出一批已投放市场的应用软件产品和技术，在保险、邮政、银行、电信、税务、商业、石化、烟草、工业制造业等行业中有领先的技术优势和广泛的市场前景。已组建的软件高技术企业集团以有偿转让、参股等多种方式引进并转化软件研究所的成熟技术，积极开拓市场，扩大企业经营规模的同时，以相应的资金回馈研究所，支持研究所的持续发展。软件所软件产业集团已被国家科技部火炬办认定为“国家火炬计划北京软件产业基地”骨干企业，软件所所在的中科院软件园被认定为“国家火炬计划北京软件产业基地”软件园区。

软件所十分重视国际间的交流与合作，已和世界上40多个国家和地区有密切学术联系及多种形式的合作关系。2001年邀请和接待国外学术及企业界人士340人次，并派遣209人次外出进行学术交流活动。2001年10月13～19日，软件所成功主持了第二届计算机科学基础国际会议。2001年11月13～16日，软件所成功主持了第三届国际信息与通信安全国际会议。软件所与一些国际著名的计算机公司如Bell实验室、IBM、NEC、Hitachi、Microsoft、Novell、Motorola、三菱电机（中国）等有着长期、广泛、稳定的合作关系。合作内容、形式多样，覆盖了从基础研究到项目开发、人才培养等不同层次，为科研水平的提高、人才的培养、开发环境的改善及软件产业的国际化做出了重要贡献。

中国中文信息学会，中国软件行业协会数学软件分会，中国软件行业协会UNIX用户分会，中国计算机用户协会IBM分会等挂靠在软件所。主办的刊物有《软件学报》，《中文信息学报》和《计算机系统应用》。

计算机网络信息中心

主　　任： 阎保平
地　　址： 北京市海淀区中关村南四街4号
邮政编码： 100080
联系电话： 010-62559377（办公室）
　　　　　010-62573292（科技处）
图文传真： 010-62560928
电子邮件： cnic@cnic.ac.cn

网　　址：www.cstnet.ac.cn

中国科学院计算机网络信息中心（CNIC）主要从事计算机网络技术、数据库技术、科学工程并行计算等国际前沿技术的研究开发及其应用服务。同时，也是中国科学院的科研支撑机构。现设有5个业务研究室：网络技术研究室、数据库技术应用研究室、超级计算机技术应用研究室、网络信息技术研究室、OA技术与应用研究室；2个职能处（室）：科研业务处和综合办公室。CNIC筹建于1989年，1995年3月正式成立，现有职工102人，其中科技人员92人，有高级科技人员24人，中级科技人员53人，是国务院学位委员会批准的有硕士学位授予权的单位。目前在学硕士研究生33人，博士生15人。

CNIC运行管理着中国四大网络之一的“中国科技网”（CSTNet），该网络是在世行贷款国家重点项目“中国国家计算与网络设施”（简称NCFC）的基础上建设发展而来，目前通过光缆、DDN专线、卫星、微波等各种公用和专用信道连接了京内外的中科院研究所及院外科研教育、国家部委机关、高新技术企业等千余个单位，入网最终用户已达100余万户，比2000年增长了一倍。作为一个不以盈利为目的的公益性网络，CSTNet承担着为中国科技教育界、科技管理部门、高新技术企业的研究与发展（R&D）部门以及政府部门提供网络接入与网络通信、科研与科技信息、科学数据库以及超级计算等各项服务的任务，形成了一个覆盖全国的大型计算机网络。至2001年底CSTNet国际信道已由1998年的2M升级为55M（45M海底光缆），与CHINANET之间通过两条155M链路相连。

1994年4月NCFC正式接入Internet，成为国内最早正式与Internet联接的单位，与此同时，创建了我国顶级域名服务器CN。1997年6月3日，原国务院信息化工作领导小组正式授权CNIC运行管理“中国互联网络信息中心”（CNNIC），扩大了网络中心的服务功能，同时标志着我国互联网络的发展、运行和服务进入了更加有序、完善和规范的发展轨道。经过三年多的发展，CNNIC的组织管理体系日渐完善，在为全国的网络用户提供Internet域名注册服务、IP地址分配、目录数据库服务、信息发布以及代表我国互联单位与国际互联网络信息中心、亚太互联网络信息中心进行业务联系等方面做了大量卓有成效的工作，CNNIC的影响在一天天扩大。

随着SGI Power Challenge XL（16CPU）超级计算机、日立SR2201（32CPU）超级计算机的相继引进、安装，基于“中国科技网”的超级计算环境于1997年初步形成，目前这两台分别具备每秒64亿次及每秒96亿次浮点计算能力的超级计算机系统向全国的科技界开放并提供科学计算机服务；SGI超级计算机目前利用率达60%以上，用户单位由1997年的10个发展到2001年的32个；日立SR2201并行计算机目前利用率达40%以上，用户单位由1998年的4个发展到2001年的11个。与此同时，CNIC还安装了由我国自行设计制造的曙光2000-Ⅱ超级计算服务器（由82个结点组成的机群系统，共有164个处理机）一台，目前利用率达55%，用户单位由2000年的36个发展到2001年的56个，使科学院的超级计算环境初具规模，达到了总浮点运算能力每秒130万CPU机时。服务领域涉及医学、药务、石油、大气、化学等多种学科及领域。建立了超级计算用户管理委员会，得到世行专家的认可。

为挖掘和开发利用科学院丰富的科学数据资源，在国家有关部门的支持下，1986年中国科学院启动了“科学数据库及其应用信息系统”项目的建设。CNIC是该项目的主持和技术依托单位。经过十多年的建设，科学数据库已经成为国内信息量最大、学科专业最广、服务层次最高、综合性最强的科技信息服务系统。目前科学数据库有建库单位21个，专业数据库180个，总数据量达725GB。科学数据库以中国科技网作为支撑平台，向国内外用户提供服务，已建立了集中与分布式的Web站点19个，上网专业数据库153个，数据量约325GB。“科学数据库及其信息系统”项目1997年获中国科学院科技进步奖一等奖，1998年获国家科技进步奖二等奖。

科学工作是知识传播的重要组成部分，网络信息中心于1998年正式成为国家科技部定点的中科院第一批面向社会科普开放研究所之一，进行网络科普活动，至今已进行科普活动107场次，参加人员达13 000人。由于出色的工作业绩，1999年被命名为“全国青少年科技教育基地”和“全国科普工作先进集体”；2000年被命名为“北京市青少年科普教育基地”；2001年被命名为“海淀区科普教育基地”。

CNIC随着科研业务的蓬勃开展，2001年加大了与国际间的学术交流活动，邀请和接待了国外学术和企业界人士访问与洽谈合作项目，并派遣29批95人次出访进行学术交流。CNIC将继续加强与美国、日本、韩国等国家，以及台湾、香港等地区的研究机构、团体、企业的项目合作与学术交流。

CNIC的下一发展目标是通过凝聚一支精干的科研队伍，开展互联网技术的攻关，保持技术领先的优势；通过对技术队伍和运行体系进行重组，完善院信息化技术支撑体系，满足院信息化的应用需求；充分发挥目前的人才和技术的优势，为全院提供优质、高效的信息化技术支持服务。

计算机网络信息中心是中国科学院信息化工作领导小组办公室，国际科技数据委员会(CODATA)中国委员会秘书处，国家基金委超级计算机用户委员会办公室及中国科学院科学数据库办公室的挂靠单位。

电子学研究所

所　　长：阴和俊
地　　址：北京市海淀区中关村路17号
邮政编码：100080
联系电话：010-62554605
010-62566314
图文传真：010-62567363
电子邮件：iecas@mail.ie.ac.cn
网　　址：www.ie.ac.cn

中国科学院电子学研究所（以下简称电子所）创建于1956年，是我国第一个综合型电子信息科学研究所。2001年底全所在职职工534人，其中科技人员404人，有中国科学院院士1人，研究员55人，副研究员、高级工程师97人，中级科技人员135人。

电子所是我国首批博士和硕士学位授予单位，设有通信与信息系统、信号与信息处理、物理电子学、电磁场与微波技术四个学科的博士学位、硕士学位授予点和信息与通信工程学科博士后科研流动站。现有博士研究生69人，硕士研究生110人，在站博士后8人。

电子所主要从事电子与信息科学技术领域的应用基础研究和高技术创新研究。目前已形成了微波成像雷达及其应用技术、微波毫米波器件与技术、高功率气体激光技术、微传感技术与系统四个优势学科。近、中期，在微波成像雷达及其应用技术领域、在微波毫米波器件与技术领域、在高功率气体激光技术领域、在微传感技术与系统领域、开展研究。此外，还开展了电磁场理论、计算电磁学、空间电波传播、天线理论与技术、电磁兼容理论与技术和微波遥感理论与技术等应用基础研究。

电子所由创新基地、工程基地、产业基地、科技服务和科研支撑五部分组成。创新基地由微波成像技术国家级科技重点实验室、高功率微波与电磁辐射院重点实验室、传感技术国家重点实验室北方基地、星载雷达系统部、成像雷达系统部、现代信息技术部、高功率气体激光技术部组成，主要从事相关的应用基础研究，并承担国家重大型号、攻关任务和面向未来发展的前瞻性、战略性高技术创新研究。工程基地由微波电子学研究室和大功率微波器件研究室组成，主要承担我国大科学装置、大型检测设备急需的微波毫米波器件的战略性攻关任务，为我国国防建设、科学研究和国民经济的重大工程提供技术支撑。产业基地以北京科电高技术公司和北京科电微波电子公司为基础，创建北京科电集团有限公司，以市场需求为导向，按照现代企业的运行模式发展高新技术产业。

2001年，电子所坚持将面向国家战略需求放在首位，坚持面向国家战略需求与面向世界科学前沿的有机结合，进一步凝炼科技创新目标，明确发展战略，展现出了良好的发展态势，知识创新工程试点工作取得了显著成效。至2001年底，已启动中科院方向性创新项目2项，部署所创新项目38项，其中安排领域前沿8项，高技术创新14项，面向高技术产业发展项目5项，青年创新基金11项。中科院方向性创新项目“8mm谐波倍增回旋行波管放大器的研究”取得重大阶段性成果，成功突破了谐波倍增、输入模式宽带变换耦合、模式选择和抑制、簇腔提高增益带宽积、渐变带宽匹配输出等一系列技术难点，在国内首先研制出了两只具有技术创新的8mm谐波倍增回旋行波管放大器实验样管。

2001年，电子所共承担各类科研任务113项，其中国家重大任务8项，“863”计划5项，其他科研委托项目80项，国家自然科学基金11项，中科院支持课题9项，保证了国家重大工程型号的节点计划和配套任务的完成。同时还积极开展了大量的预先研究和关键技术攻关，为研究所后续发展奠定了基础。

2001年，电子所参研的“遥感信息传输及其成像机理研究”获中科院自然科学奖一等奖；“宽带大功率多注速调管”解决了国内急需，该项成果被专家评为具有国内领先、国际先进水平。全年共发表学术论文200多篇，申报专利20项，受理19项，获得授权专利9项。

2001年，电子所“十五”任务的争取和落实成绩喜人，已落实新品研制项目、“863”重大专项、国家重大型号任务、微波器件委托研制任务、国家杰出青年基金等。技术改造和科研条件保障建设获得国家较大强度的支持，学术地位和社会影响稳步提高。

电子所产业基地，现有正式职工86人。2001年，改制工作取得了很大进展，科电高技术公司已完成下属4个子公司的合并、注销工作，公司整体资产评估基本完成；科电微波电子公司已完成资产评估工作，资产评估结果得到院主管部门的确认。为使研究所产业化工作有更大的发展，尽快建立现代企业制度，电子学研究所在昌平沙河购置了100亩（1亩＝666.6m^2）土地，作为产业化基地，为今后的发展奠定了坚实基础。

2001年，电子所与俄罗斯、乌克兰、白俄罗斯、英国、德国、法国、挪威、芬兰、瑞典、意大利、亚美尼亚、日本、韩国、伊朗、美国、加拿大、澳大利亚等国家和香港、台湾地区的研究机构、大学和公司开展了微波成像技术、微波毫米波器件和技术、高功率气体激光技术、微传感技术及智能微系统和真空微电子器件等方面的科技合作与交流。完成了在研国际合作项目8项，签订了新的国际合作项目和合作意向协议18项，举办了各类学术和专题讲座58场。

中国电子学会电路与系统分会挂靠在电子学研究所。主办的刊物有：《电子与信息学报》，*Journal of Electronics*（*China*）和《中国无线电电子学文摘》。2001年电子学研究所与中国电子学会共同主办了“2001年超光速学术研讨会”。

自动化研究所

所　　长：谭铁牛
地　　址：北京市海淀区中关村东路95号
邮政编码：100080
联系电话：010-62551575
图文传真：010-82614508
电子邮件：ia_adm@iamail.ia.ac.cn
网　　址：www.ia.ac.cn

中国科学院自动化研究所（以下简称自动化所）成立于1956年10月，1967年划归航天部五院，1970年3月在原自动化所两个研究室基础上重建。现全所在职人员327人，其中专业技术人员249人，有中国科学院院士1人，研究员（包括正研级高级工程师等）39人，副研究员、高级工程师等87人。自动化所在控制理论与控制工程专业、模式识别与智能系统专业具有博士硕士学位授予权。现有在学研究生296人，其中博士生140人，硕士生156人。另有在站博士后25人。

自动化所学科方向为智能控制与综合自动化、复杂系统与智能科学以及智能信息处理，主要研究领域为智能识别与智能控制，是一个集基础研究、应用开发于一体的国家科研机构。现设有3个实验室、6个工程中心，以及若干参股控股高科技公司。其中模式识别实验室为国家重点实验室，复杂系统与智能科学实验室为院重点实验室，中法信息、自动化与应用数学联合实验室为中国科学院与法国国立自动化研究院等合作成立的联合开放实验室，专用集成电路设计研究中心是国家级技术工程中心。

2001年，自动化所进一步明确国家研究所的目标和使命定位，在“一个目标、二项使命、三心工程、四个接轨、五大功能”的总体发展思路基础上，进一步强调科研工作要“面向国家战略需求，面向世界科技前沿”。2001年，自动化所召开的党政领导班子务虚会上，进一步分析了研究所面临的形势，研究部署了提升研究所核心竞争力的举措，提出了“国家的战略发展需求，是研究所发展的最大机遇”。在此基础上，自动化所提出了“一个环境，两个平台，三个系统”的二期创新科技目标，希望通过目标牵引，若干年的努力，使自动化所成为若干大型企业、政府和国防军工部门的重要研发基地，拥有1～2个上市或年产值超5亿元的企业；1～2个年产值在5 000万元以上且研究所占相对控股的新产业，推出一批技术标准和专利。

为了实现这些目标，促进所内结构调整和力量整合，2001年，自动化所启动了重大项目的立项工作，择优支持符合国家战略需求、有利于技术集成的项目。重大项目坚持“成熟一个，启动一个”的原则，强化研究所级层面的管理。目前，已有2个项目进行了答辩。研究所希望通过重大项目带动学科和组织机构调整，做出具有显示度的工作。

为促进学科交叉，集中优势，2001年12月，自动化所成立了系统复杂性研究中心，全国人大副委员长蒋正华出席成立大会并讲话。中心依托中科院复杂系统与智能科学重点实验室，以小实体、大网络的模式运行，将成为国内开展系统复杂性研究的一个重要基地，立足于开展基础性、战略性、前瞻性研究。

2001年，自动化所共承担101个科研开发课题项目，年内结束完成的项目有39个，全年共到位科研经费4 455万元（不含以企业机制运作的工程中心及参股企业的应折合经费）。其中，自动化所文字识别工程中心和汉王科技公司研制的“形变连笔的联机手写汉字识别方法与系统”荣获国家科技进步奖一等奖和信息产业部信息产业重大发明奖；自动化所承担的公安部科技攻关项目“多道心理测试仪”通过专家验收，并荣获“九五”国家重点科技攻关计划优秀科技成果奖；自动化所和日本松下技研（株）、松下电器产业（株）成功开发的世界最新中日双向旅游对话语音翻译技术，首次使得汉语和日语之间的直接语音通信变为可能。此外，自动化所主要参加的“现场总线分布控制系统开发及示范应用”获中科院科技进步奖一等奖，“石化生产过程多变量预估控制技术开发应用”获中国石油化工集团公司科技进步奖一等奖。

2001年，自动化所科技人员在国内外期刊上发表论文106篇，其中SCI论文18篇，EI论文46篇；在国际会议上发表论文52篇；申请专利22项，其中发明专利14项，实用新型8项，获授权7项（发明专利1项，实用新型6项），软件著作权登记9件。

2001年，自动化所在争取重大科研项目方面，也取得了丰硕的成果，显示了良好的势头，申请获准国际重大合作项目1项，主持国家“863”计划12项、国家自然科学基金项目12项（其中国家杰出青年基金2项），两类项目获准支持率均在50%以上，远远高出18%～20%的平均支持率。模式识别国家重点实验室群体获得2001年度国家自然科学基金委的“优秀创新研究群体科学基金”，是信息与自动化领域全国三家获得此项基金的单位之一，显示了自动化所强大的竞争实力。

科技竞争，人才为先。自动化研究所始终高度重视人才队伍的建设。2001年，引进人才10人，其中具有博士学位7人，“百人计划”2人，自动化研究所经批准新引进“百人计划”3人，2002年将陆续到位。研究生规模进一步扩大，至2001年在读研究生已达296人，自动化所培养的博士生杨智勇的博士论文《视觉捆绑的理论和模型》2001年被评为“全国优秀百篇博士论文”，使自动化所成为自国务院学位办开展“全国优秀百篇博士论文”评选以来为数不多的连年榜上有名的单位之一，研究生已经真正成为自动化所科研工作的一支生力军。

2001年，自动化所创新文化建设全面推进。评选出研究所的所徽，升起了所旗，编写了所史，展出了研究所的历史和成果。同时，一年来，研究所确立了一套比较完善的VI应用规范。5月和10月，自动化所分别举办了“科技成果展示会”和“庆祝建所45周年活动”，凝聚了全所职工的人心，扩大了自动化所在社会上的良好影响，社会各界2 000多人参加了这些活动。5月，举办的主题为“人文精神走进科学殿堂”文化节系列活动持续2个月，邀请了北京大学、清华大学、中国人民大学等高校的著名学者开展了人文精神讲座，并组织了敦煌艺术展、救助西部失学儿童等活动，在科研院所产生了广泛的影响。

在创新文化建设中，自动化研究所始终注意加强制度建设和制度创新。研究所目前已经形成包括议事制度、民主管理制度、监督制度等一系列的规章制度，由自动化所自主开发的“电子所务管理平台”日趋成熟，并成为开展所务公开和民主管理的良好平台，2001年，中国科学院京区党委、京区纪委和院工会等单位两度在自动化所召开所务公开现场会，对全院政务公开的推进起到了积极的作用。

2001年，自动化所加大了所区环境综合治理，拆掉了北侧平房并进行了绿化，对模式楼一、二楼公用部分和所东楼进行了装修，大大改善了办公环境。自动化大厦工程进展顺利，6月，大厦如期封顶，目前，正在进行内外装修，可望在2002年6月如期完工。

中国自动化学会挂靠在自动化所，主办刊物有《自动化学报》。

微电子中心

名誉主任：王守武
主　　任：钱鹤
地　　址：北京市朝阳区北土城西路3号
邮政编码：100029
联系电话：010-62359009
图文传真：010-62021601
电子邮件：zwxx@meccas.ue.ac.cn
网　　址：www.ue.ac.cn

中国科学院微电子中心成立于1986年，由中国科学院半导体所微电子学部分和中国科学院一〇九厂（1958年成立）合并组建而成。

2001年底在职职工489人，其中科研技术人员263人；包括中国科学院院士2人，研究员29人，副研究员13人、高级工程师37人，中级科技人员130人。微电子中心是博士、硕士学位授予单位，在读博士研究生17人，在读硕士研究生54人。

微电子中心学科方向和研究领域为微电子学和固体电子学。今后的发展方向为：(1)深亚微米集成电路关键工艺技术；(2)抗辐照SOICMOS集成电路技术；(3)基于“IP”(IntellectuaI Property)库的专用集成电路设计；(4)高性能专用集成电路设计；(5)深亚微米微细加工技术；(6)化合物半导体器件与电路。其科研机构设置为：深亚微米集成电路技术研究室（第一研究室），集成电路设计研究室（第二研究室），特种半导体器件与微细加工技术研究室（第三研究室）。此外还和首钢共建了北京首科微电子工业研发中心微电子中心，和中科微电子技术公司共建了集成电路设计实验室等。微电子中心具有一条完整的100mm（4英尺）0.5μm集成电路实验线，可进行深亚微米集成电路的研究开发与小规模生产；具有电子束光刻、CMOS SOI 电路等对外技术服务的能力。

作为中国科学院“知识创新工程”的试点单位，微电子中心根据国家和行业发展的需求对科研方向进行了凝炼，主要在以下六个方面取得了进展：

(1) 深亚微米集成电路关键工艺技术。通过试点研究，将形成一组具有自主知识产权并规范化的创新性工艺模块，如金属硅化物、薄栅氧化及 CMOS EEPROM 等主流工艺模块，为国内急需的高档专用集成电路开发服务，并积极向 SGNEC 等相关企业转移。

(2) 抗辐照 SOI/CMOS 集成电路技术。该项目将研究成功抗辐照集成电路的设计与制造技术，研制一批抗辐照专用集成电路，如 4K，64KSRAM 抗辐照芯片，满足国内多方面的需求，并为军用元器件生产打基础。

(3) 基于“IP”库的专用集成电路设计。通过该项目的研究，建成基于 0.5 / 0.35μmIC 工艺的 IP 库，掌握基于“IP”库的 ASIC 设计方法，面向用户，设计开发出通信、计算机外设及家电等领域国内急需的十万到百万门规模的专用集成电路，在设计周期上与国际接轨。

(4) 高性能专用集成电路设计。通过该项目的实施，研究成功高性能 IC 设计方法及单元库，并根据用户需求，设计开发高性能 47 万门雷达专用 DSP 芯片及其他专用 IC 芯片。

(5) 深亚微米微细加工技术。该项目将研究成 30nm 的微细加工技术，并应用于纳米尺度新结构化合物半导体器件、毫米波器件及声表面波器件的研制。

(6) 化合物半导体器件与电路。该项目将研制成光通信用化合物半导体器件与关键功能集成部件，为光纤通信和无线通信产业发展做出贡献。

微电子中心主要争取和承担的科研项目中基础研究方面有：ULSI 中铜互连线的研究，20～50nm器件的关键工艺技术基础研究和器件制备，适于 SOC 的非挥发存储器与逻辑电路相容工艺的关键技术研究，InGaP/InGaAs HBT 激光驱动器电路研究、纳米栅新型 InP 基 PHEMT 器件研究，磁性材料及存储器（MRAM）研究；高技术前沿研究有：抗辐射大规模 CMOS/SOI 电路研制，300 万门高速 DSP 设计，3mm 器件 X 射线光刻技术研究，8×10 Gb/s DWDM 光纤通信光电发射模块的研究，高性能通用 CPU 芯片开发中关键 IP 库开发。

“九五”期间主要承担的“0.1～0.35μm 集成电路关键技术研究”攻关项目，经过科研人员几年的不懈努力和共同奋斗，已圆满地按照合同指标通过了由中科院主持的 8 个专题的鉴定验收工作，取得了一批高水平的优秀科研技术成果。如：“0.18/0.1μm CMOS 集成电路关键技术”、“抗辐射 SOI 器件和电路研究”、“深亚微米 T 型栅制作技术”“深亚微米栅 HFET 工艺流程”、“高性能低电压低功耗 IC 设计技术研究”、“电子束曝光技术研究”、“X 射线光刻及掩模制造技术”、“ICP-98 型高密度等离子体刻蚀机”、“0.1μm 级刻蚀技术”、“GaAs 高速刻蚀和选择刻蚀技术”等。特别是“0.18/0.1μm CMOS 集成电路关键技术”成果由“0.35μm 集成电路关键技术”和“0.1μm 级 CMOS 器件结构及性能研究”两个专题完成。该成果超出合同的要求，在国内率先深入系统地开展了 0.35/0.25/0.18/0.1μm CMOS 集成电路关键技术研究，研发成功了 8 项可实用化的工艺模块，为今后开发生产工艺奠定了基础。

微电子中心的开发工作主要包括集成电路芯片加工和封装。微电子中心的集成电路工艺加工线，积极开拓市场，强化管理，争取到了国内外多家客户的订单，是美国一家半导体公司 JFET 器件开发生产的惟一基地。开发成功集成霍尔传感电路、JFET 等系列产品，形成了一定批量的生产与供货能力，开展了新结构集成功率器件与电路的研究，并已批量生产。微电子中心是国内从事霍尔集成电路研究开发生产的唯一单位，已掌握硅霍尔集成电路设计、芯片制造的相关技术，产品供国内外其他公司封装后 70% 出口。微电子中心在完成国家“八五”、“九五”硅外延攻关的基础上，将攻关成果转化为硅外延片的生产，现已能批量供应国内有关芯片需求。微电子中心是国内最早从事功率器件（VDMOS TGBT）研究开发、生产的单位，现在除小批量生产外已和辽宁华海电力电子有限公司签订合作意向书，双方合作实现功率器件的大批量生产，做技术和人员培训准备，使微电子中心成为我国功率器件的研发基地。微电子中心后封装生产线，为国内一些生产单位提供封装服务。所办公司“泰龙电子技术发展公司”为国内提供高纯水、高纯气体管道等的设计安装项目和特殊气体的供应。微电子中心利用自己开发的技术还生产了“反应离子刻蚀机”、“涂胶机”、“射频电源”等半导体专用设备。2001年开发工作共创产值达4 182万元。

在国际合作方面，微电子中心与世界上许多国家和地区的相关机构有着外事往来、学术交流和业务关系。与香港科技大学共同建立的微电子联合实验室方面的合作，在合作研究、培养年青科研骨干方面有了很大的进展。与美国SILICONIX半导体公司的国际科技合作进一步深入，大大提高了微电子中心集成电路加工能力和市场竞争力。

电工研究所

所　　长：孔　力
地　　址：北京市海淀区中关村北二条6号
邮政编码：100080
联系电话：010-62541617
图文传真：010-62560904
电子邮件：office@piano.iee.ac.cn
网　　址：www.iee.ac.cn

中国科学院电工研究所是在中国科学院长春机电研究所部分研究室的基础上，于1958年在北京筹建，1963年正式成立的。

截止2001年12月31日全所共有职工345人，其中科技人员258人，有中国科学院院士1人，中国工程院院士1人，研究员（包括研究员级高级工程师）25人，副研究员、高级工程师65人，中级科技人员81人。现有在读研究生87人，其中博士生15人，硕士生72人。

电工所的学科方向为电工电能新技术创新研究及其应用发展。近年来在先进能源电力技术、现代电气驱动技术、应用超导与应用磁学和电加工技术等领域开展了大量前沿基础性研究，发展了多项能促进相关产业技术进步的战略性高技术，并以多种形式初步形成了高档医疗设备、先进电力驱动、特种机电装备和绿色能源装置等高新技术产业，作为新的学科生长点正在起步开展电磁生物工程研究。

电工所的主要研究领域为：先进能量转化及新能源技术、电机及其控制与机电一体化技术、超导电工与永磁技术及其应用、微细加工技术与微机电系统。这些工作紧紧围绕高效洁净电能的生产、储存、输送和使用等过程中的关键技术及其应用，在学科上有着内在的有机联系，在研究工作中也存在着许多共同点和交叉点，是同一个学科中的不同分支，共同组成了一个有机的学科群。

电工所是国家电气工程一级学科博士学位授予点和博士后流动站。现设有电工理论与新技术专业博士点及电工理论与新技术、电机与电器、高电压与绝缘技术、电力电子与电力传动四个专业的硕士点。

电工所有5个研究部——能源电力研究部、电力驱动研究部、应用超导研究部、生物医学过程研究部、微细加工研究部；1个工程中心——高档医疗设备中心；2个检测中心（站）——中国科学院太阳光伏发电系统和风力发电系统质量检测中心，中国科学院电工研究所避雷装置安全检测站；1个所级开放实验室——超导电工开放研究实验室。

2001年围绕知识创新工程试点工作进行的改革及其效果如下：

（1）凝炼科技目标。在广泛征求意见的基础上，按照“知识创新工程”对研究所的要求，完成了全面推进“知识创新工程”改革方案，初步形成了电工所面向新世纪的学科及战略技术发展方向，主要研究领域和产业服务方向的规划。

（2）按照新兴交叉学科发展和前沿战略高科技部署以及承担“十五”重大科研项目情况和深化体制改革的需要进行结构调整，撤销原有的8个研究室，并按照研究方向或重大任务成立研究组（中心），强化研究组（中心）对研究方向和科研任务的组织作用。研究所在行政上实行两级管理，在学术上按研究领域成立5个研究发展部，研究发展部不是一级行政管理机构，是学术协调组织。电工研究所根据不同的研究领域聘请主任研究员若干名，其主要职能是促进相关领域和方向的学术交流和新兴交叉学科的建立。

(3) 建立有效的公共技术支撑体系，负责实验室管理和提供必要的实验条件，实现公共实验设施和条件与研究课题或项目组分离，完善实验室管理制度，逐步与世界接轨。目前全所公共支撑机构有：电磁场计算机计算与仿真实验室、网络中心和图书馆。研究部内设置的公共实验室有应用超导实验室、微细加工实验室、电气驱动实验室和生物电磁实验室。

(4) 完成了全面推进知识创新工程有关的规章制度并已组织实施。

(5) 实行全员岗位聘任制。成立了所“设岗招聘考核委员会”，按照“因事设岗、按岗聘任、竞争上岗、择优录用”，招聘了研究组组长(研究员岗位)，并设定了各组的岗位职数，现有12个组全部完成岗位聘任及项目聘任工作，有9个组第一批进入创新基地。

(6) 机关按照同样的精神和做法完成了处长、副处长及其他岗位的聘任。职数精简，岗位职责进一步明确。

2001年全所科研开发项目43项。其中：“863”计划、国家“十五”重点科技攻关项目9项，院特别支持、院创新工程、院重大、院基金项目10项，国家自然科学基金项目4项，国家重点基础研究发展规划项目“973”1项，国际合作项目3项，其他项目包括地方攻关、部门计划、种子基金及横向合作任务16项。

2001年电工所承担的国家“九五”重点科技攻关专题“600kW风力电机组单机电气控制装备的研制”、“风电场集中和远程监控系统技术研究”、“燃料电池电动汽车演示车的研制”通过了国家科技部的验收。中科院特别支持项目“百瓦级质子交换膜燃料电池系统”、中科院重大项目“李家峡400MW蒸发冷却水轮发电机新型冷却介质及模型实验研究”、“系列通用变频器产业化前期研究开发”通过了中科院的验收。

电工所承担的国家“九五”科技攻关项目“大型风力发电系统关键技术的研究”项目中的两个专题，600kW风力电机组单机电气控制系统是在研究、分析国外多种机型电控系统的基础上，自行设计、开发的一套装置。该装置结构设计合理，主控柜内元器件布局合理，控制器采用西门子公司生产的S7-300可编程序控制器，控制功能完善，操作方便。本套装置将先进的控制技术和网络技术渗透到风力发电控制领域，具有更强的通用性和可拓展性。风电场集中和远程监控系统是在研究、分析国外多种机型监控系统的基础上自行设计开发的一套装置。该中央监控系统具有RS485串口通信和Modem通信两种方式，可以针对各风力电机组的实际情况自由选择。该中央监控系统采用了当今先进的软件技术和数据库技术，使监控系统具有高可靠性、容错性和扩展性。中央监控系统的成功应用，大大降低了风电场的运行维护成本，具有明显的经济效益和社会效益，将大力推动我国风电事业的健康、快速发展。

2001年电工所“西藏安多县100kW光伏电站工程”获中科院科技进步奖二等奖。并又有以下4项重要成果上报中科院：600kW风力发电机组电控系统及风电场监控系统研究，李家峡400MW蒸发冷却水轮发电机，燃料电池轻型客车样车，系列通用变频器产业化前期研究开发(一般成果)。

西藏安多县100kW光伏电站是我国第一个自行设计、施工、完成的大型光发电系统，是我国首次使用完整的高低压配电系统的光伏电站。安多县地处海拔4 800m的西藏高原，是世界上地处海拔最高的大型光伏电站。安多光伏电站供电质量稳定，供电时间从原来柴油机供电的每天5小时延长到平时每天6小时、节假日12小时，专线24小时。安多光伏电站为当地居民的教育、学习及生活提供了基本的电力保障，极大地丰富了人民群众的文化生活，为促进民族团结、社会稳定做出了积极的贡献。

电工所2001年申请专利16项，有8项专利被授予了专利权。

电工所办的电气高技术公司，在编人员80人。全年营业收入9 628万元，税后利润909万元，上缴国家各种税收1 030万元。主要产品有落地式锅炉、太阳能热水器、齿轮电子束焊机、体外碎石机、多频稳态诱发电位仪、超声去脂减肥仪等各种医疗设备。新产品研发项目有阳极微区电子流强度测量仪、“模块式”锅炉、新型太阳能热水器水箱开发设计、轻敲式扫描探针显微镜、新型 KDE-2001A 碎石机、6C 型电子束焊机。电工所下属单位还有北京科峰公寓。

电工所和 45 个国家和地区有着外事往来，其中与美国、法国、德国、日本、韩国等国家的科研单位建立了合作关系。2001 年全所出访 68 人次，邀请来访 9 人次。

挂靠在电工所的学会有：中国可再生能源研究会（一级学会），中国电工技术学会机电一体化专业委员会（二级学会），中国电机工程学会超导与磁流体发电专业委员会（二级学会），中国电机工程学会超导应用专业委员会（二级学会），中国电机工程学会高电压专业委员会高压新技术分专业委员会（三级学会），中国农村能源行业协会小型电源专业委员会（二级学会）。

主办刊物《电工电能新技术》是全国正式发行的学术刊物，是学位与研究生教育的重要期刊。

中国科学院软件中心有限公司

总　　裁：钟锡昌
地　　址：北京市海淀区中关村南四街 4 号
邮政编码：100080
联系电话：010-62649248
010-62649245
010-62649242
图文传真：010-62649242
电子邮件：business@sec.ac.cn
网　　址：www.sec.ac.cn
www.cass.ac.cn

北京中国科学院软件中心有限公司（以下简称软件中心）是由中国科学院北京软件工程研制中心整体转制而成立的软件公司。中国科学院北京软件工程研制中心（Software Engineering Center）的前身是中国科学院北京软件实验室，成立于 1986 年 9 月，是由原国家科委筹备，在原国家计委的支持下，以北京大学与美国联合培养的 100 名软件工程专业研究生为基础成立的软件开发实验基地。1991 年 10 月，中国科学院北京软件实验室更名为中国科学院北京软件工程研制中心。2001 年 9 月，北京软件工程研制中心转制为北京中国科学院软件中心有限公司（简称软件中心）。

截止 2001 年年底，软件中心有正式员工 189 人，其中从事科技开发的人员占职工总数的 95%，具有高级专业技术职称的有 22 人，中级技术人员 30 人。这支队伍平均年龄不足 28 岁，人员结构合理，员工思想活跃，业务能力强，整体素质高，是中国科学院一支最为年轻的“软件国家队”，并已成为中国软件行业的一支骨干力量和生力军。

软件中心主要从事系统软件和软件工程学科、应用软件的研究与开发工作。主要发展领域有：嵌入式软件、ERP、计算机辅助设计与制造、计算机系统集成、办公自动化、商业自动化、计算机网络及通信产品、多媒体技术及应用产品、信息咨询与服务以及国际软件项目的合作等。

为了贯彻落实邓小平同志关于“发展高科技，实现产业化”的指示精神，从 1995 年开始，软件中心内部开始实行企业化管理，经过人员分流，主要业务纳入公司运行机制。1996 年成立了面向市场的北京凯思软件集团，并针对重点发展领域成立了相应的专业公司。1998 年凯思软件集团成为首批由国家科技部认定的“国家火炬计划北京软件产业基地”中的骨干企业。1999 年 3 月推出“女娲计划”，受到了社会各界的广泛关注；同年，软件中心被列为院第一批试点转制单位，开始转制工作。经过两年多的努力，在中科院领导的指导和支持下，2001 年 9 月，北京软件工程研制中心转制为北京中科院软件中心有限公司。

转制后的软件中心将成为适应我国市场经济环境、精干的、与国际接轨的新型软件企业；

转制后的软件中心将建立现代企业制度，按社会主义市场经济的新机制运行，以人为本，立足创新，将软件中心建设成为支持软件产业发展的战略性、前瞻性研究中心，为我国软件产业的发展提供技术支撑；同时，软件中心还将加强与产业的结合，使科研成果产品化、产品规模化，最终成为中国软件产业化的基地。改革后的软件中心通过努力，争取成为国际知名、国内一流的股份化、产业化、国际化的综合性高科技企业。

北京中科科仪技术发展有限责任公司

董事长兼总裁：金鹤鸣
地　　址：北京市海淀区中关村北二条13号
邮政编码：100080
联系电话：010-62560908
图文传真：010-62564613
电子邮件：kyky@kyky.com.cn
网　　址：www.kyky.com.cn

北京中科科仪技术发展有限责任公司（以下简称科仪公司），其前身为成立于1958年中国科学院科学仪器厂，1991年更名为北京科学仪器研制中心。根据中科院关于北京科学仪器研制中心整体转制的决定精神，作为知识创新工程的重要组成部分，北京科学仪器研制中心于2000年12月28日经工商所登记注册，成为中科院第一个由开发型研究所转制成为现代企业的北京中科科仪技术发展有限责任公司。

科仪公司在职职工429人，其中科技人员237人，有研究员3人，副研究员、高级工程师31人，中级科技人员101人。设有电子物理学专业的硕士点，现有在学硕士研究生6人。公司下设10个事业部，投资兴办有3个子公司。

科仪公司的发展战略是：把科仪公司发展成为一个具有一定经营规模的、机电一体化的、具有持续创新和发展能力的高新技术企业。经营宗旨是：在真空设备、分析仪器、医疗仪器等三大主业中以发展自有知识产权的产品为主，辅助经营相关产品。

科仪公司的经营范围以市场为导向，开发、研制、生产并销售电子光学、离子光学、真空物理、电子信息技术等专业领域的科学仪器、医疗仪器。其扫描电子显微镜、质谱仪器、真空获得设备等精密仪器的设计制造技术，居国内领先地位，产品在国内市场占有一定份额。科仪公司的主要产品有：2800、3800型扫描电子显微镜、系列氦质谱检漏仪、系列涡轮分子泵、系列溅射离子泵、真空阀门、系列冷却循环水机、高频电手术刀、消融仪、金相图像分析系统、残余气体分析仪等。产品广泛应用于生物、医学、电子、农林、地质、高能物理、航空航天等领域的科研部门及工业企业。科仪公司是国内生产扫描电镜的主要厂家，氦质谱检漏仪及涡轮分子泵占领60%的国内市场，涡轮分子泵作为公司的主导出口产品远销欧亚等国家和地区。

2001年是科仪公司转制后的第一年，也是科仪公司历史上发展速度最快的一年。全年实现销售收入8 800万元，超过年度计划17.3%，同比2000年上升了57个百分点。

2001年科仪公司承担的国家“九五”科技攻关项目——“电子显微镜及电子探针升级改造技术研究”和“环境扫描电镜的研制”通过了科技部的验收。科仪公司研制开发的“^{13}C呼气质谱仪”获得科技部75万元技术创新基金。其他新产品开发项目有：F1000升、F2000升涡轮分子泵、智能化高频电刀等。

中国电子显微镜学会、全国探针分析样品标准化技术委员会挂靠在科仪公司。主办刊物有《电子显微学报》。

“规范运作、诚信经营”是科仪公司一贯的经营原则。2001年，中科科仪公司被授予中关村科技园区海淀园首批信誉免检企业。在市场经济腾飞的今天，科仪人将凭着不懈的拼搏和开拓精神为中华民族仪器行业的兴盛做出卓著的贡献！

心理研究所

所　　长：杨玉芳
地　　址：北京市朝阳区北沙滩大屯路甲4号
邮政编码：100101
联系电话：010-64879520
图文传真：010-64872070
电子邮件：yangyf@psych.ac.cn
网　　址：www.psych.ac.cn

中国科学院心理研究所（以下简称心理所）建于1951年，前身是1929年成立的中央研究院心理研究所。它是我国唯一的国家级心理学研究机构，主要从事有关心理过程、规律及其生理机制的重要理论和应用问题的研究；注重自然科学和社会科学的交叉，既开展具有国际先进水平的前瞻性基础研究，又面向国家战略需求，开展心理学成果的推广和应用。

2001年底全所在职人员138人，其中科技人员117人。有第三世界科学院院士1人，研究员（包括正研级高级工程师）29人，副研究员和高级工程师26人，中级科技人员47人。心理研究所是基础心理学、教育与发展心理学和应用心理学专业的博士和硕士学位授予单位、并设有心理学博士后流动站。现有在读博士研究生48人，硕士研究生49人，在站博士后5人。

心理研究所主要研究领域有：生物心理学、认知心理学、发展和教育心理学、工业与经济心理学。这4个领域瞄准现代社会发展中的国家需求和心理科学发展国际前沿，研究人类心理活动发生、发展规律及其神经生物学基础，研究生态环境、文化和经济因素对个体、群体及组织行为和身心健康的影响机制及预防和干预措施，发展人类认知的基本理论并促进其在信息科学领域的应用，为提高我国人口素质与健康水平、促进社会稳定和经济发展服务。根据这一学科布局，心理所设有发展与教育心理学、认知与工程心理学、生物心理学、工业与经济心理学4个研究室，以及心理学公用实验室和心理科学信息中心。心理学公用实验室包括行为观察室、电生理（ERP）实验室、脑功能成像（fMRI）实验室、行为药理实验室、行为生化实验室等。心理科学信息中心包括管理信息系统（MIS）、图书情报信息系统以及国际心理学网络会议交流系统，并以网络中心为平台，将图书馆现有图书和期刊信息化。该中心将建设成为亚洲最大的心理科学信息中心，为国内外心理学界的科研工作提供信息平台。

心理所的改革与发展一直与中科院的创新工程俱进。2001年进一步凝炼科研目标，明确所的重点研究方向为心理健康与发展、心理过程与机制、社会经济与心理行为。对上岗研究员进行了中期考核和业绩管理，取得良好收效。流动队伍特别是高级访问学者队伍有了很大发展，7名高级访问学者分别来自美国Humboldt州立大学、Cincinnati大学、哈佛大学医学院和国内4所大学及学院，他们为心理所的科研工作注入了新的力量。

借50周年所庆之契机，心理研究所完成了所徽等视觉标识系统的设立和统一，研讨并确定了心理所的理念和作风，推进了心理所创新文化建设，进一步加强了基础设施与园区建设，形成了与学科特色相融合的恬静、自然的内外办公环境。举办了规模为300多人的建所50周年庆典暨国际学术研讨会和专题研讨会。国际心理科学联合会主席Michel Denis教授、国际心理科学联合会前任主席Geryd' Ydewalle教授、国际心理科学联合会副主席张厚粲教授及国际心理科学联合会其他三位重要成员、国际应用心理学会前任主席心理研究所名誉研究员Bernhard Wilpert教授等参加了庆典和研讨会，海内外青年学者，以及来自港台及国内各大院校心理系和心理研究所的心理学者分别就心理学的发展趋势及其在社会和经济发展中的作用，青年人才的培养，加强相互间合作等问题进行了深入的座谈。此次所庆为建立国内外广泛的合作和交流奠定了坚实的基础，为中国心理科学的发展起到了强有力的推动作用。

2001年度心理所主持和参加国家自然科学基金重大、重点项目4项；主持国家自然科学基金面上及青年基金项目16项；主持国家攀登计划子课题1项，“973”项目子课题3项，教委重点项目4项，中科院知识创新工程青年科学家小组项目3项，中科院“百人计划”、生物科学与生物技术研究特别支持费、特殊专项各1项；国际合作及其他委托任务22项。此外还开展了不同进化层次动物意识转化的脑机制研究，并独立承担了“社会应激环境下心理行为特点和心身交互作用”的创新工程重要方向项目的研究。在国际国内学术核心刊物上发表论文百余篇，其中在国际著名学术刊物（SCI期刊）上发表论文5篇。获国家专利1项。

心理研究所目前有多位研究人员在国际学术组织任职。其中，荆其诚研究员任第三世界科学院院士，张侃研究员任国际应用心理学联合会执委、计算机中人的方面国际委员会委员，林仲贤研究员任亚太地区心理学会执委，施建农研究员任世界天才儿童研究协会亚太理事会副主席。为了积极开拓新的国际合作领域，加强与国外同行的实质性合作与交流，尽快与相关领域国际前沿全面接轨，心理研究所特聘请10位外籍心理学家作为心理研究所国际顾问委员会成员，参与心理研究所的科研课题和发展方向的评估，以及战略目标的调整。心理研究所和中国心理学会将于2004年在北京举办第28届国际心理学大会，会议规模约5 000人，目前该会议的筹备工作进展顺利。

心理研究所原主办的开发单位有心理学书店和北京心理函授学院。科技成果推广办公室，在心理学成果的应用和推广方面取得了突破性进展。继续教育中心开设了人力资源管理应用心理学、发展与教育心理学、医学心理学与心理咨询和治疗研究生课程进修班，在普及心理学理论知识、培养心理学高层次专业人才方面取得良好的社会效益。

心理研究所是中国心理学会、中国人类工效学会的挂靠单位。国内心理学领域的著名学术刊物《心理学报》由心理研究所和中国心理学会主办并负责编辑出版。心理所独立主办并编辑出版的核心刊物还有《心理科学进展》（原名《心理学动态》）。

自然科学史研究所

所　　长：刘　钝
地　　址：北京市东城区朝阳门内大街137号
邮政编码：100010
联系电话：010-64019661（所长）
010-64043989（联办）
图文传真：010-64017637
电子邮件：suoban@ihns.ac.cn
网　　址：www.ihis.ac.cn

自然科学史研究所的前身中国自然科学史研究室是在郭沫若、竺可桢等老一辈院领导的关怀下于1957年元旦成立的，当时直属中国科学院领导，1975年升为所级建制，于1978年1月1日起明确划归中国科学院领导。

到2001年底为止，全所在职职工84人，其中研究员15人，副研究员、高级工程师23人，研究员中有中国科学院院士1人，国际科学史研究院院士1人、通讯院士2人，博士生导师9人。

自然科学史研究所为国务院学位委员会确认的“科学技术史”一级学科学位授予点，可授理、工、农、医学位，现有在读博士、硕士研究生30人。

自然科学史研究所下设有研究部；1个专业图书馆和1个期刊编辑部；另设有联合办公室和科研计划处。

根据学科特点，结合科学院“知识创新工程”的要求，近年来逐步调整学科未来发展方向，基本定位为：科学技术史、科技战略、科学文化。

自然科学史研究所的建设目标是：（1）中国科学院内少数兼具自然科学、人文科学双重功能的科研实体之一和国家科学思想库的一个重要组成部分；（2）国际科学史学科领域为数不多的国家级研究基地；（3）世界上具有权威的中国科学技术史研究中心。

2001年，自然科学史研究所在发扬本所传统领域中国古代科学与技术史研究方面优势的同时，确定研究所在“知识创新”工程中的战略定位为：国家科学思想库的一个重要组成部分，代表国家水平的科学技术史与科技战略发展研究中心，世界知名的科学技术史研究机构。为此，在未来学科发展规划中确立了学科建设的三大重点发展方向：科技史、科技战略和科学文化。

围绕上述发展目标，自然科学史研究所制定了一系列方针政策以保证战略目标的实现。一年来取得了较大的成绩，现行在研课题37个，进展情况基本正常。全年发表论文72篇（外文论文10篇），出版论著15部，其中一些项目取得令人瞩目的成就，如：

“九五”国家重点科技攻关计划项目“夏商周断代工程”项目圆满结题，自然科学史研究所承担的子项目荣获“九五”国家重点科技攻关计划重大科技成果集体奖，陈久金研究员主持的“西周青铜器分期研究与金文历谱的排定研究”项目荣获“九五”国家重点科技攻关计划重大科技成果个人奖。宋正海研究员获得第四届全国优秀科普作品奖。“国外高科技实验室系列研究”、“印刷术起源研究”等项目的阶段性成果引起了国内外学术界的热烈反响。

科学院“知识创新工程”项目“中国近现代科学技术发展综合研究”全面展开，该项目吸引了国内相关学科的数十位一流学者参加工作，涉及高等院校和科研机构十余家单位。

在国际合作交流方面，研究所同样取得了可喜的成就：作为主办单位之一，于10月8～13日在香港成功召开“第九届国际中国科学史会议”；7月在墨西哥举行的第21届国际科学史大会上，成功获得第22届国际科学史大会的主办权；中－德马普科学史家伙伴小组于8月中旬正式启动；中、葡两国科技部在我所联合建立的“中葡科学史交流中心”正式启动，一期项目中自然科学史研究所中标项目3个；大型国际合作项目《龙腾》系列片制作计划胜利完成。

举办首届“竺可桢科学史讲席”在国内科学史界引起极大反响。“科普活动周”活动，“科技史博物馆（巡展）”一期工程获得较大成功。

在研究生院教学委员会指导下编成科技史课程设置方案，科学史建制化工作取得进展。

2001年全所新争取立项和在研的各类科研项目计有46项。2001年确定了研究所的标识和所训，改造了多处办公用房，改善了学术环境。

自然科学史研究所承担着《自然科学史研究》和《中国科技史料》两种学术期刊的编辑工作。《自然科学史研究》已聘请国外第一流的科学史家担任顾问和编委，并接受英文稿。挂靠在自然科学史研究所的中国科学技术史学会现有注册会员1 200余人，为国际科学史学会的国家级成员。

科技政策与管理科学研究所

所　　长：方　新
地　　址：北京市海淀区中关村南四街甲1号
邮政编码：100080
联系电话：010-62542614（业务处）
010-62542623（办公室）
图文传真：010-62542619
电子邮件：ipm@mail.casipm.ac.cn
网　　址：www.casipm.ac.cn

中国科学院科技政策与管理科学研究所（以下简称科技政策与管理科学所）成立于1985年6月。其前身为中国科学院政策研究室、中国科学院管理学组，《自然辩证法通讯》杂志社及中国科学院应用数学研究所“优选法与统筹法”小分队。它是中国科学院唯一的以自然科学和社会科学相交叉、理论研究与应用研究相结合为特色的软科学研究所。

截止到2001年底，在编人员86人，其中科研人员64人。全所具有正高级职称15人，副高级职称23人，中级职称36人。在学硕士生40人，博士生14人。

科技政策与管理科学所主要从事科技政策

与管理科学理论、方法和应用问题的研究，并根据国家各级政府、中国科学院及企事业单位的改革、创新要求，提供相关的调研与咨询服务，现取得一系列科研成果。科技政策与管理科学所是国家学位委员会批准的管理科学与工程学硕士学位授予点并具有博士学位授予资格。

科技政策与管理科学所目前科研系统建制为三个研究室：科技政策研究室、管理科学与工程研究室、社会与可持续发展研究室。2001年，研究所在研课题54项，其中新开课题41项。在研课题中，中国科学院支持13项，国家部委委托8项，国家自然科学基金面上项目11项，北京市及地方其他企业委托13项，国际合作项目2项，另外还有一些研究所自选项目以及其他委托项目，这些课题的研究重点集中在：国家发展战略、社会及区域的可持续发展、科技评价、高技术及其产业发展政策、创新政策与管理、复杂系统与复杂性、工业工程、金融与管理科学、企业管理等领域。科技政策与管理科学所承担的国家自然科学基金项目“资本市场的管理科学模式、模型与方法的研究”，被国家自然科学基金委员会管理学部评为“优”。

2001年科技政策与管理科学所发表学术论文108篇，其中国际学术会议论文9篇，出版专著、编著6部，科技政策与管理科学所主持撰写的《中国可持续发展报告》、《高技术发展报告》和参与撰写的《科学发展报告》，在社会各界引起强烈反响。本年度还获准中国科学院科研成果登记9项。

除上述科研工作外，纳入院知识创新工程“领域方向、项目计划”中的领域前沿项目予以支持的交叉科学研究中心，各项工作开展顺利。“交叉科学论坛”引起社会广泛关注。评估研究中心承担了院内研究所评价和知识创新工程试点单位的评估工作，对于引导各研究所的发展，保证中科院知识创新工程的顺利实施起了一定作用。

在国际、国内学术交流方面，本着开放办所的方针，科技政策与管理科学所积极与国内外同行进行合作与交流。2001年先后接待了来自美国、日本、德国、俄罗斯、韩国、比利时、越南以及我国香港、台湾地区的学者47人次。各类出访22人次，先后有10余人次分别在“第29届国际计算机与工业工程会议”、世界未来学会年会——“2001未来观察”、“国际预测研究2001年会”等国际会议上做大会发言或宣读论文。

科技政策与管理科学所是中国科学院与科技政策研究会，中国优选法统筹法与经济数学研究会，中国高技术产业发展促进会等全国一级学会，研究会及中国科学院科技政策与管理研究会、中国科学院院史文物资料征集委员会办公室和《中国科学院院刊》编辑部的挂靠单位。主办并公开出版的刊物《中国管理科学》,《科研管理》，《科学学研究》。上述刊物均为国家自然科学基金委员会认定的管理科学重要期刊。

中国科学院研究生院

院长（兼）：白春礼
常务副院长：高文
地　　址：北京市玉泉路19号（甲）
邮政编码：100039
联系电话：010-68226030（办公室）
010-68226714
010-82681512（招生办公室）
图文传真：010-68218623
电子邮件：po@gscas.ac.cn
网　　址：www.gscas.ac.cn

中国科学院研究生院前身为中国科学技术大学研究生院（北京），成立于1978年9月，是我国成立最早的研究生院。2000年12月经国家教育部、国务院学位委员会批准，正式更名为中国科学院研究生院。2001年4月6日，经中国科学院党组批准，研究生院正式进入中国科学院知识创新工程试点序列。2001年5月22日，举行了中国科学院研究生院更名揭牌仪式，周光召副委员长、成思危副委员长、路甬祥院长等出席揭牌仪式，同时举办了专家研讨会、系列学术报告会及校园文化周等活动。

新组建的中国科学院研究生院由设在北京的研究生院本部、分处各地的研究生教育基地及108个研究生培养单位构成，形成一个以北京为主体，联系和覆盖中国科学院各研究生教育基地和培养单位的研究生教育网络结构。研究生院集中中国科学院各方面优势，在“院所结合的领导体制、院所结合的师资队伍、院所结合的管理制度、院所结合的培养体系”的原则基础上建设的一个以研究生培养为中心的办学实体。目前研究生院具有博士、硕士学位授予权的一级学科23个，博士学位授权点103个，硕士学位授权点120个；在学研究生14 100余人，其中博士生6 700多人，硕士生7 400多人；300位中国科学院院士和中国工程院院士、4 500多位研究员和教授、2 000余位博士生导师参加研究生的培养和指导工作。

中国科学院研究生院负责中国科学院研究生的统一招生、统一教育管理和统一学位授予。2001年中国科学院研究生院为“三统一”工作做了许多成功的探索与实践。

统一招生方面：在中国科学院研究生院的统一组织、协调下，本部和各研究生培养单位共同在招生宣传等方面开展了大量工作，包括组织中国科学院的院士、知名专家到各高校举办讲座和报告会，在西安、武汉、上海、北京等城市组织招生咨询活动，与共青团中央和全国学联共同组织全国优秀大学生夏令营活动，扩大了中国科学院研究生教育在高校和社会各界的影响；在新浪网首页显著位置投放广告，一个月的时间内访问中国科学院研究生院网站咨询的人数达到了27万人次；在《中国青年报》、《光明日报》等报纸连续进行近10天的大规模招生宣传，介绍研究生院整体的师资力量、学科优势，等等。以上宣传活动对于打造中国科学院研究生教育品牌、吸引优秀考生报考中国科学院起到了很好的作用。2002年硕士生报名人数仅北京地区就比去年增加了53%，重点大学的学生报考数、免试推荐学生数均明显高于往年，生源质量明显提高。

统一教育管理方面：中国科学院研究生院成立了教学委员会，负责协调、组织教学工作，全面推进课程体系建设和教学管理等方面的改革。在“院所结合”的原则下，由中国科学院研究生院本部教师与相关研究生培养单位共同组建了一级学科专家组，负责组织、指导和审定本学科教学大纲的撰写和课程设置的工作。2001年按学科专业已完成北京地区22个一级学科，80个二级学科共1 698门课程设置工作，部分交叉学科和北京以外地区各学科的课程设置工作目前正在进行。同时，中国科学院研究生院本部在改革公共课教学、创新教学方式、英语授课、规范教学管理、整顿教学秩序等方面也开展了大量的工作，取得了良好的效果。

统一学位授予方面：2001年11月16日召开了中国科学院研究生院学位评定委员会第一次会议，审议并通过了《中国科学院研究生院学位授予暂行条例》等一系列学位文件，初步建立起适合中国科学院研究生培养和学位授予的规章制度，为中国科学院的研究生“统一学位授予”提供了政策依据和可操作的文件。

中国科学院研究生院本部目前设有数学教学部、物理教学部、化学教学部、地学教学部、生物教学部、人文社会科学教学部、外语教学部、信息科学与技术学院、管理学院、远程与继续教育学院、软件学院等教学机构；设有信息安全国家重点实验室、中国科学院认知科学重点实验室、国家计算机网络入侵防范中心、华罗庚应用数学与信息科学研究中心、地球与环境科学中心等直属研究机构。

中国科学院研究生院在北京设有中关村、玉泉路和北郊三个教学园区。2001学年的教学工作以玉泉路教学园区为主，共开设研究生课程370门，其中研究生基础理论课程212门。

中国科学院研究生院本部现有在编职工428人，其中包括：教师和科研人员258人，有中国科学院院士3人，教授59人，副教授87人，讲师81人，博士后20人。

2001年度中国科学院研究生院本部教师和科研人员争取和承担课题95项，新增项目金额达3 300万元，实到经费1 800万元。其中：国家自然科学基金面上项目12项，重大研究计划项目2项，“863”项目课题6项，中国科学院重点项目2项，科技部国家攻关项目1项，国家重大科普项目1项等等。2001年度获科技成果2项，申请发明专利5项。2000年度发表科技论文223篇，其中：SCI收录41篇，EI收录8篇，ISTP收录7篇，核心期刊发表论文99篇。

2001年中国科学院研究生院本部广泛开展了国际交流与合作，接待来自美国、英国、德国、法国、日本等国的学术团体及个人共计54人次，赴国外合作交流学者49人次。2001年8月认知科学重点实验室主办了“第三届国际认知科学大会”，来自世界21个国家和地区的200多位学者参加了会议，大会取得了圆满成功。

中国科学院研究生院主办刊物有：《中国科学院研究生院学报》，《自然辩证法通讯》，《中外管理导报》和《研究生院》。

管理干部学院

常务副院长：马扬
地　　址：北京市怀柔县雁栖湖北岸（北京市3353信箱）
邮政编码：101408
联系电话：010-69661361
图文传真：010-69661710
电子邮件：president@bim.ac.cn
网　　址：www.bim.ac.cn

管理干部学院成立于1983年，是中国科学院创办、国家教育部备案的一所独立设置的全国性成人高等学校。其前身是1978年10月建校的中国科学院党校，后更名为中国科学院干部学校和中国科学院干部进修学院。1988年6月，经中国科学院党组批准，管理干部学院与中国科学技术大学在北京联合组建中国科学技术大学管理学院。2000年5月，中国科学院党组又决定在原有中央党校国家机关分校中国科学院培训班的基础上，成立中国科学院党校，依托管理干部学院办学。至此，管理干部学院为一个实体，三种办学功能。目前，学院已形成了以各级各类党政干部的岗位培训为重点，大学后教育、大专续本科、大学专科相衔接的继续教育教学体系。

管理干部学院现有教职工208人，其中专职教师73人，教授2人，副教授23人，高级工程师3人，中级职称30人，在学博士1人。高级职称人数占师资队伍比例为37%。

2001年，在常务副院长马扬教授等党政领导班子的带领下，全校广大教职工以争取进入知识创新试点工程为契机，锐意进取，深化改革，使管理干部学院的干部培训和继续教育工作取得显著成绩。

2001年，管理干部学院实现了机构设置、人事制度、分配制度、后勤管理等多项重大改革。在机构设置上，以“精简机构、强化职能、精干高效”为原则，学院合并了主体职能相近的部门，对任务性质基本相同的机构实行合署办公。机构改革的重点是精简机关的职能部门，突出服务培训与教学中心工作。改革后，管理干部中层机构由30个减至16个，中层以下不再设二级机构，中层干部由50余人减至29人。在人事制度方面，管理干部实行全员聘用合同制，按需设岗、按岗聘任，竞聘上岗、合同管理，建立责权明晰，部门自主用人，人员自主择岗、分级聘用、逐层管理的管理目标责任制，形成人员能进能出、岗位能上能下、待遇能高能低，优秀人才脱颖而出，充满创新活力的新型用人机制。为适应改革发展的需要，调动教职工的工作积极性和创造性，管理干部学院的分配制度实行以基本工资、岗位津贴、绩效奖励为主要内容的三元结构工资制，适当拉开各岗位收入差距，加大对重要岗位的激励力度。

后勤改革是管理干部学院争取进入中科院知识创新二期工程和管理干部园区规划的重要组成部分，也是整体改革的重要内容，管理干部后勤改革以全国高等学校和中国科学院关于后勤社会化改革的有关会议精神为指导思想，以争取尽快达到后勤社会化为目标，改革体制与运行机制，解放思想，转变观念，抓住机遇，勇于创新，坚持“四个有利于”的原则（有利于提高后勤服务质量和管理水平、有利于减轻管理干部负担、有利于开展重点工作、有利于管理干部的发展与稳定），实事求是，量力而行，讲求效益。在具体实施中，实行后勤董事会领导下的项目经理负责制，进行企业化管理。

各项目部是管理干部学院内自主经营、单独核算，自负盈亏、自我积累发展的服务型经济单位，在人、财、物相对独立运作的同时，与管理干部学院保持明晰的责、权、利关系。在人员使用方面，按需设岗、按岗聘任、竞争上岗、合同管理，建立责权明晰、分级聘任、逐层管理的企业化管理模式，达到减员增效、增收节支的目的。

通过改革，管理干部学院各项工作成绩显著。作为中科院干部培训和继续教育的基地，基本建立起计划与自主相结合、脱产与走读相结合、进修与培训相结合的运行机制，较好地完成了中科院干部培训和党校教学任务。2001年，学院面向中科院共举办各类干部培训班16期，培训人数达600余人。管理干部学院自觉领会中科院知识创新工作对干部培训的新要求，以“一流培训，一流服务”为宗旨，成功组织举办了第14期、15期局、所级领导干部上岗培训班，7期高级财会管理培训班，2期党员领导干部进修班，2期支部书记培训班和中科院统战班。在总结以往培训工作的基础上，积极采纳领导、专家和学员的建议，对培训需求进行调查分析，从培训计划的制订、培训内容的更新、培训方法改进等几方面力求培训工作与中科院的实践相结合，培训效果良好，受到中科院领导、人教局及有关职能局和培训学员的好评。根据研究所中层干部急需培训，但又无法脱产培训的现状，积极开展上门培训，为遥感卫星地面站、青岛海洋所的中层管理干部进行了较为成功的管理培训。

与此同时，管理干部学院大力拓宽培训渠道，开展面向社会的培训工作。成功举办了国家机关会计人员继续教育培训、微软ATC认证、博士生外语、公关员、推销员、秘书证、计算机应用、工人培训等一系列专门培训，培训人员达2 590人，取得了良好的经济效益和社会效益。

2001年，管理干部学院继续在中关村地区举办中国科技大学研究生课程进修班，开设“管理科学与工程”、“计算机应用技术”两个专业，新招学员117人，在校生176人，有6人获得硕士学位。

为有效地吸纳社会资源，改善培训条件，学院适当压缩学历教育规模，附属中专不再招生，增加专升本的招生指标，提高学历教育层次。2001年，学院招生767人，毕业生975人，获得学士学位22人，在校生2 076人，其中本科生189人。不仅取得了良好的社会效益，而且取得了一定的经济效益，用办学收入加大了对干部培训的支撑力度。先后投资200多万元，分两期对培训楼（白楼）进行改造装修，改造干部培训机房，购置高档微机25台、大屏幕投影仪2台、速印机等现代化办公设备，投资铺设绿地，更换高压线杆，改善了校园环境。

科学出版社（副牌：龙门书局）

社　　长：汪继祥

地　　址：北京市东黄城根北街16号

邮政编码：100717

联系电话：010-64019823（办公室）

图文传真：010-64019810

电子邮件：s/x@cspg.net

网　　址：www.sciencep.com

科学出版社成立于1954年8月1日，由中国科学院编译局与1930年创立于上海的龙门联合书局合并而成。2001年底，有职工393人，其中博士学位7人，硕士学位72人，学士学位139人；包括正编审12人，副编审60人，中等专业技术人员164人。

科学出版社以中国科学院为依托，面向科技、教育界，出版数学、物理、化学、天文、地理、生命科学等自然科学和技术领域以及文化教育类的中文、外文版书刊及音像、多媒体电子出版物。2001年共出版图书2 745种（含重印书），期刊176种，共1 094期。

2001年，科学出版社坚持“为人民服务，为社会主义服务”的出版方针，努力实践江泽民同志“三个代表”的重要思想，继续完善深化战略管理，提出“培育核心竞争能力”的发展战略，在经营理念更新、人才队伍建设、管理数据化、品牌规模化方面取得了长足的进展。

按照“立足科技，面向教育，多种媒体，综合发展”办社方针，2001 年科学出版社在继续保持“高水平、高层次、高质量”的“三高”特色，发扬“严肃、严密、严格”的“三严”作风的前提下，精选并出版具有国际高水平的学术专著、基础理论图书和期刊，并着重出版实用技术、高新技术、管理科学等书刊和电子出版物。同时，努力发展高等教育和研究生教育用教材。到 2001 年底，出版学术专著、基础论、实用技术等科学著作 1 449 种；出版可供教材 700 余种，正在跻身于国际综合性出版强社，并立足于成为国内高等教育教材主要供应商。

按照各图书出版板块由竞争环节向竞争单元转化的整体调整方针实施的考核激励机制为在新世纪实现开门红起到了极大的推动作用。各项经营指标均达到历史最高水平。全社共实现销售收入23 207万元，其中图书销售收入22 739万元，同比增长 42.9%；期刊销售收入 468 万元，同比增长 76.6%；图书进出口贸易实现销售收入2 630万元，同比增长 55.3%。全社共实现利润4 000万元，同比增长 43%。

与此同时，科学出版社的社会效益在 2001 年全面丰收，在第十届“全国科技图书奖”评奖中，共有 7 种图书获奖，获奖数量位居全国之首；一种图书荣获“国家图书奖”。

期刊的改革工作在社领导的高度重视和领导下正向纵深发展，取得了十分可喜的成绩。科学出版社出版的 176 种期刊中有 88 种入围由新闻出版总署组织评选的“中国期刊方阵”，位居榜首；在中国科学院 2000 年优秀期刊奖评选中，科学出版社出版的期刊有 12 种获得特别奖，12 种获得一等奖，23 种获得二等奖，获得三等奖的有 26 种，获奖期刊占出版期刊总数的 41%。

2001 年科学出版社分别组织有关人员参加了法兰克福、东京、美国 ABA 及香港等国际书展。

科学出版社连续三年被新闻出版总署授予“讲质量、重服务”荣誉称号；科学出版中心 2001 年荣获人事部、中科院“先进集体”光荣称号；在 2001 年举办的第四届“全国优秀中青年（图书）编辑”和“全国百佳出版工作者”光荣榜上均有我社的编辑。

科学出版社下设副牌龙门书局、北京中科进出口公司、科学出版社纽约公司、上海办事处、武汉办事处、成都办事处、深圳办事处，以及龙门旅行社等公司。

科学出版社 2001 年出版的图书：

初版书	
种	1 216
万字	56 992.17
万册	1 562.37
重版书	
种	1 470
万字	36 102.39
万册	2 081
总计	2 745 种
一、按学科分	
数学、力学	136 种
物理	44 种
化学	67 种
天文学	7 种
地学	63 种
生物学	157 种
技术科学	601 种
综合类	1611 种
二、按书类分	
专著	177 种
基础理论	526 种
论文集	52 种
应用技术	525 种
基本资料	39 种
工具书	39 种
科普	13 种
综述、评论	78 种
其他	1 237 种
电子出版物	56 种
音像制品	1 种

文献情报中心

主　　任：徐引篪
地　　址：北京市海淀区中关村科学院南路8号
邮政编码：100080
联系电话：010-62553190
　　　　　010-62566847
图文传真：010-62566846
电子邮件：Office@mail.las.ac.cn
网　　址：www.las.ac.cn

中国科学院文献情报中心（又名中国科学院图书馆）成立于1950年4月，是中国科学院直属的综合性文献情报机构，是具有多种服务功能的全国最大的综合性科技图书馆和自然科学文献情报中心。文献情报中心是图书馆学、情报学硕士学位和博士学位授予单位之一。

文献情报中心根据科学院的发展方向，紧密配合科研和国家经济建设，收集、整理、存贮、开发和提供国内外科技文献信息，组织全院数字化、网络化信息资源和计算机文献信息网络，以及文献数据库的建设，面向全国提供服务。

文献情报中心主要收藏自然科学和高新技术领域各种载体的中外文期刊、图书、会议文献、科技报告、学位论文等文献资料，同时藏有一定规模的地方志、明清文集和珍贵的特种资料、字画拓片。馆藏文献达580万册（件），其中古籍文献约50万册。

2001年，文献情报中心有职工290人，其中专业技术人员216人，包括研究馆员13人，副研究馆员49人，具有中级专业技术职务和管理职称的93人。2001年在学硕士研究生22人，博士研究生17人，新招硕士研究生8人，博士研究生3人。2001年，有9名硕士研究生和4名博士研究生毕业并获得相应学位。

2001年，是文献情报中心发展历史上具有里程碑意义的一年。文献情报中心抓住新馆建设的契机和中科院知识创新试点工程对文献情报工作的推动，确定了以进入创新的标准进入新馆的“双进”行动纲领，一年来适应创新需要，全力以赴推进文献情报中心的改革、创新和新馆建设，取得了令人振奋的成绩。9月28日新馆隆重竣工，一座现代化的宏伟建筑昂然屹立在中关村腹地；10月8日，作为全院文献情报系统的代表，率先进入了中科院知识创新试点工程序列。

文献情报中心确定的创新目标是：到2005年前后，把文献情报中心建设成为数字化国家科学图书馆，构筑支撑中科院科学研究和国家创新体系建设的开放、联合的信息服务体系，并与国内外主要大型图书馆和信息机构互联，为中科院科研人员提供一个分布式全球存取的信息环境，为提高我国的创新能力和科技国际竞争力做出应有的贡献。

2001年文献情报中心积极开展体制机制改革，重新设计规范业务流程，重组业务机构，将原有的13个业务部门重组为6个，并新增设档案馆。后勤服务中心也开始向社会化推进。文献情报中心严格按照“按需设岗、按岗聘任、鼓励竞争”的原则，开展了首批创新岗位的聘任工作，首批竞聘了82个创新岗位人员，平均年龄40.2岁，大学本科以上学历占73%，其中高级专业技术岗位37个，中级专业技术岗位33个。10个业务和管理部门的主任平均年龄37岁，全部具有大学本科以上学历，其中50%具有硕士、博士学位。2001年，文献情报中心引进了院文献情报系统第一个“百人计划”入选者和一名文献情报系统优秀人才，并采用项目聘用等方式，向外招聘了一些重要岗位急需的优秀人才。

2001年，文献情报中心文献资源建设取得新的进展，通过比较、研究，调整文献订购品种，新增订30余种适应需求的期刊，新订购光盘14种。通过积极参加国家科技图书文献中心在订购文献上的协作和协调，增订、补订外文期刊660种，外文图书207册。为获得更多的免费国外科技新书，2001年与剑桥大学出版社建立了友好合作关系。通过书评和书展，2001年共获得国外著名出版社赠送的1 400余册学术价值高、代表当今科技发展水平的外文新书。文献情报中心通过调研中科院系统网络版检索数据库和全文期刊库引进工作，引进了两个国际权威学科网络数据库，预计2002年第一季度开通服务。文献情报中心建设的几个文献、书目数据库如期完成了预定的工作任务，并随着全院文献数据库建设工作的安排，把数据送上了国家科技图书文献中心的网站，开始向全国科技工作者服务。根据国家科技图书文献中心对外文文献数据及时加工、上传的要求，文献情报中心加大了对数据加工工作的投入，保证了数据加工工作的顺利进行，并超额完成。文献情报中心是科技图书文献中心成员馆中作得最好的单位。

2001年文献情报中心书刊流通量比2000年增长23%，提供代查服务的人次和提供代查的全文量比2000年分别增长27.8%和78%，代查提供的满足率增长了2%。文献情报中心北郊服务部2001年的服务量比2000年增长了近一倍。文献情报中心圆满完成了国家科技图书文献中心6 000余份全文请求的提供服务，满足率达到100%。信息检索工作由低层次的检索服务向深层次的信息咨询和信息评估服务方向继续发展，共接待读者1万人次，代查复制原文1 000篇，完成各类检索课题和查新课题3 000余个。

2001年文献情报中心情报研究工作继续为中科院、国家自然科学基金委和科技部的科技政策与发展战略决策提供信息支持，完成了中国科学院2001年《科学发展报告》、《科技政策与发展战略跟踪调研报告》，以及“国际重大科技创新战略行动计划”、“生物技术发展前景”和“纳米科技的现状与发展”等项目科技决策参考资料和调研报告。另外还承担了国家领导人和院领导下达的科技信息咨询与服务工作，围绕基础学科以及科技政策与发展战略等，定期报道发展动向、重大研究成果，为提高中科院在中央等决策机构的信息服务显示度作出了贡献，受到国家科技部、基金委和中科院的肯定和表扬，文献情报中心情报研究部荣获2001年中国科学院先进集体的光荣称号。

2001年文献情报中心为中科院文献情报系统的发展作出了新的贡献。积极协助院出版委推进文献情报系统的创新工作，投入骨干力量，参与中国科学院国家科学数字图书馆建设项目的方案设计和工程建设工作，开展了全系统的协作协调和整体化建设工作。作为中科院文献资源建设工作小组的牵头单位，组织中科院文献情报系统集中订购了500多种西文期刊，并启动了院内的馆际互借和全文传递工作，促进全院文献资源的共建共享。

2001年文献情报中心研究生培养工作在提高培养质量、加强学术研究的同时，组织研究生为创新方案的制定开展调研，直接参与或辅助创新方案的研制工作，充分发挥研究生作为文献情报中心一支重要队伍的作用。

创新文化建设工作在创新环境下成为文献情报中心精神文明建设的重要内容。2001年，文献情报中心成立了创新文化建设领导小组，制定了创新文化建设方案，明确了“科学文化”和“科图文化”建设的具体目标；组织系列座谈会，初步总结出符合创新要求、具有科学图书馆性质和特点以及“科图”精神的有关内涵，为进一步凝炼和提升“科图”精神，建设“科图”文化奠定了基础；导入企业形象战略，完成了国家科学图书馆新馆视觉识别形象整体设计的基本要素部分，确定了新馆馆徽标志和新馆导引系统设计方案，有关形象工程的其他部分也正在继续设计与制作之中。

中国科学院印刷厂

厂　　长：沈幸华
地　　址：北京市通州区北苑杨庄1号
邮政编码：101149
联系电话：010-60533798
图文传真：010-60533798
电子邮件：zkycom@tom.com
网　　址：www.cas.ac.cn

1957年建厂以来，中国科学院印刷厂一直是国家科技书刊的重点印制基地，国家级书刊印刷定点企业。

2001年底职工总人数为886人，其中管理人员108人，工程技术人员30人，生产工人636人。

2001年印刷厂创总产值5 579万元，完成计划的129.95%；彩色印刷完成58.9万色令，书刊印刷完成37.2万纸令，装订总纸令达到16.5万纸令；实现利润202万元；上缴国家各种税金716.94万元。

2001年，在厂原行政班子的建议下，中科院人教及京区党委批准了厂行政、党委班子先后进行换届，这项工作分别于2月、3月圆满完成。新一届行政班子在过去工作的基础上提出了："主业集中、协调发展、扩大生产、降低成本"的十六字发展方针和"车间围绕调度转、调度围绕业务转、业务围绕市场转、全厂围绕效益转"的管理、经营原则。

为进一步向现代企业制度迈进，完成院里对所属企业体制改革的要求，印刷厂2001年全年都在为改制进行准备，2002年5月改制即将完成。之后，全员合同制、压缩人员等各项改革措施将全面出台。

印刷厂加大技术改造力度，快速应对市场竞争。年内，引进了第三台德国海德堡速霸彩色胶印机、德国沃伦贝格装订联动线等目前世界上最先进的设备，有力地扩充了生产实力。

2001年在国家新闻出版署书刊优质品检测认定活动中，印刷厂以419种7 600印张的优质产品数荣获金奖。

中科建筑设计研究院有限责任公司

董事长、总经理：徐茂禄
地　　址：北京市海淀区中关村北一街4号
邮政编码：100080
联系电话：010-62552059
图文传真：010-62552059
电子邮件：Liucs@263.net.cn
网　　址：www.cas.ac.cn

中科建筑设计研究院有限责任公司成立于1962年11月，其前身为中国科学院新技术局设计室，1979年改为中国科学院北京建筑设计院，1983年7月更名为中国科学院北京建筑设计研究院。2000年10月整体转制，工商注册为中科建筑设计研究院有限责任公司。公司拥有40年的历史、40年的业绩、40年丰富的工程技术经验。拥有民用建筑设计甲级、智能设计甲级、市政供热工程设计甲级、市政排水设计甲级、工程总承包甲级、工程监理乙级等多项资质。

公司现有工程技术人员100余人。其中高、中级技术人员80余人，一级注册建筑师25人，一级注册结构工程师20人。

公司以科研基地规划、科研、办公建筑设计为特长，先后完成了多项国家级大型科学实验建筑。从核物理实验室、超级净化厂房、大型天文望远镜、大型计算机房、大型软件研究开发基地，到生产中试车间、科研配套设施等，内容涵盖数理化、天地生等多门类、全方位的科研、办公建筑。主编或参编了多项国家的建筑设计规范。如《科学实验建筑设计规范》、《电子计算机房设计规范》等等。

公司能够进行项目前期策划、工程造价咨询；能够从事多种类型的规划设计工作，如城市规划设计，大型文化、办公、商业、体育类建筑设计，居住区规划及各类住宅设计；历史街区保护规划；环境景观及室内装饰设计，更新改造类项目的设计；各类市政给排水、市政供热工程设计；智能建筑的网络综合布线设计等。

公司成立至今，已获得国家级奖励8项、省部级奖励40余项。1998年至2001年，在第五届至第八届首都建筑设计汇报展中，连续四年五个项目获得8个奖项，其中3个为方案设计最高奖。向社会充分展示了公司的实力。

在北京市老城区改造过程中，公司承担了阜成门内大街历史文化保护区的保护规划编制工作，并参与了多项北京市旧城改造工程的规划设计工作，标志着公司有能力解决错综复杂的矛盾。

万科星园（二、三期工程）、欧陆经典（北区）是北京亚运村地区最知名的住宅社区，方案经过多轮优化竞标，公司最终取得规划设计权。这说明公司能够理解业主的需求，能够理解社会的需求。

从上个世纪80年代至今，公司曾先后与欧美、日本、澳大利亚、港台等国家或地区的有关专家或机构，进行了广泛的学术交流或合作设计，具有丰富的国际合作经验，并赢得了良好的信誉。

公司之所以有实力、有能力，能理解业主、理解社会，信誉良好，是因为公司把建筑视为生命、把建筑视为永恒、把与业主的合作视同充满激情的、创造生命的过程。

科学时报社

社　　长： 何　岩
副 社 长： 罗荣兴（法定代表人）
总 编 辑： 刘洪海
地　　址： 北京市海淀区中关村南一条乙3号
邮政编码： 100080
联系电话： 010-82614579（综合办公室）
010-82614607（综合办公室）
图文传真： 010-82614609
电子邮件： ywen001@263.net
网　　址： www.sciencetimes.com.cn

《科学时报》创刊于1959年，原名为《中国科学报》，1997年为周三刊，1999年扩版为对开8版日报，面向国内外公开发行。

科学时报社的宗旨为报道科技新闻及其相关信息，促进科技与经济发展。其业务范围主要包括：平面媒体，包括《科学时报》，《网络报》、《科学新闻》杂志及《科学新生活》周刊；网络媒体，包括《科学时报电子版》等。在2001年度的工作中，科学时报社所属的各种平面媒体及网络媒体都能够按照中央的宣传要求，在科技新闻及其相关信息的报道中，坚持以宣传科教兴国、传播科学精神为己任，以科学的眼光观察、报道、评论每天发生的国内外政治、经济、科技教育、社会、文化等方面的新闻事件，为促进科技与经济的发展做出自己的努力。

《科学时报》2001年为每周56版对开日报，其中包括“主报”、“读书周刊”、“大学周刊”、“中关村周刊”、“创业周刊”、“新经济周刊”等，以专家学者对国内外政治、科技、社会、经济领域中重大事件的分析和评论为特色，及时报道最新科技动态，反映国内外重大科学新闻事件，是专家学者发表重要思想的阵地。《网络报》2001年每周一出版，8开48页。其内容涵盖世界新闻、热点背景、国际潮流、数字技术、流行趋势、网络资源等诸多方面。《科学新闻》杂志2001年为8开24版周刊，内容主要涉及国内外科学发展新趋势、新动向，交流探讨国家知识创新体系建设、高新技术产业发挥，报道科技体制改革、科研管理及科研院所、高校和企业文化建设等方面的信息和经验。《科学新生活》杂志以科学的生活和生活的科学等实用服务类信息为主要内容，以关注百姓，关注生活为宗旨，倡导科学文明健康的生活方式。《科学时报电子版》主要将科学时报内容每天粘贴在电子版中，同时将各周刊内容链接在电子版上，以利于网上读者阅读浏览。在2001年的工作中，以上报刊全部按照登记的宗旨和业务范围开展业务活动，没有违反规定开展超出登记的业务范围的文章及活动。

在2001年的工作中，科学时报社所属各报刊的工作均取得了突出的社会效益及一定的经济效益，中共中央宣传部新闻局主办的《新闻阅评》对《科学时报》登载的多篇社评给予表扬，认为《科学时报》在宣传党与科技这个要点上连续做文章，刊发的评论站在时代潮头，洋溢政治热情，基调昂扬向上，较有思想、有分量。同时《新闻阅评》还对《科学时报》在揭批法轮功的斗争中所做的工作给予了表扬和肯定。中央各大部委对《科学时报》的工作也极为支持，在2001年度确立了专门的联系人，负责将各大部委的信息及时提供给《科学时报》，国家自然科学基金委员会、清华大学等单位，对《科学时报》2001年的工作都非常肯定，专门致信表扬。诺贝尔奖获得者、美国《科学》

杂志主编、越南科学开发报代表团等国际知名专家及友好人士也访问或会见了科学时报社主要领导。这些活动说明科学时报社所属报刊的社会影响在不断扩大，取得了很好的社会效益。通过组织和参加北京高新技术产业国际周，上海工业博览会和深圳高交会的活动，报社不仅扩大了知名度，而且在经营模式上取得很大成功，仅高交会期间一期《科学时报》在深圳发行就突破5万份，广告收入超过100万元。2001年，科学时报社整体经营收入比前期都有很大提高，基本达到收支平衡。

2001年报社领导为加强《科学时报电子版》的编辑工作，决定将电子版变成一个网站，目前已经在投入和人员上做出了调整，并招聘到有能力的人员从事编辑工作。为加强经营管理工作报社正在组建公司，向着正规化、规模化的目标努力。

行政管理局

局　　长：段燕生
地　　址：北京市海淀区中关村南一条乙3号
邮政编码：100080
联系电话：010-62571850
图文传真：010-62560929
电子邮件：xgj_bgs@sina.com

中国科学院行政管理局成立于1955年12月27日，1991年12月由院机关职能部门划为院直属事业单位，承担全院后勤改革政策指导和协调工作，负责院京区后勤公共事务的管理工作，受院委托管理京区单位的三电、卫生、绿化、环保、计划生育、节水及治安等行政工作。局机关设有7个处室，共有基层单位23个。现有在职职工980人，其中专业技术人员215人，职员181人，工人584人。

2001年是新世纪的开局之年，也是行政管理局积极进行整体转制关键的一年。一年来，行政管理局以江泽民“三个代表”的重要思想为指导，按照院党组关于“全面启动行政管理局的整体转制”的要求，以完成整体转制为目标，以“转制与改制同步，改革与发展并进”为主线，与时俱进，积极进行体制、机制改革，认真做好服务和管理工作，改革和发展取得了明显的进展，基本实现了年初的工作计划。

2001年，行政管理局积极推进体制改革，完成了整体转制方案。历经“转变观念，统一思想；建立组织，明确目标；统筹规划，凝炼方案，深化改革；加速过渡”四个工作阶段，形成了“围绕一个目标，参照两项政策，建立三个环境，培育三个机制，实现四个创新，形成核心竞争力”的方案制定思路。即“一个目标”：将行政管理局转制为符合法人治理结构的，可持续发展为中心的现代企业；“两项政策”：242个研究所的转制政策和高校后勤改革等政策；“三个环境”：建立职工养老等福利保障社会化环境，企业化的内部运行机制环境，有偿服务的市场化物业管理运行机制环境；“三个机制”：职工利益与企业发展紧密关联的利益机制，以成本、质量为主要内容的管理控制机制，以及“引得进、用得好、留得住、流得出”的市场化、职业化的用人机制；“四个创新”：理念创新、体制创新、机制创新、产业结构创新；“形成统一竞争力”：通过结构调整，将有市场前景的服务项目，作为转制后企业发展的主营业务，形成企业的核心竞争力。经过认真研究，多次修改，确定了行政管理局的转制方案。2001年11月19日中国科学院正式批复了关于《行政管理局整体转制方案》。

在深化内部改革，建立有效运行机制上，行政管理局集中推行了六个方面的改革。即调整管理体制；改革用工制度；改建分配机制；模拟企业核算；完善考核制度；建立内部招投标制。为整体转制的实施奠定了基础。

在加速推进行政管理局企业改制工作上，成立了转制（改制）工作领导小组，加强改制工作的领导。制订了廊坊科兴新技术工厂、京科电气安装工程处资产评估和改制方案。积极推动幼儿教育体制改革的进程，根据北京市教委加强幼儿园体制改革的试点意见，幼教中心积极参加幼儿园体制改革，成为北京市第一批办园改革试点单位，取得了社会办园资格。2001 年 11 月国家发展计划委员会颁发了收费许可证。

在规范物业管理上，行政管理局注重引进规范管理，提升经营服务水平。与水利部“中水物业公司”合资成立“北京科水物业管理公司”，取得了相应的资质，通过竞标获得了院新建图书馆的物业管理权。积极增加社区服务项目，制作了宣传橱窗、广告牌、小区标志牌，成立了家政服务队，规范了社区管理，并通过发放问卷调查听取小区居民的意见。组织了 3 场丰富多彩的社区文化广场活动，在社区举办了中老年知识问答，通过开辟阅览室、设置社区文化活动站灯箱、举办书画摄影展、成立小区舞蹈队丰富了小区居民的文化生活。行政管理局还建立了社区管理规章制度，明确了员工的岗位职责，规范了员工的行为。

在加强基础设施改造中，2001 年行政管理局共完成各类工程 79 项，合计工程总价 17 258.65万元。完成了黄庄 8 栋住宅楼屋面加固改造工程，解决了屋面防水问题，居民的室内环境得到了进一步改善。完成了城区危房、危电改造工程。解决了居民高峰用电问题。投资改造了中关村南北老生活区有线电视网，使南北老生活区增加了收视频道，提高了收视质量。

在院管职能方面，2001 年组织召开了中科院属京区单位绿化工作会议，完成新植树苗 71 210株；组织中科院属京区单位开展以“人口、发展与环境”为主题的第 12 个世界人口日的宣传教育活动；组织召开了中科院属京区单位园区治安建设现场会，探讨园区公共安全管理；与中关村派出所联合，为黄庄小区 40 多位院士的住宅安装了防盗联网报警装置。

2001 年全局广大干部、职工在局领导班子的带领下，朝着既定的工作目标，围绕转制这个中心做了大量的工作，较好地完成了院党组赋予行政管理局的任务。

科技物资中心

主　　任：段燕生
地　　址：北京市海淀区中关村南一条甲 3 号
邮政编码：100080
联系电话：010-62545879（综合部）
010-62648971（综合部）
图文传真：010-62545879
电子邮件：webmaster@sem.ac.cn
网　　址：www.sem.ac.cn

2001 年科技物资中心有在职员工 85 人，其中各类专业技术人员 38 人，具有大专以上学历人员 45 人。下属四个管理部门和六个经营服务部门，按自收自支的事业体制运行。

2001 年是科技物资中心体制转换上承前启后的一年，也是面对挑战的一年。在体制转变和资源调整双重形势面前，中心仍从现状出发，确立了以为知识创新工程服务和科技成果转化为特色，以现代物流和电子商务服务，科技物资、科技产品和信息产品经营，科技产品开发和物业管理为主要经营方向的发展目标。

2001 年科技物资中心的主要工作是完成整体转制。根据科发产字［2000］0526 号“关于印发《关于中国科学院科技物资中心整体转制的决定》的通知”，成立了转制领导小组和专门工作机构，就企业的组织形式，资本及股权结构，出资形式，社会保障体系等方面向中科院呈报了转制实施方案，得到院正式批复后，以 6 月 30 日作转制基准日，对中心资产进行了全面评估和审计，最后确定中心国有资产 4 778.00 万元作为院方投资，占注册资本的 92.696%，中心职工参股 376.50 万元，占注册资本的 7.304%，形成了符合现代企业制度的有限责任公司，并按法定程序组建了董事会、监事会和经理层的法人治理结构，注册了“北京中科资源有限公司”，2001 年 12 月 23 日举行了公司成立庆典暨揭牌仪式，标志着转制过程的全面完成和新体制正式运行的开始。

为适应转制后市场经济的需要，中心自年初开始调整了管理思路。借鉴国内外先进企业成功范例，推行专业化经营和集约化管理模式。成立事业部，撤销二级公司，统一财务监控，实施商务、物流、财务一体化运作，初步构建了现代企业管理平台。在严峻的经营环境中尽力规避市场风险，在资源调整过程中物业创收仍取得了较好的成效。

转制后的公司将立足于中国科学院的科技资源开发利用，以为知识创新工程服务和科技成果转化为经营特色，以现代物流和电子商务服务，科技物资、科技产品和信息产品经营，科技产品开发和物业管理为主要经营方向，经过努力和发展，成为具有较大经营规模、有较强创新和发展能力的，符合现代企业制度要求的集团性企业。

沈　阳　分　院

党组书记、副院长：王庆礼
地　　址：沈阳市和平区三好街 24 号
邮政编码：110004
联系电话：024-23983356
024-23983359
图文传真：024-23983343
电子邮件：zhb@mail.syb.ac.cn
网　　址：www.syb.ac.cn

中国科学院沈阳分院是中国科学院的派出机构，协助院管理中科院在辽宁省的大连化学物理研究所、金属研究所、沈阳应用生态研究所、沈阳自动化研究所、沈阳计算技术有限公司、沈阳中科仪技术有限公司和在山东省青岛市的中科院海洋研究所。

沈阳分院系统现有职工4 267人，其中科技人员3 092人，占总人数 72.5%；高级科技人员1 161人（正研级 387 人），占科技人员总数 37.5%；中级科技人员1 323人，占科技人员总数 42.8%；中国科学院院士 14 人，中国工程院院士 6 人，第三世界科学院院士 1 人。2002 年拟上岗的博士生导师 183 人；有博士学位的 355 人，硕士学位的 543 人；在学研究生1 326人，其中博士生 734 人，硕士生 592 人。在站博士后 91 人。

沈阳分院系统的研究领域以技术科学为主，涉及到材料科学与工程，选控化学与工程，制造科学与自动化技术和计算机技术，应用生态学与生物技术，海洋科学与工程等，基础研究、应用研究和开发工作兼有。

沈阳分院系统现有 6 个国家重点实验室，8 个国家工程研究中心，4 个中科院开放实验室，4 个中科院野外试验站，4 个中科院研究、监测中心。这些国家、院重点实验室、工程中心、开放站、中心的建立，显示了较雄厚的实力并为沈阳分院系统在相关学科领域内高水平地完成科研任务及开展国际、国内学术交流与合作，奠定了坚实的基础。

沈阳分院系统还与省、市共建了 19 个重点实验室、工程中心、推广中心和试验基地。这些共建的实验室、中心和基地发挥了中国科学院沈阳分院的学科优势，为面向国民经济主战场，加速高新技术产业化，改造传统产业，密切院地合作，振兴地方经济和促进社会发展做出了重要贡献。

2001 年，沈阳分院系统共承担国家和地方科研项目 849 项，其中基础研究项目 265 项，应用研究项目 430 项，试验发展项目 82 项，其他项目 72 项。在 485 项国家项目中，有国家攻关项目 28 项，“863”项目 31 项，国家自然基金项目 184 项，中科院重点项目等 242 项。

2001 年，沈阳分院系统共获科技成果奖 44 项。其中，国家科技进步奖 2 项，院科技进步奖 3 项，院发明奖 4 项，省级科技进步奖 18 项，市级科技进步奖 12 项。

2001 年，沈阳分院系统共有科技企业 24 家，高技术企业总收入 7.8 亿元。

沈阳分院作为院的派出机构，自 1978 年恢复建制以来，进入了一个新的历史时期。分院在转变职能、精简机构、分流人员和创办实体等方面不断推进改革并取得了一定成绩。沈阳分院始终把为研究所、中心的改革与发展服务，促进其发展壮大作为分院的中心工作和根本目标，在中国科学院与地方之间努力发挥桥梁与纽带作用。

2001年沈阳分院组织研究所争取辽宁省、沈阳市科技计划立项61项，到位经费超过1 506万元，分院还主持向宁波、乐山、重庆、浦东等地申报种子基金项目12项，到位经费40万元。2001年，分院组织各所积极开展产学研活动，组团参加各地、各类技术交易会多次，共签订正式技术合同额1.86亿元，扩大了各所的影响。分院组织各所参加中国第二届深圳高技术交易会，项目多、效果好，获中科院优秀组织奖。

2001年2月，沈阳分院新一届领导班子组成。新班子上任后，团结带领机关全体职工，认真贯彻落实中科院知识创新工程试点第二阶段的任务和要求，明确分院工作目标和主要任务，突出抓好领导班子建设和中科院与地方科技合作工作，同时做好党建工作，队伍建设工作和机关自身改革工作。一年来，分院的工作又有了新的进展与提高，全面完成了年初制定的工作计划，在主要工作方面取得了好成绩。

一、领导班子建设工作

1. 完成了科仪中心转制前最后一次中期考核调整；完成了金属所领导班子中期考核和所长人选等局部调整；完成了生态所行政班子换届考核调整。在领导班子考核调整工作中，坚持按院党组有关领导班子建设的规定程序，进一步扩大了民主推荐范围和群众参与程度，并在实行干部任前公示制方面进行了有效的实践。积极推进所级干部年轻化进程，今年调整的三个领导班子平均年龄分别为41.3岁、41.6岁和39.7岁，在调整后的11名班子成员中，45岁以下的9人，占81.8%。

2. 举办第15期所级干部暑期学习班。“十五”期所级干部学习班主要内容为深入学习江泽民“七一”重要讲话，交流知识创新工程试点工作的经验体会。院副秘书长邓麦村到会并讲课，学习班还专门邀请中央党校教授就学习江泽民“七一”重要讲话进行了理论辅导。

3. 根据所级领导班子调整后，青年干部增加，领导经验不足的问题，分院举办了45岁以下所级干部和所长助理学习班，就领导班子思想作风建设和领导方法、领导艺术进行培训。

4. 抓好领导干部廉政建设工作。按中科院和各省有关部署，在继续执行《廉政准则》和制止奢侈浪费行为有关规定的基础上，对处级以上多方面的情况进行了检查、申报、登记，没发现违规违纪问题。全年受理群众信访举报16件，分院调查处理10件，督促研究所处理6件。

二、院地科技合作工作

院地合作工作是分院的重要职能之一。分院党组历来重视院地合作工作，新班子成立后，继续加强了院地合作工作力度，加强了对院地合作工作的组织领导，在全院率先成立了分院院地合作委员会，推动院地合作工作又有了明显进展。2001年度，沈阳分院再次荣获中科院院地合作一等奖。

1. 总结“九五”院地合作工作，构筑“十五”院地合作框架。在“九五”院地合作取得优异成绩的基础上，分院积极推进“十五”省院合作工作。年初制定了省院合作“双百工程”实施方案，主要目标是：重点抓好100个重大典型示范项目，到2005年实现年产值100亿元，其中中科院系统的高技术企业实现年销售额50亿元，通过技术合作为辽宁企业新增产值50亿元。根据这一目标，进一步制定了共建六大高新技术产业基地，利用中科院高技术优势为辽宁传统产业优化升级提供技术支持，加强人才交流等具体方案，得到省院双方领导的认可。在6月30日，特请路甬祥院长来沈时与薄熙来省长共同签署了“十五”院省科技合作协议。

2. 积极推进分院与各市合作共建高技术产业基地。分院注意加强与地方政府的联系，争取地方政策支持，组织分院与抚顺市共建“高技术产业园”。产业园占地1 000亩，已经完成七通一平基本建设，预选进园项目11个，当年已有2个项目进园建厂。组织分院与沈阳市第四次续签科技合作协议，推进分院各所与沈阳市共建“先进制造产业园”、“新材料产业园”、“‘863’东北软件园”，各园建设已经起步。分院丹东海产养殖示范基地完成了文蛤育苗越冬项目验收，同时又开展了其他品种的养殖示范，效果良好。

分院还与内蒙古鄂尔多斯市签订了科技合作协议，并组织研究所与企业项目对接。生态所与该市共建的生态建设示范基地，得到了地方政府和国家计委的支持。

3. 积极探索省院合作新领域。在原科技项目合作的基础上，2001 年又扩展了新的合作领域，组织与辽宁省教育厅签订了“科教合作协议”，协议内容包括与省内大专院校共同申报攻关项目、共同培养人才、共建研究生教育基地等，辽宁省政府领导对此给予充分肯定，副省长亲自做双方合作的召集人。

4. 积极拓展经费渠道，推进院地合作项目的落实。分院积极与地方科委加强工作联系，2001 年从地方争取科技项目拨款到位经费总计1 506万元，超过年初计划的 88%。其中省科技厅立项 20 项，经费 615 万元；市立项 31 项，经费 851 万元；分院主持向宁波、乐山、重庆、浦东等地申报种子基金项目 12 项，到位经费 40 万元。

5. 积极推进科技副职选派工作。为落实路院长和闻书记的指示精神，今年向辽宁省选派科技副职工作有了实质性进展，向辽宁 7 个地级市推荐科技副市长人选 9 名，考核后省委已批准 3 人，目前已分别赴任丹东市副市长、朝阳市副市长和营口市市长助理。同时组织各所向中科院人教局推荐科技副职人选 20 人，现有 11 人已被调剂到辽宁、山东、浙江、河南等地任科技副职。

三、党建和思想政治工作

1. 组织系统政治理论学习和形势教育。分院党组根据院党组和省委的总体部署，分阶段下发了《关于学习江泽民论科学技术一书的通知》、《关于学习江泽民七一重要讲话的通知》、《关于学习江泽民“三个代表”重要论述的通知》和《关于学习党的十五届六中全会文件的通知》等，组织各所开展学习教育活动。为深化学习效果，加深对江泽民同志“三个代表”重要思想的理解，分院还邀请省委党校专家为机关和系统党员干部做了理论辅导，并分别组织所级干部和机关各党支部进行了学习心得体会交流。

2. 组织开展“三个想一想”警示教育活动。“三个想一想”警示教育活动，是辽宁省委针对沈阳市发生的“慕马案件”在全省党员干部中开展的以党风党纪教育为重点的教育活动。分院党组按照省委的要求，结合分院系统的情况，下发了《关于开展“三个想一想”警示教育活动的通知》，分阶段抓落实，党组重点抓各所领导班子专题民主生活会，听取领导干部的对照检查，并提出加强和改进领导作风的具体要求。分院党组成员还在机关干部范围内进行了个人“述廉”报告，机关干部对党组成员廉洁评议的满意率达到 100%。

3. 落实党委书记季度学习日制度，加强对所级干部政治理论学习的督促和检查。全年举办党委书记学习日 4 次，通过学习日部署所级干部政治理论学习的计划和内容，并提出要求进行检查。年终组织了所级领导干部学习心得体会交流会，交流论文 9 篇。

4. 组织开展庆祝建党 80 周年纪念活动。在认真组织学习江泽民“七一”重要讲话的基础上，分院党组召开了庆祝建党 80 周年大会，全系统 50 多名新党员集体进行了入党宣誓，之后进行了文艺会演，各单位演出文艺节目 20 多个。分院机关党委和工会还组织机关党员举行了小型运动会、党的知识竞赛和历届优秀党员座谈会，这些活动起到了振奋精神，鼓舞斗志的作用。

5. 开展思想政治工作研究活动。组织召开了分院政研会第五届年会，调整了政研会组织机构，交流论文 35 篇，表彰先进分会 2 个。2001 年度，分院系统推荐当选省直先进党委 1 个、先进党支部 1 个、优秀党员 2 人。推荐当选省党代表 1 人，当选省委委员 1 人。

四、人事配套制度改革及其他职能管理与服务工作

1. 召开人事制度改革研讨会，贯彻中科院二期创新中重大人事制度改革政策，重点围绕“队伍结构优化”、“全员岗位聘任”、“吸引将帅人才”、“分配制度改革”四个问题交流工作进展，研讨难点问题，并提出了落实人事制度改革重大举措的要求。

2. 积极与沈阳市政府沟通，倡导各所加入沈阳市医疗保险。分院机关率先进入医疗保险，同时根据机关经济情况，及时建立内部医疗补贴，保证机关平稳参加沈阳市社会统筹医疗保险。帮助在沈阳各所、公司于年底前全部进入沈阳市医疗保险体系。至此，分院在沈各单位全部参加了养老、失业、医疗三大保险。社会保障体系的建立，有力地推动和保障了各单位人事制度改革的顺利进行，解

决了分流转岗人员后顾之忧，使在沈各单位的改革平稳地向前推进。

3. 积极协调各所按照创新要求搞好园区规划，并协助组织实施。在协调金属研究所、应用生态研究所完成集中供暖物业化改革的基础上，组织两所完成了园区统一规划。协调海洋研究所、自动化研究所、计算技术有限公司完成了园区规划，并全部获院批准。完成院拨基建款项1 608万元。

4. 积极推动后勤社会化改革和企业改制工作。分院近年来多次召开后勤改革工作会议，总结交流后勤改革方面的经验，2001年又成立了后勤协会，定期研讨有关政策性问题，不断深化后勤改革。继分院机关、大连化学物理研究所之后，沈阳自动化研究所也完成后勤转制挂牌，其他各所的转制方案基本成熟，正在积极组织实施。

5. 分院党组对一期没能进入创新的应用生态研究所和海洋研究所加大了工作指导和督促力度，通过各种方式推动两个单位加快内部改革。2001年4月和7月，两个所都如期获得院党组批准，进入了二期创新行列。至此，沈阳分院所属5个研究所全部进入创新工程试点，2个单位已于上半年完成整体转制。

6. 组织分院系统财务管理和公司等部门开展会计法规招待情况自查工作，规范了财务管理有关制度。召开了分院系统财务管理工作研讨会和举办了新企业会计制度培训班，研讨了完善内部财务控制制度等问题，加大了财务监督工作的力度。

7. 信息网络建设与对外宣传工作。完成了沈阳地区计算机城域网二期改造工程，解决了上连北京出口带宽瓶径问题。完成了分院机关局域网建设。

政务信息与对外宣传工作也有了较大进步，配合各所创新工程和重大成果、重要人物进行舆论宣传，全年出简报36期、简讯75期，宣传工作已进入全院先进行列。

五、分院机关自身改革与建设

按照院有关分院机关改革的指导意见，分院党组积极组织机关自身的改革。党组首先认真学习院党组有关文件，统一认识，采取超前措施，做好政策研究，精心组织实施。年初院核定分院事业编制30人，机关调整后保留6个处室，26个工作人员。机关内部的企业也先后完成了转制，现保留分院控股公司4个。机关人员全部实行聘用制，分配制度实行三元结构工资制，突出岗位，拉大差距，动态管理，绩效同个人政绩和分院经济效益挂钩。分院还为分流到企业的年青职工办理了补充商业养老保险，解除了他们的后顾之忧。

根据中科院党组新一轮对分院改革的指导意见，中科院重新核定分院事业编制18人。分院积极落实院的要求，完成了改革方案的制定和报批，于12月30日得到院的批复。分院党组积极有序地组织实施，已于1月29日完成了上岗人员的聘任工作。

在经历了10年的动迁之后，新办公楼终于在年底前交付使用并完成装修工程，机关于12月31日全部搬入新楼办公，大大改善了办公条件和工作环境，提高了分院机关的整体形象。

分院机关党委、机关工会等组织相继完成换届工作，加强了组织建设，在组织机关党员干部开展政治理论学习、文化体育活动和社会捐助活动中发挥了较大作用。组织了春秋两季工会活动，配合建党80周年开展了自行车赛、支持北京申奥签名、小型运动会等活动，活跃职工文化生活。

离退休工作也是分院的一项重要工作，离退办和离退休党支部组织老同志开展了丰富多彩的政治理论学习及各种文化娱乐健身活动。特别是在建党80周年庆祝活动中，举办了人生历程影展和书画制作展，对在职的年轻职工进行了革命传统和革命人生观的教育。

近年来，沈阳分院系统的对外科技交流活动日益活跃，已同世界40多个国家和地区建立了长期稳定的国际合作与学术交流关系。2001年，共接待各国来访的科学家328人次，派往国外的访问学者455人次，各学科与国际同行间的影响与交往不断扩大，在学术交流、国际合作、培养人才诸多方面取得显著成绩。

大连化学物理研究所

所　　长：包信和
地　　址：辽宁省大连市中山路 457 号
邮政编码：116023
联系电话：0411-4379135
图文传真：0411-4691570
电子邮件：dicp@dicp.ac.cn
网　　址：www.dicp.ac.cn

中国科学院大连化学物理研究所的前身是建于 1907 年的南满铁道株式会社中央试验所。1949 年 3 月 19 日正式创建，当时定名为大连大学科学研究所。1950 年定名为东北科学研究所大连分所。1952 年曾改名为中国科学院工业化学研究所。1954 年名为中国科学院石油研究所。1962 年正式命名为中国科学院大连化学物理研究所。历任所长有：屈伯川、董晨、张大煜、顾以健、楼南泉、张存浩、袁权、杨柏龄和邓麦村等。

2001 年底，职工总数为 950 人，其中科技人员 726 人，中国科学院院士 7 人、中国工程院院士 1 人，研究员 77 人，副研究员、高级工程师 166 人，中级科技人员 330 人；在学研究生 386 人，其中博士生 224 人，硕士 162 人。在站博士后 32 人。

大连化学物理研究所是一个应用研究与基础研究并重，有较强开发能力的，以承担国家和企业重大项目为主的化学化工科研基地型研究所。现有 10 个研究室，其中国家级的研究单元有 7 个。具有化学和化工 2 个一级学科的硕士和博士学位授予权、环境工程专业的硕士学位授予权，也具有博士生导师自主评审权，现有博士生导师 55 人。

大连化学物理研究所的学科方向为：以选控化学与工程为主线，开展战略性、基础性、前瞻性的创新工作。基础研究以揭示自然规律为目标，加深对化学反应本质及选择控制规律的认识；应用研究以国家发展战略目标和市场需求为导向，在资源优化利用和环境友好化学化工过程等领域开展创新工作。现设的研究室有：基础研究——催化基础国家重点实验室、分子反应动力学国家重点实验室；重大项目——化学激光研究室、新能源研究室、航天催化与新材料研究室；应用研究——分析化学研究室、精细化工研究室、天然气化工与应用催化研究室、环境工程研究室、生物技术部。另有国家催化工程技术研究中心和国家膜工程技术研究中心。分别与法国、德国和英国等国建立了联合实验室——中法催化联合实验室、中德“催化纳米技术”伙伴小组、BP－中国研究中心。

2001 年，围绕知识创新工程的总体目标，进行了一系列的改革，各项工作进展喜人。

1. 进一步明确了创建世界一流研究所的发展目标，确定总体发展思路。瞄准国际科技发展的趋势和国民经济发展的总体需求，从战略上对研究所的研究方向进行重大调整，进一步凝炼和确立研究所近期和中长期科技目标。在保证和加强以能源、环保和农药中间体化学为代表的优势领域的基础上，逐步将研究的重点向新材料和生物技术等领域倾斜，力争 5 年内在生物医用材料、生物农药和海洋生物工程技术等新领域有所突破。总体目标是建设一个集先导性基础研究、战略高技术创新和高新技术产业化为一体、布局合理的、具有较强的综合竞争能力的世界一流研究所。

2. 凝炼科技目标，抓好前瞻性项目部署。2001 年进入创新工程全面推进阶段以后大连化学物理研究所为支持重大科技目标建设，在科研创新基金 15 个项目上投入了1 095万元。根据科技目标凝炼的要求，在现有工作的基础上拆并了 3 个研究室，新成立了生物技术部和航天催化与新材料研究室，并聘请杨胜利院士担任生物技术研究部主任，徐如人院士担任材料研究室顾问。

3. 重点项目进展顺利，显示良好发展前景。燃料电池项目的研究取得了突破性进展，成功组装了我国首台燃料电池轻型客车演示车，电池系统达到国际先进水平；以质子交换膜燃料电池为依托，与国内 5 家公司联合成立了新源动力股份有限公司。

环氧丙烷生产的新方法得到了国际科技界的

关注，美国《科学》杂志发表了奚祖威等撰写的论文“反应控制相转移催化用于丙烯氧化制环氧丙烷”，向世界首次公开报道了这项研究成果。

由大连化学物理研究所牵头的“BP-中国研究中心”正式成立，胡锦涛副主席高度称赞了这一合作计划，认为这是中科院和BP公司的一项具有战略意义的行动。

“催化新材料、新反应和新表征技术的基础研究”获中科院“九五”重大项目“A”级评定，“攀登计划”预选项目“甲烷、低碳烷烃及合成气转化的催化基础”被评定为优秀A级结题验收项目。“毛细管电泳理论新探索及其应用研究”获基金委重点项目A级评定。

“天然气、炼厂气转化利用新技术”和“天然气经空气催化部分氧化制合成气生产二甲醚集成技术中试”通过专家论证。与院内兄弟研究所合作在大庆建立了中国石油天然气集团公司和中国科学院天然气化工中试基地。

“催化裂化干气制乙苯技术第三代、第四代新技术”通过了专家组鉴定。该技术达到国际先进水平，在石化企业推广应用可产生显著的经济效益和社会效益。

有机蒸气膜法回收工业装置，在南京金陵石化塑料厂一次开车成功，成功应用于聚丙烯合成过程中的丙烯单体回收。

4．重拳出击，引进“将帅”人才。通过中科院“百人计划”和“引进国外杰出人才计划”，2001年从国（境）外引进多位博士：从日本回来的申文杰、孙立贤博士；从韩国回来的李相一博士；从新加坡回来的曹义鸣博士；从美国回来的董飞、孙公权和梅晓丹博士；从台湾回来的杨学明博士。从事化学反应动力学基础研究的杨学明博士，目前在该领域的国际学术界已崭露头角。从事生命科学研究的杨胜利院士，是上海生命科学技术中心的学委会主任。

5．产业化工作步入良性发展轨道。一年来，产业化工作已逐步步入良性发展轨道，所有公司都已转制为“产权明晰、权责明确、事企分开、管理科学”的股份公司或有限责任公司。以质子交换膜燃料电池技术为依托，组建了股份制企业——新源动力股份有限公司。凯飞化学股份有限公司表现出了良好的发展势头，目前生产线运行稳定，产品市场日渐看好。其他公司都表现出良好的发展势头。

2001年列入大连化学物理研究所科研计划的120项课题基本完成（见表1），其中国家和中科院的重大应用课题37项，国家和中科院的基础课题38项。全所研究室科研经费到款1.3亿元，比去年增加2 300多万元。申请专利129件，其中发明专利120件，实用新型专利9件。共有21项成果通过了技术鉴定和专家评议或验收，有17项成果获得奖励，其中国家级奖励1项，中科院奖励1项，部委省级奖励7项。发表科技论文476篇，其中国外发表215篇，SCI收录313篇，在全国科研机构中均排名前7位。在国际著名杂志“Science”上发表论文1篇。出版科技专著4部（见表2）。

表1　2001年大连化学物理研究所承担各类项目数简表

项目类型	项目数
国家“863”项目	9
国家“973”项目	12
国家自然科学基金重点项目和杰出青年基金项目	8
国家自然科学基金项目	30
中国科学院项目	7
国际合作项目	4
省、市、分院项目	5
部委委托项目	11
所内“三项基金”	29
合计	120

大连化学物理研究所是中国化学会的会员单位。负责编辑出版学术期刊“Journal of Natural Gas Chemistry”、《色谱》和《催化学报》。在国际组织中，大连化学物理研究所有15位专家任职。

表 2 大连化学物理研究所专家国际任职情况简表

姓名	年度	机构名称	任职
楼南泉	1979	国际分子束学术顾问委员会 International Advisory Committee of Molecular	学术顾问委员会委员
	1994	国际纯粹和应用化学联合会（IUPAC） International Union of Pure & Applied Chemistry	执行局委员
	1992	第三世界科学院（TWAS）	院士
张存浩	1987	光谱化学学报 SPECTROCHIMICA ACTA	编委
	2001	世界创新基金会 The World Innovation Foundation	院士
	1985	气流和化学激光国际研讨会 International Symposium on Gas & Chemical Lasers	顾问委员
	1990	中日理论化学研讨会	中方委员（1990）
	2000	同上	中方团长（2000）
卢佩章	1988	吐宾根德国东亚科学论谈会 Deutsch-Ostasiatisohes Wissenschaffforum in Tubingen	董事
	1993	国际天然气转化会议 International Natural Gas Conversion Symposium	顾问委员会委员
李文钊	1990	国际先进催化科学与工艺会议 International Advanced Catalytic Science and Technology Conference	顾问委员会委员
	1994	国际“反应动力学与催化通讯”杂志 Reaction Kinetics & Catalysis Letters	编委
谭志诚	1993	国际热化学学报编辑委员会 Editorial Board of Thermochimica Acta	委员
张玉奎	2000	色谱杂志 A Journal of Chromatography A	编委会委员
林炳承	1996	亚太国际毛细管电泳及相关微分析技术会议 Asia-Pacific International Symposium on Capillary Electrophoresis and Related Microscale Techniques	学术委员会委员、联合主席
	1999	国际电泳杂志（Electrophoresis）	专辑客座主编
杨维慎	2000	第五届国际膜催化会议 5th International Conference on Catalysis in Membrane Reactor	学委会委员、组委会主席
	1995	国际无机膜学术会议国际学术委员会 International Scientific Committee of International Conference on Inorganic Membrane	5th、6th ICIM 的国际学术委员会委员，7th ICIM 主席
熊国兴	1999 2002	国际膜反应器中催化学术会议国际学术委员会 International Scientific Committee of International Conference on Catalysis in Membrane Reactor	4th、5th ICCMR 的国际学术委员会委员，5th ICCMR 地区组织委员会
刘中民	1999	第十三届国际分子筛会议学术委员会	会议学术委员会委员
	2001	同上	
	2001	国际催化前沿青年科学家研讨会 International Workshop for Young Scientists on New Perspectives on Catalysis	学委会主席
	2001	国际刊物“Cat Tech”	编委

续表

姓名	年度	机构名称	任职
包信和	2001	11th International Symposium on Relations, Between Homogeneous and Heterogeneous Catalysis	国际顾问委员
	2001	International Symposium on Frontiers in Molecular Science	国际顾问委员
	2001	国际刊物“Surface Science”	编委
林励吾	1999	国际刊物“Catalysis Letters”	编委
	1999	国际催化理事会 Council of the International Association of Catalysis Societies, IACS	国际催化理事会理事
	2001	国际刊物 International Journal of Molecular Science	编委
李灿	1998	国际催化溢流学术会议	国际委员
	1998	世界环保催化大会 World Congress on Environment Catalysis, WCEC	国际顾问
	2001	国际催化燃烧会议 IWCC International Workshop on Catalytic Combustion	学术委员
	2001	国际刊物“Catalysis Survey in Asia”	编委
	1998	国际刊物“Applied Catalysis”	编委
	2001	国际青年催化会议 International Workshop for Young Scientists on Catalysis	学术委员会委员
	2001	国际花色素讨论会 International Workshop on Anthocyanins	组委会主席，学委会委员
张卫	1999	澳大利亚－亚洲花色素讨论会 Australiasian Workshop on Anthocyanins	组委会，学委会委员
袁权	1999	国际刊物“Chemical Engineering & Technology”	编委

金属研究所

名誉所长：师昌绪（院士）
所　　长：卢柯
地　　址：沈阳市沈河区文化路 72 号
邮政编码：110016
联系电话：23843531（总机）
23843605（办公室）
图文传真：23891320
电子邮件：imr@imr.ac.cn
网　　址：www.imr.ac.cn

原中国科学院金属研究所创建于 1953 年，原金属腐蚀与防护研究所创建于 1982 年，两所分别是材料科学与工程、腐蚀科学与防护领域的国内一流的研究所。在国内材料科学与工程科学领域占有重要的地位，并在国际上有相当的知名度。根据院党组知识创新工程试点的统一部署，在“东北高性能材料研究发展基地”建设中，中国科学院于 1999 年 5 月批准中国科学院金属研究所与中国科学院金属腐蚀与防护研究所整合建立新的“中国科学院金属研究所”。

新的金属研究所在圆满完成知识创新一期发展目标后，进入知识创新二期工程的任务是：在材料科学与工程的前沿领域，如纳米材料、计算材料科学等，积极参与国际竞争。注重可持续发展，拓展新型能源材料、仿生材料等研究领域；着眼国家重大战略需求、国家安全需求和国民经济发展的需求，强化结构－功能一体化材料技术；实施环境友好战略，发展材料腐蚀与防护、失效与复效理论与技术。大力推进新材料新技术的转化和产业化，在不断向企业转移新技术的同时，实现高技术企业的规模化生产。发挥综合优势，建设良好的园区环境、人文环境与宽松和谐的学术氛围。使全所综合实力位居全国研究所前列，为把我所建设成为国际一流水平的研究机构奠定坚实的基础。

金属研究所现有在职职工 986 人。在 711 名科技人员中，有中国科学院院士 5 人，中国工程院院士 2 人，研究员 107 人，副研究员、高级工程师等 196 人，中级科技人员 336 人。金属研究所按照研究所的战略发展目标进行了科研体系的调整，精干队伍，推动后勤转制为有限责任公司、对所属公司进行改制工作。在不断深化结构改革中，逐步实施现代化研究所的运行机制。

根据基础研究、应用研究、工程化产业化项目的纵深部署和前瞻性中长期发展的战略思想，金属研究所将原材料疲劳与断裂国家重点实验室、快速凝固非平衡合金国家重点实验室、中科院固体原子像开放研究实验室及挂靠在金属研究所内的国际材料物理中心联合，建立沈阳材料科学国家（联合）实验室，成为我国第一个材料领域国家重点实验室，并经国内外同行评议聘任了第一批研究部主任。金属研究所设有金属腐蚀与防护国家重点实验室 、环境腐蚀研究中心、先进陶瓷与复合材料研究室、材料仿生与先进炭材料研究室 、高温合金研究室、材料表面工程研究室等 10 个研究室。3 个技术支撑部门。为了集成优势，目前正在筹建沈阳先进材料研究发展中心。已建有高性能均质合金国家工程研究中心、腐蚀与防护国家工程技术中心和北方新材料研究与发展中心。并独资持有沈阳科金新材料开发总公司，控股沈阳金昌普新材料股份有限公司，大力发展高技术产业，推动地区高技术产业的发展。

经国家批准，金属研究所具有材料科学与工程一级学科博士、硕士学位授予权，设有材料科学与工程学科博士后流动站，培养材料科学与工程研究领域的高级专业人才。2001 年在学研究生 386 人，其中博士研究生 251 人，硕士研究生 135 人，在站的博士后 25 人，与高校合作培养研究生 26 人。在研究生中，有 1 人获中科院院长奖学金特别奖，获全国百篇优秀博士论文 1 篇，至此三届金属研究所有 5 篇论文获奖，是材料科学与工程学科领域总数的三分之一。

2001 年金属研究所共承担科研课题 213 项，其中基地创新课题 35 项。是“材料的环境行为与失效机理”、“材料计算设计与性能预测基础问题”、“氢能的规模制备、储运及相关燃料电池的基础研究”等 3 个国家重点基础研究发展规划（“973”）项目的主持研究单位。是“纳米材料与纳米结构”、“超级钢”、“材料制备与加工新技术”3 个项目的主要参加单位。承担的重大创新项目中，实施首席研究员、责任研究员负责制。一批年轻的学科带头人在学科前沿开拓进取，取得一系列创新成果和重大进展：例如卢柯研究员、金朝辉博士等在晶体过热与熔化机制研究取得了重大的进展。著名物理冶金学家、英国剑桥大学 R.W.Cohn 教授 2001 年 10 月 11 日在《自然》（NATURE）杂志上发表了题为：“从晶体内部熔化”论文，高度评价了金属研究所卢柯研究员和金朝辉博士在晶体熔化研究领域作出的研究成果。韩恩厚博士任首席研究员的“材料的环境行为与失效机理”“973”项目在由科技部组织的项目中期评估中获得较高的评价，在材料领域的 6 个项目中名列第三位。在应用研究方面：发展了微波催化强化、电磁离心凝固成型等新技术应用于国家重大工程项目。全面完成了“高塑性合金研究”研制任务，解决了常规石墨坩埚加涂层熔炼方法存在的增碳未熔铌、纯净度低和性能波动问题。研制成功铸造合金的塑性达到国际同类合金的先进水平。协同催化与制备技术发展出多种先进材料。通过对泡沫导电陶瓷和催化剂的组合、制备工艺的优化，大幅度提高了电直热催化净化器的综合性能，达到欧洲 3 号标准，被正式列为“十五”科技攻关计划。协同与催化与制备新技术研制出高强度泡沫陶瓷整体增强铜基复合材料，具有非常稳定的摩擦性能和很低的摩擦率，综合性能显著优于粉末冶金摩擦材料，是一种全新的摩擦材料，已获国家重点预研计划的支持。

在高韧性耐腐蚀金属－陶瓷复合刀具材料和刀具的设计、加工工艺研究方面，发展了拥有我国自主知识产权的刀具材料，经过中试实验后，已在沈阳金锋特种刀具有限公司投入批量生产，并在国家大型石化企业应用，取得显著经济效益。

2001年，金属研究所获中科院奖励3项、省科技进步奖2项，沈阳市科技进步奖1项。成果登记16项，其中应用成果13项。该所为第一署名单位发表的SCI收录论文228篇，在全国科研院所中排名第四位。在国际论文被引用253篇，589次，在全国科研院所中排名第五位。国内核心期刊收录论文298篇，排名第一位，SCI收录论文数较多的个人（材料类）是金属研究所的陈国锋（13篇）。出版论著5本。申请专利127件，授权专利43件。

金属研究所与世界30多个国家的研究机构、学术团体及著名科学家、企业家建立了广泛的合作交流关系。并与英、美、德、日、意等国的科研机构和大学开展国际前沿合作课题研究38项（均为主持）。其中金属研究所与德国夫朗和费学会薄膜与表面研究所合作协议纳入中科院与德国夫朗和费学会双边合作协议。签署了金属研究所与日本丰桥技术科学大学第二个五年合作协议，金属研究所与丹麦等国家签署了合作协议。张志东研究员应邀为美国科学出版社即将出版的2002年《薄膜材料手册》撰写有关薄膜和超晶格中自旋波、双量子阱中的量子干涉效应两个章节。2001年共接待19个国家69批139余人次的外国专家、学者，同时派出长期合作和留学人员25人，短期合作研究、参加国际会议等71批、81余人次。其中国际会议特邀报告报告14篇。本年度留学人员回国工作14人。有15名科技人员在35个国际组织（杂志）任职，并主办了中德双边研讨会、国际理论物理研讨会。

金属研究所受中国金属学会、中国材料研究学会、国家自然科学基金委员会、中国腐蚀与防护学会等委托，编辑出版《金属学报》（中、英文版）、《材料科学与技术》（英文版）、《材料研究学报》（中文版）、《中国腐蚀与防护学报》、《腐蚀科学与防护技术》、《全国环境腐蚀网站通讯》等6种学术刊物。

沈阳应用生态研究所

所　　长：何兴元
地　　址：沈阳市沈河区文化路72号
邮政编码：110016
联系电话：024-23902096
图文传真：024-23843313
电子邮件：Syiae@iae.ac.cn
网　　址：www.iae.ac.cn

中国科学院沈阳应用生态研究所的前身是中国科学院林业土壤研究所，成立于1954年。是以森林、土壤、植物、微生物与环境科学为基础的生物学地学研究所，1987年更名为中国科学院沈阳应用生态研究所，现已发展成为东北地区资源、环境与农业可持续发展的研究基地。现在职职工313人，其中科技人员218人，中国工程院院士1人，研究员34人，副研究员和高级工程师67人，中初级科技人员116人。在学研究生142人，其中博士生89人，硕士53人。在站博士后13人。

沈阳应用生态研究所以主要陆地生态系统为研究对象，针对林业和农业可持续发展、生态环境建设中国家急需解决的重大问题和应用生态学的发展需要，在森林生态与林业生态工程、土壤生态与农业生态工程领域开展应用基础性研究工作，丰富和发展森林生态学和农田生态学基础理论，为我国主要退化生态系统恢复重建，改善生态环境、保障食物安全提供科学依据和关键技术。

沈阳应用生态研究所科研机构设置为“一室三中心”，即：中国科学院陆地生态系统生态过程重点实验室；森林生态与林业生态工程研究中心、土壤生态与农业生态工程研究中心、生物与环境技术研究开发中心。从事10个方向的研究工作，即：森林生态系统生物多样性、森林生态系统生态过程、森林生态系统管理与调控、退化森林生态系统恢复与重建、森林景观变化对环境的影响与反馈、土壤酶学与新型缓释控释肥料研制、土壤环境与污染土壤修复、农田生态系统物质循环与调控、农田生态系统健康与绿色食品开发、微生物资源与农业生物技术。

沈阳应用生态研究所在不同地带设有不同类型的科研基地，即：中国科学院长白山森林生态系统定位研究站、中国科学院会同森林生态系统定位站、中国科学院乌兰敖都荒漠化试验站、中国科学院沈阳生态试验站、中国科学院沈阳生态植物园。其中长白山森林生态系统定位研究站为国家级开放试点站；长白山森林生态系统定位研究站、沈阳生态试验站为中国科学院重点站。还设有国家绿色食品定点监测中心及绿色食品环境监测中心、沈阳生物工程中心、沈阳新型肥料工程中心、沈阳环境工程中心。

沈阳应用生态研究所设有生态学、微生物学、土壤学硕士、博士学位授予点和植物学硕士学位授予点，并设有生态学、微生物学博士后流动站，已发展成为我国生态学高层次专门人才的重要培养基地。

沈阳应用生态研究所的中国科学院东北生物标本馆与东亚苔藓中心，是东北地区最大的生物标本馆。藏有植物标本425 000余份，昆虫标本60 000份、微生物菌种25 000余株、土壤标本20 000份、木材标本1 000份。

沈阳应用生态研究所测试中心是国家计量认证合格单位，国家绿色食品检测中心。拥有气质联用仪、液质联用仪、氨基酸分析仪、等离子体光谱仪、超临界萃取仪等一批先进的大型仪器装备，开展农业、生物、环境、食品、制药等领域重金属、农药残留、微量元素营养成分等理化测试。

2001 年 7 月，沈阳应用生态研究所正式被院批准为国家知识创新试点单位。进入创新试点后，沈阳应用生态研究所以国家战略需求与世界学科前沿为导向，通过学科大讨论，进一步凝炼学科方向和确立战略定位。沈阳应用生态研究所的科技创新目标为："瞄准国家重大需求和国际学科前沿，以主要陆地生态系统为研究对象，重点开展森林生态与林业生态工程、土壤生态与农业生态工程领域研究，探明森林生态系统和农业生态系统主要生态过程，建立生态系统健康评价指标体系与管理模式，提供生态系统管理和退化生态系统恢复重建关键技术，为我国生态安全和生态建设提供科学依据，发展应用生态学"。

沈阳应用生态研究所的战略定位是：将研究所建设成为国家应用生态学研究基地和高级人才培养基地；到 2005 年，成为国家森林生态学、区域农田生态学研究中心；到 2010 年争取成为中国科学院 30 个世界公认的著名高水平研究机构之一。

按创新方案要求，沈阳应用生态研究所采取公开招聘，择优录用的原则，组建了科技创新队伍。第一批创新岗位录用 92 人，其中：科研创新岗位 80 人，管理创新岗位 8 人，技术创新岗位 4 人。在 23 位上岗研究员中，博士学历占 86%，平均年龄 40 岁；在 44 位上岗副研究员中，硕士以上学历占 71%，平均年龄 36 岁。创新队伍素质明显提高。对未上岗人员采取项目聘任等方式，平稳转岗，使研究所保持稳定。

加强创新文化建设和科研园区建设是沈阳应用生态研究所实施创新工程的又一举措，近两年来积极利用国家投资与自筹资金1 100多万元，对两个实验大楼、东北生物标本馆和学术活动场所进行了改造装修，为科研人员提供了环境优美，设备先进，信息畅通的创新环境。沈阳应用生态研究所在规章制度建设，所风学风建设方面做了大量工作，初步形成爱所敬业，锐意创新，求真务实，团结协作的研究所文化。

实施创新工程，使沈阳应用生态研究所增强了科技竞争力。2001 年全所共承担课题 146 项，其中新争取国家基金 9 项，国家攻关 1 项，"973" 项目 3 项，"863" 项目 2 项，国家计委产业化项目 1 项，国家成果转化基金项目 2 项，院重大重要方向项目 2 项，辽宁省项目 6 项，沈阳市项目 10 项等。其中国家 "863" 项目《新型缓控释肥料、生物肥料、高效有机无机复合肥》、国家十五科技攻关项目《科尔沁沙地退化草地植被恢复重点技术示范区》和国家计委产业化项目《内蒙古库布其沙地植被快速建设产业化示范工程》获得项目级主持地位，实现了国家级重大科研项目零的突破；国家自然科学基金中标率名列全国科研院所第29名，创历史最好成绩；科研经费总收入2 317万元，比上一年增加科研经费49%，创历史上科研经费收入新高。

2001年国际合作和交流活动十分活跃。全年交流量为280余人次，其中派出26人次，接待250余人次（含12届世界肥料大会来宾）。八月份成功地承办了"第十二届世界肥料大会"，这是世界肥料中心第一次在中国乃至亚洲国家召开的世界肥料大会，50多个国家和地区的肥料科学界与企业界的800余位代表参加了大会，扩大了沈阳应用生态研究所在肥料科学领域的学术影响；还组织了"中德农田生态系统氧化亚氮学术研讨会"、"首届污染化学国际学术研讨会"、"中韩朝国土利用与环境政策学术研讨会"；协调组织中－日、中－德等国际合作项目2项，经费80万元；落实院级、国家基金委交流项目5项，获资助40余万元。

沈阳应用生态研究所积极利用国家和地方优惠政策，加速科技成果转化步伐。全年签订横向委托合同8项，经费78万元，科技咨询收入41万元，沈阳市项目10项，经费49万元。

科技开发公司正式转制为研究所控股的"沈阳中科应生技术开发有限责任公司"；下半年又与沈阳市科委合作，引进资金100万元，成立了由沈阳应用生态研究所控股的总资产达800万元的"沈阳中科新型肥料有限责任公司"，将为肥料添加剂和特种肥料产业化经营创造条件。公司总营业收入202.8万元，完成利税20万元。公司积极加大新产品研制开发的力度，全年在研新产品7项，其中"花青素"、一种治疗老年痴呆症的药物、贵葡斯胶囊、一种治疗糖尿病合并症的天然药物，以及系列新型肥料的研制进展顺利。

沈阳应用生态研究所是中国生态学会污染生态学专业委员会、辽宁省生态学会、辽宁省土壤学会、辽宁省植物学会的挂靠单位。编辑出版《应用生态学报》、《生态学杂志》等学术刊物。

沈阳自动化研究所

所　　长： 王天然
地　　址： 沈阳市东陵区南塔街114号
邮政编码： 110016
联系电话： 024-23970012
图文传真： 024-23970013
电子邮件： sia@ms.sia.ac.cn
网　　址： www.sia.ac.cn

中国科学院沈阳自动化研究所始建于1958年11月，1962年前的名称为电子技术研究所，1972年前为东北工业自动化研究所，1972年正式定名为中国科学院沈阳自动化研究所。截止2001年底全所共有602人，其中科技人员443人，进入创新基地的人员225人，有中国工程院院士1人，研究员45人，副研究员（高级工程师）153人，中级科技人员163人。在学研究生145人，其中博士生59人，硕士生86人。另有在站博士后7人。

按照中国科学院知识创新工程全面推进阶段的总体部署，在2001年不断深化改革，以体制创新推动科技创新，着眼于沈阳自动化研究所的长远发展，制定了"开发西区，建设东区，挺进浑南"的长远发展战略。及时抓住沈阳市全面启动"浑南"建设的时机，积极筹建先进制造技术产业化园（AMT）。加大了实验室建设力度，全年共投入1 070万元，创新园区基建任务全面完成。在中科院"行政后勤专业化、企业化、社会化"方针指导下，成立了"新合物业有限公司"，从体制上实现了创新基地核心部分、高技术公司、物业公司三部分不同的发展模式。在人事制度的改革方面，继续改变待遇一定终身或能上不能下，实践一级岗位不封顶的政策，鼓励科技人员作出创新贡献。2001年，适时地调整了研究室的结构，使分布式控制系统和可重构制造研究的力量相对集中。6个研究室是：机器人学开放实验室、可重构制造系统研究室、自动控制系统研究室、光电信息研究室和自动化装备研究室。机器人技术国家工程研究中心、国家高技术研究发展计划成果产业化基地、中国科学院机器人学开放研究实验室、沈阳市先进制造技术中心等设在沈阳自动化研究所。所内还设有机械电子工程专业博士点和硕士点、博士后流动站、模式识别与系统硕士点。获得批准新建“模式识别与智能系统”博士培养点。研究生、博士生招生人数继续增加。

作为沈阳自动化研究所的重要组成部分，“新松机器人自动化股份有限公司”圆满完成年度发展目标，人员已经发展到400人，资产达到7 000万元。同时为建设新址和上市做准备。

2001年，全所在研课题177项，在研合同额一亿多元。“水下电缆埋设机”等重大项目取得关键性进展。同时，清理了一批历史沉淀课题，使目标更加集中。

2001年共发表论文156篇，论著8部，专利与软件登记36件。在第十三届全国发明展览会上获2枚金牌，1枚银牌，2枚铜牌。有10项成果获奖，其中“基金会现场总线分布式工业控制系统”获科学院科技进步一等奖。

2001年有美、意、日、德等国知名专家33人次来沈阳自动化研究所讲学，进行学术交流和洽谈合作。在水下机器人、最优控制理论研究、可重构制造、水下埋缆机、工业机器人、HJ-73等项目方面开展了广泛合作。人事档案目标管理达到国家一级标准。主持编辑出版《机器人》和《信息与控制》2个期刊，近年来两刊在全国的影响因子和排名都有提高。

沈阳计算技术研究所

所　　长：林　浒
地　　址：沈阳市和平区三好街100号
邮政编码：110004
联系电话：024-23894766
图文传真：024-23915947
电子邮件：wangp@sict.ac.cn
网　　址：www.sict.ac.cn

中国科学院沈阳计算技术研究所创建于1958年8月30日，其前身是辽宁电子技术研究所。1960年7月，在原计算机专业的基础上，成立中国科学院辽宁分院计算技术研究所。1962年12月，与辽宁物理研究所、吉林大学计算数学研究所的主要部分合并为中国科学院东北计算中心。1967年10月，划归国防科委第15研究院领导。1970年7月，重归中国科学院。1972年8月，改为现用名称。

沈阳计算技术研究所职工总数403人，其中，科技人员总数313人，研究员级26人，副研究员级62人，中级113人。

沈阳计算技术研究所主要学科方向及研究领域为计算机及相关技术，特别是计算机系统与软件、计算机网络与通信、数控与现代制造、工业自动控制、计算机系统集成等方面。

沈阳计算技术研究所是我国研究生培养单位之一，具有计算机组织与结构、计算机软件与理论和计算机应用学科的硕士学位授予权，并与高校联合培养博士研究生。2001年在学硕士研究生60人，在学博士研究生4人。

沈阳计算技术研究所根据所从事的学科方向及研究领域，设有计算机系统与软件、计算机网络与通信、数控与先进制造、工业自动控制、电子通信对抗、计算机系统集成等相应的研究机构。高档数控国家工程研究中心、沈阳进出口商检局电子电器产品检测中心等依托在沈阳计算技术研究所。

配合高档数控国家工程研究中心建设，沈阳计算技术研究所装备了一批国际先进的测试仪器，如逻辑分析仪、集成电路测试仪、在线测试仪、快速瞬变噪声模拟仪，浪涌模拟仪等电磁兼容测试设备，极大地提高了沈阳计算技术研究所的新产品研制开发能力。还引进了国际先进的SMT安装生产线、双波峰焊机等，具有很强的数字产品生产能力。沈阳计算技术研究所拥有高性能工作站十几台，配有多种机械CAD、电子CAD软件包，用于PCB设计、芯片设计和CPU模板设计，为国家重点科技项目的完成提供了有力的支持。

按照国家科技体制改革的战略部署，根据中科院知识创新工程的总体要求，沈阳计算技术研究所进行了整体转制。在所领导班子的带领下，经过全所干部职工的艰苦努力和辛勤工作，一个高技术企业——中科院沈阳计算技术有限公司宣告成立。其发展方向和总体目标是，将研究所现有科研事业体制整体转制为规范化公司制的高新技术企业，建立现代企业制度，实行新的运行机制，使其成为面向国际、国内市场的独立法人实体和市场竞争主体。做到产权明晰、权责明确、结构优化、队伍精干、管理科学、不断创新、持续发展。经过五至十年的努力和发展，成为在我国占有一席之地的高新技术股份制企业集团。沈阳计算技术研究所转制的指导思想是改革与改制同步，机制转变与体制转变并进。在整体转制工作中，进行了重大的结构调整、机制转换和体制改革，明确了转制后的中长期发展方向，凝炼了研究开发与产业化的目标。通过新的运行机制的运作，员工们的责任心加强了，精神面貌变化了，凝聚力增强了，工作效率提高了。

2001 年沈阳计算技术研究所争取并承担各类科研计划项目 14 项。其中 8 项科研成果通过鉴定或验收。与辽宁省电力调度通信中心、国家电力调度通信中心和北京科东电力系统有限责任公司共同承担完成的“辽宁电力市场技术支持系统”项目，通过了由辽宁省科学技术厅组织的科技成果鉴定。该项目是国家电力公司和国家经济贸易委员会根据国务院确定辽宁等 6 省市进行国家电网“厂网分开，竞价上网”改革试点的有关文件精神而确立的重大开发项目。该系统于 2000 年 4 月开始投入试运行，能满足辽宁电力市场连续、实时运行的要求及电力市场发展、升级的需要，同时也满足了电网安全、稳定运行的要求。不但具有良好的社会效益，而且具有巨大的经济效益。由中国电力科学研究院总工、中国科学院院士周孝信，东北电力公司总工、中国工程院院士黄启励等国内外知名专家组成的鉴定委员会，对该成果给予了高度评价，一致认为：该系统的设计思想和实现技术，具有国际先进水平，在解决电网安全、经济运行关键技术等方面，处于国际领先地位。

2001 年沈阳计算技术研究所获辽宁省科技进步奖 2 项。国家“九五”重点科技攻关项目“用于局域网的 ATM 交换机研究与开发”和与辽宁电力调度通信中心合作完成的“辽宁电力调度通信中心管理信息系统”获辽宁省科技进步奖。LT-30-1 ATM 接入交换机被国家科技部、财政部、国家计委和国家经贸委评为“九五”国家重点科技攻关计划优秀科技成果；SFC 车床数控滑台被国家经贸委评为 2001 年度国家级新产品；电网电能量采集与管理系统被国家经贸委评为“九五”国家技术创新优秀新产品奖。

2001 年，沈阳计算技术研究所根据国家和中科院关于科技体制改革的精神，结合整体转制，充分利用沈阳计算技术研究所的人才和技术优势，加大力度，开拓市场，选择有市场前景的、行业背景和产业化发展趋势的课题与项目作为全年工作重点。全年共签订技术开发和技术服务合同 46 项。

电力市场的技术支撑系统项目，是沈阳计算技术研究所高技术产业化重点行业领域和产品方向之一。2001 年在被列入国家技术创新项目和沈阳市高新技术产业超长发展“特别快车”计划的同时，其技术开发和技术服务合同额继续增长。电力市场的技术支撑系统的开发和建立，对加速我国电力市场的改革和建设，促进电力企业生产自动化和管理现代化水平的提高，保证电力的公开、公平、公正交易，确保电网的高速安全运行，带动相关高新技术产业的发展等具有深远的意义。

在 SFC 车床数控滑台的基础上，2001 年沈阳计算技术研究所又开发出适合普通车床改造的排刀式数控滑台、专用固定式数控滑台、立式车床数控滑台等 4 个系列 26 个型号的产品，销售额也继续增长。SFC 系列数控滑台，是针对普通车床数控化改造而开发研制的，适用于各种型号普通车床的数控化改造，在国内机床数控化改造中具有广泛的应用前景。

沈阳计算技术研究所现有 5 家控股公司及下属公司企业，从事技术开发人员 160 多人，产值规模效益状况良好。

2001 年沈阳计算技术研究所与俄罗斯继续进行 NC 系列数控系统的合作研究开发，现已推出 NC100 系列高档数控系统、NC100-6 轴高档数控系统、NC110-16 轴高档数控系统、NC200－4＋1 轴中高档数控系统。截至 2001 年底，已出口 700 多台（套）。

国产高档数控系统首次出口，进入俄罗斯市场，其意义非常重大。一是成功地探索出一条通过国际科技合作进而发展我国高档数控技术，并打开国际市场卓有成效的途径；二是标志着我国高档数控系统技术在不到十年的时间里，不仅走过了从无到有的起步阶段，进而用国产系统替代进口产品的发展阶段，而且迈出了我国高档数控系统产品出口的第一步，进入了参与国际市场竞争的新阶段。

2001 年，经沈阳市对外经济贸易委员会的批准，沈阳计算技术研究所取得了进出口自主经营权。

沈阳计算技术研究所是省级专业学会辽宁省计算机学会的挂靠单位。编辑出版的《小型微型计算机系统》月刊，是中国计算机学会的专业刊物之一，是国内自然科学的核心期刊。

沈阳中科仪技术发展有限责任公司

董事长：雷震霖
总经理：雷震霖
地　　址：沈阳市和平区三好街 96 号
邮政编码：110004
联系电话：024-23921191
图文传真：024-23890572
电子邮件：sales@ssidc.ac.cn
网　　址：www.ssidc.ac.cn

沈阳中科仪技术发展有限责任公司前身为中国科学院沈阳科学仪器研制中心，创建于 1958 年，2001 年 4 月由中国科学院沈阳科学仪器研制中心整体转制为现公司。

随着公司注册的完成，沈阳科学仪器研制中心实现了由传统体制下的科研事业单位向具有现代企业制度的有限责任公司转变的历史性跨越，为公司在新世纪的快速发展奠定了良好的基础。

公司设有综合办公室、财务部、市场部、计划质量部、后勤服务部等职能管理部门；设有真空仪器一部、真空仪器二部、重点工程部、真空器件部、烟草质检仪器部、产品开发部等事业部和生产部。

2001 年年底公司员工总数 311 人，科技人员 145 人，其中研究员 13 人，高级工程师 30 人，工程师 56 人，在学研究生 1 人。

公司确立了以市场为导向、以创新为目标、以质量求生存、以品种求发展的经营方针，形成了以超高真空技术为基础，以研制生产大型表面分析仪器、薄膜新材料制备设备、微米及纳米材料制备设备、真空获得装置和真空处理设备、空间环境模拟设备及高档真空器件等为主的产品格局，产品涉及真空、微电子、精密机械、电子光学、自动控制、计算机等高技术领域。公司具有一批综合素质高、相关学科齐全的科技队伍，拥有一支具有较高水平的技术工人队伍，能够承担国家级高水平的科学仪器的研究和开发工作。现公司正朝着向建设国家级的、在科学仪器领域有一定知名度的、具有持续创新能力与持续发展能力的高新技术企业的方向迈进。

公司超额完成了 2001 年计划经营指标。实现总收入2 709.98万元，实现可分配利润 228.3 万元。新签合同3 357万元，结转 2002 年合同额 2 356万元，达到历史最高水平。

确立了公司的发展战略，即“加强现有产品经营，实现平稳发展；开发新产品，实现快速发展；实施资本运作，实现跳跃式发展；引入现代科学管理模式，实现可持续发展。”

确定了公司新产品开发方向。在真空技术和科学仪器研制方面，公司有一定的技术储备和人才优势，从公司现有的非标产品经营模式及资产体量不大的特点来看，不适合介入技术附加值低的大规模工业化生产领域，而在我国有一定批量的中高档科学仪器装备的研制生产尚属空白，近 80％的国内市场需求要靠进口来满足。因此，依据公司在此方面的优势和特长，研制生产有一定批量的中高档的科学仪器装备，满足国民经济和科技事业的发展需求，发展我国的科学仪器装备制造业，是公司新产品开发方向的正确选择。

新产品开发初显端倪。2001 年，公司开发研制了两项具有高科技含量和广阔市场前景的新产品，其中一项新产品已完成图纸设计，现正处于探索加工工艺阶段；另一项新产品已完成了样机的原理设计。

初步完成了规章制度的起草工作。成立了规章制度建设工作小组，至2001年年底，已撰写了近10万字的工作程序、员工手册、规章制度、部门职能分工及主管以上人员岗位职责，并多次召集由有关部门负责人和相关人员参加的会议，对撰写的规章制度进行逐条逐款的讨论，使之制定的规章制度具有科学性、规范性、系统性和可操作性，并就如何建立考核、检查、反馈体系进行了较深入的探讨，为公司下一步实施规范化管理，提高科学管理水平奠定了基础。

运用法律武器，保护公司合法权益。7年前，由于技术开发合同的原因，引起了一起法律纠纷，沈阳市中级人民法院一审判决公司败诉，赔偿原告经济损失508余万元。公司运用有关法律、法规，上诉到省高法，经过艰苦细致的工作，达到了由二审发回中法更审的目的，后在返回中法的审理中，公司充分运用相关的科学与技术及专家鉴定意见的权威性，据理力争，终于胜诉，结束了这起合同纠纷，避免了公司巨额财产的损失，保证了公司资产的保值和安全运行，同时，也为公司今后避免此类合同纠纷提供了宝贵的经验和教训。

2001年公司在两起劳动人事法律纠纷诉讼中，沈阳市和平区法院一审和沈阳市中级人民法院二审判决公司胜诉，维护了公司的合法权益。

海洋研究所

名誉所长：曾呈奎
所　　长：相建海
地　　址：山东省青岛市南海路7号
邮政编码：266071
联系电话：0532-2898611
图文传真：0532-2898612
电子邮件：iocas@ms.qdio.ac.cn
网　　址：www.qdio.ac.cn

中国科学院海洋研究所始建于1950年8月，前身为中国科学院水生生物研究所青岛海洋生物研究室，1954年1月改建为中国科学院海洋生物研究室，1959年1月扩建为中国科学院海洋研究所，是我国规模最大的多学科综合性海洋科学研究机构。全所现有职工628人，其中科技人员461人；有中国科学院院士5人，中国工程院院士1人，第三世界科学院院士1人；研究员81人，副研究员、高级工程师81人，中级科技人员204人；在学博士生111人、硕士生96人；在站博士后12人。

2001年4月海洋研究所被批准进入中国科学院知识创新工程试点。根据试点方案要求，海洋研究所面向国家对海洋资源与生态环境可持续发展的战略需求，面向海洋科学前沿，在蓝色农业优质、高效、持续发展的理论基础与关键技术，海洋环境与生态系统动力过程，海洋环流与浅海动力过程和大陆边缘地质演化与资源环境效应4个领域的9个科学方向上开展基础性、战略性和前瞻性研究。

为加强原始科学创新和关键技术创新与集成，设置了实验海洋生物学与生物技术、海洋生态与环境科学院重点实验室和海洋环流与波动、海洋地质过程与古环境开放实验室等4个基础性研究室，以及海洋生物工程技术和海洋环境工程技术2个研究发展中心；还有中国科学院胶州湾生态系统研究站和中国科学院海洋生物标本馆；与国外同行共建了中美联合海洋生态系统动力学开放实验室、海洋环流与气候环境联合研究中心、中日海洋腐蚀环境共同研究中心；还和青岛市共建了海洋生物技术和海洋环境腐蚀与防护两个重点实验室。此外，还设有文献信息中心、分析测试中心，及一支包括“科学一号”、“金星二号”在内的海洋科学考察船队。

设有海洋生物学、海洋地质、物理海洋学、海洋化学和环境科学5个博士点；海洋生物学、水产养殖、渔业资源、海洋地质、物理海洋学、海洋化学、环境科学和气象学8个硕士点；还设有海洋科学博士后流动站。

2001年的科研工作取得了可喜的成绩。在蓝色农业优质、高效、持续发展的理论基础与关键技术领域：研究建立了对虾cDNA文库，并首次获得了转基因对虾；构建了能高效生产具有显著抑瘤、增强免疫效果的基因重组藻胆蛋白 RAPC 的大肠杆菌菌株；发现红藻 R-藻红蛋白结合激光辐照，能有效杀伤肿瘤细胞；开展了养殖贝类的遗传改良，建立了 30 余个家系，并在多倍体育种技术的优化上获得进展；大规模推广了南美白对虾养殖和对虾疾病综合防治技术，取得了显著的经济和社会效益。在海洋环境与生态系统动力过程领域：黄东海浮游动物补充机制的深入研究，获得了一些全新的认识；开展了近海生态系统的生物修复理论与技术研究；对渤海、南黄海和长江口沉积物中氮的生物地球化学过程及其形态进行了系统研究，取得了一些原创性成果；高效絮凝剂和无机、有机表面改性黏土对赤潮生物的去除作用研究成果，已被多个国家和地区采用。在海洋环流与浅海动力过程领域：指出了北赤道流等西太平洋环流各主要分量都呈现春强秋弱的季节变化特征，提出了西太平洋次表层海温影响 ENSO 循环过程的物理框架，并发现南海是全球热盐环流的重要通道之一；发现冬季再悬浮与风生垂直环流输运联合作用是陆架物质向冲绳海槽的输运机理；建立了近岸海气和海底界面剪切应力统一实现的波浪和风暴潮耦合数值模式，获得了非线性海浪波面高度分布在物理上合理的新形式；首次提出了重大风暴潮的概率预测方法和灾害风险预测方法。在大陆边缘地质演化与资源环境效应领域：取得海底重磁近 5000km 和海底多道反射地震资料 4300km，给出以冲绳海槽中央地堑为界进行中、日海区划界的地质依据；提出了冲绳海槽及邻近岛弧火山活动的南北差异及自南向北迁移的新观点；明确了现代海底热液硫化物 δ34S 值分布范围；系统地揭示了黄渤海末次盛冰期以来的古环境演化和海平面变化过程。首次对我国近海的海洋腐蚀环境因子、海洋用钢在不同区带的腐蚀规律进行了全面调查，钢铁耐腐蚀性能与合金元素之间的回归方程式的建立，为海上钢铁设施的设计提供了充分的设计依据。

2001 年，海洋研究所作为首席科学家主持 “973” 项目 3 项，第一主持单位课题 14 项；主持 “863” 课题 26 项、国家基金等 47 项，其中海外优秀青年基金 1 项、国家杰出青年基金 3 项、重大基金 3 项、重点基金 6 项；主持院创新、百人计划等 18 项；争取面上基金资助项目 18 项，在全国科研院所排名第 8 位。在国内外学术刊物发表论文 205 篇，其中在 SCI 发表 34 篇，EI 发表 9 篇，CSCD 发表 162 篇；发表专著 9 部；获国家专利授权 45 项。

曾呈奎院士获美国藻类学会 “杰出贡献奖”；“海水养殖动物多倍体育种育苗和性控技术研究” 获中国科学院科技进步奖一等奖；“海水钢铁设施腐蚀状态跟踪扫描系统” 获山东省科技进步奖一等奖；“‘农乐一号’ 海洋生物制剂的研制及应用” 获中国科学院技术发明奖二等奖；“海产虾类遗传繁殖生物学研究” 获国家海洋局科技创新成果奖二等奖；专利成果获第十一届全国发明展览会金奖 1 项、银奖 1 项、铜奖 4 项。此外，鉴定科研成果 16 项。

2001 年邀请和接待了来自美国、意大利、挪威等国家和我国港、台地区的海洋学家 26 批 160 人次；派出 50 批 125 人次参加国际会议和合作研究；开展国际合作研究项目 10 个。组织承办了 “中国科学院海洋科学青年学者学术研讨会”，中外青年学者 70 余人参加了研讨会；受科技部委托主办了 “第三世界国际虾贝健康养殖及病害防治培训班”；作为中方组织单位，派遣 “科学一号” 出访韩国，并协助韩国仁荷大学成功地组织了第五届国际黄海海洋科学研讨会。研究所有 9 人在国际科技机构中任职。

挂靠在海洋研究所的学会有中国海洋湖沼学会、山东省腐蚀与防护学会、青岛市植物学会、青岛市动物学会、青岛科技编辑学会、青岛市分析测试学会等。

编辑出版《海洋与湖沼》、《中国海洋湖沼学报》(英文版)、《海洋科学》、《海洋科学集刊》等 4 种学术刊物。

长　春　分　院

院　　长：许　武
地　　址：长春市人民大街 168 号
邮政编码：130022
联系电话：0431-5384195
图文传真：0431-5384068
电子邮件：yzb@ms.ccb.ac.cn
网　　址：www.ccb.ac.cn

中国科学院长春地区的科研单位始建于解放初期，历经半个世纪的沿革，作为中国科学院的派出机构，受院委托负责在吉林、黑龙江二省院属科研机构的管理工作。长春分院在吉林、黑龙江的院属科研机构有：长春应用化学研究所、长春光学精密机械与物理研究所、长春地理研究所、黑龙江农业现代化研究所、长春人造卫星观测站。经过 50 年的发展，中国科学院在吉林、黑龙江两省的科研机构已形成理、化、天、地、生物等基础科学领域及相应的技术科学领域的综合优势，包括光学物理与工程（发光学、现代应用光学、光学工程、信息显示技术、微纳科学与技术、医用光学、先进加工制造技术）；化学与工程（稀土信息和能源材料、特种结构和功能高分子材料、聚合反应和加工工程、现代分离分析方法和技术）；自然与社会协调发展相关科学与技术（湿地科学、区域经济、环境、生态和农业可持续发展、环境友好化学、卫星动力学与卫星观测、遥感技术及应用）。

长春分院各所、站设有应用光学国家重点实验室、高分子物理与化学国家重点实验室、电分析化学国家重点实验室，以及中国科学院稀土化学与物理重点实验室、中国科学院激发态物理重点实验室、中国科学院湿地研究中心、国家光学机械质量监督检测中心、中国科学院长春净月潭遥感实验站等一批国家、中国科学院重点实验室（站）。此外，以各所、站的研究发展力量为支撑，建立一批产学研结合的工程研究发展中心，如北方液晶研究开发中心（中科院与吉林省共建）、长春应用化学研究中心（吉化集团公司、吉林大学、长春应用化学研究所共建）。

中国科学院在吉林、黑龙江各所、站有 52 项和 37 项重大科技成果分别获国家级奖励和国家重大国防军工奖励，有 375 项科技成果获院、省、部级奖励。中国的第一块合成橡胶、第一台电子显微镜、第一锅光学玻璃、第一批全分离稀土元素、第一台红宝石激光器、第一批辐射高分子材料先后在长春分院各科研机构问世。

长春分院与地方共建高新技术产业、共建工程研究中心、共建农业示范区，取得了突破性进展。2000 年 3 月，中国科学院与吉林省签订了《科技合作纲要》和《在农业高新技术开发和产业化方面的合作协议》，这标志着继 1995 年和 1996 年的第一轮省院合作方案之后，院地合作的一个新的阶段。长春分院还分别与吉、黑两省的长春市、吉林市、通化市、松原市、延吉市、大安市、海伦市、德惠市、柳河县建立了院地合作关系。近年来，长春分院面向社会和市场对科技的日益需求，与大连金州区、扬州市、苏州市、上海浦东、宁波市等经济相对发达地区签订一批科技成果转化和高新技术产业化项目。

长春分院共有职工3 687人，其中科技人员2 438人（高级 804 人、中初级1 634人）。吉林、黑龙江两省共有中国科学院院士 17 人，由设在分院的“学部联合办公室长春联络处”负责联络。分院各所、站在学研究生 737 人（其中博士生、硕士生分别为 389 人，348 人），另有博士后 39 人，设有博士点 11 个，硕士点 18 个，博士后流动站 4 个。长春分院各所、站全年承担课题 470 个（其中国家级课题 199

个，中科院课题55个，地方课题70个，其他课题146个），全年鉴定科技成果59项，获国家、省、院、部级奖励的科技成果7项，申报专利204项，获准授予专利权82项。2001年，分院各所申报并被批准吉林省科技立项46项，获取3项费用731万元。长春分院现有国家级突出贡献专家11人，院、省级有突出贡献专家37人，长春分院优秀科技人才39人，有5人获中国科学院青年科学家奖，有4人被选入国家“百千万人才工程”，有215位同志获吉林省政府颁发的“吉林英才奖章”，有357位同志享受国务院政府特殊津贴。

按照中国科学院关于分院改革方案的批复，长春分院于2001年末完成了机关改革。现分院机关设置3个职能部门，分别是：综合办公室、科技合作处、组织人事处，机关职能部门岗位数量16人。

长春光学精密机械与物理研究所

名誉所长： 王大珩
所　　长： 曹健林
地　　址： 长春市人民大街140号
邮政编码： 130022
联系电话： 0431—5684692（总机）
0431—5686367（综合办）
图文传真： 0431—5682346
电子邮件： ciomp@ciomp.ac.cn
网　　址： www.ciom.ac.cn

长春光学精密机械与物理研究所（以下简称长春光机所或该所）是由中科院长春光学精密机械研究所（前身为始建于1952年的中科院仪器馆和始建于1953年的中科院机械电机研究所）和中科院长春物理研究所（前身为始建于1958年的中科院吉林分院技术物理研究所）于1999年7月整合而成的。是以知识创新和高技术创新为主线，从事基础研究、应用基础研究、工程技术研究，以及高新技术产业化的多学科综合性基地型研究所。是中科院规模最大的研究所。全所现有职工2335人，其中科技人员1463人，包括中国科学院院士2人，研究员（包括正研级高级工程师等）134人，副研究员、高级工程师等323人，中级科技人员662人。现有在学的博士研究生165人，硕士研究生158人，另有在站博士后39人。

长春光机所主要学科方向及研究领域有：发光学、现代应用光学、光学工程、信息显示技术、微纳科学与技术、医用光学和先进加工制造技术。现有光学、凝聚态物理、光学工程、机械制造及其自动化等4个专业的博士学位授予权和光学等8个专业的硕士学位授予权，有2个博士后流动站，基本覆盖了全所重点学科领域。

长春光机所科研工作分为基础研究、应用基础研究和工程技术研究三个层面。基础研究领域设有中科院激发态物理重点实验室，主要从事固体中稀土离子的激光光谱学、低维半导体发光物理学的基础研究工作；应用基础研究领域设有应用光学国家重点实验室等四个研究室，主要从事短波光学、衍射光学、光学CIMS、稀土发光材料、平板显示技术等应用基础研究工作；工程技术研究领域设有空间光学研究部、光电对抗与测控技术研究部、航空测量技术研究部等10个部室，主要从事空间光学技术、特种薄膜技术、图像显示技术、微纳机械科学与技术研究。

2001年，长春光机所知识创新工程试点工作取得重要进展，在圆满完成启动阶段各项任务的同时，顺利转入了全面推进阶段。

基础性研究和前瞻性科研布局方面。积极凝炼和提升了未来5年的科技创新目标，进行了14项“十五”相关预研项目论证，完成了39项前沿课题的制定，进一步推动了十大创新科研项目的落实。同时投资3690万元用于科研仪器设备更新改造。

组织机构调整方面。根据形势和任务的变化对组织结构进行了新一轮调整，增设了资产条件处，基础性研究办公室、产业园区建设办公室；新组建了光学技术研究中心；撤销了激发态物理研究室建制，统一使用中科院激发态物理重点实验室名称；撤销了公共事务中心、基建办公室；

将科研计划处更名为科研管理处，财务资产处更名为财务管理处。在进行机构调整的同时还完成了科研、管理及支撑系统工作岗位人员的招聘工作，共聘任631人，人员更新率达9.5%。

制度建设方面。新增、修订完善各类规章制度71个，使该所规章制度建设得到进一步加强。

运行机制改革方面。继续完善了三元工资制和定岗定级，研究岗位由原来的四个档次调整为七个档次，管理岗位由原来的一个档次调整为三个档次。部分企业内试行了无形资产股权奖励制度和以经营者及骨干职工为对象的职工持股，在建立长期有效的激励机制和约束机制方面进行了大胆尝试。进一步深化了以“按需设岗、按岗聘任”为主的用人制度改革。试行了新的部门及个人考核办法，将考核评价与奖惩紧密结合。

人才培养和吸引方面。制定并下发了《知识创新工程队伍建设“十五”规划纲要》、《引进优秀人才工作实施办法》等七个专门文件，有力推动了人才培养和队伍建设工作。全年共落实“百人计划”4人，引进高级访问学者12人，面向社会公开招聘各类人才16人，接收应届本科以上毕业生64人，吸引6名留学人员学成来所工作。另外还举办10余次各类学术研讨会、报告会，40多个岗位技能培训班。

2001年长春光机所科研工作取得了明显成绩。全年共争取科研项目172项（其中“863”项目5页，国家基金16项，军工项目60项），新签科研合同额1.66亿元。一批科研项目取得重要进展：光学瞄准镜和光学瞄准摄像机成功为“神舟二号”无人飞船传回飞行图像，各项技术指标达到世界先进水平；全自动生化分析仪完成主体机械加工，进入光学系统调试和机电精调阶段；高效红外发光掺铒玻璃在国内外引起普遍关注；二元光学元件激光直接写入设备完成研制，主要技术指标达到国际最先进设备的同等水平；高效稀土Eu、Pr发光研究、稀土配合物光生伏特器件研究和红外有机电致发光研究均达到国际先进水平；高纯度氟化镁特种光学镀膜材料填补了国内空白并实现大批量生产；无铝量子阱大功率激光器列阵研究采用了国际先进的限流技术，研制出百瓦级激光列阵，相关技术指标达到了国际先进水平；国内首次研制出发射波长为1.55微米，直径分别为8微米、4.5微米和2微米的光泵浦InGaAs/InGaAsp微碟激光器，并在国际上首次研制出带有引出电极结构的电泵浦微柱激光器；成功开发出“定焦距/变焦距物镜光学机械一体化CAD”，在国内首次实现了光学镜头的光学与机械一体化软件辅助设计功能。

2001年长春光机所获中科院科技进步二等奖一项，吉林省科技进步二等奖一项，第十届全国发明展览会银奖一项、铜奖四项。全年共申请专利108项（其中发明专利66项），获专利授权55项；共出版专著3本，发表学术论文227篇，其中收录SCI49篇，收录EI6篇。

2001年长春光机所企业工作成绩显著。以长春光机科技发展有限责任公司和长春奥普光电技术股份有限公司的正式注册，以及光学元件厂等七家公司资产向长春光机科技发展有限责任公司增资工作的顺利结束为标志，所属企业的改制工作基本完成——基于现代企业制席下全新产权结构以及与之相应的组织框架、管理体制和运行机制在该所得以基本确立。目前，由该所出资设立（或授权管理）的有限责任公司和股份有限公司共有16家，总资产约7亿元，净资产约4.3亿元，该所持有的所有者权益约2.5亿元。

2001年长春光机所广泛吸引社会资源，加强企业内部管理，实现了企业的快速发展。年内共引进外部投资1.53亿元，其中国外资金757万美元；共重组和新设高新技术企业7家。主要企业发展势头良好或创造了前所未有的建设速度，或在短期内取得了良好的经营业绩。长春光机科技发展有限责任公司（由该所控股，长春经济技术开发区和中科院西安光机所参股）在成立后的半年时间里，在巩固和加强现有主体业务——军用光电仪器/装备加工制造的同时，进一步推进内部重组，明确主导产业，培养核心竞争力，取得了良好的成效。长春联信光电子有限责任公司（由该所控股，长春经济技术开发区和韩国半导体公司参股）在注册后的7个月时间里实现了多项工作的同步快速推进，年底已进入到设备安装调试阶段。长春奥普光电技术股份有限公司（由该所控股，广东风华高新科技股份有限公司和自然人参股）在发展现有业务和开拓新业务领域上加大工作力度，与英国、美国公司就引进生产线、合建生产厂等业务进行了谈判并取得了实质性进展；同时还与日本骏河精机株式会社共同投资组建了长春骏河精机有限公司，进入了光通讯工程专用设备生产领域。筹建中的长春光华微电子设备工程中心有限公司（该所控股，广东风华高新科技股份有限公司参股）继续加强微电子专用设备的研制，年内完成了5台激光调阻机的研制生产，其中的3台已经在生产线上投入使用，还完成了三种微电子元件后封装设备的设计。长春新产业光电技术有限责任公司（该所参股、深圳新产业投资公司控股）在继续致力于扩大绿激光器的市场占有率的同时，与上海张江创业投资有限公司等三家公司合资建立了上海新产业光电技术有限责任公司，掌握了滤光片式密集波分复用器件的批量生产技术，成为国内首家有能力批量生产的单位。

在推进科研成果转化方面，该所年内就合作研制并批量生产高亮度白光二极管和冠脉内支架分别与泉州海洋高科技电子有限公司、柳河万生医疗公司签订了相关协议，目前合作项目发展态势良好。

2001年该所企业共实现销售收入1.5亿元，利税1 500万元，分别比2000年增长7.9%和15.3%。初步形成了现代企业制度下规范运作的大产业发展格局，并初步显现出了良好的发展前景。

2001年中科院长春光电产业园区建设工作取得重要进展。全年共启动建设项目10项，建筑总面积11.5万平方米。

2001年长春光机所对外交流工作取得一定成绩。年内与16个国家和地区进行各类合作与交流245人次，比前一年同期增长13%。国际合作交流工作在扩大交流地区、增加交流量的同时，将工作重点转移到了就该所优势或重点发展学科与世界著名科研机构进行具体项目合作上。年内与日本东北大学科学计测研究所开展了系列化的短波光学技术合作交流；与美国亚利桑那大学光学技术中心、德国蔡司公司开展了非球面加工技术等项目的合作；成功促成了日本著名光学专家、尼康公司董事长兼CEO吉田庄一郎先生的到所访问，并就高技术产业发展合作的相关事宜达成了初步的合作意向；与乌克兰科学院开展了激光精细加工项目的合作；与韩国光学光电子学类研究所的合作亦呈快速增长势头。8月份还成功举办了极紫外光刻国际研讨会，来自中、法、日等国家和地区的70多位专家学者就极紫外光刻光学系统的检测及装调、非球面加工及测量等问题进行了广泛的交流。会议的成功举办在国内外光学界产生了一定的影响。

长春光机所是中国空间学会机械分部，中国物理学会发光分会，吉林省光学学会，吉林省机械工程学会传动分会，吉林省机械工程学会设计分会，长春市仪器仪表学会的挂靠单位。编辑出版有《光学精密工程》、《发光学报》、《液晶与显示》、《光机电信息》、《中国光学与应用光学文摘》、《国外科技资料目录——光学和应用光学》等学术刊物。其中《光学精密工程》在被确定为中国仪器仪表学会会刊的同时还被美国剑桥科学文摘（CSA）收录为源期刊；《发光学报》获得了中科院优秀期刊评比二等奖，同时进入中国期刊方阵；《光机电信息》成为中国光学学会会刊。《光学精密工程》、《发光学报》、《中国光学与应用光学文摘》三种期刊被评为吉林省一级刊物。

长春应用化学研究所

所　　长： 王利祥

地　　址： 长春市人民大街159号

邮政编码： 130022

联系电话： 0431-5687300（办公室）

图文传真： 0431-5685653

电子邮件： ciac@ciac.jl.cn

网　　址： www.ciac.jl.cn

中国科学院长春应用化学研究所（以下简称长春应化所）是1948年长春解放后，在伪满大陆科学院的基础上建立起来的。1952年8月归属中国科学院，改称中国科学院长春综合研究所。1952年12月，与从上海迁至长春的中国科学院物理化学研究所合并，于1954年6月命名为中国科学院长春应用化学研究所。

长春应化所是一个集基础研究、应用研究和高技术创新研究为一体的多学科综合性研究所，全所现有职工 883 人，其中科技人员 651 人，中国科学院院士 5 人，第三世界科学院院士 2 人，研究员 84 人，副研究员和高级工程师 95 人，中级科技人员 304 人；在学研究生 393 人，其中博士生 211 人，硕士生 182 人。另有博士后 10 人。长春应化所是国务院学位委员会首批授权培养博士、硕士和博士后流动站的单位之一，1996 年被中国科学院批准为首批博士生重点培养基地，享有化学一级学科和 5 个二级学科（高分子化学与物理、无机化学、分析化学、物理化学和有机化学）硕士和博士学位授予权，现有博士生导师 62 人。

2001 年 3 月，长春应化所被中国科学院批准整体进入知识创新工程试点序列，这也标志着长春应化所进入了一个新的历史发展时期。这一年，长春应化所按照中科院知识创新工程的要求和部署，在科技目标凝炼、体制和机制改革、人才培养和队伍建设、创新文化建设以及公司改制等方面开展了卓有成效的工作，并取得了显著的效果。

经过深层次科技目标凝炼，长春应化所目前主要在高分子化学与物理、稀土化学与物理、电分析化学以及农业和环境友好化学等领域开展基础研究、高技术创新研究和高技术产业化开发工作。同时，长春应化所紧紧围绕国民经济建设和国防建设的需求，特别是在我国传统高分子支柱产业（通用塑料和橡胶）的技术改造和提升、新型高分子材料的开发与产业创建、稀土资源和粮食资源的高值化利用三方面的实际需要，进一步明确了研究方向，确定了“新型烯烃聚合催化剂与结构可控聚合”、“玉米淀粉高值化”、“有机薄膜晶体管阵列显示器”、“稀土顺丁橡胶”、“二氧化碳高效固定为可降解塑料”、“新型高效绿色稀土分离流程”、“高性能低成本聚酰亚胺合成和应用”等 12 个优势创新项目。

为了促进学科发展和加强重点项目组织，长春应化所在 2000 年已经完成了实验室的调整和优化，形成了 8 室 1 中心的科研布局。基础研究依托高分子物理与化学国家重点实验室、电分析化学国家重点实验室和中科院稀土化学与物理重点实验室，应用研究和高技术产业化开发，主要依托高分子工程实验室、农业化学实验室、材料与器件实验室、新药研究实验室以及综合应用实验室，另外还有一个国家电化学与光谱研究分析中心。

长春应化所在实施知识创新工程方案中始终坚持“体制创新”保证“科技创新”的指导思想，2001 年制定并实施了绩效考核和绩效奖励办法，初步建立了具有导向性和激励作用的各类人员和部门考评体系，对于实现科技创新目标和提高管理水平产生了积极的作用。该体系针对科研、技术和管理工作的特点和性质分别制定了较为详细的定量和定性考核细则，能够较为公平合理的反映出个人和部门的工作业绩，并为实施绩效奖励提供依据。绩效奖励办法首次引入了“271”的区别与差别化思想，即按部门和个人考核结果排名划分出优秀的前 20%，一般的中间 70%，较差的后 10%，通过设定不同的权重因子来调节不同范围人员和部门的奖励额度。对于较差的后 10%课题组实行重组，对个人则下调岗位津贴，连续两年列入末位 10%的科研和管理人员要调整岗位。另外，该办法还提出了较为具体的岗位晋升等奖励办法。通过实施绩效考核，有效的将个人及团队的业绩、利益、荣誉紧密的捆绑在一起，从而逐渐形成一种有利于长春应化所对整体发展战略进行组织和实施的科学价值导向体系。

要实现“科技创新”除了要在体制和机制上给予保证外，科技人才和队伍是关键因素。为此，长春应化所在 2001 年进一步加大了引进人才力度，加强了队伍建设，制定了《长春应化所科技、管理骨干招聘暂行办法》。该办法在引进人才的经费资助、实验条件及人员配备方面给予了大力支持，同时在薪金、住房、配偶工作安排等待遇方面给予保证。此外，所里还新建 140m^2 住宅 54 套，用于改善现有和引进的优秀科技人员的住房条件。2001 年长春应化所共有 2 人获国家杰出青年基金，1 人获得院优秀博士后奖励，招聘“百人计划”人员 4 人，国内科研骨干 1 人，在人才培养与引进方面取得了积极效果。

由于“科技创新”要求研究所研究工作必须具有前瞻性，能够把握学科发展方向和趋势，能够结合国家需求和自身优势寻找新的生长点，促进和带动学科建设和发展。因此 2001 年长春应化所在生命科学和纳米技术等热点领域进行了重点部署，启动了“生命科学材料中心”和“纳米材料与技术中心”，分别资助启动经费150万元和170万元。另外，还设立了“自由探索创新基金”和“专项基金”对前瞻性探索项目和重点项目给予资助。

2001年长春应化所的科研工作进展较好，共承担科研课题150项，其中国家攻关项目4项，“973”项目3项，“863”项目6项，基金委重大项目3项、重点项目2项、专项1项、杰出青年基金项目3项、面上基金项目40项，院创新项目3项，国际合作项目11项，地方科研项目40项，企业委托项目29项。

2001年长春应化所获院部级奖励22项，申请专利76项，其中发明专利73项，实用新型3项，获权38项。2000年共发表论文459篇，其中SCI收录224篇，居国内科研机构第六名，国际论文引用居国内科研机构第三名，国内论文引用居国内科研机构第四名。鉴定成果14项。

“高性能稀土顺丁橡胶”研究工作，开发出了催化活性高，高度均相稳定的拥有自主知识产权的新型稀土催化剂，解决了生产中聚合体的粘度高，输送困难，单体浓度低能耗高的问题。在中国石油天然气股份有限公司锦州石化分公司万吨级生产线实现了满负荷生产，完成了稀土橡胶耐久性与高速性能实验，各种性能指标均达到或超过了国外同类产品水平。

聚苯胺研究工作采用氧化剂控制的聚合方法及酸碱平衡的处理流程，解决了聚苯胺生产的酸、碱污染问题，在国内首次建立又有4项专利技术的年产20t的可溶性导电聚苯胺中试生产线，产品主销美国。同时进行聚苯胺在隐身、防腐、防污、抗静电等方面应用。

“新型聚烯烃及其共聚物链结构、凝聚态结构与性能”研究，取得突破，找出了国产双向高速拉伸等聚丙烯质量问题所在，并已经在管式和釜式两种工业装置的生产得以证明，在金山石化实现了350m/min、19μm的高速拉伸，开发了一种规模达2 500Mpa高挺度的新牌号专用树脂，使金山石化成为国内第一家（国外也不多）生产高速BOPP专用料的企业。

“有机光电材料与器件”项目获得了具有自主知识产权的实用化材料。并制备出场致迁移率0.04cm^2/Vs；开关电流比$10^5\sim10^6$；像素200×160演示器件，工艺与技术水平具有国际可比性。

此外，长春应化所还研究并开发出高速光增强线型聚乙烯农膜及薄型玉米用地膜，并分别形成5 000t/年和1 000t/年生产能力。

按照中科院对研究所所属公司经营管理的要求，2001年长春应化所对下属二十几个公司进行了全面清理和整顿，规范了资产和产权关系，并完成了所有下属公司的股份制改造。长春应用化学科技总公司作为受长春应化所委托负责长春应化所经营性资产以及投资各类企业的股权管理公司按照市场运行机制已经开始运行。总公司研发中心在高新技术成果产业化和技术储备方面已经迈出了第一步，首批选定官能化聚乙烯树脂项目投资80万元予以启动。此外，典型的工作还有是以技术入股方式（占20%股份）与吉林正安科技产业有限公司合作，将尼龙-11树脂合成及副产物综合利用项目推向了产业化（该项目注册资本为5 000万元）。

2001年长春应化所创新文化建设和园区改造工作也取得了显著成绩，职工的精神风貌和园区面貌发生了较大变化。一年来，长春应化所通过开展职工田径运动会、“走近CI-应化之夏音乐会”、国庆中秋职工文艺汇演以及开展“如何推进应化所知识创新工程”合理化建议活动，扎扎实实的在园区规划和形象标识、行为识别和制度建设、价值导向以及精神氛围等方面开展了卓有成效的工作。通过创新文化建设形成了一种理念，即：“应用化学、追求卓越”；一种精神，即：“奉献、主人翁、科学、团结”以及适应我所发展的战略目标和“应化”使命。园区规划已经得到中科院和吉林省有关规划部门批准，并列入了中科院第一批园区规划图集，而且按年度分解的规划实施计划已经启动，无机与分析大楼2002年将破土动工。

长春应化所在国际合作与交流方面，继续加强和开展了具有实效的工作，与美国、日本、法国、加拿大、俄罗斯、芬兰、罗马尼亚等国家50多个院校、科研单位签订了合作交流协议。成功举办了40多名国外专家和100余名国内学者参加的第八届国际电分析化学研讨会。此外，还通过国家外国专家局申请引进项目8项，配合科研人员争取科技部国际合作重点项目1项，争取中科院国际合作项目15项，接待国外来访学者160多人次，派出合作研究人员104人次。通过这些工作的开展使长春应化所的国际地位和影响有了进一步提高。

长春应化所是长春市化学会、中国化学会应用化学委员会和分析化学委员会的挂靠单位。受中国化学会委托，编辑出版《分析化学》（月刊）、《应用化学》（月刊），这两个刊物均为科技核心期刊。

长春地理研究所

所　　长：邓　伟
地　　址：长春市工农大路16号
邮政编码：130021
联系电话：0431-5653147
图文传真：0431-5652931
电子邮件：ccig@mail.ccig.ac.cn
网　　址：www.ccig.ac.cn

中国科学院长春地理研究所是中国科学院设在东北地区的综合性地理研究机构，成立于1958年8月。2001年底共有职工228人，其中研究员30人，副研究员47人，中级人员68人。现有在学博士生48人，硕士生47人。有在站博士后1人。

长春地理研究所为中国科学院定位试点单位。主要学科方向为湿地科学与区域农业，重点研究领域为湿地科学、区域农业、区域环境和地学信息技术应用。该所拥有环境科学博士后流动站、环境科学和地图学与地理信息系统两个博士学位培养点，自然地理、人文地理、地图学与遥感、环境地理4个学科硕士学位授予权。科研机构现设有湿地过程与环境开放实验室、区域农业研究中心、环境地理研究室、遥感与地理信息系统应用研究中心、三江平原沼泽湿地生态试验站与净月潭遥感实验站。其中，三江平原沼泽湿地生态试验站为中国科学院台站网络29个基本站之一；净月潭遥感实验站为院开放实验站，也是我国目前唯一的遥感实验站。

2001年围绕知识创新工程试点工作，在湿地科学与区域农业两大学科方向上进一步凝炼科学目标，得到了院领导和同行专家的首肯。为了深入贯彻落实中科院知识创新工程工作对基地型研究所的要求，继续按照“精神上符合、做法上贴近”的基本指导思想，对所内科技队伍结构、管理机构与岗位设置进行了较大幅度的调整与优化，为该所争取顺利进入中科院第二期知识创新工程迈出了可喜的一步。科研队伍强调学术方向明确定位，重点抓研究员队伍建设，实行研究员例会制。管理工作逐步实现目标化管理，充分发挥政务的综合与协调作用。研究生教育管理工作不断改进，招生规模继续扩大，培养质量继续提高。创新文化建设全面引入，创新文化高级讲座收到实效。同时，新园区建设基本完成，为该所的进一步发展壮大提供了可靠的保障。

2001年长春地理研究所在争取项目能力上显著加强，湿地研究继续呈现在国内的领先地位，在争取UNDP/GEF项目过程中，长春地理研究所主持的“通过生物多样性电子地图的制作开展有利于生物多样性的土地利用规划示范”课题，在国际国内众多颇具实力的竞争对手中一举竞标成功，课题总经费74万美元，同时还参加中标一项UNDP/GEF项目。由长春地理研究所主持的中国科学院知识创新重大方向性项目“东北地区100年LUCC及其生态环境效应研究”已正式启动，项目总经费600万元。国家“十五”科技攻关经过激烈竞标，长春地理研究所凭借坚实的工作基础和雄厚的实力，“松嫩平原西部盐碱地综合治理及高效利用模式技术研究”课题又喜中标，再一次证明了长春地理研究所农业科技工作在国家层面上的影响和地位。国际合作项目取得实质性进展，落实了一项中澳合作项目，澳方已向长春地理研究所无偿提供野外测试分析仪器。争取国家自然科学基金任务一直是长春地理研究所在基础性研究方面取得重要显示度的工作内容，经努力又落实了两项国家自然科学基金项目。长春地理研究所农业科技工作面向国家需求、服务地方建设，再一次得到了地方政府和社会的承认。吉林省农业综合开发项目长春地理研究所投标2项，双双中标，总经费300万元。

2001年长春地理研究所列入科研计划课题29项，均按年度计划完成任务，全年取得科研成果14项。其中，中国科学院“九五”重大项目“东北区域农业综合开发试验示范研究”通过了中科院组织的验收，项目取得重大成果，新增粮食生产能力20亿公斤，创直接间接经济效益60亿元。全年发表论文总数187篇，其中SCI论文4篇、CSCD论文91篇，出版专著3部，提交重大咨询报告5份，申报专利9项，院地合作又结硕果，并荣获中国科学院2001年度院地合作二等奖。农业基地继续得到地方支持，产业化项目出现发展新势头。科普基地建设实现突破，与长春教育学院合作在一汽十中共建地理科普基地。此外，还积极组织参加“六五世界环境日”等科普宣传活动。通过以上努力与贡献，长春地理研究所工作得到了国家、地方和中国科学院的认可，2001年长春地理研究所被评为“全国先进集体”，喜获全国“五一”劳动奖状，还被中国科学院评为科技副职工作优秀单位，所党委被吉林省直属机关工委评为先进基层党委。邓伟所长被国家人事部、中国科学院授予先进工作者称号。

2001年学术交流活动空前活跃，学术氛围浓重。由中国科学院湿地研究中心、国家林业局等单位主办、长春地理研究所承办的“21世纪湿地科学学术讨论会”在长春成功召开，陈宜瑜院士、李文华院士等国内相关领域专家、学者共80余人聚集一堂，共同探讨新世纪湿地科学发展面临的基本科学问题，会议收到良好效果。国际交流与合作实现实质性突破，长春地理研究所与澳大利亚农业部国际农业研究中心共同开展“松嫩平原西部农业区水资源管理与盐化治理”合作研究，这是长春地理研究所由一般性的国际学术交流向实质性的国际科技合作实现转变的良好开端。充分发挥通过国家外国专家局引进国外智力的有利渠道，全年有来自美国、日本、俄罗斯、澳大利亚等国专家到所进行合作研究达9人次，在湿地碳循环、水稻品种选育等研究方面和技术方法上受益匪浅。出访渠道多样，从参加学术会议、学术考察到境外培训、合作研究，全年出访澳大利亚、德国、日本、英国、马来西亚等国23人次，圆满地完成了预期任务，取得了较好的效果。与此同时，加大对国内相关部门和单位的联系沟通力度，建立良好的工作和合作关系，为长春地理研究所整体发展目标的实现奠定了坚实的外部环境基础。

长春地理研究所是中国科学院湿地研究中心、吉林省地理学会和中国生态学会湿地生态专业委员会等的挂靠单位。主办并编辑出版《地理科学》、“Chinese Geographical Sciences”。其中《地理科学》是我国地理学三大核心刊物之一，被同行专家誉为“具有中国特色的中国地理科学”，是科学引文数据库源期刊，被美国的“Current Geographical Publications”收录。

2001年底，中国科学院党组决定长春地理研究所与黑龙江农业现代化研究所进行整合成立新的东北地理与农业生态研究所。

长春人造卫星观测站

站　　长：赵　有
地　　址：长春市净月潭西山
邮政编码：130117
联系电话：0431-4513834
图文传真：0431-4513550
电子邮件：ccslr@public.cc.jl.cn
网　　址：www.cho.ac.cn

中国科学院国家天文台长春人造卫星观测站（以下简称长春人卫站），始建于1958年2月，当时隶属于紫金山天文台，主要任务是跟踪观测原苏联发射的世界上第一颗人造地球卫星。1974年迁至长春市净月潭西山。2001年4月与其他4个台站合并为国家天文台。现有职工51人，其中科技人员33人。研究员2人，副研究员、高级工程师15人，工程师、助理研究员14人。博士1人，在读博士生2人，在读硕士生1人。

长春人卫站地处我国东北高纬度地区，主要从事人造天体的精密观测和精密定轨等研究，此外，还开展卫星动力学和天文地球动力学基础研究。研究机构分为两大部分：卫星动力学研究室和光学观测室。卫星动力学研究室包括人造卫星激光测距系统（SLR），GPS观测系统，轨道理论研究组。长春人卫站是国家“九五”重大科学工程“中国地壳运动观测网络”的国家25个基准站之一。建站40余年，长春人卫站已经发展成为具有多种观测手段，能对各种空间目标进行跟踪观测的专业性观测站。

2001年，长春人卫站激光测距系统经过“九五”期间的设备升级改造，系统的性能、稳定性有了明显的改善。今年共完成观测资料3 438圈，其中有单周观测量全球排名第一。根据美国国际激光测距服务（International Laser Ranging Service，简称ILRS）及美国得克萨斯大学空间研究中心（CSR）公布的统计结果，2001年，长春站观测数据的利用率达到了95%以上，其中第二季度达到了99%，进入国际先进行列。轨道理论研究组，2001年取得了一系列研究成果，在国内外各种重要刊物上发表了数篇高水平研究文章。

2001年长春人卫站GPS观测组参加中国地壳运动观测网络工程GPS基准站常规观测，圆满地完成了任务。参加由中国地震局天津第一地形变监测中心牵头，由长春人卫站以及青岛、昆明、天津、北京等基准站共同参加的地球动力学研究课题。协助中科院武汉测量与地球物理所完成网络工程重力联测。与其他单位合作完成了《长白山火山监测》项目的研究工作，并且还开展了GPS数据后处理及相关的应用研究工作。

2001年长春人卫站目视光学观测组继续与紫金山天文台合作，进行空间目标监测和高层大气建模的研究，主要承担常规观测和空间目标捕获（抓星）任务。今年，常规观测数据占全系统近一半；抓星工作也取得了显著成绩，目前共抓星7颗。迄今为止，在人卫中心下达的抓星任务中，所捕获的40颗卫星，均由长春人卫站完成，连续19年夺得中科院“人卫观测系统先进集体”的光荣称号。另外，由紫金山天文台组织研制的口径25cm的流动光电望远镜，预计明年年初将在长春人卫站安装运行。届时，长春人卫站光学观测水平会有进一步的提高。

2001年长春人卫站对科研楼进行改造装潢，为了把改造装潢工作搞得更好，资金花得更合理有效，站领导班子会同有关人员，进行了大量的社会调研，召开职工大会希望大家参与，并向社会公开招标，在二十几家投标单位中，经过认真实地勘察审核，投标专家评审组评标，最终选定中标单位。整个招标过程体现了公平、公开、公正的原则。在施工过程中站领导亲临一线，在装潢材料和施工质量上严格把关。同施工单位一道高质量、高标准、圆满地完成了两栋科研用楼的改造装潢，为广大科技人员创造了良好的科研环境。为青年专家新建了住房，改善了居住条件，稳定了科研队伍，调动了科研人员的积极性。

2001年长春人卫站根据创新工作的要求实施机构改革和按需设岗、按岗聘任之后，基本完成了转岗分流和公司的转制。使各项工作基本走上了科学化、规范化管理的轨道。

2001年长春人卫站大力开展创新文化建设，增强了凝聚力，在新一届年轻领导班子的新思想、新作风的带动下，全体职工更加同心协力，人人对站里的生存和发展增强了责任感和使命感，领导的率先垂范，在职工心目中树立了良好的形象，班子成员密切联系群众，虚心听取群众意见，增加工作的透明度，做到了站务公开，充分调动了广大职工的积极性，规范行为，认真工作，奋发向上，开拓创新，使长春人卫站科研及各项工作呈现出一派生机勃勃的新气象。

黑龙江农业现代化研究所

常务副所长：刘晓冰（法人代表）

地　　址：黑龙江省哈尔滨市南岗区哈平路138号

邮政编码：150040

联系电话：0451-6603115

图文传真：0451-6603736

电子邮件：hiamcas@mail.hrb.hl.cninfo.net
网　　址：www.hljiam.ac.cn
www.hl.CERN.ac.cn

黑龙江农业现代化研究所成立于1978年，2001年底在职人员137人，其中科技人员111人，研究员12人，副研究员13人（含高级工程师），中级科技人员33人，博士生5人，硕士生22人。

黑龙江农业现代化研究所有管理、科研、支撑、公司四个系列。管理系列有：科研计划处、综合办公室、党务人教处、公共事务部；科研系列有：生理生态研究室、农牧发展研究室、作物科学研究室、园艺科学研究室；支撑系列：编辑与信息室、网络工程室、专家咨询室；公司系列：绿海公司、物业公司。下属单位：海伦农业生态实验站。

黑龙江农业现代化研究所以黑土农业生态为主要学科，研究优质高效综合农业。运用农业生态学理论，农业系统科学方法，对东北黑土区存在的主要问题，重点进行黑土农业资源优化配置、生态环境保护、农业生态、农业产业化等持续发展的相关研究。对土壤－植物－动物－环境系统的演变规律、生态过程、养分和水分循环特征与机制、生产力的关系进行长期定位研究。探索不断优化的示范模式和调控途径，为黑土区优质高效农业可持续发展提供科学依据与配套技术。

2001年度根据研究所机构改革和科学院知识创新工程的总体部署，对部分机构和人员进行了调整，重新调整组建研究所学术委员会和外事办公室。2001年积极组织全所科技人员申请课题和项目，共上报申请课题21项，其中：中科院"百人计划"1项；中科院农业项目3项；黑龙江省科技项目7项；哈尔滨市科委项目8项；黑龙江省农业开发项目2项。已经落实的课题13项。争取到以黑龙江农业现代化研究所为主持单位的黑龙江省科技厅"十五"农业重大项目"绿色产品生产技术试验示范"专项研究和作为第一主持单位的中科院"十五"农业科技开发项目"区域农业安全高效生产技术研究与示范"重大项目等课题。参与编写东北农业创新重大项目可行性报告。

2001年4月中国科学院长春分院对黑龙江农业现代化研究所所长任期届满进行了审计。6月任命刘晓冰同志为黑龙江农业现代化研究所常务副所长（法人代表），胡乃泽同志任黑龙江农业现代化研究所副所长。7月黑龙江农业现代化研究所召开了第二次党员大会。原党委书记宋世绵同志做了《坚定信心，加强建设，开创党建工作新局面》的报告。选举产生第二届党委会和纪律检查委员会。9月3日任命胡乃泽同志为黑龙江农业现代化研究所党委副书记。

2001年7月黑龙江农业现代化研究所完成了对全所园区和家属区重新绿化工作；8月中科院投资180万元的黑龙江农业现代化研究所海伦农业生态实验站综合楼破土动工，10月中旬封顶；10月全面完成了对研究所原锅炉房改造工程；同月研究所大门、收发室、围墙、农业技术咨询中心重建工程竣工。

2001年在中科院国际合作局和联合国教科文组织的支持下，黑龙江农业现代化研究所承办了"区域农业可持续发展和生态农业建设"国际学术会议，参加会议的国内外专家30余人。2001年共派出各类出国人员7人次，接待国外来访人员与合作专家15人次。

2001年黑龙江农业现代化研究所获得黑龙江省科技进步一等奖一项，三等奖2项。黑龙江农业现代化研究所承担的"黑龙江省哈尔滨市农业科技园区"项目，被国家科技部批准为国家农业科技园区。绿海公司在销售中科院产品中，被授予中科院科技网络产品精神文明服务优质证书。

黑龙江农业现代化研究所编辑与信息室编辑出版的刊物有《农业系统科学与综合研究》和内部交流简报《龙农信息》。2001年黑龙江农业现代化研究所编辑出版的学术期刊《农业系统科学与综合研究》改为A4开本，并被中国科技协会主办的《中国学术期刊文摘》收录；出版内部交流简报《龙农信息》8期，对外交流100多个单位和个人。

上 海 分 院

院　　长：沈文庆
地　　址：上海市岳阳路 319 号
邮政编码：200031
联系电话：021－64310242（总机）　021－64315135（办公室）
图文传真：021－64374915
电子邮件：xuyao@cst.sh.cn
网　　址：www.cst.sh.cn

中国科学院上海分院是中国科学院的派出机构。上海分院所在地区现有 10 个中科院属研究单位，1 个文献情报中心。有职工7 409人，其中科技人员4 574人，高级科技人员1 453人，中级科技人员1 730人。有中国科学院院士 50 人，中国工程院院士 11 人。在学博士、硕士生1 943人。有在站博士后 145 人。

上海分院的主要研究领域为：生命科学和生物技术，如：分子生物学、细胞生物学、神经生物学、分子遗传学及生物技术；化学和新材料，如：有机化学、有机材料、无机非金属材料和金属材料；新兴技术科学，如：微电子、激光、红外、核技术等。此外，在天文学方面，以天体测量为主，相应进行天体物理学和天体力学的研究。

一、围绕推进知识创新工程试点，抓好各研究所领导班子思想、组织建设，做好协调服务工作

为实施知识创新工程试点配好班子，建好队伍。积极贯彻《中国科学院知识创新工程试点全面推进阶段深化领导干部制度改革的三个实施意见》，认真抓好领导班子的组织建设，努力优化领导班子的整体效能。今年上海分院系统共有 6 个单位党政班子换届和调整，通过细致谈心、听取群众意见、民主推荐、任前公示等方法，使调整工作稳定、有序进行，完成较好。新班子普遍解决年龄偏大问题。目前上海分院系统局级干部平均年龄 48.6 岁，比原来下降 1.88 岁，党政一把手平均年龄 48.7 岁；比原来下降 4.38 岁，45 岁以下占 21.56%；56 岁以上占 22.95%；大学以上学历占 87.93%，研究生学历占 24%，副高以上职称占 86.21%，正高职称占 58.62%。

认真抓好领导班子作风建设。结合分院的实际情况，协助院党组和院监察局检查党风廉政建设落实情况，提高干部拒腐防变能力。2001 年加强了对年轻干部在职培养，通过党校轮训、轮岗锻炼，派选科技副职，扩大知识视野，拓宽用人渠道；并坚持了领导干部述职制度。

加强人才引进和创新队伍建设。分院积极协助各研究所申报 2001 年度的“百人计划”，有 28 人入选。共有 38 人获得“国家杰出青年基金”。组织推荐“第七届上海科技精英”候选人和中科院、工程院院士等。为落实中科院知识创新工程人才队伍建设规划，筹建上海研究生教育基地，已报送《中科院上海研究生教育基地建设方案》待中科院审批。今年举办了上海分院系统研究生学术讨论会，组织评审中科院院长奖学金和 5 项冠名奖学金，获奖总人数 106 人。在全国百篇优秀博士论文中，中科院获奖 15 篇，上海分院有 2 篇获选。2001 年上海分院系统研究生招生 827 人（硕士生 477 人；博士生 350 人）比去年增招 160 人。上海分院系统 2001 年顺利完成 310 名毕业生的分配、派遣工作；其中留沪 137 人，占毕业人数 44%。为推进人事制度改革，分院就系统的岗位聘任、职员晋升中的学历把握等共性、难点问题进行了研讨交流，促进了人事制度的改革。

认真组织政策研讨、工作交流和信息报道工作。为了及时沟通有关信息，共同商讨深化改革等重

大问题，上海分院适时召开院所长联席会议，传达贯彻院党组和院有关会议精神；交流工作进展，并就开展知识创新工作有关共性问题和政策进行研讨，使院、所长联席会成为分院领导与研究所领导以及研究所领导之间互相沟通的渠道之一。为让社会了解支持中国科学院的知识创新工作，为各研究所的改革和发展创造良好社会环境，分院及时向上海市政府、市人大和政协等有关领导汇报“我院知识创新试点工作情况”。分院的“创新专报”、“简报”、“动态”及时向院和上海市有关领导部门反映系统重大活动和重要进展情况，协调指导工作，帮助领导决策。分院还充分利用新闻媒体及时宣传中科院知识创新工作；并协助有关研究所召开新闻发布会，在社会上树立中科院良好形象。

积极推进创新基地的园区建设和后勤改革。2001 年通过分院的组织协调，帮助上海原子核研究所和岳阳园区完成了详细规划并得到上级有关部门的批复，生物工程中心详细规划也已完成设计方案。各研究所的在建项目进展较为顺利，上海硅酸盐研究所综合楼主楼和上海微系统与信息技术研究所的流动人员公寓等已竣工和完成。上海微系统与信息技术研究所综合楼、上海技术物理研究所流动人员公寓和上海原子核研究所研究生公寓也即将竣工。据统计，园区建设项目今年共完成投资额约 1.5 亿元。新项目共有 14 项被批准立项（其中改造项目 8 项），新建和改造面积共 9.2 万平方米，总投资 3.3 亿元（其中自筹8 700多万元）。今年开工项目有 7 项（其中 2 项为改造项目）。研究生教育基地和研究生博士后客座公寓综合楼项目在院领导的关心下，经过各方组织努力，已在 11 月 23 日开工。

认真组织开展创新文化建设。分院积极参加院部进行创新文化建设的研究和试点，多次就创新文化的内涵、目标、类型、实施方案等问题进行研究，为院党组形成指导文件提供参考。今年完成了对分院 10 个试点单位的创新文化考核工作，通过考核进一步提高了试点单位深入开展创新文化建设的意识，加强了措施，为全面推进创新文化建设打下了良好基础。今年，分院加强了对研究所创新文化建设的指导与服务。全院创新文化建设会议后，分院对各研究院、所创新文化建设情况进行了总结，分析了分院地区创新文化建设的特点和经验，提出了下一步创新文化建设“往深里去、往高里提。”要抓住的环节，供研究所参考：认真制订创新工程全面实施阶段的创新文化建设规划，采取切实有效的措施保证规划的实施；在搞好园区建设和建立健全制度的基础上，下一步要着力于精神层面上的工作，坚持研究所正确的价值观导向，加强科学精神的升华和科技道德建设；进一步动员全体职工，充分认识开展创新文化建设对于推动科技创新，实践“三个代表”思想的深刻意义，真正把创新文化建设活动落实到课题组，成为全体职工的自觉行为，切实为创新工程的实施提供动力；注意构建研究所自身特色的创新文化，逐步形成从理念、形象、氛围、管理到环境的全方位的创新文化建设新格局；进一步加强领导，健全组织，建立创新文化建设工作的责任制。

二、积极推进和落实中科院与地方政府和企业的合作

院地合作以上海为重点，拓展江、浙、闽，辐射全国。2001 年院地合作工作侧重务实并和推进企业转制相结合，协调沪区内外有关所推进和落实与江、浙、沪、闽等地方政府和企业的合作。今年上海分院与广东省江门市、山东省淄博市、苏州市吴区和上海市徐汇区政府签订了全面合作协议。协助院部与上海市政府续签了全面合作协议。2001 年中科院和上海电器集团及广电集团签订全面合作协议，双方联手促进上海支柱产业的跨跃式发展以及大企业集团中央研究院的筹建和发展。为推动成果转化和产业化，2001 年组织浦东种子基金申报 66 项，批准 12 项，获资金 350 万元；组织宁波种子基金 88 项，批准 12 项，获资金 192 万元。

积极组织各研究所参加地方的展示、洽谈会。2001 年分院积极组织沪区各研究所参加上海、厦门、杭州等地的成果展示、洽谈会 20 余项，共签合同 311 份；合同金额 1.5 亿元，其中到账金额 6 000万元。受中科院委托由上海分院组织承办的上海国际博览会以参展规模大、科技含量高、科技成果新、展区设计和造型独特等受到院和市领导好评，同步辐射光源被推荐送上海科技馆永久展出，中科院两个项目分别获金奖、银奖，上海分院获得优秀组织奖。

推进企业实现现代企业管理和技术创新。为了加快企业改制的进度，分院采取了一系列的措施，组织各研究所领导和有关企业领导进行专题讨论，邀请资深的资产评估事务所来分院为改制企业的负责人及财务负责人讲课。与证券公司合作，举办了技术市场与资本市场合作的培训班。与南京、合肥分院联系举办了董事、监事培训班。目前沪区各研究所的35家应改制的企业中，完成改制的16家，歇业的12家；正在改制的5家，未启动的2家。

支持科技副职的工作，充分发挥其在院地合作中的作用。2001年分院将派遣科技副职作为院地合作工作重点之一，认真组织实施。分院召开了科技副职工作会，就科技副职如何为地方作出有显示度的工作及如何作好科技副职管理工作进行研讨，把科技副职作为中科院地使用中的一支骨干队伍，充分发挥他们的积极作用，为他们提供信息，创造条件。目前18位同志在岗任职，有5位同志被评为优秀，他们的工作得到当地政府的充分肯定。

发挥院士科学思想库的作用，为地方经济建设作贡献。2001年上海分院组织院士团前往舟山、绍兴、镇江、深圳、厦门等地考察、为地方政府举办专题报告会等。协助学部联办在沪举行了“中科院院士科技系列报告——浦东报告会”。

为给优秀中青年科学家创造、营造一个脱颖而出的环境，促成一批有发展前景的交叉学科的前沿课题和新的生长点，分院与市科委承办的“东方科技论坛”，在2001年组织了“干细胞研究”、“第二届国际发育遗传学”、“国际自身免疫与免疫调节”、“纳米生物技术”、“光电子材料及器件战略”、“南水北调（东线）对江口生态环境的影响及其对策”等6个主题学术讨论会。

2001年，中科院在沪企业共71家（沪内55家、沪外16家），营销金额共68.44亿元（沪内13.45亿元、沪外54.99亿元），四技合同共506项；金额共约3.4亿元，（分院系统378项，金额2.04亿元），代理各研究所专利案件250件；较去年增加15%左右。

2001年沪区各研究所在研项目约1 000余项，其中属于国家重点或重大计划项目100多项，绝大多数完成年度计划。沪区各研究所获国家自然科学奖3项，获中科院自然科学奖和科技进步奖3项（其中一等奖1项；二等奖2项）；获上海市科技进步奖11项（其中一等奖2项，二等奖5项，三等奖4项）。组织申报市启明星计划9人获得资助共90万元。

三、做好科研保障服务工作，努力为各研究所创造良好的工作环境

组织推进系统住房制度改革。以求实创新精神协助各研究所克服困难，稳步推进。今年随着微系统所住房制度改革方案的批准出台，上海分院系统16家研究所全部实施了住房分配制度改革。中青年住宅专项任务也随之基本完成。分院积极推进系统后勤改革，召开后勤改革交流研讨会，并组织各单位到沈阳分院学习取经。通过学习，大家进一步认清形势，开拓了思路，为积极稳妥地推进后勤改革打好基础。

完善计算机网络建设，建设适应上海地区科研与创新工程发展需求的计算机网络系统。改善功能、实现高覆盖、宽带化和光纤化，今年完成了上海光学精密机械研究所至上海微系统与信息技术研究所嘉定基地、上海硅酸盐研究所嘉定基地和上海原子核研究所的光缆连接工程。使沪区各单位全部实现了光缆连接，实现了宽带化和光纤化，大大提高了网络运行速率。配合园区建设，完成了从岳阳路319号至枫林园区的光缆重建，新连一条单模光缆，使带宽进一步提高，光缆与节点更趋合理，并连通了进修学院临时上课点。配合院部做好“十五”地区网络发展规划的研讨、调研和编制工作，并根据市委市政府建设上海公务网的部署，开展调查研究。提出了上海分院系统参加市公务网建设的初步设想。

加强安全保障、保密工作，进一步完善防范机制。制定了《化学危险品安全管理条例》、《计算机信息安全管理规定》等条例，落实安全生产责任制。开展了对法轮功的专项斗争，保证了内部的稳定局面。信访工作加强了队伍建设和制度建设，重点协调解决集访事件和历史遗留的老上访户，配合、协助有关单位疏导和化解内部矛盾。

进一步加强外事服务，促进国际交流与合作。分院积极协助各研究所举办第四届中国－新加坡生物技术研讨会、葛兰素史克－中科院上海药物所组合化学实验室揭牌等大型外事活动。2001 年分院接待了韩国国会科学技术通信委员会委员长一行、台湾“中央研究院”院士一行等。协助各研究所接待外宾 200 多人次；为各研究所申办护照 366 份，国外签证 647 份，港澳通行证 88 份，共计1 101人次。

研究解决创新经费管理的有关问题。分院加强与有关政府的财政、税务、社会保障部门的联系，争取到享受财政返还的优惠政策，2001 年按财政一定比例返还了 59.21 万元；解决了有关单位改革和结构调整中发生的养老保险缴纳问题及争取到政府物价补贴等多项目财政补贴。

加强审计，完善监督。今年按照中科院新的审计条例完成了对上海有机化学研究所、上海光学精密机械研究所和上海微系统与信息技术研究所的换届审计及上海硅酸盐研究所的届中审计，上海原子核研究所换届审计收尾工作。在上海分院系统内开展了内控制度建设的研讨。举办了“企业会计制度”、“新税收征管法”等培训班。

2001 年分院为各研究所提供外事活动和出口领用外汇服务共 388 人次，领汇 180 万元外汇额度，为各研究所争取控购车辆 19 辆，共 438 万元。完成了泸区各研究所进口设备的审核，共 458 多份卡片，价值1 071多万美元。接受捐赠试剂设备 20 份，共 2 万美元受税优惠。

分院承担宾客与会议的接待、研究生教育管理、物业管理、网络信息、专利、实验动物（现已转到上海生命科学院）等多方面为各研究所提供良好服务工作。据统计 2001 年承担大中型会议 59 个，接待约 6623 人次；服务所支付的劳务和物耗成本都在直属单位的经营过程中予以消化。

四、深化改革，加强自身建设

认真做好上海分院领导班的换届考核工作。2001 年在院党组的领导下，认真开展了分院领导班子换届审计工作和换届考核，取得较好的效果，原分院领导班子被院部评为进步领导集体奖。新一届领导班子正以新的目标，健康有序地开展各项工作。

积极稳妥作好分院机关改革工作。为贯彻院《关于分院改革的指导意见》精神，分院积极稳妥地做好各项准备工作，做到思想不乱，工作不断，秩序不散，认真制定各项有利深化改革的政策措施，做好分流安置的各项前期工作，并制定了上海分院机关及直属单位改革方案报中科院审批。

加强分院机关建设。分院机关和直属单位认真组织学习“七一”讲话，请有关专家专题作辅导报告，围绕建党 80 周年纪念日，组织上党课，赴井冈山考察、知识竞赛等，增加了理论知识，培养了革命情操。

分院机关干部进一步转变观念，增强了服务意识，提高了工作效率、政策水平和管理能力，同时加强了干部队伍的思想教育、业务教育和干部交流，逐步形成精干高效、团结务实、勤政廉政、开拓创新的良好氛围。

加强分院领导班子自身建设。新班子成立后，积极贯彻党的十五届六中全会精神，把作风建设作为新班子自身建设的重点，提出努力做到的 7 条要求：坚持党组中心组学习制度，提高领导班子成员的理论水平和政策水平；坚持集体决策制度，提高领导班子决策的民主性和准确性；坚持民主生活会制度，提高领导班子的战斗力和凝聚力；坚持中层干部通气会和重大事务通报制度，提高院务工作的透明度；坚持公开考核和民主评议制度，提高群众对领导班子成员监督的参与度；坚持贯彻党风廉政责任制和反腐倡廉各项制度，提高领导班子成员清正廉洁的自觉性；坚持规范化管理制度，提高领导班子工作的科学性和有序性并制订了相关制度。

上海微系统与信息技术研究所

所　　长：江绵恒
地　　址：上海市长宁路 865 号
邮政编码：200050
联系电话：021-62511070
图文传真：021-62524192
电子邮件：sim @mail.sim.ac.cn
网　　址：www.sim.ac.cn

中国科学院上海微系统与信息技术研究所的前身是成立于 1928 年的国立中央研究院工程研究所，解放后，研究所名称几经变迁后，命名为中国科学院上海冶金研究所。2001 年，根据研究所近年来实际的学科方向和科技发展的战略目标，经中编委（中央编办复字［2001］113 号）批准将所名更改为中国科学院上海微系统与信息技术研究所（以下简称上海微系统所）。

上海微系统所现有职工 682 人，其中科技人员 447 人，有中国科学院院士 2 人，中国工程院院士 1 人，研究员和正研级高工 31 人，副研究员、高级工程师 95 人，中级科技人员 187 人。现有在学博士研究生 74 人，硕士研究生 70 人，在站博士后 15 人。

上海微系统所以“电子科学与技术”、“信息与通信工程”为学科方向，重点研究与开发集成微光机电系统、天地一体化通信技术与系统，信息功能材料与器件、微型与新型能源等。

上海微系统所在“微电子学与固体电子学”、“材料物理”及“凝聚态物理”等二级学科点具有博士和硕士学位授予权，还设有 2 个博士后流动站。

上海微系统所建有传感技术联合国家重点实验室、信息功能材料国家重点实验室、中国科学院离子束开放研究实验室以及能源科学与技术实验室。

在上述实验室中配备了具有国际先进水平的各种工艺与测试设备，如硅基集成电路芯片加工工艺线及封装测试设备、微电子机械加工、封装、测试平台、Ⅲ-Ⅴ族化合物半导体微结构材料制备和测试设备等。2001 年又引进了“大束流高能离子注入机”、“深反应离子刻蚀机”、“倒装焊机”、“先进元件贴片机”、“精密点胶机”等先进设备。

上海微系统所的发展目标是要在 2010 年建设成为一个以集成微系统为核心科技活动方向的、基础技术力量雄厚的、富有持续创新活力的、开放的、国内一流、国际知名的研究所。

2001 年上海微系统所启动了“微系统技术平台”等 11 个创新项目，在创新一期“SOI 材料研究”成果的基础上成立了高科技产业公司；“DNA 芯片”项目科技成果转化工作也正在落实之中。

同时，上海微系统所园区建设也取得重要进展。新建的建筑面积达17 000m^2 的综合楼以及 4 000m^2 的研究生公寓楼已于 2001 年 10 月底竣工交付使用。

上海微系统所的创新文化建设也取得了重要进展，2001 年连续第十次被授予“上海市文明单位”称号。

2001 年争取到的主要科研任务和项目包括：国家“863”项目主持课题 4 项，参加课题 1 项；“973”项目二级子课题 1 项；国家重点研究前期专项 1 项；其他重点项目 4 项；国家基金项目 4 项；科技部中小企业创新计划 1 项；中国科学院项目 7 项；上海市科技发展基金项目 14 项；国际合作项目 1 项。

2001 年承担的主要科研项目包括：国家“973”项目一级主持 1 项，二级主持 8 项；“863”项目 1 项，其他项目 3 项；国家杰出青年基金项目 1 项；国家基金项目 11 项；中国科学院项目 9 项；上海市科技发展基金项目 11 项；国际合作项目 1 项；与企业合作项目 2 项。

上海微系统所由建在所内的上海微电子国家工程研究中心、国家金属薄膜工程技术研究中心、上海汽车电子工程中心、与深圳科健公司联合建立的“锂电池开发实验室”等部门从事高技术产品的开发，已投资企业 19 家。

2001 年上海微系统所与数十个国家的学术界进行了科研合作与学术交流。目前有多名科技人员在国际学术机构中任职。如邹世昌院士任离子注入技术国际会议国际委员会委员、离子束材料改性国际会议国际委员会委员；王渭源研究员任国际传感器和材料学报编委；柳襄怀研究员任离子束材料表面改性国际会议国际委员会委员、程序委员会委员、中韩薄膜材料学术讨论会委员；李爱珍研究员任分子束外延国际会议顾问委员会委员、程序委员会主席。

上海微系统所是上海市传感技术学会的挂靠单位与中国材料研究学会共同主办并编辑出版《功能材料与器件学报》。

上海技术物理研究所

所　　长：三建宇
地　　址：上海市中山北一路420号
邮政编码：200083
联系电话：021-65420850
图文传真：021-63248028
电子邮件：sitp@sunm.shcnc.ac.cn
网　　址：www.sitp.ac.cn

中国科学院上海技术物理研究所成立于1958年10月。2001年底全所职工732人，其中科技人员492人，中国科学院院士5人，中国工程院院士2人，研究员46人，副研究员、高级工程师等115人，中级科技人员160人。上海技术物理研究所设有博士、硕士培养点和博士后流动站，是中国科学院重点培养博士生基地。2001年在学博士生110人、硕士生82人，另有博士后11人。

上海技术物理研究所以红外物理与红外光电技术为主要研究方向。重点发展先进空间遥感技术及小卫星技术；凝视成像技术；红外焦平面技术及光电功能新材料、新器件；相应的信息处理与网络技术等。上海技术物理研究所现设有红外物理国家重点实验室、红外器件与材料、光学薄膜技术、微型制冷技术、热成像技术、红外和多光谱遥感技术、光电信息技术等研究室。

2001年上海技术物理研究所在取得一期知识创新试点工作阶段性成果的基础上，坚持“有所为，有所不为”的方针，集中优势，在关系国家安全的重要技术领域，强调实用化、应用型、产业化的前沿部署，积极推进战略性高技术创新，认真落实二期知识创新项目，特别是红外焦平面创新研究，通过攻关，逐步突破关键性技术，获得了长波、短波1 024 × 1，以及256 × 1HgCdTe器件，其意义深远。

上海技术物理研究所2001年的主要科研项目44项，其中，2001年1月10日随神舟二号有三项科学试验仪器发射升空；2001年5月10日我国第一颗被世界气象组织列入全球气象业务序列的风云一号C气象卫星在轨稳定运行2年，其核心仪器扫描辐射计的可靠性能赢得用户单位的高度评价，为此，该研制组荣获2001年度中国科学院先进集体称号；在国家“863”计划、航空遥感应用技术方面，加强对外合作交流取得可喜成绩，显示了该技术广阔的应用前景。针对国家重大工程任务众多的特点，2001年底18 000 m^2的红外光电实验大楼开工，将为该所的进一步发展提供一流的科研环境；在加强科学管理方面，2001年顺利通过ISO9001的质量认证，在档案管理国家一级达标后，2001年又获得人事档案国家二级达标，2001年4月实现了上海市文明单位两连冠。

2001年，一是尽管全球性的光电子技术产品市场相对疲软，需求减少，但是各科技企业还是及时调整，积极应对，内部挖潜，总体经济效益保持一定水平。2001年利润总额达1.2亿元，返回研究所利润约1 200万元；二是进行有关公司的改制工作，加快创办高新技术企业的步伐，灵活机制，提高科研人员积极性和创造性，取得一定成效。

上海技术物理研究所是中国光学学会红外专业委员会、中国空间学会遥感专业委员会和中国宇航学会遥感专业委员会的挂靠单位，受中国光学学会委托，编辑出版《红外毫米波学报》，该刊荣获中国首届国家期刊奖，在国内外公开发行。

上海光学精密机械研究所

常务副所长：朱健强（法人代表）
地　　址：上海市嘉定区清河路 390 号
邮政编码：201800
联系电话：021-59528896（直线）
　　　　　021-59534890（总机）
图文传真：021-59528812
电子邮件：siom@mail.shcnc.ac.cn
网　　址：www.siom.ac.cn

中国科学院上海光学精密机械研究所（以下简称上海光机所），是我国为开拓激光科学技术而建立的最早、规模最大的激光研究所。2001 年底职工 771 人，其中科技人员 417 人，有中国科学院院士 5 人，中国工程院院士 1 人，研究员（含正高级高工）50 人，副研究员及高级工程师 83 人，中级科技人员 166 人，博士研究生 100 人，硕士研究生 88 人，在站博士后 12 人。

1998 年，上海光机所定位为以光学（现代光学、激光与光电子）为主要学科方向的高技术创新与应用基础研究为主的综合性科研基地型研究所，重点学科领域有：强激光技术、强场物理与强光光学、信息光学、量子光学、激光与光电子器件、光学材料等。

拥有物理学、光学工程和材料学等 7 个博士学位点。设有物理学、光学工程、材料学与工程 3 个博士后流动站；10 个科研机构；3 个基础类研究实验室（中国科学院强光光学开放研究实验室；中国科学院量子光学开放研究实验室；上海光机所信息光学开放研究实验室）；3 个高技术应用创新研究类实验室（高功率激光物理国家实验室；上海光机所高密度光存储技术实验室；上海光机所新型激光技术与应用系统实验室）；4 个主要以市场需求为导向的研究与发展中心（上海光机所高功率激光单元技术研究与发展中心；上海光机所激光应用工程研究与发展中心；上海光机所激光与光电子功能材料研究与发展中心；上海光机所光学薄膜技术研究与发展中心），形成了现代光学科学研究和激光与光电子技术及应用工程研究两大运行体系。还建有中韩光学技术研究中心，中日光学技术合作项目研究实验室两个中外合作研究机构。在原神光Ⅰ装置基础上研制成功的我国又一台大型高功率激光聚变实验装置——神光Ⅱ装置已通过了国家的验收和鉴定。神光Ⅱ装置是当前国内规模最大、国际上为数不多的高性能高功率钕玻璃激光装置，是“十五”或更长时间内我国惯性约束聚变（ICF）领域开展科学研究的重要实验平台，标志着我国在这一领域的有关高新技术综合能力上了一个新台阶。神光Ⅱ装置额定总输出功率达 8×10^{12}W，工程复杂性大、综合性能优良，研制过程中采用了国产高性能元器件，提出并采用了多项创新技术，独立自主地解决了一系列关键的科学技术问题，各项技术指标达到并部分超过了预定的要求，总体性能达到国际同类装置的先进水平。神光Ⅱ装置的建成并投入运行，为进行惯性约束聚变、X 光激光、材料在极高压状态下的参数测量等世界前沿领域实验研究提供了不可替代的实验手段，对国民经济和国家安全具有重要意义。

2001 年，上海光机所在进入中科院知识创新工程二期试点开局之年，凝炼并提升出 10 个科技创新目标，推进研究所的创新与发展，以此为牵引的 133 个在研项目，进展状态良好，59 个已如期完成，包括国家“973”计划、“863”计划、国家重点基金项目 29 项。年内新立项科研项目 106 个，在正式启动的上海市光科技专项行动计划中，上海光机所发挥信息光科技领域的学科优势，17 个项目被批准列入，获取项目数量和经费数量，名列首位，是实施中科院与上海市院、地合作最好的一年。16 项成果通过了验收鉴定，登记成果 56 项。“复合泵浦 X 射线激光研究”获 2001 年度国家自然科学奖二等奖；“4 英寸蓝宝石晶体研制”和“新型激光薄膜的开发与应用”分别获上海市 2001 年度科技进步一等奖、二等奖。发表论文 325 篇，其中 165 篇被 SCI 或 EI 收录。申请专利 62 项（发明专利 36 项），授权专利 44 项（发明专利 17 项）。“复合泵浦 X 射线激光研究”，是上海光机所获得的高等级科技成果，该项目以发展高效率短波长的 X 射线激光为目标，选择独具特色的类锂和类钠离子复合泵浦机制为主攻方案，以台式超强超短激光为驱动源的新机制，历经十余年的实验与理论研究，取得了一系列国际首创性成果。上海光机所控股的4家高新技术企业，按计划要求，完成了转制工作，已建立起按国家公司法规范的现代公司制度。2001年7月2日，干福熹院士在英国爱丁堡第19届国际玻璃大会上，荣获2001年度国际玻璃协会主席奖。这个奖项专门表彰终身从事玻璃研究并取得突出成就的科学家。干福熹院士是我国、也是亚洲地区和第三世界国家中获奖的第一位科学家。在国家“863”高技术计划专家组人员调整中，上海光机所14位专家分别聘为领域、主题、专题专家组组长、副组长或成员。国家杰出青年科学基金获得者3人，引进国外杰出人才9人，中科院“百人计划”入选者9人。

全年接待国外和海外学者47批135人，派出46批，70人次参加国际学术会议或从事考察和合作研究。

中国光学学会主办、上海光机所为主承办《中国激光》（中、英文版）、《光学学报》、《激光与光电子学进展》等学报类刊物（科学出版社出版，国内外公开发行），主要按月发表我国光科技，特别是激光与光电子方面的新概念、新发现、新进展和新成果。

上海硅酸盐研究所

名誉所长：严东生
所　　长：施剑林
地　　址：上海市定西路1295号
邮政编码：200050
联系电话：021-52412990
图文传真：021-52413903
电子邮件：siccas@sumn.shcnc.ac.cn
网　　址：www.sic.ac.cn

中国科学院上海硅酸盐研究所渊源于1928年成立的原国立中央研究院工程研究所。1959年1月由中国科学院冶金陶瓷研究所分出独立建所。

截止到2001年底共有职工734人，其中科技人员498人，有中国科学院院士3人（其中双院士1人），中国工程院院士2人，研究员52人，副研究员57人，高级工程师32人，中级科技人员233人。

上海硅酸盐研究所系博士、硕士学位授予单位，设有博士后流动站。现有在学博士研究生91人，在学硕士研究生70人。另有在站博士后14人。

上海硅酸盐研究所定位于科研基地型高技术创新类研究所，兼有基础性研究，应用发展研究和工程化研究的综合性研究所。上海硅酸盐研究所坚持以先进无机材料科学与工程为主体学科方向，以“国家目标和需求为导向，以任务带学科”的办所方针，通过不断凝炼科技目标，积极争取外部资源，深化运行机制改革，优化队伍结构，合理部署力量，着手发展学科前沿基础性研究，大力加强先进无机材料探索和传统无机材料升级换代相关的技术创新研究，推进新材料、新工艺、新技术的应用和产业化。

随着知识创新工程试点工作的全面推进，上海硅酸盐研究所不断深化改革，在组织机构、运行机制等方面都取得了较大的进展。在原有的结构陶瓷工程研究中心、功能陶瓷工程研究中心、人工晶体工程研究中心、特种无机材料工程研究中心的基础上，根据市场需求，新组建了生物材料与组织工程研究中心，开拓了新研究领域；通过国家认证的无机材料测试中心，更是体现了上海硅酸盐研究所在无机材料检测方面的绝对优势。上海硅酸盐研究所根据无机材料的发展趋势，结合科技目标凝炼的要求，完成了高性能陶瓷与超微结构国家重点实验室和无机功能材料开放实验室两个材料基础性研究实验室的整合，实现了基础研究组织结构的优化集成。上海硅酸盐研究所已经形成了以科研队伍为主体的研究系统，以所属中试基地为主体的工程化研究和中试生产系统，以及行使外贸经营自主权的上海西卡思新技术总公司的“技、工、贸”体系的构架，以体现“应用基础研究－应用发展研究－工程化研究－中试生产”一体化的各工程研究中心和以工程化研究、中试生产的组织管理为主要任务的中试基地。

园区建设取得了可喜的成绩。科研综合楼主楼于 2001 年 7 月交付使用，该工程获上海市地区建筑业质量最高奖——“白玉兰”奖；保质保量完成了青年公寓的改造工程；完成了基础楼外立面装修和测试楼的内部装修改造等工作，不久的将来，各园区将呈现崭新的环境面貌。

2001 年上海硅酸盐研究所按“用好现有人才，留住关键人才，引进急需人才，储备未来人才”的职工队伍建设思路，进一步加强了吸引优秀青年人才和职工队伍建设的工作力度。除又有 2 名“百人计划”入选者到位，还引进和录用 37 人，其中具有博士、硕士学位的共 20 人。本年度有 1 人当选为中国工程院院士。

全年共招收硕士研究生 37 人，博士研究生 27 人，在读研究生总人数达到 161 人。现有在岗博士生导师 23 人，硕士生导师 33 人。

上海硅酸盐研究所一直非常重视科研装备建设。2001 年共引进创新骨干设备 9 台，约合人民币1 080万元，同时拟定了 2001 年的创新支持设备 30 台套，约1 650万元，已有 10 台套（400 万元）签订了合同。装备的更新将为提高研究所综合实力，提升科技竞争能力已经发挥积极作用。

2001 年继续深入贯彻 ISO－9001 质量标准。坚持材料产品一流、管理服务优良的质量方针，实现了确保研究任务满足合同、出所产品顾客满意、质量保证体系有效运行的质量目标，努力建设有可靠质量保证的国防配套和高技术应用无机材料研制生产基地，完成年度的质量管理目标。

上海硅酸盐研究所精神文明建设更上了一个新台阶，2001 年 4 月，被批准授予上海市文明单位称号。

2001 年上海硅酸盐研究所通过国家自然科学基金、国家“973”项目、“863”高技术发展计划、中科院方面、上海市方面和国际合作等渠道共落实“十五”纵向科研项目（包括国际合作）约 40 余项。

承担的国家“973”项目和上海市科技发展基金项目“等离子喷涂羟基磷灰石生物涂层材料制备关键技术研究”取得明显进展。采用复合涂层设计成功制备的复合涂层，有效改善了涂层与基体的结合状态。发明的火焰水蒸气处理技术，成功制备了新型的生物涂层。此外，目前已初步建立了小批量钛涂层生产示范生产线。

固体氧化物燃料电池被称为 21 世纪的绿色发电，上海硅酸盐研究所在国内首次建立了由 80 个面积为 $100 \times 100mm^2$ 单体组成的千瓦级 SOFC 电池堆。这一工作进展在国内处领先地位，在国际上也产生了一定的反响。

2001 年结题国家“九五”科技攻关项目 2 项，院“九五”重大项目 2 项，12 项技术验收，通过成果鉴定 2 项。2001 年度发表论文 341 篇，其中 SIC 收录的论文 160 篇，I.F.＞1 收录的论文 52 篇，其中 I.F.＞3 收录的论文 5 篇。申请发明专利 29 项，批准专利 16 项，其中发明专利 12 项，实用新型专利 4 项。

国际合作研究项目 2001 年继续保持良好态势。PWO、PMN-PT 晶体等均取得了良好的进展，进一步巩固了上海硅酸盐研究所在国际人工晶体方面的重要地位。

上海硅酸盐研究所所属企业 2001 年销售收入上亿元，预计 2002 年将有新的增长。

上海硅酸盐研究所编辑出版《无机材料学报》，该刊是中国科技论文统计用刊，一直为 CA、EI 和中国物理文稿、化学文稿数据库、中国报刊索引（科技版）、中国学术期刊文稿、中国科学引文数据库等收录，现又为美国 SCI 所收录引用，在国内外享有良好声誉。

上海有机化学研究所

常务副所长：姜标（法人代表）
地　　址：上海市枫林路 354 号
邮政编码：200032
联系电话：021-64163300
图文传真：021-64166128
电子邮件：sioc@pub.sioc.ac.cn
网　　址：www.sioc.ac.cn

1950 年 5 月，在前中央研究院化学研究所（建于 1928 年）和前北平研究院化学研究所与药物研究所合并的基础上，成立中国科学院有机化学研究所。1970年改为现名。现有职工641人，先后拥有12位中国科学院院士（其中3位已故，健在9位），现有正高级科技人员54人，副高级科技人员33人，中级科技人员113人，目前在学研究生277人，其中博士生119人，硕士生158人。在站博士后28人。

经国务院批准，上海有机化学研究所拥有有机化学、分析化学和高分子化学的硕士授予权和有机化学的博士授予权，建立了博士后流动站。

2001年是上海有机所被科学院批准进入知识创新工程的全面推进阶段的第一年，也是上海有机化学研究所党政领导班子换届改选之年，姜标任常务副所长，张建新任党委书记。

在知识创新工程的全面推进阶段，根据国家战略需求，贯彻科学院办院新方针，重点选取“人口与健康”、“资源与环境”、“新材料”领域前沿三个方向，按照“领域前沿，重要方向和重大项目”三个层次进行规划布局，采用不同的运行机制和组织管理体制，在未来5年内，使上海有机化学研究所的领域前沿和重要战略方向研究水平进入国际先进行列，研究开发出一批对国民经济和社会发展有重大作用的关键化学技术，提高我国高技术化学产业的国际竞争力，并带动有机化学基础理论的研究和发展。把上海有机化学研究所建设成为世界有机化学的重要研究基地之一、中国有机化学的研究中心以及中国有机化学家的摇篮。

上海有机化学研究所创新工程突出了面向国家的战略需求，面向世界科学的前沿，强调了原始性科学创新，战略性技术集成；可以简称为“3618”工程。根据重大研究方向和学科布局，形成8个研究室、4个研究中心的组织构架。以三大领域为单元，组织由院士、中青年专家组成的3个项目专题小组，积极争取国家项目。

2001年在生物技术和材料领域共有3项主持项目和2项合作项目入选，实现了上海有机化学研究所主持“863”项目历史性的突破。同时在“氢能”、“绿色化学问题”、“分子聚集体的化学”“973”项目中获得了突破，首次由上海有机化学研究所的科学家担任项目负责人。

在科技部启动的50项基础研究预演项目中，已有1个项目获得立项。在“2001～2005年院高技术研究与发展局科研行动方案”中，“重污染的硝化、氧化和还原反应洁净新工艺研究与开发”、“质子交换膜燃料电池用含氟质子交换膜的研制”获得2项院重点方向性项目。申请国家基金委面上项目31项，重点项目2项；批准13项，资助重点项目1项。申请杰出青年基金5项，海外基金2项，获得海外、香港青年学者合作研究基金1项。另外，“导向有机合成的金属有机化学”项目申请基金委的群体计划，通过专家评审答辩，并在11月份已经完成了实地考察活动。

“生命过程中的重要化学问题研究”国家“九五”“攀登计划”项目中的7个课题均按计划进展，评价优秀。“创造新物质的分子工程学研究”项目获得了高度的评价。“九五”期间，上海有机化学研究所负责的2个中科院重大项目均获得了“特别优秀”的评价。

由戴立信先生主持的“九五”自然科学基金重大项目“手性药物和生物学”获得了“特优”评价。

2001年上海有机化学研究所获得了4项中科院、上海市科技成果奖，其中“有机分子的簇集和自卷”获得2001年度中科院自然科学一等奖；“糖合成手性纯天然化合物”获得2001年度中科院自然科学二等奖；“通过金属配位作用而实现的一些高选择性合成反应”获得2001年度上海市科技进步一等奖；“金属蛋白质的结构－性质反应－功能关系研究”获得2001年度上海市科技进步二等奖。

2001年上海有机化学研究所共发表论文288篇，被收录进SCI的论文224篇，比去年增长了19%。在SCI I区发表的论文超过10篇，大于前3年的总和。SCI影响因子总值为333.765，平均1.766/篇。在全国科研院所SCI论文排行榜上名列第三名，引用率排名全国第二。

2001年上海有机化学研究所申请发明专利为56项（其中1项为国际专利，2项保密专利），比2000年增长70%。获得授权专利16项。获得软件著作权登记2项，授权软件著作权2项。

2001年上海有机化学研究所共接待世界各

国学者和国际知名大公司代表达到 70 批，113 人次。举办了“第一届中韩有机化学研讨会”和“第二届中澳有机化学研讨会”双边国际会议。邀请了今年诺贝尔化学奖获得者 NOYORI 教授的来访，并授予其名誉教授，陈竺副院长专程来沪会见了 NOYORI 教授。

中科合臣股份有限公司以真北路和金山亭林厂为主，生产药物中间体和高纯电子化学品，完成产值 1.5 亿元，利润1 500万元。目前已完成上市工作的申报，正在全力争取成为上市公司。股份公司的农药产业化基地——江苏康泰农化公司在 2001 年 4 月底正式投产。股份公司的有机新材料产业化基地将建在杭州湾畔的上海化学工业区内。

由上海有机化学研究所参与投资的上海五洲药业股份有限公司，于 2001 年 4 月正式成立，注册资本6 000万元。2001 年，销售额达 3.5 亿。万凯化学公司成功转制。

2001 年在购入 FT-MS 以后，上海有机化学研究所建立了以 600MHz 系列仪器和高分辨色质联用仪等国际先进的仪器设备组成的分析测试平台；拥有较完善的计算机网络和科技图书情报信息，正在建立计算机信息平台。

受中国化学会委托，上海有机化学研究所负责编辑出版《化学学报》、《中国化学》和《有机化学》等学术期刊，并分别被收录进 SCI 和 SCI-E。

上海原子核研究所

名誉所长：张家骅
所　　长：徐洪杰
地　　址：上海市嘉定区嘉罗公路 2019 号（上海市 800-204 信箱）
邮政编码：201800
联系电话：021-59553998（总）
021-59553630（办）
图文传真：021-59553021
电子邮件：sinr@sinr.ac.cn
网　　址：www.sinr.ac.cn

中国科学院上海原子核研究所筹建于 1958 年 10 月，1959 年 8 月正式成立，时称中国科学院上海物理化学研究所。现有职工 801 人，其中专业技术人员 496 人，有中国科学院院士 1 人，研究员、正研级高级工程师 54 人，副研究员、高级工程师 114 人，中级科技人员 198 人。现有博士生导师 25 人；在学研究生 96 人，其中博士生 34 人，硕士生 62 人。另有在站博士后 2 人。

上海原子核研究所是专业从事民用非动力核技术科学研究的基地型研究所，以核技术科学的基础研究、应用研究及其相关交叉、边缘学科研究为主，并继续推进核技术科学研究成果的产业化。上海原子核研究所主要从事先进光源和束线、先进离子束的科学与技术研究，核物理及交叉、边缘学科研究，核技术科学的应用研究等 3 个学科领域的研究工作；开展先进光源和束线的科学与技术研究、先进离子束的科学与技术研究、核物理实验和理论研究、基于核技术与纳米技术的交叉与边缘科学研究、放射性药物研究、辐射改性新材料研究、应用加速器的研制及先进探测技术研究等 7 个学科方向上的研究工作；并形成了以特种仪器仪表、辐射新材料与辐照装置、放射性药物为 3 个主要产业方向的高新技术产业群。在核科学技术应用于生命、材料、医药、环保、地学、考古等领域内逐步形成了自己的优势。上海原子核研究所设有粒子物理与原子核物理、核技术及应用、无机化学博士学位及硕士学位培养点，并设有物理学博士后流动站。

上海原子核研究所是中国科学院知识创新工程试点全面推进阶段的试点单位。在创新试点的实施中，将围绕“一大装置”——上海同步辐射装置（上海光源）；发挥“两区优势”——上海同步辐射装置所在的、作为国家级高新技术研发基地的浦东张江园区，以核科学技术为学科发展的基础和纽带、以多学科公用科学平台和相互渗透交叉为特色、作为 40 多年积累的核技术科学研究基地的嘉定园区；发展“三个层次”——以国家目标为导向、瞄准科学前沿的基础研究，以社会与经济发展需求为导向的应用研究，以加速科技成果转化为现实生产力为己任的产业化；继续完善“四类工作”——大科学工程、基础研究、应用研究及科技企业这四类不同的管理运行机制。用10年左右时间，将原子核研究所建设成国际先进、有中国特色的民用非动力核技术科学的研究基地，使之成为全国乃至世界的诸多学科前沿和高技术研究的中心以及高级人才的培养基地。并经过若干年的努力，到2015年前后，把上海原子核研究所建设成为国际一流的核技术科学研究机构。

上海原子核研究所下设6个基础研究室（加速器第一研究室、加速器第二研究室、同步辐射研究室、核物理研究室、核分析技术研究室、纳米生物医药研究室）和5个应用研究中心，上海同步辐射装置工程指挥部负责上海同步辐射装置预制研究工作；另有1个中科院重点实验室（中科院核分析技术重点实验室），2个联建的研究发展中心（与国家医药管理局联建的上海放射性药物研究发展中心、与上海市科委联建的上海辐射技术应用推广中心）。拥有国际首创的超灵敏小型回旋加速器质谱计、原子级分辨率的扫描隧道显微镜（STM）和原子力显微镜（AFM）、扫描质子微探针等先进的仪器设备。

2001年，上海原子核研究所被中国科学院批准为知识创新工程全面推进阶段试点单位。7月底，召开了2001年夏季所务扩大会议，认真讨论了全所实施中科院知识创新工程试点的机构调整、创新研究项目的落实、资源配置方式、岗位聘任、分配机制、人才队伍建设、中层干部调整等问题的原则意见和基本框架。根据夏季会议的部署，全所的试点工作全面实施。按照研究所的学科方向与任务调整科研组织结构（研究室和研究中心）；为适应核技术学科的特殊性要求组建了技术支撑部门；整合管理部门，提高管理水平和效率。进行中层干部的调整，一批学历层次高的年轻干部走上了部门负责人的岗位，调整后的中层干部平均年龄为45.9岁，其中45岁以下的占51.7%，具有研究生学历的占20.7%，比调整前增长了10个百分点。部署了18项领域前沿项目，落实开展毒品和爆炸物检测技术研究、放射性新药研究、车载贮存粮辐照保质装置研究等创新项目的前期工作，积极推进科技创新工作。讨论、制（修）订有关资源配置方式、岗位聘任、分配机制、人才队伍建设等改革方案和规章制度，下发“调整奖金配套范围的意见”、“人员分流安置的试行办法”、“同等学力报考本所在职研究生的规定”、“人才队伍建设行动计划”、“人才引进实施方案”、“货币资金管理办法”、“内部审计工作的暂行规定”、“下属企业法定代表人任期经济责任审计的暂行规定”等规章制度。按照创新试点任务书的要求实施创新岗位聘任，2001年科研创新岗位聘任168人、管理创新岗位聘任20人，并已启动技术支撑岗位聘任、项目聘任等工作。

在科学规划、合理布局的基础上，上海原子核研究所园区改造建设计划正按照一次规划、分步实施的原则进行。编制、上报嘉定园区的园区规划，并获得中科院的批准；2000年度立项的研究生及客座公寓项目已顺利竣工。2001年9月，学术活动中心、职工餐厅新建工程，光源技术楼、109微波功率楼、102实验楼改造工程，嘉定园区基础设施改造工程正式立项，目前已进入委托初步设计、提交工艺要求阶段，新建项目已进入施工图设计阶段。

2001年，上海原子核研究所大力开展科学传播与普及。参加2001年上海国际工业博览会的上海同步辐射装置主体1/40单元的仿真模型获得了很好的社会反响。上海市委、市政府及中科院的主要领导都先后莅临展位观展，并仔细了解展品功能和有关项目进展情况。中科院已决定将该展品赠送给上海市，落户于新落成的上海科技馆。国家自然科学基金软课题“我国核物理研究和核技术开发的前沿和发展战略”项目组在上海位育中学、南洋中学、洋泾中学及宁波分别组织了大型科普报告会。上海洋泾中学千余名学生来上海原子核研究所参观科学设施。

上海同步辐射装置（SSRF）工程预制研究完成了45项预制研究设备的研制任务（其中4项委托国内外单位承制）。2001年3月，经中科院基础局和上海市发展计划委员会组织的SSRF预制研究鉴定委员会鉴定，由SSRF工程指挥部主持研制的41项预研设备已经完成，其主要性能全部达到或优于任务书规定的技术指标；SSRF预制研究已实现了预期目标，掌握了建造第三代同步辐射装置的关键技术，其中26项预研设备的技术指标达到第三代光源同类设备的国际先进水平。在SSRF工程预制研究任务完成之后，进一步落实预制研究二期的工作，已基本确定预研二期的主要研究方向，正在积极争取国家、中科院和上海市的共同支持。

2001年，以上海原子核研究所为依托单位的国家重点基础研究发展规划项目（“973”项目）“放射性核束物理和核天体物理”，取得了阶段性的成果，利用放射性次极束流线实验室（RIBLL）提供的放射性束流，通过对相互作用截面的测量，研究了原子核半径随中子（质子）数的变化规律，首次发现一批可能具有奇异（晕）结构的原子核，如^{12}N、^{15}C、^{27}P、^{23}Al、^{29}S、^{30}S等，这些研究成果进一步扩大了晕核存在的范围，丰富了晕核结构的物理内涵，为晕核结构和性质的深入研究奠定了坚实的基础。中科院知识创新工程重要方向项目——“烟气脱硫超大功率电子加速器的关键技术研究和样机研制”基本完成了全部部件加工，试验基地的土建已完成并投入使用，完成了除大功率直流高压发生器外的总体安装。“微束在团簇中的输运机制及相关效应的研究”项目按计划推进；争取到中科院知识创新工程重要方向项目“先进核分析技术在环境科学中的应用研究”；承接了BSRF—3B3光束线设计与建设项目任务；积极组织队伍争取核技术应用研究有关项目进入院知识创新工程重大项目。10月初，中国工程物理研究院主要领导与专家、复旦大学现代物理研究所专家到上海原子核研究所考察，对上海原子核研究所承担电子束离子阱（EBIT）研制项目的能力表示满意，此项目已在启动过程中。全年滚动支持领域前沿项目7项、46万元；新部署领域前沿项目26项，计137万元。

2001年，上海原子核研究所共发表论文173篇，申请专利（已被受理）7项（其中发明专利5项、实用新型专利2项），批准授权专利5项（其中发明专利3项、实用新型专利2项）。“重离子核反应的集体效应和奇异核产生及其性质”项目获得了国家自然科学二等奖，“放射性核素心肌脂肪醇代谢显像剂I-123-BMIPP的研制和临床应用（第二完成单位）”获上海市科技进步二等奖。市科委攻关项目“医用C-13尿素呼气质谱仪研制”项目鉴定完毕，并获得了好评。

2001年，上海原子核研究所党政领导班子完成了换届交接，并获中科院所级领导班子进步奖，徐洪杰所长荣获中科院先进个人称号。上海原子核研究所首次获得上海市科技系统“文明单位”称号，连续三年获得“上海市绿化卫生先进单位”称号并获赠铜牌，日环仪器厂再次获得上海市“文明单位”称号，核物理研究室重离子核反应课题组获得共青团上海市委授予“共青团号”称号，应用加速器中心何玉枝同志热心助学的事迹被评为上海市科技系统“十佳文明好事”之一。

2001年，上海原子核研究所总结多年的产业化工作，借鉴成功高科技企业的经验，开始进行核技术产业化工作的战略性调整。加强源头创新，以期在面向国家战略需求的核技术应用研究中催生具有创新能力的高科技产业；召开科技企业工作会议，研讨当前形势下科技企业的发展战略；科技企业围绕研究所科技产业发展的战略目标，加强企业的内部管理，降低企业的运行成本，并通过寻求科技与市场的切入点，优化产品结构，加大技术壁垒高、市场前景好的新产品开发力度，提高企业的竞争能力，从而使全所的科技产业仍保持良好的发展态势。2001年全所科技企业销售收入超亿元，比去年增长10%左右；利润总额与去年基本持平。积极推进企业改制进入资本市场的工作：新艺材料中试生产部改制为世龙科技有限公司，完成了组建股份有限公司的第一步工作；科兴公司寻求战略投资者的工作正在抓紧落实，目前已与外方签订了合作意向书。

2001年2月，当时任上海原子核研究所所长的杨福家教授受聘正式出任英国诺丁汉大学（University of Nottingham）校长（Chancellor），并以校长身份在白金汉宫接受英国女王接见，这是外国大学第一次从中国内地聘请学者出任校长。2001年9月，上海同步辐射装置工程指挥部与美国斯坦福大学同步辐射实验室共同主办了“上海中能光源国际研讨会”，共有17个国家和地区的29个实验室的科学家参加了会议，会议取得圆满成功。

上海原子核研究所是上海市原子核学会挂靠单位。主办并编辑出版《核技术》、《核科学与技术》(英文版)、《辐射研究和辐射工艺学报》。下属单位主要有上海核技术开发公司、上海原子核研究所日环仪器厂、上海核所日环光电仪器有限公司、上海科兴药业公司、奥瑞恩诊断试剂公司、上海核所特种变压器有限公司、上海世龙科技有限公司、辐射技术中试研究基地、上海原子核研究所实验工厂等9家科技企业。

上海天文台

台　　长：赵君亮
地　　址：上海市南丹路80号
邮政编码：200030
联系电话：021-64386191
图文传真：021-64384618
电子邮件：office@center.shao.ac.cn
网　　址：center.shao.ac.cn

中国科学院上海天文台成立于1962年，它的前身是法国天主教耶稣会1872年建立的徐家汇观象台和1900年建立的佘山观象台。全台现有职工人数261人，其中科技人员193人，有中国科学院院士1人，中国工程院院士1人，研究员（包括正研级高级工程师）23人，副研究员、高级工程师69人，中级科技人员49人。现有在学博士生22人，在学硕士生25人，在站博士后3人。

上海天文台以天文地球动力学和银河系、星系天体物理学为主要学科发展方向。通过近40年的努力，目前已有甚长基线干涉测量（VLBI)、卫星激光测距（SLR)、全球定位系统(GPS）等多项现代空间天文观测技术。主要设备有：25m射电望远镜，1.56m光学望远镜，60cm人造卫星激光测距仪，40cm双筒折射望远镜，Reque8100GPS接收机和氢原子钟等。经国务院学位委员会批准，上海天文台为天文学一级学科博士和硕士学位授权点。

上海天文台的科研主体由天文地球动力学研究中心、天体物理研究室和VLBI研究室等部门构成。它还是中科院光学天文联合实验室佘山基地和中科院射电天文联合实验室VLBI分部所在地，是国际合作项目“亚太地区空间地球动力学研究计划”(APSG）中央局和中国科学院天文地球动力学联合研究中心所在地，欧洲VLBI网成员。上海天文台佘山工作站被中国科协命名为“全国科普教育基地”、被上海市政府命名为“上海市青少年教育基地”和“上海市科普教育基地”。

2001年是中科院知识创新工程全面推进阶段的第一年。上海天文台的各项工作继续以创新工程中心展开，继续保持有7个创新研究团组、1个观测基地、1个技术实验室。在科研环境、科研产出、职工收入、精神文明建设等方面工作都在原有的基础上又有了新的变化和提高。主持和参加国家攀登计划“现代地壳运动和地球动力学研究”和“天体剧烈活动的多波段观测和研究”，年内顺利结题，并获得评审委的高度评价；参加重点基础研究发展规划项目（“973”项目)2项和4个子课题；主持国家自然科学基金面上项目11项，主持或共同主持基金重点项目3项，杰出青年基金项目1项，另承担中科院“百人计划”项目1项，海外杰出青年基金项目3项，创新方向性项目1项，主持上海市科学技术发展基金项目1项。负责中国VLBI网及SLR网的协调和组织落实，参加欧洲VLBI网等的联测任务，在国际天文观测研究中发挥了重要作用。

2001年获得香港何梁何利基金科学和技术进步奖1项，上海市科技进步二等奖1项。发表各类学术论文154篇，其中第一作者论文136篇，专著1本。SCI论文53篇，其中第一作者论文44篇，有31篇论文被SCI杂志引用51次。

2001年，经过天文台党政领导班子的认真规划和全台职工的共同努力，获得了上海市科技系统文明单位称号，佘山工作站连续三届获科技系统文明窗口称号。“弘扬科学精神、深入揭批伪科学”被上海市科技系统精神文明建设委员会评为系统“十佳”好事。2001年上海天文台始终围绕天文事业发展规划需要，结合天文创新工程的要求，在原有的基础上进一步理顺管理人员和科研支撑部门的关系，实行人员分流，精干科研队伍，集中力量围绕国家重大科研任务开展科研工作，同时积极努力调动高技术力量为国民经济服务。技术开发为上海天文台精干基础研究队伍和人员分流提供了渠道，也为稳定与发展作出了贡献。由上海天文台负责的“上海地区GPS综合应用网”项目今年正式启动，它是以上海为中心覆盖整个长江三角洲地区的综合应用GPS技术网络系统，为上海城市建设、工程建设、交通运输和气象等行业提供服务。先进的时频技术、光机电技术、LED显示屏、计算机网络和多媒体、卫星通讯、科普望远镜等技术已在通讯、导航定位、大楼智能化、院校、交通等方面发挥了作用。上海天文科技发展有限公司成立2年来，不断加强对全台开发工作的规范化管理，根据院部要求，完成对台全资公司进行了改制等。

上海天文台注重园区建设和创新文化的建设，进一步优化了徐家汇园区环境。目前已拥有19层的科研大楼，配有中央空调系统、计算机网络系统、网上天文资源服务系统、多功能会议系统和健身房，还配有研究生客座公寓和高级访问学者公寓等，环境优美，并已成为该地区的软件基地之一。

2001年参加国际会议和出访有77人次，来访人员近65人次。其中主持召开了第四届亚太地区空间地球动力学（APSG）计划国际会议，天体物理领域会议、讲座2次。杨福民副台长任西太平洋国际激光测距网执委会主席、金文敬研究员任国际天文学联合会（IAU）天体测量委员会主席。朱能鸿院士当选上海市第七届科协副主席。由上海天文台和上海市天文学会主办的科普网站——上海网上天文台，组织天文爱好者网上知识竞赛以及各种联谊活动，成立了天文爱好者“启明星联盟”，以网络媒介普及天文知识，满足广大青少年对天文知识的渴求，加强唯物主义和科普知识的宣传教育，增进人们学科学、讲科学、用科学的社会风尚。

上海天文台是上海市天文学会的挂靠单位。编辑出版的刊物有《上海天文台年刊》、《天文学进展》以及《地球自转参数年报》、《地球自转参数公报》、《原子时公报》等。

上海生命科学研究院

院　　长：裴　钢
地　　址：上海市岳阳路319号
邮政编码：200031
联系电话：021-64313335
图文传真：021-64338347
电子邮件：jtang@sibs.ac.cn
网　　址：www.sibs.ac.cn

中国科学院上海生命科学研究院（以下简称上海生科院）成立于1999年7月。按照中科院知识创新工程试点的部署，上海生科院是在中国科学院上海生物化学研究所、上海细胞生物学研究所、上海植物生理研究所、上海药物研究所、上海生理研究所、上海脑研究所、上海昆虫研究所和上海生物工程研究中心等8个生物学研究单位的基础上，通过合并、撤销和新建而组成的。形成了以生物化学和细胞生物学研究所、神经科学研究所、药物研究所、植物生理生态研究所和生物工程研究中心等“四所一中心”为核心的基本格局。现在其主要的直属研究和科研支撑机构还包括上海生命科学研究中心、健康科学中心、交叉学科研究中心、国家基因中心、生物信息中心，上海实验动物中心等。上海生科院全院现有职工1 879人，其中科技人员1 221人，有中国科学院院士24人，中国工程院院士4人，研究员172人，副研究员、高级工程师216人，中级科技人员503人。现有在学博士研究生418人，在学硕士研究生428人，在站博士后52人。

上海生科院具有很强的学科优势，是生物学和药学一级学科、有机化学二级学科博士、硕士学位授予单位。设有7个博士后流动站。拥有分子生物学、新药研究、植物分子遗传学等3个国家重点实验室以及分子细胞生物学、神经生物学、蛋白质组学和干细胞等4个中国科学院重点实验室。有完善的技术支撑系统，如模式生物、生物信息、生物芯片、实验动物、人工气候室、昆虫标本馆、细胞库和基因库等等生命科学和生物技术研究和开发的技术平台。还拥有一批先进的科研仪器设备。全院有着良好的研究条件和学术环境。

上海生科院以人口与健康为主线，根据国家经济和社会发展的战略需求、生命科学发展的趋势以及研究院的现有基础，集成和提升各研究所的优势力量，注重科研的基础性、前瞻性、战略性和综合性研究。把握生命科学与生物技术的研究与数、理、化、信息科学等相互渗透的趋势，突出新的科研生长点，部署前沿研究。重点研究领域是：

（1）功能基因组、蛋白质组和生物信息学；

（2）生物大分子的结构、相互作用及功能；

（3）细胞活动的分子网络调控；

（4）脑发育与脑功能的分子与细胞机制研究；

（5）防治重要疾病的新药研究与开发以及药物研究的理论和方法；

（6）植物分子生理和植物与环境的相互作用；

（7）生物技术的创新和应用；

（8）生命科学与其他的交叉研究。

为贯彻落实中国科学院关于人口与健康的战略部署，实现上海生科院的定位目标，上海生科院积极推进了以下工作。

2001年6月，上海生科院与上海第二医科大学签署了健康科学中心实体化建设协议，11月中科院批准了健康科学中心非法人研究单元建设方案。美国Baylor医学院臧敬五教授应聘为中心主任。该中心在国内外公开招聘优秀人才，主要在医药与健康、环境与健康等领域大力发展具有基础性、战略性和前瞻性意义的课题研究，并进行理学和医学双学位博士研究生培养。

为促进多学科交叉研究和创新思想的产生，提高我国生命科学水平，中科院、德国大众基金会、马普学会共建的交叉学科研究中心被中科院批准为非法人研究单元。中心首届主任由德国科学家Uli Schwarzs教授担任。

上海实验动物中心已顺利完成迁址松江九亭异地重建的工作。新建的实验动物中心占地67亩，动物馆宿设施总建筑面积3 400m^2，可年生产SPF级实验大、小鼠30～40万只，300只隔离器饲育单元可年繁育SPF级动物3～4万只。中心还建有遗传、微生物、寄生虫、营养、环境、生理、病理等监测实验室等，承担一批国家和地方的科研项目。

生物技术产业是我国在“十五”期间实施的高技术工程。为提高我国生物技术原始性创新能力，配合与推动我国经济结构的战略性调整，上海生科院在2001年开始招收生物技术研发类研究生，积极为国家培养生物技术高级人才。此外，为配合中科院研究生教育改革的要求，上海生科院还积极推动中科院上海研究生教育基地的筹建。

上海生科院按照中科院知识创新工程试点的要求全面推进改革，理顺院所职能，精简管理机构，优化科技队伍。研究所的管理职能已由综合性管理开始转为以科研学术为重点的管理，其他管理职能已逐步转移给作为法人单位的研究院。

2001年上海生科院科研工作取得了重要进展。生物化学与细胞生物学研究所张永莲研究组发现了大鼠生殖系统抗菌肽基因，神经科学研究所郭爱克研究组发现了果蝇在面临意义相互矛盾的视觉线索时有类似于高等动物的简单抉择行为，生物工程研究中心孔祥银研究组发现了人类遗传性乳光牙致病基因，贺林研究组发现了A-1型短指（趾）症致病基因等，他们以及其他研究人员的5篇研究论文分别发表在《科学》、《自然·遗传》和《自然·神经科学》等国际著名的学术期刊上，引起了国内外同行的广泛关注。这些研究成果为生科院实现二期创新目标打下了良好基础，也体现了上海生科院在生命科学领域里具有的重要地位以及厚实的底蕴和实力。

上海生科院各研究单位积极承担国家、部委和地方等重大科研项目，2001年共有504项在研课题，其中主持“973”项目3项，中科院重大项目、“863”项目、国家自然科学基金委重大项目和省部级重大项目共计91项。有7位科研人员获国家杰出青年基金。2001年共发表论文563篇，其中SCI论文362篇，加权影响因子值总和为600多分。出版科技专著4本。专利申请61项，其中申请发明专利60项。获得授权发明专利17项，其中授权国际发明专利2项。在科技成果转化方面，获2张新药证书，57项科研成果签订了转让合同，其中有3项合同额超过300万元人民币。

上海生科院与国内外科研团体、大学和企业有广泛的合作与联合。国内合作方面，共建了“上海生命科学研究中心”、“国家基因研究中心”、“中国科学院上海生命科学研究院－上海第二医科大学健康科学中心”、“国家人类基因组南方研究中心”、“上海植物基因研究中心”、“上海模式动物中心”、“上海生物芯片研究中心”、“国家新药筛选中心”、“药物研究组合化学实验室”等研究实体。为促进和发展科技，还共同设立了“上海香港安信分子生物科学研究基金”、“上海联合利华研究与发展基金”等。国际合作方面，设立了德国马普客座实验室和马普青年科学家小组和伙伴实验室，建立了“中韩生物科技合作中心”、“葛兰素史克、中国科学院上海药物研究所药物研究组合化学实验室”、世界实验室生物技术中心、中法合作血液与血管生物学实验室、美国洛克菲勒生殖调节避孕研究和培训中心等，并与美国明尼苏达大学等许多国外大学签订了全面合作协议。

有9个全国和地方性学会挂靠在上海生科院及所属单位，即中国植物生理学会、中国细胞生物学会、中国神经科学学会、上海市植物生理学会、上海市昆虫学会、上海市细胞生物学会、上海市神经科学学会、上海市生物工程学会、中国科学院自然科学期刊编辑研究会上海分会等，现已正式成立学会联合办公室，开始统筹安排各学会日常工作。有12种期刊的编辑部挂靠在上海生科院或由上海生科院及所属单位主办，即《中国药理学报》、《亚洲男科学杂志》、“Cell Research”、《生物化学和生物物理学报》、《生理学报》、《中国神经科学杂志》、《实验生物学报》、《细胞生物学杂志》、《植物生理学报》、《植物生理学通讯》、《生命的化学》、《家庭用药》等，其中4种期刊已进入SCI检索系统。现已正式成立期刊联合编辑部，开始统筹安排编辑出版工作。

生物化学与细胞生物学研究所

所　　长：李伯良
地　　址：上海岳阳路320号
邮政编码：200031
联系电话：021-64374430
021-64315030
电子邮件：sibcb@sibs.ac.cn
网　　址：www.sibcb.ac.cn

中国科学院生物化学与细胞生物学研究所（以下简称生化与细胞所）是由原中国科学院上海生物化学研究所和中国科学院上海细胞生物学研究所合并而成立。现有中国科学院院士11人，中国工程院院士1人，研究员67人。

全所设有55个研究组，另设有分子生物学国家重点实验室，中科院分子细胞生物学重点实验室，中科院蛋白质组学重点实验室。国际合作实验室有德国马普客座实验室，世界实验室生物技术中心，中法合作血液与血管生物学实验室，美国洛克菲勒生殖调节避孕研究和培训中心等。

生化与细胞所定位于基础性研究所。以基础研究为主导，以生物化学、分子生物学、细胞生物学、发育生物学为核心学科，以人口与健康研究为主线，着重探索生命科学的基本问题，兼顾相关应用基础和应用研究。

生化与细胞所在经过一年的创新整合中，充分发挥集体智慧，努力构建可持续发展的研究所现代化管理体系及运行机制，组织精干的老中青科研队伍，瞄准生命科学前沿和国家重大需求，明确科研方向，凝炼科技目标，不断落实重大科技项目研究并获得突破性进展。在知识创新工程工作中，努力建设研究所，使之成为我国生命科学研究领域具有科学研究、人才培养和高技术产业化等方面世界先进水平的国际一流研究所。

2001年，张永莲教授在雄性生殖研究领域中，对附睾精子成熟相关的特异基因研究取得了实质性成果。在世界上首先发现在附睾头部上皮细胞特异表达的一个大鼠基因受雄激素调控，在性成熟时高度表达。它所编码的多肽具有天然抗菌作用，并可能与生育有关。这是国际上在附睾中发现的第一个抗菌肽。为生殖系统的自身保护机制的阐明提供了极重要的线索。有关论文已发表在2001年3月2日出版的“Science”杂志上。这一跻身于世界前沿的创新性基础研究，对生殖生物学的发展有深远影响，并有潜在的应用前景，是我国继人工合成牛胰岛素之后，又一项引起国内外同行瞩目、国际媒体轰动的生命科学前沿重大成果。

2001年4月27日，生化与细胞所在上海学术中心举行“全面推进知识创新工程”周年庆祝大会，中科院院长路甬祥和副院长陈竺为“合二为一”的新所揭牌。会议推出一系列新的举措：支持基础研究源创性成果，对张永莲课题组在国际权威学术杂志“Science”上发表论文“在大鼠生殖系统中的一个抗菌肽基因”这一重大成果，奖励10万元科研经费和5万元个人奖金，另颁发院长基金50万元。为形成基础研究和高技术应用开发相互支持的良好态势，促进科技成果转化，所控股的生龙达公司设立1 000万人民币的“科研项目风险投资基金”、所参股的国际性上市GMX公司设立每年5万美金的专项奖励金和为合作开发成立“知识产权公司”等，营造良好的创新环境，共同努力加速科技成果转化的进程。

2001年，全所共主持国家自然科学基金委项目和面上项目17项，国家自然科学基金委重大项目4项，承担国家杰出青年基金项目3项，国家科委项目10项，承担中科院创新项目20项（含有18个院重大子课题）；“863”项目（含合作）17项，“973”子课题14项；上海市科委“启明星计划”项目1项、发展基金项目4项，新药开发基金项目4项，承担上海生命中心项目6项，中科院上海分院基金项目2项。总在研课题（包括子课题）共计200个，到位科研经费5 798.74万元，其中上海生科院下达的研究经费1 692万元。

2001年，全所共发表论文267篇，在SCI收录的杂志上发表论文196篇。生化与细胞所主办的《生物化学与生物物理学报》已进入国内生物学科影响因子居前3位的期刊行列，名列第2位。

2001年，“氨基酸－tRNA合成酶及其－tRNA的相互作用”（王恩多），获国家自然科学二等奖；“重组人表皮生长因子”（甘人宝），获上海市科技进步二等奖；“日本血吸虫中国大陆株抗原基因的克隆和表达及动物保护效果评估”（吴祥甫），获上海市科技进步二等奖和中国农业科学院一等奖；“阿片类药物耐受和成隐的分子机制研究”（裴钢），获中华医学科技一等奖；“阿片类物质介导的神经信号转导的调控和耐受成隐的机理研究”（裴钢），获上海市科技进步一等奖。

王恩多教授主持的“氨基酰转移核糖核酸合成酶及其与相关转移核糖核酸（tRNA）的相互作用”研究项目，获得2001年度国家自然科学二等奖。氨基酰转移核糖核酸合成酶是蛋白质生物合成过程中的一种关键酶，宛如遗传信息传递过程中的一个“质检卫士”，它保证了蛋白质按基因的序列正确的合成。这项研究通过抑制肿瘤和病原菌中的氨基酰转移核糖核酸合成酶的活力，将能设计新型抗肿瘤药物和新型抗菌素，这种抗菌素因为从根本上抑制了蛋白质生物合成，所以无抗药性。

2001年，全所有18个项目申请专利，13个项目获授权专利。获授权专利的具体项目是：“氨端带前表面抗原决定簇的乙型肝炎表面抗原蛋白”（ZL94112133.X）、“甲胎蛋白基因表达的调控序列及其应用”（ZL97106417.2）、“同时含有乙肝病毒和丙肝病毒核心抗原的双重抗原”（ZL97106642.6）、“血管内皮细胞生长因子反义寡聚脱氧核苷酸”（ZL97106532.2）、“［B9谷氨酸，B10门冬氨酸］人胰岛素”（ZL96116230.9）、“含前表面抗原1和2免疫决定簇的新型乙肝表面抗原”（ZL96119417.4）、“一种活性重组癖酰化酶及其对多肽酰胺化修饰应用”（ZL97106383.4）、“利用家蚕系统生产重组日本血吸虫谷胱肝肽S－转移酶”（ZL96116311.9）3′“MONOPHOSPHORYLATINGOLIGONUCLEOTIDES”（P-No. 69744）、“NEW TRIPLEX FORMING OLIGONU-

CLEOTIDES AND THEIR USE IN ANTI－HBV”(P-NO. 72391)、“抗病毒免疫牛奶”(ZL95111558.8)、“核素标记免疫球蛋白单抗片段”(ZL96116334.8)、“抗肿瘤药物的筛选方法”(ZL97125220.3)。

2001年，“眼用人表皮生长因子”，获得具有自主知识产权的一类新药；“IL－2”，获二类生物制品新药证书；“重组人表皮生长因子喷雾剂”，获四类生物制品临床批文；“GM－CSF注射用重组人粒细胞－巨噬集落刺激因子”，获二类生物制品生产批文。

为了积极应对国际挑战，实现公司的战略目标，成为一流的生物高技术企业，生龙达集团公司聘请到了美国前总统科技顾问兼白宫科技政策办公室主任Dr.John H.Gibbons担任生龙达集团公司科学顾问。11月13日至17日，应上海中科生龙达物技术（集团）有限公司（简称生龙达集团公司）邀请，美国前总统科技顾问兼白宫科技政策办公室主任Dr.John H.Gibbons来上海访问参观并聘请Gibbons博士担任生龙达集团公司科学顾问。

上海赛达生物药业有限公司于2001年11月26日正式完成在上海浦东张江高科技园区的工程建设并举行竣工典礼。赛达药业是由江苏悦达、生化与细胞所联合香港合达国际有限公司、上海赛尔生物技术有限公司通过对原上海天达生物工程有限公司进行改组而成立的。赛达药业一期投资人民币1.5亿元建立标准的现代化生物制药厂，建设原核细胞、真核细胞和冻干粉针剂3条生产线，从而形成年产600万支冻干粉针剂产品的生产能力，将生产5个品种。建成一个具有先进水平、符合国家GPT要求的新药研究开发基地。赛达药业与生化与细胞所组建的上海赛达生物技术研究中心有限公司主要从事基因工程、基因治疗和细胞工程药物研究开发，并且利用自己独特的神经系统药物筛选模型，筛选出一些极具应用前景的单体物质。

2001年，全所共派出访人员56批79人次，其中参加国际会议33批52人次，合作研究18批21人次，研究考察5批6人次。接待来访人员125批340人次，国际合作项目52批77人次。组织国际会议及学习班共6次。

生化与细胞所是中国科学院细胞库、中国细胞生物学学会、上海细胞生物学学会、中国生物化学与分子生物学学会的挂靠单位。负责编辑出版《生物化学与生物物理学报》（中、英文版）、《细胞生物学杂志》、“Cell Research”、《生命的化学》、《实验生物学报》等专业学术刊物。

神经科学研究所

名誉所长：张香桐
所　　长：蒲慕明
地　　址：上海市岳阳路320号
邮政编码：200031
联系电话：021-64748700（总机）
021-64746118（办公室）
图文传真：021-64333084
电子邮件：hyzhou@ion.ac.cn
网　　址：www.ion.ac.cn

中国科学院神经科学研究所于1999年11月27日在上海正式成立。成立神经科学研究所是中国科学院调整和加强神经科学研究力量的一部分，研究所的任务是开展神经科学前沿领域的研究，争取取得国际一流的研究成果和培养优秀人才。现有中国科学院院士3人、研究员8人。

神经科学研究所当前的主要研究方向为：

1. 神经发育和神经可塑性；

2. 中枢神经系统内对信息的加工，包括视觉信息的加工；

3. 学习和记忆的机制。

神经科学研究所科研机构的设置是以研究组为单位，至2001年底神经科学研究所共建立了学习与记忆研究组、视觉与认知研究组、神经可塑性研究组、分子神经生物学研究组、视网膜功能研究组、感觉系统研究组、细胞生物物理研究组、神经信号转导研究组等，共8个研究组。2001年底神经科学研究所在中科院的资助下，购买了双光子显微镜，这种显微镜对组织的损伤小、分辨率好，能更好地观察深层结构，为研究活体细胞提供了有力的工具。

2001年，神经科学研究所知识创新工程试点工作继续取得进展。在研究工作方面，各研究组的科研工作顺利进行，相继取得成果，已在"Science"杂志发表论文1篇，还有更多的论文在投稿和返回修改的过程中。在体制和运行机制的改革方面也有进展，进一步精简了行政管理人员，提高了工作效率。

2001年神经科学研究所争取和承担的主要科研任务和项目为：国家重点基础研究发展规划项目"脑发育和可塑性的基础研究"（2000～2004），由神经科学研究所独立承担。另外，还有沪科技发展基金项目2项，国家自然科学基金委员会海外杰出青年基金项目2项、面上基金项目1项、青年基金项目1项等。

郭爱克研究员、唐世明助理研究员在2001年11月16日出版的美国著名科学杂志"Science"上发表了题为"Choice Behavior of Drosophila Facing Contradictory Visual Cues（果蝇面临矛盾的视觉线索时的抉择行为）"的研究论文。在这篇论文中，郭爱克、唐世明证明，在学习和记忆的基础上，果蝇在面临意义相互矛盾的视觉线索时有类似于高等动物的简单抉择行为，果蝇脑内的结构蘑菇体在产生抉择行为中起重要作用。这项研究设计巧妙，为深入研究抉择行为的神经机制提供了良好的模型，并对其他"高级"行为的研究有重要意义。

成立于1995年10月的中国神经科学学会，现挂靠在中科院神经科学研究所。目前会员人数为2 000多人，主要来自全国科学研究单位、大学和医院，会员遍及全国各地区（除西藏、青海、台湾以外）。

上海药物研究所

所　　长：陈凯先
地　　址：上海市太原路294号
邮政编码：200032
联系电话：021-64311833
图文传真：021-64370269
电子邮件：suoban@mail.shcnc.ac.cn
网　　址：www.simm.ac.cn

中国科学院上海药物研究所的前身是国立北平研究院药物研究所，创建于1932年，1958年迁入现址上海市太原路294号，是我国历史最悠久、也是中国科学院唯一的综合性药物研究机构。现有中国科学院院士4人，中国工程院院士2人，研究员37人。

上海药物研究所设有新药研究国家重点实验室，并是国家新药筛选中心的依托单位。此外，还有6个研究室：天然药物化学室、合成药物化学室、分析化学室、药理一室、药理二室、生物技术室，以及图书情报室、实验动物室和植物标本室等支撑服务机构；主办2种英文学术期刊："Acta Pharmacologica Sinica（中国药理学报）"和"Asian Journal of Andrology"；1种科普性杂志：《家庭用药》。上海药物研究所设有药学一级学科博士点。

在跨入新世纪的第一年，上海药物研究所根据药物研究多学科紧密配合的特点，把重大项目作为上海药物研究所科研工作的主要组织方式，确定了"抗肿瘤和免疫调节创新药物的研究"、"治疗神经系统和内分泌系统疾病创新药物的研究"和"药物筛选新模型、新靶点和化合物样品库的建立"3个重大项目，遴选了一批中青年专家担任项目首席科学家，打破学科界限，组织多学科"一条龙"的综合研究，围绕目标任务配备人力与资源，逐步改变课题组"各自为战、随机选题"的状况，把以课题组为基本单位的分散的研究体系调整为以研究所为整体的新药研究的集成系统，形成目标集中、调控有力、集成高效的研发机制。

上海药物研究所知识创新工程的重要科技目标是要建设适应国际生物医药高科技发展趋势、符合国际规范要求、具有新的机制和内在活力的国家药物研究创新体系。2001年，上海药物研究所朝着实现这一目标又迈出了新的步伐。依托上海药物研究所筹建的国家新药筛选中心顺利建成投入使用，并通过科技部验收；新药研究国家重点实验室在科技部组织的全国生物领域重点实验室评估中名列第五，被评为优秀实验室。这两个国家级的创新药物研究中心影响日益扩大，成为我国药物创新体系的重要组成部分。针对创新药物研究的需要，上海药物研究所还从人才、装备和实验室条件等方面推进药物安全性评价中心、药物设计和发现中心、药物代谢研究中心的建设，药品质量控制研究中心和制剂研究中心的建设也有进展。一个功能完备的药物创新体系的雏型初现端倪。

2001 年上海药物研究所新药研发工作取得新成果。治疗肝豆状核变性新药二巯丁二酸钠和抗肿瘤药新药羟基喜树碱注射液通过国家新药评审，获得 2 项新药证书。石杉碱甲胶囊等 9 项新药已完成全部临床研究工作，待批新药证书。抗早老性痴呆一类新药 ZT-1、抗肿瘤一类新药 Salvicine、抗心律失常一类新药 87823、长效避孕一类新药醋酸烯诺孕酮等共 18 种新药已完成或基本完成临床前研究，正申请审批临床批文。抗感染一类新药 YH54、抗肿瘤一类新药 SH7、抗肝炎中药二类新药 ATH-1 等一大批新药正在进行临床前研究。预计今后几年，上海药物研究所的新药开发和产业化工作将迎来一个丰收期。

2001 年是“十五”计划开局之年，上海药物研究所成功地争取到“863”计划项目、国家自然科学基金项目和上海市重大项目等共 40 项，合同金额达2 700多万元；撰写了中科院二期创新战略行动计划重大项目可行性研究报告，为进一步申请重大项目做了充分的准备。

全所承担的 70 多项各类纵向科研项目普遍进展良好，33 项科研项目按照合同要求按计划完成了年度研究目标。另有 31 个项目进行了总结验收，其中基金委项目 6 项，国家科技部“1035”计划项目 1 项，中科院特别专项 2 项，中科院“九五”重大项目 A 类和 B 类及特别支持项目（课题）18 项，上海市科委 4 项。成功地建立了抗肿瘤、神经系统、老年性疾病、心血管系统疾病、抗炎等 5 大类共 13 种分子和细胞水平的药物筛选新模型，筛选各种样品 5000 余种，发现生物活性样品数十种。

全年获得各项经费共计7 533万元，其中纵向经费4 587万元，横向经费收入1 579万元，国际合作经费收入1 367万元。院外与院内经费之比，达到 1.36。

2001 年上海药物研究所获得国家自然科学二等奖（石杉碱的化学与药理研究）证书一项，中国高校科学技术进步奖二等奖（丹酚酸乙抗慢性乙型肝炎、肝纤维化的研究，第二完成单位）一项。还获得何梁何利科技进步奖、中国药学特别贡献奖、中国药学发展奖、地奥药学科学技术奖中药一等奖、“863”计划个人特别贡献奖等共 8 项科技奖励。发表论文 160 多篇，其中 SCI 论文 106 篇，影响因子总和达到 141.213。申请专利 23 项，获得专利授权 2 项，专利申请数比 2000 年增长了 1 倍以上。

全年国际合作经费收入达 160 多万美元，创造了上海药物研究所历史上的最高记录。其中，与国际著名制药企业诺华（Novartis）公司的合作，对方在两年内投入 150 万美元资助上海药物研究所购置先进的仪器装备，开展大规模的天然产物分离、纯化和结构鉴定研究，对迅速提升上海药物研究所天然药物的研究实力具有重要作用；与世界排名第二的大医药集团葛兰素-史克公司在组合化学领域开展的合作取得了双方均十分满意的进展；与史克公司共建的组合化学联合实验室正式挂牌；与瑞士德彪公司联合研发新一代抗老年性痴呆药物 ZT-1 完成全部临床前研究，2002 年将进入临床试验。这标志着上海药物研究所的新药研究走向国际市场有了实质性的突破。

签订成果转让、合作研究、技术服务合同 64 项，合同金额2 760万元。与绿谷集团共建的绿谷药业公司正式奠基建设；与复旦张江共建的联合实验室进展良好。

在“按需设岗、按岗聘任”基础上实行了基本工资、岗位津贴和绩效奖励相结合的工资制度。通过制定各类人员的津贴标准（系数）和实施办法，体现了绩效优先、公平竞争的精神。采取逐步与研究所固定人员编制相剥离的做法，初步形成科研、技术支撑、管理三部分和后勤服务剥离的现代研究所人员结构。

通过引进领衔式的将帅人才和招聘、录用优秀青年人才，形成了一个水平较高的优秀青年人才群体。全所科技队伍中 45 岁以下的人员占 75%以上，具有研究生学历的人员占 39%；研究员中 45 岁以下者达 31%；全所科技人员平均年龄降至 36.9 岁，课题组长平均年龄降至 48.8

岁，最年轻的组长31岁。进入创新编制的27个课题组中，45岁以下的课题组长占3/4以上。

研究生招生人数大幅度增长，2001年录取硕士研究生45人，博士研究生45人，在学研究生总数达到183人。研究生获奖人数在上海生科院各所中位居前列。

张江新所区建设是中科院知识创新工程全面推进阶段的一项重要战略举措，也是上海药物研究所2001年的工作重点之一。经过精心组织，慎重决策，完成了新所区建设的全部设计工作；可行性研究报告、扩充设计等一系列评审和各项报批工作；项目监理、项目总包和桩基施工单位的招标工作，落实了新区政府对项目的贷款贴息。整个项目建设于10月15日全面展开，工程进度迅速，计划2002年10月全部竣工。

上海植物生理生态研究所

所　　长：陈晓亚

地　　址：上海市枫林路300号

邮政编码：200032

联系电话：021-64042090

图文传真：021-64042385

电子邮件：sipp@iris.sipp.ac.cn

网　　址：www.sipp.ac.cn

中国科学院上海植物生理生态研究所系由上海植物生理研究所与上海昆虫研究所于1999年5月19日整合而成。

上海植物生理研究所的前身系原中央研究院植物研究所的植物生理研究室，1944年5月1日创建于四川重庆北碚，1953年1月23日该室从中科院实验生物研究所分离，单独建所。

上海昆虫研究所成立于1959年，其组织基础和学术继承则可追溯到原中央研究院上海动植物研究所和上海震旦博物馆。

上海植物生理生态研究所现有中国科学院院士6人，研究员41人。

上海植物生理生态研究所的植物生理、遗传学、微生物学、昆虫学学科均为国务院学位评定委员会首批批准的硕士或博士学位授予点，有博士后流动站1个，1997年被批准为中科院博士生重点培养基地。

上海植物生理生态研究所的主要科研机构包括：植物分子遗传国家重点实验室、农业虫鼠害综合治理国家重点实验室上海分部、4个研究所级开放实验室，2个研究中心、8个研究室组，1个大型人工气候室，1个昆虫学专业图书馆和1个昆虫标本馆。

在知识创新试点工程领域前沿部署方面，上海植物生理生态研究所将植物分子生理和信号传导、水稻和拟南芥功能基因组学和植物－昆虫－微生物及其与环境之间的相互作用研究作为所的重点领域。

上海植物生理生态研究所2001年新承担国家自然科学基金项目11项（重点项目1项，面上项目6项，国家杰出青年基金项目2项，国家海外青年学者合作基金项目2项），国家“863”项目16项（含合作项目4项），上海市科委项目4项，中科院创新方向项目2项。

上海植物生理生态研究所2001年发表论文120余篇，申请国家专利7项，授权专利5项。“立柱式蔬菜无土栽培技术研究”，获“九五国家重点科技攻关计划优秀成果奖”。

在水稻功能基因组学研究方面，构建了水稻理化诱变突变群体；获得了一定数量的水稻插入突变植株；完成了10 000个非冗余水稻EST的测序，并点制了芯片。对6 000余个克隆进行了植物激素调节基因的分离和分析，获得了相当数量的水稻农艺性状相关基因，对蜡质基因表达的转录和转录后调控进行了研究。系统进行了水稻转录因子的功能基因组学研究，获得了一批与水稻生长发育相关的转录因子。

在光合系统电子传递链及ATP酶的结构与功能研究中，得到了菠菜叶绿体ATP合酶9个亚基的编码序列，用酵母双杂交系统检测菠菜叶绿体ATP合酶各亚基间的相互作用。根据对γ亚基与ε亚基及ε亚基突变体εΔN21、εΔC45之间相互作用的研究结果，提出了高等植物叶绿体ATP合酶可能的结构模型。模拟三维结构结果显示ε亚基的ATPase抑制活力的减弱与缺失突变导致的空间结构的变化有关。

在科技开发方面，国家Ⅰ类新药——注射用重组葡激酶（r－Sak）进入Ⅲ期临床试验，具有溶栓速度快，效果好，较安全等特点，其溶栓再通率达94.3%，与对照相比具显著性差异。目前已在国内申请3项发明专利，向美国、欧洲等国家和地区的专利申请正在办理中。

在国际交流方面，2001年召开了2个国际会议："第四届中国－新加坡生命科学与技术研讨会"和"中德植物分子生物学双边研讨会"。有50人次分赴美国、德国、英国等13个国家和地区进行学术合作和交流。以"中国科学院－德国马普青年伙伴实验室"为依托与德国进行了广泛的交流和合作。2001年在上海植物生理生态研究所建立了"沪港植物分子生理联合实验室"。与日本明治乳业株式会社共同设立的"明治乳业生命科学奖"，2001年进行了第四届评奖颁奖活动。

作为知识创新试点工程重要组成部分，上海枫林科学园区建设取得了较大进展：人工气候室和昆虫标本馆12月25日结构封顶，综合科研楼的地下基础部分12月28日完工。同时对四号科研楼改造进行了前期准备，可行性报告已经院批准并立项。

上海植物生理生态研究所是中国植物生理学会、上海市植物生理学会和上海市昆虫学会的挂靠单位。编辑出版《植物生理学报》和《植物生理学通讯》2种学术期刊。

上海生物工程研究中心

副 主 任：钱海明
地　　址：上海市漕宝路500号
邮政编码：200233
联系电话：021-64700892（总机）
图文传真：021-64700244
电子邮件：chjiang@srcb.ac.cn
网　　址：www.srcb.ac.cn

中国科学院上海生物工程研究中心，1983年开始筹建，1991年11月28日建成通过国家竣工验收。现有中国工程院院士1人，研究员10人。

上海生物工程研究中心是我国第一个国家级现代化的生物技术中试基地，1993年被批准为硕士学位授予单位，设立生物化学和分子生物学招生专业。1999年9月，经上海生命科学研究院同意，上海生物工程研究中心的重点发展学科为生物技术、生物工程，重点研究方向为基因功能与基因工程、蛋白质功能与蛋白质工程、微生物代谢与代谢工程、生化工程。上海生物工程研究中心下设研究（项目）组、行政管理、综合服务中心三大部分，共有12个研究组从事研究开发工作。上海生物工程研究中心拥有相当数量的先进仪器设备，如全自动测序仪（377A）、荧光图像处理器（FLA－3000）、全自动加样器（HYDRA－96）、DNA阵列仪（BR－13）、基因扩增仪（PTC－225）、多头PCR仪（PTC225）、凝胶图像分析系统、计算机工作站（SGI－02）等。

2001年，上海生物工程研究中心进一步明确改革思路，增强内部活力，逐步整合一支生物高技术创新研究的一流队伍，加强与社会要素的联合，提高生物技术工程化、产业化研究的能力。进一步凝炼学科方向，改革体制，重建队伍。对人员进行必要的精简和更新，2001年的岗位聘任工作，共签订上岗合同122人，在岗人员的知识结构及专业素质通过各种途径的岗位培训得到了普遍的提高。

在实施聘用合同制时，进一步明确了研究室组、综合服务中心、行政机构3处1室的职能，确定了实际工作岗位、岗位技能和岗位规范。通过按需设岗，双向选择，按岗聘任，实现了人事配置相对合理、精干的局面。

根据中科院上海生命科学研究院研发基地建设要求，逐步整合成为一支适应生物高技术创新研究的研发队伍。依托原有的上海生物工程研究中心的人才基础，通过引进和培养优秀青年人才，已形成一支40岁以下的研究（项目）组长为主体的生物高技术创新的科研队伍，目前，上海生物工程研究中心有12个研究（项目）组通过竞争进入上海生科院研发基地。2001年起开始招收研发类研究生，共录取25人。至2001年底，上海生物工程研究中心共有研究生 41 人，其中博士生 16 人，硕士生 25 人。

2001 年上海生物工程研究中心在研纵向课题 35 项。其中国家自然科学基金项目 6 项、中科院重点项目 3 项、中科院特支项目 8 项、中科院“百人计划”课题 1 项、中科院创新项目 1 项、上海市市科技发展基金项目 2 项、联合利华基金课题 1 项、人类基因组南方中心课题 1 项、上海生命科学研究研发基地项目 12 项。另外，还有上海生物工程研究中心自选、横向课题 11 项，合作实验室项目 4 项。2001 年内结题共 26 项。

上海生物工程研究中心 2001 年共组织申请纵向和横向项目 66 项，至年底共落实 16 项，不少项目进入复审。

上海生物工程研究中心 2001 年主持申请中国发明专利 3 项，合作申请 3 项；申请 PCT 国际发明专利 2 项；协助申请 1 项。已有 8 项进入实审阶段。

上海生物工程研究中心科研项目“人肿瘤坏死因子衍生物”，成功实施转让，目前已完成了临床样品制备，二、三期临床试验全面展开，预计在 2002 年 9 月份完成。

上海生物工程研究中心的科研项目“DSPP 突变引起遗传性乳光牙 I 型伴有或不伴有进行性高频耳聋”，获得上海市科技进步二等奖。

2001 年上海生物工程研究中心共发表论文 24 篇，其中 SCI 论文 10 篇。孔祥银研究员在“Nature genetics”上发表的有关“人遗传性乳光牙基因”的文章，受到国际同行的关注，为此，该刊物专门发表评论文章。

孔祥银研究员的此项成果是通过对三个中国人家系的鉴定获得三个不同的突变，这些突变引起遗传性乳光牙本质 1 型，其中两个突变还可能引起耳聋。成功地克隆了负责该病的基因。该基因的发现为深入了解牙齿发育和乳光牙本质的发生奠定了基础。此外，还发现该基因的突变还引起进行性神经性耳聋。该发现也加深了人们对于耳聋发病机理的认识。

全年出访美国、日本、德国等国家和香港地区的有 11 人次；邀请并接待国外有关的专家来访，作学术报告等，全年共 16 批。

加强研究开发和生产经营管理两个环节的紧密结合，根据上海生物工程研究中心“转制、重组、发展”的方针，把中试工厂和源东公司进行了整合，重在完善法人治理结构、转换机制、重组人员、转变观念、研发新产品，以进一步适应市场经济的要求。对其他一些结构不合理、不能适应市场发展需要、没有竞争力、缺乏发展前景的公司采取了调整和歇业等相应措施。

2001 年，根据中国科学院的有关决定，开始了对上海生物工程研究中心转制的实施工作。

上海文献情报中心

主　　任：徐如涓
地　　址：上海市岳阳路 319 号
邮政编码：200031
联系电话：021-64336650（总机）
图文传真：021-64375762
电子邮件：sdic@mail.slas.ac.cn
网　　址：www.slas.ac.cn

中国科学院上海文献情报中心成立于 1953 年，原名为中国科学院图书馆上海分馆，1958 年改名为中国科学院上海图书馆，以后曾名中国科学院华东分院图书馆。1970 年改称上海科技图书馆，1978 年重新归属中国科学院后，改名中国科学院上海图书馆。1987 年改为现名，是中国科学院上海地区文献情报中心及中国科学院生物科学文献情报中心。

2001 年，在职职工 83 人，其中研究馆员 1 人，副研究馆员 16 人，馆员 30 人。

上海文献情报中心主要从事生物、医学、化学、农业等其他学科文献信息的收集、加工、开发。为科研工作提供国内外信息咨询、调研和专题信息建库服务。上海文献情报中心是中科院上海地区科技查新咨询的授权单位，同时是上海市科委批准的市级科技成果查新单位，主要从事自然科学领域的成果查新咨询工作。

2001 年上海文献情报中心以数字化资源的建设与服务为重点，针对中科院上海地区科研布局和信息需求，新购置了“Ei Compendex”，

《UMI ProQuest 博、硕士学位论文》，“Chemical Abstracts”（13th ed on CD－ROM），《清华同方中国期刊网专题全文数据库》，万方科技信息数据库；同时，将光盘版的《中国生物医学文献数据库》，《维普中文科技期刊文摘数据库》和《维普行业剪报数据库》转成了 Web 版数据库，到 2001 年底，上海文献情报中心已拥有各类大型数据库 20 多个，网上可用资源达到 2.1TB。上海文献情报中心还在 MELINETS 系统上自建了馆藏古籍图书的书目数据库，对 MELINETS 系统进行二次开发，编写了学位论文的输入、打印系统，在全院率先建立了《研究生学位论文摘要数据库》并提供网络检索；西文现刊题录文摘数据库已累积数据 20 多万条；为适应科普需要，增设了网上生命科学信息园地。基于丰富的网上数字化资源，上海文献情报中心不断完善和推出网上服务，例如开展了基于 e－mail 的新书信息推送服务（包括到馆新书信息和具有分类选择功能新书推送服务），参加了上海市图书馆协作网的网上参考咨询服务等。上海文献情报中心还完善了中心网页上的网站导航引擎，为读者提供约 1 000条记录的专业网站 URL。

截止 2001 年底，上海文献情报中心累计馆藏 330 万册（其中：中外文图书 62.5 万种、中外文期刊15 302种）。

全年访问中心网站首页累计124 300多人次，外借书刊23 084册次，进库阅览5 117人次，阅览新书刊逾 15 万册次。全年订购中文图书1 769种，外文原版书 669 种，中文刊1 298种，外刊 716 种，新订、续订 Web 版数据库 17 种、光盘数据库 3 种。国际交换 282 册，专业电子图书 20 000册。

为不断提高服务质量，每季度开展一次以书刊订购、资源利用和信息服务等不同主题的读者接待日活动，根据读者需要建立了直接采访制度。为提高信息采访质量，上海文献情报中心继续完善了对书刊代理商的评价机制，建立实时拒借期刊数据库，并对馆藏期刊利用情况开展了调查，从而不断提高图书馆信息服务工作的主动性和针对性。

2001 年上海文献情报中心成为了 OCLC 成员馆，西文图书可通过 OCLC 实现联机编目，西文期刊编目数据也经常进行 OCLC 联机查询，为读者增设了 OCLC 馆际互借服务项目。同时，加快了文献加工的流程，上海文献情报中外文印刷版文献加工周期不超过一周。

2001 年上海文献情报中心的咨询和检索服务取得了历史最好成绩，完成 456 个科技成果转化、课题立项等查新任务，完成 249 人次国内外发表论文的被引用检索。完成中科院政策局下达的“生物科学发展态势”课题调研，完成有关“辅酶 Q”专题的市场信息调研。

上海文献情报中心主办的《中国生物学文摘》全年出版 12 期，完成数据加工11 931条，刊载9 367篇题录摘要，发行量为1 382份，文字差错率小于 0.006%。《中国生物学文献数据库》光盘全年出版 4 期。《生命科学》全年出版 6 期，发行量为2 200份，文字差错率小于 0.004%。完成与浦东经贸局合办的《高新技术动向》24 期，约 12 万字。完成院部下达的《科技快报》稿件编写 6 期共 46 篇。

为拓展信息交流渠道，进一步增强网络文献信息服务，上海文献情报中心牵头成立了上海生物医学信息服务联合体（由上海地区 5 家高校、科研主要专业图书馆单位组成）和中科院生物学文献情报网（27 家单位）期刊全文传递服务体系，开展了网络传递服务。目前，上海文献情报中心的服务已经涉及全国各省、市、自治区和直辖市。

2001 年上海文献情报中心公开发表论文 15 篇，国外发表论文 1 篇。组织召开了中科院文献资源建设会议，专题研究了网络环境下的资源建设和服务对策。组织召开了中科院生物学文献情报网工作会议，交流了生物学网络信息建设和信息开发的经验，完成了 2002 年度中科院生物学文献情报网外文期刊联合目录的编辑工作。

上海文献情报中心重视对外交流。2001 年组织 2 人出席第 68 届国际图书馆协会联合会年会，并组织上海文献情报中心及上海分院有关研究所的 14 位图书情报专家赴香港学习、考察图书馆建筑、数字图书馆建设和服务等。

福建物质结构研究所

常务副所长：洪茂椿（法人代表）
地　　址：福州市鼓楼区杨桥西路155号
邮政编码：350002
联系电话：0591-3714517
图文传真：0591-3714946
电子邮件：fjirsm@ms.fjirsm.ac.cn
网　　址：www.fjrsm.ac.cn

中国科学院福建物质结构研究所（以下简称福建物构所），创建于1960年，它的前身是中国科学院福建分院筹建的技术物理研究所、应用化学研究所、数学研究所、电子学研究所、自动化研究所、稀有金属研究所和生物物理研究室。1961年调整合并为理化研究所，1962年改名为华东物质结构研究所，1973年定名为中国科学院福建物质结构研究所。

福建物构所现有职工338人，其中科技人员253人，有中国科学院院士3人，研究员21人，副研究员、高级工程师43人。在学博士生32人、硕士生46人。在站博士后3人。现有博士生导师18人。

福建物质结构研究所是首批被国家批准建立博士后科研流动站的单位之一，是国务院学位委员会批准有权授予博士、硕士学位的单位，也是有权认定博士生导师资格的单位，设有物理化学博士点、与福州大学共建无机化学博士点，并设有物理化学硕士点、无机化学硕士点和凝聚态物理硕士点。

福建物构所是以基础研究为主的研究机构。主要从事新型化合物的晶体和分子结构及其与宏观性能（即化学性能、物理性能和生物活性）之间的相互关系，并重视研究其可能的潜在应用。以无机化学、金属有机化学和物理化学前沿领域的金属簇化学及新技术晶体材料为主攻方向，进行系统的基础研究和应用研究。同时适当开展生物大分子（包括金属酶）的晶体结构和分子结构研究。福建物构所是中国科学院纳米材料研究中心的12个成员单位之一，承担了“纳米超分子与攻关材料”的重要研究课题。福建物构所紧密结合国家经济建设和社会发展的需求，积极开展新技术晶体材料、催化剂、金属腐蚀与防护的应用和发展的研究。在科研方法上，重视实验与理论、结构与性能、静态与动态、基础与应用的“五重双结合”，形成综合优势。

2001年7月，经中国科学院批准，福建物构所已进入中科院第二阶段知识创新工程试点。根据中科院实施知识创新工程试点的要求，福建物构所始终把科学创新凝炼在学科优势创新工程实施方案上，坚持高起点、高标准、高要求，根据国际学科发展前沿和我国经济、社会发展、国家安全的需求，开展基础性、前瞻性、战略性的研究。充分发挥结构化学、新技术晶体材料等学科领域的优势，瞄准21世纪科学发展优先领域中重大基础性问题，重点开展结构敏感功能、纳米材料、光电子功能材料的研究，使结构化学和材料科学连成一个有机的整体。形成从基础研究、应用基础研究、应用研究到成果转化的良性循环体系。

根据福建物构所创新工程实施方案的要求，福建物构所在创新工作中以科技目标的凝炼为核心，以结构调整为重点，在科技目标凝炼、组织结构调整、激励机制改革、福晶公司改制等方面都进行了大胆改革。现设有：结构化学国家重点实验室、材料化学与物理研究室、晶体材料工程研究中心、金属腐蚀与防护研究室（厦门二部）。2001年，福建物构所共承担各类研究课题208项。其中国家基金重大项目课题1项；主持国家基金重点项目1项共4个课题；国家杰出青年基金项目1项、面上基金项目14项；国家“973”项目1项；中科院重大项目1项、重点课题2项；福建省基金重大项目3项、重点项目3项。有3项科研成果获奖：“新型无机聚合物的设计合成，结构规律与性能研究”，获中国科学院自然科学奖一等奖；“新型稀土固态材料化合物的合成和表征及性能研究”，获福建省科技进步奖二等奖；“水合法合成樟脑脱氢副产油综合回收利用”，获福建省科技进步奖三等奖。2001年全所共发表学术论文137篇，其中SCI论文115篇，SCI影响因子大于2的论文17篇。全所共申请专利21件，授权专利8件。

由福建物构所独资创办的福建晶体技术开发公司，在去年世界经济不景气的大背景下，公司全体员工团结奋斗，开拓进取，加强科学管理，努力提高产品质量，出口创汇900万美元。2001年10月30日，“福建福晶科技有限公司”挂牌成立，顺利完成从所办公司向有限责任公司的转制任务。它标志着福晶公司将以产权清晰、法人治理的形式参与市场竞争，为把福晶公司建设成产值超亿元的股份上市公司奠定了坚定的基础。

福建物构所始终把加速优秀青年人才的培养作为全所工作的“重中之重”来抓，采取一系列措施，从各方面创造条件加快优秀青年人才培养的节奏，取得可喜成绩。经过考核、评议、遴选，增补了5位中青年博士生导师。共有10位留学海外的博士生申报参加福建物构所的中科院“百人计划”人员的遴选，其中筛选出7人上报中科院作为2001年福建物构所“引进国外杰出人才计划”，中科院批准了4位作为福建物构所引进国外杰出人才。所研究生部为扩大招生规模，争取优秀生源，加强了招生宣传工作，去年共招收硕士生24人、博士生16人。

福建物构所共有仪器设备2 000多台，总价值8 000多万元。其中面探测试仪、500兆超导核磁共振谱仪、PPMS物理性能测试系统和红外喇曼谱仪及计算机工作站等先进仪器，是目前国内结构测试手段比较完善和先进的科研设备。

在国际合作交流方面，福建物构所与世界30多个国家和地区的科研机构、高等院校和高技术企业建立了广泛的学术交流、合作和商务联系。2001年10月，福建物构所在福州成功地举办了第4届中、日原子簇及金属有机化学双边学术研讨会。

福建物构所编辑出版的刊物有中、英文版《结构化学》。

福建物构所的下属单位：福建物构所厦门二部，地处厦门经济特区，主要从事金属腐蚀与防护学科的研究和开发研究。

南 京 分 院

院　　长：严寿宁
地　　址：南京市北京东路 39 号
邮政编码：210008
联系电话：025-7713709
图文传真：025-3362239
电子邮件：bgs@njbas.ac.cn
网　　址：www.njbas.ac.cn

中国科学院南京分院是中国科学院的派出机构。1950 年，中国科学院接管原中央研究院在南京的科研单位，成立中国科学院华东办事处；1969 年撤销，全部业务交江苏省科委主管部门管理。1978 年 11 月，经批准建立中国科学院南京分院。现下辖紫金山天文台、南京地质古生物研究所、南京土壤研究所、南京地理与湖泊研究所、南京中科天文仪器有限公司和国家天文台南京天文光学技术研究所。江苏省中科院植物研究所自 1993 年起为江苏省和中科院双重领导。至 2001 年末，南京分院系统在职人员1 433人，其中科技人员 943 人，有中国科学院院士 15 人，中国工程院院士 1 人，研究员 134 人，副研究员、高工等副高级职称 319 人。有在学研究生 282 人，其中博士生 147 人，硕士生 135 人。另有博士后 32 人。

2001 年，中国科学院南京分院积极组织和开展院省合作，全面推进中科院在宁各研究所的知识创新工作、研发工作和转改制工作，落实中科院和江苏省的各项工作任务，各方面工作呈现出良好的发展势头。2001 年，中国科学院南京分院系统在研课题 485 项，其中国家“攀登计划”项目 5 项，“973”项目 6 项．国家基金项目 79 项，中科院重大项目 43 项，国际合作项目 23 项。新上项目 135 项，结题 135 项，取得了 39 项重要科技成果，获得国家级奖励 2 项，中科院和省级奖励 3 项；共发表论文 878 篇，其中录入 SCI 的论文有 152 篇，出版专著 25 部。紫金山天文台主持的国家“攀登计划”项目“天体剧烈活动的多波段观测与研究”，战略目标明确，课题设置合理，研究成果显著，有力地推动了我国在相关领域的研究，提高了在国际上的显示度；紫金山天文台研制的我国第一台移动式亚毫米波望远镜，技术指标达到了国际先进水平，其研制的超软 X 射线探测器和 r 射线探测器设备于 2001 年 1 月 10 日随神舟二号飞船发射升空，1 月 14 日投入观测，性能稳定，遥测参数正常，取得了很有价值的科学数据；紫金山天文台完成的“90-115GHZSIS 超导接收机”项目，获江苏省科技进步一等奖。南京地质古生物所完成的“二叠、三叠系全球界线层型的确定”，被评为 2001 年中国基础研究十大新闻；其开展的国家“攀登计划”项目“地球早期生命演化与寒武纪大爆发”研究、基金重点项目“动物多样性的起源和早期演化的宏观图景”、“东亚植物区系中主要特征成分和重要类群的形成和发展”和“热河生物群的演化与环境演变研究”等课题都已开展了划分、对比研究，结合地质构造、古生物群等事件，进行深入的探讨和研究，以探寻地球早期生命、古生物群等的演化规律，均取得了新的进展。该所“现代古生物学与地质学开放研究实验室”通过了科技部组织的国家重点开放实验室论证。

2001 年，中科院直属宁区单位的知识创新工作取得新的成绩。南京土壤研究所和南京地理与湖泊研究所经过各自的努力，以其雄厚的科研实力、骄人的科研成果和良好的综合优势先后进入院知识创新工程。2001 年，南京分院以推动院省合作重点工作为载体，促进科技成果转化和高新技术产业化。在“九五”期间中科院与江苏省紧密合作、共同发展的基础上，南京分院积极牵线搭桥，促进和推动中科院与江苏省在“十五”期间进一步加强合作，实现双赢。7月3日，中科院与江苏省在南京签署了2001～2005年全面科技经济合作协议。在充分肯定“九五”期间合作成绩的基础上，院省双方确定了“十五”期间合作的方向和重点，明确了推进共建研究中心、高新技术产业化基地，推动对口单位的合作研究，加强人才交流，发挥中科院的综合优势，确保江苏省经济社会可持续发展。南京分院还具体与镇江市联系院地合作事宜，促成中科院于10月9日与镇江市签署了科技合作协议。9月21日至25日，南京分院与中科院产业局作为承办单位，共同组织中科院6个分院、25个研究所参加了第四届APEC技术交易展示会，精选了近千项技术成熟、科技含量高、产业化前景广阔的科技成果，与来自环太平洋国家和地区的企业和客商进行对接交易，在生物农药、电子信息、农产品深加工等项目上，与有关企业达成意向协议30项，一批中科院院地合作项目签订正式协议。中科院与苏州市政府建立中国科学院博士后联络站的协议、中科院计算技术研究所与苏州新区合作框架协议正式签约，此外，中科院上海有机化学研究所的“DNA活性单体脱氧核苷亚磷酰胺的开发加工”项目与苏州天吉生物医药有限公司也正式签约，中科院大连化学物理研究所与江苏省苏净集团有限公司签约的合作项目预计投资达2 000万元。11月4日，南京分院作为承办单位组织了院内21个单位参加“第三届泰州科技洽谈会”，中科院30多个项目落户泰州，签约项目实施率高达80%。南京分院还组团先后参加了无锡、徐州、镇江以及宜兴、东台等地的科技成果展示交易会，并积极推广、介绍宁区单位的成果远赴上海、安徽以及杭州、沈阳、驻马店等外省市参加科技成果洽谈交易会，取得了明显的社会效益和相应的经济效益。南京分院还直接把中科院其他研究所的成果推广给江苏省的企业，把中科院上海药物研究所的一项成熟成果转让给泰州市一个企业，成交金额就达500万元；10月25日组织中科院化学研究所与吴江丝绸公司共同承担的联合攻关项目“真丝绸含氟整理技术”的鉴定。

在推进院省共建项目方面，南京分院经过多方努力，紫金山天文台盱眙观测基地于11月24日奠基，南京古生物博物馆于2001年12月破土动工，进入施工阶段。南京分院还积极参与组织江苏省产学研工作的开展，筹备“江苏省产学研联合工作会议”，组织在江苏省的科研院所参加4月份在西安举办的“2001年中国东西部合作与投资贸易洽谈会”，签订多项合同。

人才交流是院省合作的有机组成部分和重要内容，科技副职是院省人才交流的主要形式。南京分院高度重视科技副职工作，积极组织考察、慰问和交流活动，在政治上、生活上关心他们，在工作上、项目上优先支持他们，为他们在任职地方顺利开展工作提供支撑和便利，受到了科技副职们的称赞和好评，成为全院科技副职工作做得最好的单位之一。11月初，南京分院在泰州承办了中科院第五届科技副职工作经验交流暨表彰大会，来自中科院、中组部、科技部和江苏省以及全国各地科技副职近300人出席了会议。这次大会总结了以往科技副职工作的经验和成绩，指明了今后科技副职工作的方向和重点，充分肯定了科技副职是院省合作的桥梁和纽带，为中科院和地方培养了一批复合型人才。2001年南京分院由于在院省合作和科技副职工作方面所做的工作和取得的成绩，中科院分别授予南京分院院省合作和科技副职工作先进集体的荣誉称号。

南京分院积极做好中科院院士工作，积极发挥院士在科技进步、人才培养以及促进社会经济发展方面的重要作用。2001年5月，南京分院特邀白春礼院士到南京市举办报告会，为南京市党政干部做题为“纳米技术及发展”的专题报告；组织在江苏的院士筹备“环境、健康与发展”科技论坛，为促进江苏省在新世纪社会经济持续发展提供决策咨询。南京分院与南京市于2月份开展了院士与中青年拔尖人才“结对培养”活动，为南京市中青年科技人才脱颖而出创造条件。5月份，组织部分院士参加海内外侨界携手建设新世纪活动；6月份，受江苏团省委委托，组织部分院士参加评选第三届“青年科学奖”，选拔优秀的科技后备军，为江苏省在新世纪的持续发展做出应有的贡献；部分院士还参加评审南京市中小企业申报国家科技型中小企业科技创新基金。南京分院还加强院士咨询委员会的工作，原则通过了在江苏中科院院士咨询委员会条例，聘请江苏省王珉副省长、中科院南京分院严寿宁院长出任该委员会的顾问。还报经中科院学部联络办公室同意，南京分院开展地区性院士工作试点。2001年，南京分院还完成了新院士的增选工作。为庆祝建党80周年，南京分院开展了一系列的庆祝活动，举办了专题报告会，邀请江苏省委党校教授做党史报告；召开题为“忆党史、话成就、谈感想”的座谈会，30多位党员院士、领导、省劳模以及中科院“百人计划”入选者、江苏省“333”工程对象出席了座谈会，畅谈科技界在党的领导下所取得的成就，抒发对党的感情和对未来科技发展的感想。

为加强新时期领导班子建设，南京分院与合肥分院成功地举办了第二期所级领导干部研讨会，40多位所级干部参加了研讨会，结合国内外领导科学，从领导者掌权、管钱和用人三个方面探讨了领导职责及应具备的能力、素质和思想人文观念，对进一步提高所级领导的决策水平、组织管理能力和领导能力以及综合领导素质大有裨益。南京分院根据院《关于分院改革的指导意见》和《关于南京分院改革方案的批复》的精神，于2001年11月初开始着手进行分院机关的改革试点工作。本着主动稳妥的原则，以“明确职能、精简机构、优化人员、提高效率”为改革的总体目标，通过认真调研，凝炼目标，确定分院的主要功能就是加强宁区院属各单位班子建设和院省合作两大功能。到2001年年底，完成了分院机关机构调整、岗位设置和人员重组，做到了明确职责，一专多能，人尽其才，精干高效。

2001年南京天文仪器研制中心整体转制为南京中科天文仪器有限公司，新的公司于12月17日挂牌。南京分院还具体组织、安排和督促宁区各有关研究所科技开发公司的改制工作。

截止2001年底，南京分院完成了3个开发公司的改制工作，圆满地完成了南京地区的转改制工作。根据院、省上级有关部门的要求，南京分院制定了2001～2005年法制宣传教育规划，全面贯彻落实依法治国的基本方针及依法治院、以德治院的思想；积极开展科学普及工作，用先进的科学思想反对歪理邪说，组织所属单位参加国家和院、省组织的科普活动，南京分院荣获“全国第一届网上科普动画评比活动组织奖”，紫金山天文台、南京地质古生物所和南京天文仪器研制中心被江苏省科协评为江苏省科普先进单位。

南京天文仪器研制中心还分别被院和江苏省定为科普基地。南京分院认真开展系统信息网络工程和办公自动化工作，以现代化的技术手段支撑现代化的科技管理；加强财务管理和审计工作，增强对经营开发的支持和管理力度，做到既要开源增收，又要立规矩成方圆；重视知识产权保护和专利工作，共申报33项专利，授权专利数10项；强化安全保卫工作，消除隐患，维护安定团结的大好局面，确保科研工作有序进行的良好环境和氛围。南京分院重视研究生教育，把院属宁区单位建成地学、天文学和光机电等学科的人才培养基地，为这些学科的持续发展培养造就和输送高层次的人才；重视在职人员培训，不断提高科技人员业务水平和科研素质，以适应知识创新和科技发展的需要。

南京地质古生物研究所

所　　长： 沙金庚
地　　址： 南京市北京东路39号
邮政编码： 210008
联系电话： 025-3282105
图文传真： 025-3357026
电子邮件： ngb@nigpas.ac.cn
网　　址： www.nigpas.ac.cn

中国科学院南京地质古生物研究所于1951年5月7日在南京正式成立，其前身为1920年建立的前中央地质调查所和1928年成立的前中央研究院地质研究所等机构的古生物室（组）。

2001年底在职职工210人，离退休职工187人，各类科技人员172人，有中国科学院院士6人，博士生导师35人，研究员级科技人员39人。现有在学博士生20人，硕士生21人。另有在站博士后7人。

南京地质古生物研究所主要进行无脊椎古动物学、古植物学、孢粉学、分子古生物学、地层学和沉积学的研究。研究地球历史进程中生命的起源，生物的发生、繁衍、分布、绝灭和复苏的规律；植物和无脊椎动物以及微体生物系统分类、从事古生态系统演替和古生态学、古气候学、古地理学的综合研究，探索生物与环境的关系。地质年代的确定；各纪地层的划分与对比；全球地层界线层型剖面的综合研究；沉积学与沉积矿产的研究。

在知识创新工程试点中，依据国家科技发展目标和学科特点，确定了本所知识创新科技目标为：充分利用我国古生物资源和本所人才与学术优势，开展古生物学和地层学基础研究，积极参与国际合作与竞争，力争在古生物学、生物地层学前沿领域做出若干独创性有重大国际影响的新成果，为中国古生物学发展，为全民科学普及、国民经济建设和社会发展，以及国家知识创新体系建设做出更大贡献。将本所建设成为一个面向世界、开放流动、组织管理与国际接轨、工作环境达国际一流水准、科学研究和人才培养为世界领先水平的古生物学（古无脊椎动物学和古植物学）与地层学研究中心、古生物资料信息中古生物标本收藏展示中心。

在知识创新工程试点工作实施方案确定本所学科方向为：（1）地球早期生命的起源与演化；（2）进化古生物学；（3）全球年代地层框架；（4）古生物系统分类学；（5）古生态学、古地理学、古气候学；（6）分子古生物学。

在知识创新目标和学科方向的整体框架下，基于南京地质古生物研究所的学科积累与优势、人才队伍的总体结构和我国化石资源的优势，以及国际古生物学与地层学前沿领域及热问题的分析，从战略高度对研究领域做深层次的遴选与布局：（1）重大地史时期生物的起源、辐射、灭绝与复苏；（2）地球早期生命起源、演化和寒武纪大爆发；（3）重要古植物类群的起源与演化；（4）古生代海洋生物多样性的形式及其演变；（5）中、新生代陆相生态系统和古地理演化；（6）全球年代地层系统与全球界线层型；（7）热河生物群综合研究；（8）地质时期生物与环境的协同演化；（9）分子古生物学；（10）重要古生物类群和重点地区、重点地层的精细研究。

全所科研工作分为5大领域：古无脊椎动物学、古植物学和孢粉学、微体古生物学、分子古生物学、地层学。现设有3个研究室和1个国家重点实验室，即古植物学与孢粉学研究室，古无脊椎动物学研究室、微体古生物学研究室和现代古生物学与地层学开放研究实验室。现代古生物学与地层学国家重点实验室（State key Lab. Of Palaeobiology & Stratigraphy）以理论古生物学、早期生命演化、全球地层界线层型、生物的绝灭和复苏、分子物学为主要研究方向。南京地质古生物研究所为博士、硕士学位授予点，建有博士后科研工作流动站。

所内建有亚洲最大的古生物学专业图书馆，收26万余卷（册）专业图书、期刊、中外文期刊杂志2 000余种，与54个国家（或地区）300多个研究或出版机构有出版物交换关系。设有供研究工作需要的实验室，大型仪器有JSM6300扫描电镜、Devex X射线能谱仪、MRC－1000激光扫描显微镜、HP5890全自动氨基酸分析仪、CDS－1000热裂解分析仪，PCR及DNA测序设备等。标本室收藏有15万件模式标本，建有面向社会公众开放的化石陈列馆。为全国科普教育基地、江苏省科普教育基地、南京市中小学生校外科技教育基地和南京市玄武门社区科普教育基地。

2001年南京地质古生物研究所经过中国科学院评估验收，全面进入知识创新工程试点工作第二期。以江泽民总书记“三个代表”重要思想为指导，深化改革，推动知识创新工程的前进。坚持以科研为中心，凝炼科技目标和深化前沿领域；进一步优化知识创新队伍培养引进优秀人才；改革用人制度、分配制度，强化激励机制；加快园区建设步伐，创造优美的工作和生活环境；加强文化创新建设，营造健康向上的文化氛围。一年中在科研工作、人才培养、队伍建设、国际合作与交流等方面取得了重要的成绩与显著的进步。

2001年南京地质古生物研究所在争取国家和省部委级项目中以雄厚的学术积累和创新性的课题设计取得重要进展，获得科研经费1 200万元。其中国家科技部基础性工作3项（240万元），国家自然科学基金重点项目1项（200万元）及面上资助项目8项（184万元），中科院重要方向性项目 2 项（600 万元），江苏省科学基金 1 项（6 万元）。接受中国石油天然气总公司“十五”重大项目及大庆、大港、东海等石油公司委托项目 8 项，总经费 100 余万元。

基础研究进展显著。戎嘉余院士担任首席科学家的国家典型基础研究领域项目（“973”项目）“地史时期生物起源、辐射、绝灭与复苏”项目组广泛开展基础资料的采集工作，取得了大量研究工作所需的宝贵的第一手资料。在 2001 年发表论文 100 余篇，其中该所人员发表的论文有 80 余篇，专著 4 部（册），SCI 发表的论文有 10 余篇，他们出色地完成了 2001 年度的项目计划。国家“攀登计划”项目在 2001 年按照计划书的要求认真执行，在澄江动物群和寒武纪大爆发环境背景、机制的研究中，取得重要进展，有的论文已寄往国际最著名的刊物。2001 年启动的国家自然科学基金重点项目“动物多样性起源和早期深化的宏观图景”，重点进行了陕南、湘西、鄂北等地区的野外调查，发现了保存完好的新元古代温室效应所产生的碳酸盐沉积，以及震旦纪冰期～间冰期之间的一些生物类群，取得了开展深入研究的第一手资料，为地史时期极端环境条件下生物的生存形式、特征，以及生物起源与环境背景之间关系的研究提供了重要资料。2001 年启动的 2 项中科院重要方向性项目也取得重要进展，“中国东北部侏罗纪、白垩纪湖泊系统与环境演化”项目组重点开展了黑龙江、辽西的野外调查，加强了黑龙江东部海陆交互地层的工作，采用与西欧海相侏罗、白垩纪地层对比的方法，建立东北地区侏罗—白垩纪陆相地层的生物地层序列，为我国侏罗、白垩纪的研究积累了重要资料。“新元古代‘雪球’事件前后生物演化及其环境背景研究”项目组重点开展了新疆塔里木盆地东北缘、陕南地区、淮南、山西、贵州、皖南兰田地区的野外调查，发现新元古代的多次冰期沉积，特别是在皖南陡山沱期兰田生物群中发现许多新的生物类型，在早寒武世荷塘组底部发现许多保存完好的生物类型，其中 13 个不同类型的海绵化石已做了初步研究，有关研究成果将在国外重要学术刊物发表。

南京地质古生物研究所承担的国家科技部基础性工作项目，在全球界线层型研究，各门类化石总结和古生物化石遗迹保护研究方面均取得重要成果。湘西中—上寒武统花垣排碧剖面被确认为全球最好的中—上寒武统界线层型候选剖面，并已进入最后表决阶段。广西来宾蓬莱滩剖面已成为二叠系乐平统的全球层型候选剖面，同时在奥陶系赫南特亚阶的底界、二叠系长兴阶底界、石炭系中间界线的研究以及奥陶－志留系全球层型的再研究中均取得重大突破，通过进一步的努力，有望取得更多的“金钉子”。

在古生物门类总结研究中，老科学家们将几十年的积累进行了认真、细致的总结研究，2001 年先后出版了《中国层孔虫》、《中国孢粉化石》（白垩纪部分）等，另有《中国笔石》、《中国介形类化石》等数部门类总结的经典性著作都在出版之中。这项工作的开展，基本总结、厘定了我国解放以来古生物门类研究的资料，构建了古生物门类研究的新的学术平台，也为 21 世纪我国乃至世界古生物学的研究提供了重要的基础资料。

在一些探索研究领域也取得显著成果，在分子古生物学研究中，有关课题组在已有研究工作基础上进一步开展了古 DNA 的模拟实验，在运用可靠化石纪录作参照点，构建适用于无脊椎动物和植物的分子钟，以此推算缺乏化石证据的重要生物演化时间等方面取得良好的经验和资料。在寒武纪早期地层中，化石氨基酸的测定和解释方面也取得了良好的资料和可喜前景。在生命起源、演化机制的理论探讨中，特别是在早期脊椎动物的起源、演化方面多有文章发表。

在面向国民经济主战场的工作方面也取得重要成果。2001 年为产业部门提交研究报告 11 份，均得到委托部门的好评。所承担的中国石油天然气总公司“十五”重大项目“中国北方油气区石炭－二叠系划分、对比、古环境研究及含油气远景评价”和“中国西北地区白垩系补充研究”两个项目的年度总结报告，在该公司组织的评估中被评为优秀。2001 年积极开展科技服务及科技咨询，接受和完成有关生产部门送来的分析、鉴定的样品2 000余块（件），提供生产报告 30 余份。

2001 年全所发表学术论文 242 篇，专著 10 部（册、卷），其中 SCI 刊物发表的论文有 51

篇。这些成果充分反映了在地球早期生命进化古生物学、国际地层界线层型、各门类化石总结等基础性资料积累和为国民经济建设服务等方面取得的成绩。浙江长兴煤山二叠－三叠系全球界线层型的研究今年取得了重要进展，已被国际地科联批准为全球界线层型剖面的点位，该成果被国家科技部评为2001年中国基础研究十大新闻。

2001年获中国科学院自然科学奖二等奖1项，上报中科院重要成果12项，获得国家授权的专利2项，其中1项获香港国际专利技术博览会金牌奖。2001年积极投入国家科技活动周和省科普周的活动，受到省科协的表彰，被授予科普先进集体称号。周志毅、孙东立研究员被中国科协授予全国优秀科技工作者奖，李一军同志被国家自然科学基金委授予自然科学基金管理工作先进工作者称号，沙金庚研究员被评选为江苏省有突出贡献的中青年专家。

2001年学术交流较活跃，30多个课题依靠国家自然科学基金委的资助，开展了国际合作交流，出席各种学术会议和合作研究的有80多人次，接待来访和合作研究的有94人次，在国际学术会议作报告的有29人次，国内学术会议作报告的有61人次；有39篇论文摘要入选国际会议论文集，42篇入选国内学术会议论文摘要集。重要的合作与交流项目有：

（1）主持召开了第七届国际寒武系再划分野外现场会议。这次会议的代表有80多人，其中有11个国家和地区的39名外宾，南京地质古生物研究所彭善池为本次会议的主席。通过这次会议，以斜坡相为基础建立的寒武纪年代地层系统的划分方案得到进一步的肯定，我国湘西花垣排碧剖面被确立为中－上寒武统全球界线层型最佳候选剖面，有望取得“金钉子”。

（2）中国自然科学基金委与德国自然科学基金委合作项目“扬子区寒武纪大爆发时期环境与生命过程的综合研究”，今年接待了德国科学家8人次，对湖南、贵州、云南、四川、陕西等地作了详细的野外考察，2001年底又召开了双边研讨会。

（3）中国科学院与德国马普学会的合作项目，今年也得到国家自然科学基金委的资助，在新疆召开了双边讨论会，到会外宾有11人，对中生代古生物地层及相关问题进行了广泛的学术交流，会议取得圆满成功。

（4）在广泛深入进行国际合作与交流的同时，科研人员积极参与国内学术交流活动，在中国古生物学会举行的第21届学术年会上，有20余人在大会和分组会议上作学术报告，占报告人数的1/3。在建所50周年庆祝活动中，进行了一天半的学术交流，有24人作了学术报告。在国家基金委召开的“中国古生物学研究15年回顾与展望国际研讨会”上，有6人作了专题报告，有10余人作了展板，给国外科学家留下较好的印象。

现代古生物学与地层学国家重点实验室建设项目计划论证会于2001年5月26日在南京召开。专家委员会一致认为现代古生物学与地层学国家重点实验室的建设方案合理先进、目标明确可行，经费预算合理，建议科学技术部予以批准并正式开始建设。2001年8月，现代古生物学和地层学国家重点实验室建设项目正式启动。

在知识创新工程二期试点工作中，以庆祝建所50周年为契机，在广泛征求广大职工意见的基础上，确定了“求真求实争创世界一流”的所训和“务实求真严谨创新”的所训，以充分体现几代科学家和广大职工半个世界艰苦创业开拓创新的历程中所形成的科学精神和优良传统。

2001年根据中国科学院关于“十五”期间基本建设的指导思想——“统一规划，分步实施，保证重点，择优支持”，结合实际状况，调整和完善了“十五”规划，制定了园区总规划图。当年完成了实验大楼（部分）、西楼的装修、园区道路及水、电管网及排水管的建设和古生物博物馆建设的前期工作。12月26日上午由院和江苏省共建的古生物博物馆举行了奠基典礼仪式，陈宜瑜副院长、江苏省王珉副省长等省、市领导以及部分在宁院士为博物馆奠基。

南京地质古生物研究所现有30余位科学家在国际古生物协会（IPA）、国际地层委员会等国际学术组织中担任职务。

南京地质古生物研究所是中国古生物学会及下属20个专业委员会，专业组和江苏省古生物学会的挂靠单位。编辑出版《古生物学报》、《地层学杂志》、《微体古生物学报》、《中国科学院南京地质古生物研究所集刊》、《南京地质古生物研究所丛刊》、“Palaeontologica Cathayana”、“Palaeoworld”、《古生物学文摘》等学术期刊。

南京地质古生物研究所设有科技咨询服务中心等，主要从事石油天然气等沉积矿产中古生物学、地层学、沉积相等领域的咨询服务以及化石展览、化石工艺品的开发等业务。

南京土壤研究所

所　　长：周健民
地　　址：江苏省南京市北京东路 71 号
邮政编码：210008
联系电话：025-3610462
图文传真：025-3353590
电子邮件：iss@issas.ac.cn
网　　址：www.issas.ac.cn

中国科学院南京土壤研究所成立于 1953 年，其前身是 1930 年创立的中央地质调查所土壤研究室。现有在职职工 300 人，其中专业技术人员 238 人。有中国科学院院士 4 人，研究员 33 人，副研究员、高级工程师等 78 人，中级科技人员 95 人。现有在学博士研究生 51 人，硕士研究生 38 人，在站博士后 13 人。

现代土壤学是南京土壤研究所的主学科，土壤资源与管理、土壤肥力与调控、土壤环境与健康是南京土壤研究所的三大核心研究领域。南京土壤研究所是农业资源利用一级学科博士学位与硕士学位授权点，同时还具有生态学、水土保持及荒漠化防治的硕士学位授予权，并设有农业资源利用一级学科博士后流动站。

南京土壤研究所按学科分支设有 7 个研究室，分别为土壤圈物质循环重点实验室（院级）、土壤资源与遥感应用研究室、土壤-植物营养与肥料研究室、土壤物理与盐渍土研究室、土壤化学与环境保护研究室、土壤生物与生化研究室、农业生态与区域发展研究中心，其中农业生态与区域发展研究中心包括中科院生态系统研究网络土壤分中心、封丘农业生态开放试验站（国家级）、鹰潭红壤生态开放试验站（院级）、常熟农业生态试验站、三峡工程生态环境秭归试验站。该所图书馆是联合国粮农组织的特约藏书图书馆；土壤标本馆收藏有我国不同类型及部分其他国家的土壤标本；土壤与环境分析测试中心是国家质量技术监督局认定的国家计量认证合格单位，拥有近 20 台大型分析测试仪器。南京土壤研究所还是中国科技网南京端口所在地。

2001 年南京土壤研究所积极争取进入知识创新工程试点研究所行列，确定的试点工作目标是“针对农业发展与生态环境建设中国家急需解决的重大问题和土壤学的发展需要，开展应用基础性研究工作，为我国食物安全、土壤生产力的提高和环境质量的改善提供决策依据和实用关键技术；积极参与国际土壤科学前沿的竞争，在土壤化学、土壤肥力和土壤环境等领域做出原创性的工作，丰富和发展现代土壤学基础理论，进入全院 30 个世界公认的著名高水平研究机构的行列。”在 2001 年度的试点工作中，南京土壤研究所完成了创新岗位的首期招聘工作，实行了与岗位和工作绩效挂钩的三元结构工资分配制度；设立了学科领域前沿基金，第一批 12 个项目通过评审已开始实施；创新文化建设全面展开，并以优异成绩通过年度考核；科技开发公司成功改制，后勤服务社会化工作取得重要进展；园区建设与改造规划方案获得批准，一批工程项目陆续开工。以上试点工作的良好开端为 5 年后最终实现试点目标奠定了扎实的基础。

2001 年南京土壤研究所承担或新争取了一批重大、重点研究项目、其中有国家重点基础研究发展规划“973”项目 1 项，“863”项目 4 项，国家自然科学基金重大、重点及面上项目 28 项，中科院创新方向性项目 9 项，国际合作项目 31 项等。各类在研项目均进展良好，其中由南京土壤研究所主持承担的“973”项目“土壤质量演变规律与持续利用”通过了国家科技部的中期评估；由中科院、国家自然科学基金会及日本联合资助的“中国稻麦轮作 FACE 研究”项目在短短 3 个月的时间里就建成了亚洲最大的 FACE 野外研究试验场，并开始了系统研究工作，引起了国内外同行的关注，该项目组被人事部、中国科学院授予“中国科学院先进集体”光荣称号。

2001年南京土壤研究所申报登记重要科技成果10项；有3项科研成果获得奖励，其中作为参加单位荣获国家科技进步二等奖2项，作为主持单位荣获江苏省科技进步三等奖1项。申报发明专利9项、实用新型专利6项，有4项实用新型专利获得授权。2001年度南京土壤研究所共发表SCI论文36篇，CSCD论文193篇，出版学术专著5部。

2001年南京土壤研究所的国际交流与合作工作继续十分活跃。除了频繁的学术出访和来访外，南京土壤研究所先后主持召开了“稻田温室气体排放国际学术讨论会”、“中国稻麦轮作FACE研究国际学术讨论会”、“太湖湿地污染生物指示研究国际学术研讨会”等3次国际学术会议。此外，南京土壤研究所还设立了国际合作与交流专项基金，改变了以往国际合作以授援、出访为主的工作机制，为更新国际合作的理念，开展平等或以我为主的国际合作研究工作迈出了坚实的一步。

南京土壤研究所是中国土壤学会和江苏省土壤学会的挂靠单位，全球土壤修复网络亚洲中心也设立在南京土壤研究所。南京土壤研究所编辑出版“Pedosphere”、《土壤学报》、《土壤》等学术期刊。

南京地理与湖泊研究所

副 所 长：秦伯强（主持工作）
地　　址：南京市北京东路73号
邮政编码：210008
联系电话：025-3616936（党政办公室）
025-3611410（科研处）
图文传真：025-7714759
电子邮件：niglas@niglas.ac.cn
网　　址：www.niglas.ac.cn

中国科学院南京地理与湖泊研究所的前身是中国地理研究所，于1940年8月在重庆北碚成立，1947年6月迁南京，1953年成立中国科学院地理研究所。1958年10月大部分人员迁往北京，留在南京部分组建成中国科学院南京地理研究所，1988年1月改为现名。中国科学院院士黄秉维、任美锷、周立三曾先后担任所长。现有职工212人，其中中国科学院院士1人，“百人计划”1人，研究员22人，副研究员和高级工程师62人，中级科技人员67人，初级科技人员27人。现设有地理学博士后流动站，自然地理学博士学位授予点，以及自然地理学、人文地理学硕士学位授予点。在学博士生39人，硕士生24人，在站博士后5人。

南京地理与湖泊研究所是全国唯一以湖泊、流域系统为研究对象的综合研究机构，于2001年8月进入中国科学院知识创新工程试点单位序列，知识创新工程试点工作已经全面启动。按照《知识创新工程试点方案》，南京地理与湖泊研究所的战略定位是：瞄准国家在湖泊及流域资源合理开发、生态环境建设和经济可持续发展等方面的迫切需求，以湖泊、流域系统为核心，在湖泊资源与环境、湖泊、流域相互作用、流域发展与管理三大领域，开展原创性与应用基础性研究，为我国湖泊资源的合理利用与生态环境改善、流域可持续发展提供决策依据与关键技术。成为地域特色鲜明、学科综合优势显著、国家知识创新体系中不可替代的国际著名湖泊科学和流域管理科学创新基地和高层次人才培养基地。

在科研方面确定了三大研究领域、7个研究方向：在湖泊资源与环境研究领域有湖泊现代过程、湖泊环境演变、湖泊环境工程3个研究方向；在湖泊、流域相互作用研究领域有物质输移与模拟、灾害演变与调控2个研究方向；在流域发展与管理研究领域有流域经济发展与空间优化、流域资源利用与环境效应2个研究方向。

2001年下半年，南京地理与湖泊研究所的知识创新工程试点工作全面启动，第二批知识创新工程研究员招聘与团队组建工作已经完成，共有12名研究员、5名责任副研究员进入知识创新工程，并组建了17个创新团队，分布在三大领域、7个研究方向上。在完成创新研究员、责任副研究员招聘的基础上，布置了领域前沿项目共13个。

南京地理与湖泊研究所现设湖泊资源与环境研究室、流域管理与模拟开放实验室、地理信息科学研究室、湖泊沉积与环境重点实验室（院重点实验室）、太湖湖泊生态系统研究站（国家重点野外科学观测试验站、中科院生态网络实验站）；研究所设3个行政职能部门：党政办公室、科研处、人事教育处。

在创新文化建设方面，南京地理与湖泊研究所积极推行以人为本、依法治所的方针，对原有的规章制度进行了全面的清理，增加了符合知识创新要求的规章制度。在此基础上，研究所制定了各类人员的行为规范和价值导向，使全所职工的精神面貌焕然一新。

南京地理与湖泊研究所现有各类仪器设备1 000多台，其中单价20万元以上的大型仪器设备20多台。研究所设有地理与湖泊专业图书馆，馆容面积1 400m^2，馆藏中外文图书近11万册，其中珍贵历史地方志4万多册，古籍孤本有近10种。

2001年，全所在研课题108项，其中国家、院、省重大、重点项目51项，新开课题31项，院创新项目13项。各项科研任务完成情况良好，按时结题23项，有8项重要成果已经申报。申报专利3项，其中，发明专利1项，实用新型专利2项，已授权2项。全年出版专著共5本，发表论文总数为228篇，其中，SCI论文23篇，EI论文3篇，CSCD论文101篇，各类论文数均比2000年有明显增加。

国际合作和学术交流气氛活跃，全年共有21批30人次赴国外（或地区）进行国际学术交流和合作研究，接待海外学者来访7批20人次，促进了科研人员与国际科研机构的交流与合作，扩大了研究所在国际上的影响。

为了加强中科院和地方的合作，使科技成果直接转化为生产力，促进科技成果产业化，为地方国民经济建设发挥应有的作用，南京地理与湖泊研究所新组建了独立法人、全民所有制的南京中科地理湖泊环境工程研究中心。

2001年初，完成了所办科技开发公司的改制，正式成立了南京中科生化技术有限公司，改制后，该公司全年销售情况良好，实现税后利润和上缴国家各项税金均比2000年度有不同程度的增加。

南京地理与湖泊研究所是江苏省地理学会、江苏省海洋湖沼学会、江苏省遥感学会和江苏省遥感中心、中国科学院减灾中心南京分中心、江苏省科技咨询协会自然资源和区域发展委员会、中国地理学会长江研究分会等学术团体的挂靠单位。编辑出版《湖泊科学》、协助出版《中国地理科学文摘》、《国外地理文摘》等学术期刊。

紫金山天文台

台　　长：严　俊
地　　址：南京市北京西路2号
邮政编码：210008
联系电话：025-3303921
图文传真：025-3328371
电子邮件：pmoo@pmo.ac.cn
网　　址：www.pmo.ac.cn

中国科学院紫金山天文台的前身是成立于1928年2月的国立中央研究院天文研究所。2001年底，紫金山天文台在职职工290人，其中专业技术人员221人，有中科院院士2人，研究员27人，副研究员和高级工程师82人，中级科技人员75人。现有在学研究生36人，其中博士生13人，硕士生23人。另有在站博士后6人。

紫金山天文台以星际分子云和恒星形成研究及相关的观测技术发展、太阳活动和太阳高能物理研究、天体物理前沿课题和基本理论研究、太阳系自然天体和人造卫星动力学研究四大领域作为主要研究方向。根据学科发展及科研工作开展的需要，科研机构设置为：射电天文实验室、空间天文实验室、天体物理研究部、天体力学研究部、科研支撑系统。中科院射电天文联合开放实验室挂靠在紫金山天文台。

紫金山天文台是国务院学位委员会授权的天体物理、天体测量和天体力学2个学科的博士、硕士学位授予点，并设有博士后流动站。

紫金山天文台装备了具有国际先进水平的13.7m毫米波射电望远镜。有藏书6万多册（卷）是东亚地区最大最全的天文图书馆。

2001年度主持的在研重要项目有：国家“攀登计划”项目1项；国家自然科学基金重点项目1项；国家杰出青年基金项目3项；国家自然科学基金面上项目12项；中科院“百人计划”项目2项；财政部“国外引进杰出人才”项目2项；中科院“九五”重大项目1项；LAMOST天体测量研究项目1项，及“863”和“921”工程等项目。

2001年紫金山天文台在新一届班子的率领下，与时俱进，开拓创新，使紫金山天文台知识创新工程和其他各项工作都取得了长足的进展。完成了一期知识创新工程试点工作总结和评估——紫金山天文台首次进入A类研究所。二期知识创新工程试点工作实施方案也顺利获得通过。各研究团组工作积极、进展顺利并且已经取得重要成果。

国家“攀登计划”项目“天体剧烈活动的多波段观测和研究”通过国家科技部验收。本项目战略目标明确，课题设置合理，项目专家委员会指导有力，发表文章超过预期目标的1倍（SCI论文超过600篇），研究成果显著，锻炼和培养了一批年轻人才，学术交流活跃，广泛开展了国际合作，有力地推动了我国在相关领域的科学研究，提高了我国研究工作在国际上的显示度。

承担和研制的“超软X射线探测器”和“γ射线探测器”于2001年1月10日随神州二号飞船发射升空，1月14日投入观测。仪器工作稳定，遥测参数正常，下传的科学数据质量良好，完全达到了设计要求，并已观测到多个宇宙X和γ射线爆发事例，取得了很有价值的科学数据。

中日合作项目“移动式亚毫米波望远镜”通过院级鉴定。该望远镜各项技术指标已经达到了设计指标，其中天线表面精度、指向精度和接收机噪声温度超过了原设计要求；望远镜结构紧凑、工作稳定可靠、软件系统完整、系统操作简便，它是我国第一台亚毫米波望远镜，其技术指标达到了国际先进水平。

中科院“九五”重大项目“恒星形成和演化的毫米波分子谱线研究”通过了中科院项目结题验收。该项目完成了1912个库源的毫米波巡天计划，巡天规模和发现分子外流候选天体数量（总数达320个）均居国际首位；通过巡天建成了一个大规模的红外－毫米波交叉证认库；即将在13.7m毫米波望远镜上实现CO三条同位素谱线同时观测。该项目4年来发表论文89篇，其中SCI或EI论文35篇，国际会议大会特邀报告5篇。

2001年紫金山天文台凭借综合优势和科研实力又申请获得了一批国家级重要项目（有14项之多），为“十五”科研立项开了个好头。

2001年发表论文70篇，其中SCI论文37篇。第一作者专著1部。专利9项（其中发明专利3项，专利授权5项），国家软件著作权1项。“90-115GHZ超导SIS混频器”获江苏省科技进步一等奖。经天文台学术委员会审议，“移动式亚毫米波望远镜”为上报中科院突出成果奖；“太阳高能小卫星预研究”、“近地小行星和彗星轨道动力学”、“高谱分辨太阳γ射线探测器预研及方案”为上报中科院重大成果奖。

2001年度，紫金山天文台科技开发工作进行了重大调整，一是结合中科院对知识创新工程试点单位所办公司改制工作的要求，对原有紫金山天文台全资主办的五个公司本着集中优势，规模经营的精神，克服弱小分散和重复，下决心撤销了其中4个公司，并顺利完成了“星河电子系统公司”的改制工作。改制后的公司更名为“南京紫台星河电子有限责任公司”，注册资本由50万增加至300万元。目前，公司运行状况良好，本年度净上缴天文台财政80万元。二是加强了天文科普工作，在积极组织好天文普及教育服务的同时适度创收。在内部管理上进一步明确岗位职责，强化目标管理，取得了较好的社会效益和经济效益。2001年荣获江苏省科普工作先进集体称号。

2001年度，紫金山天文台国际合作出访任务共报批40项68人次，已执行29项，计53人；接待来访12项计15人。

紫金山天文台是中国天文学会的挂靠单位。编辑出版《天文学报》（季刊）、《紫金山天文台台刊》（季刊）以及“Chinese Astronomy and Astrophysics”（CAA），目前CAA已进入SCI。主要下属单位有：紫金山天文台青海得令哈射电天文观测站、青岛观象台、赣榆太阳观测站和盱眙观测基地。

南京中科天文仪器有限公司

董事长兼总经理：王　永
地　　址：南京市花园路 6～10 号
邮政编码：210042
联系电话：025-5411776
图文传真：025-5411830
电子邮件：office@nairc.ac.cn

中国科学院南京天文仪器厂成立于 1958 年 12 月，1991 年根据国家机构改革的精神，报国家人事部批准，中国科学院南京天文仪器厂更名为中国科学院南京天文仪器研制中心。2001 年，根据国家科技体制改革的要求和科学院知识创新工作的部署，中国科学院南京天文仪器研制中心在年内转制为科技型企业，成立南京中科天文仪器有限公司。南京中科天文仪器有限公司由中国科学院和原中科院南京天文仪器研制中心员工出资组建。公司于 2001 年 12 月 17 日挂牌，江苏省副省长吴瑞林、中科院副院长杨柏龄、中科院院士方成、中国工程院院士潘君骅及省科技厅有关领导参加了公司成立大会。

南京中科天文仪器有限公司的发展方向是：1. 我国天文科普系列仪器设备开发、规模化生产基地；2. 我国大中型天文光学观测仪器生产基地；3. 光、机、电一体化仪器研制、生产基地。成为该领域内我国具有持续创新能力的高科技企业。

公司设有天文仪器部、智控仪器部和市场开发部三个业务部门。天文仪器部主要从事大中型天文光学观测仪器的设计、生产；智控仪器部主要从事光栅编码器、数显表等光、机、电一体化产品的生产；市场开发部主要从事光、机、电新品的研究、开发以及产品的营销。

南京中科天文仪器有限公司有以潘君骅院士为代表的一批科技精英从事主要产品的研制、开发。

南京中科天文仪器有限公司是国务院学位委员会批准的天体物理博士、硕士学位授予点。为培养天文光学仪器方面的高级人才提供了平台。

南京中科天文仪器有限公司的主要产品天文光学仪器，光、机、电一体化产品的设计、生产和服务于 2001 年度通过了 GB/T9001-1994-ISO9001：1994 标准认证，取得质量体系认证证书。制定了《科普望远镜》Q/320000NTY001-2001 和《科普天文圆顶》Q/320000NTY002-2001 两个企业标准在省标准化局备案确认。

2001 年南京中科天文仪器有限公司出厂多台各类望远镜和天文圆顶；承接了多家科研机构和高校的高技术光学仪器的研制任务；成功地开发了电力系统使用的耐冲击、抗高低温的专用空心轴编码器、无机房电梯用的编码器等新型编码器；并先后接待了德国、俄罗斯等多个国家的天文爱好者和光学专家组成的代表团，双方就光学技术研究和天文科普活动进行了深入交流。

2001 年南京中科天文仪器有限公司被命名为江苏省科普教育基地和中国科学院科普教育基地，将为国家科普事业做出贡献。

合　肥　分　院

院　　长：谢纪康
地　　址：合肥市蜀山路 350 号
邮政编码：230031
联系电话：0551-5591236
图文传真：0551-5591270
电子邮件：hsb@ms.hgcas.ac.cn
网　　址：www.hfcas.ac.cn

2001 年是新世纪的第一年，是国家实施国民经济和社会发展“十五”计划的开局之年，也是中国科学院知识创新工程进入全面推进阶段的第一年。在新的一年里，合肥分院主要抓了以下几方面工作：

一、积极争取进入院知识创新试点工程，为科学岛的发展创造了新机遇

经国家批准中国科学院从 2001 年起，知识创新试点工程进入全面推进阶段，合肥科学岛研究基地能否进入中科院二期创新工程是至关重要的头等大事，也是合肥分院的中心工作，围绕这个中心，分院召开多层次各种座谈会，修改“知识创新工程实施方案”，在研究基地的定位与特色、科学目标凝炼、体制和机制的创新、人才与教育、园区建设、产业化、创新经费预测等方面，形成了“中科院合肥科教基地及科学岛现代技术研究院知识创新工程试点方案”，该方案在 2001 年 5 月 11 日召开的中科院院长办公会议上审议并原则通过，从此科学岛进入中科院二期创新关键性的一步。分院及时召开“科学岛创新研讨会”请上海分院、生命科学院传经送宝，结合合肥分院实际进行解放思想大讨论，进一步统一思想，统一认识，结合创新项目要求组织创新实施办法。中科院 2001 年下半年拨款 5 650万元创新经费，至此科学岛进入了实质上的创新工程。12 月 19 日，中科院党组副书记郭传杰同志专程来科学岛宣布了中科院合肥研究院（暂定名）领导班子。新的领导成员是：院长谢纪康，党委书记宋兆海，副院长王英俭、副书记匡光力，副院长崔平、张毅。

二、努力做好院地合作产业化工作，为地方经济建设服务

院地合作和产业化工作是知识创新工程重要组成部分，也是分院一项重要工作，在做好国家、中科院级重大纵向课题立项申报的同时，2001 年加大了对地方需求的重视和横向资源的争取力度，组织研究所通过各种渠道积极参与地方科技攻关、申请各项重大专项课题，基金或承担委托任务 27 项，计 476 万余元。与地方企业合作开展种类技术转让、技术服务、技术开发项目 70 项，合同金额1 733万元，高新产业收入7 000余万元。2001 年 6 月合肥分院与安徽省科技厅共同主办了以中科院所属研究所高新技术成果为主的产学研项目对接会，对接成果显著，达成 159 项合作协议，对接成功正在组织实施的项目有 67 项。分院积极参加中科院产业局组织的深圳高交会、上海世博会以及四川、浙江、江苏等十几个城市、地区举办的科技交易会、洽谈会和信息发布会。同时，对分院产业化和项目推广，起到促进和推动作用。

合肥分院与合肥市签订了全面合作协议，“中国科学院产业化基地”在高新区内挂牌成立。2001 年省院共建奖励项目已经评定，落实项目 13 个。同时合肥分院、各研究所企业改制工作在全院第一个达标。在产业化方面，分院已规划出一个面向、三个共建、四个目标、五个领域的发展蓝图。

三、加强园区建设，为知识创新工程创造良好的环境。园区建设是创造工程的重要组成部分，

2001年分院完成了科学岛创新园区规划和创新项目基地计划的编制，园区规划已获得科学院和合肥市批准，已争取到对“一线、一路、五栋科研办公楼”的改造费用，落实经费1亿多元。基本完成了对科学岛广场的建设、梅山2栋工程以及供电、供水系统的改建。

四、加强政治理论学习，加强党建、领导班子与干部队伍建设及党风廉政建设

合肥分院党组高度重视江总书记“三个代表”重要思想的学习，贯彻坚持中心组学习，重视思想理论素质的提高，充分发挥中心组学习对面上理论学习的辐射和带动作用。

在精神文明建设方面合肥分院党组坚持抓文明创建活动，抓社会治安综合治理，在省直机关创安全文明单位活动中被评为先进单位，再度被评为“省直机关文明单位”。

在领导班子建设中，坚持领导班子和领导干部民主生活会，把民主生活会作为增强党性、民主意识和交流思想、增强团结、推动工作的有效途径。分院党组协助中国科学院党组完成了固体物理研究所党委、安徽光学精密机械研究所党委换届和合肥智能机械研究所班子届中考核工作。为了对领导干部进行培训提高，又与南京分院联合举办了第二届所级干部研讨班，从各个角度探讨了新世纪领导班子建设、创新文化、高新技术产业化、研究生培养、转制后勤改革以及领导者应具备的素质等问题。

五、合肥分院为迎接研究院成立，努力做好各项准备工作

根据中科院决定，合肥分院整体进入二期创新后，安徽光学精密机械研究所、等离子体物理研究所、固体物理研究所和分院本部将取消法人地位，重新组建“中国科学院合肥研究院”（暂定名），重新组建前后需要做大量细致的准备工作和思想动员。分院机关、后勤支撑系统一方面为科研服务，营造宁静的工作、生活环境，保证基地正常运转付出辛勤劳动，另一方面积极参与新机构的合并、调整作上岗准备，随时接受组织挑选。

2001年，合肥分院还接待了中科院副院长白春礼、党组副书记郭传杰等领导，以及安徽省委、政府领导许仲林省长、沈跃跃副书记，以及省委常委车俊等领导同志来访。

安徽光学精密机械研究所

所　　长： 王英俭
地　　址： 合肥市西郊蜀山湖路350号（1125信箱）
邮政编码： 230031
联系电话： 0551-5591539
图文传真： 0551-5591572
电子邮件： aio@aiofm.ac.cn
网　　址： www.aiofm.ac.cn

中国科学院安徽光学精密机械研究所（以下简称安徽光机所）成立于1970年12月3日，2001年底在职职工人数为643人，其中科技人员439人，研究员30人，副研究员46人，高级工程师46人，中级科技人员164人。现有在学博士生95人，硕士生116人，在站博士后5人。

安徽光机所主要学科领域为大气光学、环境光学及环境监测技术、激光技术，是国家光学专业、大气物理学与大气环境专业的硕士学位授予单位以及光学专业的博士学位授予单位。安徽光机所有国家“863”计划大气光学重点实验室、环境光谱学联合开放实验室，与合肥高新技术开发区共建亚太环境监测技术研究发展中心。近年来，通过不断凝炼科技目标、制定发展战略，确定了主要研究发展方向：以国家可持续发展战略和国家安全需求为牵引，在大气光学领域以激光大气传输和激光大气探测为主要发展方向；在环境光学领域以环境光谱学、环境污染监测技术、光学遥感辐射定标与校正为主要发展方向；在激光技术领域以支持环境监测技术和医疗应用等发展为目的的新型激光器件、材料和光电子技术为主要发展方向。设有大气光学、环境光学及环境监测技术、应用激光技术3个研究中心，以及光电工程技术支撑中心和图书情报网络室。根据主要研究方向，在3个研究中心内设有大气光学、环境光谱学、光学环境监测、遥感、新型激光器

与晶体材料、激光应用技术6个研究室。

按照中科院知识创新工程发展战略，为我国经济建设、国家安全和社会可持续发展不断做出“三性”贡献的指导思想，2001年安徽光机所提出“根据国家和市场需求，以重大科技创新项目为龙头，促进科研、开发和人才培养的同步发展，进一步提高安徽光机所的科技实力和经济实力”的发展思路。全所科技人员团结奋斗，进一步凝炼科技创新目标，进行科研和管理组织结构调整，作为合肥研究院的一部分，进入了中科院知识创新工程试点行列。通过组织结构调整和体制机制创新，增强了协同作战能力，在组织争取国家、院和省市等科研任务上取得了显著成绩。2001年争取国家、中科院及省、部级研究项目共50多项，其中“863”计划等国家重大项目20余项。

2001年安徽光机所高技术创新工作中取得了重大进展。整合光、机、电综合技术优势，在环境光学与环境监测技术的研究及产品开发方面已确立了不可替代的领先优势。研制完成了我国第一台车载测污激光雷达样机、长程差分吸收空气质量监测系统、插入式烟气污染监测系统等，其中长程差分吸收空气质量监测子站系统在北海、桂林安装运行成功，参加了国家重点城市空气质量日报。2001年安徽光机所有9项科研成果通过专家验收或鉴定，申请专利15项，授权16项，发表论文127篇，其中国际刊物6篇、国际会议5篇。

2001年安徽光机所社会横向合作经费和项目合同均增长40%以上。接受委托开发成功了多台/套激光新器件、激光加工和医疗等新仪器设备，烟草检测仪器的开发不断推出新产品，市场占有量不断提高，取得了良好的社会效益和经济效益。目前有所办控股企业3个，技术入股合资公司3个，所办企业实现销售收入2 007万元，比上年增长了6%。

2001年安徽光机所广泛开展了国际交流和合作，全年邀请国外专家20批31人次；短期出访参加国际会议、开展合作研究14批21人次；国际间合作项目5项。安徽光机所大气探测激光雷达为亚洲雷达网成员，胡欢陵研究员是国际激光雷达大气研究合作委员会委员；胡欢陵研究员、周军研究员为国际激光雷达会议组织委员。

安徽光机所编辑出版《量子电子学报》和《光电子技术与信息》，此2种学术期刊均是中国学术期刊综合评价数据库来源期刊、中国科技论文统计源期刊。《量子电子学报》由科学出版社出版，为物理学、无线电电子学和电信技术类核心期刊。《光电子技术与信息》为中国光学学会光电子专业委员会会刊。

等离子体物理研究所

所　　长： 李建刚
地　　址： 合肥市西郊董铺
邮政编码： 230031
联系电话： 0551-5591309
图文传真： 0551-5591310
电子邮件： cy@mail.ipp.ac.cn
网　　址： www.ipp.ac.cn

中国科学院等离子体物理研究所成立于1978年9月。它的前身是于1973年成立的中国科学院安徽光学精密机械研究所受控热核实验站。2001年底在职职工491人，科技人员337人，其中研究员42人，副研究员65人、高级工程师31人，中级科技人员88人。现有在学研究生158人，其中博士生70人，硕士生78人，博士后10人。2001年，通过努力，一位国外留学人员应聘“国外杰出人才”，外聘11名高级访问学者。

等离子体物理研究所主要从事高温等离子体物理和核聚变工程技术研究，形成了以核聚变研究为主，离子束生物工程、强磁场科学和技术、应用等离子体研究多科学发展的格局。现有2个博士点、7个硕士点和1个博士后流动站。全所有10个研究室和1个研制中心、1个技术中心和文献信息室技术支撑系统。

HT-7U在工程设计、关键部件的研制、外协加工、实验大厅的基建和110kV变电站的设计、建设等方面均取得重要进展。截至2001年底共签订合同519份，总金额近1.4亿元。建成并成功运行大型超导实验站，完成了超导中心螺管测试实验。建成国内先进的第一壁材料实验室，研制出符合HT-7U装置要求的第一壁材料。

2001年对HT-7实验系统作了很大改进：实现极向场的稳态供电及控制，利用钒钢实现稳态条件下纵场波纹度的大幅度改善，建成1MW稳态低杂波电流驱动系统、高性能水冷石墨限制器及粒子排除系统、新型射频天馈系统、海量数据实时与连续采集系统以及数项先进等离子体诊断系统。HT-7装置实验取得许多令人振奋的结果：实现了在低杂波驱动下电子温度超过500万度、中心密度大于$1.0\times10^{19}m^{-3}$、长达20s可重复的高温等离子体放电；实现了大于10s、电子温度超过1 000万度、中心密度大于$1.2\times10^{19}m^{-3}$的高参数等离子体放电；在离子伯恩斯波和低杂波协同作用下，实现了放电脉冲长度大于100倍能量约束时间、电子温度2 000万度的高约束稳态运行；最高电子温度超过3 000万度。这些重大的综合实验结果领先于国际上同等规模装置，标志着HT-7超导托卡马克的研究已步入世界磁约束核聚变研究的前列，成为世界上第二个可进行高参数稳态条件下等离子体物理研究的实验装置。

2001年11月份经过专家论证并经中科院批准，成立了中国科学院等离子体物理研究所离子束生物工程学重点实验室，结束了等离子体物理研究所没有中科院重点实验室的历史。去年离子束实验室通过各种渠道，争取到“十五”国家重点科技攻关项目、国家自然科学基金项目等多项研究任务，争取经费2 000多万元。在科研工作中育成2个优良小麦新品种，育成耐高温Vc新菌种，花生四烯酸高产菌种和发酵技术综合指数比国外最高水平高出50%，产品已进入市场。

染料敏化纳米薄膜电池应用研究开展了纳米二氧化钛材料和薄膜特性研究，开展了不同密封材料和密封工艺的实验研究，获得阶段成果。制备0.25cm^{2}小面积电池、4×6cm^{2}大面积电池，通过老化实验，基本保持稳定。

积极推进国际合作交流，全年申报批准国际合作交流项目25项，获得近30万元的经费支持，有力地支持了等离子体物理研究所科研人员出国和来访接待。在HT-7实验期间，有日、美等国家18位外籍科学家参加实验，并获得10万美元的设备支持，使HT-7真正成为国际合作的平台；还成功举办了“第一届中国青年学者等离子体物理与核聚变研究学术讨论会”，来自美、日、德等国及国内相关科研单位和大学的23位优秀青年学者参加了会议，报告交流了国际核聚变最新研究成果，加深了海内外青年学者的了解和友谊，促进国外优秀青年人才的引进。通过努力，招收了建所以来第一位外国留学生。

固体物理研究所

所　　长：崔　平
地　　址：合肥市西郊董铺岛
邮政编码：230031
联系电话：0551-5591415
图文传真：0551-5591434
电子邮件：office@mail. issp. ac. cn
网　　址：www.issp.ac.cn

中国科学院固体物理研究所于1982年3月正式成立。现有职工127人，其中科技人员110人，研究员15人，副研究员和高级工程师38人，中级科技人员32人。现有在学博士生75人，硕士生64人。另有博士后9人。

固体物理研究所主要从事凝聚态物理和新材料的制备与物理的实验和理论及计算凝聚态物理的研究，设有凝聚态物理的硕士点，博士点和博士后流动站，现有3个研究室和1个固体微结构分析实验室。主要研究领域有纳米材料与纳米结构、机械振动吸收能谱学、计算凝聚态物理理论和计算材料科学、氧化物的电子输运等。内耗与固体缺陷实验室是中国科学院重点实验室，是国际上公认的内耗与固体缺陷研究中心之一。固体物理研究所在中科院定位为基础研究基地型研究所的基础上，2001年围绕中科院知识创新工程试点的要求进行了结构性调整和学科定位，2001年5月经中科院批准正式纳入了合肥研究院知识创新工程，凝炼的学科方向为：纳米科学与材料物理。(1) 纳米材料与纳米结构：在特种准一维纳米材料、微阵列、量子通道与低微纳米材料体系的制备，结构与物性表征方面取得一批原创性研究成果，通过纳米材料与高技术和传统技术交叉融合，研制若干种高技术产业所需要的纳米材料和技术；(2) 内耗与固体缺陷：发展新的内耗测量方法与技术，将内耗技术应用于各相关学科的前沿领域，积极推进在软凝聚态和生物领域的应用，特别是在凝聚态先进材料与低维材料研究中的应用。结合其他观察和分析手段了解各种类型物质的微机构以及它们与物理性能的关系；(3) 物质计算科学：以凝聚态物质的结构和物性研究为目标，发展高精度的原子、电子层次的理论计算方法，如纳米体系的动力学模拟方法，复杂大分子体系的自由能计算方法，对新的材料体系进行优化设计和性能预测，建立高性能科学计算的环境。

2001年固体物理研究所的重要成果有：(1) 通过内耗测量技术的创新，发现在二元合金(Pb－Sn;In－Sn; In－Bi)的液相线200度以上存在一级相变,这个结果投稿“Physical Review B”被接受并以快速通讯（Rapid Communications）形式发表。该项研究对液态物理研究具有重要的促进作用，同时证实了内耗方法也是研究液态结构的灵敏手段；(2) 在纳米线、纳米电缆、纳米带及一维纳米结构有序阵列等的合成方法（特别是量产的方法）探索方面，取得了重要进展，获得了一系列有重要应用背景的新型纳米结构材料；特别是硅纳米线有序阵列体系、TiO_2 纳米线微阵列/Al_2O_3 组装体系、Ga_2O_3 纳米带、GaN/BN同轴纳米电缆等的成功获得，对下一各种功能微器件的实现具有重要意义。(3) 原子团簇、纳米颗粒结构的研究中取得了新进展。采用第一原理方法研究了小分子与碳管的相互作用，发现氢分子与碳管之间的相互作用总是很弱，但在外压作用下，碳管与碳管的距离变小，氢分子可分解成两个氢原子，然后分别化学吸附在碳管上，伴随着碳管的形变。发现了氧化物团簇的三种生长模式，观察到了氧化引起的金属结构的转变，这对碳纳米管储氢理论研究非常重要。

固体物理研究所经过10多年的发展，已在凝聚态物理和纳米材料科学若干前沿热点领域形成了特色，拥有一系列特殊材料的制备装置和一批用于材料的力学、电学和热学的物性测试及固体微结构分析的大型仪器设备，拥有国际一流的频谱齐全、温度范围宽的内耗测量装置。用专项资金购买3台世界上先进的仪器设备（Cary…5E分光光度仪、0mnisorp100cx比表面与孔隙分析仪、扫描探针显微镜 Spm cp）以及现有的PW1700型X线衍射仪，2000年安装了最新型的JEM-2010型高分辨电子显微镜，它们都为固体物理研究所在纳米材料的研究中发挥了巨大的作用。

2001年全所争取和承担的主要科研项目共34个，其中“973”国家重点基础研究项目4项，1项主持，3项参加。除此之外有国家杰出青年基金1项，基金委面上项目15项等。

2001年固体物理研究所在正式出版物上发表论文115篇，其中被SCI索引的论文有95篇。根据中国科技论文统计与分析，2001年固体物理研究所在全国科研机构中，被SCI论文索引排名为24位，论文引证排名第17位。申请发明专利1项、授权发明专利2项。在应用研究方面，建立了纳米材料研究制备中心，纳米材料应用取得了较好的研究结果，并分别与合肥美菱集团、小鸭电器股份公司、常州华源蕾笛斯有限公司、山东汇中资产管理有限公司等6家企业联合成立纳米材料应用研究中心或研究所，从横向争取合同科研经费约250万元。2001年12月31日安徽省科技厅正式批准安徽省纳米材料工程应用研究中心（依托固体物理研究所）正式成立。

2001年固体物理研究所的所属有限责任公司工作也有新的起色。按照中科院里的要求，当年完成了对所属开发公司的改制，所控股公司的当年营业额总计达1 100多万元，创利税近100多万元。

2001年固体物理研究所国际交流合作有所加强，共办理出访项目20多人次。接待外宾的来访共3次5人，签订合作协议3份。

固体物理研究所是中国物理学会内耗与超声衰减委员会的挂靠单位。

合肥智能机械研究所

常务副所长：梅　涛（主持工作）
地　　址：合肥市科学岛
邮政编码：230031
联系电话：0551-5591136
图文传真：0551-5592420
电子邮件：iim@mail.iim.ac.cn
网　　址：www.iim.ac.cn

中国科学院合肥智能机械研究所建于1979年。现有在职职工153人，其中科技人员126人，有研究员13人，副研和高级工程师34人，中级科技人员47人。主要创新学科方向为智能传感系统与农业信息技术研究，重点研究领域包括：敏感元件与智能材料，工业传感器与特种传感器，先进制造技术，自动化检测仪表，人工智能与模式识别，专家系统等。国家“863”智能机器人传感技术实验室、传感技术国家重点实验室厚膜专业点设在此所，面向全国开放。研究机构分为传感技术研究中心、智能技术研究中心、检测技术开发中心、农业信息技术重点实验室、消防电子技术实验室五大部分。

合肥智能机械研究所通过不断的科学创新，保持与国际信息和自动化领域学科前沿的同步发展。经过长期不断深化科技体制改革和结构性调整，初步形成了一支能够承担国家重大科研任务、善于打硬仗的科研队伍。建所以来，承担了一大批国家科技攻关计划、“863”高技术发展计划、国家自然科学基金、国家攀登计划、中国科学院和安徽省的重大科技项目等，共取得近百项科研成果，在科学技术转化为生产力方面做了大量工作，为国家、社会贡献了自己的力量。

突出两大学科重点，科研教育见成效。2001年以“智能传感系统”、“农业信息技术”两大创新学科方向为重点，在政策、人才和经费上给予支持，凝聚了科研力量，其效果在科研产出和经费争取中得到了充分体现。全所新获批准课题28项，获得新增合同经费708万元，其中国家“863”项目7项，获得经费430万元，国家自然基金2项获经费37万元，安徽省科技计划和基金8项总经费76万元，合肥市科研计划项目3项，获得经费68万元，其他地方委托等项目批准9项总经费97万元。这些项目的获得为2002年科研工作创造了较好的条件和基础。

2001年度运行的25个项目进展良好。结题验收12项，上报中科院成果12项，按时完成课题计划。其中农业信息技术重点实验室承担的“863”重点研究成果“农业专家系统开发平台的研制及其应用研究”通过“863”专家组和省科技厅组织的成果鉴定，鉴定委员会一致认为，“该研究成果属国内领先，技术上达到国际先进水平”。全年发表论文85篇，专著1部，获准发明专利1项，实用新型9项，当年申请发明专利6项，实用新型12项。

研究生教育工作不断取得好成绩，现有2个硕士授权点、1个博士授权点（与中国科技大学联合）。2001年硕士研究生招生工作取得了前所未有的好成绩，报考人数创历史最高记录，重点大学考生的比例连续3年居合肥分院系统之首，去年达线考生超过合肥智能机械研究所招生计划指标近2倍。这些成绩也说明了合肥智能机械研究所科研工作取得的成就和影响日益为外界所了解和重视。目前合肥智能机械研究所有在读研究生72人，其中博士生31人，硕士生41人。研究生质量不断提高，他们已成为合肥智能机械研究所科研工作中的一支重要的科技力量。

知识与资本紧密结合，促进产业向规模化发展。改制、重组、资本运作和产品定型是去年合肥智能机械研究所产业化工作的主线，通过引入多种类型的战略合作伙伴，使合肥智能机械研究所的600万元无形资产转化为资本，并使所办企业增加了1 500万元的现金资本，获得了发展高科技产业必需的资金。

合肥智能机械研究所以技术成果入股的英科公司，开局第一年就获得国家中小创新基金无偿资助100万元。公司狠抓科技成果转化过程中的工艺和技术问题，开发定型了电动叉车固态化仪表、电瓶车智能控制器、高频充电机三大系列

20余种产品，并建成了相应的生产线，为批量供应安徽叉车集团作好了全面准备。2001年总到款230万元，实现利润16万元。

在合肥智能机械研究所高技术公司在上半年通过与上海中锐创业投资管理公司的资产重组，成立了安徽中科智能高技术有限责任公司（下简称高技术公司）。从而获得新增现金资本260万元，使净资产达507万元，其中智能所为第一大股东，占30.53%。公司在新的运行、激励机制下，超额完成年度创收任务，2001年度总到款561万元，利润58万元。并在合肥高新技术开发区购买了近1 000m^2的房产，为公司长远发展提供了良好的环境。

合肥智能机械研究所创办的天安消防厂（现已加入科大创新股份有限公司）把营销作为企业发展的龙头来抓，在北京、上海、江苏、浙江、广东等10个省市设立了办事处，并同时将新一代产品TA2000型系统全面推向市场，同时狠抓质量管理，去年再次顺利通过ISO9001质量认证年度复查，全年取得销售合同额近千万元、到款314万元、纯利润186万元，使公司的经济状况得到较好改善。

合肥智能机械研究所科源传感系统工程有限责任公司和合肥荣事达三洋电器股份有限公司顺利进行资产重组，使科源公司的资产总额由100万元增加到750万元，新增现金资本350万元，同时合肥智能机械研究所的300万元无形资产在资本中得到体现。“厚膜力敏传感器产业化”项目获得安徽省计委无偿资助80万元，“数显水平尺”项目作价90万元投资到昆山科源，两条批量生产线已经建成，为规模发展奠定了基础。

为贯彻中科院路院长和江副院长对农业专家系统产业化的指示，合肥智能机械研究所与北京富利特新技术公司共同组建了北京仲讯雄风有限责任公司，首期投资1 000万元，其中北京富利特新技术公司投入现金700万元，合肥智能机械研究所以无形资产300万元入股，占33%股份。目前该公司已逐步开始运行，并拟在合肥成立分公司。

对安徽视窗公司进行了股份结构调整，组建了新的经营班子，目前视窗公司正在一个新的股权结构下运作。

合肥智能机械研究所奥力公司原来是中美合资的公司，重组工作要在今年才能完成，奥力公司2001年总到款为100万元，利润6万元。

全所目前共有7个参股公司，从事技术开发工作有80位技术人员，技术开发工作取得较好经济效益。

目前，全所开发的主要高新技术产品有：智能测漏仪、心血管功能测试仪、火灾报警控制系统、测长仪、IC卡煤气表及网络管理系统、电梯加速度测试仪、电梯限速器、图像处理系统、六维力传感器、运动员多维力测试平台、智能油耗仪、智能化胎儿检测仪、数显水平仪、微电子机械系列、设施农业智能控制系统、中小企业电子商务系统、科普产品等，这些产品由于其技术优势明显，实用性强，深受用户欢迎，它们在国防、科教、化工、机械、医疗、农业、轻工等行业得到广泛应用。

合肥智能机械研究所不断加强国际间科技合作，与美国、日本、俄罗斯等国家和台湾、香港地区建立了良好科技合作关系，全年与上述国家和地区的科学家、学者之间进行了10多次学术交流。

合肥智能机械研究所承办中国自动化学会《模式识别与人工智能》学术期刊。该刊是《中文核心期刊要目总览》中的自动化、计算机领域中文核心期刊。2001年度影响因子达到0.57。2001年该刊第四次被评为安徽省优秀科技期刊一等奖。

武　汉　分　院

院　　长：叶朝辉

地　　址：武汉市武昌小洪山

邮政编码：430071

联系电话：027-87883790

图文传真：027-87881080

电子邮件：whb@ms.whb.ac.cn

网　　址：www.whb.ac.cn

中国科学院武汉分院于1956年开始筹建，1958年7月正式成立，1961年与广州分院合并成立中国科学院中南分院，武汉分院调整为中国科学院中南分院武汉办事处，1970年该办事处撤销，1978年经国务院批准恢复中国科学院武汉分院建制。

武汉分院系统现有独立机构10个，分布在武汉、长沙两地。武汉地区有分院机关、武汉物理与数学研究所、武汉病毒研究所、水生生物研究所、武汉植物研究所、武汉岩土力学研究所、测量与地球物理研究所、武汉文献情报中心；长沙地区有长沙大地构造研究所、长沙农业现代化研究所。另外，代管水利部、中科院水库渔业研究所。共有正式职工（含合同制职工）1 873人（不含水库渔业研究所），其中专业技术人员1 232人，有中国科学院院士8人，工程院院士1人；高级专业技术人员501人，中级专业人员508人。

2001年是中科院实施知识创新工程进入全面推进的第一年，武汉分院系统各单位以知识创新为中心，从研究所的实际出发，积极进行学科凝炼，机构调整，制度建设及机制的创新，并取得可喜成效。在部分重点实验室和科学家小组进入院一期创新工程的基础上，水生生物研究所、武汉物理与数学研究所整体进入院知识创新工程，改变了武汉分院系统在一期知识创新工程试点没有一个所整体进入的局面，从而极大地振奋了广大科技人员和职工的精神，坚定了信心。到2001年12月底，武汉分院系统共有219人进入创新工程，共争取创新经费3 647万元，加大了对知识创新的力度，改善了部分研究所的科研设备和环境。

2001年也是国家实施“十五”计划的头一年。武汉分院系统各研究所积极争取国家科研项目，成效显著。到年底共承担国家、中科院、部（委）等下达的科研课题442项，共争取科研经费7 377万元。其中，获得湖北省和武汉市科研课题19项，经费344万元。

为保证知识创新工程的顺利进行，武汉分院党组重视分院和所属各单位领导班子建设。按照院党组关于加强领导班子和领导干部建设的有关要求，分院党组多种形式地抓好领导干部的思想、作风建设，注意开展工作研讨和交流，加强理论学习和廉政建设，不断提高综合素质，以适应新形势下对领导干部的要求，使他们能更好地团结带领单位科技人员和职工，完成以知识创新工程为中心的各项工作。从总体上来看，分院系统大多数单位领导班子状态比较好，能够团结协作，勤政廉政，有较强的事业心和责任感，绩效比较明显。因此，研究所的工作也有明显的进步。分院协助中科院党组和院人事局完成对武汉岩土力学研究所、武汉植物研究所领导班子换届；完成武汉分院、武汉物理与数学研究所、水生生物研究所、长沙大地构造研究所、长沙农业现代化研究所领导班子届中考核及领导干部调整工作。在班子换届过程中，坚持民主推荐、公平竞争、任前公示等原则，积极推进领导干部制度改革。

分院党组以江泽民同志“三个代表”重要思想为指导，加强和改进分院系统各级党组织建设及创新文化建设。组织认真学习江泽民同志“七一”讲话，深刻理解“三个代表”思想的重要意义。分院党组要求各单位要认真抓好党委一班人、党支部以及党员个人三个层面上的学习，并联系单位、部门和个人的实际加深理解，指导和促进各项工作。分院党组认真贯彻落实中科院党组关于加强创新文化建设的要求，在明确创新文化建设内涵、目标和要求的基础上，借鉴有关单位的先进经验，积极推进分院系统的创新文化建设。根据中科院创新文化建设领导小组的安排，分院党组对水生生物研究所创新文化建设进行了评估。同时，召开了分院系统创新文化建设经验交流会。在文明单位创建工作中，2001 年上了一个新台阶。水生生物研究所被命名为“省级最佳文明单位”、武汉物理与数学研究所继续命名为“省级文明单位”；武汉病毒研究所、武汉岩土力学研究所、水库渔业研究所通过了新一年度的委级文明单位验收；申报委级文明单位的武汉植物研究所通过了验收，这 4 个单位已分别被省委企业工委命名为文明单位。同时，隆重热烈地组织建党 80 周年纪念活动。为了隆重纪念中国共产党成立 80 周年，分院党组在“七一”前夕组织了丰富多彩的活动。包括召开党员纪念大会、表彰先进党支部和优秀党员、举办文艺汇演等，充分展示了分院系统广大党员和职工的良好精神风貌。

加强院地合作，是中科院实施知识创新工程的组成部分，也是中科院赋予分院的重要职能。武汉分院从实际出发，积极推进这项工作，并取得了初步成效。一是湖北省政府与中科院签订合作协议。2001 年 5 月 10 日，湖北省政府与中科院在北京正式签订合作协议，湖北省省长与路甬祥院长分别在协议上签字。同时，省、院领导商定将共建武汉植物园，作为省、院合作的第一个项目。随后，省、市有关领导及部门负责人，先后到武汉植物研究所调研和现场办公，商定共建的具体事项。经过协商，省、市政府决定出资1 000万元用于武汉植物园建设，包括征拨 169 亩土地（含水面），尽快修通鲁磨路及该路至武汉植物研究所的 700m 长道路，与东湖风景区共建面积为 110 亩的红枫谷，支持武汉植物园兴建大型展览温室等。为保证这些项目的落实，成立了由省科技厅牵头，武汉分院及武汉市有关部门参加的共建领导小组。二是武汉分院与襄樊市签订合作协议。在省科技厅领导的支持下，分院与襄樊市政府于 2001 年 9 月 2 日，在襄樊市签订合作协议，襄樊市政府承诺每年出资不低于 200 万元，建立“种子资金”，以研究开发新技术、新产品。中科院杨柏龄副院长参加签字仪式，并在讲话中要求加强合作、扎实推进、做出成效来。三是分院继续加强与浙江省余姚市，江苏省扬州市、苏州市、太州市等地区的合作。组织分院系统的力量，参加各类技贸活动共计 15 次，签订意向合作协议 51 份，其中已启动 5 项，合同金额 758 万元。四是积极派遣科技副职。到目前为止，分院系统共向河南、山东、江苏、浙江等省派遣科技副职 13 人，超额完成了中科院下达的任务。在全院科技副职工作会议上，武汉分院被授予“中国科学院科技副职工作优秀单位”荣誉称号。

园区建设是知识创新工程的支撑和创新文化建设的重要内容。在院关于加快科学园区建设总体部署下，武汉分院与各单位一起积极争取园区建设项目经费，积极推动园区建设的步伐。成立了“分院园区规划领导小组”。在分院主要领导和主管领导的组织下，多次召开专题研讨会，经过深入讨论，进一步明确园区建设的重要意义，达成共识；确立了小洪山地区及小洪山以外各研究所园区规划的指导思想和建设目标。在充分调研和征求意见的基础上，分院机关和各研究所分别制定了具有一定超前意识和反映学科特点的园区规划。2001 年 7 月初，中科院有关部门在武汉审定了武汉分院系统的园区规划，原则通过了小洪山基地、水生生物研究所、武汉植物研究所、测量与地球物理研究所、长沙大地构造研究所 5 个园区规划，为武汉分院系统进行大规模的园区建设打下了基础。在中科院的大力支持下，加大了投资力度，启动了一批基础设施和园区改造项目，使武汉分院系统各单位科研及生活环境得到了不同程度的改善。

研究生教育基地工作。目前，武汉分院系统共有在读研究生 592 人，其中博士生 344 人，硕士生 248 人。2001 年主要做了以下工作：通过组织研究生招生宣传、咨询等活动，扩大了武汉分院各研究所的影响，使研究生报考数量和质量都有不同程度的提高。2001 年武汉分院各研究所共招收硕士生

153人、博士154人，分别超过计划招生数量。加强研究生基础课程教学工作。开设了博士生和硕士生英语阅读、写作、听力及政治理论等公共课程；开设了硕士生计算机语言与应用课程。设立了优秀研究生奖，获得首届基地优秀研究生奖的有10人。同时，有2人获中科院院长奖学金特别奖，3人获院长奖学金优秀奖，20人获中科院冠名的各种奖励。研究生公寓楼工程项目经中科院批准立项。同时，完成设计招标及部分规定费用减免工作。研究生公寓楼总建筑面积为12 000m^2，总投资为2 715万元，可容纳700名研究生，是集住宿、教学与管理等功能为一体的综合性大楼。

武汉岩土力学研究所

副 所 长：冯夏庭（主持工作）
地　　址：武汉市武昌小洪山
邮政编码：430071
联系电话：027-87152420（办公室）
图文传真：027-87152557
电子邮件：irsm@dell.whrsm.ac.cn
网　　址：www.whrsm.ac.cn

中国科学院武汉岩土力学研究所创建于1958年，是中国科学院高技术研究基地型研究所，为专门从事岩土力学基础与应用研究、以强烈工程应用背景为特征的综合性研究机构。已故国际著名岩土力学专家陈宗基院士为武汉岩土力学研究所的创始人。2001年4月，中科院人教局何岩局长亲临研究所视察工作，并指导领导班子换届工作，首次率先在研究所推行引入竞争机制，实行竞争上岗，“任前公示”的用人制度，组建了研究所新一届领导班子：冯夏庭同志任副所长（主持工作）、周凭栏同志任党委书记、汪稔同志任副所长、汪大国同志任党委副书记兼副所长。2001年武汉岩土力学研究所岩土力学实验室被批准为“中国科学院重点实验室”，全所人员受到很大鼓舞，并积极努力，力争全所整体进入中科院知识创新工程。

全所现有职工231人，其中科技人员168人，有中国工程院院士1人，研究员19人，副研究员、高级工程师59人。设有固体力学与岩土工程博士学位和硕士学位授予点和岩土工程博士后流动站，在学博士研究生52人，硕士研究生37人，在站博士后5人。

武汉岩土力学研究所围绕“国家重大基础设施建设中的关键岩土力学和岩土工程问题及高新技术主线”，开展大规模地下空间、高陡边坡和环境岩土力学基础性、战略性、前瞻性的科技创新研究，为国家重大基础设施建设提供技术支持和依托。目前，研究所在计算岩石力学、智能岩石力学、施工过程力学、特殊土土力学、岩石动力学、岩体变形三维非接触式测量、原位测试技术、桩基检测技术、细宏观实验技术、数字钻孔、地层信息系统、地下工程与地下空间、边坡和地基工程等方面的研究形成了独特的优势。

岩土力学重点实验室的前身是1988年成立的基础研究室，1998年曾更名为复杂岩土介质力学性质及应用开放研究实验室，自费对外开放，2001年通过了中科院高技术局组织的专家论证、被中科院正式批准为院级重点实验室，并定名为岩土力学重点实验室。实验室主要从事岩土力学的基础和应用基础研究，设有计算与智能岩石力学、环境岩石力学、特殊土土力学三个主要研究方向。通过宏观、细观、微观力学试验，揭示岩土介质在复杂环境（如温度、高应力、高应变速率、渗流、化学腐蚀等）下的固有力学特性，提出相应的理论和数值分析方法，应用于重大岩土工程和地质环境工程。

2001年武汉岩土力学研究所的科学研究和科技开发工作稳步发展，承担基础与应用研究项目共计27项，其中国家自然科学基金项目11项、中科院支持项目5项、承担地方科技项目5项、岩土工程项目21项、境外委托项目2项。武汉岩土力学研究所2001年申请专利10项，获得专利授权6项。在基础研究方面的突出成就体现在：首次获得了岩石受水化学环境腐蚀下的细观破裂特性和演化规律，从理论上研究了多裂纹相互作用以及水化学腐蚀破裂的机制；通过应力路径对盐岩蠕变的影响研究，导出了以能量耗散为准则盐岩损伤儒变关系；发现了符合 Mohr－Coulomb 准则的弹塑性材料必满足一个称之为 Fai－Mui 不等式的不等式，建立了材料的强度参数与刚度参数之间的定性关系，属于原创性的研究；在膨胀土裂隙的定量描述和膨胀土风化机理研究方面，实现了考虑雨水入渗和裂隙双重影响的膨胀土边坡稳定性分析，这对膨胀土灾害的预防与治理具有重大的理论意义；提出膨胀土基质吸力与蒙脱石晶体层间距的公式和一个多排周期性裂纹相互作用的精确高效求解方法。同时，研究所基础研究的积累及其综合优势在岩土工程界不可替代的地位正日益显现：以葛修润院士为代表的研究所科技骨干在“深圳地铁一期工程土建施工第三方监测”投标项目中以综合得分排名第一，一举中标。

2001 年，武汉岩土力学研究所在重点学科，基本完成科研队伍的代际转移，全所课题组基本上由中、青年科研骨干担任课题组长，其中 45 岁以下占组长数的 90%，正在形成结构层次合理、充满活力的人才队伍。管理岗位人员数保持在 7%以下，技术支撑人员不超过 10%。

2001 年武汉岩土力学研究所承办了“第四届全国青年岩土力学与工程会议”，冯夏庭教授任会议主席。来自全国及海外部分华人优秀青年科学家共计 120 多位专家学者参加了学术会议的交流。随后主办了“茅以升及基础工程大奖学术报告会”，90 余名专家到会，共同探讨岩土力学学科发展的新生长点和岩土工程高新技术的新方向、新应用。两个学术会议气氛热烈、活跃，取得了圆满的成功，并以此扩大了武汉岩土力学研究所的知名度，加强了与国内外同行的合作，活跃了研究所的科研学术氛围。2001 年全所获得各类科技进步奖 3 项，发表科技论文 147 篇，其中 SCI 收录 12 篇、EI 收录 22 篇、ISTP 收录 34 篇。

武汉岩土力学研究所是中国岩土工程研究中心的挂靠单位，2001 年岩土工程研究中心召开了中心常委会会议，对中心过去几年来的工作进行了总结，针对中科院中心工作会议精神及研究所创新工作目标，讨论了换届及中心发展方向。同时，武汉岩土力学研究所是中国岩石力学与工程学会挂靠单位之一，也是其下属的地下工程与地下空间分会、岩石动力学专业委员会和中国力学学会岩土力学专业委员会挂靠单位。武汉岩土力学研究所承办并编辑出版《岩石力学与工程学报》、《岩土力学》、《岩土工程学报》，三刊均是国家自然科学核心期刊，前两刊被 EI 收录。

武汉岩土力学研究所正以知识创新为契机，在新的办院方针指引下，面向国家战略需求、面向世界科学前沿，加强原始创新与高技术集成创新，实现研究所跨越式发展，努力成为国内外公认的岩土力学与岩土工程高水平的研究机构。

武汉物理与数学研究所

所　　长：詹明生
地　　址：武汉市武昌小洪山
邮政编码：430071
联系电话：027-87882543
图文传真：027-87872238
电子邮件：wipm@wipm.whcnc.ac.cn
网　　址：www.wipm.ac.cn

中国科学院武汉物理与数学研究所于 1996 年 3 月由中国科学院武汉物理研究所（成立于 1958 年）和中国科学院武汉数学物理研究所（前身是 1956 年成立的中科院武汉数学研究室及 1959 年成立的中国科学院中南数学计算技术研究所）合并而成。全所现有职工 297 人，其中科技人员 208 人，有中科院院士 1 人，研究员 34 人，副研究员、高级工程师 52 人，中级科技人员 87 人。现有在学研究生 113 人（博士生 55 人，硕士生 58 人），在站博士后 16 人。

武汉物理与数学研究所的研究定位是以波谱与原子分子物理、电离层物理和数学物理的基础研究为主，发展相关的应用研究和高新技术，建成国际著名研究所，成为国内磁共振研究中心和原子分子物理研究基地。主要从事核磁共振波谱学、原子分子物理、电离层空间物理、数学物理及高技术等领域的研究。无线电物理（波谱与量子电子学）、原子分子物理和空间物理学专业具有博士、硕士学位授予权；应用数学、基础数学、系统科学和管理工程、声学和理论物理等专业具有硕士学位授予权；建有1个物理学博士后流动站，所内建有波谱与原子分子物理国家重点实验室、电离层物理实验室、数学物理青年实验室及高技术研究发展中心。此外，湖北省与中科院共同支持的武汉磁共振研究中心设在武汉物理与数学研究所。拥有80MHz、200MHz、400MHz、500MHz和600MHz核磁共振谱仪，动物磁共振成像仪，DNP谱仪，脉冲和连续波激光器，光谱测试和谱分析仪，美国SGI、DEC和SUN公司多台先进图形数据处理工作站，并有垂直测高仪、中频雷达、激光雷达、相干散射雷达、流星雷达、高频多普勒探测仪等中高层大气与电离层观测台站设备。中国科技网武汉网络中心设在武汉物理与数学研究所。

武汉物理与数学研究所在总结创新工程一期试点工作的基础上，进一步调整和完善知识创新方案，明确创新工作步骤和目标，分析学科发展优势，讨论重点研究方向，使广大科研人员在思想上、认识上取得共识；并按照“前瞻性、战略性、基础性”和攀登科学技术高峰的要求，凝炼、提升科技目标，2001年8月通过了创新方案评审，正式以全所进入创新工程二期试点。在创新工程实施过程中，对现有的研究机构进行了调整，撤消了原有的8个研究室，组建了3个实验室和1个高技术研究中心，确立了5个重点领域及16个研究方向，并据此公开招聘了18名研究组长和项目经理，按创新目标要求签订了岗位目标责任书；在制度上，根据创新要求制订了一系列相关的规章制度，并调整和完善了原有的制度使之与创新工作相适应；在人才引进方面，加大了吸引优秀人才的工作力度，采取有效措施，对吸引来所工作的博士学位研究生和博士后出站留所工作人员，给予课题启动费、安家费，并提供较好的住房条件，使他们有一个良好的工作和生活条件；全年引进了3名“百人计划”人员和“杰出人才”；全年招收博士生26人，硕士生29人，博士后进站10人。在创新文化和园区建设方面，完成了科研大楼的内外装饰工程，工程质量和效果都达到了预期目标，受到院领导和主管部门的好评。

武汉物理与数学研究所2001年争取到国家科研项目9项；在研项目76项，其中，“973”子课题2项，杰出青年基金2项，国家自然科学基金重大项目子课题1项，国家自然科学基金重点项目2项、面上基金24项，中科院创新项目5项，全年获得到位科研总经费2 265万元。

武汉物理与数学研究所2001年发表论文157篇，SCI收录79篇，出版专著1部，全年有4项专利获得受理，9项专利获得授权。“离子囚禁和冷却的基础物理问题及应用研究”获湖北省自然科学一等奖。

2001年，武汉物理与数学研究所根据中科院有关精神对所办高技术公司进行转制改造，将原有的5个高技术公司重组为一个高技术集团公司——武汉中科创新技术公司，全年完成营业额1 911万元，创利243万元。并已逐步建立起现代化的企业制度和发展模式。

武汉物理与数学研究所与美国、英国、德国、日本、芬兰和澳大利亚等20余个国家的著名大学和科研机构建立了良好的国际合作与人才培养关系；2001年执行国际合作项目27项，其中中科院留学基金2项，院级合作项目2项，王宽诚科研经费奖金2项，国家自然科学基金委国际合作项目4项。并成功地组织了“磁共振技术及应用国际学术研讨会”。

武汉物理与数学研究所编辑出版《数学物理学报》（中、英）和《波谱学杂志》，该3种学术期刊均为中国自然科学核心刊物。其中《数学物理学报》英文版为SCI收录。

武汉病毒研究所

所　　长：胡志红
地　　址：武汉市武昌小洪山中区44号
邮政编码：430071
联系电话：027-87869117
图文传真：027-87641072
电子邮件：sbwiv@pentium.whiov.ac.cn
网　　址：www.whiov.ac.cn

中国科学院武汉病毒研究所始建于1956年，

当时称中国科学院武汉微生物研究室，1961 年更名为中国科学院武汉微生物研究所，1979 年易为现名。全所现有职工 150 人，其中科技人员 111 人，研究员 14 人，副研究员、高级工程师 36 人，中、初级科技人员 50 人。现有在学博士、硕士研究生 59 人。

武汉病毒研究所主要从事病毒学、微生物学和分析生物技术领域的研究。拥有微生物学博士学位授予点，微生物学、生物化学与分子生物学 2 个硕士学位授予点。病毒所今后的发展方向是面向国家农业可持续发展、人类健康和国家安全的战略需求，面向病毒学领域的国际前沿，开展农业病毒（农业微生物）和医学病毒研究，在“病毒与宿主的相互作用关系”等科学前沿作出原始科学创新，通过关键技术创新与集成，发展生物农药、重要人畜病毒病的检测及防疫技术，为我国农业的可持续发展、人类健康和国家安全作出基础性、战略性和前瞻性贡献，攀登病毒学研究的科学高峰，将病毒所建成国际著名的病毒学研究机构。

武汉病毒研究所目前科研机构设置为 3 个研究室和 1 个中心，即病毒学研究室、微生物学研究室、环境微生物学和生物技术研究室、中国普通病毒保藏中心。其中，中国普通病毒保藏中心（病毒标本馆）是亚洲最大的病毒保藏库，保藏有各类病毒 800 多株。此外，与荷兰瓦赫宁根大学和法国蒙比利埃第二大学共建有“无脊椎动物病毒学联合开放实验室”。

2001 年是武汉病毒研究所积极争取进入知识创新工程试点行列的一年。武汉病毒研究所组织科技人员进一步凝炼科技目标，明确学科发展方向，提出将武汉病毒研究所建成我国相关领域的重要研究基地、高层次人才培养基地、科学知识传播基地，力争 5～10 年内进入中科院 30 个国际公认的著名研究所的行列。为实现以上目标，大力进行科研布局调整、人事制度改革、园区改造和创新文化建设等系列工作。并利用 2001 年是建所 45 周年的契机，运用多种形式，宣传武汉病毒研究所 45 年来特别是近年来取得的重要成就，以鼓舞士气，振奋精神。在科研工作中，紧密围绕国家战略需要和国际学科前沿，积极争取国家重大任务，2001 年承担的课题有：国家“863”项目 6 项，“十五”国家攻关项目 2 项，国家转基因专项 2 项，国家杰出青年基金 1 项，国家自然科学基金面上项目 4 项；中科院“百人计划”项目 3 项，青年科学家小组项目 3 项，一期创新项目 2 项，创新工程重要方向性课题 5 项，重大项目 3 项，重点项目 3 项；院省合作项目 2 项，省市重点项目 7 项，横向课题 3 项等。

近年来，武汉病毒研究所在基础研究方面取得了长足的进步，特别是昆虫病毒学和杀虫微生物研究领域历经 40 多年丰厚沉淀，已经在国内外形成明显的特色和优势。2001 年武汉病毒研究所获得 2 项成果奖，其中“杆状病毒的分子生物学与分子进化研究”，获湖北省自然科学二等奖，“抗虫细菌及抗虫基因资源的发掘”，获湖北省三等奖。

武汉病毒研究所 2001 年在世界上报道了首例单核衣壳核型多角体病毒——中国棉铃虫病毒的全序列，揭示出杆状病毒基因组排列的共同特征，引起国际同行的高度关注，路甬祥院长亲自致信表示祝贺！在抗虫细菌及抗虫蛋白质基因资源的发掘方面，分离出了 1025 株苏云金芽孢杆菌（Bt）和 87 株球形芽孢杆菌（Bs），鉴定并命名了 7 个血清型和亚型，鉴定并克隆了多种杀虫晶体蛋白基因，对进一步发掘和利用我国抗虫细菌和抗虫基因资源有着重要的指导意义。

2001 年全所发表论文共 97 篇，其中被 SCI 收录的文章 12 篇；本年度的授权发明专利有 4 项、公开发明专利 12 项、申请专利 16 项。

2001 年武汉病毒研究所承担有：中科院与荷兰教育部科学合作备忘录项目“重组病毒杀虫剂研究”，中科院与英国皇家学会科学合作协议项目“蛋白质工程在生物化学和生物传感器中的应用”，中科院与法国国家科研中心科学技术合作协议项目“水生养殖重大疾病的检测与防治技术”，中科院与丹麦大学校长委员会合作协议项目“杀虫工程菌的遗传改良”，WHO 项目“蚊虫的抗性机理及抗性蚊虫的防治”等不同级别的国际合作项目 6 项。参与各种类型的学术交流 30 多次；受联合国教科文组织委托，武汉病毒研究所与北京中科院微生物研究所成功地联合举办了“国际生防培训班（Regional Training Workshop on Biocontrol)"，参加培训班的 16 位学员来自越南、菲律宾、朝鲜、印度尼西亚、巴基斯坦、泰国等国及国内大专院校，13 位教员来自丹麦、新西兰及中科院武汉病毒研究所、北京中科院微生物研究所、华中农业大学等科研教学单位。

武汉病毒研究所是湖北省暨武汉市微生物学会的挂靠单位。该学会连续 10 多年被省、市科协评为先进学会。编辑出版国内核心刊物《中国病毒学》，向国内外公开发行。

测量与地球物理研究所

所　　长：朱耀仲

地　　址：湖北省武汉市武昌徐东路 174 号

邮政编码：430077

联系电话：027-86783855

027-86783962

图文传真：027-86783841

027-86783962

电子邮件：sywc@asch.whigg.ac.cn

网　　址：www.whigg.ac.cn

中国科学院测量与地球物理研究所（以下简称测地所），前身为 1950 年南京中国科学院地理研究所大地测量室，1958 年迁武汉成立中国科学院测量制图研究所，1961 年调整为测量与地球物理研究所。1970 年划归地震局领导，1978 年在邓小平同志的直接关怀下，由中国科学院批准恢复重建。截止 2001 年底在职人员 138 人，其中科技人员 84 人，有中国科学院院士 1 人，研究员（包括正研级高级工程师等）17 人，副研究员、高级工程师 30 人，中级科技人员 28 人。在学研究生 62 人，其中博士生 28 人，硕士生 34 人。在站博士后 2 人，高级访问学者 3 人。

测地所是从事大地测量学、地球物理学与环境科学的基地型研究所，主要利用高精度的地面和空间技术。研究地球整体与局部运动及其动力学机制；湿地系统的结构功能及共同开发与保护；为资源环境及减灾防灾提供高科技服务。测地所是国务院批准的首批博士和硕士学位授予单位之一。有测绘科学与技术博士后流动站 1 个，博士学位授予点 2 个：大地测量学与测量工程、固体地球物理学；硕士学位授予点 3 个；大地测量学与测量工程、固体地球物理学、自然地理学。今后发展方向：以动力大地测量学这一前沿交叉学科研究为主体，以大地测量学、地球物理学和天体测量学为支撑。在地球重力场与固体潮汐、空间大地测量学、地球自转变化 3 个优势领域开展创新性研究。现设有动力大地测量研究室、动力大地测量中心实验站和环境国土研究室，共 3 个研究室（站），以及中国科学院动力大地测量学重点实验室（院级）、国家卫星定位系统工程技术研究中心（简称 GPS 工程中心，合建，国家级）、中国科学院天文地球动力学联合研究中心（合建）及中国科学院江汉平原小港湿地生态站，湖北省计委、中国科学院武汉分院环境与国土研究中心，湖北省 21 世纪议程管理中心等。

拥有国际最先进的 FG 5 型绝对重力仪、国内唯一一台 GWR 型超导重力仪、第三代人卫激光测距仪（共有）、全球定位系统接收机（JAVAD GPS，Rogue GPS，ASHTECH GPS 等）、拉柯斯特重力仪（LCR-ET 型、LCR-G 型等）；原子频标系统、遥感图像处理与地理信息系统、计算机工作站，海洋重力仪等国际先进设备。

作为中国科学院资源环境基地型研究所，测地所按照中科院知识创新工程战略和新的办院方针，深入学习和领会中科院党组关于知识创新工程的精神，进一步凝炼科技目标，制定研究所创新方案，实行了一系列的管理配套文件，保障全所创新研究有序进行。为全所顺利进入中科院二期创新，作好了充分准备。

2001 年在研项目 60 项，其中新开题 7 项。包括：国家大型科学工程重大项目 1 项"攀登计划"专题 7 项；"921"专题 1 项；海洋"863"专题 1 项；攻关专题 2 项；国家自然科学基金重点项目 1 项，杰出青年基金项目 1 项，面上项目 14 项，中科院创新项目 4 项，以及院长基金、院特别支持和省科委、省计委、省人事厅、所重点实验室等项目。2001 年测地所在全体科研人员的辛勤努力下，取得了出色的成绩。如国家大型科学工程重大项目“中国地壳运动观测网络”，该项目在许厚泽院士及研究所领导的关怀支持下，参加项目的科研人员克服重重困难，圆满地完成了任务；多项国家自然科学基金项目取得优异成绩，在SCI刊物上发表了多篇高水平的学术论文，获得同行好评；结题基金项目经基金委组织的专家评审，许厚泽院士主持的重点项目总评为A，孙和平、汪汉胜主持的面上项目被评为特优，朱耀仲主持的面上项目被评为优；中日信息化合作项目，通过项目组全体组员的艰苦工作，进展良好；新争取项目有国家“十五”重大科学工程“中国地壳运动观测网络（二期）”、国家自然科学基金委重点项目、国家“973”、“863”、“921”等项目及中科院创新项目立项建议等。

2001年，在中科院地学学科博士学位论文复审评估中，测地所“固体地球物理学”博士点的分数名列第一。继2000年测地所罗俊博士获院长奖学金特别奖之后，2001年测地所袁运斌博士又获院长奖学金特别奖，欧吉坤研究员获中科院彭荫刚优秀导师奖。王勇研究员（地球物理学领域的年轻科学家）获2001年国家政府特殊津贴。

2001年全所撰写专著4部，《青藏高原大地测量学研究》（获国家科学技术学术著作出版基金资助）正式出版，获得国内同行的好评。发表论文100余篇，其中发表在SCI刊物上11篇；袁运斌的论文在美国第14届导航研究院卫星部国际技术会议上获奖。专利授权1项，受理5项。协助国家自然科学基金委成功举办了全国性的“卫星重力学”和“GPS定轨”研讨会。

科技开发工作发展势头良好，GPS产业化在2001年度又向前推进了一步，“国家GPS工程中心”通过了国家科技部组织的验收；与武汉东湖新技术开发区的长通公司合作组建的长江产业集团；卫星导航通讯有限责任公司，研发工作顺利；与中国邮电科学研究院合作的“数字同步网定时设备的开发”项目取得邮电部的入网证，部分指标优于国内现有的产品，已在试验网上投入使用。

测地所积极开展国际学术交流，参加由国际大地测量和地球物理联合会组织的国际合作计划：地球动力学研究计划（GGP计划）；国际大地测量学会国际合作计划：亚太地区空间地球动力学计划（APSG）、国际岩石圈计划（ILP Ⅱ-4）；西太平洋人卫激光观测网计划（WPLTN）；NASA的固体地球研究计划（DOSE）；地潮的理论模拟和观测计划；全球重力变化监测网计划（G-gramophone）；中比、中澳政府间科技合作项目、中日信息化合作项目及与英国合作研究湿地环境等多项国际合作项目进行顺利。全年派出19人次赴国外、香港进行合作研究、讲学及参加国际会议；邀请49名外国专家、留学人员来所合作研究、讲学及参加会议。许厚泽院士任国际大地测量刊物编委。

测地所是国家首批甲级测绘资格单位之一，并是湖北省地球物理学会、湖北省天文学会、湖北省自然资源研究会的挂靠单位。

水生生物研究所

名誉所长： 刘建康
所　　长： 桂建芳
地　　址： 湖北省武汉市武昌区东湖南路7号
邮政编码： 430072
联系电话： 027-87883482
图文传真： 027-87875132
电子邮件： ihb@ihb.ac.cn
网　　址： www.ihb.ac.cn

中国科学院水生生物研究所的前身是1930年1月在南京成立的国立中央研究院自然历史博物馆，1934年7月改名为中央研究院动植物研究所，1944年5月又分建成动物研究所和植物研究所，中国科学院成立以后，于1950年2月将原中央研究院动物研究所的主体，植物研究所和山东大学的藻类学研究部分以及北平研究院的部分研究人员合并组成了中国科学院水生生物研究所（上海），1954年9月由上海迁至武汉。2001年底，全所共有职工324人，其中科技人员235人，有中国科学院院士5人，博士研究生导师23人，研究员30人，副高级科技人员48人，中级科技人员103人。现有在学博士生100人，硕士生82人。另有博士后4人。

水生生物研究所科学研究的总目标是根据国家需求，针对水生态环境不断恶化和水质性缺水日趋严重的这一我国和世界性重大问题，发展淡水生态学、水生生物多样性与资源保护、渔业生物技术和水环境工程研究，并通过这些研究在基础、应用基础与应用三个研究层次上的有机结合，为我国的水生态环境保护、渔业模式优化和水生生物资源可持续利用作出基础性、战略性和前瞻性贡献，攀登水生态环境保护和水生生物资源可持续利用研究的科学高峰，将水生生物研究所建成具有高学术地位和独特作用的、代表国家最高水平和国际著名的研究机构。

在实施知识创新工程方案中，根据研究所的战略定位，撤消了原有的7个研究室建制，组建了水生生物多样性与资源保护、淡水生态、渔业生物技术，水环境工程4个研究中心，将原26个学科组优化整合为23个学科组。在已完成的研究系列创新岗位的竞聘工作中已遴选出试点系列人员87人，其中研究人员中有引进国外杰出人才2人，“百人计划”人员3人，杰出青年基金获得者3人，全国百篇优秀博士论文获得者1人，70%以上具有硕士或博士学位，平均年龄约40岁。

设有生物学博士后流动站、水生生物学专业、遗传学、环境科学专业3个博士学位点（有博士学位授予权和博士生导师自行审批权），水生生物学、环境科学、遗传学和动物学4个硕士学位点。有招收、培养港、澳、台和国外研究生的权利。水生生物研究所目前拥有10万元以上大型仪器设备68台套，价值2 164万元，其中有12台价值总额638万元的仪器设备是进入创新以来购进的。这些仪器包括流式细胞仪、透射电子显微镜、色质联用仪、定氮仪、离子色谱仪、高效液相色谱仪、扫描电镜、蛋白紫外鉴定系统、原子吸收光谱仪、恒化仪、氨基酸分析仪、激光扫描共聚焦系统、超速离心机、元素分析仪、X光机、同位素质谱仪、DNA测序仪，中压蛋白纯化系统、液体闪烁仪等。

2001年水生生物研究所采取的主要改革措施及其效果：

（1）进一步明确水生生物研究所的总体发展战略，即以国家需求为导向，以科学化、民主化的管理为保障，以应用基础研究为主体，以基础研究和科研产业为两翼，围绕淡水资源的可持续利用这一中心议题，在资源、生态与渔业，水环境保护及生物技术等领域解决国民经济发展中具有战略意义的重大问题，攀登世界科学技术的高峰，把水生生物研究所建成具有较高学术地位和独特功能的国家级重点研究所。

（2）通过全体干部职工的共同努力，水生生物研究所《知识创新工程试点工作方案》于2001年7月2日顺利通过中科院党组评审，使水生生物研究所成为中科院知识创新工程全面推进阶段的试点单位之一。根据已获中科院批准的创新试点工作方案，对全所研究机构进行了重组，并结合科技创新目标需要和现有人才队伍状况，优化了人才结构。同时，完成了知识创新工程试点全面推进阶段管理与支撑部门首次竞争上岗工作。

（3）高度重视研究生招生宣传工作，生源状况良好，生源质量较高，教育工作取得了显著成绩。2001年23人获得博士学位，6人获硕士学位，研究生培养质量稳步上升，2001年获中科院院长奖学金特别奖1人，地奥奖7人，刘永龄奖学金1人，伟华科技奖学金2人。在职培训中有7人业余参加MPA或MBA班学习。

（4）创建文明单位活动取得新成绩，创新文化建设初步达标，水生生物研究所在连续五届获湖北省省级文明单位荣誉称号的基础上，于2001年4月跨入省级最佳文明单位行列，这也是水生生物研究所自20世纪80年代中期开展创建文明单位活动以来获得的最高荣誉称号。在创建文明单位的同时，创新文化建设也随着全所整体进入中科院知识创新工程而蓬勃展开，全所同志发扬“开拓创新、科学求实、团结协作，艰苦奋斗”的优良作风，树立国家需求和国家利益与科技创新目标相统一的价值观，建立以创新激励机制、创新评价体系为核心内容的创新机制，在园内环境与形象标识、行为规范与制度建设、价值导向和精神氛围三个层面做出了努力，有力地保证了科研成果和创新人才的产出。

2001年水生生物研究所争取和承担的主要科研任务和项目：

2001年全所在研项目共136项，其中“973”课题或子课题7项，“863”项目5项，国家自然科学基金重大项目3项、重点项目6项、杰出青年基金及延续性资助项目各1项，国家攻关项目4项，中科院战略发展计划重大项目1项。

围绕“实现健康的水生态环境”这一国际前沿问题和国家重大需求，全所科技人员积极参与国家和中科院科研项目的竞争。2001年共获得（主持）“转‘全鱼’生长激素基因鲤鱼的生态安全研究”、“发育过程中的基因时空表达研究”、“鱼类淋巴细胞个体发生与特异和非特异性免疫分子的研究”、“鱼类单性生殖调控基因的克隆、鉴定及其功能分析”、“育性可控及生态安全的转基因鱼研究”、“快速生长转基因鱼生态安全评价”、“China Fish Base－中国鱼类生物信息数据库及查询系统的建立”、“石斑鱼生殖调控和胚胎发育重要功能基因的克隆与应用”、“蓝藻毒素的分析技术体系和现场快速测试技术”，以及“重要动物类群的系统发育重建和分子进化研究”、“水环境污染的生物监控和修复技术的研究及应用”和“动物分子发育机理研究与动物克隆技术优化”等88个项目，总经费达4 300万元，在学科的发展上呈现出强大的生命力。

在争取承担国家重大科研任务方面成绩突出，院拨经费与争取院外经费的比例为7:4.85。已经超额完成了水生生物研究所进入创新试点单位的既定目标。

2001年全所共出版专著4部，共发表论文216篇，其中在包括“Science”在内的国际SCI源刊上发表研究文章72篇。CSCD收录论文110篇，EI收录论文3篇，SCI收录的论文已经超过了进入创新前3年平均数的2倍。

2001年水生生物研究所共取得3项省部级奖励：“湖群规模化养殖技术”湖北省科技进步奖一等奖，另两项成果分获省自然科学奖二等奖和科技进步奖三等奖。

2001年水生生物研究所获得授权发明专利3项，实用新型专利1项。

淡水生态与生物技术国家重点实验室在淡水资源的保护和持续利用，应用鱼类基因工程和细胞工程育种、提高湖泊养鱼效益等方面均发挥了重要作用，全国56个参加评估的重点实验室中排名第4位，为“A”级实验室。

东湖湖泊生态系统试验站升格为国家重点野外科学观测试验站，长江上游特有鱼类监测站被国务院三峡委员会评为优秀重点站。

滇池课题组获2001年度中科院院地合作集体奖二等奖。

2001年水生生物研究所为国家提供决策依据的重大建议3项：

1．科技部《关于放养鲢鳙鱼控制蓝藻水华暴发及相关问题的报告》提供决策依据。此报告是因李岚清副总理对中央人民广播电台关于武汉东湖放养鲢、鳙鱼消除蓝藻的报道的批示而引起，由科技部组织专家到水生生物研究所调研，由水生生物研究所专家协助完成。

以水生生物研究所刘建康院士、谢平研究员为首的研究人员对武汉东湖蓝藻水华消失原因进行了较为细致深入的研究，报告认为：以浮游生物为食的鲢和鳙能有效地遏制蓝藻水华的暴发；东湖蓝藻水华消失的原因是因为东湖中鲢鳙鱼的生物量超过了46～50g/m^3。滇池蓝藻水华污染控制技术研究课题组，按照对受污染水体水质的改善应从消减外来污染源和消除水体内源污染这一技术路线，在滇池开展了蓝藻水华控制应用研究，已取得初步成效。

2．向邹家华副委员长汇报“滇池蓝藻水华污染控制技术研究”课题研究进展。“滇池蓝藻水华污染控制技术研究”课题组将水生生物研究所1996年至今在滇池开展的研究工作，从任务的由来、取得的成绩、产业化设想以及今后的工作打算等方面作了较为全面的汇报。邹家华副委员长对此汇报材料作了重要批示：“成绩很大，前途光明，再接再厉，各方协同，任务虽重，必获成功”。

3．参与起草《关于尽快立项开展我国有毒化学品污染及环境安全问题研究的建议》。此建议即是：魏复盛、徐晓白院士等19人（包括水生生物研究所一名研究员）给朱总理的一封信，受到朱镕基总理等国家领导人的高度重视。

2001年水生生物研究所科技开发内容主要包括水生动物品种、养殖、饲料、病害防治技术及其药品，微藻工厂化生产与加工，水环境综合治理、监测，工业废水处理技术等4个方面。主要技术产品有：养殖系列品种、饲料系列、水生动物病害防治药品系列和螺旋藻系列产品等。

2001年水生生物研究所在国际合作与人才培养方面也取得较好成绩。其中国际科技合作项目主要有：

（1）中英合作项目“主要淡水养殖鱼类的免疫系统组成及其对病原的免疫反应”；

（2）中捷合作项目“鱼类重要寄生虫性病原的生物学与防治技术”；

（3）中德合作项目“环境污染物的内分泌干扰毒性效应研究”；

（4）中日合作项目“江豚、白鳍豚的声能力比较研究”；

（5）中日合作项目“白鳍豚、江豚的人工繁殖研究”。

2001年水生生物研究所科研人员参加国际会议19人次，共作大会报告13人次。主持召开了“长江上游地区可持续土地利用与流域生态管理项目研讨会”、“中国科学院生物资源、生态环境与生物技术学术讨论会”、“第四届世界华人鱼虾营养学术研讨会”、“蓝藻水华控制和水生态系统修复国际研讨会”、“中国原生动物学会第十一次学术讨论会”、“中国鱼类学会第六届会员代表大会暨学术研讨会”、“中国水产学会鱼病研究会第五次代表大会暨学术讨论会”等多个学术会议。为推动水生生物研究所的学科发展，促进科技创新起到了相辅相成的重要作用。

水生生物研究所是中国海洋湖沼（动物）学会鱼类分会、中国动物学会原生动物学会、中国水产学会鱼病研究会、湖北省海洋湖沼学会、湖北省动物学会、武汉动物学会、中国环境科学学会环境生物学专业委员会的挂靠单位。编辑出版学术刊物《水生生物学报》。

武汉植物研究所

所　　长：黄宏文
地　　址：武汉市武昌磨山
邮政编码：430074
联系电话：027-87510126
图文传真：027-87510251
电子邮件：office@rose.whiob.ac.cn
网　　址：www.whiob.ac.cn

中国科学院武汉植物研究所始建于1956年，占地面积0.59km^2，现有职工181人，其中科技人员116人，研究员13人，副研究员20人，高级工程师4人，博士15人，中级科技人员55人。具有植物学博士点和植物学专业和生态学专业硕士学位授予权，现有在学硕士37人，博士生4人，进入博士后流动站1人。

武汉植物研究所成立40多年来，针对我国华中地区兼具南北气候过渡带的植物区系特点，在植物分类学、地植物学、植物生态学、植物遗传学、资源植物学等方面为我国生物学基础研究做出了重大贡献，尤其是开创了湖北省和华中地区植物学研究的先河。在中国景天科植物系统分类、植物内生菌发现、古莲诱导育种等领域取得了原创性的研究成果；在植物无土栽培、植物性农药开发、螺旋藻产业化、睡莲品种选育等方面率先开展技术创新研究并在全国推广应用；先后编著出版了《中国植物志》第34卷、《湖北植物志》1～5卷、《湖北植物大全》、《神农架植物》等30多部具有重要学术价值的专著。

武汉植物研究所现设有4个研究室、1个开发中心和1个武汉植物园。

2001年武汉植物研究所新上国家及院级较大的项目有：国家自然科学基金面上项目1项，批准经费16万元；中科院项目2项。与地方合作及成果产业化方面，与湖北省人民政府、武汉市人民政府与中国科学院共建武汉植物园工作取得实质进展，并正式鉴定了第一个合作计划，与武汉市园林局充分利用各自技术资源优势，为武汉市“绿色武汉”行动计划提供技术支撑。在面向地方，参与地方科技项目为经济建设服务方面也取得了较大进步，2001年武汉植物研究所共有8位专家分别进入省科技厅项目评审和科技奖评审专家库，另有2位专家进入湖北省中药产业化研究专家委员会。争取到湖北省中草药GAP研究项目以及猕猴桃产业化开发研究项目，获资助经费（签订合同数）达30万元/每年。

落实了一批地方合作及成果产业化孵化项目，2001年新上院地合作项目5项，到账经费总额为201.35万元。

2001年武汉植物研究所登记成果8项（中科院上报成果7项、云南省1项），其中鉴定1项、验收2项、新药证书1项、发明专利授权4项，全部在12月份拿到了成果登记号，可以申报明年的科技成果。共申请专利7项，专利授权6项，专利实施1项。

2001年武汉植物研究所获奖情况：

1. 黄宏文等完成的“猕猴桃属植物遗传资源评价、种质基因库建立及育种研究”获国家科技进步二等奖。

2. 武汉植物研究所作为第三完成单位，与中山大学、复旦大学合作完成的“不同地理与生态分布植物类群的分子系统发育研究”获国家教育部科学进步一等奖。

3. 获其他奖5项：

（1）一种植物杀螺剂的制备方法，2001年第十三届全国发明展览会荣获银奖（糜留西）；

（2）葡萄渣饲料的制备方法，2001年第十三届全国发明展览会荣获银奖（王敬勉）；

（3）水生观赏植物的引种驯化研究，2001年第五届中国花卉博览会金奖（赵家荣等）；

（4）三峡荷叶铁线蕨的保护研究，2001年第五届中国花卉博览会铜奖（陈树森等）；

（5）神农架野生观赏地被植物富贵草的引种栽培，2001年第五届中国花卉博览会铜奖（植物园）。

4. 黄宏文研究员获得“湖北省农业科技先进个人”荣誉称号。

2001年武汉植物研究所在国际间的科技合作方面取得如下一些成绩：

1. 2001年猕猴桃新品种拍卖给意大利Consorzio Kiwi Gold苗木公司，获得经费142万元。

2. 加拿大磷钾肥研究所武汉办事处获得加方科研经费9万元。

3. 已完成的欧共体项目猕猴桃种质资源的低温保存、评价及新品种培育本年到账7万余元。

4. 通过与新西兰双方的互访，在共建植物天然药研究中心项目上已达成共识。

5. 在国际合作中，继1997年申报欧盟国际招标项目“Collection, evaluation and cryopreservation of germplasm of the genus *Actinidia* and breeding for a novel kiwifruit”课题之后，2000年底已结题。2001年又与意大利Udine大学、中国农业大学等联合申报了后续课题，项目名称为“European－Chinese joint program for maintenance, evaluation, and exploitation of *Actinidia* germplasm”，已通过初评。

6. 办理出国（境）和接待来访外宾共23批次，总人数为42人次，其中出国（境）的有12批次，15人次；来访的有12批次，28人次。

武汉植物研究所是湖北省暨武汉市植物学会的挂靠单位。

编辑出版综合性学术期刊《武汉植物学研究》，该刊1993年入选“中国自然科学核心期刊”，2001年本刊荣获中科院2000年优秀期刊三等奖和湖北省科技期刊编辑学会先进集体。

武汉文献情报中心

副主任（馆长）：钟永恒
地　　址：湖北省武汉市武昌区小洪山西25号
邮政编码：430071
联系电话：027-87876657　87881202
图文传真：027-87881202
电子邮件：opac@mail.whlib.ac.cn
网　　址：www.whlib.ac.cn

中国科学院武汉文献情报中心（又名中科院

武汉图书馆）是中国科学院直属的地区性文献情报中心，创建于1956年。经过40多年的发展，已成为中科院武汉分院科学研究和人才教育的重要文献信息支撑系统和中南地区颇具影响和地位的综合性科技图书馆，为我院的科学研究工作及地方的科技进步和经济建设做出了重要贡献。

武汉文献情报中心设有采访编目部、读者服务部、信息发展部、计算机网络部、编辑出版部，拥有一支较高素质和水平的文献情报队伍。到2001年底，武汉文献情报中心在职职工84人，其中高级专业技术人员20人，有硕士生导师2人，44岁以下副研11人；中级专业技术人员31人；初级专业技术人员14人。专业人员中具有博士学位的2人，硕士学位的7人，在学硕士研究生2人。基本形成了知识结构优化、职称结构合理和年龄结构呈阶梯式的专业队伍。

2001年，武汉文献情报中心是中科院文献情报系统的重要组成部分，是正在建设的国家科学数字图书馆的重要节点；是为武汉分院各研究所和研究生教育基地提供文献信息保障的中科院地区图书馆和网络信息中心；是中科院长江流域资源生态环境与可持续发展研究的文献信息保障中心；同时，为社会经济建设和科技进步服务，发挥武汉地区重要的科技图书馆的作用；是普及科学知识和传播科学文化的重要阵地。

按照“开放、平等、择优、流动”的原则，武汉文献情报中心实行竞争上岗和公开选拔制度，建立了符合文献情报事业发展要求的人事管理制度，中心－部门－岗位三级管理模式，实行相应的中心主任负责制、部室主任负责制、岗位责任制，实施以目标管理为主的综合管理。

武汉文献情报中心文献收藏以生态环境、物理学为重点，涵盖生物学、生态学、环境科学、农业科学、化学、地理学、地球物理、数学物理、力学和技术科学等相关领域。截至2001年底，累计馆藏文献193万多册（件），其中中文现刊10 000多种（包括电子期刊），外文现刊近3 000种（包括外文电子期刊）；拥有包括SCI、EI、ISTP等在内的大型光盘数据库24种，自建数据库10多种，从整体上形成了较强的文献保障能力，成为了武汉分院各所科学研究和湖北省科技、教育和生产部门重要的科技文献保障源。

武汉文献情报中心拥有一批训练有素、经验丰富的中、青年信息分析和情报研究人员，围绕武汉分院的学科布局和重大科研课题，利用丰富的馆藏和自动化手段，开展了信息分析、信息咨询、专题跟踪、课题论证、战略情报研究等高层次的信息分析与咨询服务。2001年，参与或完成了“地球生命在空间飞行环境下的生存能力评价”课题、“利用城市垃圾填充采空矿区的研究”项目、“武汉市城市轻轨建设研究”和“环境岩土力学研究”等项目、“滇池水污染处理技术研究”项目；参加了由中科院政策局主办的“科技在线”的组稿和编辑工作，共翻译、编译了近50篇稿件，定期发送给中科院文献情报中心，在其主页上联合出版。完成湖北省科委立项的“长江流域（湖北段）资源环境研究信息系统研究”工作；服务院省合作项目和武汉中国光谷的建设，为东湖高新技术开发区提供有关武汉市郊农村城镇化对策方面的信息调研以及部分光谷建设项目的前期调研工作，受到东湖高新技术开发区的好评。

武汉文献情报中心是中国科学院授权的院（部）级查新检索单位，一年来，充分发挥信息资源的优势，开展SCI、EI、ISTP、ISR检索等工作，共完成查新项目187项，检索和咨询项目3200余项次。查新检索工作在不断提高服务质量的同时，主动与全国十余省市的近30家高校和科研机构建立了电子信息服务关系，已成为部分高校科研部门指定的检索单位，获得了很好的社会效益。

武汉文献情报中心积极实施馆藏资源数字化、业务管理自动化、信息服务网络化。为了加快数字图书馆建设，武汉文献情报中心于2001年引进国内最新一代现代电子化图书馆信息网络系统，充分体现了电子图书馆的服务与功能特点，开通的图书编目、采访、期刊管理、流通、公共查询（包括WEB版本）等5个子系统均已正常运转，可提供网上预约、续借、电子文献查询、数据库查询、查新检索、信息导航、信息咨询、频道推送、电子邮件、电子公告版、留言栏、公告栏、新订购书刊查询等全方位的网络信息服务；作好网站建设。每周更新武汉文献情报中心网站内容，确保主页和“长江流域信息网”正常运行。建设了“中国环保产业信息网”，内容包括环保知识、环保法规、环保产业信息、专业环保数据库等；完成本中心主页的英文版，并提供上网服务；完成了中科院武汉地区联合书目数据库的研制工作，并提供上网服务；为武汉地区生物科研院所服务的生物信息网站初步建成。完成了中英文版的“中国环保信息库”建设，并提供上网服务；充实、更新了“长江流域灾害库”，并研制了光盘版检索软件；完成了“全国水利信息数据库”的建设，并且研制了网络检索软件，现在已上网提供服务；更新了“长江流域资源与环境信息网”的数据，提高了准确率。

武汉文献情报中心与中科院资环局联合创办、科学出版社出版的《长江流域资源与环境》杂志，已成为我国报道长江流域方面的综合性、基础性、战略性、前瞻性研究的重要基地，先后被《工程索引（美国）》、《中国科学期刊全文数据库》、《中国科学引文索引》、《科学文摘（俄罗斯）》等著名检索系统作为源刊，也成为了国家科技部中国科技论文统计源期刊；刊物坚持以提高学术质量为基本原则，扩大了在学术界的影响与地位。根据中国科技信息所期刊分析中心资料，刊物影响因子排名由上年 250 位前移到 230 位；在环境类期刊中排名由 14 位前移到 13 位；在人大报刊复印资料全文转载量排名中，列历史地理类第 10 名；被中文社会科学引文索引收录为源期刊（全部源期刊为 419 种）；被评为中国学术期刊（光盘版）执行规范优秀单位；被评为湖北省优秀期刊，并进入湖北省期刊方阵。

2001 年，武汉文献情报中心积极开展创新文化建设，进一步完善了《中科院武汉文献情报中心创新文化建设实施方案》。其创新文化建设目标是：弘扬“科学、民主、爱馆、奉献”的光荣传统，革除陈旧的观念和方法，逐步建立与社会主义市场经济和知识创新工程相适应的创新文化体系，树立“团结、求实、开拓、创新”的馆风，建成一流人才、一流服务、一流管理、一流园区的现代化综合性科技图书馆。

长沙大地构造研究所

名誉所长： 陈国达（院士）
所　　长： 林　舸
地　　址： 湖南省长沙市岳麓区桐梓坡路96号
邮政编码： 410013
联系电话： 0731-8912701（综合办公室）
0731-8912650（科技计财处）
图文传真： 0731-8912637
电子邮件： csig@ms.csig.ac.cn
网　　址： www.csig.ac.cn

中国科学院长沙大地构造研究所的前身是中国科学院中南大地构造与地球化学研究室，成立于 1961 年。现有在职职工 79 人，其中科技人员 53 人，有中国科学院院士 1 人，研究员 8 人、副高级研究人员 13 人，中级科技人员 53 人。在读研究生 45 人，其中博士生 31 人、硕士生 7 人。拥有 1 个地质学博士后流动站、1 个构造地质学专业博士学位授予点和 3 个构造地质学、地球化学、岩石矿物与矿床学专业硕士授予点。

长沙大地构造研究所的科学目标是继承、发展、创新活化构造理论，以大地构造学及其成矿理论为学科发展方向，近期重点研究中国东部中生代以来重大变革时期的盆山耦合过程及动力学、构造－流体－成岩/成矿体系；并明确将主要通过地球化学示踪、构造－热演化、构造数值模拟实验研究等方法和手段，来实现科学目标。

2001 年，长沙大地构造研究所获准科研项目 14 项，其中国家自然科学基金项目 2 项；参与国家“973”项目 1 项；中科院重点项目 1 项；国际合作基金项目 1 项；湖南省重点攻关和中青年专家基金项目各 1 项，院地合作项目 4 项；横向课题 2 项；争取到位经费 400 万元，较上年增长 15%。

2001 年，全所共有 7 项成果登记上报，申报发明专利 4 项，其中“叶蜡石加热相变特征和理化性质及应用前景研究”成果获湖南省科技进步三等奖。全年共发表学术论文 80 篇。其中国内核心刊物 6 篇；CACD 刊物 40 篇；国际 SCI 刊物 3 篇；国内 SCI 收录 4 篇。院地合作项目“云南省金矿区域找矿远景评估及战略规划”取得重大进展，在滇中和滇东南地区，优选了找矿靶区 14 个，预测金矿资源远景储量 1083 吨，同时建立了云南省金矿数据库，提交了以 GIS 为支撑的全省金矿资源图文数据库光盘，为云南省金矿资源开发指明了方向。中国科学院重大项目《湖南龙山金锑矿的成矿规律及找矿勘查综合研究》通过湖南省组织的验收和成果鉴定。在找矿勘探新技术新方法研究方面取得了突破性进展，创造发明了负载泡塑地电化学勘探技术装置，并获准国家专利。运用该方法在湖南龙山、山东、黑龙江、云南等地发现新的金矿异常，为延长危急矿山开采寿命提供了重要找矿依据。

2001 年，在国家自然科学基金委和中科院国际合作局以及湖南省科技厅等主管部门的资助下，成功地举行了“21 世纪活化构造与成矿学发展创新国际学术研讨会”，来自十多个国家百余位地球科学工作者聚会长沙，交流最新研究成果，探讨活化构造与成矿学的创新发展问题，并庆贺活化构造及其成矿学理论（地洼学说）创立 45 周年暨陈国达院士 90 华诞。国家科技部部长徐冠华和中国科学院院长路甬祥院士联合发来贺信，湖南省委、省政府、省政协、省人大的领导亲临大会祝贺并发表重要讲话。

在国际合作交流方面，派出合作研究、考察参加国际会议 4 人次，邀请到研究所讲学访问 22 人次。同时还先后组织举办了“中澳矿产资源科技合作研讨会”和“中国科学院青年科学家讲座”，受到主管部门的重视和好评。

长沙大地构造研究所是湖南省地质学会构造专业委员会和非金属专业委员会的挂靠单位。编辑出版《大地构造与成矿学》（中、英文版）学术刊物。

长沙农业现代化研究所

所　　长：王克林
地　　址：湖南省长沙市芙蓉区马坡岭
邮政编码：410125
联系电话：0731-4615204
图文传真：0731-4612685
电子邮件：csiam@ms.csiam.ac.cn
网　　址：www.csiam.ac.cn

长沙农业现代化研究所创建于 1978 年 6 月，原名中国科学院桃源农业现代化研究所，1979 年更名为中国科学院长沙农业现代化研究所，所址从湖南省桃源县迁入长沙市。现有职工 120 名，其中，专业技术人员 80 名（44 人具有高级专业技术职称，23 人具有中级专业技术职称，13 人具有初级专业技术职称）。高级访问学者与客座研究员等流动人员 15 人。有在读硕士研究生 20 名，在读博士研究生 7 名。有生态学硕士授予点一个。

科研机构设置为三室一站：区域生态与农业发展研究室，农业生态工程研究室，动物营养调控研究室及桃源农业生态系统综合观测试验站。

2001 年全所在研课题 32 项，其中，国家杰出基金、国家基金和省基金 4 项，“百人计划” 1 项，“973” 任务 1 项，中科院创新项目 4 项，中科院其他项目 6 项，地方项目 16 项。所有项目进展顺利并取得良好的阶段性结果。其中，我所主持的湖南省科委软科学研究课题五个试点县（市）的农业农村现代化建设规划全部完成，并通过湖南省科技厅组织的软科学评审和省农业农村现代化试点领导小组办公室组织的验收。中科院创新方向项目“南方丘陵坡地农林复合生态系统构件机理与可持续利用”通过了院中期评估。玉米和超高产水稻育种分别通过验收。“九五”四湖湿地农业研究项目通过了院农办组织的验收。“土壤有机质和养分循环与优化管理”杰出青年基金课题，长期田间试验进展良好，完善了土壤微生物生物量的测定方法和土壤有机质计算机模拟模型。“猪内源性氨基酸排泄规律与基础代谢的关系研究”课题，研究了非淀粉多糖对猪内源性氨基酸分泌、血液生理、生化指标以及排泄规律的影响，进行了子猪饲料配方的饲养研究。年内还启动了中科院知识创新重点方向项目“长江中游生态系统变化与农业持续高效发展研究”。

年内共有6项成果通过评审、鉴定、验收；年内共有3项成果获奖，其中，“湖南湘潭持续高效农业技术研究与示范”获中国科学院科技进步二等奖，农业现代化研究所作为第二完成单位的“农田温室气体排放过程和观测技术研究”获国家科技进步二等奖，“镉铅污染对农作物生长影响与改良利用技术研究”（本所为第三完成单位）获湖南省科技进步一等奖；“双季稻隔层肥旱育秧研究与开发”（本所为第三完成单位）获湖南省科技进步三等奖。完成成果登记6项，完成专利4项，还有1项正在办理之中。全所发表学术论文71篇，其中，SCI 6篇，SSCI 1篇，EI 1篇，CSCD 14篇；出版专著1部。论文质量进一步提高。

湖南省生态学会、湖南省农业系统工程学会、湖南省微量元素与食物链研究会挂靠本所。

与中国科学院农业研究委员会主办双月刊《农业现代化研究》。

广　州　分　院

院　　长：陈勇

地　　址：广州先烈中路 100 号大院

邮政编码：510070

联系电话：020-87765256

图文传真：020-87775791

电子邮件：gzb@ms.gzb.ac.cn

网　　址：www.gzb.ac.cn

中国科学院广州分院筹备于 1956 年，成立于 1958 年，1961 年与武汉分院合并成立中国科学院中南分院，1969 年中南分院撤销。1978 年 5 月复建广州分院。广州分院现有南海海洋研究所、华南植物研究所、广州化学研究所、广州电子研究所、广州能源研究所、广州地球化学研究所等 6 个单位。2001 年底广州分院在职职工1 800人，其中科技人员1 287人，有中国科学院院士 1 人（另有兼职院士 3 人），俄罗斯科学院外籍院士 1 人，欧亚科学院院士 2 人，欧亚科学院通讯院士 1 人，高级专业技术人员 398 人，中级专业技术人员 446 人。

广州分院六大研究发展方向：一、热带海洋资源、环境与生物；二、热带亚热带植物、动物与微生物；三、华南生态建设、污染治理与可持续发展；四、新能源与可再生能源；五、新材料与新药物；六、信息工程与技术。

广州分院现有博士后流动站 1 个，博士学位授予学科 7 个、硕士学位授予学科 19 个。现在学研究生 421 人，其中博士生 197 人，硕士生 224 人，在站博士后 30 人。近年来，充分利用中科院招聘“百人计划”人员的机遇，已招聘“百人计划”人员 17 人；同时，积极申报国家杰出青年科学基金，已获资助的有 6 人。这些举措对促进科技事业的发展，成效显著。

2001 年广州分院继续深化科技体制改革并且初见成效，按照中科院总体定位与发展战略，广州分院机关在 1999 年改革的基础上又进行新一轮力度比较大的改革；广州能源研究所以整所为单位进入中科院知识创新工程；南海海洋研究所、广州地球化学研究所则为进入中科院知识创新工程作最后的冲刺（均于 2002 年初进入），华南植物研究所正在按中科院知识创新工程的要求，加大改革力度，加快结构调整、体制创新和机制转换的步伐，力争进入中科院知识创新工程。

广州化学研究所、广州电子技术研究所 2 个技术开发型研究所在完成资产评估等工作的基础上，按照中科院的要求，整体转制并分别成立股份制公司。广州分院所属的华南植物园开发中心与广东新的集团合作成立股份有限公司，并于 2001 年挂牌。

广州分院有：广州地球化学研究所的有机地球化学国家重点实验室，广东省环境资源利用与保护重点实验室，广东省矿物物理与材料开发重点实验室，广州化学研究所的中科院纤维素开放重点实验室，广州能源研究所的广东省新能源与可再生能源研究开发与应用重点实验室，2001 年，旨在进行海洋合成药物和海洋基因工程和药物等研究，并依托南海海洋研究所的广东省海洋药物重点实验室，已按计划完成大部分建设工作。除此，还有南海海洋研究所的大亚湾海洋生物综合试验站、华南植物研究所的鹤山丘陵综合开放实验站。它们各具特色，在各自的学科领域发挥不可替代的作用。

华南植物研究所的标本馆是国内第二大植物标本馆，藏有植物标本 80 万号。分院测试中心管理的大型仪器有 56 台（套）。2001 年运行总时数43 779小时，测试分析样品53 465个。

2001 年广州分院科研总投入 1.249519 亿元，在研课题 697 项，其中基础研究 258 项，应用研究 332 项，研究与试验发展应用 17 项，都比较好地完成了年度研究计划。

2001 年，广州分院共取得科研成果 82 项，其中获中科院和省部级科技成果奖 7 项；专利申请 75 项，其中发明专利 55 项，在广东省科技界名列前茅。

2001 年，广州分院与多个单位共同承担的“九五”重大科技项目“广东沿海地质环境与灾害防治研究”取得了几个方面的成果：对三角洲等新构造运动及第四纪地质进行了详细研究，提出了海陆构造间的统一性和差异性以及四维构造的新概念，发现了一批有潜在价值的海洋资源，划分出 5 个海域地质环境质量区和 9 个潜在地质灾害区，建立了分属三个层面的地质环境评价指标体系，划分了 5 个质量级共 22 个质量单元；阐述了各种灾害的时空分布，划分了三类灾害系；探讨了灾害发生的矿物学动力机制，提出了灾害矿物学的研究方向；初步建立陆地主要地质灾害地理信息系统，绘制了地质灾害电子地图，提出了地质环境管理和防灾减灾的 8 项具体建议，对广东省经济建设和现代化建设具有实际指导意义，达到国际同类研究的先进水平。

广州能源研究所承担的国家“九五”攻关项目“100kW 岸式波力电站”研建的任务，研建与电网并网运行的岸式振荡水柱型波能装置，解决了百千瓦级波力电站的关键技术，大大提高了波力电站的施工质量，电站主体能抵抗 50 年一遇台风，工作寿命 15 年最大发电功率 100kW，该电站设有各种自动保护功能，发电时无需人工干预。它的研制成功使波能利用在实用化的路上迈出坚实的一步，使我国的波能转换研究达到国际先进水平。

南海海洋研究所完成的“南海夏季风活动及其影响的综合研究”目的在于了解和辨识南海季风的规律和机制，揭示南海上层海洋对夏季风爆发的响应及其在夏季风演变过程中的作用。有关夏季风活动的规律以及南海夏季风与海洋的热力－动力过程的相对作用的研究取得若干创新性成果，从观测事件的诊断分析和预测方面为改进亚洲夏季风爆发的天气－气候预报和海况预报提供了新的依据。

广州分院共有研究所办和参股科技开发公司 26 个，2001 年技工贸收入达 2.0110 亿元，技工贸总收入在分院所属的 6 个研究所均超千万元：超3 000万元的 4 个研究所是广州能源研究所、广州电子技术研究所、广州化学研究所、华南植物研究所。

2001 年，广州分院接待了 22 个国家和地区的科技界人士 86 批 290 人次，广州分院派出到 27 个国家和地区的科技人员 162 批 221 人次，其中参加国际学术会议 70 人次，主持召开的国际和地区学术会议 5 次。南海海洋研究所与澳大利亚昆士兰大学签订了“全新世年代际温度变化”项目合作协议；广州能源研究所和瑞典 ABB 公司签订了“Co-operation Agreement between ABB New Ventures Ltd &GIEC，CAB”合作协议。

广州分院本届领导班子以空前的力度推进院地合作的开展，在原与梅州、韶关、广州合作的基础上，2001 年又与广西、海南省、三亚市政府签署了建立全面科技经济合作协议并全面铺开工作，力争达到预期双赢的局面。

科技扶贫工作富有成效。2001 年由广州分院无偿提供设备和安装调试技术，在丰顺县的扶贫龙头企业——穗光菇厂建设了在国内尚属首创的地热能、太阳能、燃油等多种能源、联合干燥实验室并已投入使用；利用成熟的食用菌育种和现代栽培技术，设计既经济实用又有一定规模的现代育种、接种车间，以适应未来5 000农户种植食用菌、实现脱贫奔小康目标的需要，获得了有关方面的肯定。此外为该食用菌基地二期建设提出的综合开发利用新构思，为企业和政府科学决策提供了依据。

南海海洋研究所

所　　长：施　平
地　　址：广州市新港西路164号
邮政编码：510301
联系电话：020-84451335（总机）
020-84452227（党政办）
020-84458964（计划处）
020-84452252（海洋环境工程中心）
图文传真：020-84451672
电子邮件：scsio@scsio.ac.cn
网　　址：www.scsio.ac.cn

中国科学院南海海洋研究所成立于1959年1月，所址广州，是目前我国规模最大的综合性海洋研究机构之一，全所现有职工434人，其中科技人员344人，有研究员41人（博士生导师25人），副研究员85人。现有在读博士研究生30人，硕士生41人。有海洋生物学、物理海洋学博士学位授予点各1个，物理海洋学、海洋地质学、海洋生物学、海洋化学、环境科学、水产养殖硕士授予点共6个，已初步建成了一支具有创新能力、有热带海洋学科研究特色的高素质科技人才队伍。

南海海洋研究所根据我国实施"科技兴海"战略和维护海洋权益的要求，以热带海洋过程的理论创新为重点，推动海洋应用关键技术的创新和集成，开展海洋矿产资源勘查、海洋生物资源开发利用、海洋工程环境与军事环境评价和预测等方面的社会可持续发展的重大科学问题研究，促进应用开发和成果转化，为国家发展海洋经济和维护海洋权益作出战略性和综合性的重大贡献。

全所设有4个研究室（物理海洋室、海洋环境与生态室、海洋地质室、应用海洋生物室），1个中科院南海海洋研究所热带海洋环境动力学重点实验室，1个广东省海洋药物重点实验室，1个边缘海地质与古环境（所级）开放实验室，4个临海实验站（分别位于湛江、汕头、大亚湾和海南三亚），其中，大亚湾实验站为中国科学院开放实验站和生态网络系统重点站；海南实验站被列为国家重点野外台站试点站。拥有2艘设备较先进的海洋科学考察船。1998年南海海洋研究所获ISO 9002质量认证证书，成为全国海洋科研机构首家获得ISO 9002质量体系认证的科研单位，并具有"全国建设项目环境影响评价资格证书（甲级）"、"海域使用可行性论证资格证书（甲级）"、和"海洋专项工程勘察甲级证书"，国家计量认证合格证书，为完成科研和开发任务提供了良好的保证。南海海洋研究所现系广州市"文明单位"和广东省直系统"文明单位"。

2001年南海海洋研究所采取的主要改革措施如下：

1．进一步凝炼科技创新目标，抓好学科组织结构调整和重点实验室（站）建设。围绕2个基础研究优势领域和1个应用研究重点领域，瞄准国际海洋科技前沿发展趋势和国家海洋战略需求，进一步优化学科组织结构，把5个研究室和1个仪器与测试中心重新整合为4个研究室。加强重点实验室（站）以及21个创新学科组的建设工作，热带海洋环境动力学实验室已晋升为中科院重点实验室。初步形成开放型知识创新研究体系。

2．积极搞好南方海洋科学创新基地的建设。与广州地球化学研究所合作，共同组建"中国科学院南方海洋科学创新基地"，并决定在"院南方海洋科学创新基地"之下成立"边缘海地质开放实验室"。

建所40多年来，南海海洋研究所在南海及西太平洋热带海域开展了海洋地质地球物理、水文、气象、生物、化学、物理等基础学科的综合调查研究，取得了大量有价值的数据、资料、样品和成果，成为国内外积累南海和相邻热带海洋科学资料和研究成果最为系统全面的单位之一，为我国热带海洋科学的发展和南海的资源开发做出了巨大的贡献。

2001年南海海洋研究所争取到的省部级以上的新科研项目约37项，合同经费合计为3 200万元，比2000年的2 444万元增加31%。

2001年全所列入科研计划的在研课题122

项（其中基础研究和应用基础研究类课题 86 项，占课题总数的 71%），各类在研课题合同经费总计达5 811万元，其中本年度到位的课题经费为2 341万元。承担的课题中，属国家攻关 3 项，省攻关 24 项，“973” 7 项，国家专项 1 项。据不完全统计，2001 年南海海洋研究所科研人员发表科技论文 112 篇，论著 4 本，申请并已受理的专利 7 项，授予专利权 3 项。

截止 2001 年，南海海洋研究所共取得科研成果 498 项，获国家、中科院、部委和省市级成果奖 208 项。其中 2001 年南海海洋研究所上报中科院登记的成果 21 项，比 2000 年增加 3 项，获奖成果 6 项，其中“海水养殖动物多倍体育种育苗和控制技术研究”获中科院科技进步一等奖(合作)，“超声波导入鱼病疫苗的研究”获海南省自然科学二等奖，“南海海洋化学研究”获广东省自然科学三等奖，“南海及邻近热带海域海气相互作用基本特征”、“海洋光学遥感信息应用技术研究”、“海洋环境因素概率预测新理论、联合概率模拟”等 3 项获国家海洋局创新成果二等奖（主报 1 项、合作 2 项)。

“九五”南沙群岛及其邻近海区综合科学考察，该项目从 1997 年至 1999 年共进行了 7 个航次海上考察，综合地球物理调查勘探测线总长达5 331km；综合海上调查断面测线总长达7 500海里；渚碧礁等珊瑚礁考察 14 座次（其中重点岛礁 7 座次)；渔业资源调查 2 航次，调查了 7 个重点岛礁。取得大量高质量的现场观测数据和丰富的样品、标本。这对我国海洋科学的发展，维护我国南沙领土主权与海洋权益，促进海洋资源有效开发，保护海洋环境，以及对海洋经济与社会可持续发展，具有重大意义。

南海海洋研究所还在近海、港湾、航道工程建设、海洋油气资源开发工程环境、工程建设环境质量评价、海洋生物（鱼、虾、贝、藻）病害防治和养殖技术、海洋生物保健食品和药物，以及海洋探测技术等方面进行了大量的应用研究与开发工作，取得了较好的社会、经济效益。2001 年南海海洋研究所签订合同项目 49 项，合同总金额达 1 325 万元。

南海海洋研究所还与东部海洋石油公司签订了全面合作协议，与广东省合作建设海洋药物重点实验室，与海珠区政府等六单位共同组建科技兴海基地——广东海珠海洋生物技术产业开发示范基地，与海南海润珍珠公司进行技术合作，在海南站共建“海南海润珍珠科学馆有限公司”，与广西区、北海市、合浦县等有关部门共同签订了 3 份合作协议，目前，已洽谈合作成立北海水产养殖技术开发中心。

南海海洋研究所国际交流频繁，目前已与世界 41 个国家和地区建立了学术联系和技术合作，10 多年来完成和正在进行的科研与技术合作项目 30 余项。2001 年，接待来访的国外、港澳地区以及台湾的专家学者共 17 批 28 人；派出国外、港澳地区和台湾省进行合作研究、出席国际会议、考察访问、培训等活动达 31 批 39 人。

南海海洋研究所深化人事制度改革。2001 年完成了新增科研岗位的竞争上岗，以及行政支持中心、信息服务中心和船队办公室的竞争上岗。实施基本工资、岗位津贴、绩效津贴为主的“三元结构工资制”。大力引进国内外优秀人才，到目前为止南海海洋研究所已获批准的“百人计划”人员共 7 人，到位工作的已有 4 人。

南海海洋研究所是广东省海洋湖沼学会和广东海洋学会、中国海洋学会海洋物理分会、中国第四纪研究委员会珊瑚礁分委员会、广州欧美同学会留苏分会的挂靠单位。编辑出版《热带海洋学报》、《南海海洋科学集刊》和《南海研究与开发》等学术刊物。

华南植物研究所

所　　长：彭少麟
地　　址：广州市天河区乐意居
邮政编码：510650
联系电话：020-85231711
图文传真：020-85232831
电子邮件：webmaster@scib.ac.cn
网　　址：www.scib.ac.cn

中国科学院华南植物研究所前身是国立中山大学农林植物研究所，建于 1929 年。1954 年隶属中国科学院，易为现名。现有职工 361 人，其中科技人员 237 人，有研究员 12 人，副研究员、高级工程师 37 人，中级科技人员 108 人。现有在学博士生 48 人，硕士生 53 人。

华南植物研究所是以恢复生态学和系统演化植物学为核心的基础与应用基础研究为主的社会公益型国家研究机构。今后发展的方向是：面向国家重大需求和学科发展前沿，围绕生态系统恢复与重建、环境与生态安全、物种的演化形成与维持、植物资源储备与可持续利用，进行基础性、前瞻性、战略性研究，解决关键的科学与技术问题，成为我国科技创新、人才培养与科学知识传播的重要基地。华南植物研究所将利用 5～10 年的时间发展成为世界公认的恢复生态学与系统演化植物学的高水平研究所。

根据凝炼的科技创新目标，华南植物研究所的研究机构由原来的 6 个研究室（即植物分类、植物生态、植物生理、植物化学、植物遗传、植物形态解剖）及 2 个园（即华南植物园、鼎湖山树木园）整合为 2 个研究中心（即恢复生态学研究中心、系统演化植物学研究中心）、1 个研究实验室（即生物化学和分子生物学研究实验室）和 2 个园（即华南植物园、鼎湖山树木园）的组织结构。定位站（鼎湖山森林生态系统定位研究站、鹤山丘陵综合试验站）、标本馆分别作为恢复生态学研究中心、系统演化植物学研究中心的研究支撑平台、所公共实验室作为全所的研究支撑平台。

华南植物园为全国最大的南亚热带植物园，是全国青少年科技教育基地和全国科普教育基地；植物标本馆收藏植物蜡叶标本 100 万份，是我国三大核心植物标本馆之一。鹤山丘陵综合试验站为中科院开放站；鼎湖山站被国家科技部定为首批“国家重点野外科学观测试验站”；鼎湖山树木园暨国家级自然保护区是中科院唯一国家级自然保护区。我所和新加坡天然产物研究中心联合在鼎湖山自然保护区建立了生物多样性联合实验室。

华南植物研究所有植物学和生态学 2 个学科的博士学位点，有植物学、生态学、生物化学与生物学 3 个学科的硕士学位点。华南植物研究所积极创造有利条件，吸收和培养青年人才：2001 年华南植物研究所共接收毕业研究生 3 名；招收在读博士、硕士研究生 48 名，是广州分院系统在读研究生较多的单位；培养的毕业研究生有 9 人授予为理学博士学位，7 人为理学硕士学位。

2001 年全所围绕知识创新工程试点工作进行了大力度的机构改革，完成了职能部门和研究机构的精简与设置，中层职能部门的领导充实了一批年富力强的高素质人才；在创新文化方面，通过作风建设，促进了所风和精神文明建设的进一步发展，勤政于民、实事求是、开拓创新的领导作风和工作作风已使全所形成合力，上下呈现积极向上的新气象；初步建立起一套以促进和激励研究所科技创新为目的的现代管理制度，正逐渐使华南植物研究所以特色鲜明的高水平国立研究所的形象展现于世人面前。

2001 年华南植物研究所的工作突出表现在研究所科学目标的进一步凝炼和科研项目的争取上。所领导挂帅，投入了大量的时间和精力，完成了创新方案的修订工作：根据国家的需求和学科的发展将华南植物研究所的领域战略方向进一步浓缩和凝炼在生态系统的恢复与重建研究、系统演化规律与物种多样性保育、种质资源生态遗传与生态安全三个方面。经过一年的努力，华南植物研究所在重大项目的承担和科研经费的争取能力上有了明显的提高。

2001 年华南植物研究所新争取和承担的各类项目 43 项，新增项目落实合同经费 1 425 万元。其中，国家项目 7 项，经费 203 万元（“973”预研项目 1 项 100 万，国家自然科学基金项目 6 项 103 万）；地方项目 10 项，经费 119 万元；中科院“百人计划”2 个；中科院项目 16 项，经费 555.5 万元；国际合作 4 项，经费 38 万元；其他 4 项，经费 109 万元。2001 年全所实际在研项目 167 项。

广东省自然科学基金团队项目“珠江流域典型退化土地的生态恢复与环境效益研究”于 2001 年正式启动。2001 年已按原计划完成全部内容，在某些方面大大超出了原计划，取得了较大成绩。三大索引收录论文 3 篇，国内外刊物 26 篇，国内外会议论文 11 篇，中文专著 2 部。项目组对珠江流域的基本土地利用类型进行了分类，制作了广东省 1979，1986，1999 年度森林分布图，确立了广东省森林面积动态。在广东省1∶10万土地利用图的基础上对其退化生态系统进行了分类和空间格局研究。开展了化学他感作用研究，发现薇甘菊中化合物B有开发为无公害除草剂的潜力。通过研究证实了退化生态系统在先期恢复为林地，有利于土地肥力的恢复；发现了具有固氮能力的马占相思林地并没有排放更多的N_2O，生态上是安全的；首次发现了对抗酸雨的两个潜在树种。建立了种类达75种的生态公益林示范区300亩，直接推广面积3 000亩。在北江大堤三水河段，建立了草被护坡示范样板工程。同时，还积极参与地方生态环境建设与规划，并多次参与国际交流。

2001年华南植物研究所组织成果鉴定9项，成果登记8项，其中鉴定为国际先进的4项，国内领先的1项，国内先进的4项。组织申报发明专利3项。

2001年所办公司迈出了整体转制的步子，并在社会上成功融资。“广东中科琪林股份有限公司”为广州分院第一家股份有限公司。公司吸纳社会资金1 500万，2001年完成营业额3 700万元，利税400万元。目前，股份公司已进入上市辅导期，发展前景良好。所办公司（含参股控股公司）另有5家，从事科技开发工作的人员70多人，产值规模达2 081万元，社会效益估算值达7 000多万元。科技产品包括植物SOD、芦荟系列产品、OPC（松酚）提取物、灵芝系列产品、绞股蓝系列产品、银杏叶黄酮、新优绿化苗木、农作物新品种（中优223等水稻品种）。

由华南植物研究所与新加坡天然产物研究中心共同主持的“中国华南地区生物多样性调查与利用研究”项目于2000年12月开始，按计划到2003年12月结束，总经费为40万美元。该项目目前进展良好。双方联合建立的生物多样性实验室也于2001年10月开始运作。

在中国科学院、国家自然科学基金委的大力支持下，由华南植物研究所和台湾屏东科技大学共同发起的首次“海峡两岸森林水文学与集水区持续经营”联会于2001年7月20～27日在广州市顺利召开并取得了圆满成功。本次会议的召开增进了海峡两岸从事森林水文与集水区持续经营科技工作者之间的交流与合作。双方还就今后加强合作与交流以及定期举办类似的海峡两岸学术研讨会达成了意向。

华南植物研究所是广东省植物学会及其两个分会（南方棕榈协会、木兰分会）、广东省植物生理学会的挂靠单位。编辑出版《热带亚热带植物学报》，该刊属国家自然科学核心期刊，2001年被评为广东省优秀科技期刊三等奖。

华南植物所有2个下属单位：华南植物园和鼎湖山树木园（国家级自然保护区）。

广州化学研究所

副 所 长：哈成勇（主持工作）
地　　址：广州市天河区乐意居
邮政编码：510650
联系电话：020-85231230
图文传真：020-85231119
电子邮件：bgs@mail.gic.ac.cn
网　　址：www.gic.ac.cn

中国科学院广州化学研究所建立于1958年10月，当时名为中国科学院广州应用化学研究所，职工约20人。1961年中科院决定把长春应用化学研究所有关纤维素化学学科转来广州并和武汉化学研究所、武汉技术物理研究所合并成立中国科学院中南化学研究所。1978年改名为中国科学院广州化学研究所，职工322人，是中国科学院在中南地区唯一以应用研究和高技术创新工程为主的综合性化学研究机构。

根据中国科学院知识创新工程的总体战略和布局调整，1999年起开始着手转制工作，2001年度进入倒计时，广州化学研究所的转制工作是2001年的首要任务之一。自年初起所领导班子连续召开会议，学习和领会中科院工作会议精神，对转制进行了新一轮部署。在资产评估、股份设置、社会保障、文件起草以及转制宣传工作的人员安排、经费合同和时间进度等方面都作出了具体安排，特别是资产评估和工商注册登记碰到的问题较多，为使该项工作顺利进行，推进研究所的转制，所领导班子决定按照先易后难、分步解决、重点攻克的方式开展工作。在社会有关部门的支持下，顺利完成了资产评估，并于2001年12月2日完成了工商注册登记，广州化学研究所成功地整体转制为中科院广州化学有限公司。

园区面积为27万平方米（400亩地），人员总数270人，专业技术人员215人，占80%。其中研究员（包括正研级高级工程师等）13人，副研究员、高级工程师等46人，中级科技人员74人。作为国家化学学科重要的人才培训基地，设有高分子化学与物理1个博士点和有机化学、高分子化学与物理、应用化学3个硕士点。现有在学博士生22人，硕士生57人。另有博士后3人。

2001年广州化学研究所将原先的3个研究室重新规划，根据研究领域和市场需求，设立天然产物化学研究室、药物化学研究室、二氧化碳化学与利用研究室、建材化学研究室、分析测试中心，中国科学院纤维素化学重点开放实验室、广东省化学灌浆工程技术研究与开发工程中心。

中国科学院纤维素化学重点开放实验室按照中科院部署积极调整学科结构，凝炼科技目标，经评议合格，继续得到中科院知识创新经费的支持。目前承担的纵向课题有："973"项目子课题1项，国家杰出青年基金项目1项，国家自然科学基金面上项目3项，"攀登计划"项目子课题2项，省基金项目5项，中科院重点项目1项，省重点项目1项，省"星火"项目1项，省孵化项目1项，国家烟草总公司项目1项，计划总经费717.5万元。根据研究所整体转制的情况，中国科学院纤维素化学重点实验室定位为以应用基础研究和实验室成果工程化为主的重点实验室。

在利用博士、硕士点大力培养人才的同时，积极引进人才。接待4个国家（地区）5批次7人次；出访5个国家（地区）6批次6人次；参加3次国际学术会议；国际合作项目2项。

2001年广州化学研究所鉴定科技成果3项，列入年度科研计划的课题68项，其中基础研究4项，应用研究9项，试验发展研究等项目5项，已按年度计划完成68项，完成率100%，承担课题中，属国家攻关1项，省攻关8项，"863"1项，"973"1项，科研经费2 067万元。发表论文161篇48万字，在国际刊物发表31篇，专著3部，共35万字。

积极鼓励创新，形成广州化学研究所知识产权，并通过专利加以保护；鼓励在国内外高水平的学术刊物上发表论文。"二氧化碳共聚物新型催化剂的合成及催化研究"为中科院"百人计划"项目课题，2001年在国外刊物发表论文3篇，申请中国发明专利2项；国家杰出青年基金项目"大分子胆甾型液晶相的结构以及在外场作用下的取向"，已顺利执行1年，2001年度该项研究在国内外刊物和学术会议上发表论文11篇，其中SCI收录3篇；"二氧化碳共聚物合成及材料研究"为国家自然科学基金重点项目，已顺利执行4年，将于2002年底结题，该研究项目已在国内外学术期刊上发表论文30余篇。

广州化学研究所全体职工朝气勃勃地集思广益，用好资本资源；打破旧框框，建立新机制。将在新的一年中，首要完成的工作是建章建制、确定各层次的议事和决策机制、程序和办法、基本管理制度和规范等。适当改造管理部门，使之符合现代企业运行机制。建立并强化全成本核算，厉行节约。建立评价激励机制，将成本分解落实到人，作到人人有责任、有任务、有努力方向和措施。改造研究室的现在的运行方式，使之成为转制公司的R&D部；引导员工向技术研发方向发展；加强管理型人才、营销型人才、生产型人才的引进，保障公司以现代企业方式运作。

研发方向：(1) 主要发展领域：天然资源化学与材料、海洋生物化学技术、CO_2化学利用与近期发展产品相关的应用研究。(2) 近期重点发展产品：化学灌浆材料工程；精细化学品；环境化学材料与工程。

广州化学研究所的高技术产业发展初具规模，先后利用自有知识产权和科技成果形成了目前4个参股和控股公司均为利用公司的技术积累结合社会资源创办的有限责任公司，它们成为公司的技术成果转化和产业化基地，其主要产品和业务包括化学灌浆材料、机械密封胶粘剂。精细有机高分子化学品、灌浆加固工程技术、水处理工程技术等。2001年广州化学研究所科技企业总收入3 305万元，实现利润352.25万元。

编辑出版《纤维素科学与技术》和《广州化学》2种学术期刊。

广州电子技术研究所

所　　长：陈衍仪
地　　址：广州市先烈中路100号大院
邮政编码：510070
联系电话：020-87775947
图文传真：020-87753247
电子邮件：suoban@giet.ac.cn
网　　址：www.giet.ac.cn

中国科学院广州电子技术研究所1970年成立，当时称广东省七一研究所，1978年归属中国科学院，易名为中国科学院广州电子技术研究所。现有职工228人，其中科技人员191人，高级技术职称人员38人，其中45岁以下的有20人。

中国科学院广州电子技术研究所于2001年12月30日按中科院部署，胜利实施转制，成为中科院控股的股份制有限公司。现名中科院广州电子有限公司，简称“中科广电公司”。

中科广电公司下设广州晶体材料科技有限公司、智诚科技有限公司、宁波东冠科技有限公司、光电技术研究室、蚀刻制版部、东科公司、兴华科仪维修服务中心、中科开发部、华科仪器技术中心、科天开发部、后勤服务中心、综合办公室、科技部、财务部。

中科广电公司主要经营方向为IT行业，经营领域涉及网络系统集成、应用软件开发、建筑智能化、工业控制智能化，光电信息处理、晶体材料制品等方面。

2001年是广州电子技术研究所深化改革至关重要的一年，作为中科院的开发型研究所转制试点单位，在体制、机构、分配制度上做了重大改革，于2001年12月30日胜利完成转制任务。

1．转变观念，深化改革

（1）宣传改革，坚定信心，统一思想，做到上下一心，让全所职工明白，只有转制，只有改革，才是广州电子技术研究所唯一出路。

（2）进行体制改革，通过资产评估，成立股份制有限公司。

（3）先后成立2个子公司：智诚科技有限公司、广州晶体科技有限公司。现两公司已取得营业执照，经营已上轨道。

（4）拟在光电研究室的基础上组建光电技术股份有限公司，将防伪新型宽幅激光模压全息技术转化为生产力，实现科技成果转化，现各项准备工作正在加紧开展。

（5）精简二线机构，将原5个部门精简为现有的综合办、科技部、财务部3个部门，通过竞争上岗，二线减员11人，提高了工作效率。

（6）适应转制新形势的需要，对原很多规章制度进行了修改，出台了一系列管理制度，涉及工资制定和发放、移动电话费管理、课题利润上缴分成、财务签批等多个方面。

（7）改善工作环境，提高职工工作积极性和效率，提高公司外部形象。

（8）引进企业形象设计，增加投入，树立良好的企业形象。

2．经营目标

在5年时间内（2001～2005），办好4个子公司的基础上，迈出三大步（转制为有限责任公司；过渡为股份有限公司；争取在5年内成为上市公司），简称“543规划”。

3．人力资源建设

（1）2001年，针对转制为企业后的需要，有侧重点招聘了13名大学本科生，专业涵盖经济管理、计算机、工程控制等，弥补了管理和技术人员的空缺。

（2）针对不同人员的自身特点，有侧重点地进行技术培训，先后选派4人次出访4个国家学习访问。

（3）提拔了一批年轻有为的科技骨干进入领导管理层，为领导管理层注入新鲜血液，进一步年轻化领导班子，增强了领导班子活力。

（4）从社会上招聘了一批市场人员，加强市场开发力量。

2001年广州电子技术研究所全年列入年度科研课题33项（其中应用研究3项，实验发展研究等30项），完成率100%。其中包括国家自然科学基金课题“分形与高分辨率点阵全息图的研究”、“体视数字像元全息图研究”，省科委基金课题“宽幅激光模压全息产品中试”等。

2001年广州电子技术研究所发表论文6篇，共计24万字。完成专利申请4项，获专利授权4项。

2001年全所实现总收入4 870万元。

广州电子技术研究所编辑出版学术刊物《电路与系统学报》，该刊每年出版4期。

广州能源研究所

所　　长：陈　勇
地　　址：广州市先烈中路81号大院
邮政编码：510070
联系电话：020-87670252
图文传真：020-87779767
电子邮件：chenyong@ms.giec.ac.cn
网　　址：www.giec.ac.cn

中国科学院广州能源研究所的前身是1973年成立的广东省地下热能研究室，1978年归属中国科学院并改为现名。1991年，为加强科研与开发工作，更好为地方服务，经广东省批准为“广东省能源高技术研究开发中心”，实行一个机构两块牌子。1998年4月，根据中国科学院结构调整、优势互补的精神，原中国科学院广州人造卫星观测站并入广州能源研究所。1999年，与广东省生产力促进中心共建“广东省新能源生产力促进中心”；与广东省科委共建“广东省新能源和可再生能源研究开发与应用重点实验室”。2001年12月，经中科院批准，成立了“可再生能源与天然气水合物重点实验室”。2001年底全所职工总数为205人，其中科技人员151人，研究员20人，副研究员、高级工程师31人，中级科技人员64人，并招聘了“百人计划”人员9人。现有在学博士生16人（联合培养），硕士生34人。有在站博士后1人（联合培养）。

广州能源研究所是从事新能源与可再生能源领域的高技术研究与发展基地型研究所，是国务院学位委员会审核批准的硕士学位授权单位，目前正与其他高校和科研院所等单位合作培养博士研究生和博士后。

根据研究所的战略定位、科技目标及学科发展，进行了整体配套改革，建立了以科学研究（成本中心）、高技术产业与后勤企业（利润中心）、行政管理（效率中心）、所内流动四大模块设计的全新结构。

2001年经中科院党组批准，广州能源研究所进入知识创新工程试点单位序列，根据新能源与可再生能源的领域定位，面向国家能源可持续发展的战略需求，部署了生物质能、太阳能、海洋能、天然气水合物等重点研究方向，主要从事相关方向的基础性、前瞻性和战略性的科研创新及高技术研发工作。

广州能源研究所围绕国家战略需求，在新能源领域的各方向进行不同层次的前沿布局，以保证我国新能源领域科研工作的可持续发展，在凝炼科技目标的基础上，提出“生物质定向催化裂解制氢及液体燃料制备研究”等4项领域前沿重大基础性项目；根据国家战略需求，研究开发具有自主知识产权的应用技术，攻关其关键技术，推动集成技术的应用，启动了“高性能价格比多晶硅薄膜太阳电池的研究”等4项高技术创新重大项目；在研究与技术开发积累的基础上，积极将高科技成果转化为生产力，首批启动了“基于太阳能、地热能的绿色建筑能源系统”、“智能化干燥设备与系统”等3项高技术产业化项目。

广州能源研究所还积极为地方建设献计献策，陈勇博士向广东省委提出“能量自给型城市生活垃圾堆肥系统示范工程”的建议，得到了省委领导的采纳，并交相关部门办理。一些科技人员受地方政府的邀请，受聘为科技顾问，积极为地方政府出谋划策，有力地促进了地方科技的发展；一些科技管理干部被选派到地方担任科技副职，根据当地实际情况促进科技成果的转化，积极为地方服务。此外，广州能源研究所根据新能源与可再生能源领域特点，对园区重新进行了整体规划，体现出集科研、工程示范、科普于一体，并充分体现领域主题文化特色，得到了上级领导的好评。

2001年，广州能源研究所主动进行了全方位深层次的改革创新，极大地调动了各级人员的积极性，促进了全所各项工作的开展，并取得了显著的成绩。在科研上，全所申报纵向科研项目82项，获资助36项，总经费5 765万元，其中有国家自然科学基金项目1项，和国家“863”计划项目3项，国家“十五”科技攻关项目2项，中科院创新方向性项目2项。

国际合作项目的规模和层面不断提高。2001年，广州能源研究所与日本名古屋大学、日本丰田汽车株式会社合作“垃圾衍生燃料（RDF）技术研究与开发”项目，与ABB公司合作“生物质能技术研究开发”项目，与欧盟合作OPET新能源项目等，经费超过2 000万元。

2001年，广州能源研究所完成了4项国家“九五”重点科技攻关项目，特别是“生物质气化发电”项目获国家“九五”科技攻关成果优秀奖。在知识产权方面，广州能源研究所也取得了较好的成绩，2001年，申请专利共26项，其中发明专利17项，比上一年度增加了2倍多。在国内外核心刊物及国际会议发表论文85篇，其中SCI引用16篇；EI引用18篇，论文水平进一步提高。

在高新技术产业化上，仅“科凌”公司实现产值1 600多万元；生物质气化发电成套设备推广仅在黑龙江农垦总局就有20多台，合同额达5 000多万元，并推广到缅甸、泰国等，较好地体现了科研工作与成果转化工作的链接。

广州能源研究所是国家生物质能专业委员会、海洋能源专业委员会、国家新能源网、广东省太阳能协会的挂靠单位，是联合国教科文组织东南亚及太平洋地区“能源技术网”中国联络点。

广州地球化学研究所

名誉所长：涂光炽（院士）
副 所 长：夏斌（主持工作）
地　　址：广州市天河区五山白石岗
邮政编码：510640
联系电话：020-85290702
图文传真：020-85290130
电子邮件：sklog@gig.ac.cn
网　　址：www.gig.ac.cn

中国科学院广州地球化学研究所是1986年从中国科学院地球化学研究所（原中国科学院贵阳地球化学研究所）搬迁部分研究室、学科以及学科带头人，在原中国科学院广州地质新技术研究所的基础上重组而成的。1994年经中国科学院和国家编制委员会批准改用现名。1999年经中国科学院党组批准为资源环境基地型研究所。

现有在职职工238人，其中科技人员195人，占全所职工总数的82%；有中国科学院院士2人，俄罗斯外籍院士1人，研究员44人，占科技人员总数的22.5%；副研、高级工程师62人，占科技人员总数的30.7%；中级科技人员78人，占科技人员总数的40%。现有在读研究生137人，其中博士研究生98人，硕士研究生40人。在站博士后37人。有中科院“百人计划”人员3人，国家杰出青年基金5人（其中海外杰出青年基金1人）。

1998年进入中科院的分类定位研究所，1999年有机地球化学国家重点实验室进入中科院知识创新工程一期试点，按照分类定位和创新试点的要求凝炼了科技目标，调整了组织结构，精干了科研和管理队伍，为全所进入知识创新工程试点创造了必要的条件。2001年按照中科院建设南方海洋科学基地的战略部署，重新调整了科研力量，着重提升研究所的整体创新实力，进一步凝炼了科技目标。依托有机地球化学、同位素地球化学和成矿理论的学科优势，以我国矿产资源的安全保障，海洋环境保护和可持续发展等国家战略需求为目标，在大陆边缘动力学与矿产资源、海陆交互作用及其环境效应两大主要领域，以及极端环境地质地球化学探索方向作出基础性、战略性、前瞻性的创新成果。为解决我国矿产资源的开发利用和海洋环境保护等重大问题提供基础知识。在继续保持原有的有机地球化学、同位素地球化学、成矿理论等学科优势，以及在大陆上长期积累起来的优势的同时，积极开拓海洋地质及其环境资源效应新领域，把广州地球化学研究所建设成为我国地球科学与海洋资源环境领域科学研究和人才培养的重要基地。

2001年广州地球化学研究所把全所科研力量按照新的学科布局和创新工程试点的要求，调整、整合、重组为：有机地球化学国家重点实验室、元素与同位素地球化学重点实验室、边缘海地质与矿产资源环境重点实验室、极端环境地质地球化学重点实验室，广东省环境资源利用与保持重点实验室、广东省矿物物理与材料研究开发重点实验室等6个实验室，以及图书资料和刊物出版等机构。

经国家批准，设置有地球化学、矿物学、岩石学、矿床学博士点，地球化学、矿物学、岩石学、矿床学、环境科学硕士点和地质学博士后流动工作站。

广州地球化学研究所拥有：TSQ70B气相色谱-质谱-质谱仪，Voyager CDS200型热解-色谱-质谱联用仪，PlateformII色谱/质谱联用仪、IsochronII色谱——同位素比质谱，HP5972MSD台式质谱，GC-AED色谱-原子发射光谱及HP5890、HP6890型气相色谱，共聚焦激光扫描显微镜，MPV-3显微分光光度计，傅里叶变换红外光谱，吹扫捕集色谱/质谱联用仪，Teckmar Doman 8000型TOC分析仪，超临界抽提-HP6890气相色谱仪，PCR扩增仪，VG-354高精度固体质谱仪，MM-1200稀有气体同位素质谱，ELAN-6000等离子质谱仪，S-3500N扫描电子显微镜（带微区成分分析系统），MPV-SP显微分光光度计，PE1725X傅里叶转换红外光谱仪，ESC106电子顺磁共振波谱仪，RTI-30激光拉曼光谱仪，JL-1155型激光粒度分布测试仪，比表面积测试仪，X-射线衍射仪，LCT-2高温微分差热天平等。广州地球化学研究所拥有国家地学界最大、最先进的超净化学实验室，以及计算机工作站。

根据中科院批准的研究所科研园区建设的总体规划，对院已经批准立项的科研楼维修和实施“基础设施更新改造”等项目，基本完成了项目实施的前期准备工作，预计在2002年全部完成施工。按照院对园区建设不等不靠的指导原则，结合广州市举办第九届全运会，对城市建设的要求，抓住机遇，尽量争取地方资金和研究所的房改存量资金，作为园区建设研究所自筹资金，完成了市政排水排污主管道、研究所大门和配套绿化、球场等工程。为解决流动人员住房紧张的情况，分步实施了对流动人员公寓的维修改造工程。

2001年广州地球化学研究所对所属对外经营性的开发和服务部门进行了体制改革工作，所属的科技开发部已经完成了转制工作，成立了广州中科院地球化学研究科技开发有限公司。其他经营性部门的转制工作也在进行中。

按照中科院有关文件精神，对从事对外经营服务的人员，以及无岗人员实行了转制分流和离岗安置。积极稳妥的推进了人事制度的改革。

按照创新工程的要求，建立和健全了各项管理的规章制度，把全所管理工作初步纳入了制度化、规范化的轨道。

2001年广州地球化学研究所列入科研计划的课题共241项，进所科研经费2 346.42万元，其中基础研究146项，应用研究50项，试验发展研究30项，国家攻关课题2项，省攻关课题13项。“973”课题22项，科研经费152.60万元。

列入年度科研计划的226项课题已全部按计划完成如下：

1. 陈鸣研究员主持的国家杰出青年基金项目“球粒陨石的冲击变质历史研究”：（1）发现了一个金红石高压变形是从金红石固态相直接转变而形成的，将影响到上地幔下部过渡带Nb、Ta、Zr、Hf等微量元素在这些矿物相中的分配特征，有关论文已在“Science”发表；（2）利用毫米级大小样品的冲击实验结果去评价千米级过程的小行星天然冲击特征是不合适的，因两个冲击过程在岩石中产生的温度和压力条件明显不一致，特别是高压持久度有很大差异，进一步论证了H和L群球粒陨石在冲击历史和宇宙演化中具有明显的差异，有关论文已在“Earth and Plannetar Science Letter”发表。

2. 赵振华研究员（国家“攀登计划”预选项目首席科学家）主持的“与寻找超大型矿床有关的基础研究”，以重大地质作用、地质时代与超大型矿床的形成、重要超大型矿床远景类型及成矿作用和超大型矿床形成的宏观地质背景等为中心，完成了研究计划，并发现了几项重要矿物的成矿地质条件，而且应用世界上少见的黄铁矿Rb—Sr定年新技术、新方法卓有成效地开展了地质年代学、成矿物质来源和找矿预测研究。

2001年广州地球化学研究所鉴定成果36项（含国家级7项，省部级6项），如下：

（1）林杨挺、王道德研究员主持完成的“太阳系早期物质演化在陨石中的记录”，获得了以下研究成果：①首次在强还原陨石中发现了超新星成因的SiC；②发现了新的包体类型，首次建立了各类包体的成因联系，给出了星云模型的重要边际条件；③发现了新的包体，发现了世界上第一个EL3型陨石，结束了EL与EH群母体的争论；④测定了我国代表性陨石的冷却速率和宇宙线的暴露年龄。

（2）傅家谟院士主持的“珠江三角洲地表体系中优控有机物迁移转化机制与调控”，主要成果有：①建立了有机污染物的分离分析方法；②研究了珠江三角洲地表系统中有机污染物的空间分布特征；③研究了有机污染来源的分子标志物及其环境意义；④探讨了有机污染化合物的历史演化特征；⑤对珠江三角洲环境中毒害有机污染物的表生地球化学进行了初步研究。

2001年广州地球化学研究所“太阳系早期物质演化在陨石中的记录”，获广东省科学技术三等奖。全年共发表学术论文262篇，在“Science”上发表论文1篇（第二单位），在SCI刊物上发表论文44篇，其中国际SCI刊物论文22篇；专著6部，字数150万。

在“十五”科研项目的立项方面，2001年广州地球化学研究所在争取“973”项目、国家攻关项目、中科院以及省市等地方科研项目，大型仪器购置和实验室建设经费等方面都取得了显著成绩。共计获准科研经费4 257万元，创历史最高记录，与上年同比增长了94.7%，其中院外经费2 389.68万元，同比增长111%，占同比增长总经费的56.2%。

由傅家谟院士主持的院地合作项目“广东省分质供水示范工程”被专家组评定为在水质标准、系统技术及运营管理等方面均处于国内领先水平，中央电视台、人民日报等多家大型媒体进行了多次报道。

科技开发全年完成产值2 200万元，实现税利33万元。广州水杯子分质供水工程有限公司，全年签订合同2 100万元，收到工程款350万元，税利18万元。

2001年广州地球化学研究所共接待11个国家和地区来访的专家学者19批共21人次，向9个国家和地区派出访问学者27批共44人次。参加国际学术会议8次，主持国际学术会议1次。执行国际合作项目共8项，获国际合作经费约70万元。

广州地球化学研究所是广东省矿物岩石地球化学学会、广东省可持续发展研究会的挂靠单位。编辑出版《地球化学》，该刊为地学核心刊物。

成　都　分　院

院　　长：姚汉民
地　　址：四川省成都市人民南路四段9号
邮政编码：610041
联系电话：028-5223719（院办）
　　　　　028-5229774（党办）
图文传真：028-5223719
电子邮件：bgs@clas.ac.cn
网　　址：www.cdb.ac.cn

中国科学院成都分院成立于1978年3月，前身系1958年11月成立的中国科学院四川分院。成都分院系统除分院机关外，有5个研究所：光电技术研究所、成都生物研究所、成都有机化学研究所、成都山地灾害与环境研究所、成都计算机应用研究所；2个中心：成都科学仪器研制中心、成都文献情报中心。共有在职职工3 224人，其中科技人员1 324人，有中国科学院院士2人，中国工程院院士2人，研究员（含同级科技人员）154人，副研究员（含同级科技人员）419人，中级科技人员726人。科技人员中博士（含博士后）及硕士共408人。现有博士点6个，博士后流动站2个，外国留学生招生单位1个，硕士点24个，在读博士生113人，在读硕士生259人。

成都分院系统拥有一批具有国际国内先进水平的国家级、院级和联合创办的重点实验室、工程中心、野外台站。2001年共承担各类科研项目353项，争取科研经费21 286余万元，取得科研成果33项，其中中科院科技进步一等奖1项。申请国家专利75件，获国家授权专利27项，在各类刊物上发表科研论文601篇。

2001年成都分院系统科技开发和第三产业产值15.29亿元，利税4.1亿多元，其中地奥集团全年产值达14亿元，利税近4亿元。

2001年成都分院按照中国科学院和四川省委、省政府的总体部署，认真履行院派出机构各项职能，努力推进院属成都地区各单位知识创新工程和研究所转制工作；积极参与院地合作、西部大开发、促进高技术成果产业化等活动。在科研、开发、人才培养、科研基地建设和精神文明建设等方面成绩显著。

1. 成都分院充分发挥分院的组织协调作用，积极推进成都地区各单位的创新工作。继成都生物所整体进入创新，光电技术研究所于今年上半年也整体进入院知识创新工程。成都生物研究所顺利通过科学院一期创新试点的考核，转入二期创新工作。按照中科院的部署，成都山地研究所和成都文献情报中心正在争取明年整体进入中科院创新体系。

圆满完成3个研究所的转制工作。中国科学院成都有机化学研究所与中国科学院成都计算机应用研究所作为院首批整体转制的13个试点单位，已完成工商注册，成为我院率先转制的研究所。中国科学院成都有机化学研究所整体转制为中国科学院成都有机化学有限公司，中国科学院成都计算机应用研究所整体转制为四川中科院信息技术有限公司，于2001年6月28日挂牌。成都科学仪器研制中心于2001年10月16日完成工商注册。

2. 切实做好分院系统各单位领导班子建设和干部队伍建设。（1）认真组织学习贯彻江泽民同志“七一”重要讲话和中央十五届六中全会精神，不断深化对加强党的作风建设重要性、必要性和紧迫性的认识，切实担负起对分院系统党的建设、领导班子建设、思想政治工作和精神文明建设的领导责任，为各项工作的改革发展提供有力的保证。(2) 严格按照中组部《党政领导干部选拔任用工作暂行条例》和院、省关于考核选拔领导干部的各项规定，努力做好考核领导班子和选拔推荐班子人选的工作。组织完成了对成都有机化学研究所领导班子的换届考核工作，完成了对光电技术研究所、成都生物研究所、成都山地灾害与环境研究所领导班子的届中考核工作，参加了对成都有机所、成都计算所、成都科学仪器研制中心 3 个转制为高技术企业的领导成员的选拔、考察工作。今年上半年配合中科院完成了对成都分院领导班子的届中考核工作，科学院何岩副秘书长在向成都分院领导班子反馈考核意见时认为：成都分院的这届领导班子在履行科学院赋予分院的职能方面做了大量卓有成效的工作，对于推进成都地区研究所的发展起到了积极的作用。在领导班子建设、研究所的创新、转制和深化改革、院地合作、园区建设等方面取得了显著的成绩，这些成绩是与分院党组和分院机关的努力工作分不开的。

3. 科技创新队伍建设和人才培养工作取得新的进展。2001 年成都分院新增中科院院士 1 人；组织完成了“西部之光”2001 年度项目的评审，评选出 6 个项目；进行了“西部之光”和“百人计划”项目终期评估和阶段验收；张景中院士获四川省委、省政府“四川创新人才奖”；获“国家百千万人才工程”称号和“中国科学院青年科学家奖”1 人；国家政府特殊津贴 5 人，四川省突出贡献中青年专家 4 人。2001 年成都分院新增博士点 1 个，硕士点 5 个，招收博士生 43 人、硕士生 109 人，与去年相比，增幅达 17%。

4. 充分发挥组织协调和桥梁纽带作用，突出重点、注重实效，积极推进院地合作。

2001 年，成都分院按照国家实施西部大开发战略和院西部大行动计划的有关部署，坚持立足四川、兼顾重庆和西藏、面向西部，有所为有所不为的指导思想，以促进成果转化及产业化为目标，依靠中科院的整体优势，使院地合作按照路院长“有规模、有特色、新机制”的要求，整体工作质量上了一个台阶：

(1) 四川的院地合作着重推进了与乐山、攀枝花、双流 3 个重点地区合作协议的签订和全面实施，先后与院青年联合会及当地政府组织了攀枝花市党政代表团对中国科学院的回访和乐山市党政领导对成都分院的考察，组织中科院 12 个分院和成都地区院属所到三地与 100 多家企业进行项目对接洽谈，启动了由三地政府企业出资（3 年中每年额度共 800 万元），面向中科院研究所的 3 个“科技成果种子资金”，首批已审批实施了 17 个项目获得支持经费 300 万元；推动院地合作重点项目的实施：其中成都生物研究所牵头的“岷江上游典型生态系统恢复与重建示范研究”经院省现场协调会推动，4 个示范区 8 个试验点的工作进展顺利；光电技术研究所与长虹集团合作的“背投电视镜头”已完成设计攻关和样品加工调试，指标达到国外同类产品水平；中药现代化基地建设中，地奥公司和成都生物研究所继续发挥支撑作用；“等高固氮植物篱”与省科技厅、林业厅合作已在凉山、乐山扩大示范推广；同时，钛资源综合利用等一批重点合作项目也在积极培育之中。

重庆的院地合作着重受中科院委托承办了第三届重庆高交会中科院团（作为主办单位）的组团工作，共组织 29 个研究所的 200 多个项目参展；与重庆科委联合设立的“种子基金”经调研、协调已进入稳定运作，先后启动的 22 个项目共 430 万经费经检查进展顺利；“三峡库区生态示范”经院地联动已落实经费1 100万元（中科院 200 万元）并正式启动；工业机器人技术的推广已从嘉陵扩展到长安汽车、宗申摩托等大型企业集团。

西藏的院地合作经院领导亲自推动，2001 年先后到位 11 位科技副职干部，形成了一支专业结构合理、高层次的团队；成都山地灾害与环境研究所等单位围绕青藏公路灾害防治、生态环境保护和高原农业等开展了一批合作项目并进展顺利；2001 年成都分院经调研提出了“中科院与西藏合作的建议报告”，并与院产业局联合开展了“中科院与西藏合作座谈会”及院区合作重点项目的组织筹备。

（2）积极推动“中国科学院成都高科技产业园区”的建设。

根据路院长视察成都分院的重要指示，成都分院注意利用整体的科技优势，围绕国家、区域经济和高技术产业的科技需求，加快科技成果的转化工作和产业规模化进程，经过第17次院所（中心）联席会议的充分讨论，在中科院支持下，成都分院与双流县人民政府多次协商，于2001年7月签署了在西南航空港经济开发区共同建设“中国科学院成都分院高科技产业园区的协议”，成都分院根据这一协议，积极推动分院系统各单位的高新技术成果在该园区兴办企业，集中转化，并初步规划形成光学及精密机械、电子信息、新材料、医药等专业产业园区和以资源与环境等公益研究为目标的科研区，其中列入第一批产业规划的共有30多个项目，预计建成后五年形成年销售产值15亿元，利税5亿元人民币。

（3）根据中科院关于科技副职工作的部署，积极组织与地方互派挂职干部，2001年中科院与川、渝、藏三省市区互派干部已达24人，其中四川9人（其中地方派院2人）、重庆4人、西藏11人。互派干部对院地合作和后备队伍建设起到了积极的作用。

（4）在院地合作工作方法的探索上，分院着重抓了区域结构（立足四川、兼顾重庆和西藏）、功能结构（明确分院与政府、所与企业的功能）、项目结构（突出重点、兼顾生态、产业）、互派人员结构（与地方需求、合作重点配套）等4个结构的完善优化以及资金、技术信息、人才等3个平台建设，使院地合作有了相对完整的工作基础，整体工作质量有了提高。

2001年成都分院组织成都分院系统各单位与地方合作共签订正式合同156项，合同额10 598.92万元，实际到位金额9 241.27万元，为区域社会发展和经济建设作出了有显示度的贡献。

5. 党的建设和精神文明建设取得明显成效

（1）党的建设始终坚持以邓小平理论和江泽民同志“三个代表”重要思想为指导，坚持理论联系实际，紧紧围绕推动分院系统各单位的创新、转制和改革发展这个中心，抓好理论学习。继续抓好党风廉政建设方面的工作，认真落实党风廉政建设责任制，坚持党员、领导干部民主生活会制度，完善了重大事项的民主决策程序，促进了规范化管理。

（2）积极推进精神文明建设，营造具有科研院所特色的工作生活环境和文化氛围。认真贯彻中科院成都分院党组关于创新文化建设的指导意见，积极探索和实施创新文化建设，受科学院的委托，成都分院组织完成了对成都生物研究所创新文化建设的考核工作，同时积极推进光电技术研究所和其他研究所、中心的创新文化建设。2001年以庆祝建党80周年为契机，成都分院在组织“创先争优活动”的同时开展建党80周年的系列庆祝活动，做到既隆重热烈又简朴，加强了干部职工共产主义信仰的教育，收到了很好的效果。

（3）对外宣传和信息工作上新台阶。注意发挥《中国科学报》记者站和分院《简报》的作用，积极做好对外宣传工作。成都山地灾害与环境研究所上报的“长江上游退耕还林与天然林保护中出现的问题应引起重视”和“全国最大的大熊猫天然栖息地正遭受严重破坏”2条信息，引起了中央领导的重视，温家宝副总理作了重要批示。由成都分院向四川省政府报送的“等高固氮植物篱技术在四川省的推广应用”得到了四川省政府的高度重视，四川省科技厅组织在全省推广。

政务信息工作全年向科学院提供政务信息近120条，被采用97条。

6. 加强科研和生活园区的规划工作，营造一个良好的工作和生活环境，为职工谋福利。在中科院支持下，完成了两个大院“十五”和20年园区规划并获中科院批准，现正按中科院“十五”实施计划要求精心组织实施，基础设施的改造已全面展开，新建了分院南大门；分院科研园区的电力、天然气网管、道路、绿化等基础设施改造进展顺利；为美化园区环境，在有关研究所的积极配合下，整治和拆除了部分平房建筑，对道路两旁进行了绿化；计划建设公共开放式绿地，为科研、生产和生活创造更为优美的环境。

成都有机化学研究所

所　　长：彭宇行
地　　址：四川省成都市人民南路四段9号
邮政编码：610041
联系电话：028-5222143
图文传真：028-5223978
电子邮件：rdcioc@cioc.ac.cn
网　　址：www.cioc.ac.cn

中国科学院成都有机化学研究所成立于1958年11月，是以应用研究和高技术创新为主的综合性化学化工研究开发机构。主要学科方向有物理化学、有机合成、高分子化学和分析化学，其优势研发领域包括天然气转化、不对称合成、皮革化工材料及环境友好材料。根据中国科学院知识创新工程的总体战略和布局调整，成都有机化学研究所被确定为首批整体转制试点单位。转制后的公司变更为由中国科学院直接控股的有限责任公司——中国科学院成都有机化学有限公司，并于2001年6月8日完成了工商注册。

成都有机化学研究所（有限公司）拥有一支高层次的专业人才队伍。现有职工400余人中，科技人员为320人，占80%。具有副高以上职称科技人员为110人，其中研究员23人，博士生导师12人。职工中具有博士学位和硕士学位科技人员达120人，其中博士近30人，包括中科院"百人计划"人员3人，"西部之光"人员5人。

成都有机化学有限公司现设有催化与环境工程研究发展中心、手性技术工程研究发展中心、高分子化学研究发展中心、中国科学院皮革化工材料工程研究中心、中国科学院成都分院分析测试中心等研究开发机构。近年来，成都有机化学有限公司承担了多项国家攻关、"863"计划、"973"计划、国家自然科学基金、中科院和省部委级重大科研项目以及一大批与地方和企业的合作课题，取得了一大批国内领先和达到国际先进水平的科研成果，获国家级及中科院和省部委级科技成果奖100余项；已申请专利近百件，拥有授权专利60件；在国内外学术刊物上发表论文2 000余篇，其中1996年SCI收录论文列全国科研机构排名第28位。成都有机化学有限公司现拥有2万余平方米的实验大楼，装备有价值数千万元较为配套齐全的大型仪器设备。成都有机化学有限公司图书情报中心藏书4万余册，中外文科技期刊1 300余种、18万册，藏有美国化学文摘（CA）自1907年创刊以来的全部期卷。

成都有机化学有限公司目前有成都中科高分子材料股份有限公司、成科精细化学品有限公司、成都茵地乐电源科技有限公司、成都普瑞净化设备有限公司、（川港合资）成都科东化工有限公司、（川港合资）成都科东合成材料有限公司等6个控股子公司。这些子公司已经成为公司成果转化和科技产业化的摇篮，其主要产品包括皮革化工材料、催化及环保产品、精细有机化工品、功能高分子材料等。

成都有机化学有限公司同时也是我国化学学科重要的高级人才培养基地，是国务院首批批准的研究生招生单位。现设有有机化学、物理化学、分析化学、应用化学、高分子化学与物理等5个硕士点，有机化学博士点，化学学科博士后科研流动站。每年招收硕士生、博士生和博士后共40多人，目前在读研究生和在站博士后达125人。

2001年成都有机化学有限公司总收入达7 500万元，其中高新技术产业完成销售收入近5 000万元；科研和技术收入到位经费1 300余万元。全年鉴定、验收和评审项目10项，其中中科院和省部级9项，比2000年翻了一番。获准国家自然科学基金4项，争取国际合作项目4项，国家自然科学基金项目按期顺利结题3项，1项被评为"特优"，中科院重大项目中期评估1项，向中科院和四川省登记成果7项，申报中科院科技进步奖1项。荣获四川省科技进步二等奖1项，"九五"国家重点科技攻关优秀奖1项。2001年申请专利29项，获授权专利8项，管理有效专利143项。论文数量和质量再创新高。全年共发表论文181篇，其中SCI论文77篇，比2000年的60篇增加了28.3%，CSCD论文63篇。参加国际国内学术会议交流论文39篇。

成都有机化学有限公司编辑出版《合成化学》和《天然气化学》（英文版）2种学术刊物，向国内外公开发行。此外，成都有机化学有限公司与国内外众多的大学、研究机构、公司进行着各种形式的合作与交流。

成都生物研究所

所　　长：李伯刚
地　　址：四川省成都市人民南路四段9号
邮政编码：610041
联系电话：028-5220920
图文传真：028-5222753
电子邮件：swsb@cib.ac.cn
cascib@mail.sc.cninfo.net
网　　址：www.cib.ac.cn

中国科学院成都生物研究所成立于1958年11月，曾先后定名为中国科学院四川分院农业生物研究所、中国科学院西南生物研究所、四川省生物研究所，1978年启用现名。1999年6月进入中国科学院知识创新工程试点“西南生物资源与生物多样性保护研究发展基地”。

2001年底在职职工355人，其中科技人员269人，正高级研究人员34人，副高级研究人员65人，中级科技人员122人；“百人计划”入选者2人；“引进国外杰出人才”1人；现有在学博士研究生13人，硕士研究生60人；赵尔宓研究员当选为中国科学院院士；李伯刚研究员被聘为四川省科技顾问团顾问，吴宁研究员被聘为成都市第三届科技顾问团顾问。

成都生物研究所是以应用基础和基础研究为主，兼有应用研究和发展研究的社会公益性研究所。研究所围绕生物资源的发掘、合理利用与有效保护，开展知识创新和技术创新。

成都生物研究所现设有天然产物化学研究中心、退化生态系统恢复与重建研究中心、两栖爬行动物研究室、环境研究室、农业生物高新技术育种研究室。有植物学博士学位授予点和动物学、植物学、生态学、药物化学、微生物学、环境科学等6个硕士学位授予点。

研究领域：天然产物（重点是天然药物）、两栖爬行动物、恢复生态学与生物多样性、环境微生物与环境工程和农业生物高新技术与育种。

学科方向：天然产物研究以天然产物化学为主要发展方向，以先导化合物构效关系研究和创新药物研制为主，同时加强先导化合物的筛选及结构优化研究。两栖爬行动物研究重点进行分类、系统演化、生物多样性与生境的关系、重要物种的繁殖行为学和保护生物学研究。恢复生态学与生物多样性研究重点围绕退化生态系统的恢复与重建，开展山地生态系统的退化机理和退化过程中人为干扰对生物多样性影响机制的研究。环境微生物与环境工程研究以环境污染的生物治理为主，重点开展高效功能菌的分离、筛选、生化特性及优势菌的组合研究，酶结构与降解率的关系、基因工程菌研究以及微生物治理污染的新工艺、新技术、新设备等研究。农业生物高新技术与育种研究主要开展农业生物技术和遗传材料的创新及相关基础研究，主要农作物优良新品种、新组合选育。

发展目标：立足西南，面向国内外，将该所的学科优势和积累与西南地区的地域优势和资源优势相结合，成为我国资源生物学、恢复生态学和生物多样性保护领域重要的知识创新、知识转移和人才培养基地。

成都生物研究所拥有600MHz核磁共振仪、液相色谱－质谱联用仪和氨基酸自动分析仪等大型仪器。有5个野外生态站（点）和2个试验农场。以成都生物研究所和成都地奥制药集团有限公司为依托的“国家天然药物工程技术研究中心”已正式挂牌运行。两栖爬行动物、植物标本馆馆藏两栖爬行动物标本10万余号，标本的种类和数量居同领域全国第一位、亚洲第二位。植物标本25万份，以长江上游特别是横断山的标本为特色。该标本馆被命名为全国青少年科技教育基地和四川省青少年科技教育基地。成都生物研究所新建的“中国科学院成都生物研究所山地退化生态系统恢复重建重点实验室”即将启动。成都生物研究所科研大楼和动植物标本馆的改造工程已正式开工。

成都生物研究所在较圆满地完成了知识创新

工程试点工作启动阶段各项任务的基础上，继续推进研究所重点学科的发展和研究所的体制改革。对相应的制度进行了及时修订和完善，基本形成比较科学、合理和完整的规章制度体系，进一步激励科技创新、激发职工的工作积极性和创造性，实行规范化科学化管理，高效有序的良好的科研秩序正在形成。调整后的研究领域发展迅速，特色更加突出。在天然产物、生态恢复与重建以及两栖爬行动物研究等重点学科领域初步形成了一支专业结构、人员层次比较合理、学科交叉性增强，精干年轻的科技创新队伍，进一步提高了科技创新能力，顺利进入中国科学院知识创新工程试点工作全面推进阶段。

成都生物研究所的创新文化建设进展良好。在所风规范化的基础上，进一步实现了所风的人格化、普及化。塑造了李伯刚、刘照光、敖栋辉等三位优秀人物为先进典型，宣扬他们的精神和事迹，为职工树立了学习榜样，增强了研究所的凝聚力，推动研究所创新文化建设。

2001年，成都生物研究所新签订科技项目合同60余项，总合同经费达1870余万元；在研课题78个；取得科技成果6项；发表科技论文118篇，其中SCI论文25篇；出版科技专著3部；申请专利10项；获准授权专利6项；获3项农药临时登记证。

成都生物研究所长期在岷江上游开展生态恢复重建的研究工作，经过多年攻关，实现了生态链与产业链在生态建设中的有机整合，走出了一条生态建设与区域经济发展和农民脱贫致富的新路子，为长江上游乃至中国西部的生态环境建设提供了高水平的示范模式与管理模式。其科研成果“岷江上游大沟小流域生态恢复重建”2001年获四川省科技进步二等奖。

成都生物研究所的科技成果转化和院地合作工作进展顺利。成都生物研究所与浙江绍兴亚美生物化工有限责任公司合作，在国内首家实现了年产百吨级L－Phe的产业化，形成了年产200t L－Phe的生产能力，2001年销售额达5 000万元；成都生物研究所以其科技成果“宁南霉素”为技术股份与黑龙江德强集团共同成立了黑龙江强尔生化技术有限公司，开发和生产“宁南霉素”。该公司现已形成年产1 500t 2%“宁南霉素”水剂能力，2001年产值500余万元，累计应用面积300余万亩；为了加快成都生物研究所拥有自主知识产权的“真菌发酵生产天然脱落酸”科技成果的产业化，在与四川龙蟒集团进行该科技成果产业化研究工作的基础上，2001年又以该科技成果入股与四川龙蟒集团合资组建了“四川龙蟒福生科技有限责任公司”。

2001年成都生物研究所完成了下属国有独资企业——成都科进技术开发公司的转制。至此，成都生物研究所已完成全部下属企业的转制工作。

成都地奥制药集团有限公司稳步发展。2001年，上报各类新药11个，获得产品临时批文4个、新药证书1个、保健食品生产批文3个、申请专利2项、授权专利1项，发表论文20余篇；全年实现产值12亿元、利税3.5亿元。

2001年，成都生物研究所与国外多家高校、研究机构和企业在天然产物研究与开发、植物分类学、植物生态学、两栖爬行动物学、主要农作物品种改良等方面开展了多学科的合作和交流；派出23批28人次赴10多个国家和地区从事合作研究工作、参加国际会议和考察访问；接待了10多个国家和地区的客人共32批80余人次；2001年7月，成都生物研究所承办了国际生物多样性保护联盟共同组织（CI）在四川都江堰市召开的“横断山生物多样性优先项目选择计划工作会”。

赵尔宓院士任亚洲两栖爬行动物研究学会副秘书长、“Asiatic Herpetological Research”主编和美国加州科学院荣誉院士；吴凤鄂研究员任美国纽约科学院院士；唐亚研究员任国际山地综合发展中心（ICIMOD）农业系统部部长；王跃招研究员任世界自然保护同盟物种生存委员会两栖类衰落种群监测特别行动组中国工作组（DAPTF）主席；吕荣森研究员任国际沙棘研究与培训中心（ICRTS）常务理事会理事、国际沙棘协会（ISA）常务理事会理事和欧洲联盟（EU）科技委员会科技项目评审专家。

成都生物研究所是四川省动物学会的挂靠单位。成都生物研究所主办并编辑出版《应用与环境生物学报》，该刊2001年已进入“中国期刊方阵”双效期刊名录，位列CA来源期刊千名表，并成为CSCD、CSTPCD数据库的核心期刊。

成都山地灾害与环境研究所

常务副所长：崔鹏（法人代表）
地　　址：四川省成都市人民南路四段9号
邮政编码：610041
联系电话：028-5228816
图文传真：028-5222258
电子邮件：sdb@imde.ac.cn
网　　址：www.imde.ac.cn

中国科学院-水利部成都山地灾害与环境研究所（以下简称成都山地所）于1966年2月成立，前身为中国科学院地理研究所西南分所，于1989年8月启用现名。全所现有职工254人，其中科技人员181人（占全所职工总数的71.3%），研究员30人，副研究员、高级工程师45人，中级科技人员70人。现有在学博士研究生26人，在学硕士研究生28人。

成都山地所现有自然地理学博士点1个，岩土工程学博士点（与西南交通大学联办）1个；有自然地理学、土壤学、人文地理学、地图学与地理信息系统、防灾减灾工程及防护工程（与西南交通大学联办）硕士点共5个。有1人获得国家杰出青年科学基金，成功地引进了4名国外杰出人才和中科院“百人计划”入选者，4人入选“西部之光”，当年到研究所的高级访问学者17人。

成都山地所特别重视科研基地和基础设施建设，建有东川泥石流观测研究站、贡嘎山高山生态系统观测试验站、盐亭紫色土农业生态试验站、万县农业生态与环境试验站、元谋干热河谷水土保持试验站、金龙山滑坡观测站和九寨沟自然景观生态观测站7个野外台站。它们位于不同生态环境类型区，有机地构成了长江上游生态环境监测研究网络，成为成都山地所重要的科研基地。其中东川站和贡嘎山站被科技部遴选为国家重点野外台站（试点站），东川站为中科院开放站，贡嘎山站和盐亭站为CERN基本站。所内建有泥石流动力学实验室，进行山地灾害力学机理和防治工程的实验研究。

成都山地所于1999年结构性调整后，设置5个研究机构：山地灾害研究中心，山地环境研究中心、山地农业与土壤研究室，“3S”技术研究室和国土开发与整治研究室；管理和支撑机构有：所长办公室、组织人事处、科技处和综合信息室。

随着知识创新工程的推进，成都山地所于2001年8月，对管理部门按创新要求进行了全面调整，在不改变职能、职责范围的前提下，将原来的所长办公室、科技处、人事处合并为综合办公室，精简了管理机构，实现了管理部门改革的提前到位；科研体系的创新改革方案正在不断修改和完善之中，预计2002年上半年完成研究系列的创新改革；后勤管理服务中心经多次调整组合，已形成了集行政管理、保卫安全、维修保障、车辆服务、房屋租赁等为一体的综合性管理服务机构。

目前，成都山地所已顺利完成了科技人员的新老交替，基本实现了代际转移，为知识创新工程的顺利实施奠定了坚实基础。下阶段工作重点是按照中科院知识创新工程的导向与标准，在体制和机制改革、凝炼科技目标、人才队伍建设、创新文化建设等方面狠下工夫，调动全所干部群众的积极性和创造性，进一步转变观念、改变作风、脚踏实地、稳步发展，为成都山地所进入中科院知识创新基地做好各方面的准备工作。

成都山地所根据中科院新的办院方针和自身的学科特点，确定了山地灾害、山地环境和山区发展为主要研究领域，发展的总体目标是：面向我国山区开发和生态环境建设的战略需求，立足长江上游和青藏高原，以山地表层系统为核心，在山地灾害形成与山地环境退化机理、山地灾害防治与环境保育技术示范、山区可持续发展三个方面开展基础性、战略性和前瞻性研究，揭示山地灾害的形成与山地环境退化机理，建立山地灾害防治与山地环境保育的理论与技术体系，为山区建设和可持续发展提供科学依据和技术支撑，发展山地科学，把成都山地所建设成为国际知名的山地科学研究中心。

2001年，成都山地所开展了一系列卓有成效的工作：

1. 把握西部大开发的历史机遇，针对国家加快中西部地区发展的重大决策和山区社会经济发展面临的重大任务，承担高层次的科研项目（含专题）48项，取得了一批成果。例如，中科院资源环境领域“九五”重大项目B“中国山区城镇泥石流综合防治技术研究”，基本查明我国有18个省（市、自治区）、138个县级以上的城镇遭受泥石流的危害与威胁，剖析了城镇泥石流的危害特点和成灾规律，为国家防灾减灾和经济建设布局的宏观决策及防灾措施的制定提供了科学依据，尤其对正在实施的西部大开发，具有很强的指导意义。

2. 找准学科优势与西部大开发的结合点，在西部基础设施建设中的线性工程（如在研的兰州—成都输油管道工程、川藏公路、中尼公路等）的山地灾害及其防治对策研究中作出了有显示度的成绩。例如，“西气东送”是西部大开发的重点工程之一，成都山地所承担的忠县到宜昌段水土保护工程勘察与设计任务，共查出山地灾害危险段、滑坡(含崩塌)、泥石流等灾害达270余处；提出的管线绕、避建议及无法绕避应采取的水工保护方案等不但全部被有关部门采用，而且使管线水工保护费比原设计方案降低了50%以上。仅此一项，就为国家节约资金1亿多元。

3. 重视西藏地区生态环境建设和可持续发展的研究，仅2001年就承担了18项以西藏地区为研究区域的项目，就进藏公路、铁路相关的山地减灾理论与关键技术、自治区生态环境现状调查、生态环境建设与综合治理规划等进行深入地调查研究，这些项目正在开展之中，其研究成果将为西藏未来的发展提供重要的科学依据。

4. 采用“3S”一体化技术，已建成西南地区第一个科学性、系统性与应用性很强的资源、环境和农情综合遥感信息系统及相应数据库，为资源环境信息科学研究和区域可持续发展提供了相对完善的数据平台和技术平台。

5. 由国家科技部主持，成都山地所主编并于近期出版的《长江经济带可持续发展地图集》采用遥感、信息系统、电子地图一体化的技术路线，达到了思想性、科学性、实用性、艺术性的统一。这部颇具特色和创新的新型地图集，获得2001年“第20届国际制图大会”优秀制图作品奖。

6. 配合四川省大熊猫世界遗产的申报工作，完成了夹金山脉大熊猫栖息地的研究，该项研究成果达到国际先进水平，同期开展的四川省世界遗产网络工程前期研究，查清了四川省21个具有世界遗产价值的资源地，为该省科学规范管理和申报世界遗产提供了蓝图。

7. 2001年成都山地所共承担国家攻关、国家自然科学基金、中科院知识创新项目、中科院重大项目、国际合作及地方委托项目160项；成果登记4项，申请职务发明专利3项，当年授权发明专利1项；全年发表论文140篇，其中SCI和EI论文7篇。

8. 2001年全所共有16人次出访美国、法国、埃及、奥地利、委内瑞拉、德国等国家和香港、台湾地区；全年共邀请日本、委内瑞拉、美国、德国、加拿大、奥地利、意大利等6个国家的42名外宾来我所进行学术访问、合作研究；其中科技部国际合作项目“中委泥石流及其减灾研究”，为委内瑞拉培养了泥石流研究方面的人才，提供的泥石流次声警报器得到了委内瑞拉政府的好评，并已投入使用。

9. 成都山地所在院地合作和科技成果转化方面取得了新的进展，科技副职选派工作形成了自己的特色。2001年共选派5名厅（局）级科技副职分别担任地方的领导职务，既发挥了科技人员的优势，又通过科技副职的桥梁与纽带作用满足国家和地方需求，参与地方经济建设，推动院地合作工作的深入开展。

成都山地所是中国地理学会山地分会、四川省地理学会、中国水土保持学会泥石流滑坡专业委员会和中国第四纪研究委员会应用第四纪专业委员会的挂靠单位。编辑出版的主要刊物有《山地学报》(双月刊)，该刊为我国山地学综合性学术刊物、中国自然科学核心刊物之一，其装帧、版式结构和参考文献均按国际规范设计，办刊质量不断提高，影响因子在地学类刊物中居于前列。

光电技术研究所

所　　长：姚汉民
地　　址：四川省成都市人民南路四段9号
邮政编码：610041
南郊科研开发基地：四川成都市双流350信箱
邮政编码：610209
联系电话：028-5100341
028-5223143
028-5100112
图文传真：028-5100070
028-5223143
电子邮件：ioesb@ioe.ac.cn（所办）
网　　址：www.ioe.ac.cn

中国科学院光电技术研究所（以下简称光电所）始建于1970年，是中国科学院在西南地区规模最大的研究所。研究所分为成都市内和南郊两部分。

光电所由科研部、科技开发部、光电总公司以及质量控制部、物业中心等组成，具有光机电技术的综合优势和配套齐全的生产制造、开发能力。科研部主要由从事应用基础研究和高技术创新研究的国家级重点实验室以及从事工程系统研究的研究室组成，有微细加工光学技术国家重点实验室、国家“863”计划自适应光学实验室、国家“863”计划光束控制实验室，同量还建有光电工程、应用光学、电视应用技术、光电探测、光电精密测试、光电传感技术、薄膜光学等10个研究室；科技开发部主要从事科研项目试制加工和新产品开发工作，建有6个加工试制部；光电总公司包括科奥达有限责任公司、科川公司等8家公司，拥有长光栅、编码器、激光应用技术、光学元件、光学材料、医用光电仪器等独立运行的产品开发生产部门。物业中心由条件后勤服务系统组成。挂靠在光电所的“中国科学院成都几何量及光电精密机械测试实验室”，可向社会提供具有法律效力的公证数据。

到2001年底，全所在岗职工1 148人，其中科技人员643人，有中国工程院院士2人，研究员57人，副研究员、高级工程师等160人，中级科技人员175人。光电所现有光学工程博士后流动站和博士学位授权点以及光学工程、物理电子学、检测技术与自动化装置、测试计量技术与仪器，信号与信息处理、精密仪器与机械等8个硕士学位授权点，涵盖7个一级学科。现有在学博士生、硕士生182人，博士后7人。

光电所本着瞄准国家战略需求，面向国际高技术前沿，根据有所为有所不为的原则，凝炼出主要优势研究领域为：微光学及微电子光学技术、自适应光学技术、光束控制技术、目标监测与识别、能动光学制造技术等，其中有4个学科进入中科院“百人计划”招聘学术带头人，目前已有4人到位。光电所坚持以重大创新项目牵头、科研开发同时发展、建立现代研究所的办所方针，努力建立有持续发展能力的技术平台，发展“一大一小”，即大镜面光学加工技术和微光学技术。2001年安排科研试制任务87项，其中高技术领域4个主题7个专题，20个课题。各类国家和中科院科研项目、创新项目29项，各类科学基金项目18项，其他开发项目20项。

微光学与微电子技术研究领域主要从事深亚微米线条的形成与传递、同轴对准与精密定位、深紫外光刻和同步辐射X射线光刻、相移掩膜及微光学、折衍混合光学等技术研究。0.35μm分步重复投影光刻关键技术研究课题完成了合同要求的5项关键单元技术，接近国际水平。并超额完成准分子光刻物镜的设计，研制的投影光刻物镜首次实现数值孔径NA＝0.42～0.63μm连续可变，达到国内外当时同类研究的水平。具有离线对准系统的微机电光刻专用设备，对准精度最终达到：±0.05μm，掩模与硅片的自动对准、锁紧、曝光全过程的对准精度保持在0.2μm以上。开展微透镜列阵、折衍混合光学成像系统以及红外探测器耦合技术研究与应用在国内已有很大影响。在国内首次研制远红外光谱仪，光谱测量精度达λ/100，光谱测量波段10～100μm，开辟了光电所光子测量仪器研制的新领域。微透镜列阵与256×290红外焦平面探测器集成取得成功，为提高大面阵红外探测器的探测性能提供了一个全新的技术。微电子光学装备方面，光电所目前正瞄准该领域21世纪世界前沿研究，和上海、北京合作，开展深紫外248nm光刻技术、193nm光刻技术、X射线光刻技术、提高光刻分辨率的波前工程新方法研究，并积极开展原子纳米光刻等前瞻性光刻技术研究。

光电所自80年代初在国内开创了自适应光学领域研究工作，已形成自适应光学、能动光学器件、纳米级微驱动定位技术3个具有特色的研究方向。目前在国内研究水平最高、综合技术实力最强，在国际上居前列并具有重要影响。研究的自适应光学技术应用领域之多，建立的基础技术之全面在国际上也不多见，被国外同行称为“世界上规模最大的自适应光学技术研究群体”。在自适应光学系统小型化研究方面，研制成功“人眼视网膜成像自适应光学系统”，是自适应光学技术应用领域从天文观测等大科学工程领域向民用领域拓展的重要突破口。并与上海眼科专家联合进行了活体人眼视网膜层析成像实验，首次获得视网膜中不同层面视觉细胞图像和毛细血管高分辨率图像，表明光电所活体人眼视网膜成像自适应光学技术取得又一重要进展，对视觉科学研究和人体相关疾病的诊断具有重要意义。主要创新点：（1）国际上首次建立了一套采用整体集成式微小变形镜的轻小型人眼视网膜成像自适应光学系统，并获得高分辨率视网膜图像。（2）在国内首次实现人眼像差的自适应光学校正，并在国际上继美国Rochester大学之后，获得人眼视网膜的高分辨率图像，分辨率为4μm（视细胞）。（3）国内首次研制出可精确测量人眼像差的哈特曼传感器，并利用它对模拟人眼和实际人眼像差进行了高精度测量，定量给出前35阶的Zernike系数，测量阶数和精度大大高于目前通用眼科检查手段。（4）研制了国内首台基于微机进行波前复原控制的轻小型人眼视网膜成像自适应光学系统样机。目前，光电所正在深入研制更大动态范围和校正能力的小型人眼视网膜成像自适应光学系统，以进一步提高对活体人眼视网膜细胞及毛细血管成像分辨率，为走向产品化和临床应用奠定了技术基础。

空间光学是光电所20世纪80年代后期发展的新领域之一，“轻量化技术”从特种空间光学元件的研制开始逐步到整个系统。通过冷光学系统、熔石英轻型反射镜和星敏感器等的研究，实现了“大而轻，小而精”的目标，在系统轻量化方面的研究处于国内先进水平，某些技术与世界先进水平相当。国内唯一用熔接法制作轻型反射镜，减重率达70%。现已为“资源二号”卫星相机提供了2套轻型镜，通过了一系列的航天环境试验。目前已小批量制作轻型球面镜、轻型平面镜和非球面镜，提供航天科技集团使用。

光电所在光电捕获跟踪测量技术研究和光电工程研制领域有很强的综合技术实力，从建所就开始了该领域的工作，总体技术力量强，单元技术配套，是国内一支重要力量。多年来成功研制了大、中、小型多种不同类型的光电经纬仪，产品的技术指标与性能达到国际先进水平。在国内有很强的竞争力。特别是完成我国首次出口的R302T经纬仪，以很少的人员在极短的时间完成了国外联调、正式移交工作。GD-220经纬仪、160改造、190/191改造等已基本完成设计和加工，新签订的GJ-300经纬仪、778经纬仪改造等10余台套正在组织方案设计评审。

在激光光束控制领域，2001年完成了多项重大试验。

光电所在2001年创新前沿性探索研究工作中，坚持发挥重要技术创新和突破，在弱小目标的探测成像、信号实时处理、多目标识别、高精度快速跟踪测量方面取得很大的进展。

建所31年来，光电所已获得包括国家科技进步特等奖在内的400余项科研成果。2001年获中科院科技进步一等奖1项（蜂窝夹芯结构熔石英轻型反射镜技术），获四川省科技进步成果三等奖4项。2001年光电所申请专利35项，授权专利18项，期刊上发表论文105篇，在国际各种学术会议上发表论文14篇。

2001年光电所通过了ISO9001质量体系认证外审复查，这对于完善光电所质量管理，推进全所创新起到了促进作用。全所整体进入创新工程试点以来运行创新机制，完成了创新岗位人员层层招聘，竞争上岗。职称评聘采用按需设岗，岗位公开，按岗聘任。实行基本工资，岗位工资，绩效工资的三元工资分配制度。实行公开考核，末位淘汰制。建立了一套吸收人才的政策，更好地为吸引“百人计划”人员、高级访问学者、博士后和培养研究生服务，建立高素质的流动研究队伍。

光电所加快科技成果转化与科技体制改革，由科奥达公司对其余公司采用吸收兼并和部分公司关闭的做法，原8个所办公司通过改制，基本形成了以科奥达公司、合资公司、科川公司为主体的公司管理体系。同时又以科奥达公司控股，成立成都中科建设工程有限公司和四川迈科高技术有限公司；2001年，光电所与国内外大企业合资注册兴办了“成都中科华格光电技术有限公司”、“成都精密光学公司”、“成都中科百奥生物光电科技有限公司”、“成都中科海光通讯技术有限公司”、“成都中科新光光电技术有限公司”、“成都汉星光通讯有限公司”等高技术公司，主要从事背投电视光学镜头、光学材料、生物芯片仪器、精密制版光刻镜光、光通讯产品、精密光学元件及系统等开发与生产、先后引入资金3千余万元。开发生产多种适应市场需要的高新技术产品如：长光栅与数显表、光电轴角编码器、激光标记机、手术显微镜和观靶镜、各种棱镜、透镜等光学元件、空调制冷设备等。按标准化、模块化组织高科技产品的批量化研制初见成效。扩大医疗光学仪器的产量和份额，在成功开发医用手术显微镜、裂隙灯的基础上，不断开发新产品，2001年开发产值到8 000多万元。利用光电所高新技术成果和知识产权的优势，与地方企业的资本、营销优势联合，通过参股或合资及职工入股的形式，建立有限责任公司，争取在一两年内成为具有实力和规模的高新技术企业，进而发展成为上市的高科技股份有限公司。

2001年5月光电所整体进入了中科院知识创新工程试点。光电所坚持发挥自身的整体优势和综合优势，继承和发扬光电所求实创新和团结协作的传统，增强创新意识，从舆论、政策、制度上营造了有利于创新队伍发挥积极性、创造性的氛围。在园区建设方面，继建设光束控制实验室大楼后，2001年开工建设自适应光学大楼和综合楼，同年完成了精密机械制造技术大楼的建设并改建了光学加工大楼，完善了112个青年科研人员公寓的管理。目前整个园区道路整洁，绿地成茵。光电所的科研环境已臻上乘。

近几年来，国际交往和学术、科技交流不断扩大。2001年光电所派出参加国际技术讨论会、考察、培训和学术活动19人次；接待国外学者讲学、访问、技贸洽谈等活动16人次。

编辑出版的主要刊物有《光电工程》，该刊已被美国国际工程索引（EI）收录，成为国内外有影响的刊物。

四川中科院信息技术有限公司

董 事 长：张海盛
地　　址：四川省成都市人民南路四段9号
邮政编码：610041
联系电话：028-5217501
图文传真：028-5229357
电子邮件：bgs@casit.com.cn
网　　址：www.casit.com.cn

四川中科院信息技术有限公司（以下简称信息技术公司）是中科院所属高科技企业，成立于2001年6月26日，由中科院成都计算机应用研究所整体转制而来。目前，信息技术公司拥有员工320人，其中科技人员237人，有中国科学院院士1人。现有在学博士生24人、硕士生33人。

信息技术公司在计算机应用和计算机软件集成化、智能化的方向上，从事计算机应用软件、工业自动化、办公自动化、管理信息系统、网络与通信、数据库应用、汉字信息处理系统等领域的产品开发，承接相关的大中型工程任务；同时还开展自动推理方面的基础和应用基础研究工作。

信息技术公司共设有3个事业部和1个实验室（即与四川联合国大学软件所联建的重点开放实验室“自动推理与程序生成实验室”）。

信息技术公司设有计算机软件与理论专业博士学位授予点和计算机应用技术、计算机软件与理论、应用数学硕士学位授予点；同时还与高校联合培养应用数学专业博士生。

按照国家和中科院的统一部署，2001年信息技术公司以转制为契机，以改革促发展，取得了较好的经营业绩，完成了多项工作任务。信息技术公司总收入首次突破3 000万元，创历史最高水平，同比增长 79%。其中项目到位经费同比增长 53.7%。已签订的合同经费是上一年的 3 倍。百万以上的订单占合同经费的 80%。在职职工人均经费争取能力超过 20 万元。信息技术公司全年实现利税 236 万元。

在研究所转制工作中，信息技术公司一方面进行资产清理评估、股权设计配置、法人治理结构搭建等公司挂牌准备工作，另一方面重点开展了运行机制等方面一系列适应现代企业运作的基础性工作。

在应用开发工作中，面向烟草行业应用再创佳绩。承接的重大工程项目—四川省烟草销售网络系统工程组织实施取得了出色成绩。南京、什邡等烟厂的 ERP、生产自动化项目进展顺利。大张印钞号码在线检测系统、新型表决系统、电子商务、客户关系管理系统等一批新项目开发取得重要进展。

在知识创新工作方面，自动推理实验室正式列入院二期知识创新工程，“百人计划”也正式启动。信息技术公司承担的“973”项目在“数学机械化与自动推理平台”课题的中期评估中得到了较高的评价。国家自然科学基金、中科院基础特支等项目都较好地完成了预定任务，取得了阶段性成果。去年还争取到国家“863”、四川省重点等多个项目，为信息技术公司的科技创新打下了良好的基础。

在成果推广和产品化工作方面，信息技术公司的 ERP 软件已经成功地开发出了多种版本的产品，在烟草行业和酒类行业应用成效显著。该软件产品已被列为我省“一号工程”产业化重点项目，省经贸委还发文向 120 余家企业进行了专项调查和应用推广。计算机会议系统又推广应用于福建、云南、广东、贵州、四川和山西等省的地市州县，并成功地为中央和地方提供了多次会议服务。烟草计算机应用在数据采集、工业电视监控、烟丝加香控制等技术更新和成果推广方面取得了新的成绩。烟叶收购机系统取得了产品生产许可证，在省内烟草行业被作为首推产品进行推广。

信息技术公司与双全集团合作开展的智能教育软件通过国家教育部中小学教材审定委员会的审定，被批准列入推荐教材目录，并已出版发行。该软件被中国软件行业协会推荐为优秀软件产品，产品销售到全国 10 多个省市。

在对外合作方面，信息技术公司与深圳协汇科技投资有限公司、北京东星国风商业软件开发有限公司等单位合作，开展计算机会议系统、烟草计算机应用等领域的市场工作，使系统产品得到了进一步的推广。目前信息技术公司在中科院的组织下，正与一些兄弟单位和烟草总公司共同投资筹建新的公司，以增强面向烟草行业服务的整体实力。

信息技术公司进一步加强了与地方政府和产业界的广泛联系，先后组织参加了四川、香港、重庆、浙江、深圳等地科技考察、高技术交流与项目对接活动，并派员到重庆市计委、宜宾市人民政府挂职工作。信息技术公司自成立以来，受到省市领导和各级部门的高度重视，企业、投资商纷纷与公司洽谈合作业务。

信息技术公司主办并编辑出版《计算机应用》杂志，该刊作为获得我国科技期刊一等奖和国家期刊奖提名奖的核心期刊，不仅已进入国家期刊方阵，而且还被中国科技论文与引文数据库收录为统计源期刊。

成都文献情报中心

常务副主任：王伻（法人代表）
地　　址：四川省成都市人民南路四段 9 号
邮政编码：610041
联系电话：028-5224282
图文传真：028-5220439
电子邮件：jh@clas.ac.cn
网　　址：www.clas.ac.cn

中国科学院成都文献情报中心（又名：中国科学院成都图书馆）是中国科学院设在西南地区的文献情报机构，也是国家科学数字图书馆在西南地区的重要节点。始建于 1958 年。现有在职职工75人，其中业务人员56人，研究员和研究馆员5人，副研究员和副研究馆员9人，中级业务人员23人。与四川大学合作拥有图书馆学硕士学位授予权，现有在学硕士研究生26人。

成都文献情报中心具备现代化综合信息服务功能，是四川省科技成果查新咨询服务分中心和中国科学院成都科技查新咨询中心，也是中国科技网成都网络管理中心。

馆藏总量现为200多万册（件），其中科技期刊1.27万种124.5万册，图书资料29.1万册（包括2套大型会议录SPIE和IEEE），电子期刊1.1万种，专利文献85.9万件，检索光盘817张，音像制品940张，已形成以天然产物、生物多样性、化学、环境科学、光学与计算机科学为重点的、以科技期刊、检索工具和会议文献为主干的馆藏结构。

近年实现了宽带网联接，并使网络服务与信息服务结合，展现出广阔的应用前景。并以此为国家科学数字图书馆建设奠定了基础。

新馆馆舍面积共计6 634m^2。此外成都文献情报中心在成都近郊华阳镇有占地26亩的储备书库。

2001年成都文献情报中心承担的主要科研课题涉及互联网、知识经济、天然药物、专利信息、业务管理、文献信息网络、学科战略情报、科技发展战略研究等领域。

构建的中国天然药物网(http://www.cnmedline.com/)，将自研的中国实用天然药物数据库提供网上服务。与四川省经贸委、四川省工业技术创新中心共建中国技术创新信息网四川网(http://www.ctisc.com.cn/),现已开发出了科技成果、企业需求、创新政策、人才需求、标准、专利等多个数据库。

成都文献情报中心重视国际学术交流，先后与美、英、德、泰、俄等国建有交流关系。

编辑出版《天然产物研究与开发》（双月刊，公开发行，与成都地奥集团和国家天然药物工程技术研究中心合办）、《世界科技研究与发展》（双月刊，公开发行，与中科院学部联合办公室、中国工程院学部工作部、中科院综合计划局合办）有230多位中科院院士和160多位工程院院士订阅了上述第二种期刊。另外还与四川省经贸委等合办《四川企业科技信息》（月刊，内部刊物）。

成都文献情报中心是中科院科技情报研究会成都地区工作委员会、四川省图书馆学会成都地区科学院系统工作委员会、四川省情报学会理论方法委员会的挂靠单位。成都文献情报中心负责的文献情报协作网有：中科院西南地区文献情报协作网和中科院成都地区文献情报协作网。

成都中科唯实仪器有限责任公司

法人代表：丘希仁
地　　址：四川省成都市锦绣路33号
通 讯 处：成都421信箱
邮政编码：610041
联系电话：028-5211071
图文传真：028-5211071
电子邮件：ckycwb@fm365.com

成都中科唯实仪器有限责任公司（以下简称唯实仪器公司）是中国科学院根据国家科研体制改革的精神，决定将中国科学院成都科学仪器研制中心整体转制而设立的科技型企业，唯实仪器公司成立于2001年10月16日。其前身是1959年9月成立的中国科学院西南分院金工厂，1977年更名为中国科学院成都科学仪器厂，1991年起使用中国科学院成都科学仪器研制中心的名称。

唯实仪器公司现有在职职工305人，其中科技人员94人，有高级工程师10人，工程师55人，初级科技人员29人，职员35人，技术工人176人。

唯实仪器公司是一个以光电引导技术、数字采集技术、烟支物理指标检测技术、精密模具加工技术为基础，以光、机、电及其一体化产品的开发、生产、经营为依托的先进科学仪器和现代化大、中型设备的研制、生产基地。它拥有一批先进的进口电子测量仪器及精密机械加工设备。

唯实仪器公司从20世纪80年代起一直从事

光学仪器、电子测量仪器、分析仪器的生产与开发，并通过了ISO9002质量认证。唯实仪器公司下设控股和参股公司3个，全年销售额达2 300多万元。其主导产品有光电仪器公司研制生产的连续变倍体视显微镜（产品全部出口北美、西欧等30多个发达国家和地区）、新近开发生产的数码显微镜和自动显微镜；瑞拓公司生产的烟草行业多项专用检测仪器，最近又成功研制了烟支综合测试台，现经国家烟草专卖局组织的项目审定组评审，性能达到当代国际先进水平。该公司是成都高新技术开发区的优秀高科技企业和纳税大户；模具公司设计制造的IC精密封装模具在国内电子器件行业享有较高的声誉。

2001年，转制前的成都科仪中心按照中科院整体转制决定，在中科院有关业务局的指导下，清偿了历史遗留的债务，完成了清产核资、股权登记、工商注册，转制成为了有限责任公司。同时与成都市高新技术开发区签订了迁建协议，并于2002年内进入高新技术开发区，成为高新区内一个占地50亩的新型高科技企业。

昆　明　分　院

院　　长：张壮鑫
地　　址：昆明市护国路 22 号
邮政编码：650021
联系电话：0871-3146835
图文传真：0871-3146783
电子邮件：office@ms.kmb.ac.cn
网　　址：www.kmb.ac.cn

中国科学院昆明分院作为中国科学院在云南的派出机构，根据中科院创新基地建设的战略部署，代中科院管理 5 个科研单位：昆明植物研究所、昆明动物研究所、西双版纳热带植物园、地球化学研究所（贵阳）和国家天文台云南天文台，分属生物、天文、地学三大基础学科。

云南地处中国西南，西南地区是我国生物资源和生物多样性最为丰富的地区，属世界生物多样性研究的热点地区之一，也是我国发展生物资源相关产业的最重要的战略性种质基因库。由昆明植物研究所、昆明动物研究所、西双版纳热植园、成都生物研究所组成的西南生物资源与生物多样性保护研究发展基地建设方案，于 1999 年 6 月经中科院院长办公会议讨论通过，在中科院的领导下，为进一步加强各个研究所之间的联合协调管理，加强基地层面的决策。成立了西南基地指导委员会，下设基地办公室，设在昆明分院，负责处理基地的日常工作。在西南基地指导委员会具体指导下，围绕“建设国际一流的生物资源与生物多样性保护研究中心及知识创新、知识转移和人才培养基地”的总体构想，在科技创新目标的凝炼、体制和人才队伍建设等方面进行了有益的探索，现已取得了一些重要的阶段性成果。自 2001 年起，已顺利进入了中科院知识创新工程全面推进阶段的建设工作。

自 1995 年 10 月，中科院与云南省签订长期稳定的科技合作协议以来，院省科技合作得到了较好的发展。到 2001 年，双方共合作实施了 47 个面上的科技合作项目，合同总经费为16 471万元，其中云南省政府投入4 908万元。中科院许多研究所推荐了科技项目并与云南的企业、公司、研究院所进行了联系，已有北京、上海、兰州、武汉、成都、沈阳、昆明等地的 30 个研究所承担了院省合作项目。与此同时，省院共建昆明分院，重点实验室、工程研究中心和高技术企业的工作有了积极进展；一批重大项目和重大科学工程建设已经启动实施。中科院与云南省日益深入广泛的科技合作，为双方的共同发展起到积极的促进作用。

根据中科院“关于分院改革的指导意见”（科发人教字［2001］第 415 号）及“关于昆明分院改革方案的批复”（科发人教字［2002］第 22 号）精神，昆明分院机关按照《中国科学院昆明分院机关管理岗位公开招聘实施细则》，进行了管理岗位公开竞聘，改革调整到位后的昆明分院机关管理机构由综合办公室、组织人事处、科技合作处 3 个职能部门，15 个管理岗位（含分院领导）组成。

昆明动物研究所

所　　长：季维智
地　　址：云南省昆明市教场东路 32 号
邮政编码：650223
联系电话：0871-5190390（总机）
图文传真：0871-5191823
电子邮件：yangyy@mail.kiz.ac.cn
网　　址：www.kiz.ac.cn

中国科学院昆明动物研究所成立于 1959 年 4 月，其前身为昆虫研究所紫胶站。1963 年曾改名为中国科学院西南动物研究所，1970 年划归云南省后，改名为云南省动物研究所，1978 年重归中国科学院，恢复原所名。

全所现有职工 250 人，其中科技人员 209 人，研究员 19 人，副研究员、高级工程师 48 人，中级科技人员 83 人，设有 1 个博士和 3 个硕士的学位授予点。现有博士研究生 57 人，硕士研究生 56 人。1996 年被批准建立博士后工作站，目前共有 2 人在站工作。

根据中科院批准的研究所分类定位和“西南生物资源与生物多样性研究基地”的任务和方向，以及在知识创新工程启动试点阶段所取得的阶段性进展，瞄准科学发展的趋势和国家的需求，昆明动物研究所继续以进化生物学、资源动物学和保护生物学为优先发展领域，以热带、亚热带动物资源的保护、持续利用和相关的生物学基础和应用基础研究为主要工作内容。围绕人类基因组计划的进展所带来的契机，将创新重点放在动物的系统演化和模式动物比较基因组学、功能基因组、生物多样性的保护和物种濒危物种机制、人类健康与疾病的动物模型的建立等基础理论和应用的发现及创新上，争取在动物天然药物的研究开发、生物技术在大农业生产中的应用方面有所突破，为产业化奠定基础，为社会发展和经济建设做贡献。

现设立了系统动物学研究室、遗传与进化研究室、灵长类生物学研究室、动物毒素研究室、保护生物学中心、中国科学院典型培养物保藏委员会昆明细胞库等 6 个研究机构，有中科院“细胞与分子进化开放实验室”1 个、中国科学院与云南省共建的“动物生殖生物学重点实验室”和“畜禽分子生物学重点实验室”。昆明动物研究所标本馆珍藏各类动物标本 50 余万号，模式标本 300 余种，是我国西南地区最大的动物标本馆，与世界 13 个国家和地区建立了标本交换关系。

2001 年是中科院进入知识创新工程全面推进阶段的第一年，在中国科学院知识创新工程建设的促进和推动下，昆明动物研究所在目标凝炼和学科建设、创新机制转换、队伍建设和人才培养、科研成果、创新文化与园区建设等方面取得了较大的进展。

2001 年，以学科团组和马普青年科学家小组为基本研究单元，围绕主要方向和重点研究领域，打破研究室界限，组织跨学科综合交叉课题联合攻关，形成了 14 个学科组的规模。建立了与国内外广泛合作与联合发展的开放体系，同时注重动物标本馆、图书情报信息网络中心、实验动物中心、中心实验室等建设，增强了研究所的竞争能力和创新能力。在中科院知识创新工程启动阶段工作总结评估中，昆明动物研究所获得了中科院生物学类研究所的第一名、全院蓝皮书排名 27 名的前所未有的好成绩，在研究所的评价中，聘请了国内外的著名学者，对所内学科组的工作成绩及其发展进行了综合评价和排名，对研究所的学科发展起到了良好的推动作用。

2001 年昆明动物研究所共承担各类科研项目 135 个，其中：新开课题 42 项。昆明动物研究所为一级主持单位的有 90 项（其中重大、重点项目 8 项），一级第二主持 1 项（院重大项目），二级主持的有 5 项（其中重大、重点项目 5 项），三级主持 10 项（其中重大、重点项目 10 项），合作主持 1 项（省基金重点），主持课题共计 122 项；合作课题 14 项（其中重大、重点项目 4 项），委托课题 14 项。全所共承担重大、重点项目 29 项，占全所总项目的 21%。承担中科院项目 41 项，院外项目 94 项。基础研究 65 项，占全部课题的 48%，应用基础研究 37 项，占 27%，科技服务 14 项，其他 19 项，占 14%。中科院项目到位经费与院外项目到位经费比值为：

1.01∶1。

2001年昆明动物研究所共发表各类科技文章137余篇。其中SCI收录刊物上发表研究论文68篇（含“Nature”，“Science”和“PNAS”发表的论文，1区文章13篇，2区文章11篇）；CSCD收录31篇，其他文章26篇；出版著作《中国兽类踪迹指南》、《保护生物学基础》、《中国烟草害虫防治》、《克隆园》等4部；“三链DNA结构模型和能力学的理论生物学研究”，获云南省科技成果奖（自然科学类）一等奖；“克洛曲（复方克痛宁）研究”，获云南省科技成果奖（技术发明类）二等奖；“银额果蝇及其B染色体研究”，获云南省科技成果奖（自然科学类）二等奖；“动物DNA亲子鉴定技术的建立及其应用”、“蒙自石榴主要病虫害综合治理研究”，获云南省科技成果奖（科技进步类）三等奖。

2001年昆明动物研究所共有3项发明专利获国家知识产权局授予的专利证书，公开专利11项，申请并受理专利11项。“蛇毒替代戒毒、镇痛及抗老年痴呆药物”，获2001年中国专利优秀奖。

昆明动物研究所在创新文化与园区建设等方面取得了较大的进展。“昆明动物博物馆”建设的各项准备工作已经就绪，将于2002年底完成基本建设。

昆明动物研究所的国际合作与交流近年来日益增强，现已与30多个国家和地区建立了长期、稳定、高层次的合作与交流关系。2001年马普、中国科学院与德国马克斯·普朗克科学促进会共建的第三个青年科学家小组——马普昆明小组组长的招聘学术会在昆明召开，共有来自美国、日本和英国等国家的6位科学家应聘，通过马普学会主席和中科院院长任命的、由马普副主席Klaus Hahlbrock教授、马普发育生物学研究所所长Uli Schwarz教授、中科院副院长陈竺院士、国家自然科学基金委副主任朱作言院士、美国芝加哥大学遗传系主任吴仲义教授等知名生物学家组成的国际评审委员会评审后，确定美国芝加哥大学的王文博士为小组组长。2001年，全所共接待了来自日本、韩国、美国、法国、德国、印度等国的40余位科学家和官员。

昆明动物研究所是云南省动物学会、云南省昆虫学会、云南省细胞与生物学会、云南省免疫学会的挂靠单位。编辑出版《动物学研究》等核心刊物。

昆明植物研究所

名誉所长：吴征镒（院士）
所　　长：郝小江
地　　址：云南省昆明市黑龙潭
邮政编码：650204
联系电话：0871-5216341
图文传真：0871-5150227
电子邮件：ganfy@mail.kib.ac.cn
网　　址：www.kib.ac.cn

中国科学院昆明植物所的前身是1938年成立的云南省农林植物研究所。现有在职人员316人，其中科研人员242人，有中国科学院院士2人，研究员31人，副研究员、高级工程师等42人，中级科技人员81人。现有在读博士生57人，在读硕士生66人，在站博士后5人。

昆明植物研究所的学科方向及研究领域：

科研机构设置：全所现共设有植物分类与植物地理学、植物化学、植物生物技术、民族植物学等4个研究室和1个植物园（昆明植物园）。其中植物化学研究室为植物化学与西部植物资源国家重点实验室和云南省天然药物化学重点实验室；植物分类与植物地理学研究室为所级生物多样性与生物地理开放实验室。

研究所总目标：依据西南的地域优势和生物资源优势，建设国际一流的生物资源与生物多样性保护研究和发展中心。

研究定位：植物资源和植物物种多样性及其可持续发展。

优势学科：植物区系地理学和植物化学。

重点研究领域：植物区系地理学、植物化学以及植物资源和生物多样性保护与发展。

基础研究定位：植物分类区系地理及系统演

化和植物次生代谢产物及其生物学意义。

应用研究定位：天然药物和花卉高技术产业化。

昆明植物研究所具有博士、硕士学位授予权，设有博士后流动站。

重要的科研设施及装置：昆明植物研究所具有国内一流的植物标本馆，馆藏有种子植物、孢子植物（包括蕨类、真菌、苔藓、地衣等）标本120余万份，其中许多重点地区的标本（如青藏高原、横断山地区等）在国内都是保存最好的。全所还具有大型仪器中心，400MHz、500MHz核磁共振仪、高分辨质谱仪、高分辨电子显微镜、激光共聚焦显微镜和DNA全自动测序仪等都具有国际先进水平。

2001年围绕知识创新工程试点工作进行的改革及其效果：

2001年，昆明植物研究所完成了知识创新工程试点启动阶段的工作总结和全面推进阶段的研究所的创新试点方案编写和答辩，并获得中科院党组的通过以及《计划任务书》的签订工作。召开了全所创新工作会议，总结了启动阶段的不足，提出了新时期研究所的目标以及实现目标的措施，具体的改革措施及效果如下：

1. 按照科学院要求（每年进入基地的研究组的淘汰率不少于5%），昆明植物研究所对启动阶段的23个研究组实施了排名末尾淘汰制，3个排名末尾的研究组被解散，启动阶段的21位科技人员被解聘，未能进入全面推进阶段，2001年新进入基地的科技人员12人中，具有博士学位的4人，在读博士1人，硕士5人，本科2人，达到中科院“新进基地人员中80%应具硕士以上学位”的要求。使我所的科技队伍人员结构更加合理和年轻化，受到广大职工和上级主管部门的肯定。

2. 制定了研究所全面推进阶段研究系列、科研支撑系列和行政管理系列的“岗位招聘方案”、“考核评价办法”和“分配方案”，提高了基地人员的岗位津贴和绩效津贴标准，并为3个不同系列的各类岗位制定了更为合理和系统的考核评价标准。

3. 通过与三成制药公司的合作，实现了昆明植物研究所所办企业——昆明植物研究所药厂的整体转制。

2001年争取和承担的主要科研任务和项目：

2001年昆明植物研究所科技人员申报国家自然科学基金杰出青年基金、面上基金和青年基金35项；申报云南省自然科学基金重点项目、面上项目、青年基金以及人才项目等32项；申报云南省科技攻关、院省合作、思茅热区项目等15项；申报“973”前期项目、“863”项目、高技术产业化项目以及“工程中心”等项目6项。2001年获批准的项目有：基础研究快速反应特别支持项目2项，“863”项目1项，中科院创新重要方向专题2项，中科院特支2项，国家自然科学基金面上项目5项，云南省自然科学基金重点项目1项，面上项目、青年基金8项，攻关项目2项，人才项目1项，省院合作2项，思茅热区项目2项。新获批准的“国家西部高技术产业化项目”——云南省天然药物产业化项目中，昆明植物研究所参与了3项，国家计委和云南省计委分别投资4 200万元。全所现有在研项目107项，当年到位科研经费2 700万元。另外，有国家自然科学基金5项、中科院资助项目5项、云南省基金重点项目1项、云南省自然科学面上项目10项以及云南省攻关、院省合作、思茅热区项目6项，通过了专家评审验收。

2001年昆明植物研究所科技人员共发表学术论文164篇，其中SCI收录刊物上发表63篇，刊物影响因子大于2的刊物发表8篇，出版专著8部。申请发明专利12项，有8项专利获得授权。“重楼属植物研究”和“无量山种子植物区系热、温带成分的数量动态研究”2项成果，获得云南省自然科学二等奖；“相思豆碱衍生物在对应加成反应中的催化作用”，获云南省自然科学三等奖。有13个花卉新品种通过专家论证并获得新品种证书。

授权专利“抗艾滋病的药物化合物即芦丁硫酸酯化合物”成功转让给了制药企业，获合同金额800万元，实际到位经费250万元。

2001年5月18日，在云南省丽江举办了中、英合作复建“丽江高山植物园”的奠基仪式，8月22～24日在昆明成功举办了“Flora of

China”（中国植物志英文修订版）联合编委会年会；2001 年全所共办理出访手续 33 次，44 人；举办 19 项中外联合科学考察，办理 13 项所级项目来访和 3 项协议来访；在中科院国际合作局的领导和支持下，组团前往越南访问，与越南国家科学技术中心管辖的生态与生物资源研究所签订了长期合作协议。

昆明植物研究所是云南省植物学会的挂靠单位。主办并编辑出版学术期刊《云南植物研究》，该刊物 2001 年入选《中国期刊方阵》双效期刊，将于 2002 年由季刊改为双月刊。

云南天文台

所　　长：李焱
地　　址：云南省昆明市东郊凤凰山
邮政编码：650011
联系电话：0871-3347087（办公室）
图文传真：0871-3358437
电子邮件：yntwtbgs@public.ac.cn
网　　址：www.ynao.ac.cn

1972 年经国家计委和中国科学院等部委及三位国务院副总理批准正式成立中国科学院云南天文台。其前身为凤凰山天文台或紫金山天文台昆明工作站，隶属于原中央研究院天文研究所，抗日战争期间于 1938 年从南京迁至昆明。根据中国科学院知识创新工程试点工作的总体部署，经中央机构编制委员会批准，以北京天文台、云南天文台、乌鲁木齐天文工作站、长春人造卫星观测站和南京天文光学技术研究所为单元，组建成立国家天文台。2001 年 4 月，国家天文台成立仪式在京举行。云南天文台保留原级别，并具有法人资格。现主台址位于四季如春的昆明市东郊凤凰山，东经 102°45′，北纬 25°02′，最高点海拔为2022m，占地面积 456 亩。正在筹建中的南方基地丽江天文观测站位于丽江县城西南面 40km，东经 100°02′，北纬 26°42′，平均海拔为 3 193m，占地面积 261 亩。正在筹建中的南方基地澄江老鹰地一米红外太阳塔观测站位于昆明市东南 74km（公路），东经 102°57′，北纬 24°35′，海拔1 720m，占地面积 44.5 亩。三年内将建成“一园区二基地”的我国南方天文观测研究基地。

2001 年底云南天文台在职职工 242 人，其中科研一线人员 130 人中有中科院院士 1 人、研究员 24 人、副高级科技人员 39 人、中级科技人员 33 人。现在学博士研究生 29 人，硕士研究生 24 人，博士后 1 人，党政管理人员 16 人。

现有博士点 1 个、硕士点 2 个，天文学博士后流动站 1 个，与云南大学联合申请的博士点 1 个。2001 年云南天文台设立 12 个研究团组、1 个光电实验室和科学院天文光学实验室一米望远镜基地。4 个研究团组和南方基地共 59 人进入了中科院知识创新工程试点。

在 1999 年和 2000 年对科学发展方向、学科布局和科研管理结构进行调整和定位的基础上，把 2001 年的工作重点放在国家天文台南方天文观测研究基地的建设上；加大了人事制度改革力度，初步完成了全员聘用合同制工作，并积极推进“按需设岗，公开招聘，择优聘用，合同制管理”的全员岗位聘任制工作；在加强人才培养、精干科研队伍、优化学科方向，转换运行机制方面做了更加深入的工作。

云南天文台始终把工作目标瞄准世界天文研究领域前沿，凝炼科技目标，以天体物理学研究和南方基地建设为工作重点，辅以激光卫星测距和低纬子午观测等对国防、经济建设服务的应用天文学研究。

云南天文台在活动星系核、大样本恒星演化、恒星振动与恒星内部结构、太阳斯托克斯光谱观测与理论研究、恒星双星研究、红外射电和太阳射电的研究等方面有了新的发现，提出了新的研究模型。激光测距和子午环进行了进一步的更新改造、调试，提高了观测的能力和精度，在研究和国防建设方面取得了很大的进展，某些领域进入了世界先进行列。

2001 年云南天文台承担国家、中科院及地方科研项目共计 95 项。获院、省部级奖 2 项。2001 年云南天文台以第一单位第一作者共发表论文 98 篇。其中 SCI 43 篇；EI 1 篇；CSCD 44

篇；其他 10 篇。论文被引用的总频次为 42 次，其中 SCI 32 次，CSCD 10 次。

云南有得天独厚地天文观测条件，优势在地面观测，建设我国南方观测基地势在必行。“丽江天文观测站”建设前期工作基本完成，已订购英国 TTL 公司 2.4m 天文望远镜。一期工程将放置 1 台 2.4m 望远镜和 2 台 1m 望远镜。另外，积极力争美国、日本、南韩和台湾地区在丽江高美古安放望远镜。澄江抚仙湖一米红外太阳塔的建设已列入国家“973”项目，选址工作已结束，通过了专家组论证。红外太阳望远镜项目，通过专家组论证并完成招标工作。现正在积极为建设前期工作做准备。

为了使后勤服务中心的科普宣传和物业管理形成产业化，对原有的天象厅、科普楼，科普望远镜、图片展视厅、招待所进行了装修改造，新建设了太阳广场、游乐场所，美化了科普环境。为增加创收实现独立企业，剥离出天文台奠定了坚实的基础。2001 年云南天文台接待参观天文科普 2 万多人次。科普小分队在云南省 65 个地区县和单位进行了宣传科普知识，听众达 4 万人次，是历史上外出宣传最多的一年。

云南天文台是云南省天文学会挂靠单位。编辑出版《云南天文台台刊》，2001 年出版 4 期，共发表文章 33 篇。

西双版纳热带植物园

法人代表：刘宏茂
地　　址：云南省西双版纳州勐腊县勐仑镇
邮政编码：666303
联系电话：0691-8715071
图文传真：0691-8715070
电子邮件：zjw@bn.yn.cninfo.net
网　　址：www.xtbg.ac.cn

中国科学院西双版纳热带植物园（以下简称西园）地处我国西南边陲，建于 1959 年，占地面积约 900 公顷，保存植物物种7 000种，是我国面积最大的植物园。在其发展的 42 年中，经历了数次的体制调整，成为中科院的一个独立研究机构。经中科院确认，西园以保护生物学和森林生态系统学、植物资源学为其重点学科发展方向，以热带植物资源开发和生物多样性保护为主要科研任务。同时，科普教育与生态旅游也是一项重要的任务。2001 年底，西园在职职工 292 人，其中科技人员 170 人，研究员 14 人，副研究员 10 人，高级实验师 10 人，中级科技人员 53 人。现在读博士研究生 10 人，硕士研究生 38 人。在中科院和昆明分院的直接领导下，在云南省政府、省委及各级政府的关心与支持下，西园以“国际一流的植物生态研究保护基地”、“建设世界一流植物园”、“国家科普教育示范基地”和“世界一流生态旅游景区”为目标，以知识创新为契机，不断深化改革、开拓创新、在科学研究、人才培养、国际合作、园区园林建设、科普教育和科技开发等各方面都获得新的进展，也为地方经济建设做出了积极的贡献。

1．知识创新试点工程取得新成绩

2001 年，西园在一期创新取得较好成绩基础上，又顺利进入二期创新，并有了新的发展。

当年在研课题 90 个，其中新增 28 个，到位科研经费 385 万元。争取到国家自然科学基金项目 6 项，云南省基金项目 7 项，联合主持中科院生物局的方向性任务 1 项，参加 1 项，并承担了中科院战略行动计划项目之一“中国陆地和近海生态系统碳通量研究”中的 2 个子课题和科技部的“973”预研项目 1 项。另有国际合作项目 9 项。创新研究取得一批引人注目的成果。李庆军副研究员、许再富研究员等通过对姜科山姜属植物繁殖生物学的研究，发现植物避免自交的一新机制，其论文已在国际权威杂志“Nature”正式发表；美国“纽约时报”、“华盛顿邮报”、“科学新闻”和 Discovery 电视频道先后报道，并在法国“Sciences and Avenir”以及德国电子科学报的 Der Spiegel 上都作了报道。其他一些研究项目也取得了好的进展，如由西园主持的科学院重大项目“澜沧江流域人文因素对生物多样性影响机制的研究”，通过了中科院组织的验收，专家组给予较高评价。创新性研究工作都有了明显的进展，2001年在创新试点工程中，共发表论文123篇，其中SCI收录10篇、国内核心期刊CSCD收录74篇。论文发表达到西园历史最高水平。全年获奖3项，其中许再富等人所著的《热带雨林漫游和民族森林文化趣谈》，获由国家自然科学基金委员会、中国科协等联合组织评选的全国科普作品三等奖；由朱华博士等完成的“西双版纳片断热带雨林植物区系成分变化规律的研究”，获云南省2000年度自然科学三等奖；西园参加的“蒙自石榴主要病虫害综合治理研究”，也获云南省科技进步三等奖。热区项目“思茅春茶早发早采技术示范推广”，通过了思茅行署科委主持的现场验收，并得到了很高的评价。2个中科院“九五”重点项目和1个中科院特别支持项目也按要求组织园内专家进行了结题验收。

2．“万种植物园”项目成绩斐然，园区建设和科普教育又有新进展

“万种植物园”项目是中科院和云南省共同支持的院省合作创新的重大项目，即“热带植物种质资源保存及资源植物研究”。该项目实施2年多来，得到路甬祥院长直接关心和支持，并于2001年8月亲自到现场检查指导。同时在中期评估中，得到专家组成员的充分肯定。该项目通过国内外考察、引种、交流等手段，年内引种250余人次，新增加植物3 000余种，将（版纳）植物园栽培、保存植物种数从1999年的4 000多种增加到7 000种，并加强战略性资源的遴选、发现工作，争取为云南未来新支柱产业的形成作出贡献。经济植物开发和遴选也取得了一些进展，已新引种了约40多种具有经济发展潜力的植物；此外，已在思茅、版纳等地开展速生丰产林试验示范，营造了上千亩南酸枣、山桂花、普文楠、红木荷、顶果木、马占相思、阿丁枫、多花白蜡树、滇南红厚壳、榉木、细毛樟等有经济价值的示范林；也通过民族森林文化的研究，对西双版纳的130多种野生蔬菜进行了较深入的开发研究；也正在开发一些高含钙的功能食品。以上的研究均获得较好的进展。

以科研为基础，以旅游为载体，促进科普教育的发展。为了使科普设施达到旅游景区符合国家旅游的规范要求。西园争取了中科院、地方政府的资金支持和自筹，当年投入千万元以上。完成了办公楼、实验楼、图书楼的装修改造及环境建设，新建热带植物标本馆，医务室做了整体外迁，哀牢山生态站科研设施建设、热带雨林门厅建设、民族植物文化园建设等。在景点建设中，突出“热带雨林、热带园林与民族森林文化相结合”的重要思想，把科普教育从仅仅普及科学知识向科学思想、科学方法和科学精神的高度提升。严格按照国家旅游景区的一个标准、三个细则的要求，进一步完成科普旅游设施的建设。组织多形式的科普活动，在国家科技部与中科院统一安排下，以“珍惜生命、热爱大自然——绿色生命之源”为主题，开展了科普活动周，充分展示植物园的科普优势，宣传了科学思想、科学方法、科学知识以及传播“人与自然 ”协调发展以及环境保护的思想。分别接待了上海市团委以及上海与香港共同组织来版纳的中学生科普教育夏令营，举办了一期科普导游培训班，规范了导游解说词，采用多途径、多方式进行科普教育宣传，利用新闻媒体，与云南省电视台 、中央电视台、重庆电视台合作开展科普宣传，产生很大社会影响，宣传提高了西园在社会上的声誉。

3．深化改革，与时俱进

知识创新试点工程工作的核心是建立现代科研所的新机制，建立新的运行机制而新机制的核心又在于人、财、物等新的管理运行机制的建立。西园按中科院创新试点工程的要求，结合自身特点，继续深化改革，在全园范围内推行按需设岗、按岗公开招聘、竞争上岗、层层评聘的新的用人制度，实现各级人员的责、权、利统一。全面实施职工聘用合同制，全园职工均签订了《聘用合同书》和《岗位聘任合同书》，占职工总数的98.2%，推动了西园人事制度改革进一步深化。同时，对分配制度进行改革，按分类管理原则，建立科学的绩效评价体系，实行三元结构工资制，按照评价的结果兑现绩效工资，真正体现公平、公正、公开的原则，建立了一套新的运行机制。对管理机构进行大幅度精简，将原6个行政职能部门精简到4个，将原来管理的100人精简到26人，根据西园科普教育与旅游业发展需要，成立了科普旅游部。在开发体制上，把后

勤服务与管理分离，新成立了2个自负盈亏的经济实体。为促进“万种植物园”项目中“百、十、一工程”的完成，改造原康德公司为经济植物试验推广站，但仍自负盈亏。也对雨林牌血竭制药厂进行了改制。深化改革达到了精简队伍、理顺关系、分类管理的目的。同时，拟订新制定规章制度8项，完善修改以往的规章制度12项，加强了管理的力度，保障知识创新工程顺利进行。

4. 突出重点，促进队伍建设

由于地理位置和历史原因，科技人才特别是高级科技人才的匮缺是制约西园各项事业发展的关键因素。为此，西园以创新工程试点为契机，加大引进人才宣传力度，建立相应高级人才信息库，制定优惠的政策，突出重点，加大“百人计划”的引进。利用优势条件，吸引高级访问学者，今年共引进15位。同时，加强培养各类人才。扩大研究生队伍，从2000年报名28人、招收10人的，到2001年报考人数达36人，招收19人。同时注重与重点大学加强联系，扩大宣传，使研究生工作跃上了一个新台阶。为知识创新及各项工作储存了后备人才。西园的植物学、生态学硕士授予点及申报获准的生态学博士授予点对西园的人才队伍的培养提供了较好的保证。

5. 对社会进步和经济发展做出新的贡献

作为一个社会公益型研究机构的西园，把为社会进步和经济发展服务当成自己的重要任务，积极投身西部大开发。除了开展参与与社会进步和经济发展有关的项目、发表有关的论文、出版有关的学术专著外，推广新的经济植物，在引进的植物物种中筛选出45种有经济价值的进行了实验。由于科普教育与生态旅游有机结合，西园成为西双版纳的“龙头景区”，2001年接待观光旅游人数42万多人，较好促进地方旅游事业的发展。此外，西园的园办企业和科普教育等经营，2001年就为国家和地方财税上交了近300万元。

西双版纳热带植物园是云南省生态学会挂靠单位。

地球化学研究所

名誉所长： 涂光炽
所　　长： 刘丛强
地　　址： 贵阳市观水路73号
邮政编码： 550002
联系电话： 0851-5891721
图文传真： 0851-5895574
电子邮件： yshua@ms.gyig.ac.cn
网　　址： www.gyig.ac.cn

中国科学院地球化学研究所成立于1966年。由原中国科学院地质研究所的地球化学部分、原中国科学院贵阳化学研究所和中国科学院地质研究所昆明工作站组建而成。2001年在职职工294人，其中在科技人员198人中，有中国科学院院士2人，研究员39人，副研究员53人，中级科技人员73人，初级科技人员33人。6人入选中国科学院“百人计划”。在读博士生69人，硕士生45人，在站博士后22人。

地球化学研究所主要围绕三大优势领域开展工作。矿床地球化学：结合国家对矿产资源的重大需求，主要研究自然界的化学元素在各种地质作用下活化、迁移和富集形成矿床的地球化学过程，揭示在不同的时代、地区和动力条件下化学元素富集形成矿床的规律，创建矿床地球化学的新理论和新方法，为探寻矿产资源远景基地提供新的思路和科学依据。其主要研究方向：成矿作用示踪体系、成矿过程的理论和实验模拟、区域成矿作用地质地球化学、重要矿产成矿预测理论和方法。

环境地球化学：研究典型地质背景下天然和人为过程释放的化学元素及其同位素在地表各圈层间的运移和循环规律及其对生态环境系统的影响，揭示地球化学环境系统的变化规律和导致环境质量变化的自然和人为作用份额，为土地和矿产资源开发利用、环境保护和人类健康服务。其主要研究方向：地球化学环境过程与环境质量变化、地球化学环境记录与环境质量变化预测、地球化学环境与人体健康。

地球深部物质与流体作用地球化学：主要研究地球内部地质流体产生－运移－演化的化学动力学过程、流体作用下的深部物质结构与物性、深部流体作用的成岩成矿效应，为大陆动力学、地球层圈演化及相互作用以及成岩成矿理论的研究提供理论基础。其主要研究方向：深部物质的结构与物性、深部流体性质、深部流体成岩成矿效应。

地球化学研究所现有机构设置：环境地球化学国家重点实验室、中科院矿床地球化学开放研究实验室、地球深部物质与流体作用地球化学研究室、天体化学研究组。设有地球化学、矿物学博士点，应用地球化学、地球化学、矿物学硕士点和地质学博士后流动站。

2001 年地球化学研究所根据中科院知识创新试点工程的要求完成了主要机构的设置和调整；建立和完善岗位聘任制度和分配制度；进一步完善了三元结构工资制；制定了地球化学研究所职工转岗分流的实施细则并已开始实施；启动了后勤系统转制二作，以原后勤系统职工为基础，成立了“贵阳南明天地物来管理有限公司”，为独立企业法人机构，并将逐步与所剥离；所办“中科院地化所新技术开发公司”和“中科院地化所科技发展公司”转制，现已完成资产评估，进入资产确认阶段。

人才队伍建设方面：坚持开放、流动、竞争、择优的原则，组建以青年科研骨干为主的基础研究队伍，在全所范围内进行资源优化组合。在创新队伍建设中积极采取新的体制和机制，吸引和稳定了一批年轻科研骨干，先后引进青年科研人员 30 余人，其中入选“百人计划”6 人；优化了科研队伍结构，创新工程设立 127 个固定岗位，220 个流动岗位，现已招聘固定人员 87 名，绝大部分为 40 岁以下的青年科研人员，创新基地固定人员平均年龄 37 岁。正逐步改变科技队伍的学历、年龄结构，形成适合“创新的科技队伍”。

2001 年地球化学研究所争取和承担的主要科研任务有国家“973”项目 1 项（“大规模成矿作用与大型矿集区预测”）、国家杰出青年基金项目 1 项（“热液矿床矿化剂地球化学”），国家“攀登计划”项目 1 项和中科院知识创新重要方向项目 2 项［“Rodinia 大陆裂解的动力学背进景”与“元古代区域性（Cu）成矿作用”］。国家自然科学基金重点项目 3 项，国家自然科学基金面上项目 42 项。“攀登计划”项目“地质流体的成矿作用与效应”在年底通过由科技部组织的专家组验收，评价结果为优秀。另外，获得贵州省中小型企业创新基金、创新项目、贵州省农业“十五”科技攻关项目、云南省省院合作重点项目经费约 70 万元。中科院地球化学研究所资源环境测试分析中心是经国家技术监督局“计量认证合格”的资源环境检测机构，拥有国际先进的测试分析仪器和实验手段以及高科技人才优势。

2001 年，地球化学研究所共派出 12 批 25 人次前往美国、加拿大、英国、日本等国家和香港、台湾地区进修、进行学术交流或合作研究，并续签或新签了一些合作研究协议，正在执行的国际合作项目有 15 项。有 8 人参加了第 11 届 Goldschmidt 会议，5 人做了大会分组报告。同年，接待了来自美国、加拿大、俄罗斯、德国、日本、朝鲜等国家和台湾地区的专家、学者 18 批共计 34 人次，到所进行合作研究或学术交流。

地球化学研究所是中国科协的成员之一——中国矿物岩石地球化学学会的挂靠单位。编辑出版“Chinese Journal of Geochemistry”、《地质地球化学》、《矿物学报》、《矿物岩石地球化学通报》，这些刊物均为国内地学界重要的学术期刊。

西 安 分 院

院　　长：安芷生
地　　址：西安市小寨东路 3 号
邮政编码：710061
联系电话：029-5242688
图文传真：029-5244651
电子邮件：xab@ms.xab.ac.cn
网　　址：www.xab.ac.cn

中国科学院西安分院是中科院在陕西的派出机构；与陕西省科学院合署办公，“一套机构，两块牌子”。中科院西安分院成立于 1978 年 11 月，前身是中国科学院西北分院。

西安分院目前协助中科院管理的单位有：西安光学精密机械研究所、国家授时中心、地球环境研究所、水土保持与生态环境研究中心。并建有“瞬态光学技术国家重点实验室”、“黄土高原土壤侵蚀与旱地农业国家重点实验室”、“黄土与第四纪地质国家重点实验室”、“国家节水灌溉工程技术研究中心”、“国家水土保持工程技术研究中心”等国家重点实验室。重点的学科领域主要有：光电子学、光学与精密机械、瞬态光学、空间光学技术、全球环境、第四纪地质、土壤学、水土保持、旱地农业、农业水土工程、高精度授时技术与授时服务、电子学。在黄土及全球环境变化研究、瞬态光学技术研究，水土保持科学研究，高精度授时等研究领域在国际、国内有一定的特色。

西安分院系统现有在职职工1 391人，其中科技人员 847 人，行政人员 75 人，工人 469 人，科技人员中有中国科学院院士 3 人，中国工程院院士 1 人，国家级有突出贡献专家 4 人，省部级有突出贡献专家 5 人，高级研究人员 279 人（研究员 89 人），中级科技人员 290 人。有博士后流动站 3 个，博士点 7 个，硕士点 12 个，研究生培养基地 1 个，现有在学博士生 137 人，硕士生 140 人，在站博士后 19 人。

2001 年西安分院各所共承担国家和陕西省的科研项目 205 项，各类项目中获国家科技进步二等奖 1 项，省、部级奖 9 项。

西安分院在为研究所做好服务工作的同时，积极开展为地方经济建设服务。把组织协调分院系统研究所发挥整体优势，突出地方特色，加强与企业的技术合作，作为自己的重要工作职责。通过广大科技人员的共同努力，取得了显著的成绩，在促进院地合作、发挥科技优势、为区域经济发展做贡献方面发挥着不可替代的作用。西安分院充分利用与地方科学院合署办公便于组织协调两院科技队伍的优势，积极组织落实与陕西省合作共建“ 黄土高原水土保持与生态环境建设示范区 ”，该项目 2001 年已正式启动。通过示范区研究并集成已有研究成果和治理经验积累，将延安市近郊 707km^2 示范区建成适度超前的山川秀美的示范样板。

地球环境研究所加强与地球环境有关的人类生存环境要素的研究，例如，对大气气溶胶、水、食物、碳等的研究，满足我国对环境质量和社会经济可持续发展的重大需求。开展的以“地球环境”为中心，用整体、系统的观点研究地球环境，查明我国西部干旱化的规律与机制，认识地球系统及其变化的基本过程，定位东亚大陆环境对全球的作用，并揭示其与全球变化的关系，打破过去全球变化（PAGES）研究的僵局，寻找科学原始创新的动力和突破点的研究。形成对亚洲沙尘暴释放、输送、沉降机制及辐射强迫特征的全面理解；确定我国沙尘暴发生的源地，研究准确的沙尘暴预报、预警方法。为经济建设和国民经济发展及国家西部大开发起到了作用。

2001 年“大陆环境科学钻探工程预研究”、“西部环境与水资源可持续利用”2 个项目均取得了实质性的进展，其研究成果将对我国西部生态环境建设起到指导性的作用。

2001 年，“西安光电子科技产业园”的部分生产线已进入试生产阶段；西安分院与西安高华电器实业公司合作的低频时码扩展及产业化（电波钟）项目进展顺利，电波钟试生产已完成。以西安分院和水土保持与生态环境中心为技术牵头单位的中科院与山西省“津京风沙源治理示范工程”项目已立项。

西安分院积极组织所属研究所和科技工作者组团参加“中国杨凌农业高新科技成果博览会”，在第八届（2001 年）农博会上取得巨大成功。中科院有 12 个分院、40 个研究所、120 人组团参加。博览会期间洽谈项目 100 余项，签订科技合同共计 21 项，签约额达 7.98 亿元。中科院展团获大会优秀展示奖、优秀成交奖和优秀组织奖。西安分院还积极组织并参与“2001 中西部经贸洽谈会”、“深圳国际高新技术成果交易会”等活动，两会参加展出交流的项目 100 多项。

西安分院还积极组织广大科技工作者到陕北、陕南等革命老区开展科技扶贫工作。注重在国家西部大开发中发挥所属科技队伍作用，经常性的开展信息交流、成果通报、难题咨询等形式的科技协作与科普工作。2001 年西安分院协助中科院、中宣部、科技部等单位在陕西省组织“科技下乡西部行”活动，该活动在西安市、延安市和杨凌农业高新技术示范区相继展开，在活动期间专家们分赴田间地头直接与农户交流，进行技术咨询和指导。

西安分院在科技开发、科研成果转化方面利用科研成果注册公司或以研究所技术入股的公司和产业，2001 年建有 5 个，产值达 3 000 万元（人民币）。

2001 年西安分院累计接待外国及港、澳、台地区专家 36 批，76 人次，组织大、中型国际学术报告 3 场。由西安分院与日本东京大学、冈山大学等单位共同牵头组织的“中日黄土高原生物生产持续发展合作研究”项目，2001 年中日双方在共同完成了“黄土高原丘陵沟壑区农作物水肥利用”、“土壤养分与水肥关系和有机物分解对土壤结构的影响”、“适应黄土高原丘陵沟壑区的主要农作物优良品种的选育”、“小流域气象因子对于植被的影响比较”等主要研究内容并取得阶段性成果的情况下圆满结束。

西安分院是中国科学院西安专利事务所、《科学时报》陕西记者站的挂靠单位。

西安光学精密机械研究所

所　　长：相里斌
地　　址：陕西省西安市友谊西路 234 号
邮政编码：710068
联系电话：029-88498706
029-88484376
图文传真：029-88484473
电子邮件：office@optics.ac.cn
网　　址：www.opt.ac.cn

中国科学院西安光学精密机械研究所（以下简称西安光机所）于 1962 年 3 月由原中国科学院原子能研究所大部，原中国科学院陕西分院光学研究所大部，机械研究所的全部及自动化研究所的部分合并组建而成立。截止 2001 年底全所在职职工 702 人，其中科技人员 370 人，有中国科学院院士 1 人，研究员 43 人（包括正研级高级工程师等），副研究员、高级工程师 102 人，中级科技人员 122 人，现有在学博士生 80 人，硕士生 81 人，在站的博士后 5 人。形成了 1 个博士后流动站，3 个博士学位授权点和 6 个硕士学位授权点的人才培养体系。

西安光机所以瞬态光学与光电子学、空间光学、光电工程及信息光学作为主要学科方向，是一个以基础与应用基础研究和高技术创新为主的综合性科研基地型研究所。在主要学科方向形成了坚强科研群体，研究人员有较大的自主权和自由度，主动性、创造性易于发挥，近年来，全所经济状态呈持续上升趋势。

2001年西安光机所通过学科整合，确定了以领域前沿基础性研究、战略高技术创新和高新技术产业化为布局的6个学科方向，主要在瞬态光学、空间光学、光电工程、生物医学光学、光信息功能材料、光电子学和相关产业领域，集基础与应用基础研究、战略高技术创新、高新技术产业化于一体。设有瞬态光学技术国家重点实验室、空间光学研究室、光纤与集成光学研究室、光电子学研究室、动目标光电测控技术研究室及水下光电成像探测技术研究室。另外，新成立了装校中心及检测中心。

2001年是西安光机所改革力度最大、成效最为显著、具有突破性转折的一年。这一年，西安光机所整体进入中国科学院全面推进阶段知识创新工程试点。全年签订合同额7 000多万元，经费到款额达9 500多万元，比历史最高的2000年增长23%。在全所改革中，进行了重大科技目标的凝炼，研究室进行了重新整合；机关再次进行人员精简和机构整合；后勤服务社会化改革顺利完成，"陕西科园物业发展有限公司"正式成立；产业化工作，以"飞秒光电公司"的成立，标志着西安光机所高新技术产业化已进入了跨越式的发展。所内其他控股或参股公司，除总公司外，全部完成了清产核资及企业整合转制工作；工厂完成了领导班子换届调整，并按照"模拟法人"运行，为下步转制工作奠定了基础。

在创新文化和精神文明建设工作中，按照创新文化实施计划，对全所职工进行了"行为礼仪"培训；颁布了创新文化"三册"；完成了创新文化VI标志的制作工作；开展了"创新文化沙龙"活动；同时还与院内外10多个单位进行了创新文化的交流研讨。在精神文明建设工作中，继续开展各项创建活动，以建党80周年纪念活动为契机，广泛开展了一系列热爱党、热爱社会主义的思想道德教育活动，为做好离退休职工的教育工作，在西安市科研单位中首家创办了老年大学；另外在所生活区开展的创建"文明小区"工作也取得了丰硕成果。在园区建设工作中，对老园区的所装检中心大楼和建所初期建成的621科研楼进行了全面改造和装饰，科研区环境大为改观。生活区投资50万元对小区环境进行了全面整治；为改善科技人员住房条件，一座高层住宅楼也已正式开工建设，在新园区的建设中，西安光机所自筹资金在长安科技产业园征地270余亩，随着新园区规划设计的出台，新园区建设全面展开。

2001年西安光机所以创新工程试点为契机，以凝炼和提升科技目标为导向，在促进科技创新和高技术产业化工作中，不断做出新的贡献，全所呈现了科技事业持续发展的良好势头。全年发表科技论文133篇，其中国外发表35篇；出版科技著作2部；授权专利25项，其中发明专利4项。2001年，西安光机所获"863"航天领域先进集体、突出贡献奖及先进个人奖、陕西省科技进步一等奖1项、陕西省专利一等奖1项。

在瞬态光学与光电子学研究方面，西安光机所属国内领先，处于不可替代的位置，在国际上有相当的影响力。瞬态光学技术国家重点实验室根据中国科学院知识创新工程试点工作的要求，通过学科凝炼、调整结构、改革运行模式与机制，使其成为从事基础性、战略性、前瞻性的科研实体。2001年瞬态光学技术国家重点实验室承担了国家重大基金项目1项，中科院重大产业化项目1项，"863"项目1项，省级项目2项，市级项目1项。"九五""攀登计划"预研项目（5项）已按任务书指标完成，11月底在上海进行了结题验收，评价为优。"瞬时多光谱温度测量仪"与"粒子场激光同轴全息照相及再现处理系统"的研制和加工也已完成。瞬态室全年发表论文53篇，授权发明专利1项，授权实用新型专利7项。1个项目获陕西省科技进步一等奖。

空间光学领域，开展新型空间光学遥感及相关技术研究。空间光学室承担的"863"航天可变焦距遥感相机是我国自主创新的一种新型航天遥感相机。该项目负责人李英才研究员作为"863"航天领域有突出贡献的科学家，荣获先进个人称号，并出席了国家科学技术奖励大会，该课题组荣获先进集体；"863"项目"轻型高稳定度干涉成像光谱仪"顺利通过"863"专家组验收，得到了高度评价，该课题组荣获先进集体，项目负责人相里斌研究员荣获了"863"航天高技术领域先进个人奖；中科院知识创新方向性项目“机载干涉成像光谱技术研究”，通过中期评估；中科院院重大项目“亚像元技术研究”和“863”项目“亚像元研究”，通过验收、鉴定；“可变焦距遥感相机”、“高光谱成像仪”，目前正在争取工程化项目。空间室全年完成论文 14 篇、授权国家发明专利 2 项、实用新型专利 6 项。

光电工程领域主要从事靶场测量设备和民用光电设备的研制工作。2001 年为适应全所学科布局总体规划，对光电工程领域的科技项目进行了凝炼与提升，主要开展动目标测试技术、光电快速定向技术、CCD 高速成像技术以及水下光电成像技术与设备的研究和研制。2001 年完成合同项目 12 项。水下实况微光高速电视记录系统、干扰机转台、部分型号经纬仪、高速摄影测量仪、高速摄影机、破片质量自动分析仪及无线通信系统等项目的研制或改造任务先后顺利完成。全年授权专利 4 项，发表文章 17 篇。

信息光学是信息科学中迅速崛起的一门新兴学科。2001 年在信息光学领域完成学科方向的调研、凝炼和确定。新组建了“光纤与集成光学研究室”。争取到了“光通讯用元器件产业化关键技术的研究”、“光锥与 CCD 耦合的研究”重大项目。参加了“飞秒光电科技（西安）有限公司”的筹建工作，其中光纤温度传感器在原基础上进行了工艺、外形的商品化改进与定型，已生产销售；梯度折射率透镜已进行中试，全年发表文章 13 篇，授权专利 1 项。

在产业开发中，西安光机所以市场为导向，以技术为依托，以效益为中心，扩大产业化规模，加强了科技成果转化。全所共有全资、控股、参股公司 12 家，主要在光通讯无源器件、光纤传感器、光电医疗与生命科学仪器及新材料方面，开发出一批技术含量高的民用产品，包括自聚焦透镜、光隔离器、光纤传感器系列产品、基因芯片点样机/阅读仪、内窥镜、激光医疗仪器、移动式 C 型臂 X 线机、MCP-X 射线影像增强器系列及便携式 X 光机、银玻璃粉、磁旋光玻璃等。2001 年与中国化工进出口总公司共同组建“飞秒光电科技（西安）有限责任公司”，注册资本 8 000 万元，总投资 2.84 亿元，公司按现代企业制度运行，发展势头良好。2001 年，西安光机所还荣获“陕西省产学研联合开发工程先进单位”称号。

人才的引进与培养关系着研究所的发展命运。西安光机所采取多项有效措施，全方位吸引国内外优秀人才。2001 年引进高级访问学者 1 人；吸引留学回国 3 人，其中 2 人为引进国外杰出人才；吸引 1 名博士到所做博士后工作；通过面向社会公开招聘，吸引 2 名硕士、3 名高级管理人员到所工作。为了提高中层以上领导干部管理水平，组织他们参加了西安分院举办的 MBA 培训；对全所科研人员及管理干部进行质量管理知识培训 4 次；加强对技术工人培训和考工升级工作。

2001 年接待来访外宾 13 批 31 人次；举办学术报告 3 次；与澳大利亚、韩国、台湾等洽谈 8 个涉外项目；有 6 人次参加了 4 次国际学术会议；境外培训中层干部 2 人。西安光机所编辑出版《光子学报》（月刊），该刊 2001 年获中国光学学会先进期刊奖、中国科学院优秀期刊三等奖、中国科学院出版基金资助并被评为陕西省科学技术类特优期刊。

西安光机所是中国光学学会所属高速摄影光子学专业委员会、纤维光学和集成光学专业委员会、陕西省光学学会、硅酸盐学会和物理学会的挂靠单位，是陕西省（首届）青年科技工作者协会会员单位，相里斌所长被推选为省青科协会长。

西安光机所以其雄厚的科技实力和强劲的发展势头，必将会在新的世纪里为我国科技创新事业和地区的经济发展做出更大的贡献。

国家授时中心

常务副台长： 朱　紫（主持工作）
地　　址： 西安市临潼区书院东路
邮政编码： 710600
联系电话： 029-3890326
图文传真： 029-3890196
电子邮件： csao@ms.sxso.ac.cn
网　　址： www.ntsc.ac.cn

中国科学院国家授时中心（原中国科学院陕西天文台），始建于1966年。2001年3月根据中科院知识创新工程试点工作总体部署和天文学科整体改革的需要，中科院决定并报经中央机构编制委员会批准，同意将陕西天文台更名为国家授时中心。现有职工522人，其中科技人员175人，有研究员16人，副研究员、高级工程师47人，中级科技人员69人。目前在读博士生12人，硕士研究生12人。

国家授时中心是开展以时间服务和研究工作为主的研究所，承担着我国的标准时间标准频率的产生、保持和发播任务。其授时系统是国家不可缺少的基础性技术工程和社会公益设施，并被列为由国家财政部专项运行维护费支持的国家重大科学工程之一。其研究方向主要是结合当前国家发展与安全对不同精度特别是高精度授时的迫切需求，同时考虑本学科前沿和未来发展趋势，致力于建立国家综合原子时系统、高精度时间传递与同步、精密时频测量与控制技术、时频应用开发以及建立全方位、多层次、多手段、完整授时体系的研究工作。国家授时中心具有天体测量与天体力学专业的博士、硕士学位授予权和测试计量技术及仪器专业的硕士学位授予权。目前主要的研究机构有："高精度时间传递和同步"研究团组；"高精度时间频率测量与控制"研究团组；"授时新技术、新手段和新方法"研究团组；"时间尺度、守时理论和方法"研究团组；"时间应用系统设计和用户终端设备研究"研究团组及"授时部"和"时频基准实验室"。

国家授时中心所具有的短波发播系统，每天以24小时连续不断地以4个频率交替发播标准时频信号，覆盖半径3 000kM，授时精度毫秒量级；长波发播系统，每天发播高精度长波时频信号，作用距离覆盖我国陆地和近海，定时精度为微秒量级。另外，时频基准实验室还具有国际水平的精密时间测量比对系统、国际间时间比对卫星系统，用于保持我国时间标准的六台铯原子钟在国际原子时（BIPMTA）计算中继续取得满权重，达到国际先进水平（在全世界49个时间实验室中名列第五）；系统所保持的我国协调世界时 UTC（CSAO）与国际协调世界时 UTC（BIPM）的差小于100ns，达到国际先进水平。

进入创新以来，在深入分析的基础上，国家授时中心根据学科发展、队伍建设以及资源合理配制的需要，确定科研机构设置为5个创新团组，1个授时部，1个时频基准实验室。本着按需设岗、按岗聘任、公开招聘的原则，中心目前已顺利完成了团组的招聘工作，原有的6个研究室已予以撤销。机关本着"精简机构、压缩编制"的原则，将原有的6个管理部门精简为4个，设管理岗位4人，并根据岗位的不同要求，在全台范围内进行了公开招聘。此项工作进展顺利，新的机构和人员已于6月份开始正常运转。

由于理顺了国家授时中心的学科发展方向，各创新团组的科研项目进展顺利。与日本邮政省通信综合研究所合作的"双向法卫星时间频率传递比对（TWSTFT）"项目，在国家科技部和中科院大力支持下，已在原来开展原子钟数据比对的基础上开始了时实 UTC 的比对；"低频授时扩展"研究及其产业化应用取得深入进展，目前正在探讨如何进一步扩大和企业合作的可能性与途径，该项目已向国家计委作了汇报，准备向国家科技部申请立项；"北斗一号"卫星导航定位系统唯一的时间标校站和定位参考站在授时中心建成，并正式开通，投入使用；开展了"时频数据库"的建立和计算机网络授时服务；时频技术研发工作也取得了可喜的成绩，保证了国民经济和国防军工的发展需求；承担的国家"九五"重大科研项目"夏商周断代工程"中3个子项目的研究成果，被列入断代工程12项标志性成果中，"断代工程"被评为"九五国家重点科技攻关重大科技成果"第一名。

2001年国家授时中心外事活动呈现活跃态势。和国际权度局（BIPM）、日本通信综合研究所（CRL）、中国台湾电信研究所（TL）、澳大利亚计量研究所（NML）、新加坡生产与标准局国家计量中心（PSB）等单位开展多方面合作。同时还成功的举办了"2001年国际卫星双向时间比对（TWSTFT）讨论会"和"第三届亚太计量组织（APMP）时间频率工作组会议"，会议得到了国家自然科学基金和中科院南南合作基金的支持。来自国内外的著名时频专家40多人参加了会议，共有56篇论文在会上进行了交流。

国家授时中心是中国天文学会时间专业委员

会负责单位、中国 GPS 技术应用协会授时与时间专业委员会负责单位、陕西省天文学会的挂靠单位。编辑出版《陕西天文台台刊》、《时间频率公报》，两刊均为定期刊物。主要下属单位有国家授时中心授时部、中科院临潼休养所、西安天宝科技工贸公司。

水土保持研究所

名誉所长：朱显谟
所　　长：李锐
地　　址：陕西省杨凌区西农路 26 号
邮政编码：712100
联系电话：029-7012411
图文传真：029-7012210
电子邮件：office@ms.iswc.ac.cn
网　　址：www.iswc.ac.cn

中国科学院、水利部水土保持研究所前身为1956年2月成立的中国科学院西北农业生物研究所。现有职工 214 人，其中中科院院士 1 人，中国工程院院士 1 人，研究员 33 人，副研究员(副高级) 63 人，中级职称科技人员 42 人。设有土壤学、生态学博士点，土壤学、生态学、水土保持学与荒漠化等硕士点，建有农业资源利用博士后流动站。现有博士生导师 14 人，硕士生导师 19 人，在学研究生 86 人，其中在学博士生 40 人，土壤学博士后 4 人。

2001 年 12 月 7 日，为确保新进入西北农林科技大学后，继续做好知识创新试点工作，中国科学院与教育部联合成立“水土保持与生态环境研究中心”。

水土保持研究所的战略定位为：面向全国，以黄土高原为重点，开展半干旱半湿润地区水蚀环境中的水土保持科学研究，解决生态环境建设中的重大科学技术问题，建设成为国家水土保持科学研究与知识创新基地，高级人才培养基地，确立国家水土保持研究中心地位，进入国际同类研究机构先进行列。同时作为中国科学院“西北资源环境可持续发展研究基地”的重要组成部分，积极参与杨凌地区科教单位的联合共建，为西北地区社会和经济可持续发展及生态环境建设提供科技支撑和决策依据。

水土保持研究所是中国科学院认定的科研基地型研究所。按照有所为、有所不为的原则，进一步明确了以水土保持为主导学科，以土壤学、生态学和农业工程学有关领域为支撑的总体学科框架，确定重点学科领域为：土壤侵蚀、旱地农业、农业水土工程，发展学科为流域生态与管理学。研究机构设置：黄土高原土壤侵蚀与旱地农业国家重点实验室、流域生态与管理研究室、区域水土保持与环境研究室、工程技术部 4 个研究单元。在黄土高原不同类型区建有安塞水土保持综合试验站、长武农业生态试验站、固原生态站。管理及支撑机构：综合办公室、信息技术部。

水土保持研究所建有专家公寓、研究生公寓，配备有先进的研究设施及仪器：800m^2 人工模拟降雨大厅、植物生长箱、土壤非饱和水分运动模拟系统、计算机工作站、遥感图像处理系统及电感耦合等离子体光谱仪，原子吸收光谱仪等土壤化学、物理分析设备。野外试验建有径流观测场、蒸渗仪、人工自动气象观测场等。

水土保持研究所是首批进入中科院知识创新工程试点单位之一，2001 年上半年顺利通过了中科院一期创新试点的验收。目前全面推进阶段创新试点方案已通过中科院有关方面的评审，明确了二期创新的目标与方向。在一期创新中围绕科技创新目标，积极为西部大开发提供科技支撑。充分发挥科技试验示范作用，在黄土高原生态农业理论建设及技术体系方面取得新的突破，深化并拓宽了不同生态类型区与不同尺度流域水土保持与生态农业建设的模式与技术体系试验示范研究，从理论与实践上提供了黄土高原退化生态系统恢复重建的科学依据以及水土资源保育与高效利用的途径；提出了流域生态系统健康诊断方法，为植被重建与生态环境建设提供了依据。如在宁南山区取得了冬麦改制技术，高效庭园经济模式和灌草地利用与畜牧业发展技术推动了地方生态建设与经济发展。宁夏回族自治区投入4 000万元，依据水土保持研究所在固原上黄试区的示范模式创建 200km^2 的示范区。水土保持研究所与延安市政府联合向陕西省政府提交了

"关于建立陕西省山川秀美工程延安试验示范区"的建议报告，促成了中国科学院与陕西省共建延安试验示范区合作项目的启动，在环延安700多平方公里的区域内创造经验，树立样板，以科技为先导，带动全省山川秀美工程建设。

开展了黄土高原重大科学问题研究，提出了黄土高原人工植被建设分区，为重视植物生态系统自身修复能力，加强封禁措施提供了科学依据，并得到了政府重视；建立了黄土高原不同类型区、不同水文年型与治理度相结合的减沙效益和土壤流失预报模型，为国家与地方政府决策服务；区域水土保持研究为国家水土保持动态监测提供科技支撑；在黄土高原退化生态系统恢复与重建理论和技术，半干旱区水分高效利用机制与生物和工程节水途径等研究方面有重大突破。

水土保持研究所现在研课题76项，其中包括国家重大基础研究计划"973"项目、国家西部行动计划、国家杰出青年基金、国家自然科学基金、国家科技攻关、中科院西部专项、重要方向、杰出人才和"西部之光"、水利部开发基金及陕西省和杨凌示范区基金项目等。2001年水土保持研究所获国家和省部级科技成果奖励6项，其中"安塞丘陵沟壑区提高水土保持型生态农业系统总体功能研究"，获国家科技进步二等奖；"黄土区水分-养分-小麦生长及水分有效性研究"，获陕西省科技进步一等奖；"土壤-植物系统水动力学研究"，获中科院自然科学一等奖；"黄土高原粮食生产与持续发展研究"与"关中地区水资源潜力及承载力研究"，分别获陕西省科技进步二等奖；"中国粮食问题观察"，获陕西省哲学社会科学优秀成果一等奖。申报国家实用新型专利5项，授权4项。

2001年水土保持研究所国际合作交流活跃，与日本国鸟取大学签署学术交流协议，在日本共同主持召开了"中国内陆沙漠化防治及开发利用"学术研讨会。中日旱地"生态环境研究领域"合作项目开始启动。派往日本、美国、英国、以色列、荷兰、澳大利亚、俄罗斯、德国等国家及香港地区留学、参加国际会议或合作研究、科学考察等11批21人次。水土保持研究所代表水利部争取到国际水土保持大会（2002年）首次在中国举办。

水土保持研究所是中国土壤学会土壤侵蚀专业委员会、陕西省土壤学会、陕西省原子能农学会的挂靠单位。编辑出版《水土保持学报》、《水土保持通报》、《水土保持研究》3种学术刊物。

地球环境研究所

名誉所长：刘东生
所　　长：安芷生
地　　址：西安市高新区沣惠南路10号
邮政编码：710075
联系电话：029-8324766
图文传真：029-8320456
电子邮件：office@loess.llqg.ac.cn
网　　址：www.llqg.ac.cn

中国科学院地球环境研究所是在黄土与第四纪地质国家重点实验室的基础上，经中国科学院批准，于1998年年底成立，2001年5月28日正式挂牌，1999年5月研究所整体进入中国科学院知识创新试点工程。2001年在编人员33人，其中科技人员31人，研究员12人，副研究员6人，中级科技人员5人。现有博士点1个，硕士点3个，博士后流动站1个，在学研究生34人，其中博士研究生17人，硕士研究生17人，进站博士后1人。

地球环境研究所以当今人类生存与发展中最为迫切的重大科学问题——"地球环境"为中心，从地球整体环境系统（大气、大陆、海洋和冰雪子系统等）和圈层（岩石圈、水圈、生物圈和大气圈）各因子相互作用和耦合过程的角度，在全球和区域层次上开展东亚大陆环境系统大尺度时空变迁规律和机制的研究。在学科设置上，以"地球环境"这一新型交叉学科为主体，以"第四纪地质与全球变化"、"同位素地球化学"、"粉尘地球化学"、"树木年轮学和气候学"及古气候模拟为支撑，在"黄土与季风变迁"、"构造隆升与气候环境事件"、"粉尘与大气环境"和"短尺度气候环境序列与预测"4个优势领域开展创新性研究。

地球环境研究所以黄土与第四纪国家重点实验室为中心，设立有环境演变、近代环境过程、粉尘与环境、生物地球化学和古气候数值模拟五大研究室。重要的实验室和科研仪器及设施：^{14}C年代学实验室有：常规、小样品、AMS 制样系统和 Quanthhrs-1220、1220-002 低本底液闪仪；热释光/光释光年代学实验室有：Daybreak 9900、1150 型 TL/OSL 系统；树轮实验室有：Relmax 宽度仪、Im-age-1/AT 密度测量系统；环境磁学实验室有：755R 型 U-channels 超导磁力仪，MOLSPIN 型交变退磁仪，MMTD 80、MMIDI 型热退磁仪，MS 2 磁化率仪，MINISPIN 型旋转磁力仪；稳定同位素实验室有：MAT-251、MAT-252、PLUS 质谱仪；沉积物分析实验室有：Secigraph-5000X 衍射粒度分析仪和 A22 型、MAM 5004 型激光粒度分析仪；粉尘地球化学实验室有：SOLA 等离子体质谱仪；孢粉实验室有：AX-IOSKOP 型、AXIOSKOP20 型生物显微镜；古气候模拟与信息网络实验室有：INTERNET，局域网及计算机多台。

地球环境研究所自成立后，一直严格按照中科院创新工程的要求运行。在管理模式上，坚持“开放、流动、竞争、联合”的原则，实行所长负责制和首席研究员制度，简化一般行政管理，加强学术与科研项目管理。其中所长负责研究所日常管理、决策、人员聘用和总体发展规划的制定。首席研究员负责所属学科科研规划、项目争取、国内外合作研究、有关人员的聘用及其相关事务。

在科研活动方面，2001 年地球环境研究所顺利通过了国家“攀登计划”（95-预-04）和中科院“九五”重大（KZ951-Al-402）项目的总结验收工作，这 2 个项目均为优秀的成果结题，其研究成果受到国内外专家的肯定。同时，为配合国家西部大开发的号召，利用自身资源优势，组织国内外著名专家，申请了中科院知识创新重要方向项目（KZCX2-SW-118），通过大陆钻探，重点从我国西部自然环境的分异耦合过程入手，研究我国自然环境的发展趋势。在年底，又顺利入选国家自然基金委的“优秀青年科学家群体”。2001 年全所共发表科技论文 113 篇，其中 45 篇为 SCI 检索论文。其中“晚中新世以来亚洲季风与喜马拉雅—青藏高原的阶段性隆升”一文已在英国《自然》杂志上发表，在青藏高原与亚洲季风研究中取得重大突破。另外，在千年尺度气候变化机制的研究中取得重要进展。该研究成果在美国《科学》杂志上发表。

在国内外合作方面，通过不同层次科研项目的组织和实施，把国内外不同学科的高水平科学家吸收和组织起来，团结在研究所周围；在系统的科研活动中形成全方位交流与合作的格局。积极主办或参与主办国际、国内学术会议，广泛邀请国内外科学家来我所讲学，介绍国际上进行的一些重要研究工作和研究进展。重视和鼓励研究人员参加国内外学术会议，把参加会议作为了解科研信息，介绍科研成果的一个重要内容。2001 年，地球环境研究所主办国际学术研讨会 1 次、国内学术会议 5 次。同时，参加了约 30 人次的国内外学术交流活动。全年外事接待 50 余人次，派出学者 4 批 13 人次，分别与美国、澳大利亚、日本和荷兰等 16 个国家建立了良好的合作关系。加强了地球环境研究所在国际上的知名度、促进了研究人员对国际前沿领域的了解。

2001 年地球环境研究所人才培养的重点也作了调整，在适当扩大数量的同时，强化人才质量的提高。通过创新工程招聘研究员 1 人，副研究员 2 人，助研及其管理人员共 5 人，招收博士研究生 6 人，硕士生 8 人，进站博士后 1 人。

2001 年地球环境研究所在第 124 届匈牙利地理学会年会上，安芷生院士因“在地理学方面杰出成就和为加强中匈两国地理学届联系贡献”而被授予 Lajos Ló czy 奖章。

同时，为配合国家西部大开发的号召，利用自身资源优势，积极进行国家西部环境现状和发展趋势的研究工作，并给江总书记提交了一份题为“自然过程和人类活动对我国西北地区生态环境的影响”的咨询报告。

兰 州 分 院

院　　长：程国栋
地　　址：甘肃省兰州市天水路 340 号
邮政编码：730000
联系电话：0931-8275318（办公室）
图文传真：0931-8279855
电子邮件：lzb@ms.lzb.ac.cn
网　　址：www.lzb.ac.cn

中国科学院兰州分院是中国科学院的派出机构，在兰州、西宁设有 6 个研究所 1 个信息中心：即近代物理研究所、兰州化学物理研究所、寒区旱区环境与工程研究所、兰州地质研究所、青海盐湖研究所、西北高原研究所和资源环境科学信息中心。近 50 年来，各研究所（中心）针对我国特殊生态环境和各类科学问题开展了艰苦卓绝的工作。在重离子物理、核辐射技术、选择氧化催化、固体润滑材料、冰川冻土、荒漠化防治、高原气象、石油地质、盐湖资源开发利用、高原生物等领域开展了科学研究。现拥有 5 个国家级重点实验室、1 个国家工程研究中心及 3 个国家级野外开放（站）和 1 个中科院重点实验室。多年来，兰州分院的广大科技人员在基础研究、应用研究、技术开发以及国防军工研究方面取得了多项科研成果，为国家、为甘肃地方经济做出了重要贡献。

兰州分院现有职工2 591人，其中专业技术人员1 831人，45 岁以下的1 322人，占专业技术人员的 71.2%。现有中科院院士 7 人，工程院院士 1 人，第三世界科学院院士 1 人；高级研究人员 685 人，其中研究员 225 人；享受政府特殊津贴 237 人，国家级突出贡献中青年专家 15 人，省部级突出贡献中青年专家 27 人，有 20 多位专家学者在国家学术组织中任职。现有博士点 11 个，博士后流动站 5 个，硕士点 23 个，在岗博导 92 人，在读博士、硕士生 645 人。

根据国家战略需求，以及中国科学院面向 21 世纪提出的“知识创新工程”总体布局，兰州、西宁各研究所（中心）坚持以提高科技创新能力为核心，以凝炼科技创新目标为导向，以体制机制为突破口，大力加强创新队伍建设，显著提高了科技竞争能力，取得了一批重大科技创新成果。

2001 年，兰州分院按照中科院的要求，积极组织各研究所进行二期创新，继寒区旱区环境与工程研究所一期进入创新后，2001 年 3 月 4 日近代物理研究所进入创新；4 月 6 日兰州化学物理研究所进入创新；青海盐湖研究所、西北高原生物研究所、兰州地质研究所和资源环境科学信息中心正在积极争取之中，有望在 2002 年上半年进入创新。

为了更好地发挥分院的职能作用，为地方经济多做贡献，2001 年 4 月 23 日，兰州分院党组向中共甘肃省委常委会汇报了知识创新工程、园区建设和如何积极参与西部大开发工作，省委书记和省长都作了重要讲话，充分肯定了兰州分院所做的工作，要求对兰州分院知识创新、园区建设和参与西部大开发工作一路开绿灯不能有一个红灯。在省委省政府的大力支持下，兰州分院在领导班子建设、协调科技力量、促进院地共建、园区建设和区域建设等方面的工作取得了显著的成效。

领导班子建设是知识创新工程工作的组织保证，也是分院工作最重要的职能之一。兰州分院党组坚持以“三个代表”为指导，建设好各研究所（中心）领导班子建设，先后完成了青海盐湖研究所、兰州化学物理研究所、寒区旱区环境与工程研究所、资源环境科学信息中心和近代物理研究所领导班子的届中考核工作，同时根据知识创新工程全面推进阶段新的要求，对部分研究所的领导班子及其领导干部做了充实调整，有力地保证了知识创新工程试点工作。今年的领导班子建设主要有以下几个特点：一是兰州分院在全院所级领导班子换届中率先（1999 年）实行竞争上岗，并继续进行了深化和完善，逐步走上了规范化、制度化。二是在领导班子届中考核中，进一步扩大群众的参与面，使得参加测评推荐的职工扩大到了全体创新聘用人员。三是开始实行拟任人选的公示工作，全方位接收群众监督。同时对科学院分院中、小学副校长，面向社会公开招聘。分院实行所级领导干部竞争上岗的做法得到中科院人教局的肯定。选派科技副职工作也向前推进了一步，在白银、张掖等地成团组选派科技副职的基础上，今年又向西藏、贵州选派了 3 名科技副职，向甘、青、宁、内蒙古选派了 4 名博士服务团人员，使分院的科技副职达到了 19 名。成团组选派科技副职，使科技副职在选派地区形成一定的规模效应，不仅成为兰州分院的一大特色，也在地方产生了很大反响。在年初的院工作会议上，分院被评为科技副职先进单位。

国家实施西部大开发战略决策以来，兰州分院立足西部，发挥优势，积极投入西部大开发工作，为地方经济发展做贡献。在中科院“西部行动计划”的指导和支持下，积极推动院地合作，兰州分院坚持不断提高院地合作的层次和水平，找准分院科技工作与西部大开发重点领域的结合点，深化分院多年坚持“突出一个重点，强化两个服务，搞好三个共建，宣传一个观点”指导思想的认识，提高工作层次。在基础建设方面，寒区旱区环境与工程研究所承担中国科学院科技创新战略行动计划“青藏铁路工程与多年冻土相互作用及环境效应”项目，被列为 5 项知识创新工程重大项目之一。在生态环境建设方面，针对我国北方沙漠化日趋严重，沙尘暴频繁发生的问题，寒区旱区环境与工程研究所牵头组织申请的“国家重点基础研究发展规划”项目“中国北方沙漠化过程及其防治研究”被国家科技部立项。在产业结构调整方面，为加快科技成果向现实生产力的转化，兰州分院各研究所（中心）采取多种形式与省内外企业合作，联合开发技术、开拓市场，促进高新技术产业化。在白银市政府的大力支持下，兰州化学物理研究所与白银化学试剂厂等企业合作成立的白银希科高技术有限公司，以碘海醇、阻焦剂和钴盐催化三个主导项目起步，边建设边生产，已形成一定市场，在 2001 年第三届深圳高交会上，中科院高技术研究与发展局与白银市政府签订了关于建设“中国科学院白银高技术产业园”的合作协议，这是中科院目前在国内与地方政府共建的第二家高技术产业园，使兰州分院与白银市的合作发展上升到高层次大规模的新阶段。在盐湖锂资源的开发利用方面，青海盐湖研究所完成了年产 100t 碳酸锂工业性实验，实现了高镁锂比盐湖资源的综合开发利用关键技术创新。为了扩大合作，兰州分院与嘉峪关市建立了友好合作关系。在科研教育与科技咨询方面，近代物理研究所承担的国家大科学工程，“兰州重离子加速器冷却储存环”土建工程结束。工程建成之后，必将提高科研手段和条件，促进出高水平科研成果。在培养人才方面，各研究所（中心）在用好现有人才、稳住关键人才、吸引急需人才、培养未来人才方面做了许多实质性的工作，使一批年轻人扎根西北，为建设大西北效力，截至目前已通过“百人计划”公开招聘的方式，引进了 21 位优秀人才，同时，中组部与中科院联合实施的“西部之光”人才计划，也在兰州分院开花结果，目前已有 45 个团组受到资助。

兰州分院为创一流的科研机构、育一流的科研人才、出一流的科研成果、建一流的科技园区、营造优良的科技创新环境，作为推动知识创新工作试点工作的重要内容。在园区建设中，兰州分院共有 23 项工程立项，新建科研用房 4.5 万平方米，改造 8 万平方米，总投资 2.2 亿元，各单位破围墙、拆陋屋 4 万平方米，打破了长期以来所区各自为阵体系和自我封闭的局面，赢得了广大科技人员的好评。2001 年 4 月份，兰州分院党组向省委常委会汇报工作后，省委专门成立了支持中国科学院兰州分院知识创新工程和园区建设协调领导小组，省市领导多次亲临兰州分院现场办公，解决工作中遇到的问题，推动了园区建设。为了把宁卧庄科技园区建设成兰州最好的园区，兰州分院一开始就高标准、高起点，以建设一流科研园区为目标，优化小区规划布局，全方位、高标准地对科研园区环境基础设施进行整治改造，真正把小区建设成环境优美、秩序良好、功能齐全、服务周到的现代化小区，为科技人员创造一个舒适、宜人的工作生活环境。在实施中，兰州分院协助兰州市提出了全方位的整治方案，包括道路拓建、园林绿化、交通设施、市场迁移、街容街貌、卫生保洁6个方面，用两年时间完成。2001年兰州市在财政十分困难的情况下，拿出了2 000多万元进行科技园区周边环境的改造，已完成了"两路、两电、一气"改造工程，使宁卧庄科技园区环境得到大大改观。在园区建设中，兰州分院坚持以新的思路、新的机制进行园区建设。一是以新的思路进行规划，紧密结合科研基地的实际，统筹安排，实现资源共享，提高基地内资源的使用效率。二是以新的运行机制，进行兰州宁卧庄科研基地的改造，坚持了以院地合作形式推进，这种合作形式在中科院12个分院尚属首家。

随着中科院知识创新工程试点工作的深入和西部大开发战略的实施，兰州分院成为西北资源环境与可持续发展研究基地的中心和西部大开发的科技前沿阵地，是我国西部最大的多学科、综合性科学研究中心，被称为"黄河上游的科学城"，同时也是中国科学院设在西北地区和地方联系与合作的机构之一。

近代物理研究所

所　　长：詹文龙
地　　址：甘肃省兰州市南昌路363号
邮政编码：730000
联系电话：0931-4969220（办公室）
图文传真：0931-8272100
电子邮件：lijunyin@ns.lzb.ac.cn
lijy@impcas.ac.cn
网　　址：www.LZB.AC.CN

中国科学院近代物理研究所1956年成立于北京，1957年迁至兰州。2001年年底有职工654人，其中科技人员476人，有中国科学院院士1人，研究员53人，副研、高级工程师98人，中级科技人员187人。在学博士生28人，硕士生62人，博士后5人。

学科方向及研究领域：核存在极限的探索研究，奇异核结构及性质研究，超重新元素和纯中子物质的探索研究，高离化态重离子原子物理及其与原子、分子的碰撞，单粒子效应研究，离子束治癌技术，离子辐照生物效应及重离子辐照在基因工程中的应用研究。核技术开发及加速器物理和技术研究。

设有粒子物理与原子核物理理学专业博士、硕士学位授予点、博士后流动站和核技术及应用工学专业博士、硕士学位授予点。

发展方向：

近代物理研究所以兰州重离子研究装置（HIRFL）及放射性束流线（RIBLL）和目前正在建设中的兰州重离子加速器冷却储存环（HIRFL-CSR）为依托，有选择地研制一批先进的实验探测装置，以重离子物理及其交叉学科前沿领域的重点方向为目标，形成特色，实现自主创新，取得一批具有国际先进水平的研究成果。5年内形成4个在国际上具有较高学术地位、特色鲜明的国家级研究中心：

1. 以放射性束物理及原子核存在极限为主攻方向的重离子物理研究中心；

2. 以高离化态原子物理为主的重离子、分子及团簇与物质相互作用研究中心；

3. 以重离子治癌技术和重离子束辐照生物学效应为主要突破点的离子束辐照生命科学研究中心；

4. 大功率电子加速器技术、离子加速器物理及新技术研究中心。

研究机构包括：重离子物理基础及应用研究、CSR工程、加速器、高技术产业化发展等四大部分，共有24个研究单元，另外有6个研究所控股或参股的有限责任公司。"兰州重离子加速器国家实验室"向国内外开放，该实验室设有青年物理室、原子核物理研究中心。成立了国家重大科学工程-兰州重离子加速器冷却储存环项目管理委员会、项目工程指挥部、国际顾问委员会和学术委员会。

主要科研设施及装置：

近代物理研究所拥有：100Mev/A的兰州重离子研究装置（HIRFL）、兰州放射性束流线

(RIBLL)、高电荷态 ECR 离子源原子物理试验平台、2×2MeV 串列静电加速器、200kV 重离子注入机、600kV 高压倍加器、1.2Mev/40mA 大功率电子加速器和正在建设的兰州重离子加速器冷却储存环（HIRFL-CSR）。

围绕知识创新进行机构、制度改革：

2001 年 3 月经批准近代物理研究所进入中科院知识创新工程试点序列。按照创新试点任务书的要求，紧密结合研究所实际，以提高科技创新能力为核心，立足大科学工程建设和今后将在 HIRFL-CSR 上开展的前沿研究，凝炼和提升科技目标。将原 8 个研究领域整合为 4 个主要领域。从改革体制、遴选创新队伍入手，进一步推动了深层次结构调整和机制转变。科研系统撤销 9 个研究室，重组 13 个课题组，让年轻的科研骨干领衔担纲；科研一线和管理部门重新设置了创新岗位，通过按需设岗、公开招聘，竞争上岗，按岗聘用各类人员 286 人；完善了不同类型科研和管理岗位的考核评价体系；实行了三元结构工资制度；创新文化建设取得了阶段性成果。

争取到的科研项目：

2001 年近代物理研究所承担主要科研任务 53 项，其中国家大科学工程 1 项，“973”课题 3 项，“973”前期项目 1 项，国家计委支持专项 1 项，科技部基础研究重大项目 1 项，国家自然科学基金重点项目 1 项，国家自然科学基金面上项目等 30 项，中科院创新重大项目 1 项、“引进国外杰出人才”2 项，“西部之光”2 项；其他横向项目 11 项。

大科学工程进展顺利：

2001 年 9 月近代物理研究所完成土建并通过了竣工验收；初步完成了测磁、真空、束诊、电源、高频、计算机设计及控制、离子源和电子冷却等样机研制及实验室建设；各方面的工作按计划进行。整个工程在科学院组织的大科学工程专项检查中和国际顾问委员会上得到好评。

质子滴线区新核素合成和研究又获新的重大成果：

“滴线附近（新）核素的奇异衰变”研究课题，又成功地合成了 β－延发质子滴线核 ^{142}Ho 和 β－延发质子先驱核 ^{149}Yb 两个新核素，其寿命分别为：$T_{1/2}=0.4\pm0.1s$ 和 $T_{1/2}=0.7\pm0.2s$，并测出了它们的基态自旋宇称；首次确认了 ^{148}Ho 是β－延发质子先驱核。第一次给出了 β－延发质子先驱核 ^{93}Pd 和 ^{92}Rh 的自旋宇称，其中 ^{93}Pd 理论预言是天体物理中快质子俘获过程的“等待点”核；第一次测出了 ^{133}Pr 的同质异能态 ^{133m}Pr 的寿命为 $1.1\pm0.2s$；新建立了 ^{130}Nd、^{133}Sm 和 ^{140}Tb 三种短寿命核素的（$EC+\beta^{+}$）衰变纲图。

日本物理化学研究所提出课题申请在HIRFL上的合作实验获得成功：

日本物理化学研究所用 HIRFL-RIBLL 特有的两段双消色差高精度磁谱仪进行的“中子晕核 ^{11}Be 中能区核反应截面的精细测量”实验研究获得成功。这是目前国际上精度最高的同类实验，也是世界发达国家著名研究所的科学家首次提出课题申请在我国大科学装置上进行的物理实验，不仅标志着 HIRFL-RIBLL 的性能指标处于国际先进行列，也实现了我国大科学研究装置按国际规范开放运行。

取得的成果和获奖情况：

近代物理研究所登记科技成果 12 项，获奖 4 项，其中“稀土区质子滴线附近的新核素和新衰变纲图”，获吴有训物理奖；“我国新核素合成研究获两项突破”，同时中选“2001 年中国十大科技进展”和“2001 年中国基础研究十大新闻”。

2001 年近代物理研究所科技开发工作基本完成了公司改制和实施知识创新试点后研究所高新技术发展的战略调整。改制成立了 6 个有限责任公司，完成销售总额达1 754万元。

2001 年近代物理研究所共接待来访、工作和参加会议的外宾 71 人（次），派出各类出国人员 56 人（次），成功的举办了“国际放射性物理研讨会”和“HIRFL-CSR 工程国际顾问委员会第二次会议”。

在人才培养方面，招收博士生 12 人，硕士生 25 人，进站博士后 3 人；聘用博士生 5 人，博士后 3 人，硕士生 2 人，本科生 25 人，引进专业人员 4 人；“西部之光”阶段性和终期评估 2 人均被评为优秀。

近代物理研究所是甘肃省物理学会、甘肃省核学会的挂靠单位。编辑出版《原子核物理评论》、《高能物理与核物理》的核物理部分、《中国科学院近代物理研究所和兰州重离子加速器国家实验室年报》（英文版）以上刊物均为在国内外公开发行的学术期刊。

兰州化学物理研究所

所　　长：薛群基
地　　址：甘肃省兰州市天水路342号
邮政编码：730000
联系电话：0931-8277971
图文传真：0931-8277088
电子邮件：licp@ms.lzb.ac.cn
网　　址：www.licp.ac.cn

中国科学院兰州化学物理研究所始建于1958年，其前身为中国科学院兰州石油研究室。1962年启用现名。

2001年是兰州化学物理研究所改革和发展的重要一年。在中科院党组的领导下，全所职工认真学习江泽民总书记“三个代表”的重要思想和党的十五届六中全会精神，各项工作紧紧围绕创新主题，通过凝炼和提升科技目标，深化结构调整，推进体制创新，加快产业化布局，加强管理和人才培养，使全所的各方面工作，尤其是创新科研工作，步入了一个良好的发展阶段。一年来，经过全所职工的共同努力，兰州化学物理研究所创新和各项工作取得了良好的进展，尤其是创新课题取得了重要结果，相关的体制和机制转变产生了积极的激励效果。

1. 进入创新，推进创新和科研工作

按照中国科学院知识创新工程工作的战略部署，兰州化学物理研究所在结合已有学科优势和积累的基础上，围绕国家需求和科学目标，进一步凝炼和提升科技目标。兰州化学物理研究所创新的战略定位是：经过10年左右的努力，将兰州化学物理研究所建设成特色鲜明、具有国际水平的“国家西部资源化学与新材料高技术创新研究基地”，为国家经济建设、国家安全和西部大开发做出新的重要贡献。

确定了资源化学、新材料、化学生物学3个学科领域并研究了7个重大创新项目，围绕这三大学科和7个创新项目，整合组建了6个实验室和中心。

在资源化学领域，重点研究不对称催化与创新药物合成、天然气转化利用与环境污染物催化消除及精细化工催化与耦合技术。在新材料领域，重点研究国家安全用先进润滑防护材料，有色金属与稀土资源的高值化利用，西部重大基础设施建设和生态绿化工程用材料，探索摩擦化学与物理的作用本质。在化学生物学领域，重点研究生物酶催化反应化学和西部天然药物分离分析及药物有效成分筛选。

2001年4月，中科院院长办公会议正式批准兰州化学物理研究所进入中科院创新研究所行列。这是兰州化学物理研究所在新世纪的第一年迈出的重要一步，也是兰州化学物理研究所持续发展的重要转折。

科研创新工作：以西部有色金属和油气资源的优化利用及相关的技术提升，高技术工业用特种润滑防护材料，西部重大基础设施建设与防护用化学新材料为研究目标，部署了4个高技术研究重大项目：

（1）镍钴羰基化精炼工艺与纳米化制备技术：以一次合金为原料，研究羰基镍、钴精制技术和工艺；解决了一氧化碳的循环利用和加压设备的动态密封技术问题。研究羰基镍钴形成纳米镍钴等材料的热分解模式和钝化处理工艺技术，设计和研制相关设备，为打破国外技术垄断提供了技术支持。兰州化学物理研究所国家工程中心和OSSO国家重点实验室承担了该项目研究任务。

（2）油气资源清洁催化转化与高值化利用：开展了纳米与离子液体催化材料的分子设计与制备；环境友好丁二烯环氧化、非光气制异氰酸酯催化反应工艺优化；催化羰化原子经济反应设计与过程开发等研究课题。

兰州化学物理研究所西部生态与绿色化学研究发展中心在非光气制异氰酸酯类化学品研究与开发工作中，采用新颖的聚合物固载纳米金催化剂，进行了MDI（4，4’－二苯氨基甲烷二异氰酸酯）前体苯氨基甲酸甲酯的合成，并取得了很好的结果。该催化剂的性能和反应结果引起了德国巴斯夫公司的关注。

2001年兰州化学物理研究所离子液体研究取得了良好进展，受到国内外有关同行的高度评价，率先实现了环已酮肟的Backmann重排，在国际上率先制备了3种液体润滑剂。

兰州化学物理研究所国家工程中心在油气资源利用研究方面，建立了年产2T/y环氧丁烯的模试装置，打通了全流程；完成了配合模试开车的催化剂放大研究。在甲烷氧化偶联制乙烯的催化剂改进工作中，甲烷转化和碳二选择性之和达到110%，同时进行了加压工艺的研究，使得加压过程得以平稳控制。制备出在较高压力下具有高活性和选择性的甲烷氧化偶联催化剂和在较低温度下催化甲烷制低碳含氧化合物的催化剂等；OSSO国家重点实验室在油气资源制氢方面，分别在Cu/Zn/Ni、Cu/Cr和Fe/Ni催化剂体系研究中有了新进展。

（3）特种润滑材料研究；兰州化学物理研究所LSL国家重点实验室和润滑与防护材料研究发展中心开展了多功能（光、电、磁）润滑材料的设计原理与方法研究；研制出在速度、载荷、高低温、环境介质等方面突破现有材料性能极限的特种润滑材料；阐明极端苛刻条件下材料摩擦、磨损、润滑作用机制。该项工作覆盖了10多项科研课题，进展良好。

（4）重大基础设施用防护材料与表面工程技术：针对西部特殊环境和相关重大工程建设的要求，兰州化学物理研究所润滑与防护材料研究发展中心和国家工程中心在明确重要工程材料在特殊环境下的使役和失效行为的基础上，发展适用新材料并提出相关防护技术，在交通、能源设施的防护、建筑减震技术等方面取得技术突破，部分技术投入工程应用并取得显著经济与社会效益；在西部恢复生态环境用化学功能材料方面，2001年分别从土壤粒度实验、水蚀实验、水保实验、保肥实验、风蚀实验5个方面进行了研究，取得了阶段性的研究结果。同时开展了种子包衣，保水与营养的相互研究，并在实验室模拟种植中得到应用。

通过化学、材料与生命科学的交叉渗透，兰州化学物理研究所部署了3个领域前沿项目：

（1）西北天然药物研究：兰州化学物理研究所西北天然药物研究发展中心根据创新工作的布局，通过与在兰州地区的药界科研、教学、生产和管理单位的专家、学者的合作，进行了甘肃地区中药单剂与复方药的筛选。目前基本选定的目标药物有肾复康和浓当归注射液。同时“百人计划”项目要求的紫草素有效成分的研究也取得很有意义的结果。

（2）生物酶及化学模拟酶的催化反应化学研究：兰州化学物理研究所OSSO国家重点实验室2001年开展了生物酶的生物催化反应化学、化学模拟酶和光催化模拟酶反应化学的研究。

（3）微观尺度下的摩擦化学与润滑防护研究：兰州化学物理研究所固体润滑国家重点实验室开展了纳米颗粒的制备及摩擦学特性研究；纳米陶瓷薄膜的制备和自组装有机分子超薄膜的制备及性能研究等课题。在摩擦学材料的设计与制备方面开展了新型添加剂及环境友好润滑剂的摩擦学研究等课题。在材料的磨损失效与摩擦学表面工程研究方面开展了磁过滤等离子体沉积TiN涂层类金刚石涂层的制备、结构与性能研究；PVD纳米润滑薄膜的制备与性能研究等课题。

2001年兰州化学物理研究所围绕7个创新课题，共开展了120项研究工作。其中纵向课题66项，国家杰出青年科学基金项目2项，国家重点基础研究“973”子课题6项，中科院重大项目子课题1项，“863”子项目1项，中科院“西部行动”项目1项，“百人计划”项目3项，“西部之光”项目3项。2001年获得国家自然科学基金项目3项，横向任务54项，课题经费约2 600万元。进展情况良好，绝大多数课题完成了年度预期目标和指标。

2001年兰州化学物理研究所共发表论文245篇，其中国外87篇，国内158篇。（不含第二完成单位）。被SCI收录论文共77篇，其中影响因子在3以上的达11篇。CSCD收录论文126篇。

2001年兰州化学物理研究所申请专利48件，其中发明45件，实用型3件；专利授权8件，其中发明专利7件，实用新型1件。

2001年兰州化学物理研究所获奖成果5项。“陶瓷的磨损与润滑研究”、“高效脱氧除氢催化燃烧催化剂”和“卫星用特种自润滑复合材料”项目，分别获2001年甘肃省科技进步一、二、三等奖。另有作为第二完成单位的获奖成果 2 项。

2. 产业化和企业改制工作

（1）产业化：兰州化学物理研究所在推进创新工作中加强了产业化工作，从组织上，由一名副所长主管，另一位副所长协助兼管。体制上，完成了 4 个所属公司的转制和资产重组。加强了与所外的合作，组建了新的公司。作为中科院西部开发的重要技术平台，在兰州化学物理研究所与白银市政府的合作的基础上，组建了中科院白银高技术产业园，产业园的建设将为兰州化学物理研究所产业化工作的发展奠定良好的基础。

1）创新指标中 4 个产业化项目发展势头良好。精细化学品产业化，以国家工程中心和白银市合作的希科精细化工公司主要生产设备即将安装到位。与兰州石化合作的 EVA 项目 300t/年已投产，精细化学品销售为1 000万元。

新材料产业化。兰州化学物理研究所以 3 项成果入股的天水海林中科股份公司完成组建，兰州化学物理研究所资产为 1 056 万元，占 10.19%。期望该公司 2003 年上市经营。所内凯迪化工和凯路润滑油公司 2001 年营业额为 800 多万元。

与国家烟草局合作的香烟减害降毒环境技术与材料取得实质性进展，目前已和长沙烟厂等 5 个烟厂签订协议，推广兰州化学物理研究所开发的技术。和金川公司在有色金属高值化方面取得共识，拟以股份制形式组建研究开发中心。

2）共建了 7 个研发中心和联合实验室，运行状况良好。①“兰化宁波高技术研发中心”已将兰州化学物理研究所 7 项在当地推广试用，取得了一定的社会效益。②浙江医药股份公司成立的“爱特医药中间体研发中心”，正在对 2-甲基丙烯氢甲酰化合成 3-甲基丁醛和柠檬醛催化合成，进行模试实验。③与上海焦化有限公司成立的“羰基合成联合实验室”，正在对异丁烯羰化制特戊酸小试工艺改进。④浙江玉环县海洋生物化学有限公司成立的“甲壳素研究与开发联合实验室”，研制的类透明质酸壳聚糖已通过浙江省科委主持的成果鉴定。⑤与甘肃奇正实业（集团）有限公司成立的“藏药与天然药联合实验室”，对西藏药用植物襄吾化学成分的研究、红景天中红景天甙质量分析均取得进展。⑥与浙江中达有限公司成立的“滑动轴承联合实验室”，在水润滑铜基复合材料制备工艺、自润滑双金属复合材料制备工艺、PEEK 三层复合材料制备工艺、塑料轴衬系列复合材料研究方面进展顺利。⑦与山东聊城环业机械配件有限公司成立的“内燃机摩擦学研究联合实验室”，其项目内燃发动机活塞环涂层和曲轴轴瓦材料正在试验。

（2）企业改制工作：根据中科院对所属企业有关政策和改制要求，通过改制，实现所属企业按照“产权清晰、责权明确、事企分开、科学管理”的现代企业运行模式。金环公司已于 2001 年 5 月按程序依法注销。化工厂和咨询公司改制分别于 2001 年 10 月和 11 月完成。化工厂改制后变更为“兰州中科凯迪化工新技术有限公司”，企业注册资本 396 万元。咨询公司改制后变更为“兰州中科凯华技术开发有限公司”，企业注册资本 59.5 万元。器材公司由于其特殊性，于 2001 年 12 月依法注销后，转制重新注册为“兰州中科凯特器材经销有限公司”，企业注册资本 30 万元。

3. 机制转变与创新队伍建设

运行机制和管理：人才机制是机制创新的主要内容。2001 年兰州化学物理研究所强化用人制度的改革，根据中科院创新工作的要求，围绕知识创新人才队伍建设，按照“按需设岗、公开招聘、竞争上岗、签约管理”的竞争机制，在研究室（中心）、机关和支撑系统进行了按创新要求的岗位聘任。初步形成了三大科研团队、一支管理队伍、一支以博士生为主的流动人员队伍。同时比较妥善地安排和发挥了一些老科学家的工作。2001 年兰州化学物理研究所科研岗位聘任 120 人，其中研究员 25 人，管理和支撑岗位聘任 16 人。项目聘任 105 人。2001 年新进 24 人，其中“百人计划”人员 3 人。目前兰州化学物理研究所在职人员 425 人，其中中国科学院院士 1 人，中国工程院院士 1 人，研究员 42 人，副高级专业技术人员 120 人。大力度推进创新人才激励与考评，优化人才结构，增强创新队伍的整体实力。

4. 人才培养

吸引人才，培养人才，用好现有人才是推进兰州化学物理研究所创新和各项工作的关键。兰州化学物理研究所设有：物理化学、分析化学博士学位授予点，有机化学、高分子化学与物理学博士生招收点，催化、润滑、有机合成、分析化学、工业催化（工科）、材料学（工科）硕士学位授予点。2001年兰州化学物理研究所在培养、选拔各类人才，特别是在提升科研学术带头人创新意识方面，进行了卓有成效的工作。

2001年兰州化学物理研究所入选中科院“百人计划”1人，“西部之光”2人；招收研究生79人，其中博士生54人，硕士生25人。授予博士学位21人，授予硕士学位13人。进站博士后2人，提前进站博士后1人。2001年研究生申报中科院院长奖学金特别奖1人，优秀奖1人，刘永麟奖2人，彭荫刚奖1人，宝洁奖4人，占兰州分院评奖总数的32%。

5. 经费收支和财务管理

2001年兰州化学物理研究所财务收支运行状况良好，所财务总收入较去年相比，经费总量有较大增长，增量为30%。兰州化学物理研究所财务工作严格按国家财务制度和创新工作要求进行管理。创新经费使用率达60%。

兰州化学物理研究所是甘肃省化学会、中国科学院兰州分院分析测试中心的挂靠单位。编辑出版《摩擦学学报》、《分子催化》、《分析测试》等学术刊物。

寒区旱区环境与工程研究所

名誉所长：施雅风
所　　长：姚檀栋
地　　址：兰州市东岗西路260号
邮政编码：730000
联系电话：0931-8275129
图文传真：0931-8273894
电子邮件：Careeri@ns.lzb.ac.cn
网　　址：www.casnw.net

中国科学院寒区旱区环境与工程研究所，是1999年9月因中国科学院知识创新工程由1958年成立的原兰州冰川冻土研究所、兰州沙漠研究所和1959年成立的原兰州高原大气物理研究所整合后成立的（以下简称寒旱所）。现已进入创新工程的各类人员161人，其中科技人员147人（有中国科学院院士2人，研究员44人，副研究员、高级工程师61人，中级科技人员40人），管理人员14人。

寒旱所是我国专门从事干旱沙漠、高寒、极地环境与工程研究的国家级研究机构，是“西北资源环境与可持续发展研究基地”的核心组成部分。寒旱所瞄准21世纪国家发展的战略目标和学科发展的国际前沿，针对国家加快西部地区发展的重大决策和西北地区生态环境建设面临的重大科学问题，开展干旱、沙漠、高寒和极地特殊自然条件下环境变化、生态恢复、农业发展的基础性、战略性、前瞻性研究，为国家解决西北地区在人口、资源、环境、农业等领域的重大问题提供科学依据，为西部地区可持续发展提供技术支撑。

寒旱所现为地理学一级学科授予点，有4个博士点，6个硕士点。现有博士124人，硕士84人。

寒旱所在知识创新工程启动阶段，从国家目标和长远发展战略出发，重组与建设了冰冻圈与全球变化研究室、沙漠与沙漠化研究室、高原大气物理研究室、冻土与寒区工程研究室、水土资源研究室和生态与农业研究室等6个新的研究室。技术支撑系统包括野外实验研究站，3S室、分析测试室、计算机网络室和图书情报室。另外，寒旱所现有冻土工程国家重点实验室（国家开放）、冰芯与寒区环境研究开放实验室（院开放）、风沙物理与工程实验室（正在申请开放）等。

2001年寒旱所在一期创新工程取得突出成绩的基础上，全所职工围绕改革和发展的主题，以知识创新工程试点工作全面推进阶段为依托，在科学研究、管理、后勤服务等方面开展了一系列工作。进一步明确了寒旱所的战略定位“使寒旱所成为有特色、有优势、有实力、有影响的国际一流科研机构，并为进入到全院30个世界公认的著名高水平研究机构而努力奋斗”为保证全所战略目标定位的完成，我们在人才与队伍建设、机构设置与改革、体制与机制改革、创新文化与园区建设目标进行了多次讨论，并确定了中长期目标与发展方向，并将目标、任务进行了层层分解，使各研究室，各职能处室工作人员目标更加明确，思路更加清晰，充满信心为实现全面推进阶段的奋斗目标而努力。

此外，根据2001年中科院工作会议精神，在总结2000年工作的基础上，为鼓励全所职工大胆创新，开拓进取，组织布置了3个行动计划，即“科技布局和组织机构战略调整行动计划”、“科技创新队伍建设和发展教育行动计划”和“国家科研机构管理体系创新行动计划”。将研究的目标转移到满足国家发展战略需求和攀登世界科学高峰上来。

2001年寒旱所在突出其科研特色和发挥其综合优势的基础上，积极争取和承担基础性综合研究、战略性重大工程技术问题的研究等重大项目上，通过多种途径获得多项国家和中科院重大项目。在知识创新启动阶段工作的基础上，又进一步调整能力结构，在对外争取项目、课题的能力又更上一层楼，2001年获得院外项目61项，合同金额5 246万元。其中比较有显示度的项目有：围绕西部大开发战略，积极参与青藏铁路建设，针对青藏铁路高海拔、多冻土等特点以及青藏铁路建设与环境效应的关系，多年冻土的保护等问题，积极争取了中国科学院重大项目，通过努力，由寒旱所为第一主持单位的“青藏铁路工程与多年冻土相互作用及其环境效应”项目通过了专家评审，获得中科院批准立项，寒旱所程国栋院士为项目主管，研究员马巍、吴青柏为项目首席科学家，项目总经费2 300万元。为提高青藏铁路建设质量，为国家青藏铁路建设的战略决策服务，基于寒旱所冻土工程国家重点实验室对冻土的多年研究，争取了铁道部项目“青藏铁路北麓河试验段修筑技术研究”项目，该项目已通过专家评审，项目总经费1 469万元，现已开始启动。

2001年寒旱所发表论文的质量也显著提高，在SCI上共发表各类学术论文80多篇。同时，充分利用创新环境，总结过去科学积累，出版研究专著，2001年在所创新经费支持下，已出版专著15部。并充分利用创新工程，提升创新能力，形成了具有显示度的创新成果，2001年，寒旱所获中科院二等奖1项，甘肃省科技进步一等奖1项，获专利8项。

为进一步对我国冰川资源考察研究，2001年由寒旱所独立组织了慕士塔格冰川考察，并创造了科学野外考察海拔7 500多米的世界冰原区纪录，对冰川原始积累资料的取得，为研究环境演变提供了科学依据和可靠标本。

在进行科学研究的同时，寒旱所着力加大创新文化建设力度，注重以人为本思想的体现，涌现出了一大批杰出人才。2001年寒旱所程国栋院士当选全国“五一”劳动奖章获得者，姚檀栋研究员获“何梁何利基金奖”，孙俊英入选中科院“十大女杰”。

在国际交流与合作方面，2001年寒旱所举办了2次大型国际学术研讨会，有国内外100多位学者参加会议，外宾来自10多个国家与地区。2001年外宾来访33人次，寒旱所研究人员出访83人次。开展了广泛的国际合作研究，先后进行了“中日沙尘暴监测研究”、“中日青藏高原能量与水循环研究”、“联合国大学干旱区退化土地管理研究”等国际合作项目。

寒旱所是中国科学院减灾中心西北分中心、中国气象学会大气物理专业委员会雷电物理监测与防护分会、中国冰川冻土学会、中国地理学会沙漠分会的挂靠单位。编辑出版《冰川冻土》、《高原气象》、《中国沙漠》等学术期刊。

兰州地质研究所

常务副所长：孟自芳
地　　址：甘肃省兰州市东岗西路324号
邮政编码：730000
联系电话：0931-8278591
图文传真：0931-8278667
电子邮件：ldky@ns.lzb.ac.cn
网　　址：159.226.137.150

中国科学院兰州地质研究所始建于1960年，其前身是1956年成立的中国科学院地质研究所西北地质研究室，是目前中国科学院唯一以石油天然气地质为主攻方向的研究机构。

兰州地质研究所现有职工 101 人，其中科技人员 66 人，占职二总人数 65.35%；有研究员 16 人（45 岁以下者 11 人），副研究员 20 人（具有博士学位者 14 人，具有硕士学位者 13 人），中级科技人员 32 人。现有在学研究生 44 人，其中博士生 19 人，硕士生 25 人。在站博士后 1 人。

研究所定位：面向国家油气资源的巨大需求，针对油气领域前沿的重大科学问题，以我国中西部石油天然气地质地球化学基础和应用基础研究为主攻方向，以西部油气资源开发和“西气东输”工程为创新平台，突出气体地球化学、石油天然气地质学两大优势学科，依托三个科研基地，立足西部，辐射全国，开展基础性、战略性、前瞻性研究，攀登油气科学高峰。

国家目标：一是根据国家经济建设和社会发展对油气资源的巨大需求，二是根据西部大开发战略和“西气东输”工程的资源保障要求，重点研究中西部含油气盆地石油天然气富集的地质地球化学条件。在优质烃源岩和优质储层的形成机理及评价描述技术，深、浅层油气藏形成条件，高演化烃源岩成烃机理与资源潜力等方面力争取得具有战略性、综合性和先导性的创新成果，为国家油气资源探明储量的持续增长提供理论和战略指导。

科学目标：瞄准国际学科前沿及热点领域，开展天然气成因理论、非烃和稀有气体、深部气体地球化学的基础和应用基础研究；特别在深层、深部、深盆及低熟、未熟油气资源研究方面取得具有自主知识产权的原始创新的新理论、新方法、新技术和新指标，力争在国际学科前沿占有一席之地。

主要研究方向：特色学科——气体地球化学。优势学科——石油天然气地质学。主要研究方向——石油天然气地质地球化学，稀有气体、非烃气体与深部气体地球化学，油气藏描述中的关键技术，含油气盆地沉积储层与构造地质学。探索领域—非生物成因天然气、天然气水合物和环境地球化学等。

兰州地质研究所本着“精干、高效、一专、多能”的原则，积极探索有效的创新管理体制和运行机制，现阶段设有两个研究室：气体地球化学国家重点实验室、石油天然气地质综合实验室；3 个职能管理部门：综合办公室、科研计划处、财务室。1 个后勤服务中心。

2001 年兰州地质研究所在知识创新的工作中明确战略定位，突出优势学科，进一步推进体制改革和机制改革，2001 年 4 月起实行“研究助理”和“管理助理”制度，以西部大开发为契机、沿“西气东输”工程一线寻求战略合作伙伴，已与青海油田、塔里木油田、长庆油田共建科研基地和人才培养基地，为研究所的持续发展建立长期稳定可靠的创新平台。

2001 年兰州地质研究所承担的在研课题 36 项。承担国家攻关项目 4 项，“973”项目 4 项，中科院“西部之光”项目 4 项，知识创新重要方向项目 1 项，国家自然科学基金项目 11 项，横向委托项目 8 项，总经费 838 万元。2001 年科技部批准的“973”项目，其中由兰州地质研究所专家担任首席科学家之一的“高效天然气藏形成与低效天然气藏经济开发的基础研究”项目获准立项。该项目的重要性在于发展天然气高效勘探与开发的基础理论体系，促进加快天然气工业发展，优化能源结构，改善环境。其前瞻性体现在天然气成因、成藏动力学、气藏相变与渗流等基础理论以及相关评价的技术方法两个方面。而实用性落实到对高效天然气资源总量与分布做客观评价、实现凝析与低效天然气储量的经济开发和为正确规划我国天然气工业发展战略与分布提供科学依据。

2001 年兰州地质研究所在创新文化建设方面主要做了以下三个层面的工作：价值导向与精神氛围；规章制度与行为规范；园区建设与形象标识。大力提倡弘扬热爱祖国、艰苦奋斗、开拓进取的科学精神，提倡团队合作，激励个人潜能的发挥，积极营造宽松、民主、开放、和谐的学术氛围和科学民主、锐意创新、协同高效、廉洁公正的文化氛围，树立正确的价值导向，建立健全规章制度和行为规范，建设适合创新的科研环境，形成新时期、新形势下的兰州地质研究所创新文化，为多出成果、多出人才提供良好的学术氛围和优美园区环境。

兰州地质研究所是甘肃省一级学会矿物岩石

地球化学学会的挂靠单位。编辑出版《沉积学报》（CSCD）和《天然气地球科学》2 种学术期刊。

资源环境科学信息中心

主　　任：孙成权

地　　址：兰州市天水路 342 号

邮政编码：730000

联系电话：0931-8271341（业务处）

0931-8273628（办公室）

图文传真：0931-8275743

电子邮件：sicre@ns.lzb.ac.cn

网　　址：www.llas.ac.cn

中国科学院资源环境科学信息中心（中国科学院兰州图书馆）成立于 1955 年 10 月，前身是中国科学院图书馆兰州分馆。资源环境科学信息中心现有人员 102 人，其中各类专业技术人员 74 人，有研究员（研究馆员）5 人，副研究员（副研究馆员）14 人，中级科技人员 33 人。现有在学博士生 3 人，硕士生 5 人。挂靠中科院文献情报中心招收科技情报研究专业研究生，与兰州大学经济管理学院信息管理系合作申请的情报学硕士学位授予点也已开始招生。2001 年，在中科院人教局支持下，引进优秀人才 2 人；同时继续聘请 4 名相关领域专家为兼职研究员。

资源环境科学信息中心重点收藏地球科学、资源与环境科学、化学化工、物理学及电子技术等学科领域的文献，兼收应用数学、生物学、计算机科学及其他综合性文献；初步形成了有关寒区、旱区、极区特别是与青藏高原、黄土高原有关的资源环境、自然灾害及工程问题等有地域特色的馆藏体系。截止 2001 年底，资源环境科学信息中心馆藏文献 163.1 万册（件），其中科技图书 29.4 万册，科技期刊13 376种（现刊2 579种）120.8 万册，其他科技文献 12.9 万册（件）。引进有关经济、商务、科技成果、科技文献等数据库（光盘）25 种，自建“中国地球科学家数据库”等数据库 18 个。

2001 年资源环境科学信息中心文献工作的重点是资源建设与信息服务。信息资源建设注重物理馆藏与虚拟馆藏并重，以印本文献精品化建设为基础，加强网上信息资源的开发利用。在文献信息服务中，注重强化主动服务意识，加强全过程参与式服务，不断深化服务内容与层次；在做好传统文献服务的同时，重视加强网上文献信息服务，方便科研人员，尤其是远程读者。加强围绕创新重大课题任务的专题服务与定题跟踪服务。

积极为兰州分院各研究所和国家重点实验室服务，在课题立项、成果鉴定、申报奖励、引进人才、绩效评估等多方面提供信息检索咨询服务。全年完成检索咨询课题 230 项，其中查新课题 34 项，论文收录与引用检索课题 46 项，专题检索课题 150 项。另外，解答各类业务咨询（包括电话咨询和上门咨询）400 余项；免费为创新试点提供查新、专题检索等课题约 20 项。

进一步加强网络建设，更换了资源环境科学信息中心 WEB 服务器，并对资源环境科学信息中心的 WEB 服务系统进行了适应性调整，完成了资源环境科学信息中心 MIS 系统的安装调试。“CNKI 全文期刊镜像服务系统”、“万方数据资源镜像系统”、“中国科普博览镜像”等数据库顺利运行。开发建设了“馆藏中文期刊目次系统”、“网上文献信息服务系统”，强化了通过网络提供信息服务的能力。在继续运行维护好“西部大开发论坛”和“西部商机网站”的同时，与国家海洋局海底科学重点实验室、石油大学（北京）等单位合作，建成并开通了国内第一家天然气水合物专题信息网站——“天然气水合物信息网”。

情报研究的工作领域除传统的学科情报研究外，在战略情报研究、区域可持续发展研究等方面也不断深入。针对西部大开发战略需求开展西北资源环境和社会经济可持续发展研究。尤其是中科院“西部之光”项目——“甘肃省生态环境建设与大农业可持续发展战略研究”，其成果荣获甘肃省科技进步奖二等奖。

2001 年，资源环境科学信息中心承担和争取科研任务 9 项，经费 100 万元。提供科技参阅资料 6 种，另有研究报告 4 篇，共计 58 万字；出版科技图书 3 种 59 万字；发表科技论文 70 篇

(其中：公开刊物发表 30 篇，内部刊物 18 篇)；翻译科技资料 20 万字。

资源环境科学信息中心是中国科学院地学情报网网长单位，并是中国科学院兰州查新咨询中心、CNC-IGBP 全球变化研究信息中心的挂靠单位。编辑出版《地球科学进展》(双月刊)，该刊进入国家双效期刊方阵，在全国科技期刊影响因子排名顺序提升到第 129 位，在地球科学类期刊中排第 9 位，荣获院科技期刊三等奖。此外，还有《黄金科学技术》、《遥感技术与应用》、《天然气地球科学》和《资源生态环境网络研究动态》4 种学术刊物。

在 2000 年分类定位的基础上，资源环境科学信息中心进一步明确了创新改革的指导思想和文献情报系统创新的评价标准与创新岗位设置的原则，提出了落实创新任务和实现创新目标的具体措施与办法，逐步形成了创新改革的实施方案。

青海盐湖研究所

所　　长：马培华
地　　址：青海省西宁市新宁路 18 号
邮政编码：810008
联系电话：0971-6303490
图文传真：0971-6306002
电子邮件：isl@isl.ac.cn
网　　址：www.isl.ac.cn

中国科学院青海盐湖研究所于 1965 年在西宁成立，是以当时的中科院西北化学研究所为基础，与北京化学研究所、兰州地质研究所、天津化工研究院、上海化工研究院等单位的盐湖专业组合并搬迁组建而成的。1966 年 6 月，经国家科委批准，在西宁刚组建的化工部盐湖化工综合利用研究所并入青海盐湖研究所。

2001 年底青海盐湖研究所共有职工 269 人，其中科技人员 193 人，有中国科学院院士 2 人，研究员 27 人，副研究员、高级工程师 49 人，中级科技人员 73 人，科研人员中，有硕士学位的 24 人，博士学位的 10 人。现有在学博士研究生 13 人，硕士研究生 31 人。另有博士后 1 人，入选“百人计划”1 人。

青海盐湖研究所有博士生导师 7 人，具有无机化学、分析化学、地球化学硕士授予权和无机化学博士授予权。2001 年申请到化学工艺的硕士学位培养点，招收博士生 5 人，硕士生 15 人。1983 年以来共培养硕士研究生 92 人，博士研究生 7 人，研究生队伍和流动人员的比例在较大幅度地增加。

青海盐湖研究所是中国唯一专门从事盐湖资源开发利用研究的科研机构，定位于从事盐湖资源科学应用基础研究、盐湖资源综合开发利用的技术创新及产业化和培养盐湖科研高级人才的国家级科研机构，致力于攻克制约我国盐湖资源综合开发利用的关键技术，为盐湖资源的可持续发展提供科学基础，使我国盐湖科技走在世界前列。

2001 年青海盐湖研究所紧紧抓住“十五”计划开局的时机，狠抓国家重大项目的申报，在产业化示范工程，国家科技攻关项目的争取、中科院重大项目的申请、大型仪器的购置和科研园区建设等各项工作方面取得了很大进展。在重大项目的申请上，国家计委已批准了“青海盐湖提锂及资源综合利用”国家高技术产业化项目可行性研究报告，国家支持5 000万元资金用于项目建设。申报的青海盐湖资源开发和资源综合利用 3 个课题已通过“十五”国家科技攻关项目的审批，落实科研经费 400 多万元。申请到中科院批准的大型仪器经费 400 多万元，使青海盐湖研究所科研支撑条件得到明显改善；积极组织抓好园区建设，科研园区面貌大为改观，新建研究综合楼的各项工作正在进行；比较圆满地完成了对所属企业的改制工作，为青海盐湖研究所进入中科院知识创新工程创造了必要条件。

2001 年青海盐湖研究所共有 38 项科研课题。申请国家专利 4 项，批准授权 4 项；登记中科院科技成果 2 项，登记青海省科技成果 4 项，获得青海省科技进步一等奖 1 项，三等奖 1 项，和其他单位合作获得青海省科技进步三等奖 1 项，出版专著 1 部，合作出版专著 1 部；发表论文 69 篇，其中 SCI 论文 16 篇，参加国际会议分组报告4篇，和2000年相比有较大幅度的提升。

完成国家重大咨询报告2份，有4人次担任青海省科技顾问。

张彭熹院士获得李四光奖荣誉奖。

马海州研究员关于青海湖的环境演变的研究结论意见被新华社发表，引起社会关注。

《盐湖研究》期刊的编辑水平和质量得到进一步提高和改善。作为中文核心期刊，被《中国科学》引文索引数据库录入。

国家“九五”科技攻关课题“察尔汗盐湖高值开发”在2001年顺利通过验收的同时，今年获得了国家计委、科技部、财政部等联合授予的优秀科技攻关成果称号。

青海盐湖研究所具有国内外先进水平的大型仪器设备有：VG-354固体同位素质谱仪，GBC-908原子吸收光谱仪，MAT-251气体同位素质谱仪，TG TAD/92DSC-111热分析仪，JSM5610LV扫描电镜，VG AXIOMSC高分辨率质谱仪。

西北高原生物研究所

名誉所长：夏武平
所　　长：赵新全
地　　址：青海省西宁市西关大街59号
邮政编码：810008
联系电话：0971-6143530
图文传真：0971-6143282
电子邮件：wang@mail.nwipb.ac.cn
网　　址：www.nwipb.ac.cn

中国科学院西北高原生物研究所成立于1962年，是一个以主要从事青藏高原生物科学研究（包括基础理论、应用基础和应用开发研究）为主的公益性综合研究所，其前身是中国科学院青海分院生物研究所，隶属中国科学院西北分院，1970年改由青海省科委领导，更名为青海省生物研究所，1979年重新收归中国科学院领导，恢复所名“中国科学院西北高原生物研究所”。

全所现有在职职工146人，其中科技人员102人，占69.86%；中国科学院院士1人，占0.68%；研究员18人，占12.32%；副研究员（包括高工级）34人，占23.28%；中级科研人员23人，占15.75%。现有在学博士生11人，在学硕士生46人，在站博士后2人。

为使西北高原生物研究所成为国内、外高原生物学研究基地，按照中科院整体结构性调整及知识创新工程的要求，学科发展方向已调整为：（1）高原生态学及区域可持续发展研究；（2）藏药现代化研究；（3）高原生态农业及产业化发展研究。

今后的发展方向是：围绕新的学科定位方向开展：（1）高原生态学及区域可持续发展研究。瞄准全球变化及可持续发展的国际生态学研究前沿，侧重研究高寒草甸对全球变化的贡献与响应、高原生物物种的进化适应、高寒草甸群落生产力的形成机制及高寒草地畜牧业可持续发展等若干重大理论和应用问题。（2）藏药现代化研究。瞄准市场经济发展，根据青藏高原国民经济建设的需要，重点着眼于藏药现代化的深入研究和藏药资源的深层开发，提高现有藏药理论研究水平，积极开发具有较大市场占有率及开发前景的新、特藏药品种。（3）高原生态农业及产业化发展研究。在已有研究工作的基础上，以春小麦作为重点研究对象，采用染色体工程、细胞工程、基因工程等生物技术与常规技术结合培育超高产优质抗旱春小麦新品种，并结合种植业生产发展和区域农业经济可持续发展的需要，以发展节水农业和效益农业为核心，综合开发有关基础、应用推广方面的研究与示范工作。

围绕三大主要学科方向的需要，根据创新工程的要求，整合组建了生态学与可持续发展研究中心、藏药现代化研究中心、高原生态农业及产业化发展研究中心。除此，还建有中科院海北高寒草甸生态系统开放实验站（该站系中科院重点开放台站和重点网络台站，1999年列入国际冻原研究计划野外台站，2001年列入国家级野外实验站）、兰州分院测试中心生物化学测试部（该部获国家计量监督局的计量认证，并评为中科院系统计量认证先进集体，1999年通过考核换证）和环境影响评价室（具有国家环保局批准认定的乙级环评资格，1999年通过考核换证）。

通过发展和努力，经国家学位委员会批准，西北高原生物研究所现有动物学、植物学、生态学硕士授予点，动物学博士授予点，生物学博士后流动站。现正在申请生物学博士点。

二期知识创新工作方案，能否进入中科院二期创新工程，对于西北高原生物研究所今后的发展非常重要，围绕知识创新工程试点工作，结合研究所的实际，在征求研究所内各方面意见的基础上，完成了40 000多字的《中国科学院西北高原生物研究所二期知识创新工作方案》，积极进行学科定位及结构性调整等改革。向中科院有关专业局及主管院长做了汇报，遵照院领导的指示，将本所创新试点工作总目标定位为：立足青藏高原，瞄准国家实施西部大开发的战略需求，针对青藏高原经济、社会发展所面临的重大问题，重点开展高原生态学与区域可持续发展、藏药现代化研究和高原生态农业方面具有基础性、战略性、前瞻性的创新研究，为青藏高原的特殊生态环境建设、资源持续利用和农牧业发展的战略决策提供科学依据和关键技术支撑，努力发展高新技术与实用技术，逐步形成与市场相适应的科技产业，推动区域社会经济持续发展。全面增强研究所的创新能力，力争5～10年内把西北高原生物研究所建设成为按照现代科研机构管理模式高效运行的、开放的、具有国际水平的高原生物学研究中心和藏药现代化研究中心以及培养造就高原生物学领域高级科技创新人才的基地。

随着研究的拓展和知识创新工程的发展，进一步强化“中国科学院海北高寒草甸生态系统开放试验站”与国内外科研机构的合作与联系，2001年，海北站已被国家科技部列为国家级野外实验站。加强“中国科学院西高·诺迪藏药现代化研究中心”与国内相关生产企业的合作，以利于研究的深入发展。目前，青海省科技厅正在酝酿与相关企业和科研机构联合建立“青海省藏药研发中心及青海省生态研究中心”，我所在该中心将起重要作用。

全员合同聘用制：2001年西北高原生物研究所完成了全员合同制的合同签订工作，研究所与所内职工共签订合同150份，缓签合同的有13人，并根据青海省及中科院的有关规定，对8人提前办理了退休手续，并在全所范围内进行了竞争上岗工作。为下一步进入知识创新工程奠定了基础。

2001年西北高原生物研究所根据中科院《关于印发〈中国科学院关于知识创新工程试点单位人事、人才管理的指导意见〉的通知》文件精神和西北高原生物研究所《二期创新工作方案》，在2000年西北高原生物研究所结构性调整的基础上，按照中科院知识创新工程的要求，经充分酝酿，按一岗多能、多职合一、岗位工作量饱和的原则，综合考虑各部门以及岗位的工作性质、责任大小、难易程度、素质要求等因素，西北高原生物研究所共设党政办公室、科技外事处、人事教育财务处3个职能管理部门，共设置岗位14个。同时根据实际工作的需要，在职能管理部门设置管理辅助岗位8个，设处长（主任）、副处长（副主任）岗位4个，处长（主任）、副处长（副主任）除负责本部门的全面工作以及分管工作外，同时兼任本部门的一个具体岗位的工作。

所属公司的股份制改造：按照中科院发《中国科学院企业改制指南》以及“关于企业改制工作的批复”等文件要求，按照企业改制程序积极进行改制，青海三极生物资源技术开发公司和兰州三极生物资源技术公司的资产评估报告已得到中科院审核批准，由于改制工作没有如期完成，决定予以注销。

园区建设：在兰州分院有关部门的支持和帮助下，已初步完成了所内和海北站的园区规划。改造后的园区对外既能体现科技园区特点，展示科技创新成果，对内又要能够形成一种科技学者相互交流的“学者圈”。为此在功能布局上提出“三区一地”的概念，即“科研办公区、科技贸易区、后勤保障区、中心绿地”。在空间景观布置上围绕核心建筑（科研办公主楼）布置各类建筑和空间，形成整体一致而又各具特色的领域空间；精心设计各类建筑物楼前绿化，通过人行道植树将中心绿地与之联系起来，形成点、线、面紧密结合的绿色空间。该规划方案受到了中科院和兰州分院的好评，并已通过中科院有关部门认可，已获得园区建设项目3项，在经费未到位的情况下，研究所自筹资金90余万元对园区进行改造，实现了生活区与工作区的分离。对原有的

3栋大楼进行功能划分，进行彻底改造，目前已开工，预计投资约500万元。目前，新建标本馆部分已初步完成，改扩建部分正在进行之中，新大门已完成主体建设。同时，中青年科技骨干住宅已交付使用。并在各住宅楼之间铺设了草坪，美化了园区。

科技队伍的建设是研究所的主体，西北高原生物研究所采取了逐步增加科研业绩在劳动分配中的比例，努力营造一个人才脱颖而出的局面，首次对西北高原生物研究所科研人员在国内外发表的论文按其影响因子进行了奖励。在晋升职称时，打破了论资排辈的传统做法，提拔了一批年轻的科研骨干，初步形成了以年轻人为主体的科研队伍，增加了研究所的创新能力。针对西北高原生物研究所科研人员在国际刊物上发表论文较少的局面，所里专门聘请了外教，进行以写作为主的外语教学。为了响应中科院将人才队伍的建设重点转移到以吸引国内外将帅型的人才上来，2001年采取各种措施，加大人才吸引的力度，以“不求我有，但求我用”的原则，目前，已完成了一个“百人计划”人员的答辩，第二个“百人计划”的人才引进也正在操作之中。2001年，西北高原生物研究所承担的2项“西部之光”项目均被评为优秀，同时新争取2项“西部之光”项目，对稳定和培养人才起到了很好的作用。2001年共培养博士研究生5人，硕士研究生8人。人才培养方面主要是注重对年轻人才的培养。扩大生源；积极争取研究生经费，扩大招生规模；采取多种培养方式，促进人才的培养；密切同青海省政府联系，努力争取对科技骨干和管理骨干的培训支持；提高研究生生活娱乐条件，制订研究生管理条例，使研究生管理规范化。通过以上积极措施，人才培养工作取得较好的成绩。总而言之，研究所将力争抓住各种机遇，推出新的人才。

知识创新工程试点工作进展：完善了所内“科研工作条例”、“科研奖励条例”、“岗位聘任及三元结构工资暂行办法”、“财务管理条例”、“房屋使用暂行管理办法”及“请假制度暂行管理条例”等管理条例，经职代会批准并已经开始实施。

2001年争取和承担的主要科研任务和项目：2001年，西北高原生物研究所共获准各类科研项目46项，其中国家自然科学基金项目3项，国家科技攻关课题4项，国家中西部专项基金专题2项，国家“863”课题1项，国家医药技术创新博士项目1项，中科院重大项目专题2项，中科院重要学科方向项目专题或子专题5项，中科院生物科学与生物技术特别支持费课题2项，中科院生物分类区系特别支持费课题3项，院长择优基金课题2项，青海省科技项目4项，青海省自然科学基金项目1项，企业合作项目9项，与地方科研院所合作课题1项。从争取的项目来看，国家级的项目较往年多，项目的支持强度较大，已落实合同经费2 776万元，年度到位经费820万元，科研经费逐年上升。

学术活动及国际合作：为了促进研究所职工在科研、科技开发与管理等方面的学术交流，提高学术水平，浓厚学术氛围，2001年初在所内召开了学术讨论会。2001年8月，在中科院人教局的支持下，召开了以“青藏高原与全球变化”为主题的国际学术讨论会，参加会议的有国内外的科学家80余人，通过学术交流，锻炼了西北高原生物研究所的科研队伍，扩大了西北高原生物研究所在海内外的影响。

国际合作是提高研究水平的有效途径，对西部将帅才人员较少的研究所尤为重要。2001年，除科研继续与美国加州大学的合作外，并与日本国立环境研究所开展了新的合作项目，并首次在海北高寒草甸生态系统研究站建立了用涡度相关法测定生态系统碳、水汽、能量通量的研究装置，为生态系统对全球变化的响应贡献的定量研究建立了实验平台，与德国Marburg大学地理科学系签订了青藏高原生态学长期合作研究计划。

仪器设备更新：在中科院计划局的支持下，获仪器设备更新费191万元，加之到位的“中国生态研究网络”的世行有关设备贷款，累计金额达300多万元。

成果及论文：2001年，西北高原生物研究所共发表论文89篇，其中SCI论文5篇，获省部级以上奖励成果3项，其中一等奖1项，已鉴定成果6项，出版专著6部，申请和受理专利分别为4项。较2000年都有较大幅度的提高。

开发工作：“雪隆”系列产品高技术产业化

示范工程为国家计委产业化项目，本届班子对该项目非常重视，列为西北高原生物研究所产业化的龙头项目，曾与多家公司、企业进行了谈判及协商，同意吸收成都汉龙高新技术开发有限公司为唐古拉药业有限公司新的股东和增加注册资本金，成都汉龙高新技术开发有限公司现金出资1 800万元，作为唐古拉药业有限责任公司新的股东，公司的注册资本金增加到3 164万元。目前已完成基建投资及设备投资3 000余万元，正在准备GMP达标，明年可建成投产。

西北高原生物研究所主办并编辑出版学术刊物《兽类学报》和《高原生物学集刊》。《兽类学报》列入中国科技核心期刊之一。

西北高原生物研究所设有以收藏青藏高原动、植物标本的“青藏高原生物标本馆”，经过几十年的努力，现已积累收藏动物标本15.45万号（包括鸟类1.0万号、兽类6 500万号、鱼类2.5万号、两栖爬行类3 000余份、昆虫11.0万余份）、植物标本27万号，在2001年举办的“科技活动周”中，由于准备工作充分，接待了西宁市各中小学学生2 000余名，促进了科普与教育的结合，获得了中国科学院的表彰。该馆因青藏高原在地域上的独特性和令世界生物学界及相关学科的科学家们所瞩目的焦点地位，在国际、国内均有一定影响，正在成为名副其实的“青藏高原生物标本馆”。

新 疆 分 院

院　　长：周俊林
地　　址：新疆乌鲁木齐市北京南路 40 号
邮政编码：830011
联系电话：0991-3835430（院办）
图文传真：0991-3835229
电子邮件：zhoujl@ms.xjb.ac.cn
网　　址：www.xjb.ac.cn

中国科学院新疆分院经全国人大批准成立于 1957 年 7 月 30 日。“文革”期间下放地方。1978 年经邓小平同志同意，党中央、国务院批准恢复。

新疆分院现有研究机构：新疆生态与地理研究所、新疆物理研究所、新疆化学研究所、乌鲁木齐天文站。新疆分院下属单位有：图书文献情报中心、科学仪器厂、分院子校、后勤服务中心、幼儿园。拥有 8 个野外台站，南山甚长基线观测站已作为国家天文中心的一部分进入中科院知识创新工程，新疆生态与地理研究所于 2001 年 7 月被批准进入中科院知识创新工程，整合后的新疆理化技术研究所预计 2002 年上半年进入中科院知识创新工程序列。截止 2001 年底，新疆分院共有职工 969 人，由 14 个民族构成。其中各类专业技术人员 676 人，占职工总数 69.8%；有高级专业技术人员 217 人，中级专业技术人员 305 人。在读博士生 32 人，硕士生 156 人；拥有 13 个学位授予点。

为新疆经济、社会、科技服务是新疆分院的主要工作任务。新疆分院利用资源、环境、生物技术、信息技术方面的长期工作积累和研究基础坚持开展为地方经济建设服务工作，各研究所根据自治区经济建设的需求，适当对研究方向、专业和机构设置、人才培养计划进行调整，把研究重点与自治区经济发展战略相结合，通过与自治区的合作共建，进入经济建设主战场。2001 年初，新疆分院组织了各所（站）领导和业务部门共 18 人与乌鲁木齐经济开发区举行项目合作会谈，双方一致同意本着“团结、实干、锲而不舍”的精神，从发展和战略的角度安排项目，逐一落实。会上双方就生物制药、信息化工程、特色植物的深加工、太阳能技术推广等优势技术进行了成果交流，决定开展三个方面的合作：建立实验区，把新疆分院成熟的成果和技术移植到开发区，先孵化后产业化；通过对新疆分院系统公司改制并吸收开发区企业参股，形成股份融合；通过新疆分院引进内地研究所的技术成果进入开发区。目前在乌鲁木齐经济开发区建设的“糖脂”中试基地基建工程已完工，进入设备的安装调试阶段。

新疆分院与阿克苏地区 1995 年就建立了友好合作关系，在中低产田改良、长效复合肥的应用与推广、棉花生态技术灭虫等领域取得了令人瞩目的成绩，涌现了张斌式的先进典型。在这样一个良好的工作基础上，阿克苏地委、行署对再次合作寄予了很高的希望和热情，双方深入细致地分析了分院的科技强项和现有成果，对照阿克苏各市县的实际需要，决定启动二次合作工程。4 月 26 日新疆分院一行 14 人前往阿克苏地区参加了隆重的科技合作协议书签字仪式，并与地区领导和各市县负责人就相互需求项目进行座谈，实地参观考察了一市二县。双方签订了包括石油天然气化工、植物资源利用、信息技术等 14 个合作项目。决定在阿克苏地区建立野生植物资源研究与开发中试基地，加快产业化过程；以股份制形式联合办企业；建立合作项目的跟踪监督机制。新疆分院随后针对项目迅速组织了科技队伍进入阿克苏地区，对成熟的项目给予了经费支持。目前，制作牲畜饲料的棉花秸秆发酵项目已通过专家鉴定并在新和等县推广，药用苦豆子开发项目进展顺利，水果保鲜项目也在落实之中。

为加大院地合作力度，新疆分院针对业已形成的天山北坡经济带和较为成熟的产业链，积极与昌吉回族自治州领导联系，初步商定2002年初，由新疆分院联系内地有实力的研究所联合起来与昌吉回族自治州组织一次大规模、上档次、技术含量高的合作洽谈，引进中科院整体科技优势进入新疆经济前沿阵地。目前已着手前期准备工作。

新疆分院三次组团参加了“江苏高新技术交易会”、“深圳高新技术交易会”，促进了科技成果和市场接轨，同时吸取了成果产业化经验。

通过长期努力，新疆分院建立了与政府、自治区科技厅、计委紧密的工作关系，经常就改革和创新、重大课题的争取进行沟通以寻求支持。分院已被政府吸收成为以自治区主席为首的自治区科教领导小组成员，参加了《中国西部大开发——新疆地区规划和“十五”计划》规划工作；新疆分院进入了新成立的新疆维吾尔自治区学位委员会；2001年有7位专家被选入自治区专家顾问团成员；有17人推荐入选自治区优秀专家。

与地方经济结合的重大项目已成为新疆分院系统的研究主体。新疆分院系统各单位2001年执行各类科技项目153项，其中国家科技计划项目22项，国家自然科学基金项目13项，中科院项目63项，新疆及省部委合同项目11项，横向委托项目19项，国际合作项目7项，所级自选项目18项。全年各研究所（站）结题38项，占科研计划总数的98%。2001年上报自治区科技厅成果登记及申报自治区科技进步奖和中科院院地合作奖10项，在国内外期刊共发表论文146篇，出版专著9部。新疆生地所夏训诚研究员在自治区首次设立的科学技术奖项中经全疆范围的多次评审荣获科学技术奖，此次新疆人民政府共奖励2位有突出贡献的科学家，每人获奖金50万元。同时新疆分院系统还获得二等奖2项，三等奖3项。

近期，自治区启动了重点实验室和工程中心等基础设施建设项目，新疆分院3S信息系统、植物资源化学实验室进入重点实验室行列；绿洲生态工程中心、精细化工工程中心进入自治区工程中心行列，为两所主体方向的发展开辟了新的机遇。

新疆分院积极协助研究所（站）加大研究生招生力度，争取地方教育部门扩大分院研究生招生名额，做好硕士、博士授予点的申报工作，取得一定成效。2001年新疆分院系统研究生硕士学位授予单位增加到4个，硕士点从9个增加到13个，新疆生态与地理研究所获得了自然地理专业博士学位授予权；共录取研究生45人，比去年增加50%；派出委培博士10人；送出具有硕士、博士学历的科研人员24人到上海、北京等内地有关单位进行生物化学、药物合成、材料科学、辐射物理、天体物理等方面的培训、进修。

随着中科院研究生院的建立，中科院的研究生培养工作进入了新的发展时期，同时也为新疆分院研究生培养工作提供了新的机遇。新疆分院向各所及时通报研究生院成立进展情况和院研究生政策的新动态，积极接待研究生院领导和调研组，并组织各研究所（站）进行多次座谈，深入讨论边疆地区人才培养措施、手段和有效方法。目前新疆分院正与研究生院共商联合培养方案、导师认定、招生名额等事宜。

新疆分院通过研究生会加强对研究生的服务与管理工作，组织研究生参加各类文体活动和“沙漠成因对社会经济影响”的社会实践活动；成立研究生党支部，从组织建设上团结和凝聚人心；请新疆生态与地理研究所、新疆化学研究所、新疆分院图书情报中心的专家做“罗布泊科学考察”、“基因工程的理论基础和后基因工程时代的到来”、“世界学术信息交流体系的重组与知识创新能力的再造”专题学术讲座，拓展研究生对不同学科发展状况的了解与认识；为提高研究生培养水平，举办了为期3天的“研究生导师培训班”，聘请中科院主管教育的领导讲课，研究生导师之间也开展了交流活动。

新疆分院积极推动研究所从国外引进智力工作，与研究所共同确定目前急需引进的人才项目，争取中科院和地方政府的支持。全年共争取中科院经费7万元，自治区地方政府经费5万元，资助了新疆生态环境治理研究和新材料科学的国际研讨与培训。

不断加强“西部之光”的管理工作。今年，新疆分院组织专家对“西部之光”1997年度、1998年度9位入选者的项目进行了评估，有4位同志主持的项目被评为优秀，5位合格。对2000年入选项目执行情况进行了检查，开展了2001年立项工作和项目评审工作。截止2001年，新疆分院已有5批32人入选，44人获得“西部之光”资助攻读博士学位，从中科院和自治区获得资助累计达500余万元。

加速企业改制和对下属单位的剥离是中科院的既定政策。新疆分院经过2年的改制运作，已积累了经验，通过改制试点，完成了对相关法律法规的学习和培训。为实现中科院制定的企业改制工作目标，新疆分院建立了由分院、研究所主管领导和部门人员参加的“新疆分院系统企业改制联席会议”制度，制定了企业改制的政策、工作程序、基本模式，检查企业改制进度，交流企业改制工作经验、问题和案例。为提高各单位企业改制质量和加强对改制后企业的管理，新疆分院举办了为期2天的“企业董事、监事学习班”，请新疆财经学院工商管理系主任、新疆贝肯集团董事长、中科院高企局领导讲授企业管理、企业发展过程的理论动态、企业文化、监事如何发挥作用、公司运作的实际经验等课程，使分院系统的干部受益匪浅。同时通过承办中科院科研后勤体制改革与转制研讨会，使各单位领导和与会公司负责人详细了解了为什么要改革、改革的原则与目标、转制过程中的难点问题分析、院直属单位后勤改革进展情况等，使大家对中科院的改革目标进一步得到明确。目前，研究所经过长期科技积累和具有创新科技产品的企业以法人股为主体进行改制；和研究所关系松散的企业以个人股为主体回购；部分企业引进外部资金进行改制；其他类型正在通过企业技术参股，与社会要素结合形成规模并按现代企业制度组建股份公司；个别企业被撤销。

新疆分院所属企业的改制工作进展顺利。新疆分院后勤服务中心通过内部审计、资产评估后，已完成国有股的核算和个人股的交纳工作，相关经营业务的资质认证工作基本完成，已取得工商注册，不久新的“乌鲁木齐科学城物业管理公司”将正式挂牌运作。新疆分院科仪厂在分院注入资金后已恢复生产，在偿还债务的基础上，争取2002年并入新疆物理化学研究所，成为其中试基地。新疆分院毛发公司依托开发新产品取得了良好的经济效益，现已与社会力量进行股份制改造，新的生产基地已在乌鲁木齐经济技术开发区建设。

为提高管理水平和人员素质，新疆分院先后举办了“研究生导师培训班”、“管理工作培训班”、“培训培训者”学习班、“财会人员会计法”学习班、“董事监事培训班”、“教育干部培训班”、“支部书记委员学习班”、“入党积极分子培训班”、“审计学习班”、“知识创新工程评价体系辅导”等，学习班都保证了一周的学习时间，聘请了区内外、院内外的专家学者讲课，效果明显。分院机关处以上干部都参加过一轮境外业务培训，对提高机关中层干部的整体素质起到了重要作用。

中国科技网新疆网站已建设成为新疆科技系统的网络核心，网络对外出口从128K提高到2M，不但为新疆分院和研究所提供科技信息交流、政务信息服务、学习教育，还连接了科学大院的主要部门和部分大院外单位，成为对外宣传、科技活动、国际交流、文献资料查询的有力工具。近期，新疆分院系统的科技成果、专利、产品库已在网上开通运行，开辟了创新成果进入市场的重要窗口，为宣传分院和研究所发挥了重要作用。

在财务管理工作中，新疆分院紧紧围绕《会计法》加强财务管理和贯彻事业单位会计制度，举办了为期5天，有各单位主管财务的领导和几十名财会人员参加的《会计法》学习班，增强了所领导遵纪守法的意识，提高财务人员的职业道德和业务素质。通过宣讲《会计法》，新疆分院大张旗鼓地开展了财务整顿，减少了账户，加强了集中管理、财务核算、成本意识，规范了财务凭证改传递程序，建立了三元交叉制约、多层稽核、内部报表等内控制度，严格清查取消了小金库。通过制定新的《新疆分院资金调剂中心财务管理办法》，使其作为单一法人内部的资金管理和运用调节机构，进行合法业务活动，取得较好收益。为配合后勤社会化进程，制定了《中科院新疆分院限额工程暂行管理办法》，对项目的立项、核算、执行、验收、结算做了具体规定。

“三项制度”建设是新疆分院服务于创新工程和科技体制改革的一项重要工作。新疆地区受地方财政困难局限，自治区级单位的医疗、养老统筹启动较慢，新疆分院依据有关政策，向地方政府和业务主管部门开展了积极的调研，在掌握基本政策后对分院机关、直属单位和研究所站进行了测算，对基金实行了集中管理。2001 年下半年又与地方主管部门进行联系、协商、外出考察后，对新疆分院系统进入医保和社保达成了一致。2001 年 12 月新疆分院已进入自治区医疗统筹，并将于 2002 年初根据双方签订的合同以事业单位编制身份整体进入养老统筹。这为研究所和分院机关机构改革和企业改制奠定了良好的基础，解除了职工的后顾之忧。

新疆分院工会和职代会在研究所民主管理、所务公开、维护职工权益、促进改革和发展方面发挥了不可替代的作用。新疆分院工会 2001 年在自治区科技教育单位中率先达标并被确定为先进基层工会。分院机关以工会为基础成立的劳动争议仲裁委员会在推动改革和维护职工权益工作方面进行了有益的尝试，使工作水平有了新的突破和提高。

审计是保证工作依法运转的有力手段。新疆分院 2001 年承办了为期一周的中科院经济责任审计培训班；协助中科院审计组完成了对分院领导班子换届审计工作；完成了对分院后勤服务中心、毛发公司财务收支、资产、负债、损益等方面的审计，提供审计建议 8 条，为公司改制提供了审计服务；开展了分院系统执行《会计法》情况的全面检查，发现了借用账户套取现金、白条做账、收入不入账等违法现象，并令其改正；完成了对分院科仪厂 2～5 月份承包生产及收入情况的调查任务。

园区规划和建设是新疆分院一项重要任务。2001 年 6 月《新疆分院园区规划》已经中科院审查通过，正在就实施方案立项。2001 年新疆分院园区建设共投入建设经费 61.3 万元，新增和改造绿地面积4 630m^2，新种植各类乔木 110 株、绿篱灌木 910 株，新建彩钢垃圾站 4 座，铺混凝土路面 231m^2。

新疆分院子弟学校坚持狠抓教学质量，学生考入重点中学的升学率和整体教学质量继续保持高水平，已使子校成为新市区的名牌学校，使科技人员在工作、生活中无后顾之忧。

根据知识创新工程和区域科研发展的需求，新疆分院已将分院图书馆的工作任务定为“以知识创新需求为导向，重点面向学术骨干，为研究所开展高水平服务；以社会需求开拓信息市场，加大社会服务力度，创造条件与地区共建新疆数字图书馆”。目前，新疆分院图书馆以先进的网上科技资源系统为基础，不断开拓科技文献情报服务新的工作领域。

新疆物理研究所

所　　长：任迪远
地　　址：新疆乌鲁木齐市北京南路 40 号附 1 号
邮政编码：830011
联系电话：0991-3835823
图文传真：0991-3835823
电子邮件：xjwls@ms.xjb.ac.cn
网　　址：www.xjb.ac.cn～xjwls

中国科学院新疆物理研究所成立于 1961 年 11 月，前身为中国科学院新疆分院物理研究室。1972 年，曾改名为新疆维吾尔自治区物理研究所。1978 年，正式启用中国科学院新疆物理研究所所名。现有职工 186 人，是由维、汉、蒙、哈萨克、锡伯、回、僮、满等 9 个民族组成，其中科技人员 150 人，研究员、正研级高工 9 人，副研究员、高级工程师 39 人，中级科技人员 60 人。新疆物理研究所现设有微电子学与固体电子学和计算机应用技术 2 个专业的硕士学位授予点。现有在学研究生 21 人，委培或代培博士生 6 人。

新疆物理研究所经过结构调整和学科优化，现有 3 个学科专业方向：(1) 固体辐射物理：主要面向航天和国防、军工行业，重点开展半导体材料与电子器件的辐射效应、损伤机理研究。通过观测和研究各类射线粒子与材料相互作用中的物理效应，发现和阐明新的效应机制，为电子器件的抗辐射加固提出新方法、新技术、新型介质材料，为航天和军工领域与新型器件的应用开发奠定科学理论基础。(2) 材料物理和敏感材料技术，主要面向国内家电行业，重点开展功能陶瓷材料的微结构和特性研究。通过对纳米功能材料和纳米薄膜制备技术的研究、开发新型传感器材料，为新疆物理研究所高新技术产业发展提供技术支撑。(3) 计算机信息与控制工程技术，主要面向新疆地区国民经济建设，为石油、建材、交通、金融等行业服务，重点开展大型管理信息与控制工程设计，运用新型控制方法与综合自动化技术，为新疆经济腾飞做出贡献。

2001年，新疆物理研究所紧密结合院知识创新工程试点工作的需要，围绕着西部大开发和新疆经济发展，新疆物理研究所与新疆化学研究所联合重组全面开展工作，科研、开发工作继续向前推进，全所在21世纪岁首实现了“开门红”。

2001年，新疆物理研究所列入科研计划的课题项目为21项，其中国家自然科学基金项目2项，国家“863”-2项目2项，中科院“西部之光”支持项目5项，中科院“创新基金”项目1项，新疆分院择优支持项目1项，自治区科技厅计划项目1项，中国电子科学院支持项目1项，中科院管理项目1项和横向经费项目5项。科研计划项目全部按计划完成了当年度的研究内容，其中9个项目，已全部完成了研制任务，正在做结题准备工作或已通过验收和成果鉴定。计划执行完成率达到100%。列入科研成果鉴定计划项目有5项，已全部完成了科研成果的鉴定或验收工作，成果计划完成率也达到100%。同时，除成果鉴定计划外，“多元纳米氧化锌压敏陶瓷材料及片式低压大通流压敏电阻器件研究与开发项目”也通过了自治区科技厅组织的专家鉴定，并已申报2002年自治区科技进步奖。

“卫星内外辐射环境及其测量技术研究”项目、“宇宙射线在微电子器件中SEL、SEB的机理研究”项目和“Si/sio_2系统辐射感生缺陷研究”项目等均顺利地通过了中国人民解放军总装备部组织的专家验收。国家“863”计划项目“空间太阳能电池电离辐射机理研究”通过了国家“863”-2专家组的验收。“深海高精度快速测温热敏电阻”通过了由国家海洋技术研究所组织的专家验收，各项技术指标均达到了合同规定的要求。与其配套的“高精度CID剖面仪”也已通过“863计划”专家组验收，技术性能达到了90年代中期同类产品的世界先进水平，并已在“东方红2号”科学调查船上使用。

“多元纳米氧化锌压敏陶瓷材料及片式低压大通流压敏电阻器件研究与开发项目”对多元纳米氧化锌压敏陶瓷材料的制备方法，显微结构电学性能及稳定性等问题进行了深入地研究，采用流延和印叠等新工艺对微型低压大通流片式压敏电阻器进行了研究，取得了多项在国内外都首次采用的技术。中科院择优支持资助项目“卫星用存储器单粒子效应研究”项目建立起的模拟测试研究系统，为存储器单粒子效应研究提供了方便有效的测试工具，适合于各种存储器单粒子效应研究，同时也应用于$Co^{60}\gamma$辐照下存储器损伤研究，使用方便、安全、可靠。“新疆红雁池第二发电有限责任公司信息管理系统”投入运行以来，高效、安全、稳定、可靠，为现代企业管理发挥出了重要作用。“新疆生产建设兵团农业技术推广信息管理系统”为兵团农业技术推广的信息化管理奠定了坚实的基础。“医药库温湿度测控系统”和“新疆卷烟厂烟叶储备库温湿度自动测控系统”的完成，为传统的药品、烟叶等仓储库的改造，特别是库温湿度控制提供了广阔的推广前景。

“热敏电阻新材料、新工艺及产业化”研究成果被评为中科院2001年度科技进步一等奖；并已组织申报国家发明二等奖；“射线在电子材料中能量沉积及效应研究”获新疆科技进步二等奖；由新疆计算机控制工程公司承担完成的“易通2000年医院信息管理系统”获新疆科技进步三等奖。全所科研纵横向科研经费总计达到315.87万元，钴源室对外技术服务收入达到36万元。

2001年，新疆物理研究所科技开发工作在新世纪也实现了“开门红”，销售及工程收入总计达到了2 580万元，上交税金300多万元，创利润300多万元。新疆热缩材料有限公司销售收入总额达到580万元，上交税金95万元，创利润100多万元。新疆传感器仪表公司销售热敏电阻416万支，实现销售收入1 250万元，上交税金145万元，创利润166万元。公司的股份制改造已完成资产清理、财务审计和资产评估工作以及公司名称预申请和公司章程草案拟定等工作。江苏昆山市周庄镇基地建设已经完成了厂房建设、厂区配套设施工程建设。公司搬迁工作已全面展开，主要设备的联系订货和部分自制设备的加工工作已基本落实。新疆计算机控制工程公司完成将新疆大通电子高技术公司并入公司后，公司各项管理工作正逐步完善，整合后的新疆计算机控制工程公司的综合优势已经显现，公司全年合同项目经费达到550万元，销售额110万元，综合布线60万元。已经完成新疆生产建设兵团推广总站、新疆百花村集团、昌吉回族自治州地税系统、新疆啤酒花集团、新疆天业集团等工程项目。

2001年新疆物理研究所党委把“三个代表”的学习、贯彻作为党的思想和组织建设工作的重点来抓，紧密结合研究所工作实际，着力抓好党委中心组的自身学习，同时党支部组织全体党员采取个人自学与集中学习相结合的形式，领会和把握“三个代表”的科学内涵和精神实质，使各级党员干部的思想和行动真正统一到江总书记《讲话》精神上来，立足本职工作，为2001年各项工作的发展和推进新疆物理研究所、新疆化学研究所联合重组工作提供强有力的组织和思想保障。注重领导干部的各种培训和新知识的学习，加强后备干部的培养、教育和队伍建设。结合创新人才队伍建设，各党支部都将新党员发展的重点放到科技、管理骨干和研究生中，并适时加强教育和培养工作，不断为党组织增添新鲜血液。坚持了以理想、信念为核心的党员思想教育活动，有效地进行了党风、党性教育和廉政建设，党员干部廉洁自律意识全面增强；全所从未发生任何违纪、违规事件。同时，结合中科院知识创新工程试点和新疆物理研究所、新疆化学研究所联合重组的重大战略布署，把统一职工的思想和行动作为职工思想政治工作的重要内容，通过两所党委、工会多次联合举办大型活动，为两所联合重组奠定了较好的群众思想基础。

为保证研究所各项改革工作的顺利进行，2001年新疆物理研究所社会保险制度的建立工作迈出了较大的步伐，全所职工参加了社会失业保险，从12月1日起全所正式加入新疆社会医疗保险；从2002年全所整体进入新疆社会养老保险工作，已初步与自治区机关事业单位养老基金管理中心达成了协议。出台了《关于加强在职人员继续教育与培养工作管理办法》，使这项工作更加规范化、制度化。从7月1日起实行“研究助理”（RA）制度。9人被分别录取为计算机应用技术和电子学与固体电子学专业研究生；4人通过硕士论文答辩，授予了硕士学位。7名青年科技、管理骨干被聘为副高级专业技术职务；4人次分别赴美国、德国和马来西亚参加国际会议和进行合作交流项目的总结交流。邀请乌兹别克斯坦共和国国立技术大学物理学家穆哈买提·开比尔·巴哈迪尔哈努甫教授进行为期15天的“新疆太阳能应用及光电材料开发”引智项目的讲学与合作研究。完成了1 000Ci储仓式装置$Co^{60}\gamma$辐射源室建设和辐射源的安装工作。今年，院审计局对我所《会计法》执行情况检查结果表明：财务基础工作较为规范，财务规章制度较为健全，资金使用合理安全，确保了国有资产的保值增值，整个财务状况比较好。

2001年，新疆物理研究所积极推进与新疆化学研究所的联合重组工作。在联合重组领导小组的具体领导、指导下，加强了两所各项重大工作的联系和协调，建立起了定期互通情况制度。担任工作组各分组正、副组长和各分组的具体工作人员，根据两所整合《通知》的要求，以高度的历史责任感，全身心地投入到整合工作组的各项工作中。作为整合工作组组长的任迪远所长，夜以继日地为修订和完善《新疆物理研究所与新疆化学研究所整合方案》而工作，《整合方案》已经2001年11月9日院办公会议审议，原则上批准，并批准组建“中国科学院新疆理化技术研究所”。以新疆物理研究所人员为主的宣传工作小组编写出9期《联合重组情况通报》，将两所整合工作组的工作进展情况及时上报中科院院领导、院有关局、新疆分院和有关单位，有力地促进了两所整合工作。并根据工作组的工作安排，全面清理了两所现行的规章制度。根据规章制度清理工作，津贴、福利待遇要“就高不就低”，管理工作要“就严不就宽”的原则和两所整合工作一定要与中科院全面推进知识创新工程试点要求相结合，要与中科院知识创新工程政策相衔接的要求，基本上完成了新所规章制度的拟定工作。科研统计、财务自审以及新疆理化技术研究所所徽图案的征集也都按要求完成。新疆理化技术研究所园区规划和新疆理化实验大楼建设也纳入了新疆分院整体规划和完成初步设计及上报立项工作。整合期间产生的档案材料也按要求整理立卷，两所联合重组的各项工作都顺利完成，成立新疆理化技术研究所的各项筹备工作基本就绪。

新疆化学研究所

常务副所长：高林
地　　址：乌鲁木齐市北京南路40号附2号
邮政编码：830011
联系电话：0991-3838819
图文传真：0991-3838957
电子邮件：xjhxs@ms.xjb.ac.cn
网　　址：www.xjb.ac.cn～xjhxs

中国科学院新疆化学研究所于1961年正式成立，1959～1961年为中国科学院新疆分院化学实验室。“文革”期间曾改名为新疆维吾尔自治区化学研究所。1978年恢复中国科学院新疆分院建制，新疆化学研究所复归中国科学院，并定名为中国科学院新疆化学研究所。

本所2001年底有在职职工137人，其中科技人员106人，有研究员10人，副研究员、高级工程师33人，中级科技人员47人，初级科技人员17人；现有在学博士生3人，硕士生22人。

2001年新疆化学研究所在新一届领导班子的领导下，以人事制度改革为主旋律，以建立研究所创新体系为目标，紧紧抓住“西部大开发”的历史机遇，认真贯彻江泽民同志“三个代表”的重要思想，更新观念，调整思路，转换机制。新疆是国家级棉花基地、石油化工基地和重要的粮食基地，在国家石油及大农业开发中占有举足轻重的位置。新疆化学研究所的战略定位方针为：密切结合新疆地域环境特点和经济发展需要，围绕自治区党委、人民政府提出的“一黑一白”为主体的优势资源转化战略中选定目标，做出不可替代的高技术研究工作和成果转化工作，有计划地实现中科院对新疆的技术转移，并在以下一些重要的科学研究及技术领域中形成特色，主要发展方向有8个方面：

（1）采油技术中的化学过程研究，油田化学剂的研究与开发；（2）天然气化学加工——油田轻烃综合利用；（3）绿色无公害糖脂型表面活性剂产业开发；（4）生物化学制品的生产技术开发；（5）新疆特有野生基因特性研究及其培育高产优质抗逆的小麦，棉花新品系；（6）生物发酵反应工程技术开发；（7）新疆名特药资源有效成分研究，高效利用和新药保健品开发；（8）棉花基地建设中有关应用化学剂的技术开发。

在已形成的学科特色基础上，为便于学科交叉互补，并对辅助性技术人员归口结合，新疆化学研究所将原有的3个研究室进行了调整，形成了以油田、天然气化学技术和生物、生化研究及其产业化2个研究室。2001年新疆化学研究所申请各类研究项目14项，到位总经费711万元。有2项项目已验收。2001年新疆化学研究所发表论文31篇，其中国外刊物发表8篇，国内核心刊物上发表11篇，经检索有6篇被SCI收录。

新疆化学研究所自1982年开始硕士研究生的合作培养工作，1987年经国务院学位委员会批准，授予新疆化学研究所有机化学专业硕士学位授予权和单独考试权；1994年同中科院兰州化学物理研究所、中科院上海药物研究所等单位开始了博士生的合作培养工作。共培养了博士生14人，硕士生96人。由于这些人员在学期间课程基础扎实，承担研究工作多，实践能力强，得到社会的高度评价。

为适应市场经济的快速发展，并能有效的利用“西部大开发”这一机遇，使新疆化学研究所在市场竞争中占有一席之地，最终形成特有的技术资本和一定量的积累，同时能够有效地对这些技术资本进行金融和商务运作，达到使其增值的目的，2001年新疆化学研究所进行了以下几个方面的工作：

1. 为落实国家的各项制度，根据自治区有关规定，新疆化学研究所积极配合地方政府和上级主管部门开展社会保障制度工作。2001年12月1日，全体职工已经正式进入自治区的医疗社会统筹，顺利完成医疗制度的重大改革。

2. 2001年新疆化学研究所在做好职工失业金上交和合同制工人养老保险交费工作的同时，配合新疆分院完成了养老保险的准备工作，为2002年1月全所进入社会养老保险做好了准备。

3. 拥有一支高素质的人才队伍是研究所完成科研开发工作的关键。为此，新疆化学研究所注重不拘一格地选拔、培养、吸纳具有科学头脑、创新意识及企业管理与市场经营能力的人才；2001年新疆化学研究所2位中青年科技骨干获中科院批准承担“西部之光”项目2项，并从地方企业、大学吸引人才8人。同时积极用现有条件对在职人员进行专项培训，尽可能培养出一支具有市场竞争能力，能有效地从事基础性、前瞻性、战略性研究工作的队伍。

4. “十五”期间，新疆化学研究所购进第二台大型一期——美国Waters公司生产的ZQ4000-Alliance2690液质联用仪。现已正式进入运行阶段。目前新疆化学研究所拥有的这台液相色谱质谱联用仪（LC/MS）在同等价位仪器中属功能较为先进的一种。中科院在全国各院所共拥有此型号仪器仅数台，在新疆是最先进的一台。

5. 迅速将科技成果转化为产品是应用开发型研究所科技工作的目的，建立科研中试基地是加快成果转化的关键。2001年，新疆化学研究所承担的“蔗糖脂肪酸脂系列表面活性剂”项目，总投资预算近400万元，目前项目中试基地已竣工，完成投资额度的60%。该项目已完成实验室内各项工作目标，正式进入孵化期。

6. 与企业合作联合建立工程研究中心，开发新产品，争取成为上市公司股东单位。国家重点工业性试验项目的BTX项目一期工程于2001年底顺利通过自治区科技厅验收，二期设计和建设已经开始。

7. 新申报发明专利8项，获专利授权26项。着力成果转化所产生的经济效益410万元。借助企业发展，扩大自己的技术资本。新疆化学研究所已同新疆纵横股份有限公司、新疆啤酒花股份有限公司、新疆鸿新石油化工有限责任公司、新疆特丰药业有限责任公司建立了紧密的科技合作。

8. 加强与地方政府、新疆各经济技术开发区及地方各部门的多方联系，争取与其取得更大范围的合作，进一步加强新疆化学研究所的生命力和社会显示度。

新疆化学研究所是新疆化学学会和新疆生理学学会的挂靠单位。

新疆生态与地理研究所

所　　长：宋郁东
地　　址：乌鲁木齐市北京南路40-3号
邮政编码：830011
联系电话：0991-3835453
图文传真：0991-3835459
电子邮件：bsdr@ms.xjb.ac.cn
网　　址：www.xjb.ac.cn. 生地所

中国科学院新疆生态与地理研究所由中国科学院新疆生物土壤沙漠研究所和中国科学院新疆地理研究所于1998年7月7日联合重组而成。2001年7月2日经中科院党组批准进入知识创新试点工程全面推进阶段研究所行列。在中科院研究所评价结果（蓝皮书）中首次跨入A类研究所序列。2001年底有职工308人，其中科技人员239人，有研究员21人，副研究员55人，高级工程师19人，中级科技人员115人；现有在职在学博士生31人，硕士生59人，在职在站博士后3人。

学科方向为：以荒漠环境研究为大背景，以绿洲生态过程和生态系统管理的研究为中心，促进资源开发和区域可持续发展；以绿洲生态学为主体，发展荒漠环境学和干旱资源学，促进研究所特色建设，在新疆社会、经济可持续发展中做出有显示度的工作。

有自然地理学博士点，自然地理学、植物学、环境科学、土壤学、人文地理学、水土保持与荒漠化防治学、地图学与地理信息系统学、动物学等8个硕士点。

发展方向为：面向国家西部大开发对新疆资源环境、生态安全与可持续发展的战略需求，在绿洲生态系统与演化机制、绿洲生态建设与环境治理、资源开发利用与区域发展三大研究领域，开展前瞻性、战略性和基础性研究；瞄准干旱区研究国际科学发展前沿，围绕绿洲生态学、荒漠环境学和干旱地理学开展原始性科学创新；充分发挥地缘优势，强化以任务带学科的建所方向，逐步建成特色鲜明的、在国际干旱区研究领域有重要影响的国内一流研究所。

新疆生态与地理研究所现设绿洲生态系统、绿洲农业与荒漠环境、资源开发与区域发展3个研究室。4个野外定位站：阜康荒漠生态系统观测试验站（中科院开放站）、策勒沙漠研究站、阿克苏水平衡试验站、吐鲁番沙漠研究站（与沙漠植物园实行园站合一）。已经建成以MODIS卫星地面接收系统为主的航天信息数据、野外定位站点为主的地面数据、实验室分析为主的室内数据三位一体的数据分析平台，地理信息系统设施在国内具有先进水平。附设机构有环境评价部（国家乙级环评资格证书）、沙漠工程勘测设计事务所（丙级沙漠工程勘测证书和丙级沙漠工程设计证书）、遥感与地理信息系统应用开发中心、旅游资源开发与规划研究中心、诚信土地定级估价事务所（B级）、科考探险部。

有建筑面积4 500m^2、以干旱区资源与环境为特色的标本馆。新疆生态与地理研究所属“干旱区资源与环境科普教育基地”被科技部、中宣部、教育部、中国科协命名为100个“全国青少年科技教育基地”之一，并被中国科协命名为首批200个“全国科普教育基地”之一。有总价值3 000万元的仪器设备。

2001年，根据中科院党组创新布局，新疆生态与地理研究所在知识创新工程试点工作进展及效果方面成绩显著。由宋郁东所长任首席科学家的中科院院长基金特别支持项目“新疆棉花可持续优质高产综合技术集成示范工程”入选由两院院士评选出的“中国十大科技进展新闻”——我国创世界棉花单产“三连冠”。路甬祥院长为此点评：“此次获选的中国十大科技进展中还有一个农业项目，即我国创世界棉花单产‘三连冠’。它把多种技术创新集成起来，实现了棉花种植技术的重大突破。该项目不仅是对农业生产做出了贡献，还树立了一个典范，表明高技术可以是关键技术的突破，也可以是多种技术的创新集成。”由张小雷副所长任首席科学家的中科院创新重大项目“塔里木河下游荒漠化防治与绿洲生态系统管理试验示范”取得了初步成绩。其中“绿色走廊保护恢复与沙漠化防治试验示范”课题，在塔里木河下游应急输水与地表过程响应的动态监测中与放水计划保持了同步，在下游设置了9处监测断面，在中游设置了3处，塔河支流布设6处、植被生长监测断面5处、地下水监测断面7处，打监测井27眼，设置植物样地34个，完成样方调查272个；通过种草和进行羊群快速繁育技术，扩大种草、发展养畜，从而可使塔河下游生态环境将逐步得到改善。

进入知识创新研究所行列后，适逢“十五”国家科技攻关项目启动，新疆生态与地理研究所采取稳定科研队伍，先争项目，逐步过渡的办法，收到了良好效果。职能处室管理人员通过调整，已达到创新任务书的要求。对后勤服务系统，采取逐步剥离，已基本实现自负盈亏。研究所各项管理工作精干高效、运行有序。

2001年新疆生态与地理研究所科研计划执行良好，在列计划课题90项，其中新开课题38项。在研课题中，包含国家科技计划项目15项、国家自然科学基金项目8项、中科院项目43项、新疆及部委项目8项、横向项目11项、国际合作项目4项、密级项目1项。项目总合同款额4 035万元，较上年度减少7.4%，课题平均经费44.8万元，比上年度增加25%。新开课题平均经费47.7万元，与上一年度持平。上述表明，2001年度科研工作实现了相对集中、加大投入，为提高研究工作水平创造了良好条件。

项目争取取得重大进展，从2000年开始，新疆生态与地理研究所即着手国家“十五”项目筹备，组织编写了大量的建议书。“十五”科技攻关项目改为以招标为主的方式，由于新疆生态与地理研究所已有较充分准备，与相关地区、企业有良好合作关系，因此在争取项目上具有一定优势。到2001年年底落实国家攻关计划项目3个课题，经费共840万元；国家自然科学基金西部专项“中国西部环境和生态科学”重点课题1项，经费80万元；中科院项目8项，总经费235万元；地方重要项目1项，经费43万元；合计1 198万元。

科研成果获奖：获首届新疆科技进步特等奖（个人奖，夏训诚研究员）1项；自治区科技进步三等奖1项。在CSCD收录的刊物上发表论文及各类学术会议发表论文149篇，登记出版专著、科普著作9部。获专利3项。

科技开发：全所现有6个企业实体，完成改制方案，使公司改制积极、稳妥进行。总营业收入为436.39万元，高于2000年，但净利润为－56.22万元，处大幅亏损状态。全年签订环境影响评价和技术服务项目3项。已签合同年度经费13.5万元。“荒漠—绿洲国家工程技术研究中心”通过自治区科技厅组织的论证，已向国家科技部申报。

国际合作交流量保持稳定，为40批221人次，涉及19个国家和香港、澳门和台湾地区，国际合作交流利用资金总额为212.3万元。国际合作纳入研究所计划项目共4项，执行情况良好。新疆生态与地理研究所参与中日合作的沙尘暴研究项目，以阿克苏、策勒两站为监测点，分别安装了激光雷达、声探测器、HV-100大流量空气粉尘采样器、安德森气溶胶采样器、安德森分层空气粉尘采样器、气象站等仪器、进口仪器总价值达1 400万元。由日本环境厅环境研究所支持，新疆生态与地理研究所与中科院地理科学与资源研究所、中国长城工业公司、北京川页公司合作，建成MODIS地面接收站，价值约400万元。国际学术会议影响深刻，2001年新疆生态与地理研究所承办国际会议两项，参会为19个国家254人。其中“第六届沙漠工程技术国际会议”参会16国210人，收到论文210篇，会议交流110篇。会议以“干旱区生态建设、环境保护与区域开发”为主题，自治区、中科院领导出席了会议开幕式。会议通过《乌鲁木齐宣言》。前5届会议主席均出席了本届会议，高度评价本届会议是开得最成功的一次。

科技开发工作，在整顿、清理基础上，注销了4个公司，保留了3个公司。公司资产总额701万元，其中流动资产516万元、固定资产131万元、其他54万元；负债总额277万元；2000年产品销售收入347万元。主导产品为无籽西瓜制种、PG微生物制剂系列产品。企业职工总数80人，其中科技人员24人。2000年签订各类技术服务合同16项，合同经费近百万元。

新疆生态与地理研究所是新疆土壤肥料学会、新疆地理学会、新疆植物学会和新疆遥感专业委员会的挂靠单位。编辑出版《干旱区研究》、《干旱区地理》，以及同名国内发行的维文版学术期刊（均为季刊）。

新疆生态与地理研究所下设所办公室、党办人事处、科研计划处，财务室等4个职能处室。另设服务部门有国际交流中心、后勤服务中心、科技开发处（公司董事会办公室）、文献信息中心。

乌鲁木齐天文站

站　　长：张　晋
地　　址：新疆乌鲁木齐市北京南路40号
邮政编码：830011
联系电话：0991-3838007
图文传真：0991-3838628
电子邮件：uao@ms.xjb.ac.cn
网　　址：www.xjb.ac.cn

中国科学院国家天文台乌鲁木齐天文站的前身是中国科学院乌鲁木齐人造卫星观测站，始建于1957年，隶属于中国科学院紫金山天文台；1958年7月中国科学院成立人造卫星光学观测办公室后，归属中国科学院，业务工作由紫金山天文台主管。从70年代开始，成为中国科学院天文方向的独立研究机构。1987年10月改名为中国科学院乌鲁木齐天文站。1999年乌鲁木齐天文站与中科院其他天文台站一起首批进入中国科学院知识创新工程试点单位。2001年4月中国科学院国家天文台宣布成立，乌鲁木齐天文站更名为中国科学院国家天文台乌鲁木齐天文站。2001年1月，乌鲁木齐天文站完成了新一届领导班子的换届工作。

2001年底全站有职工73人，其中科技人员59人，有研究员1人，副高级科技人员13人，中级人员29人。具有博士学位1人，硕士学位3人。现有在读博士研究生2人，硕士生3人，联合培养硕士生1人。

乌鲁木齐天文站以射电天文和卫星动力学为重点发展方向，拥有25m射电望远镜系统、目视人卫观测经纬仪、太阳色球望远镜和GPS测地系统。

2001年乌鲁木齐天文站争取和承担的主要课题和观测任务24项，其中国际合作课题5项；国家自然科学基金项目1项，参与合作的项目2项，2001年批准通过的项目1项；中科院基础局择优支持的项目1项。

乌鲁木齐25m射电望远镜系统建于1991年，1994年建成并投入观测，该系统是国家天文观测中心五大观测基地之一，进入天文知识创新工程，已经成为我国射电天文学的重要实测和研究基地。由于其独特的地理优势，引起了国际科学界的关注。1994年10月被欧洲甚长基线射电干涉网（EVN）接纳为正式成员，还是全球VLBI测地网（IVS）和俄罗斯低频VLBI网（IFVN）的成员。参加了全球固体地球动力学计划（DOSE）、亚太地球自转计划（IRIS-P）、空间甚长基线干涉计划（VSOP）、亚太空间天文地球动力学计划（APSG）和美国宇航局地球自转的连续观测计划（CORE）等国际合作计划的科研观测，成为其中引人注目的台站。作为中国科学院射电天文联合开放实验室之一，还承担了“攀登计划”中“现代地壳运动和天文地球动力学的观测研究”和“中国大陆地壳运动观测网络”大科学工程的科研观测任务。

乌鲁木齐25m射电望远镜在开展VLBI的国际联测同时，还开展了单天线的观测研究工作，如脉冲星脉冲到达时间的观测研究、多波段脉冲星轮廓的观测研究、脉冲星星际闪烁和星际分子的观测研究。2001年，乌鲁木齐天文站南山基地25m射电望远镜有效观测时间为3 231小时。

2001年，乌鲁木齐天文站GPS观测站建成并开始试观测，从而使乌鲁木齐南山基地具有VLBI射电望远镜和GPS两种手段的亚洲中心大地测量参照系统的测地站。

乌鲁木齐天文站人卫目视观测组系中科院人卫观测网成员之一。2001年7月，15cm光电人卫跟踪仪在天文站南山基地安装成功并投入观测，提高了卫星测轨的精度。2001年共取得了3 323站圈，资料数为53 168个，创历史最好成绩。

2001年，乌鲁木齐天文站太阳色球望远镜在太阳23周峰年的观测中继续发挥着作用，每月在SGD（国际太阳地球物理资料中心）和CSGD（中国太阳地球物理资料中心）发布色球耀斑资料，全年共取得385个太阳耀斑。

2001年，乌鲁木齐天文站出版专著1部，公开发表论文26篇，其中发表在SCI等刊物11篇。

乌鲁木齐天文站积极开展国际学术交流活动，2001年，乌鲁木齐天文站与日本国立天文台签订了合作开展VLBI观测的谅解备忘录，开展地球动力学、天体物理、天体测量和月面测量学的观测研究；与联邦德国测绘局Wettzell大地应用测量研究所达成了在乌鲁木齐南山基地建立激光测距站的意向；乌鲁木齐天文站、北京大学、澳大利亚国家天文台、香港大学、英国Jodrell Bank天文台三国五方参加的国际合作项目18cm脉冲星脉冲到达时间观测研究项目的第二阶段已启动，课题人员已赴澳大利亚开始制作18cm制冷接收机。2001年共接待3批5人次国外科学家来站访问工作；派出16人次，分别到美国、英国、德国、荷兰、意大利、澳大利亚和日本进行工作访问和学术交流。

2001年，乌鲁木齐天文站在知识创新试点的改革进程中，遵照国家人事部、科学院、自治区人事厅的人事制度改革部署，结合本单位实际，在用人制度、管理制度、分配制度的建设上取得了可喜的成绩。新疆维吾尔自治区人事厅以文件的形式向全区推荐我站人事制度改革经验。

国务院学位委员会于2001年批准乌鲁木齐天文站从2002年起，具有招收、培养一级学科天体物理专业硕士研究生以及授予硕士学位的资格。

乌鲁木齐天文站南山基地是首批列入的全国科普教育基地。2001 年寒暑假期间与乌鲁木齐市教委等单位联合，举行了青少年科技冬令营、夏令营，接待了千余名师生，开展了科普讲座、图片展览、天体观测等各种天文科普活动；在 2001 年全国科普活动周中基地向社会公众开放，免费散发材料约15 000份，包括维文天文科普材料2 000份；根据特殊天象组织了狮子座流星雨的观测。2001 年在乌鲁木齐市科协举行的第六次代表大会上，乌鲁木齐天文站南山科普教育基地被授予科协工作“先进集体”。

2001 年，乌鲁木齐天文站积极推进科研后勤服务社会化改革，与乌鲁木齐天文科技服务有限公司签订了服务合同，通过一年的运行服务系统的改革已初见成效。乌鲁木齐天文站独资公司乌鲁木齐中星技术公司已完成股份制改造从单位剥离。

2001 年，中国科学院国家天文台乌鲁木齐南山基地被国家人事部、中国科学院授予“中国科学院先进集体”荣誉称号。

乌鲁木齐天文站是新疆天文学会的挂靠单位，目前新疆天文学会共有汉、维、哈、蒙、回 5 个民族的会员 115 人。

院 直 属 企 业

中科实业集团(控股)公司

董 事 长： 张云岗
总　　裁： 周小宁
地　　址： 北京海淀区中关村大街22号中科大厦B座五层
邮政编码： 100080
联系电话： 010-62628283
图文传真： 010-62628079
电子邮件： dean@csh.com.cn
网　　址： www.csh.com.cn

中科实业集团公司（以下简称中科集团）是中国科学院所属的大型高技术企业集团，成立于1993年6月。中科集团宗旨是利用中科院在我国科技领域的综合优势，加速高科技成果产业化。1997年底，中科实业集团公司转制为中科实业集团（控股）公司。经过近九年的努力，中科集团已进入健康、稳定的发展阶段。

目前，中科集团拥有以大恒、三环、希望、中科科仪、上海中科、中科大洋、中科恒业、中自为骨干的成员企业20余家，主要从事电子信息、计算机设备、医疗仪器设备，以及新材料、新能源、生物制药等方面的研制、开发、生产及其销售。此外，还从事房地产开发、经营及技术咨询业务。中科集团共有员工2 700余人，其中专业技术人员占70%，管理人员占12%。

一、中科集团总体经营指标及完成情况

2001年是中科集团1998～2001年中4年规划的最后一年。中科集团继续坚持了“以实业为基础，加强资本运营”的发展策略，克服了市场形势变化剧烈的不利局面，较圆满地完成了1998～2001年的4年规划，并完成了2001年度经营计划指标。

截止到2001年12月31日，中科集团合并损益表实现销售收入23.0亿元，完成了计划的109%，全年实现利润总额1.66亿元，完成了计划的128%。

截止到2001年12月31日，中科集团合并资产负债表实现总资产增长5.3%，包含少数股东权益的所有者权益增长12.8%，扣除少数股东权益的所有者权益增长7%，资产负债率降低3.64%。

二、成员企业情况

中科集团在1998～2001年中4年规划的最后一年，继续努力发展实业，并加大了资本运营工作的力度，以争取上市为手段，通过上市调整股权结构，建立现代企业制度，提升企业经营管理水平，保持持久的发展力。到目前为止，中科集团中除了已成功发行股票的2家企业，另有2家控股的企业已完成股份制改造，并即将完成上市辅导，有3家控股的企业已明确提出了争取3～5年内上市的目标，还有若干参股的企业也已进入了上市程序，形成了不同层次、不同发展阶段的梯队。

1. 上市公司“大恒科技”、“中科三环”运行良好

中科集团参与运作的2家已上市公司运行情况良好，继续保持了良好的经营业绩，提高了中科集团在资本市场中的声誉。

2001年，大恒公司进一步加强和规范了管理，进行了运行机制的创新，获得了“北京市高新技术骨干企业”、“高新技术企业信誉免检企业”、科技部认定的“国家‘863’计划成果产业化基地”等一系列荣誉，并在较为困难的市场环境中，继续保持了良好的经营业绩。

三环公司进一步完善了法人治理结构，健

全了管理制度和激励机制，建立起有效的客户服务链，加强了研发工作，进入高价质优的铷铁硼产品市场和新的应用领域，扩大了市场销售额，克服了IT行业萎缩以及激烈的市场竞争带来的不利影响，以优异的业绩回馈于股东。

2. 拟上市的希望公司与中科大洋业绩优良

希望公司2001年完成了股份制改造，通过引进ERP系统加强了产品流程、预算和信用管理控制，提高了应收账款周转率，建立起产品销售渠道与平台，为产品的推广、销售与服务提供了有利的运行空间，大力加强了新产品的开发，并获得多个奖项，取得了骄人的经营业绩。

中科大洋在2001年继续保持了良好的发展势头，“非线性电视新闻综合网络系统”获得国家科技进步一等奖，广电总局科技进步一等奖；“虚拟演播室”被列入国家级“火炬计划”；获得国家火炬中心颁发的重点高新技术企业证书；被评定为国家“火炬计划”软件产业基地骨干企业；荣获北京市经委授予的市级企业技术中心。

3. 重点企业蓄势待发

中科科仪2001年度实现销售收入8 800万元，利润总额1 169万元，比2000年有很大增长，更重要的是在公司“高成长性，高规范化”的经营方针指导下，在市场拓展、产品开发、生产管理、内部管理制度的建设等方面都取得了明显的进步，逐步建立起现代企业管理制度，为此，中科科仪的金鹤鸣总经理荣获了“中国科学院先进工作者”的称号。

2001年是上海中科新领导班子运作的第一年，公司在努力转变经营管理理念、调整产业结构、盘实盘活资产、增收节支等方面做了大量的工作，公司销售收入超过7亿元，利润总额500多万元，并消化了历史遗留的不良资产300多万元，夯实了资产，为今后的发展打下了较为坚实的基础。

4. 新成立的中科通用环保公司形势喜人

中科通用能源环保公司进入中科集团后，按照现代企业的要求对经营管理进行了规范，当年投资回报率高达48.68%，净资产增值62.28%。按照该公司的经营计划，将用一年半的时间使各股东完全收回原始投资，并使中科在环保产业领域占有重要的一席之地。

5. 部分参股企业依旧回报良好

深圳科技工业园、上海尼赛拉、成都地奥等公司作为其各自领域内的知名企业，依旧保持了高的投资回报率，为中科集团持续、健康的发展做出了巨大的贡献。

三、中科集团本部情况

1. 经营情况

中科集团本部2001年完成利润总额3 347万元，比2000年略有下降。中科集团本部的其他事业部基本均按照2001年初的计划完成了其各自的经营与管理目标。其中，物业事业部在加强内部管理、开源节流等方面取得了较好的成绩，于2001年取得了事业部成立以来最好的经营业绩。

2. 组织编制了公司2002～2005年的4年战略发展规划框架

新编制的4年规划发展框架为中科集团今后的经营定位确定了指导思想。按照新的战略规划框架，中科集团将定位于由中科集团本部及所属成员企业共同组成的高科技产业集团，中科集团本部定位于高科技产业投资及投资管理的专业化公司，所属各成员企业定位于某一业务领域内的专业化公司。

3. 以贯彻“管理年”要求为契机，提高企业管理水平

中科集团本部在2001年提出了“管理年”的思想和工作目标。要求是：实行经营活动全过程的动态监控，强化职能部门的协作和服务，规范和加强企业内部的运行机制，突出务实精神。这一年来，公司以经营计划为起点，以落实目标责任为手段，加强规范化制度建设，加强过程监控和内部审计职能。

“管理年”体现了中科集团自上而下对管理的重视，应当说中科集团在基础管理工作的规范化方面有一定的进步和提高，但要说这一年的最大收获可能还是思想认识方面的收获。“管理年”的提出，从战略的高度强化了管理意识。

4. 资本运营工作

（1）以收购的方式进军环保产业：2001 年，中科集团通过近一年的努力，完成了收购北京中科通用能源环保有限责任公司的工作，该公司具有优秀的管理团队，以循环流化床燃烧技术为核心，多年来承接多项国家能源和环保领域的科技攻关项目，创造了良好的经济效益和社会效益。近年来所开发的固体垃圾焚烧技术在国内同行业处于绝对领先地位，享有较高的知名度；拥有能源环保方面的多项技术专利，是一家集研发、制造、工程承包、服务为一体的完整实体，是能源环保领域内的高新技术型企业。通过几年的发展，该公司有可能成为中科一个新的经济增长点。

（2）对资产回报率低或与集团产业方向不符合的企业坚决调整：2001 年，中科集团从战略高度出发，坚决清理不良资产和低效率资产。通过对非主营方向、资产回报率低甚至没有投资回报乃至亏损的企业，采用了多种方式转变机制，维护了股东权益，并逐步理顺中科集团的对外投资结构，减少管理成本。在 2001 年完成了两个公司的股权转让和一个公司的停业，收回资金近千万元，还有 3 个公司已进入转让程序中。到目前为止，中科集团近几年中完成停业、转让、出售的企业合计已达 10 家。

5. 受中科院委托，发起成立“北京中关村科学城建设股份有限公司”

“中关村科学城”项目由北京中关村科学城建设股份有限公司进行具体运作。公司注册资金 6 个亿，主要投资股东有中科集团、天鸿集团、联想集团、大恒新纪元公司等六家。中科集团是中关村科学城建设股份有限公司的第一大股东。

6. 人才储备与培养

中科集团历来重视人员储备与培养。为了探索更好的人才培养方法，2001 年从中科集团总部向 4 家成员企业或分公司派出了 5 名骨干，超过了集团总部员工总数的 10% 以上，并已着手制定相应的管理办法。从实际效果来看，中科集团经营的管理骨干在激烈的市场竞争中，在遵循市场客观规律的操作实践中，增长了才干，经营管理水平有了较大幅度的提高。

7. 加强基层党建和企业文化建设

2001 年中科集团党委深入贯彻江总书记“三个代表”思想，以纪念建党 80 周年为契机，加强党的思想教育，大力倡导、灌输中科集团企业高尚一致的价值观和价值取向；围绕中科集团的中心工作，将党建工作与经济工作紧密结合，在党、纪、工、青、妇、统战的工作中，求新、求实、求深；在改革中探索，在探索中突破，在发展中创新，为中科集团和各成员企业的改革与发展创造优良的企业文化氛围，从而保证和支持中科集团各项工作的完成。

2001 年三环公司党总支获得了中科院先进基层党组织称号，中科集团党委获得院京区党委党建工作创新一等奖。党委按照“中科集团党支部工作条例”和考核办法，对各成员企业党支部进行了考核，评选出三环、专利、大恒 3 个先进基层党组织。探索和创新还表现在将党员工作与企业文化建设相结合，将中心学习组的学习与中科集团培训相结合。

2001 年中科集团纪委制定了“中科集团廉政建设责任制实施细则”，把党风廉政责任制落到实处。

联想控股有限公司

总　　裁：柳传志
地　　址：北京市海淀区科学院南路 10 号
（北京 8758 信箱）
邮政编码：100080
联系电话：010-62509350
图文传真：010-62561056
电子邮件：wangyu@legendholdings.com.cn
网　　址：www.legend.com.cn

联想控股有限公司成立于 1984 年，是国家 120 家试点企业集团之一，国家技术创新试点企业集团之一。1999 年和 2000 年联想集团曾连续 2 年被评为中国电子百强企业第一名。

2000年，联想控股有限公司进行大规模业务重组，从原来的事业部为核心的体制转变为以子公司为核心的体制，下辖联想集团有限公司、神州数码有限公司以及联想投资有限公司3家主要子公司，成为多元化发展的控股公司。

联想集团有限公司是一家在信息产业内多元化发展的大型企业集团，以向客户提供全面的 Internet 接入端产品和信息服务为主营业务。于1994年在香港上市（编号992），2000年7月入选香港恒生指数成分股；2001年联想电脑整体销量达到284万台，已连续5年位居国内市场销量第一。目前拥有员工10 000余人。董事局主席柳传志、CEO为杨元庆。面向新世纪，未来的联想将是“高科技的联想、服务的联想、国际化的联想”。

神州数码有限公司原隶属于联想集团有限公司，以国外品牌代理、为客户提供以电子商务为核心的局端产品及全面系统集成方案为主营业务，于2001年6月1日在香港联交所挂牌分拆上市。董事局主席李勤，CEO兼总裁是郭为。它不仅是国内最大的国际著名IT品牌产品的分销商，同时也是国内享誉卓著的系统集成商和全线网络产品供应商。

联想投资有限公司成立于2001年3月，是下属于联想控股有限公司的专业风险投资公司。公司一期和二期管理和运作的基金规模共为1亿美元，从事对IT产业内主要运作及市场均在中国的高成长企业的投资业务，投资领域主要集中在电信及网络设备、企业应用软件、IT服务及半导体芯片设计4个行业。董事长柳传志，总裁为朱立南。联想投资有限公司以资本和管理输出，竭诚帮助中国创业企业健康成长，以创新机制来促进中国高科技产业的发展。

中国科技促进经济投资公司

董 事 长：李致洁
总　　裁：曹桂发
地　　址：北京市海淀区知春路9号
邮政编码：100083
联系电话：010-82332528
图文传真：010-82332533
电子邮件地址：office@cicstd.com.cn
网　　址：www.cicstd.com.cn

中国科技促进经济投资公司的前身是1987年在国家工商局注册登记的中国科技促进经济发展基金会，它是由原国家经委和中国科学院联合发起创建；1988年因国家机构改革，股东变更为国家计委、中国科学院。1993年又因国家机构的调整，股东再次变更为国家计委、国家经贸委、中国科学院。同年依照国务院规范管理基金会的有关规定，并应国家工商行政管理局注册登记规范化的要求，企业名称变更为中国科技促进经济投资公司。

1997年为使投资公司更加符合推动科技成果转化和高新技术产业化的目标，对公司原经营方向和内部机构进行了调整和重组。

中国科技促进经济投资公司以推动科技成果和高新技术的产业化为宗旨。目标是成为国内一流的科技成果产业化的孵化器和高新技术创业投资者的乐园。

公司的经营范围：科技成果产业化投资；资产管理与经营；受托进行企业管理；投资咨询与评估；企业诊断与企业技术创新服务以及企业经营管理人才的培训。

公司注册资金8070万元；截止2001年底公司净资产达1亿元。总资产1.5亿元。

公司下设部门：综合部、计划财务部、项目投资部、资产管理部、市场开发部、审计部。

公司对外投资的控（参）股企业有六家，分别是：江苏同泰药业有限公司；南宁中科药业有限公司，河南信阳中科药业有限公司；北京全三维动力有限公司；北京数字空间科技有限公司；华资资产管理有限公司。

公司对外投资的全资企业为：北京中高科技产业开发中心；珠海西部大众有限公司。

东方科学仪器进出口集团有限公司

董 事 长：王 津
总　　裁：邬 勉
地　　址：北京市海淀区阜石路 67 号
邮政编码：100036
联系电话：010-68725599（总机）
图文传真：010-68726610
网　　址：www.jicheng.net.cn

东方科学仪器进出口集团有限公司（以下简称东方集团）是中国科学院直属的专业外贸集团公司，成立于 1980 年。东方集团目前的年经营规模已达数亿美元，成为中国最大的 500 家进出口企业之一。

东方集团是一家集办理进出口业务、产品代理、储运、报关、寄售、招标、建立国外仪器维修站和保税库以及高科技产品的研发、生产和销售为一体的综合性集团公司。多年来，集团凭借良好的商业信誉和中国科学院强大的技术优势，同世界各国著名的科学仪器生产厂商、贸易公司、高科技企业和研究机构广泛地开展贸易往来和技术合作，不断地发展壮大，先后在上海、大连、广州、杭州、天津、美国、泰国、香港等地区和国家设立多家子公司和国内各大区的分公司，建立起覆盖全国和主要海外市场的服务网络。

东方集团现有员工 600 余人，其中大专以上学历占 85%。2001 年，东方集团完成进出口总额 24 790 万美元，比去年增长 10%。其中进口完成20 280万美元，出口完成4 510万美元；销售收入达到96 555万元，比去年增长 25.2%。

东方集团拥有一批专业从事外贸的高素质人才，“以人为本，追求卓越”的企业精神使东方集团在国内外享有很高的声誉。近几年，东方集团大力发展计算机网络和电子商务，实施了先进的 ERP 系统，为东方集团进一步完善客户服务体系，提高效率，提供了强大的保障。

2001 年是东方集团的“创新发展年”。东方集团在加快企业改革、进一步完善法人治理结构、建立现代企业制度和经营机制方面，取得了可喜的成绩。先后出台了董事会和监事会的工作制度、劳动用工制度、财务制度、薪酬制度等，同时，对历年的规章制度进行了大规模的清理和修订，以规范股份制公司的运作，这标志着东方集团已被改造成为一个标准的股份制公司。

面对中国已经加入 WTO 的经济形势，东方集团积极调整业务结构，适应经济全球化的大市场。为此，2001 年底东方集团总部对现有业务进行了整合，将 3 个进口部、2 个出口部和储运部重组为第一业务部、第二业务部和商务部。原实验动物项目从出口部独立出来成立实验动物发展部。通过优化企业内部组织结构，整合资源，从而进一步提高效率，增强自身的核心竞争力。在加快产业化进程方面，东方集团通过合作、参股和控股等方式积极扩大出口产品基地的投资和建设，现已在北京、大连、苏州、广东、广西、云南等地分别建立了晶体材料、植物提取物、饮水机、实验动物及相关产品的生产基地，并初具规模。为了更好的加强公司规范化管理，提高公司和产品的知名度，与国际接轨，东方集团于 2001 年为其系列产品进行了商标注册，从而，在自主品牌建设方面又迈进了一步。

为提高资金使用效率，2001 年东方集团加大了对资产和债务的清理，并对一些非经营所需及不能在短期内增值的长期资产进行了处置，以调整资产结构，增加流动资产，提高经营效益。特别是东方集团总部经过多年的努力，终于抓住时机及时处置了永丰生产基地，收回现金3 900余万元，保证了东方集团营运资金的需要。

在全球经济一体化的浪潮中，东方集团将继续以知识经济为依托，高科技进出口贸易为龙头，积极发展相关的国内贸易及实业，成为集贸工技一体化的综合性企业集团，为科教兴国和经济建设服务。

深圳科健集团有限公司

董 事 长：侯自强
总　　裁：姜斯栋
地　　址：广东省深圳市蛇口龟山路 8 号
明华国际会议中心 15 楼
邮政编码：518067
联系电话：010-6832959
010-6832960
010-6832965
图文传真：010-6832930
电子邮件：kjgroup@public.net.cn
网　　址：www.kejian.com.cn

深圳科健集团有限公司（以下简称科健集团）是中国科学院直属的高技术产业集团，成立于 1992 年 11 月 7 日，注册地址在深圳市蛇口工业区，注册资本为人民币5 300万元，现已形成了以电子通讯、医疗设备制造和网络集成三大产业方向。截止 2001 年末，科健集团总资产达人民币 17.22 亿元，净资产人民币 1.14 亿元。2001 年科健集团营业收入人民币 15.9 亿元。现有员工1 000多人。

科健股份有限公司是科健集团承担电子通讯产品制造的主力公司。科健股份公司 1984 年创立于深圳市。目前科健集团拥有其 29% 的股份，是该公司的第一大股东。科健股份公司是国家首批指定的 11 家手机定点生产企业之一。2001 年又指定为 19 家 CDMA 手机生产厂家之一。1998 年成功推出第一部国产品牌的科健中文数字 GSM 手机，1999 年、2000 年科健手机销售量在国产品牌中均名列前茅，2001 年科健股份公司继续保持良好势头，科健手机销售近百万台，在国产手机品牌中仍名列前茅。2001 年公司主营业务收入 14.45 亿元，比上年增长 67.2%，净利润 5 179 万元，比上年增长 130.7%。2001 年科健股份公司还通过了 TL9000 国际质量管理体系认证，成为第一家通过 TL9000 国际质量认证国产移动电话厂商。科健股份公司 2001 年首次入围我国电子信息业百强企业，排名第 89 位。科健手机项目 2000 年、2001 年连续两年 被科技部确定为重点国家级“火炬计划”项目，并被深圳市列为重点建设项目。

深圳安科高技术有限公司是科健集团从事医疗设备制造的主力公司，安科公司是于 1986 年 12 月 31 日由科健集团控股的科健股份有限公司与美国 Analogic 公司合资经营的高技术企业。16 年来，安科公司成功开发生产了中国第一台磁共振成像系统，中国第一台彩色多普勒 B 超，中国第一个医学图像存储与管理系统。这些产品的出现，打破了在高档医疗电子设备领域，外国人一统天下的局面，安科公司由此成为中国高档医疗电子设备的重点生产基地。现已开发生产包括核磁共振成像系统在内的 8 个系列 20 多个达到八、九十年代国际先进水平的高技术医疗器械产品。目前，安科公司员工中 70% 具有大学本科以上文化程度，30% 以上具有硕士、博士学位，在电子、计算机软硬件、机电一体化、生物医学工程、信息等方面形成强有力的技术中坚。安科公司还得到国家人事部认可和授权的深圳市企业博士后工作站。2000 年 12 月 31 日公司已完成了股份制改造，更名为深圳安科高技术股份有限公司，成为深圳市首批推荐的创业板预选企业。由于国内创业板市场推迟，安科公司在苦练内功的同时，仍在寻求在主板上市的途径。2001 年，安科公司在面对中国进入 WTO 等复杂多变的市场环境下，仍取得了不俗的成绩，实现主营业务收入 1.54 亿元，比上年增长 20.83%。

科健信息技术有限公司是科健集团从事网络集成业务的骨干企业，主要业务为 Internet/Intranet 系统集成和大型应用软件系统开发，主要项目涉及到政务网、校园网、政府办公自动化（OA）、企业管理信息系统（MIS）、网上电子商务等。近年来在深圳市及珠江三角洲政务网建设中形成很大影响，成为深圳及周边地区知名的系统集成商。从 2000 年起科健信息已经有计划地开始进行业务方向调整。一是就系统集成业务来说，科健信息技术公司将从主要提供政府、企业等单位内部网络和应用系统解决方案转为主要为新型电信运营商提供宽带 IP 骨干网络及网上应用的解决方案。二是科健信息技术公司将大力加强软件产品和网络设备的开发，从单纯的系统集成商转变成重点为新型电信运营业务服务的产品和技术服务提供商。2001 年，由于科健信息技术公司业务方向仍处在调整阶段，加之，同期国内电讯市场投资力度的减缓以及许多政府、企业信息化建设项目也因各种原因推迟启动，因此，2001 年是科健信息技术公司比较困难的一年，全年营业收入为 4 000多万元，比上年略有增长。经过一年多的业务调整和科健信息人的努力，我们相信科健信息技术公司明天会更好！

科技促进经济基金委员会

主　　任：严义埙
地　　址：北京市海淀区中关村南一条乙 3 号
邮政编码：100080
联系电话：010-62544669
图文传真：010-62544434
网　　址：www.cicstd.com.cn

科技促进经济基金委员会（以下简称基金委员会）是由成立于 1987 年 9 月 12 日的国家经委和中科院联合筹资成立的“科技促进经济发展基金会”演变而来，其目的是为贯彻国家关于“科学技术必须面向经济建设，经济建设必须依靠科学技术”方针，当时所采取的举措之一。机构几经变化，成为现在的国家计委、国家经贸委、中国科学院科技促进经济基金委员会，1994 年 8 月经中央机构编制委员会核批为 10 人编制的自收自支的事业单位，具有独立法人地位。在业务上受国家计委、国家经贸委与中国科学院的领导，在行政上由中国科学院管理。

基金委员会的宗旨是管理科技基金，促进科技与经济的紧密结合，加速科技成果的转化，推进高新技术的产业化，促进我国社会主义市场经济的发展。其工作目标是以支持风险投资、提供种子基金等方式对高新技术成果转化提供资金与实施管理；根据授权及本会章程的条例，努力开拓国内外资金渠道，大力促进科技成果的产业化；组织吸引社会智力与财力，面向社会各界，提供科技与经济发展所必要的咨询、评估、诊断、培训等技术服务。

基金委员会的最高领导机构是理事会，理事会成员由国家计委、国家经贸委、中国科学院的有关领导担任。

2001 年的工作重点是在原有基础上进一步加强对上海联创投资管理有限公司和上海联创投资有限公司的监管工作，同时提供资产、财务及项目推荐等方面的服务工作，有力地支持了风险投资的发展并取得显著进展。据统计目前上海联创所投资的公司的净资产年利润率都在 30％左右，产生了较好的经济效益，同时推动了一批科技创新企业的成长和发展，在社会上也产生了良好的社会效益，为风险投资在我国的发展开创了一条道路。

继续管好受中科院委托代管的王宽诚教育基金，支持宁波甬科机电公司的发展，参与对甬科公司经营战略的调整，力争早日取得回报，用来支持中科院的人才培养工作。

继续做好国家计委委托的工业试验性项目的跟踪管理工作，对于过去的贷款项目进行细致的调查，并努力回收了部分项目贷款，该项工作得到国家计委的肯定。

协助国家经贸委组织评审 2001 年度国家级新产品项目，并作为综合专家组成员参与了国家重点新产品的评审。

进一步发挥院机关下属机构的支撑作用，结合中科院知识创新工程和创新文化建设，开展一些相应的工作。

加强内部建设，建立健全内部监督管理机制及规章制度，为职工建立了与社会接轨的医疗保证体系和相关的社会保障制度。

华建集团公司

总　　裁：黄河燕
地　　址：北京市北四环中路 257 号科群大厦
邮政编码：100083
联系电话：010-62312200
图文传真：010－62312212
电子邮件：huajian@hjtek.com
网　　址：www.hjtek.com

华建集团公司成立于 1997 年，主要从事计算机语言信息处理、网络信息处理集成平台、嵌入式应用软件和行业应用软件等方面的研究开发与销售，涉及领域包括电子政务、电子商务、电信、教育、出版、航空、金融保险、宽带社区等领域，是一家在软件产业全面发展的高科技企业集团。

华建集团公司秉承“最少投入、最短时间、最高产出、最好质量”的管理目标，通过“全面地了解员工、科学地使用员工、客观地评价员工、积极地培养员工”的以人为本的管理原则，形成了一支以博士、硕士为主的员工队伍和以年轻博士为主的科研和企业管理团队。华建集团公司 90％以上的研发人员拥有本科学位，30％以上拥有硕士和博士学位，并拥有一批具有深厚理论研究和丰富产品开发经验的高级工程师、研究员、教授、博士生导师，为企业的进一步发展提供了技术和人才保障，创造了团结协作的工作氛围，实现了产品开发和市场开拓不断突破、效益呈倍数增长的产、学、研相结合的新型高科技企业发展模式。

华建集团公司下属 10 多家控股、参股公司，其中注册资本超过4 000万元人民币的企业超过 6 家（华建机器翻译公司 1 亿元、华建汇智科技公司 870 万美元、广州联通华建公司5 700万元、上海世贸通公司5 700万元、鲁能信息网络公司 5 000万元、北京金桥译港公司4 000万元），下属公司遍布北京、上海、天津、广州、深圳、济南等地。

华建集团公司一直以技术创新为企业发展之路。自成立以来，在电子政务、电子商务、电信、教育、出版、航空、金融保险、宽带社区等领域已开发成功多项计算机软件应用系统，通过与香港电讯盈科、IBM、Cisco、中国电信、中国移动、中国联通、中国吉通等国内外大企业的广泛合作，产品远销北美、澳洲、日本、东南亚、香港等国家和地区，企业规模和净利润连续几年成倍数增长。

在网络化和经济全球化趋势加强的今天，软件行业的国际竞争日趋激烈，保持技术领先则是华建集团公司发展的根本。为此，华建集团公司作为中国科学院计算机语言信息工程研究中心的依托单位，与工程研究中心在研究、开发、销售及人才培养方面互相支持，已形成良性循环。工程研究中心坚持技术领先、市场导向的研究方针，在以机器翻译为核心的计算机语言信息处理领域、大型企业管理系统、网络应用系统、嵌入式应用系统等方面进行了卓有成效的理论技术研究和产品开发，已拥有 50 多项具有自主知识产权的技术成果，并荣获了“国家科技进步一等奖”、“联合国发明创新之星奖”、“中国科学院科技进步一等奖”、“‘九五’技术创新优秀项目奖”等 10 多项部级以上奖励。工程研究中心还承担着国家相关领域科研攻关任务和国际合作项目，并在多所高校招收培养博士和硕士研究生。

面对世界经济一体化所带来的机遇和挑战，华建集团公司将坚持“技术不断突破、产品不断创新、管理不断优化、效益不断增长”的发展方针，与海内外企业广泛合作，努力成为中国领先、世界著名的 IT 解决方案提供商。

山西煤炭化学研究所

名誉所长：彭少逸
所　　长：孙予罕
地　　址：太原市桃园南路 27 号
邮政编码：030001
联系电话：0351-4041627
图文传真：0351-4041153
电子邮件：sxicc@sxicc.ac.cn
网　　址：www.sxicc.ac.cn

中国科学院山西煤炭化学研究所（以下简称山西煤化所）于 1954 年在大连创建，命名为中国科学院煤炭化学研究室，1961 年迁至太原并扩建为中国科学院煤炭化学研究所，1963 年改名为中国科学院山西煤炭化学研究所，1965 年改名为燃料化学研究所，1978 年后恢复到现名。

现有职工 570 人，其中科技人员 356 人，有中科院院士 1 人，研究员（包括正研级高级工程师）38 人，副研究员和高级工程师 107 人，中级科技人员 152 人。在学博士生 84 人，硕士生 80 人，在站博士后 2 人。

山西煤化所是中科院直属的高技术研究与发展基地型研究所。发展战略是：基础研究国际化，高技术研究产权化，应用研究产业化。现主要开展煤基合成液体燃料技术及其产业化和高性能碳纤维技术的研究，目标是突破核心技术并进行集成性创新，创建国家洁净煤技术研究基地和产业化实验平台；在煤的气化、液化及污染物近零排放方面提出新概念；在新型炭材料的应用基础研究方面实现产品高性能化和多元化；在绿色化学与工程领域的基础和应用研究方面开发若干传统产业化工艺新过程。

主要学科方向为：煤化学化工、催化化学、新型炭材料和化学工程，已形成能源与环境、新型炭材料、绿色化学 3 个优势学科领域。科研机构设置为：煤转化国家重点实验室、能源环境工程实验室、绿色化学与工程研究室、炭材料研究室、合成油工程中心、能源化工工程中心。拥有“物理化学”博士后流动站 1 个，在“物理化学”、“化学工艺”学科具有博士学位授予权，在“物理化学”、“有机化学”、“化学工程”、“化学工艺”和“材料学”学科具有硕士学位授予权。

山西煤化所于 2001 年 8 月进入中科院二期知识创新工程试点，按照中科院要求，用与国际相接轨的现代理念办所，进一步明确发展方向，完善创新机制，全面推进创新工作。积极参与国家层面科技创新和国际竞争，重视与地方政府和产业部门合作，不断调整创新方向和层次，主动融入国家科技创新和技术市场体系。

一是实施“科技创新和产业化并举，基础研究推动应用开发而共同发展”战略，研发工作与资源和经济相融合，促进创新能力向高新技术产业扩散；二是实施“拓展一主、丰满两翼、研发并重、崇尚创新”战略，形成国家需求牵引、基础研究面向国际、科技创新面向市场的新格局；三是实施“强化基础、发展双 A、培植绿色”战略，在自身优势学科领域高起点地凝炼科技目标，以环保产业和 C1 化学为基础、烃加工为核心、发展煤转化的先进煤气化技术与 FT 合成技术；以复合/功能碳和无机材料为基础、无机有机复合为核心、发展先进材料碳纤维和聚合物技术；并与生物工程和绿色化学相结合，形成技术创新与产业化快速通道；四是实施“能源环境面向西部，化工材料面向东南，科技服务面向山西”战略，结合我国经济发展地域性特点，四面出击，科技创新向地域外延，研发初期便带有强烈而直接的市场色彩，探索共建联合实验室、企业资金投入研发、成果技术入股等多元化价值链良性循环互动模式。

2001年，山西煤化所领导多次带队，率领室（中心）主任、学科带头人和项目负责人赴各地考察接洽（计数百人次），开展科技交流与合作，在地方政府和企业界反响强烈，已联合共建了数个工程中心和实验室，共同立项了一批研发课题和产业化项目。

在中科院与山西省签订全面科技合作协议及推进山西省合成油产业合作框架协议下，中科院及山西煤化所与山西省政府及连顺能源有限公司携手，共同突破煤基合成液体燃料关键技术和推进产业化。在不到一年内已建成2 000 t/年浆态床中试技术平台，产业化项目列入中科院知识创新工程战略行动计划首批5个项目之一，并争取到国家“863”重大项目的支持。

与陕西城固化工股份有限公司合作，灰熔聚流化床粉煤气化技术 φ2m 炉工业示范装置试运行成功，产出合成气并入生产系统，已进入产业化推广阶段，这是拥有自主知识产权的国产化成套技术。

与江苏省扬州、镇江两市50多家企业建立了长期合作，碳纤维及复合材料、纳米粉体及其包覆、精细化工产品等一批高性能、组元复合、多功能特色新材料和化工新技术产品，表现出很强的市场化优势，受到产业部门青睐。同扬州市政府共建新型复合材料工程中心；同扬州惠通聚酯有限公司共建碳纤维实验室，公司出资1 000余万元联合研发关键制备技术，拟建设国内最大的百吨级国产化生产线。为配合地域战略行动，已有计划地向东南地区派遣科技副职。

山西煤化所立足山西煤炭大省，主动做好科技服务。在太原市高新技术开发区重点扶持下，新建了煤化科技园区。在长治市、盂县分别设计建造了两条国内最大的10t/年活性炭纤维国产化生产线。在永济市、太谷县分别建成国内最大的10 000t/年顺酐国产化生产装置。

此外，与甘肃岷州实业股份有限公司合作开发超临界 CO_2 萃取微孔草药用物质技术，向云南大东生物制药集团公司转让成套超临界 CO_2 国产化萃取装置，在贵州毕节地区建立了煤转化研发基地。与中国石油天然气总公司合作发展成品油技术，如浆态床一步合成二甲醚、超临界相合成甲醇、酯交换法合成碳酸二甲酯等新技术。

实行了创新机制，初步形成重大决策“动议—执行—监督”程序化和廉洁高效运作；进一步优化研发结构和队伍，创新岗位人员中青年骨干占95%，博硕士学历达到45%；全面开展创新文化建设，并完成了园区规划；职工收入大幅度提高；已着手组建集工程、物业、物产、产业为一体的产业集团，并基本完成清产核资和后勤整顿。

由于定位准确、措施得当和团队效应，2001年共承担科研开发课题百余项，到位经费是上一年度的3倍。院外经费达到68%，其中基础研究、应用研究和企业委托分别占18%、42%和40%。当年申报国家专利70项、获国家授权专利31项、发表学术论文411篇、其中被SCI收录105篇，分别比上一年提高9.4%、7.1%、53.4%和87.5%。

图书馆突出能源化工专业特色，有阅览室4个，书库面积600余平方米，馆藏30万余册（图书5万余册，中外期刊2000余种，25万余册）。初步具备学科专业特色数字化图书馆和科技文献信息网络规模。出版内部图书刊物《桥》，定期向科技人员发布大量文献信息。

2001年，山西煤化所主办了“中科院能源环境学术研讨会”，有15名优秀海外学者、14名国内专家参加了会议。编辑出版《燃料化学学报》和《新型炭材料》2种学术期刊，与国外10多个国家和国内近200个单位进行交流。

石家庄农业现代化研究所

所　　长：刘昌明（院士）
常务副所长：刘孟雨（法人代表）
地　　址：石家庄市槐中路286号
邮政编码：050021
联系电话：0311-5814521
图文传真：0311-5815093

电子邮件：mwm@ms.sjziam.ac.cn
网　　址：www.sjziam.ac.cn

中国科学院石家庄农业现代化研究所于1978年6月18日成立，原名为中国科学院栾城农业现代化研究所；1979年5月更名为中国科学院石家庄农业现代化研究所。2001年底在职职工139人，其中科技人员113人，有中国科学院院士1人，研究员18人，副研究员31人，中级科技人员40人。在读博士研究生5人，引进博士后2人，1993年设立生态学硕士研究生点，硕士研究生15人，硕士研究生导师20人。

石家庄农业现代化研究所的重点学科领域和发展方向是在华北水资源特性与安全评价、农业节水基础理论与节水技术方面做出基础性、战略性、前瞻性工作。研究重点为：作物节水的遗传基础、节水品种创新、植株耗水及调控、群体水分耗散及调节、农田生态系统健康、农田节水技术、区域水资源利用与农业持续发展。研究方向：以农业水资源及其优化利用、农田节水机理与调控；生物节水遗传基础与品种创制；农田生态系统结构、功能与调控，形成一个以水高效利用为核心的多学科交叉优势，进一步增强了创新能力，为农业节水基础理论与节水技术创新及区域持续发展做出了贡献。使其成为具有国际影响的创新单元。

科研机构设有农业资源与生态工程、信息农业和生物技术3个研究室，食品和农业节水工程技术2个实验室，以及栾城生态系统试验站、太行山山地生态试验站、南皮农业生态试验站、海岸带综合开发试验站。

2001年中科院知识创新工程进入全面推进阶段，石家庄农业现代化研究所坚持提高科技创新能力为核心，以凝炼科技创新目标为导向，探索建立一个以农业水资源高效利用为主的创新单元和农业高新技术集成中试基地模式，形成了强大的科技战略储备，进一步推动石家庄农业现代化研究所的科研成果转化为生产力，为经济建设做出应有的贡献。2001年，石家庄农业现代化研究所列入科研计划的项目共53项，当年开题29项，其中属于国家部委级项目7项；中科院项目25项；河北省项目10项；国际合作项目4项；其他自选项目9项。

2001年，石家庄农业现代化研究所共有51项课题获奖，鉴定成果5项，品种审定3项，专利授权4项，专利申请受理8项。

“优质面包小麦新品种——高优503”，获中国科学院科技进步一等奖。高优503优质小麦已推广到我国11个省区，面积达2 000万亩，它具有抗病、抗逆、优质专用高产小麦亲本材料创制，成为中国优质小麦产量最高的优良品种，并且在503小麦产业化方面，与河北省柏乡县、河南省新乡市合作，在当地已成为优质粉龙头企业，带动了从种植到系列产品深加工的产业化，为地方经济建设起到了推动作用。“国外栗优异基因的鉴定创新和利用”获河北省科技进步二等奖；“不同类型区农业资源高效利用的优化模式与技术体系集成研究”及“高产、抗病、抗逆、优质麦类生物技术育种”、“黄淮海平原综合治理与高效持续农业发展”，分获“九五”国家重点攻关计划优秀科技成果。

科技开发工作取得明显成绩，胡萝卜保健食品与加工技术研究成果在新疆屯河集团公司日处理300t规模化生产线建立成功，并获得成果转让和技术服务费180万元。

2001年，石家庄农业现代化研究所积极开展对外学术交流，不断开拓国际合作领域，先后派出20多人次，分别到美国、澳大利亚、日本、德国、芬兰、朝鲜等国家进行学术交流、考察、参加国际学术会议，邀请国外专家到所讲学，使科技人员开阔了眼界，掌握了国外的最新科研动态，学到了先进的知识，加强了合作的基础，2001年共开展国际合作项目4项，合作研究经费约100万元。

在中科院南南合作基金的资助下，石家庄农业现代化研究所于2001年9月在河北省黄骅市组织召开了“盐生植物利用与区域农业可持续发展”国际学术研讨会，来自9个国家的大学、科研机构和联合国教科文组织联合国开发计划署等100多位国内外专家学者参加了会议，就盐生植物的栽培利用及生理生态学研究、咸水灌溉农业实践、缺水盐渍化地区农业可持续发展的途径和全球变化与盐生植物可持续利用等问题进行广泛讨论，石家庄农业现代化研究所在总结盐碱地治理20年的经验基础上，提出了以盐碱地区综合资源利用为中心的资源农业模式，大力发展高效农业的新的盐碱地区农业发展思路。

石家庄农业现代化研究所是河北省农业系统工程学会的挂靠单位。主办并编辑出版《中国生态农业学报》，该刊2001年进入国家新闻出版总署和国家科技部共同组织实施的建设宝塔型“中国期刊方阵”，并被评为双效期刊。

中国科学技术大学

名誉校长：周光召
校　　长：朱清时
地　　址：安徽省合肥市金寨路96号
邮政编码：230026
联系电话：0551-3602184
图文传真：0551-3631760
电子邮件：Cqhuang@ustc.edu.cn
网　　址：www.ustc.edu.cn

中国科学技术大学是中国科学院所属的一所以前沿科学和高新技术为主、兼有以科技为背景的管理和人文学科的综合性全国重点大学。1958年9月创建于北京。2001年年底，校本部有教职工3 700多人，其中教师1 800余人；教师中有中国科学院院士和中国工程院院士15人，教授487人（其中博士生导师280人），副教授900余人。在校学生13 000多人，其中博士生975人，硕士生2 970余人，本科生8 800余人，专科生288人；另有博士后研究人员54人，各类成人高等学历教育在学学生6 700余人。

中国技术大学设有研究生院，在北京设有管理学院，与中科院合肥分院联合成立了中国科大高等研究院。校本部有10个学院、23个系和少年班，40个本科专业，79个硕士学位授权点，13个一级学科博士学位授权点，60个二级学科博士学位授权点，3个专业硕士授予点，12个博士后流动站，38个博士后流动站学科专业。有4个国家重点学科。拥有国家同步辐射实验室和火灾科学国家重点实验室以及国家高性能计算中心（合肥），6个中科院重点实验室和中科院热安全工程技术研究中心等一批重点科研机构。校本部校园总面积133万平方米，建筑面积近68万平方米，教学科研仪器设备总值达3亿多元，图书馆藏书145万多册，建成国内高校一流水平的校园计算机网络。

2001年5月，教育部和中科院组织验收专家组对中国科技大学“211工程”“九五”期间项目建设情况进行了全面检查验收，中国科技大学以优异成绩通过了国家验收。中国科技大学积极参与中科院知识创新工程试点全面推进阶段工作，研究制定出参与中科院知识创新工程全面推进阶段试点工作的实施方案，已报经中科院审核同意。

中国科技大学以第一作者发表科技论文1 976篇，其中SCI收录784篇，在全国高校中排名第四；EI收录318篇，排名第七；国际论文被引用篇数排名第四。中国科技大学在SCI影响因子期刊等级区域发表论文168篇，继续名列全国第一。在《国家自然科学基金资助项目优秀成果选编（三）》中收录的总共191项，1996～2000年国家自然科学基金资助项目的优秀成果中，中国科技大学有8项入选，名列全国第三（清华、北大各10项并列第一），共有3项科研成果获2001年度国家科学技术奖，其中国家自然科学二等奖1项，国家科技进步二等奖2项；有1项科研成果入选2001年度中国基础科学研究十大新闻和中国高校十大科技进展；获中科院自然科学二等奖1项。作为牵头负责单位，承担了2001年国家“973”计划项目18个项目中的2项；负责承担了国家基础研究重大项目前期预研专项50个项目中的3项。全校科研经费总计到款约1.7390亿元，其中纵向约8 586.9万元，横向约3 136.3万元，知识创新工程试点经费1 259万元。共获得国家自然科学基金资助项目112项，获资助经费4 087万元，获资助项目数和经费数均为学校历年之最，其中创新研究群体3个，名列全国第一；国家杰出青年基金7人，为历年最多；面上项目86项，位居全国前列。

组织了23个博士点申报国家重点学科，其

中22个通过了通讯评议；MBA专业学位点顺利通过了国务院学位办组织的转正评估验收；新增MPA专业学位点和4个工程硕士培养领域。获得国家教学成果一等奖和二等奖各2项，省级教学成果奖14项；新增教改立项（含教材）54项，其中省级教改重点项目6项；教学实验内容更新率达60%以上，仪器设备更新率达30%以上，初步形成了校、院、系三级教学实验室管理体制。

2001年，周又元教授和范维澄教授分别当选为中国科学院院士和中国工程院院士；在生物化学与分子生物学等7个学科共招聘“长江学者奖励计划”（第四批）特聘教授5人、讲座教授2人；3人入选中科院“百人计划”、2人入选“引进国外杰出人才”计划。截止2001年，学校获得“长江学者奖励计划”、“百人计划”、“引进国外杰出人才”专项经费资助的优秀年轻人才达65人。

进一步推进与世界一流大学间的交流与合作，促进了高水平大学建设。访问考察了英国诺丁汉大学、牛津大学和剑桥大学等4国11所世界一流大学，并与部分大学签订了合作协议；访问了日本学术振兴会和东京大学；组织了学科建设国内外评议委员会会议，首次对化学与材料科学学院和信息科学技术学院进行了评议。共邀请336人次外籍专家学者来校访问讲学，接待17个国外代表团来访；主办或协办东亚研究型大学协会理事会会议等8个国际会议；与国外大学签订合作交流协议11个。共派出5个教师代表团出国访问或参加学术会议，455人次出国访问、学习或开展合作研究与学术交流；还派出49名学生出国参加国际夏令营、机器人世界杯足球赛、赴南极考察等。

科技产业实现集团化快速发展，中国科技大学科技实业总公司注册资金由年初的1 000万元增加到6 500万元，并获得1.7亿元的银行授信额度；科大创新股份公司已基本完成上市准备工作；新办7家科技型企业，全校科技企业实现销售收入4.17亿元，利润总额3 096万元。合肥大学科技园、上海研发中心、深圳研究院和深圳福田产学研基地、漯河高科技园区等产业基地建设稳步推进，科技成果转化工作进一步加强。共签订横向项目合同125项，合同金额3 123万元，到款2 032万元。

中国科技大学是亚澳火灾科学技术学会、中国科技考古学会的挂靠单位。编辑出版《中国科学技术大学学报》、《教育与现代化》、《化学物理学报》、《低温物理学报》、《实验力学》、《火灾科学》等重要学术刊物。

庐山疗养院

院　　长： 张纪文
地　　址： 江西省庐山芦林植青路1930号
邮政编码： 332900
联系电话： 0792-8282529（总机）
0792-8281940（院长办）
图文传真： 0792-8281412
电子邮件： keliaoyuan@163.com
网　　址： www.hpkbg.126.com

中国科学院庐山疗养院建于1978年6月6日，其前身是著名地质学家李四光先生的工作站。1970年，修庐山山南公路的民工住在工作站，民工烧火做饭不慎失火，将工作站烧毁。1978年6月，经邓小平、李先念、汪东兴、纪登奎、王震、谷牧等中央领导批示同意，在原址修建了中国科学院庐山疗养所，疗养所属县团级全额拨款事业单位，人员定编为25人。1985年5月9日经中国科学院（85）科发计字0205号文批准，疗养所更名为中国科学院庐山疗养院。

根据人事部人中编函［1991］38号文件，中国科学院庐山疗养院事业编制为50人。

2001年底，庐山疗养院在编正式职工43人，退休职工12人，专业技术人员2人（中级职称）。

庐山疗养院座落在庐山风景如画的芦林地区，与江西省庐山植物园和芦林饭店相毗邻。院内茂林修竹，古木参天，环境优美，空气清新，是理想的疗养休养和举办各种学术研讨会议的场所。

庐山疗养院现有高中档床位160余张，有中西餐厅、卡啦OK厅、大小会议室8个、图书馆、报告厅，有一定规模的医疗仪器和健身器材，还有自备电源和自备水源。

庐山疗养院下设行政管理部、外联部、接待部、餐饮部。

庐山疗养院还在九江设有带空调客房的接待站、接待站可供100余人在九江中转。

中国科学院的历任领导周光召、路甬祥、孙鸿烈、余志华、严东生、严议埙、陈宜瑜、许智宏等同志都曾到疗养院主持或指导过各种大中型学术研讨会议。著名地质学家陈国达院士、著名天文学家张玉哲院士、著名土壤学家赵其国院士、著名机器人专家蒋新松院士等近百位院士，曾先后到庐山疗养院疗养。自1989年起庐山疗养院开始对外开放，除接待中国科学院的疗养人员外，还接待社会上的旅游团体和各种会议。

庐山疗养院与港口、机场、车站有良好的业务联系，不仅能满足宾客的购票需求，而且还实行接送、游览、吃住、娱乐、医疗一条龙服务。

庐山疗养院还有经国家鉴定合格的天然矿泉水，水中含有10多种对人体有益的微量元素。该矿泉水对心脑血管病人有显著疗效。2001年，庐山疗养院翻修了客房，改善了接待条件，提高了接待质量。

庐山疗养院热忱欢迎院内外的专家和学者到庐山疗养和主办各种学术会议及培训班。

青岛疗养院

院　　长：万述鉴

地　　址：青岛市市南区珠海路1号

邮政编码：266071

联系电话：0532-5967888 总机转 8623，8622（办）

图文传真：0532-5968780 或 5969558

电子邮件：zhiyuanh@public.qd.sd.cn

网　　址：www.zylhotel.com

中国科学院青岛疗养院始建于1956年，原址为青岛栖霞路12号、15号两处疗养院落，环境僻静，依山傍海。郭沫若、童第周先生等曾到此疗养过，时称“中国科学院青岛疗养所”，归青岛海洋研究所代管，仅40张床位、10余名工作人员。

“文革”前后，青岛海洋研究所将栖霞路12号改为海洋研究所同位素实验室及职工宿舍，疗养所停办。

1978年5月18日，中科院以邓小平亲自圈阅的（78）科发计字0713号文《关于恢复中国科学院青岛疗养所和建立庐山疗养所的请示》，批准“青岛疗养所拟扩展到150张床位，40余名工作人员，单独立户，由中科院和山东、江西两省双重领导，并以中科院为主。”至此，开始成为中科院直属单位，地址为青岛市南区栖霞路15号。1984年改称“中国科学院青岛疗养院”。经过几年努力，改建了餐厅、会议室、住房等设施，至1998年，共有在编员工48人，其中高级职称专业技术人员3人，中级职称专业技术人员15人，平均年龄46岁，离退休人员17人；拥有床位100余张，平均每年接待来疗养的科技人员达300人次。

自1983年起，中科院批准在青岛疗养区另行选址扩建，至1985年选址征地结束。但正欲扩建，恰逢国家压缩基本建设，扩建工程项目缓建下马。1992年青岛市土地规划局以该征地闲置8年为由下文收回。面对危机，当时青岛疗养院院长刘余才、副院长万述鉴，决定自筹资金扩建青岛疗养院。正值青岛市委市政府决定东部开发，他们以高度的工作责任心和百折不挠的毅力，克服种种困难，果断的抓住这个千载难逢的良机，在中科院没有任何资金投入的情况下，提出集资扩建中科院青岛疗养院的书面报告，经多方考察和协调，在中科院领导的支持和关怀下，于1993年中科院正式批复了青岛疗养院《关于集资扩建中国科学院青岛疗养院协议书》，至此，青岛疗养院新址的扩建工程才开始真正地迈出第一步。

由万述鉴同志任负责人的扩建办公室仅四、五名工作人员，面对6万平方米的扩建工程，在简易工棚里，他们战酷暑斗严寒，坚持廉洁清正的工作作风，在扩建工地上辛勤创业，无私奉献，几年如一日的坚持下去……

历经 7 年艰苦奋斗的历程，1999 年 5 月，在原是荒山野坡的珠海路 1 号工地上，一座现代化的大厦——新青岛疗养院拔地而起并试运营。

中科院青岛疗养院的扩建过程得到了当时的中科院领导周光召、路甬祥等院领导的亲切关怀和支持。中科院周光召院长为疗养院题名为："致远楼宾馆"。路甬祥院长题词为"科技之家"。

现在的青岛疗养院座落于青岛市政治、金融、文化中心的东部地区。东临岛城高等学府，可闻科技文化之书香；西接大型超市—东泰佳世客，能尽悠闲购物之雅兴；南临大海，北靠浮山，东进渐入崂山仙境，西行步入现代都市。毗邻新市府，与"五四广场"高低遥相呼应。其 14 层主体大楼巍峨耸立，遥眺万顷碧海，可赏孤帆远舟；俯瞰高楼大厦，倍感都市氛围。近观萋萋草坪，尽收田园美景。

它集客房、餐饮、娱乐于一体。总建筑面积 15 000m^2，周围绿化面积达 19 000 m^2。有 300m^2 的多功能会议厅，拥有标准客房 171 间、商务间 16 间、普通套房 11 套、豪华套房 2 套，会议室 6 间，及办公出租楼层 1 770m^2；风格各异的中西餐厅、豪华卡拉 OK 宴会厅可为顾客提供丰盛的美味佳肴；台球室、室外灯光网球场和 MINI 高尔夫球场可为顾客提供健身娱乐。此外，宽敞明亮的会议室、先进的办公设备及快捷的通讯服务更会令商家得心应手。其大面积的绿地，十足的田园风味，幽雅的环境、清新的空气、便捷的交通，足以使中外宾客流连忘返。它不仅是中科院对外交流的窗口和接待海内外科学家的极好场所，还是国内外商务和旅游宾客来青岛下榻的理想饭店。

(2－0396.0101)
责任编辑:张启男

ISBN 7-03-011000-5
9 787030 110008 >